遂昌年鉴

2015

中共遂昌县委
遂昌县人民政府 主办

《遂昌年鉴》编纂委员会 编

方志出版社
Publishing House of Local Records

图书在版编目（CIP）数据

遂昌年鉴。2015/《遂昌年鉴》编纂委员会编，—北京：方志出版社，2018.4

ISBN 978-7-5144-3051-6

Ⅰ.①遂… Ⅱ.①遂… Ⅲ.①遂昌县-2015-年鉴 Ⅳ.①Z525.54

中国版本图书馆CIP数据核字(2018)第077930号

遂昌年鉴（2015）

编　　者：《遂昌年鉴》编纂委员会
责任编辑：罗　滔

出 版 人：冀祥德
出 版 者：方志出版社
地　　址：北京市朝阳区潘家园东里9号（国家方志馆4层）
邮　　编：100021
网　　址：http://www.fzph.org
发　　行：方志出版社图书经销中心
　　　　　电话（010）67110500
经　　销：各地新华书店
印　　刷：遂昌县日日彩印厂

开　　本：889×1194　1/16
印　　张：27
字　　数：702千字
版　　次：2018年4月第1版　2018年4月第1次印刷
印　　数：001～850册

ISBN 978-7-5144-3051-6　定　价：180.00元

SUICHANG YEARBOOK 2015

《遂昌年鉴》编纂委员会

《遂昌年鉴》编辑部

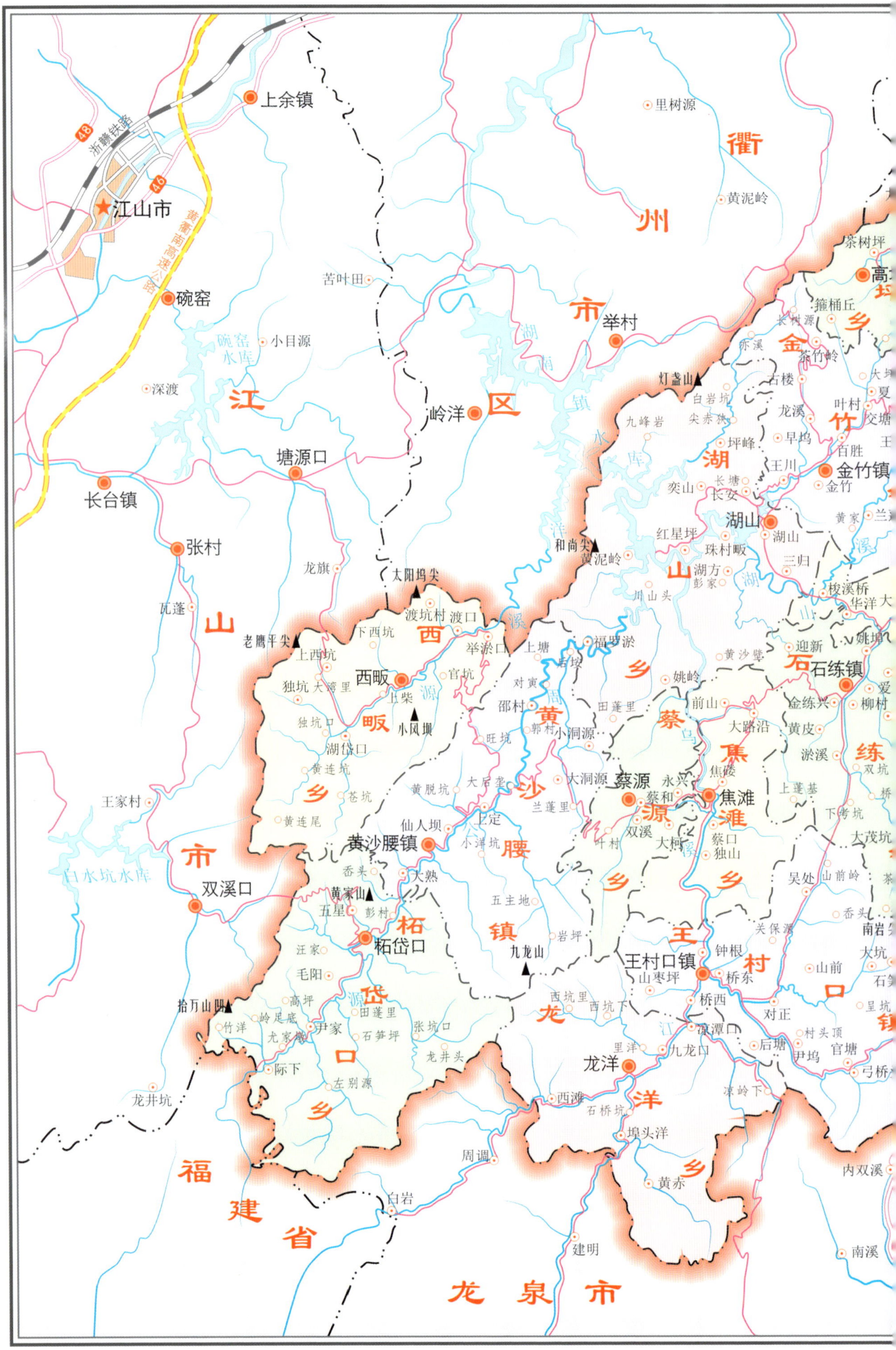

上余镇
浙赣铁路
48
46
江山市
黄衢南高速公路
碗窑
苦叶田
里树源
衢
州
黄泥岭
市
举村
区
岭洋
湖
南
镇
水
库
碗窑
水库
小目源
深渡
江
塘源口
长台镇
张村
龙旗
太阳坞尖
渡坑村
渡口
老鹰平尖
下西坑
西
上西坑
举淤口
上塘
福罗淤
西畈
官坑
源
独坑
大湾里
上柴
小风坝
畈
独坑口
湖岱口
黄连坑
乡
苍坑
黄连尾
瓦蓬
山
王家村
白水坑水库
市
双溪口
仙人坝
黄沙腰镇
上定
小洋坑
腰
沙
黄
周
对寅
邵村
郭村
小洞源
大洞源
旺坑
黄脱坑
大启垄
兰蓬里
大熟
五主地
黄家山
五星
彭村
柘
柘岱口
镇
岩坪
九龙山
汪家
毛阳
高坪
源
岱
田蓬里
拾万山凹
竹洋
岭足底
尹家
石笋坪
张坑口
龙家
际下
口
龙井头
左别源
乡
龙井坑
福
建
省
白岩
周调
龙
泉
市
建明
灯盏山
白岩坑
九峰岩
尖赤
坪峰
湖
奕山
长塘
长安
湖山
红星坪
和尚尖
黄泥岭
珠村畈
山
湖方
彭家
川山头
乡
姚岭
黄沙
田蓬里
蔡
乌
前山
大路沿
焦
焦陵
蔡源
永兴
蔡和
焦滩
源
滩
双溪
叶村
大村
溪
蔡口
独山
乡
乡
王
钟根
村
王村口镇
山枣坪
桥东
桥西
西坑里
西坑下
龙
江
溪潭口
九龙口
里洋
龙洋
洋
西滩
石桥坑
埠头洋
乡
黄赤
凉岭下
茶树坪
高
箍桶丘
长树源
乡
亦溪
金
茶竹岭
古楼
大
夏
叶村
交塘
龙溪
竹
早坞
百胜
王
王川
金竹镇
金竹
黄家
兰
湖山
三归
溪
湖
梭溪桥
华洋
大
山
姚坞
迎新
石
石练镇
爱
金练兴
柳村
黄皮
淤溪
练
双坑
上蓬基
下考坑
大茂坑
吴处
山前岭
香头
关保
南岩
大坑
山前
石
对正
村头顶
后塘
尹坞
官塘
弓桥
内双溪
南溪

遂昌县政区图

金华市区
武义县
松阳县
龙泉市
北界镇
新路湾镇
云峰街道
濂竹乡
妙高街道
三仁畲族乡
应村乡
湖山乡
遂昌县
妙高街道
松阳县
赤寿
古市镇
谢村
新处
斋坛
望松
四都
三都
西联
玉岩镇
枫坪
垵口
北界
新路湾
遂昌
遂昌东
龙丽高速公路
白岩
牛头山
银坑表
白马山
小洋盘尖
成屏一级水库
梧桐源水库
图例
县政府驻地
乡、镇、街道驻地
建制村
自然村
设区市界
县（市、区）界
镇（乡、街道）界
铁路及车站
高速公路及互通
省道
县道
街道
山峰
居民地
河流

遂昌县城区图

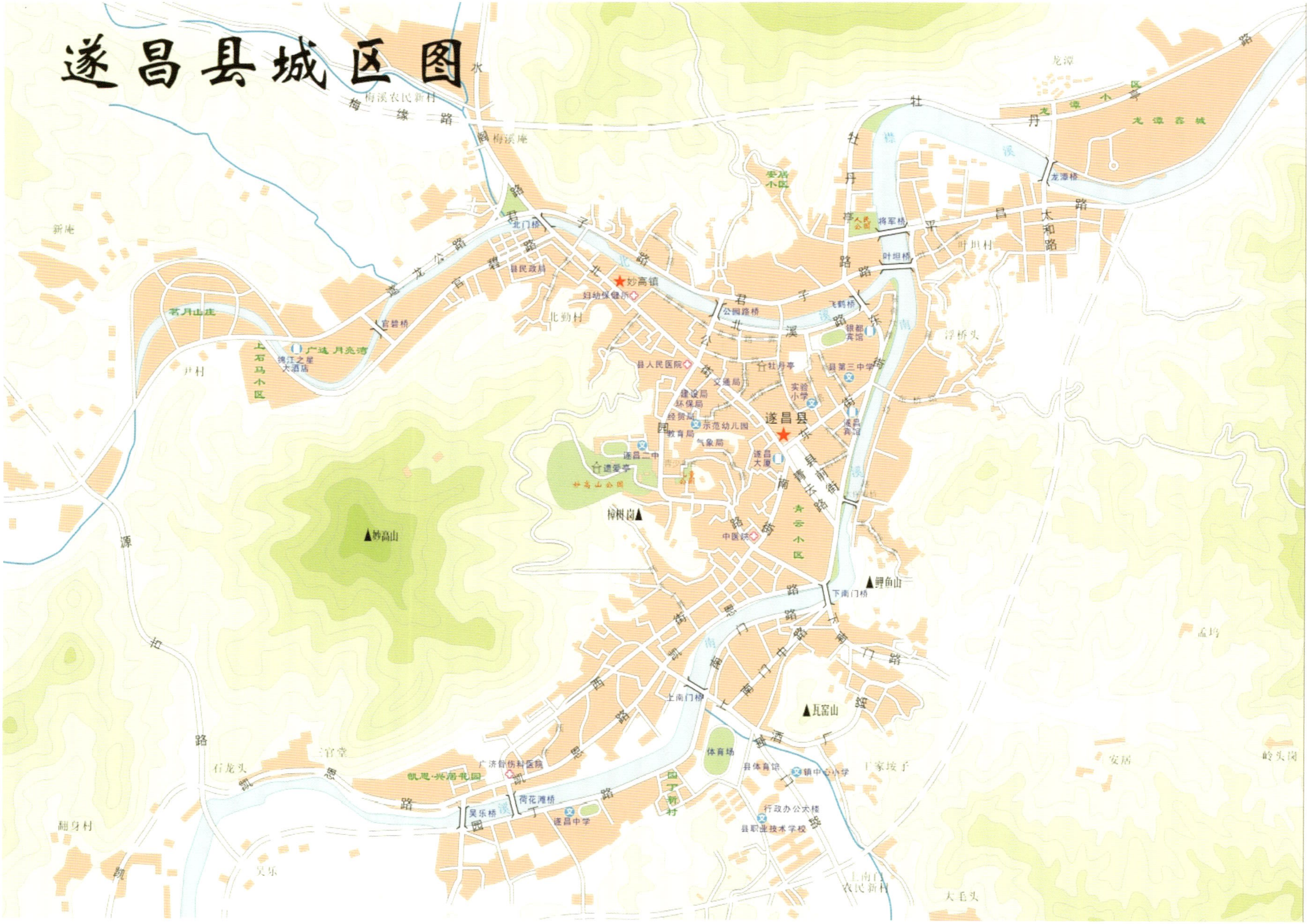

梅溪农民新村
梅缘路
梅溪庵
新庵
北门桥
县民政府
妙高镇
妇幼保健所
北驹村
官碧桥
茗月山庄
广达月亮湾
锦江之星大酒店
上石马小区
卢村
妙高山
樟树岗
遂昌二中
遗爱亭
妙高山公园
县人民医院
建设局
环保局
经贸局
教育局
东苑幼儿园
文通局
气象局
牡丹亭
实验小学
遂昌县
遂昌大厦
中医院
青云小区
公园路桥
飞鹤桥
银都宾馆
县第三中学
遂昌宾馆
浮桥头
将军桥
叶坦桥
叶坦村
龙潭桥
龙潭
龙潭小区
龙潭苔城
安居小区
下南门桥
鲤鱼山
上南门桥
瓦窑山
体育场
县体育馆
镇中心小学
行政办公大楼
县职业技术学校
丁家垵子
上南门农民新村
大毛头
孟坞
安居
岭头岗
广济骨伤科医院
凯思兴居花园
荷花滩桥
吴乐桥
遂昌中学
丁新村
石龙头
翻身村
吴乐

遂昌县城鸟瞰图

编辑说明

一、《遂昌年鉴》是中共遂昌县委、遂昌县人民政府主办的综合性县情年刊，是集资料、信息和知识于一体的大型工具书，旨在如实记载遂昌县区域自然、政治、经济、文化、社会等各方面情况，为各级党政机关、研究部门和社会各界人士了解、研究和宣传遂昌，提供比较全面、翔实、系统的信息资料，并为遂昌县逐年积累历史资料。

二、本书以马克思列宁主义、毛泽东思想、邓小平理论、“三个代表”重要思想、科学发展观、习近平新时代中国特色社会主义思想为指导，坚持辩证唯物主义和历史唯物主义的立场、观点和方法，紧紧围绕遂昌县委、县政府中心工作，旨在全面、真实、准确地记述2014年遂昌县政治、经济、文化、社会和生态建设各方面的情况。

三、本书框架由卷首、正文、卷尾三个部分组成，除特载、专记等类目收录综合性文章外，其余均采用类目、分目、条目三个层次记录，并以条目为主。卷首设特载、专记、大事记、县情总述、机构名录五个栏目；正文设中共遂昌县委等21个栏目；卷末设附录。全书约702千字。

四、本书所载内容由遂昌县各有关部门、单位指定专人撰写，经供稿单位审核后由《遂昌年鉴》编辑部定稿刊印，具有权威性。收录范围以遂昌县行政区划为界，收录时间原则上以2014年1月1日至12月31日为限。全书力求体现时代特点，突出地方特色。

五、本书所刊数据，均由各供稿单位提供，凡遇到数据来源、统计方法有疑或口径不一的，以统计部门为准。根据图书出版要求，文中“亩”“公里”“公斤”分别换算成“公顷（平方米）”“千米”“千克”，个别情况例外。根据行文需要，《遂昌年鉴》对单位名称采用全称和简称并用的方法，第一次出现采用全称，之后适用简称。

六、本书各供稿单位撰稿人员的姓名，附在所提供文字稿的后面。部分单位只提供年度总结，由编辑人员整理成稿的，后面署单位名称。特载、大事记和附录不署名。县情总述等综合性内容，由年鉴编辑部汇编成稿，后面署“史志办”。

七、《遂昌年鉴》的编纂出版工作得到全县各机关、单位的大力支持，众多供稿人员和编辑人员通力合作，为之付出了艰辛劳动，使本书得以顺利出版，借此表示感谢。由于编辑人手紧缺，缺乏经验，仓促成书，水平有限，多有疏漏或不足之处，敬请广大读者批评指正。

2014年6月23日，省委书记夏宝龙到遂昌调研农村电子商务建设

2014年5月22日，省政协主席乔传秀到遂昌调研教育工作

2014年7月21日，市委书记王永康到遂昌调研汤显祖文化建设

2014年7月9日，市委副书记、市长黄志平到遂昌调研美丽乡村建设工作

2014年6月2日，县委书记杜兴林调研城市更新工作

2014年9月1日，县委副书记、县长何卫宁调研梅溪小学建设情况

2014年6月17日，县人大常委会主任毛建华在北界镇调研养殖小区建设情况

2014年10月11日，县政协主席尹建中到垵口乡调研饮用水源保护工作

目录

中共遂昌县委员会

遂昌县人民代表大会

遂昌县人民政府

政协遂昌县委员会

民主党派·社会团体

法　治

军 事

农村建设

工 业

商贸·旅游

金融·财税

交通·邮电

教 育

卫 生

综合监管

城市建设与管理

社会民生

乡镇·街道

社会新闻

人物•先进

外地媒体看遂昌

附　录

特 载

中共遂昌县委工作报告

心无旁骛 埋头苦干
全力推进遂昌科学发展

——在县委十四届九次全体（扩大）会议暨全县经济工作会议上的报告

（2015 年 1 月 30 日）

中共遂昌县委书记 杜兴林

同志们：

这次县委全会是县委常委会决定召开的。会议的主要任务是：深入学习贯彻党的十八届三中、四中全会、省委十三届六次全会、市委三届八次全会和中央、省、市经济工作会议精神，回顾总结 2014 年工作，研究部署 2015 年发展任务，科学谋划进一步加强法治遂昌建设的思路和举措，审议通过《中共遂昌县委关于全面深化法治遂昌建设的实施意见》。

下面，我代表县委常委会向全会报告工作。

一、认真贯彻落实党的十八届四中全会精神，全面深化法治遂昌建设，为县域科学发展保驾护航

（一）深刻认识加强法治建设的重要意义。党的十八届四中全会通过了《中共中央关于全面推进依法治国若干重大问题的决定》，首次系统阐述了依法治国理念，全面推进依法治国与全面建成小康社会、全面深化改革、全面从严治党，构成了“四个全面”的完整治国体系，成为推进“两个一百年”奋斗目标和实现“中国梦”的重要力量源泉。省委十三届六次全会结合八年来“法治浙江”建设的实践，研究出台了《中共浙江省委关于全面深化法治浙江建设的决定》，我省力争要在六个方面走在前列。市委三届八次全会出台了《中共丽水市委关于全面深化法治丽水建设的实施意见》，提出了“五个显著提高”的总目标。我们要深刻认识到，依法治国是坚持和发展中国特色社会主义的本质要求和重要保障，是实现国家治理体系和治理能力现代化的必然要求，事关我们党执政兴国、事关人民幸福安康、事关国家长治久安。我们要切实把思想和行动统一到中央和省委、市委的决策部署上来，统一到依法治国、法治浙江和法治丽水建设具体措施的落实上来，把全面深化法治遂昌建设的各项任务研究好、谋划好、落实好，以法治的力量推动遂昌科学发展。

（二）牢牢把握法治遂昌建设的目标要求。县委常委会高度重视法治遂昌建设，会前研究审议了《中共遂昌县委关于全面深化法治遂昌建设的实施意见》。我们认为，加快推进法治遂昌建设，必须紧紧围绕全面推进依法治国的总体要求，立足我县法治实践，坚持党的领导，坚持服务发展，坚持法德并举，坚持以人为本，坚持实事求是，全面落实法治遂昌建设各项任务和措施。力争通过一个阶段的努力，实现法治权威牢固树立、权力运行规范高效、司法体系公平正义、全民守法意识显著提高、社会治理法治化水平全面提升，基本建成与经济建设、政治建设、文化建设、社会建设、生态文明建设和党的建设相适应的法治体系，加快形成尚法守制、公平正义、诚信文明、安定有序的法治遂昌。

（三）加快落实法治遂昌建设的主要任务。根据我县当前法治实践的实际情况，《实施意见》提出了依法执政、依法行政、公正司法、法治监督、法治社会、法治保障等六大举措，这里分法治实施体系、法治监督体系、法治保障体系三个方面进行说明。

1.构建高效的法治实施体系。主要包括依法执政、依法行政和公正司法三个方面。一要加快推进依法执政体系建设。依法执政首先要做到依宪执政，全县上下要以宪法为根本活动准则，通过学习宪法、开展国家宪法日等活动，切实增强宪法意识、维护宪法权威。任何组织和个人都必须严格遵守法律，对法律抱有敬畏之心，自觉在法律规定或允许的范围内活动。我们要积极改进执政方式、完善决策机制、落实党内法规制度，确保党的主张贯彻落实到法治遂昌建设中去。广大党员干部要带头学法、崇法、守法、用法，坚持以法治的理念、法治的行为、法治的程序开展工作，不断提升依法依规办事的能力。二要加快推进依法行政体系建设。要加快政府职能转变，深化法治政府建设，坚持“法定职责必须为，法无授权不可为”的要求，制定落实“四张清单一张网”，推进行政审批制度改革，厘清政府与市场的边界，减少中间环节，优化公共服务，加强政务公开，不断提升政府行政效率。要增强政府决策的民主性、科学性和法定性，确保作出的决策经得起群众和时间的检验。要改革行政执法体制，探索建立综合行政执法机制，提高执法和服务水平，塑造良好的行政执法形象。三要加快推进公正司法体系建设。加快落实中央、省、市关于推进司法制度改革的相关举措，切实维护司法体系的独立性和公正性，确保司法公平正义。公安、检察、审判机关要加强自身建设，严格规范司法程序，全面落实案件质量终身负责制和责任倒查机制，杜绝冤假错案。县委政法委要统一领导开展“阳光司法”机制建设，完善人民监督员制度，加强司法廉政建设，加大司法信息公开力度，不断提升司法透明度和公信力。

2.构建严密的法治监督体系。严格执法、公正司法，离不开对法律实施的强力监督，也离不开健全完善的法治社会体系。一要提升法治监督水平，强化权力运行制约。我们要加强人大监督、民主监督、司法监督、纪律监督和社会监督制度建设，切实增强监督的合力和实效。县人大及其常委会要担负起宪法和法律赋予的监督职责，依法履行法律监督职能，推动“一府两院”依法行政、公正司法。县政协要认真履行民主监督职能，积极探索民主监督的新形式、新办法，不断提高民主监督的成效。县政府及其组成部门要完善行政监察、行政复议、审计监督等多元化行政监督方式，确保把行政监督各项工作落到实处。人民检察院作为专门司法监督机关，要依法履行立案监督、侦查监督、审判监督等职能，切实维护司法公平正义。纪检监察部门要加强对党纪国法执行情况的监督检查，确保政令畅通。二要积极推进法治社会建设，提升全民法治意识。要大力开展法治宣传教育，通过开展“六五”普法、法律“六进”、送法下乡等活动，不断提高全民法治意识和法治素养。进一步加强法律服务市场化运作，规范律师服务、法律援助等行为，切实为群众提供满意的法律服务。要通过法治社会建设，提升公众对执法、司法的监督意识，构建社会监督长效机制，正确发挥媒体舆论监督作用，规范和引导网络监督行为，切实维护和保障人民群众参与社会监督的权力。

3.构建有力的法治保障体系。我们要始终坚持党委总揽全局、协调各方的领导核心作用，强化党委对法治遂昌建设的统一领导、统一部署，形成党委领导，人大、政府、政协分头负责，各部门分工实施的法治遂昌建设工作新格局。认真探索建立科学的法治建设指标体系和考核标准，把法治遂昌建设成效列为领导班子和领导干部年度考核的重要内容。切实加强法治队伍建设，不断提高执法司法队伍、法律服务工作者、人民调解员等法治队伍的整体水平，重视法治人才后备力量教育培养，加快建立法律人才专家库，为推进法治遂昌建设提供人才保障。各级各部门要把法治遂昌建设与县委县政府的决策部署紧密结合起来，以法治思维推进各项工作，以法治遂昌建设成效保障中心工作顺利开展。

二、围绕过去一年怎么看，系统回顾全年经济社会发展的实践，进一步增强加快发展的信心决心

（一）看总体，发展战略有效执行。县委十四届七次全会以来，我们全面贯彻落实“绿水青山就是金山银山”战略思想，提出建设“五美遂昌”的崭新目标，出台了《关于深化改革创新建设美丽遂昌的决定》，号召全县上下要大力弘扬“担当、奋斗、落实”干事创业精神，推动“中国梦”和“两美浙江”在遂昌的生动实践。通过全县干部群众努力奋斗，美丽县城、美丽乡村、美丽生态、美丽生活、美丽事业建设扎实推进。全年实现生产总值90.92亿元，增长7.5%，高于全市平均水平；完成固定资产投资47.92亿元，增长17.9%，居全市第三；实现公共财政预算收入6亿元，增长8.7%；城乡常住居民人均可支配收入分别达31478元、12908元，增长8.7%和12.3%，均位于全市前列。一年来，我县还先后被评为国家生态文明建设示范县、美丽中国十佳旅游县、中国电子商务发展百佳县、省平安创建工作先进单位等，县域知名度美誉度进一步提升。在此，我们可以自信地说，一年来，县委县政府发展战略得到有效执行，“五美遂昌”建设取得初步成效。

（二）看趋势，三城并举蓄势待发。新型城市化是实现强县富民的战略支撑。今年，经过深入调研、广泛征求民意，我们以最大的决心启动城市更新项目。在干群合力推动下，历经多轮征迁的吴乐畈区块被一举拿下，东桥路、园丁路西段、棚户区改造项目开工建设，荷花滩区块腾空房屋拆除工作全面推进，有史以来规模最大的旧城改造项目取得重要进展。我们还大力推进城市绿化、亮化、美化工程，成功创建省级园林城市，城市建设“六个一”工程、汤显祖纪念馆周边环境提升、文化刷墙、公共自行车等举措扮靓了城市，方便了市民。同时，加快东城、新城开发进度，低丘缓坡开发利用累计完成投资10亿元，连直线改建工程、遂昌第二中学、凯兴开元大酒店、安置房小区等重点项目扎实推进，衢宁铁路项目正式获批，遂昌即将进入铁路时代。全年城市建设投入达6.93亿元，总量连续两年居各县市之首，“三城并举”战略正式落地、蓄势待发。

（三）看潜力，创业创新积极有为。接力创业、草根创新是遂昌发展的最大潜力。我们坚持资本推动战略，进一步加强招商引资工作，初步统计，实现利用内资25亿元、外资760万美元、浙商回归资金10.62亿元，引进重大项目17个。坚持打造地等企业优势，加快建设山海协作共建产业园，新增工业用地1535亩，首批8家企业入驻龙板山；旅游平台进一步扩张，三墩旅游综合体、湖山温泉小镇等重大项目成功落地，高坪新村、长濂村成功创建国家3A级景区。坚持鼓励草根创新，建成“赶街”网点210个，电商销售额同比增长76%，遂昌竹炭进驻渤海商品交易所，农电商“遂昌模式”得到各界广泛关注，我县入选农业部信息进村入户试点县。坚持创业促增收，三仁、高坪农业园区通过省级验收，新建粮食生产功能区11个，实现农业总产值16.59亿元，增长5.3%；实现规模以上工业增加值29.99亿元，增长3.5%；实现服务业增加值38.79亿元，增长9%，旅游接待总人数和总收入保持全市前列。

（四）看重点，规定动作执行到位。我们始终坚持绿水青山就是金山银山，全力推进“五水共治”，建立三级“河长制”，规划实施治水十大工程，完成投资7.22亿元，占年度计划115%。创新开展河长晒垃圾、政府买垃圾等活动，整治石材加工、造纸、化工和竹加工企业69家，关停和改造养殖场178家，完成55个村生活污水治理项目，提前完成“清三河”任务，首次夺得全省水利“大禹杯”铜奖，入选全省农村生活污水治理优胜县。我们不断深化“三改一拆”工作，涉宗教、涉河“两违”处置取得突破，累计完成三年拆违任务的256.33%，“无违建乡镇”创建考核验收率达95%。我们全力推进美丽乡村建设，围绕打造中国最洁净乡村，开展第二批农村垃圾分类处理试点，实施县城禁放烟花爆竹措施，省级生态乡镇实现全覆盖。加强美丽乡村项目建设，实施“一事一议”项目58个、历史文化村落项目11个，完成土地开发整治4259亩，十八里翠国家级水利风景区规划通过批复。我县入选全国首批美丽乡村建设标准化试点。

（五）看民生，惠民利民再上台阶。我们牢记民生与时俱进的承诺，全年民生投入15.22亿元，增长16.8%。坚持教育优先发展，梅溪小学等项目投入使用，高考再创佳绩，国家义务教育发展基本均衡县通过评估。深化公立医院综合改革，全面实施县乡村卫生一体化综合管理改革试点，县人民医院新住院大楼投入使用，遂昌康复医院开工建设。文化体育事业全面推进，成功举办2014汤显祖文化节和生态体育论坛，成立全国首个县级乡村文明促进会，省级文化先进县和体育强县创建通过验收，被评为省农村文化礼堂建设先进县。着力提升社会保障水平，超额完成五大保险参保扩面任务，建成居家养老服务照料中心80个，有效开展“6.27”抗洪救灾和灾后重建工作，实现省级双拥模范县“六连创”。积极推进农村产权制度改革，焦滩乡在全市率先完成整乡土地确权登记工作，全县新增林权、农房和土地流转经营权抵押贷款2.72亿元。全力争创平安县“十连冠”，推广实施“民事村了”工作法，加强重大决策社会稳定风险评估，率先实行重点部门轮值接访制度，连续9个月保持“零非访”，社会治安、安全生产形势保持稳定。

（六）看队伍，作风建设成效突出。我们坚持规定动作做到位，自选动作创特色，深入推进党的群众路线教育实践活动，党风、政风建设成效突出。一是团队精神更加突出。县四套班子领导以上率下、以身作则，带头开展批评与自我批评，带头领办包干重点项目；各级各部门一把手挂帅出征、靠前指挥，做到守土有责、守土有方、守土有效；党员干部积极参与“三重”工作，东方屠宰场搬迁、大溪坝水电站龙洋库区政策处理等一批历史遗留难题得到彻底破解。二是服务群众更加突出。着力打造基层党建“十百”工程，创建党建示范点35个，完成12个软弱涣散基层党支部整转。深入开展驻点走亲连心、“走村不漏户，户户见干部”等活动，认真落实教育实践活动整改方案，创新“赶街”、“政企社”共建便民服务中心等服务方式，干群联系更加紧密，服务群众更接地气。三是奖优罚劣更加突出。以“执行力锻造年”为抓手，实施识别好干部全程考察法，“三重”工作一线推优248人次。“你点我访纠四风”通报单位34个，上重点项目一线接受教育4人。举办“群众问政进行时”活动3期，打造了遂昌电视问政品牌。认真落实主体责任，立案查处违纪违法案件63件，反腐倡廉建设取得新成效。

在肯定成绩、坚定信心的同时，我们也要对存在的困难和问题有清醒的认识，经济发展方面，存在经济总量偏小、财政增长低速、民间投资不足、企业生产困难、金融生态不优等诸多问题；生态建设方面，环境保护的压力日益加大，生态质量提升的空间越来越小；社会发展方面，存在信访维稳压力大、安全生产隐患多、干部责任担当不均等困难和问题。对于这些，我们一定要高度重视，勇于面对，在今后的工作中切实加以解决。

三、始终坚持发展第一要务，努力践行绿色生态发展理念，精准发力推进五美遂昌建设

今年是“十二五”收官之年、强县富民发力之年、教育实践活动整改落实之年，任务重大，挑战巨大，群众期望更大，必须保持定力，精准发力，凝聚合力，加快推进强县富民各项事业。

（一）适应新常态，坚持发展第一要务。中央经济工作会议指出，以经济建设为中心，是兴

国之要，发展是党执政兴国的第一要务，今年经济工作要坚持稳中求进的总基调。我们认为，稳是前提，进是根本。结合遂昌实际，要强化三个方面的认识。一要正确认识新常态。经济发展进入新常态，呈现出发展速度变化、经济结构优化、增长动力转换等特点，对此必须主动适应。但是，也要避免陷入“新常态”下发展就不重要的误区，忽视经济增长要求，甚至以“新常态”为借口不作为、慢作为；还要避免将“新常态”各项特征绝对化，必须结合遂昌具体实践，正确认识、适应和引领新常态。二要正确判断发展导向。去年，省委对丽水不再考核GDP和工业总产值，但是对我们的要求是更高了，工业增加值、农业增加值、服务业增加值、财政收入、居民收入仍然是重要的考核指标。另一方面，从群众意愿出发，在区域竞争中落伍群众不答应，在收入比拼中掉队群众不答应，实现群众对美好生活的向往关键还是要靠发展。三要正确把握工作重心。一年来，我们集中大量精力推进“五水共治”“三改一拆”“六边三化三美”等规定动作，这是我们保护好“绿水青山”的根本举措。但是，三城并举、产业转型、改革创新等自选动作也要紧抓不放，这是我们寻找“金山银山”的根本途径。综合以上判断，新的一年，我们必须保持认识、目标、行动上的定力，始终坚持发展第一要务，牢牢把握遂昌发展阶段、发展依靠和突破口、着力点，进一步明确全年目标任务，落实好各项重点举措，推动遂昌乘势而上、突破奋进。

（二）明确新目标，落实四项基本要求。今年经济社会发展的总体要求是：坚持“绿水青山就是金山银山”根本战略，发扬“担当、奋斗、落实”干事创业精神，主动适应新常态，聚焦发展第一要务，狠抓改革攻坚，突出创新驱动，加强民生保障，着力从严治党，心无旁骛抓落实，埋头苦干拼实绩，全力打造五美遂昌，加快建设山区科学发展示范区。

建议经济社会发展的主要预期目标为：生产总值增长7.5%左右；规上工业增加值增长8%；农业增加值增长3.5%；固定资产投资增长15%以上；公共财政预算收入增长7.5%；全社会消费品零售总额增长11%；城镇居民人均可支配收入增长8%；农村居民人均可支配收入增长10%；城镇登记失业率控制在4%以内；各项约束性指标达到国家要求。

抓好今年工作，要坚持四项基本要求：

一是坚持生态发展。遂昌要名、要利，更要生态。我们要坚持把生态文明作为信仰去实践去奋斗，严格执行重点生态功能区规划，合理平衡保护环境和发展经济的关系，低端低效、高污染高耗能等负面清单之内的项目坚决不要，集聚集约、可控可治等负面清单之外的项目坚决要。

二是坚持转型升级。转型升级是新常态的基本要求。我们既要推进经济领域转型升级，积极引导新兴产业发展，不断提升传统产业质量和效益，打造高质量的绿色生态产业体系。也要推进社会领域转型升级，保持适度超前意识，提前规划、积极引导，推动城市乡村往更高层次发展。

三是坚持改革推动。改革是最大的红利。我们要坚持改革顶层设计和基层创新相结合，项目化推进经济社会各项改革。重点是推进以“五大改革试点”为主的经济领域改革、以“四张清单一张网”为主的行政管理改革、以法治遂昌建设为主的社会治理改革、以从严治党为主题的党建改革。

四是坚持实干兴县。空谈误国，实干兴邦。我们要把抓落实作为检验干部的重要标准，深入推进执行力锻造行动，不断强化干部担当意识、奋斗精神和落实能力。要加强实干典型引领，鼓励大众创业、万众创新，全面营造良好干事氛围，让苦干实干成为遂昌最强音。

（三）聚焦新任务，推进七个精准发力。

1.聚焦招商引资一号工程，在强化资本推动上精准发力。招商引资是县域发展的核心引擎。随着低丘缓坡项目的推进，龙板山区块已经具备大规模招商、大规模进驻的条件。因此，必须强化招商引资一号工程，各部门都要深入研究招商引资工作，不断优化考核激励机制，进一步提升招商引资动力。要加强专业招商队伍建设，主动出击抓二产招商、以商引商和招才引智，确保引进一批“高效、生态、集约、科技”的制造业项目。同时，要强化项目生成，善于无中生有、有中选优，坚持敢想敢干、敢说敢做，谋划一批基础设施、公共服务、产业发展等方面的重大项目，充实“十三五”重大项目储备库。要强化项目推进，科学制订年度投资计划，进一步完善县领导领办重点项目、党政联席会议、督查通报等制度，积极向上争取政策、资金、土地指标支持，加快项目政策处理进程，确保各个项目按期推进。要加强民间投资工作研究，多形式、多渠道吸引民间资本进入社会事业、公用设施等各个领域，进一步提高民间投资占比，促进投资结构优化。

2.聚焦三城并举发展战略，在建设美丽城乡上精准发力。我们要坚持以城带乡的理念，保持推进力度不变，加快形成塔吊林立的城市建设场面。东城要以产业培育为核心，按照超前一年打基础、成熟一块用一块的原则，积极推进龙板山区块基础设施建设，强化制造业项目落地实施，集聚集约打造产业基地。新城要突出精品精致的要求，推进路网工程、城市文化综合体、古院大厦等项目建设，加强与三墩区块联动发展，着力打造集商住文旅功能为一体的城市新区。老城要以改善人居环境为目标，加强城市规划和管理，扎实推进荷花滩、吴乐畈、东桥路、园丁路等城市更新项目，适时启动凯恩路改建工程，大幅提升老城的品质和价值。同时，着眼三级梯度发展、联动发展，推进衢宁铁路、腾龙小区二期、51省道改建、乌溪江大桥、石坑坪水库等重大项目，坚定不移开展土地开发整理，积极谋划清水源水库、遂江公路等前期项目，推动城乡一体化发展。围绕乡村休闲养生主题，着力培育产业强镇、旅游名镇和特色集镇，推进中心村、历史文化村、农家乐综合体建设，新建一批美丽乡村精品村，积极推进全国美丽乡村建设标准化试点。

3.聚焦绿色生态产业发展，在推进转型升级上精准发力。推进产业转型升级，必须持之以恒、久久为功。要坚持保总量、稳增量。高度重视困难企业帮扶，加强风险防范、政策支持、金融扶持，千方百计帮助企业稳定生产。积极支持元立、凯恩等骨干企业发展，推进个转企、小升规，发展壮大中小企业。强化制造业投资，开工建设一批新项目，切实稳定产业增量。要坚持调结构、促转型。一产推动农业与电商、旅游、工业深度融合，积极创建国家现代农业园区示范县。二产扎实推进“四换三名”工程，强化资源要素配置向优质企业和项目集聚，支持造纸、化工企业实施技改项目。三产强化项目带动，推进遂昌金矿创5A、湖山温泉小镇、三墩旅游综合体、白马山生态旅游区等重点项目，大力培育精品民宿、体育旅游等新业态，推动观光游向休闲养生（养老）游转型。要坚持树品牌、强效益。围绕打造中国最佳旅游服务县，不断提升旅游服务水平，进一步加强旅游营销创新，全力扩大旅游市场。要精心呵护“原生态”农业品牌，加强农产品质量监管和市场开拓，推进标准化生产、品牌化管理、可追溯体系建设。要提升打造“淘宝县”，积极推进“2510”工程，努力申报电商特色小镇，支持“赶街”模式走出去。

4.聚焦生态文明先行示范，在守护生态环境上精准发力。去年，丽水被列入国家生态文明先行示范区建设，我县被评为全市首批国家级生态文明建设示范县，这是动力，也是压力。我们要以此为契机，认真贯彻落实新《中华人民共和国环境保护法》，严格实行环保“三同时”制度，加快编制《环境功能区规划》，有序推进生态文明建设。不断深化“五水共治”，加快城镇污水处理厂、农村生活污水治理、中小河流治理等重点项目，常态化开展治污“零点行动”，以治水倒逼产业加快转型升级。进一步巩固“无违建”创建成果，坚持治旧控新原则，依法处置“两违”行为，以法治思维将“三改一拆”进行到底。全面升级大气污染防治，加强煤改气、绿色工地建设、黄标车治理，确保空气质量优良。不断深化洁净乡村工作，落实长效管理机制，深入推进农村垃圾分类处理。加强“森林遂昌”建设，积极开展全民绿化，推进生态公益林保护和扩面工程。积极探索土壤改良，引导农民科学合理施肥，促进生态文明理念深入人心。

5.聚焦全面深化改革创新，在提升发展动力上精准发力。深化改革与创新驱动，既是时代的最强脉搏，也是县域发展的现实需要。我们既要主动承担上级改革任务，也要积极探索县域自主创新，推动顶层设计与基层探索互促互进。深入推进创新驱动发展战略，实施高新技术企业培育三年行动计划，扩大对外科技合作平台，提升县域核心竞争力。深入推进行政审批制度改革，强化并联审批和审批代办服务，探索网络审批模式，全力打造项目审批“遂昌速度”。深入研究政府与市场的关系，加强行业协会、中介机构等社会组织的规范化建设，推行政府购买服务。不断深化农村产权制度改革，加快农村宅基地、农村集体土地确权登记发证工作，积极实施农村“三权”抵押贷款，大力支持农民创业。要加快推进扶贫改革试验，深入探索山海协作扶贫模式，加强产业扶贫和结对帮扶，推进村级集体经济股份制改革，助推低收入农户和经济薄弱村持续增收，最大程度激发农村发展活力和农民的创业激情。

6.聚焦提升民生福祉，在推进公共服务均等化上精准发力。我们要始终坚持问题导向，把事关群众切身利益的民生事业办好、办实。围绕创建教育现代化县，有序推进遂昌中学扩建工程、学前教育园舍、职业中专实训楼、后江小学迁建等项目，推动学前教育、义务教育、普高教育、职成教育同步发展。进一步深化医疗卫生体制改革，推动省级卫生强县、省卫生应急示范县创建。完善大社保体系，完成社会保险全民参保登记，稳步提升社会基本保障水平。加快推进居家养老服务，构建“居家为基础、社区为依托、机构为支撑”的养老服务体系。进一步完善公共就业服务信息网络，加强职业技能培训，促进就业和稳定就业。不断繁荣文化体育事业，全面提升汤显祖文化品牌，大力发展体育竞赛、运动训练和康体疗养等生态体育事业，举办全国首届生态体育运动会，打造县域体育公园。加强基层社会治理创新，充分发挥“民事村了”工作法、“政企社”共建便民服务中心、“求和”人民调解、民兵应急连等工作机制和社会组织作用，积极化解基层矛盾纠纷，全力争创平安县“十一连冠”。

7.聚焦教育实践活动整改落实，在从严治党上精准发力。我们要坚持把党建作为最大政绩，以教育实践活动整改为抓手，全面落实从严治党要求，进一步提升党员干部服务发展的能力。一要落实书记抓党建的责任。探索建立书记抓党建责任清单，推行书记巡查约谈机制和向下述职机制，谋划“乡镇书记谈党建”电视栏目，深入开展“百名书记走千村”活动，加大抓基层党建考核力度，强化书记抓党建的责任意识。二要加强宣传思想政治工作。思想建党永远不能松懈。各级党组织要加强党的基本理论的学习宣传，深化改革创新、法治建设、反腐倡廉等重点课题的研究，进一步增强政治定力。新闻媒体要大力宣传县委、县政府中心工作，努力营造苦干实干比业绩的良好氛围。各单位要加强社会主义核心价值观宣传教育，树立更多“最美”典型。三要坚持从严从实管理干部。推进“三严三实”教育活动，严格落实教育实践活动整改项目，巩固活动成果。坚持“有激情、敢担当、能负重”的导向，更加注重在“三重”工作中培养干部，切实防止干部本领恐慌。落实识别好干部全程考察法，严把选人用人的动议关、考察关、程序关，开展新提任党政正职适岗性评价。坚持多渠道关心关爱干部，依法依规保护干部，进一步调动基层干部干事热情。四要着力打造基层党建品牌。深入推进基层党建“十百工程”，开展第二批党建示范点创建，抓好后进党组织整顿转化，选树一批先进基层党支部书记。切实加强党员队伍管理，认真落实“五条自律”，从严把好党员审查审批关。进一步完善基层党建工作机制，探索建立党建工作专项经费保障机制。五要严明政治纪律和组织纪律。坚持做政治上的明白人，严肃处理不守纪律、不讲规矩的行为。深入推进执行力锻造活动，不断深化“你点我访纠四风”、“群众问政进行时”等举措，严防“四风”问题反弹回潮。进一步深化惩防体系建设，综合运用制度建设、廉政教育、案件查办等举措，保持反腐败高压态势，努力形成不敢腐、不能腐、不想腐的有效机制。进一步加强基层党风廉政建设，加强村级“三务”公开、“三资”管理规范化和美丽乡村大家建，严肃查办群众反映强烈的问题。

同志们，把人民的期待变成我们的行动，把人民的希望变成生活的现实，这是习近平总书记新年的嘱托。为了遂昌人民更加幸福美好的明天，为了实现五美遂昌的美丽梦想，让我们更加紧密地团结在一起，聚焦发展第一要务，心无旁骛，埋头苦干，推动遂昌发力冲刺，奔跑向前。

遂昌县人大常委会工作报告

——在遂昌县第十五届人民代表大会第四次会议上

（2015年3月12日）

遂昌县人大常委会主任 毛建华

各位代表：

我受遂昌县第十五届人民代表大会常务委员会委托，向大会报告工作，请予审议。

2014年工作回顾

一年来，在中共遂昌县委的领导下，在省、市人大常委会的正确指导下，县人大常委会坚持党的领导、人民当家做主和依法治国有机统一，紧紧围绕全县工作大局，紧密依靠广大代表，认真履行宪法和法律赋予的职权，各项工作取得了新进展，较好地完成了县十五届人大三次会议确定的工作任务。全年共召开常委会会议7次，主任会议16次，听取和审议“一府两院”专项工作报告35个，作出决议、决定13项，审议意见4项，并对审议意见落实情况进行跟踪监督，为推进我县经济社会改革发展和民主法治建设做出了积极贡献。

一、围绕发展大局，突出监督重点

县人大常委会牢牢抓住加快转型升级这条主线，把事关全局、事关长远、事关人民群众根本利益的问题作为监督重点，推动山区科学发展示范区建设。

（一）着力监督经济发展。一是关注经济运行质量和效益提升。先后听取了“十二五”规划纲要中期评估审议意见落实情况的报告、2014年上半年国民经济和社会发展计划执行情况及下半年工作计划的报告、2013年固定资产投资完成情况及2014年固定资产投资计划安排的报告、“十一五”以来市场经济主体结构变化情况的报告，审查批准了2014年政府性债务收支计划，要求县政府及有关部门要勇于担当，开拓进取，采取扎实有效措施，确保社会经济平稳运行。二是重视工业经济发展。组织常委会组成人员对工业经济及项目建设情况进行视察，听取工业经济发展情况报告和近三年全县安全生产情况报告、近三年全县招商引资工作情况报告。针对国内外宏观经济形势影响，园区内工业经济增长后续乏力，制造业投资缺乏大项目支撑，企业生产经营整体不够景气的现状，向县政府提出了工业经济视察意见。三是关注旅游产业和城市建设。听取了旅游项目落地、古院新区开发、城市更新、文体设施建设情况的报告，视察了文体设施建设项目。要求县政府进一步明确旅游产业发展的战略定位，高度重视旅游业改革发展；优先考虑城市路网等基础设施建设，推进城市快速发展。

（二）着力监督科学理财。认真履行财政监督工作职责，开展了全口径预决算监督，督促政府合理分配资金，提高财政资金使用绩效，有力促进政府依法科学理财。一是加强对预算编制的监督，夯实预算监督基础。增强制定财政预算的预见性和科学性,使年度预算编制工作更加周密。通过代表大会全体会议审议批准年度公共财政预算。二是加强对预算执行情况的监督，增强预算监督实效。在一年两次听取和审议财政预算执行情况报告的基础上，加强对预算调整的审查，对预算执行情况进行有针对性的监督，增强预算的约束性和权威性。三是加强对财政决算的监督，规范预算监督程序。认真审查政府财政决算报告，要求财政部门对决算报表数据细化到项目，决算草案的内容、科目与预算内容、项目相对应。四是加强对财政审计的监督，强化预算监督手段。要求审计部门严格依法进行同级审计，全面客观地反映政府依法理财的效果以及财政预算执行情况，做到先审后批，努力维护人大对预算监督的严肃性。

（三）着力监督惠农政策的落实。坚持把解决好“三农”问题作为工作的重要内容，将支农惠农政策落实情况作为监督重点。听取了滩坑水电站移民安置及后续扶持工作的报告，要求政府继续加大对移民生产生活的扶持力度，使移民能安得下、稳得住，逐步走上致富道路。听取了高效节水灌溉设施建设、野生动物驯养繁殖、茶产业发展情况的报告，建议政府要加快农业基础设施建设，妥善解决部分水利设施重建轻管问题，充分发挥水利设施在保障农业生产中的重要作用；加大对农业产业的扶持力度，培育农业骨干企业，提升市场竞争力。

（四）着力监督“五水共治”进展。牢固树立“绿水青山就是金山银山”绿色生态发展理念，以“五水共治”为着力点，加大对生态环境保护工作的监督力度。一是开展专题调研。常委会组成人员深入平昌石材园区，对石材加工污水处理设施建设情况进行视察,对饮用水源地生活垃圾分类、乌溪江上游生活污染和农业面源污染、养殖场污染整治、防洪排涝工作情况开展专题调研。二是监督“五水共治”工作。听取和审议了“五水共治”工作情况报告，要求县政府加大污水治理力度，有序启动老城区雨污分流改造工程建设，继续做好农业面源污染治理。省、市、县三级人大联动，听取并审议了防洪排涝工作报告，要求县政府突出重点，强化防洪减灾工程建设，切实保障人民群众的生命财产安全。三是组织“五水共治”活动。组织开展了“发挥人大职能推动五水共治”系列行动和“合力五水共治，代表作表率”主题活动，各级人大代表和人大机关干部积极参与“五水共治”工作。四是推进畜禽养殖污染治理。对畜禽养殖污染整治工作进行持续监督，常委会领导召集相关部门负责人就畜禽养殖污染整治提升工作进行现场调研，帮助落实畜牧养殖小区选址和建设资金，加快推进畜禽污染整治工作。

二、围绕改善民生，关注社会热点

县人大常委会始终把促进民生改善作为监督工作的重中之重，努力使改革发展成果更多更好地惠及人民群众。

（一）关切社会保障。2014年，依法对县人力社保局社会保障工作进行评议，深入人力社保局及全县20个乡镇（街道）、相关部门和部分企业、村进行走访、调查，广泛征求社会各界对社保工作的意见和建议。专题召开对县人力社保局社会保障工作的工作评议会议，进行满意度测评，并作出评议意见，在肯定其成绩的同时，更指出一些亟待解决和改进的问题，要求县人力社保局认真整改，于2015年4月底前将整改情况向县人大常委会报告。常委会还听取了保障性住房建设、分配和管理工作审议意见落实情况、“增进计生关爱，促进家庭幸福”、疾病预防控制、防震减灾等工作情况的报告。

（二）关切教育质量。持续跟踪监督县政府关于教育质量提升行动计划落实情况，听取了政府对教育质量提升行动计划审议意见落实情况的报告，并进行了满意度测评。将对教育的关注从义务教育阶段向两头延伸，听取并审议了县政府关于学前教育发展情况的报告，要求落实政府对学前教育改革、发展、管理的主体责任，建立学前教育成本分担和运行保障机制，加强幼儿教师队伍培训，加大对民办幼儿园的扶持力度，推进民办学前教育健康发展。对遂昌中学扩建、第二中学、梅溪小学等教育设施建设工作实施了监督。

（三）关切群众信访问题。积极配合县委、县政府做好信访、维稳工作，坚持常委会领导下访接访制度，认真接待群众来信来访，全年共处理群众来信61件，接待群众来访118批次。信访接待中做到耐心、诚恳，向当事人阐明法理，提出意见和建议，切实维护人民群众的合法权益，为维护社会稳定作出了积极贡献。

三、围绕公平正义，推进依法治县

县人大常委会以保障人民群众根本利益为出发点和落脚点，坚持人大常委会学法制度，切实提高常委会组成人员的法律素质，促进依法行政、公正司法，努力维护社会公平正义与和谐稳定。

（一）依法决定重大事项。紧紧围绕中心工作，认真依法行使重大事项决定权，有力地促进和保障了遂昌经济发展和社会进步。常委会审议了政府性债务收支计划、荷花滩吴乐畈区块综合开发工程项目融资、动用预算稳定调节基金等议案，分别作出相应决定。

（二）依法做好人事任免。坚持党管干部与依法任免国家机关工作人员相统一的原则，严格执行任免程序。组织任前法律知识考试，增强拟任人员的民主法制意识。为任命的干部颁发任命书，对任命的干部提出履职要求，增强任命干部的使命感和责任感。一年来，县人大常委会依法任免国家机关工作人员34人次，支持县法院人民陪审员“倍增”工作，依法任命96位人民陪审员。

（三）依法检查办案质量。为提高行政执法机关依法行政能力和执法办案水平，推进“法治遂昌”建设，县人大常委会对县市场监督管理局、县农业局的行政执法案件进行办案质量检查。检查组听取了两部门行政执法工作汇报并抽查行政处罚案件20件，在肯定成绩的同时，针对办案程序、法律文书制作、行使自由裁量权和法制宣传等方面存在的不足，向两单位提出了整改意见。

（四）依法监督司法行为。坚持公正司法，是维护社会公平正义的重要保障。一年来，县人大常委会采取多种形式，督促司法机关严格执法、公正司法。一是加强对法院审判活动的监督。组织县人大代表旁听庭审活动，探索涉及县人大代表案件的监督协调机制，由县法院出台《涉县人大代表诉讼案件管理办法》，法院涉及人大代表的案件要报县人大常委会备案。二是对反渎职侵权工作进行监督。常委会集体学习渎职侵权法律知识，开展反渎职侵权工作调研，听取和审议了县检察院关于反渎职侵权工作的报告，肯定了反渎职侵权工作所取得的成效，提出了进一步加强反渎职侵权犯罪宣传、加大惩治和预防渎职侵权犯罪工作力度、提升反渎职侵权工作实效、加强队伍建设的审议意见。三是加强对公安机关社会管理工作的监督。开展了公安机关加强和创新社会管理工作调研，检查了社区警务中心建设，听取了加强和创新社会管理工作汇报，针对流动人口服务管理机制不够健全、社会治安防控体系建设不够深入、队伍中协警人数多、素质不高和待遇低等问题，提出了立足大局、找准定位，转变思想、创新理念，突出重点、规范执法的工作要求。四是加强对社区矫正工作的监督。开展了社区矫正工作调研，听取了县司法局开展社区矫正工作情况汇报，针对存在的社区矫正队伍力量薄弱、经费不足和与乡镇（街道）衔接不够等问题，提出了进一步加大对社区矫正工作法律法规的宣传力度、进一步充实社区矫正工作人员队伍、进一步强化与部门、乡镇（街道）衔接沟通的建议。

（五）依法审查规范性文件。继续抓好《遂昌县人民代表大会常务委员会规范性文件备案审查的规定（试行）》的落实，全年受理审查县政府报备的规范性文件49件。配合省人大开展“查找不适应全面深化改革要求的法律法规条文”主题活动，共征求到100余条意见、建议，涉及法律、行政法规、地方性法规、地方政府规章及其他规范性文件40多部，认真分析梳理后上报市人大75条。

四、改进代表工作，发挥主体作用

县人大常委会牢固树立代表主体意识，完善服务保障机制，搭建联系代表平台，创新工作载体，代表工作又有新进展。

（一）建好代表活动平台。一是全面建好代表联络站。全县20个乡镇（街道）的代表联络站全部建成并投入使用，实现了全覆盖，成为人大代表联系选民、服务群众的重要窗口。二是用好代表履职服务平台。加强对浙江省人大代表履职平台的信息加载、履职登记、参与网络代表交流互动等工作，提高了网络平台的实用性。三是代表活动有声有色。闭会期间，组织代表开展“合力五水共治，代表作表率”等主题活动，安排部分代表参加视察、调研、执法检查等。10月份，组织市人大代表遂昌中心组赴青田、缙云考察旅游产业开发、新农村建设及工业平台建设，进一步拓宽了代表的视野，提升了履职水平。

（二）坚持接待基层代表。分别在王村口镇和妙高街道接待基层县人大代表，直接听取代表的意见、建议。接待代表后将代表建议整理批转有关部门办理，并进行跟踪监督，进一步拓宽了闭会期间代表履职渠道。

（三）跟踪督办代表建议。认真做好代表议案、建议的整理和交办工作，将事关人民群众切身利益和社会广泛关注的六件建议作为重点建议，由主任、副主任分工进行重点督办，并及时跟进办理进度。一年来，交办代表建议、批评和意见189件，建议办理满意率100%,已落实29%，正在落实34%。

（四）抓好代表培训和服务。指导各乡镇（街道）人大对辖区内的各级人大代表开展培训，并开展了代表届中述职工作，使代表充分认识人大代表的地位和作用，增强代表的使命感和责任感，提升代表履职的积极性和主动性。

（五）指导基层人大工作。一是依法指导乡镇人大开展工作。2014年指导乡镇人大依法开展县人大代表的补选工作，补选县人大代表8名。指导乡镇人大主席团开好每年的例会，依法补选缺额的正、副乡镇长14 名，乡镇人大主席2名。二是定期组织召开乡镇人大主席联席会议。分别在北界镇和石练镇召开乡镇人大主席联席会议，总结交流人大工作经验，促进人大工作有序推进。继续邀请乡镇人大主席、街道工委主任和人大代表列席县人大常委会会议，加强上下联动，形成工作合力。

五、抓好学习教育，提高履职能力

县人大常委会以开展党的群众路线教育实践活动为契机，认真组织学习，查摆整改问题。坚持工作学习化、学习工作化，努力做到学有所获，思有所悟，谋有所得，全面改进工作作风。

（一）强化服务意识。坚持专题学习和中心组学习制度，常委会领导亲自为农村党员和部门党员上党课，深刻领会中央和省市县委的重要会议精神。自觉与中央和省、市、县委保持高度一致，坚持重大事项向县委请示报告制度，把县委的决策权、人大的决定权、政府的执行权有机地结合起来，确保人大工作正确的政治方向。常委会领导努力完成县委交办的各项任务，认真领办重点项目，帮助解决项目推进过程中遇到的困难。在教育实践活动中，常委会领导带领机关干部深入社区和农村，了解基层实际情况，协调解决群众生产生活中的困难和问题。

（二）强化制度建设。一年来，县人大常委会严格按照中央和省、市、县委的部署，结合人大工作特点，扎实有效地开展了党的群众路线教育实践活动。深化学习教育，深入调查研究，广泛听取意见，以整风精神开展批评和自我批评，以反对“四风”为重点，查找存在的突出问题，并在深刻分析原因的基础上，列出重点整改项目17项，全部整改落实到位。认真贯彻中央八项规定，搞好建章立制。从提高调研质量、改进会风、精简文件、公车管理、公务接待、外出考察以及办公用品使用管理等方面，作出了具体规定，反对“四风”的制度体系不断完善。

（三）强化宣传交流。始终把握正确的舆论导向，通过各级媒体，深入宣传人大工作、代表活动和优秀人大代表事迹。2014年是我国人民代表大会制度建立60周年，常委会通过召开座谈会、电视讲话、举办摄影比赛、开展代表履职活动、举办知识竞赛等形式，开展了形式多样、主题鲜明、广泛参与的系列纪念活动。通过人大工作宣传，加强了工作交流，推动了工作开展，营造了良好舆论氛围。

各位代表，一年来，人大各项工作取得了可喜的成绩。成绩的取得，一是得益于县委正确的领导、“一府两院”和县乡人大的协同奋斗；二是得益于常委会组成人员、人大代表和机关工作人员的辛勤工作；三是得益于全县人民和社会各方面的大力支持。在此，我谨代表县十五届人大常委会，向大家表示衷心的感谢和崇高的敬意！

在总结成绩的同时，我们也清醒地认识到，工作中还存在一些差距和不足，主要是：常委会监督工作力度还不够大，代表作用发挥还不够好，代表建议办理和落实还有待加强。这些不足，我们将在今后的工作中不断改进，切实解决，推进常委会工作再上新台阶。

2015年的主要工作

2015年，是全面完成“十二五”规划的收官之年，又是全面深化改革、推进依法治国十分重要的一年。面对新形势、新任务和新要求，县人大常委会工作的总体要求是：在中共遂昌县委的领导下，全面贯彻落实党的十八大、十八届三中、四中全会精神和习近平总书记系列重要讲话精神，坚定不移走“绿水青山就是金山银山”绿色生态发展之路，坚持发展第一要务，坚守生态第一责任，始终坚持党的领导、人民当家作主和依法治国的有机统一，认真履行宪法和法律赋予的各项职责，为推进法治遂昌和“五美遂昌”建设，做出积极贡献，努力开创人大工作新局面。根据这一总体要求，今年县人大常委会工作的主要任务是：

一、抓重点，促落实，在监督工作上求实效

围绕中心工作，突出监督重点，不断改进监督方式，加大监督力度，进一步提高监督实效。

努力推动经济发展。围绕深化经济体制改革、增强经济发展活力的目标，进一步完善计划和预算审查制度，扩大审计监督范围，使预算全过程都纳入依法监督运行的轨道上来。审查全口径收支预算、财政决算，审议同级财政审计工作，听取县国民经济计划和财政预算半年执行情况、县国民经济发展“十三五”规划编制情况、政府投资和重点项目建设情况等；根据国家规定财政支出必须重点保障全面深化改革，以及教育、医疗、就业、社保、住房等民生事业支出，结合中央出台的八项规定，提前介入财政预算监督。加强对预算安排大额专项经费的部门预算进行审查。围绕经济运行中的热点、难点问题，开展监督和工作评议。

努力推进法治建设。要牢固树立依法治国理念，认真担负起宪法和法律赋予的监督职责，依法履行监督职能，推动“一府两院”依法行政、公正司法，依法行使重大事项决定权和人事任免权。制定县人大常委会监督司法工作办法，探索法官、检察官评议工作，听取县检察院反渎职侵权工作审议意见落实情况的报告，继续做好行政执法案件办案质量检查、常委会学法和干部任前法律知识考试工作，完善规范性文件备案审查工作，配合省市县三级人大拟联动开展的公检法司机关工作人员依法履职、公正司法情况监督。

努力促进民生改善。围绕教育、文化、卫生、社会保障、生态环保等人民群众最关心、最直接、最现实的利益问题，运用各种监督形式，促进问题解决，让改革和发展成果更多更公平惠及全体人民。跟踪监督学前教育发展情况、“五水共治”工作，听取和审议推进省级卫生强县创建、大气污染防治工作报告，听取侨务工作、美丽县城建设、群众文体活动开展情况的报告；继续关注遂昌中学扩建、遂昌第二中学等教育设施建设进度。

努力助推农村发展。加强农业基础建设，发展农村经济，促进农民增收，对于推进我县山区科学发展示范区建设具有极为重要的意义。县人大常委会将继续关注“三农”问题，把产权制度改革、农业产业发展、美丽乡村建设作为监督重点，听取农村产权制度改革、香榧产业发展、“六边三化三美”、乡村旅游转型升级、矿产资源开发管理等工作报告。

二、强保障，优服务，在代表工作上创亮点

加强代表的学习培训和管理，推进平台建设，丰富代表活动内容，挖掘、宣传、推广代表小组活动和代表履职中的典型经验和事迹，展示代表风采，努力扩大代表工作影响。

完善两个平台。继续做好人大代表履职服务平台的推广应用，向各级人大代表宣传履职服务平台，加强使用培训，引导代表会用、真用、善用这一履职服务平台。着力推进基层代表联络站规范运行，促进代表闭会期间履职，发挥好各级人大代表的作用，广泛收集民意，从而使民意诉求渠道更加畅通，民生问题得到及时解决。

加强两个联系。制定常委会组成人员联系代表和代表联系人民群众机制，促进“两联系”常态化。坚持常委会领导接待代表活动，加强对闭会期间代表建议的督办工作，邀请代表参加常委会组织的各种视察、调研和执法检查等活动，切实保障代表知情知政权利。

发挥主体作用。进一步优化代表履职环境，充分发挥代表监督主体作用，健全和完善代表建议的办理机制，提高代表建议办理质量，增强代表履职成效。积极探索人大代表在闭会期间履职尽责、发挥作用的途径，丰富代表在闭会期间的活动，进一步发挥人大代表当家作主的作用。

加强工作指导。支持乡镇（街道）人大依法履行法定职权，努力帮助解决工作中的困难和问题，促进乡镇（街道）人大工作健康发展。继续开展常委会领导联系乡镇（街道）人大工作。定期召开乡镇(街道)人大主席(工委主任)联席会议，总结和交流人大工作经验。

三、夯基础，提素质，在自身建设上添活力

认真贯彻落实省委人大工作会议精神，协助县委开好全县人大工作会议，持续加强和改进人大自身建设，适应新形势对人大的要求，自觉践行群众路线，推动人大工作与时俱进。

更加注重履职能力建设。坚持党对人大工作的领导，始终与党委同心同德、与政府同向合力、与代表同行共进，胸怀发展大局，服务人民群众，树立良好形象。继续加强人大代表、人大干部履职培训，切实提高依法履职和集体行使职权的能力水平。

更加注重作风效能建设。巩固和深化党的群众路线教育实践活动成果，积极开展整改落实和“回头看”，健全完善改进工作作风、密切联系群众的长效机制。深入开展调查研究，充分发挥人大优势，察民情、听民声、聚民意、集民智，提高常委会科学决策、民主决策、依法决策水平。

更加注重工作机制创新。坚持民主集中制原则和常委会议事决策制度，严格依照法定权限和程序行使职权。进一步完善常委会民主议事、民主决策的各项工作制度，保证和促进常委会职权的有效行使，不断促进人大工作改革创新，努力建立程序规范、运行高效、充满活力的工作机制。

更加注重人大队伍建设。进一步加强理论学习，增强人民代表大会制度自信，坚持人大工作正确方向，提高常委会组成人员的思想政治素质和依法履职能力。建立健全人大工作机构，配齐配强人大干部队伍，加强基层人大组织建设和人员配备，加强工作联动指导，夯实人大履职基础，增强整体工作合力。

更加注重人大工作宣传。进一步探索、拓宽人大宣传的途径和形式，深化对人民代表大会制度、依法治国理念、人大工作和人大代表履职情况的宣传报道，不断深化全社会对人大制度的认识，营造法治遂昌的良好氛围。

各位代表，遂昌发展充满希望，人大职责庄严神圣，人大代表肩负重任。让我们在中共遂昌县委的正确领导下，在全县人民的大力支持下，锐意进取，扎实工作，携手奋进，为加快推进山区科学发展示范区建设而努力奋斗！

政府工作报告

——在遂昌县第十五届人民代表大会
第四次会议上

（2015 年 3 月 11 日）

遂昌县人民政府县长 何卫宁

各位代表:

现在，我代表县人民政府向大会作工作报告，请予审议，并请县政协委员和其他列席人员提出意见。

2014 年政府工作回顾

2014 年是贯彻落实党的十八届三中、四中全会精神以及全面深化改革的开局之年。县政府在上级党委政府和中共遂昌县委的坚强领导下，在县人大和县政协的监督支持下，坚持“绿水青山就是金山银山”绿色生态发展理念，深化改革创新，打造五美遂昌，加快建设山区科学发展示范区，较好地完成了县十五届人大三次会议确定的各项目标任务。全县实现生产总值 90.92 亿元，增长 7.5%；工业总产值 219.17 亿元，增长 1.9%；农业总产值 16.59 亿元，增长 5.3%；一般公共预算收入 6 亿元，增长 8.7%；固定资产投资 47.92 亿元，增长 17.9%；社会消费品零售总额 38.05 亿元，增长 13.1%；外贸自营出口总额 1.47 亿美元，增长 11%；城镇居民人均可支配收入 31478 元，农村居民人均可支配收入 12908 元，分别增长 8.7%和 12.3%；城镇登记失业率 2.9%；人口自然增长率 1.7‰。

一年来，我们主要做了以下工作：

一、坚持狠抓落实，省市重点工作扎实推进

“五水共治”强势推进。推行县、乡、村三级河长制，提前完成“清三河”任务，荣获全市“五水共治”工作先进县。入围农村生活污水治理首批省补助资金县，完成 55 个村治理任务，被评为省农村生活污水治理优胜县。开展畜禽养殖污染整治，关停拆除养殖场 123 家，提升改造 55 家，禁养区内规模养殖场全部关停拆除。深化工业污染整治，完成 8 家造纸企业、9 家化工企业整治提升，开展工业企业排污权有偿使用和交易工作。全县 28 个“五水共治”重点项目完成投资 7.22 亿元，遂昌县供水工程、东城供水工程（云峰泵站）、垃圾填埋场二期完工，三溪综合整治、污水处理厂二期等项目加快推进，桐川水库开工建设。

“三改一拆”深入推进。巩固深化“三改一拆”行动，累计拆违 102.53 万平方米，完成三年任务的 256.3%；累计完成“三改”面积 130.8 万平方米，完成三年任务的 237.8%。深化“两违”专项整治行动，拆除涉河违章建筑 5768 平方米，拆除涉违竹制品加工企业 22 家，面积 21706 平方米。开展“无违建县”创建，19 个乡镇（街道）通过市考核验收。

农村产权制度改革稳步推进。建立农村产权流转市场体系，县农村产权流转交易服务中心投入使用。焦滩乡在全市率先完成整乡土地确权登记工作。二轮土地承包经营权证发证率达 100%，新增土地流转面积 7000 亩，完成村经济合作社股份合作制改革 194 个，新增林地流转面积 1.24 万亩，完成宅基地确权发证 10287 本、农房登记发证 1787 本，新增林权抵押贷款 1.14 亿元、农房抵押贷款 1.31 亿元、土地流转经营权抵押贷款 2731 万元，均超额完成年度目标。

二、坚持担当奋斗，县域发展空间全面打开

城市空间持续拓展。加快城市东进西拓步伐，低丘缓坡开发利用累计完成投资 10 亿元，东城、新城、老城“三城组团开发”架势已经形成。完善城市新区建设规划，推进城市更新规划编制。持续加大城市建设投入，完成投资 6.93 亿元，增长 39.7%，连续两年位列全市第一。交通条件不断改善，衢宁铁路可研报告获国家发改委批复，228 省道遂昌段公路工程完成线位方案论证和可研报告初稿编制，乌溪江大桥建设工程、连直线云峰段公路改建工程加快推进。

产业平台逐步优化。推进全域景区化发展，“五行遂昌，一诺千金”县域品牌进一步打响。遂昌-诸暨山海协作产业园建设加快推进，累计完

成基础设施建设投资6.29亿元，新增工业用地1535亩，首批8家企业入驻龙板山区块，连续两年获省考核一等奖。深化与浙江大学、浙江农林大学等院校合作，申报省科技型企业4家。实施标准化战略，制定全国首个石材行业地方标准，洁净乡村综合服务标准化等3个省级服务业试点项目通过验收。

发展动力不断增强。成功创建国家级生态县，入选全国美丽乡村建设标准化试点县、全国农田水利设施产权制度改革和创新运行管护机制试点县等，向上争取专项补助资金10.99亿元，增长12.2%。创新推行县领导领办项目制度，79个领办项目累计完成投资31.78亿元，完成年度计划的104.9%。20个省市重点建设项目完成投资16.2亿元，完成年度计划的170.7%，金太阳养老基地等4个项目列入省重大产业项目。招商引资成效显著，实际利用内资25.1亿元、外资760万美元，分别完成年度计划的125.5%和101.3%，浙商回归实际到位资金10.62亿元，完成年度计划的151.7%，荣获全市招商引资创新奖。

三、坚持转型升级，生态产业体系不断健全

工业经济难中求进。实现规上工业增加值29.99亿元，增长3.5%；装备制造业增加值5.46亿元，增长20.3%。元立、凯恩等骨干企业发展态势稳健，元立集团入围2014年中国外贸企业500强，平昌石材一期、鸿基五金铝合金轮毂项目、昊峰建材年产30万立方加气混泥土生产线、鲨鱼机械年产35万台食品机械生产线等项目建成投产，实现“个转企”166户。深化“四换三名”工作，实施“机器换人”示范项目10个，完成技改投资10.94亿元。加强企业帮扶和风险防控，发放企协应急转贷周转金9.32亿元，处置银行不良资产2.36亿元。

特色农业平稳发展。深入实施原生态精品现代农业“5522”工程，实现茶产值5.85亿元、竹产值12.5亿元、高山蔬菜产值1.8亿元，干水果、中药材、香榧等产业加快发展。推进农业“两区”建设，三仁省级现代农业综合区和高坪蔬菜省级主导产业示范区通过验收，新增原生态农产品基地44个、家庭农场105家。成功争取农业部信息进村入户试点县、新型职业农民培育试点县和省农产品质量安全放心示范试点县，省农业标准化综合示范县通过考核验收。

乡村休闲旅游提质扩面。接待国内外游客1210.2万人次，实现旅游综合收入60.46亿元，分别增长22.1%和30.2%；门票收入5682.76万元，增长10.1%。完成遂昌金矿创5A工程提升规划编制，黄金省级旅游度假区获省政府批复，高坪新村、长濂村成功创建国家ＡＡＡ级景区，十八里翠国家水利风景区总体规划通过水利部批复，三墩旅游综合体、湖山欧陆风情温泉小镇、焦滩龙门风景旅游度假区、凯兴开元大酒店等项目开工建设。荣获美丽中国十佳旅游县、中国最美休闲小城、年度最佳旅游推广县等称号，连续四年获省农家乐休闲旅游工作考核一等奖。

现代服务业全面提升。实现服务业增加值38.79亿元，增长9%。农村电子商务加快发展，实现销售额5.3亿元，增长76%。建成“赶街”网点210个，“赶街”模式向省内外输出。成功举办全省农村电子商务现场会，入围中国电子商务发展百佳县。养生养老项目完成投资4.5亿元，县养老中心一期工程开工建设，箍桶丘村等8个村入选市第二批养生乡村。促进房地产业和建筑业发展，房地产投资增长37.6%，建筑业产值增长57.3%。遂昌竹炭在天津渤海商品交易所挂牌上市，那然生命文化股份有限公司在“新三板”挂牌上市。

四、坚持城乡统筹，城乡一体格局逐步成型

城乡功能布局日趋完善。加快新型城镇化步伐，县城、中心镇、集镇、中心村梯度发展格局初步形成。发挥城市龙头引领作用，完善城市综合功能，全民健身中心及凯新商业综合体建成开放，城市文化综合体、古院区块公寓安置小区等项目加快推进。优化市政配套设施，南溪太保殿桥、北门桥头至三墩桥道路实现通车，后江路网工程有序推进。加强中心镇和中心村建设，石练

镇入选新一批全国重点镇，第一轮中心村建设加快推进，启动第二轮6个中心村建设。

美丽县城建设加快推进。启动荷花滩、东桥路、吴乐畈三个区块城市更新工程，完成土地征收1387亩、房屋征收451户，东桥路工程、园丁路西段工程、县城棚户区（国有）改造工程（一期）限价房项目开工建设。深化城市建设“六个一”工程，完成汤公园主体工程、县城景观亮化一期工程建设，实施汤显祖纪念馆周边环境整治提升工程，南溪东岸河道景观工程荣获市优秀江滨景观带工程奖。推进“智慧城管”建设，公共自行车项目投入运营，金溪货车停车场开工建设。以建设“立体绿化”为特色的花园县城为目标，完成《遂昌县中心城区绿地系统规划（2012—2020）》编制，成功创建省级园林城市。

美丽乡村建设不断深化。深化“六边三化三美”行动，制定全国首个农村垃圾分类标准化体系，打造“洁净乡村”升级版。完成垦造耕地4259亩、高标准基本农田建设2.47万亩。深化“四位一体”河道管理机制，获省水利“大禹杯”竞赛活动铜奖，连续四年获省河道保洁长效管理工作一等奖。建设美丽乡村风景线，完成文化刷墙305幅。启动新一轮特扶项目建设，异地转移农民2148人。推进长濂、独山等历史文化村落保护利用工作，长濂村成为全省第一批美丽宜居示范村，独山村获“中国最美乡愁旅游古寨”称号。湖山乡被评为中国最美村镇。

五、坚持以民为本，社会民生事业持续发展

民生改善成效显著。促进农民增收，加快推进红星坪、大田等农家乐综合体建设，全县农家乐接待游客262.95万人次，经营收入2.66亿元，分别增长33.8%和40.7%；发放来料加工费2.22亿元。深化大社保体系建设，城乡居民养老保险参保率98.6%，医疗保险参保率98.5%。积极创建新山区充分就业县，新增城镇就业2926人，失业人员再就业825人。积极应对“6·27”洪灾，实现大灾“零伤亡”，灾后重建工作有序推进。

社会事业健康发展。民生支出15.22亿元，增长16.8%，占当年新增财政支出的73.2%。全国义务教育发展基本均衡县通过教育部认定，全省县乡村卫生一体化综合管理改革试点工作加快推进，梅溪小学、人民医院新住院大楼投入使用，遂昌第二中学项目一期主体工程结顶，遂昌中学扩建工程、遂昌康复医院开工建设。成功举办“2014中国遂昌汤显祖文化节”和“2014中国生态体育论坛”，获得“浙江省体育强县”称号，省级“文化先进县”创建通过验收，成立全国首个县级乡村文明促进会，新建农村文化礼堂16个。县政府“十件实事”全面完成。

平安大局态势平稳。深化“平安遂昌”建设，平安建设实现“十连贯”。深化以“求和”人民调解为龙头的大调解机制，“民事村了”工作法在全县推广。“政企社”共建便民服务模式荣获“2014年中国十大社会治理创新奖”，“96345”社会公共服务平台全面开通运营。完善食品药品监管体系，府前中心市场创成省放心农贸市场。安全生产形势保持平稳。实现省“双拥模范县”六连创。

坚持以党的群众路线教育实践活动为抓手，全力推进政府自身建设。带头开展文山会海、办公用房等专项整治，以整风精神抓“四风”整改；带头破解历史遗留难题，成功解决历时十年的原东方食品有限公司屠宰场迁建、历时三十年的乌溪江水库税收分成等问题；带头落实党风廉政建设责任制，严格执行中央八项规定和省委“28条办法”、“六个严禁”，全县“三公”经费支出下降39.6%。主动接受人大和政协监督，办理人大建议189件、政协提案108件。深化行政审批制度改革，推进“四张清单一张网”建设，政府部门权力事项精简51.2%。加强审计监督和行政监察，深化政务公开，完善政府法律顾问制度，全面推进依法行政工作。

各位代表，过去一年成绩来之不易，这是县委正确领导的结果，是全县人民团结拼搏的结果。在此，我代表县人民政府，向奋斗在各个领域的广大干部群众、人大代表、政协委员、驻遂部队、

民主党派、工商联、人民团体、社会各界人士、在遂投资者和建设者，以及所有关心支持遂昌发展的朋友们，表示衷心的感谢和崇高的敬意！

我们也清醒地看到，与群众的要求和期待相比，政府工作还存在不少差距。一是县域经济总量偏小，地区生产总值增速、工业增加值增速等指标与预期目标还有差距；二是产业体系不够健全，产业融合不够充分，企业生产经营困难，工业经济发展面临较大压力；三是投资结构不合理，民间投资比重偏低，重大支撑性项目偏少；四是财政收入增长乏力，收支矛盾仍然突出；五是教育实践活动整改落实有待深化，干部执行力和工作效率有待进一步提升。对于这些问题，我们将高度重视，采取有力措施认真加以解决。

2015年总体要求和主要任务

2015年是全面深化改革的关键之年，是全面推进依法治国的开局之年，也是全面完成“十二五”规划的收官之年。我们要深入研究新常态大背景下政府各项工作的新规则新规矩新规律，牢牢把握“稳中求进”工作总基调，全面贯彻县委《关于加快推进法治遂昌建设的实施意见》，深化改革创新，加快转型跨越，努力实现经济社会健康可持续发展。同时，认真研究制定“十三五”经济社会发展规划，为推进遂昌新一轮发展打下扎实基础。

今年政府工作的总体要求是：坚持“绿水青山就是金山银山”绿色生态发展理念，发扬“担当、奋斗、落实”干事创业精神，主动适应新常态，聚焦发展第一要务，坚守生态第一责任，狠抓改革攻坚，突出创新驱动，加强民生保障，心无旁骛抓落实，埋头苦干拼实绩，全力打造五美遂昌，加快建设山区科学发展示范区。

综合实际考虑，今年经济社会发展主要预期目标为：地区生产总值增长7.5%；规上工业增加值增长8%；农业增加值增长3.5%；一般公共预算收入增长5%；固定资产投资增长15%；社会消费品零售总额增长11%；外贸自营出口总额增长5%；城镇居民人均可支配收入增长8%；农村居民人均可支配收入增长10%；城镇登记失业率控制在4%以内；人口自然增长率控制在5‰以内；各项约束性指标达到国家要求。

实现上述目标，我们要精准发力，着力抓好六方面工作：

一、突出生态引领，全力打造生态文明品牌

立足全省重点生态功能区定位，牢固树立“上游观”，把生态文明作为信仰来奋斗，持续保护和改善生态环境，凸显遂昌依靠生态强县富民和在全省的生态屏障作用。

打好环境整治组合拳。深入推进“五水共治”，落实河长制，巩固“清三河”成果。深化农村生活污水治理，完成84个村治理任务。加强生态巡查，深入开展涉水、涉气、涉土等重污染行业整治，依法严厉打击违法排污行为，常态化开展“零点行动”，对环境违法行为“零容忍”，确保三个交界断面水质稳定达标。启动龙板山至湖边污水管网工程，加快三溪综合治理工程等项目建设，推进生态畜禽养殖小区建设。加强饮用水源保护，加快石坑坪水库、桐川水库等项目建设，巩固提升农村饮用水工程，保障城乡饮用水安全。深化“三改一拆”行动，加大“两违”处置力度，创成“无违建县”。

把好环境保护准入关。严格执行新《中华人民共和国环境保护法》，实行最严格的环境准入和监管制度，严把招商引资项目“入口关”，杜绝高能耗、高污染、高排放“旧三高”企业进入，努力引进高端、高质、高效“新三高”项目。从严落实减排责任制，加快企业刷卡排污系统建设，推行工业企业排污权有偿使用和交易。实施大气污染防治十大工程，加强主城区限制燃放和销售烟花爆竹监管，深化黄标车、老旧车淘汰报废工作。加强水源涵养和生态修复，完成12万亩森林抚育任务。

释放山区生态新优势。深入实施遂昌县生态文明建设规划，加快推进全域景区化，打造复合型旅游目的地。修复和优化生态环境，巩固提升“洁净乡村”行动，深化城乡垃圾分类处理工作，

加快建设“中国最洁净乡村”。大力发展生态经济、循环经济和低碳经济，培育生态体育、创意文化、健康养生等新兴产业，推进生态经济与信息经济、工业化与信息化深度融合，打造融良好生态、美丽经济、特色文化为一体的“智慧生态谷”。

二、突出投资驱动，全力增强县域发展活力

清醒认识县域发展阶段，把持续扩大有效投资作为动力来强化提升，发挥投资带动功能和项目支撑作用，推动县域可持续发展。

加强投资拉动作用。狠抓项目谋划和储备，谋划一批带动能力强、科技含量高、社会效益好的重大项目，积极申报省重大产业项目。持续加大投资强度，重点推进制造业、旅游、交通、水利、城市建设、房地产等领域投资。鼓励和引导民间投资健康发展，引导社会资本进入公共服务、社会事业、基础设施等领域，不断优化投资结构。创新投融资体制机制，推行PPP等模式，努力破解要素制约。

加快重点项目建设。全年安排县重点建设项目47个，年度计划投资26.87亿元。推行和完善县领导领办项目制度，及时协调项目推进过程中遇到的困难和问题，推进项目又好又快实施。狠抓“四个一批”项目实施，乌溪江大桥主体工程、溪边路安置房等项目完工，城市文化综合体、低丘缓坡开发东城龙板山区块一期工程等续建项目加快推进，衢宁铁路遂昌段、年产20万吨镀锌丝生产线技改等项目开工建设，228省道遂昌段公路工程、清水源水库工程等项目前期工作稳步推进。

加大招商引资力度。坚定招商引资“第一抓手”，推动浙商遂商回归，合同引进内资46亿元，实际到位23亿元；合同引进外资1050万美元，实际到位1050万美元；引进大项目9个。深化招商体制改革，组建招商小分队，推进定向招商、精准招商、合作招商，突出二产招商，积极引进金属制品、装备制造、机械、电子类项目。完善招商引资考核激励机制，加强招商引资项目后续管理和服务，促进项目早落地、早投产。加大招才引智力度，积极引进“国千”“省千”“绿谷精英”等高端人才和团队。

三、突出产业融合，全力激活美丽生态经济

抢抓绿色崛起和健康需求新机遇，把生态产业作为增长点来培育，坚定不移走产业融合发展之路，实现生态资源优势向生态经济优势转化。

推动生态工业发展壮大。坚持生态工业强县不动摇，完成工业总产值225亿元，其中规上工业产值185亿元。加快遂昌—诸暨山海协作产业园建设，不断提升工业园区发展水平，新增工业用地1000亩。深入实施“四换三名”工程和高新技术企业三年培育计划，支持元立、凯恩等骨干企业推进技术改造，扶持中小微企业发展。完成工业技改投资10亿元，新增亿元以上企业1家、规模以上企业5家。突出总量贡献、亩产税收、环境保护等导向，将要素资源向重点扶持类企业倾斜，完善园区企业退出机制。强化企协应急转贷周转金管理，加强企业资金链、担保链风险防范，加大银行不良贷款处置力度。完善“企业钟点工”“企情日记”等制度，加强对危困企业的帮扶。

推动生态农业稳步发展。启动国家现代农业示范区建设，发展和提升原生态精品农业，完成农业总产值17.58亿元。深化农业“两区”建设，创建大柘现代农业综合区，新建粮食生产功能区6500亩，新培育生态精品农业种养基地10个、示范企业2家、示范合作社2家、示范家庭农场20家。做强茶叶、竹业、高山蔬菜等主导产业，大力发展干水果、中药材、花卉等特色产业。加大土地整治力度，新增补充耕地3000亩，积极创建国土资源节约集约模范县。支持土地流转，推进色彩农业、景观农业、体验农业发展，推广轮作模式。推进农产品质量安全放心示范试点县建设，完善农产品质量安全追溯体系。深化信息进村入户试点县工作，实现村级标准化信息服务站全覆盖。

推动生态旅游业转型升级。深化省旅游综合改革试点，实施旅游转型升级三年行动计划，接待游客1400万人次，实现旅游综合收入70亿元。推进遂昌金矿创5A工程和黄金省级旅游度假区建设，开展省森林休闲养生建设试点，启动白马山森林旅游养生度假区、湖山半岛温泉养生园等项目，加快三墩旅游综合体、湖山欧陆风情温泉小镇、凯兴开元大酒店、长濂古民居文化街区等项目建设。大力发展民宿经济，打造半岭、车前等特色乡村休闲民宿，力争用3年时间建成1 0个以上中高端精品民宿示范点。加强旅游营销创新，推进智慧旅游平台建设，深化旅游进社区活动，拓展省内外客源市场。围绕“吃住行游购娱养”七要素，加强旅游配套设施建设，打造“中国最佳旅游服务县”。

推动生态服务业扩面增效。加大生态服务业培育力度，实现服务业增加值42亿元。全面实施《遂昌县电子商务发展战略规划》和“2510”工程，完成电子商务销售额10亿元。全面提升“赶街”电子商务服务站，支持“赶街”模式“走出去”，积极创建农村电子商务特色小镇。大力发展养生养老产业，推进省级养老服务业综合改革试点县建设，加快县养老中心一期工程、金太阳养老基地等项目建设，建成34个农村社区居家养老服务照料中心。加快现代商贸、总部经济、物流业和金融业发展，推进房地产业、建筑业健康发展。

四、突出城乡并举，全力推进美丽城乡建设

强化城乡一体化发展理念，把整个县域作为资源来经营，促进美丽城乡协调融合发展。

加快新型城镇化进程。完善城乡功能布局，统筹推进城市更新、综合交通、地下空间、绿化亮化等各类规划编制。加快三城组团发展，全力推进新城古院区块建设，加快古院区块公寓安置小区、古院大厦等项目建设。推进东城产城一体化发展，加快龙板山区块基础设施建设，集聚集约发展生态工业。加快连直线云峰段公路改建工程、后江路网工程建设。加快石练、金竹两个中心镇发展，支持石练镇打造县域副中心，推进徐村、坑口、弓桥头等6个中心村建设。加快推进中西部乡镇和偏远农村发展，推广区域协同发展机制。

推进美丽县城建设。加快城市更新步伐，完成房屋征收工作，推进东桥路工程、园丁路西段工程建设，力争完成县城棚户区（国有）改造工程（一期）限价房建设，推进荷花滩等区块有序开发。深化城市建设“六个一”工程，完成汤公园项目建设，推进迎宾大道整治提升和城市美化亮化彩化。巩固省级园林城市创建成果，将汤显祖文化、山水和旅游元素融入城市建设，实施南溪源口生态长廊建设工程，建设10个立体绿化示范点位。深化“智慧城管”建设，加强交通治堵，提升城市管理水平。

深化美丽乡村建设。深入推进全国美丽乡村标准化试点工作，举办美丽乡村标准化建设高峰论坛，建立美丽乡村标准化体系。按照“点上有风情、线上有风景、面上有风光”的要求，深化“六边三化三美”行动，推进三墩桥至王村口等美丽乡村风景线建设，开展“寻找鲜花盛开的乡村”活动，打造千户“花样农家”，新建美丽乡村精品村3个、一般村2个。传承和弘扬乡村文明，推进历史文化村落保护利用，加快省级重点村和一般村建设进度。深化全国大中型水库移民避险解困试点工作。异地转移农民2000人。

五、突出民生幸福，全力维护社会和谐稳定

把民生幸福作为目标来追求，顺应群众对美好生活的向往，努力提升全民幸福指数。

增进民生福祉。大力发展农家乐乡村旅游、来料加工等富民产业，推进农民持续增收，农家乐接待游客330万人次，实现经营收入3.3亿元，发放来料加工费2亿元。深化农村产权制度改革，推进“三权”抵押贷款工作，增加农民财产性收入。加快推进“6·27”灾后重建，恢复生产生活基础设施，完成农房重建任务。完善大社保体系，推进被征地农民基本生活保障转职工养老保险工作，完成社会保险全民参保登记，促进就业再就业。大力发展村级集体经济，促进扶贫重点村加快发展，加强低收入和困难群众帮扶，基本消除家庭人均年收入低于4600元的贫困现象。

发展社会事业。加快省教育现代化县创建工作，实施新一轮学前教育三年行动计划，创建国家级农村职业教育和成人教育示范县，启动遂昌职业中专实习培训楼项目建设，加快遂昌中学扩建工程建设，遂昌第二中学交付使用。深化县级公立医院改革和县乡村卫生一体化综合管理工作，开展省级卫生强县、卫生应急工作示范县创建。加快公共文化体育服务体系建设，举办全国首届生态体育运动会，加强非物质文化遗产保护工作。实现农村应急广播村级全覆盖。加强统计分析工作。全力办好县政府十件实事。支持工会、共青团、妇联、关工委、老促会、老龄委、红十字会、慈善总会、文联、工商联、残联、侨联、老年体协等组织开展工作，推进民宗、计生、档案、科协、邮政、气象、通信、电大、供销、人防、地方志等工作再上新台阶。

创新社会治理。深化“平安遂昌”建设，争创“十一连贯”。健全大调解机制，完善领导干部大接访大包案制度，实现“民事村了”工作法村级全覆盖。加强和创新社会管理，推行“政企社”共建便民服务模式，提升“96345”社会公共服务中心运营水平，发挥乡村文明促进会等社会组织作用。健全安全生产责任体系，推进食品药品安全基层网格化管理，保持物价基本稳定。加强双拥工作和国防后备力量建设。

六、突出依法行政，全力推进法治政府建设

深入学习贯彻《中共中央关于全面推进依法治国若干重大问题的决定》，将法治精神贯穿政府各项工作全程，全面加强政府自身建设，推进政府治理体系和治理能力现代化。

坚持依法行政。加快推进法治遂昌建设，坚持法定职责必须为、法无授权不可为，勇于担当行动、敢于负责落实，不断强化执行力建设，着力解决行政不作为、慢作为和乱作为问题。自觉接受人大和政协监督，坚持重大事项班子集体研究决定，实行重大决策听证和调研论证制度，提高工作公开透明程度和科学民主决策水平。完善政府法律顾问制度，落实行政规范性文件法制审查制度，提高运用法治思维推动发展化解矛盾能力。适应地方政府性债务新政，加强地方政府性债务管理，提高资金使用效益，增强新形势下资金保障科学发展能力。完善市场监督管理机制，从严查处安全生产、食品药品安全、环境保护、社会治安等方面的违法案件，持续优化发展软环境。

坚持创新理政。推进政府职能转变和机构改革，探索建立综合行政执法机制，提高城乡管理服务水平。正确处理政府和市场的关系，强化行业协会、中介机构等社会组织培养和管理，推动公共资源市场化配置，大力推行政府购买服务。深化行政审批制度改革，推进“四张清单一张网”建设，推行服务窗口午休值班制度、电话值班制度和网上政务大厅网络值班制度，切实提高行政效能。启动城市公交管理体制改革，为群众提供更加便捷的公交出行条件。加快国有资产整合盘活进度，提高国有资产经营效益。扩大山区对外开放，积极倡导包容共赢发展理念，充分激发市场活力和基层创造力，推动大众创业、万众创新。

坚持从严治政。持续巩固和拓展党的群众路线教育实践活动成果，切实抓好整改落实，扎实开展“三严三实”专题教育，真正把群众路线的理念、转变作风的措施转化为广大干部的自觉行动。建立健全联系服务群众长效机制，着力为群众解难题、办实事，努力解决服务群众“最后一公里”问题。深化党风廉政建设和反腐败工作，加大正风肃纪力度，加强审计监督和行政监察，深化政务公开工作。严格执行中央八项规定和省委“28条办法”、“六个严禁”，深化办公用房清理整改和公共机构节能，完成公务用车制度改革，严控“三公”经费支出，坚决把有限的财力用到发展最具效益、群众最有需求的地方。

各位代表，遂昌发展空间已经打开，大发展大蝶变的美好时代正在到来。让我们紧密团结在以习近平同志为总书记的党中央周围，在县委的坚强领导下，紧紧团结和依靠全县人民，锐意进取，开拓创新，真抓实干，为加快建设山区科学发展示范区而努力奋斗！

政协遂昌县常委会工作报告

——在政协第八届遂昌县委员会第四次会议上

（2015年3月9日）

遂昌县政协主席 尹建中

各位委员：

我受政协第八届遂昌县委员会常务委员会委托，向大会作工作报告，请予审议，并请会议列席人员提出意见。

2014年工作回顾

一年来，在中共遂昌县委的领导下，县政协常委会认真学习贯彻中共十八大、十八届三中、四中全会和习近平总书记系列重要讲话精神，贯彻落实县委重大决策和全县政协工作会议部署要求，坚持"绿水青山就是金山银山"绿色生态发展理念，把握团结民主两大主题，倾力服务大局，真情服务群众，认真履行职能，全年召开政协全会、常委会会议、主席会议、专题协商会等重要会议20多次，举办政协论坛1次，开展调研、视察和民主监督活动15次，督办重点提案5个，报送调研视察监督报告和协商纪要15份，大会发言11篇、提交提案108件，反映社情民意信息30条，较好地完成了县政协八届三次会议确定的各项工作任务，为打造"五美遂昌"，加快建设山区科学发展示范区做出了积极贡献。

一、助推科学发展，服务大局敢担当

助推"五水共治"。常委会积极响应省政协"三级政协联动，万名委员同行，助推五水共治"民主监督行动，制订了《合力助推"五水共治"民主监督实施方案》，成立了民主监督工作协调领导小组，督办了《进一步加强县城饮用水水源保护的建议》重点提案，并对督办落实情况进行"回头看"；督办了《加强县城河道面源污染治理和系统治理的建议》重点提案；开展了城区安全供水专项视察活动、排涝水暗访监督活动；联合纪检部门、新闻媒体开展了城区畜禽养殖场搬迁整改监督活动。全体委员和机关干部还积极参加"五水共治"，或担任河长，或联系村庄，或捐款出力，寓监督于参与，促进了问题解决。

助力城市更新。县政协领导践行"一线"理念，主动领办了园丁路西段.吴乐畈区块土地征收项目、石坑坪水库、城市文化综合体、遂昌中学扩建工程等重点项目。其中，工作量和工作强度最大的吴乐畈区块共征收土地74公顷，清表工作基本结束，规范细致地做好富丽细木工板厂的拆迁工作，并顺利签约，园丁路西段工程顺利开工。其他项目也都较好地完成了年度计划。常委会还组织委员视察了城市建设情况，督办了《加快城市更新步伐的建议》重点提案，对口协商了城市更新征迁政策，全力助推城市发展。

建言工业转型。常委会持续关注工业经济转型升级，并就老城区现有制造业企业搬迁处置和二次开发开展了专题协商，提出因企制宜，合理安排搬迁时序、启动二次开发等建议。听取了经济运行情况通报，提出要积极应对我县经济社会发展结构性矛盾、积累性矛盾、资本稀缺矛盾进一步显现的局面，加快园区平台基础设施建设，强化服务措施，吸引民间投资等建议。

献策美丽乡村。我县美丽乡村建设在党委政府重视和相关部门努力下取得较好成效，成为全国首批美丽乡村建设标准化试点县。但存在规划落地难、资源整合不够、特色不明显、产业融合度不高、公共基础设施不扎实等问题。常委会组织委员深入调研，开展了专题协商，客观分析了美丽乡村建设工作中存在的突出问题和不足，并从精准定位、突出重点、稳步实施，力促规划落地、加速产业融合等方面提出了翔实的建议。

二、促进民生改善，履职为民重实干

协商民生热点。常委会就群众普遍关心的城市公交事业进行专题协商，县政府采纳建议，组建了城市公交公司，26个自行车服务点共500辆

公共自行车现已全部投入使用。督办了《加强停车场管理的建议》重点提案，助推了停车场管理办法的出台。督办了《在义务教育寄宿制学校实施“热水暖心”工程的建议》重点提案，推进“热水暖心”工程实施，全县近万名住校生在入冬前用上了热水。督办了《推进社区数字化、信息化建设》重点提案，组织委员视察了社区管理与服务情况，从理顺管理体制、加大硬件投入、加强干部队伍建设、引导居民积极参与社区治理等方面提出改进建议，相关部门积极采纳，社区信息化建设、居家养老服务有效推进。

反映民生诉求。组织委员进社区征集提案线索，反映社情民意信息。关于丽水市国有投资工程建设项目预选承包商制度、加快税制改革、稳步推进户籍改革等信息被市政协采纳；打造中国农村电子商务培训基地、关注南尖岩景区可持续发展、把南溪建成可游泳的河等信息，县领导作出重要批示；老城区自来水管生锈影响饮用水质、龙潭溪边路安装路灯等信息，有关部门认真办理，切实解决了问题。

服务民生需求。县政协领导和机关干部认真做好联系乡镇、村、企业服务工作，引导委员发挥界别作用和专业特长，通过流动展览、现场咨询、发放宣传册和有奖知识竞答等形式，进企下村入社区开展送科技、送文化、送医疗、送法律等服务活动，广受欢迎和好评。委员和政协机关干部职工还积极捐款捐物20余万元助学济困、抗洪赈灾。组织委员观摩法院庭审、旁听重大案件、参加看守所开放日活动、视察移民项目建设等，提出改进工作建议。

三、增进团结合作，凝心聚力善作为

加强党派合作。加强与政协参加单位的联系沟通，认真执行《专委会和界别与党政职能部门对口联系工作制度》，尊重和保障民主权利，优先安排他们参加政协协商议政、民主监督、调研视察和大会发言，为他们发挥作用提供平台，创造条件。高度重视、优先选择政协参加单位和界别提交的团体提案作为重点提案，营造了民主和谐、合作共事的政治氛围。

多方联谊交流。配合省市政协做好少数民族经济发展、敞开式水源地饮用水源保护等调研视察和规范性文件出台征求意见等工作。承办了全市政协经济委工作会议、秘书长工作会议。加强走访联络，召开了港澳同胞、台湾同胞、海外侨胞眷属中秋联谊会，指导外地遂昌商会换届工作，调动“三胞”、在外遂昌籍知名人士宣传建设家乡的积极性。加强与省内外兄弟县市区政协来往交流和学习借鉴。组织委员积极参加省市县“五水共治”三级联动摄影书画赛、市政协第八届书画作品联展、全市政协系统乒乓球赛等联谊活动。

做好文史工作。发挥政协文史的团结资政育人作用，出版了县政协文史资料第十七辑《杏坛留痕》（续），启动《遂昌县畲族教育史料》征集工作，编撰遂昌县志（续）政协篇目。协助市政协征集水利建设史料和非物质文化遗产传承人口述文史资料。

四、加强自身建设，改进作风树形象

抓好学习教育。认真开展党的群众路线教育实践活动，拧紧思想总开关，组织学习了习近平总书记关于群众路线的重要论述和在纪念人民政协成立65周年大会上的重要讲话、县委教育实践活动动员会议精神及杜兴林书记在全县政协工作会议和县政协常委会会议上的重要讲话，坚定政协工作正确的政治方向，筑牢走中国特色社会主义道路的思想根基，保持政治定力、战略定力、路径定力，自觉与党委政府同心同向同行，积极践行“爱遂昌、勤学习、善思考、有责任、讲奉献”的履职理念，投身绿色生态发展和履职为民新实践。

加强能力建设。向部门、乡镇（街道）、委员广泛征求做好政协工作的意见，对照查摆问题，认真整改落实，规范履职活动，转变工作作风。做到严格执行中央八项规定，建立健全了学习教育、联系委员、公务接待、公车管理等7项制度，巩固了教育实践活动成果。协助县委召开了全县政协工作会议，配合县委出台了“加强人民政协

政治协商和民主监督”两个实施办法，有力推进了政协工作制度化、规范化、程序化建设。

重视宣传工作。结合全县政协工作会议，开展了县政协成立30周年纪念活动。加强与《人民政协报》《联谊报》和市县新闻媒体的合作，办好政协网站、政协简报，刊播新闻200余篇，宣传了政协履职特色、亮点工作和委员风采，扩大了政协工作社会影响。

各位委员，过去一年，县政协工作取得了较好成绩，这是县委正确领导、县人大和县政府及社会各界大力支持的结果，是全体政协委员、政协各参加单位共同努力的结果。在此，我代表县政协常委会，向关心、支持政协工作，为政协事业发展做出贡献的同志们、朋友们表示衷心的感谢并致以崇高的敬意！

在肯定成绩的同时，我们也清醒地看到工作中的不足，主要是履职能力有待提高，工作举措创新不多，民主监督实效性不强，委员主体作用发挥不够。真诚希望广大委员和列席同志提出宝贵意见，以利于我们改进今后的工作。

2015年工作思路

2015年是全面推进依法治国的开局之年，也是全面完成“十二五”规划的收官之年。县政协工作的总体要求是认真贯彻落实中共十八大和十八届三中、四中全会精神，坚持“发展是第一要务、生态是第一责任”的理念，紧紧围绕县委十四届九次全会和全县政协工作会议的要求，牢牢把握团结民主两大主题，主动适应新常态，充分发挥协商民主重要渠道作用，为全面深化改革、建设“五美遂昌”和山区科学发展示范区发挥积极作用。

一、提高政治把握能力，筑牢共同思想基础

认真学习贯彻落实中共十八届三中全会关于推进协商民主广泛多层制度化发展、十八届四中全会关于全面推进依法治国的决定和深刻领会习近平总书记关于政协工作的重要论述及中共中央《关于加强社会主义协商民主建设的意见》，坚定中国特色社会主义道路自信、理论自信、制度自信，引导委员增强对中国特色社会主义的政治认同和思想认同，把牢政协工作正确政治方向，坚决维护县委权威，确保县委各项决策部署在政协得到全面贯彻落实，推进协商民主，更好地协调关系、汇聚力量、建言献策。

二、提高服务大局能力，助推“五美遂昌”建设

助推全面深化改革。协助县委、县政府组织实施年度协商工作，重点围绕“十三五”规划、创新驱动发展战略、转变政府职能、农村产权制度改革、扶贫改革试点等开展协商议政，发出政协好声音。助推经济社会发展。聚焦适应经济发展新常态，围绕招商引资一号工程、三城并举发展战略、打造绿色生态产业体系、国家生态文明建设试点等开展专题调研，办好城市治理政协论坛，多谋助力之策、多做给力之事。助推民生改善。聚焦推进公共服务均等化，重点围绕创建教育现代化县、进一步深化医疗社保体制改革、加强基层社会治理创新等开展调查研究，反映社情民意，助推民生问题的改善。助推法治遂昌建设。认真贯彻执行《中共遂昌县委关于加快推进法治遂昌建设的实施意见》，善于运用法治思维和法治方式开展工作，助推法治遂昌建设。引导委员践行社会主义核心价值观。继续选择重大工作、重点工程开展专项监督，继续组织委员参与政风行风监督。

三、提高团结合作能力，营造稳定和谐氛围

汇聚合力增强动力。继续加强与民主党派、无党派人士的合作共事，协助做好民族宗教、党外知识分子、“两新组织”等群体工作。继续加强与在外遂商、港澳台侨委员的联络联谊，协助做好招商引资、招才引智工作。认真做好文史资料征集、编辑出版工作。**减少阻力凝心聚力。**健全民意反映常态化机制，加强界别民意的有效汇聚，积极反映群众合理诉求，围绕群众思想认识的困惑点、利益关系的交织点、现实矛盾的易发点，协助党委政府多做宣传政策、解疑释惑、沟

通思想、理顺情绪的工作，引导群众有序政治参与，维护社会和谐稳定。**下接地气多办实事。**自觉贯彻群众路线，继续组织委员深入基层开展调查研究，积极参与慈善公益事业，发挥专长为群众多办实事好事。

四、提高履职创新能力，增强政协工作活力

加强平台建设。认真学习贯彻《中共遂昌县委关于加强人民政协政治协商的实施办法》和《中共遂昌县委关于加强人民政协民主监督的实施办法》，制定配套制度，健全加强政治协商、民主监督制度体系。推进协商民主向基层拓展，探索建立委员联系基层制度，引导村（社区）开展基层民主协商，扩大公民参与协商的渠道。办好县政协网站，尝试设立微信公众号，运用网络平台，了解民情反映民意，提高政协工作透明度。创新专项工作民主评议，完善民主监督员选派工作，探索切合实际、富有成效的履职办法。**加强队伍建设。**认真落实《专委会和界别与党政职能部门对口联系工作制度》，争取各方支持配合，增强对口协商、界别协商密度。成立委员联络机构，坚持政协领导联系委员制度，建立委员微信群，密切与委员的联系和工作指导。完善委员履职管理，健全激励约束保障机制，最大限度激发委员履职活力。**加强作风建设。**认真开展好“三严三实”教育实践活动，巩固和拓展群众路线教育实践活动成果，即知即改，促进作风建设常态化。培养政协情怀，敢担当、讲真话、出实招，不断提高政协机关参谋助手、综合协调、服务保障水平。

各位委员，让我们更加紧密地团结在以习近平同志为总书记的党中央周围，在中共遂昌县委的领导下，以更加饱满的激情，更加务实的作风，锐意进取，扎实工作，不断开创我县政协工作新局面，为我县坚定不移走“绿水青山就是金山银山”绿色生态发展之路、全面深化改革、建设“五美遂昌”和山区科学发展示范区做出更大贡献！

专 记

党的群众路线教育实践活动

从2月开始，按照中央的统一部署，一场筑牢思想之基、荡涤作风之弊、弘扬清风正气、凝聚党心民心的党的群众路线教育实践活动在全县铺开。县委常委班子先行一步、以身作则，“九个带头”率先垂范，“十一项举措”整体推进，示范带领全县88个活动单位15844名党员，紧紧围绕“为民务实清廉”主题，按照“照镜子、正衣冠、洗洗澡、治治病”的总要求，以“整风”之势除“四风”之害、以“钉钉”之力祛行为之垢、以“赶考”之心兴惠民之举、以“长治”之志立为民之规，规定动作做到位，自选动作创特色，确保了教育实践活动不虚、不空、不偏、不走过场，取得了重要的阶段性成果。

活动开展以来，全县党员干部大兴学习之风，坚持理论教育、历史教育、实践教育“三位一体”，普遍接受了一次马克思主义群众观点的深刻教育。一是突出重点学。通过个人自学、集中宣讲、交流研讨、专家辅导和播放专题片等多种方式，重点学习习近平总书记系列重要讲话精神，学习中央和省委、市委指定的各类必读书目，打牢转变作风的思想基础。县委常委班子集中学习时间累计达到8天共16课次；全县300余名各级书记共上党课550余场，受训党员干部25000余人次；各活动单位的党员干部人人记笔记、写心得、谈体会，参学率达100%。二是专题讨论学。在按照规定完成“三问三思、三破三立”“三思三观”和“正面典型、反面案例”专题讨论外，县委先后举办“城市更新”主题论坛，开展“我的责任我担当、遂昌发展我在先”“如何处理政府与市场关系”等专题讨论活动。常委班子成员带头发言，厘清方向、鼓舞斗志、凝聚共识。通过讨论，全县党员干部精神更加振奋，“绿水青山就是金山银山”的理念更加清晰，推动遂昌科学发展的信心更加坚定。三是创新载体学。全县逐级开展“把好总开关、赶考在路上”主题论坛活动，5000余名不同层级、不同战线的党员干部登台演讲、畅谈体会，极大弘扬了遂昌正能量。县里还举办了先进事迹报告会，组织观看《焦裕禄》等8部指定影片，赴门阵革命旧址开展现场教学会。通过这些活动，党员干部在对标立杆中认识到差距，在正反对比中把握住底线，起到了提神醒脑的作用，巩固了学习教育成果。

活动中，全县各级党组织和党员领导干部严格按照“三严三实”要求，坚持“背靠背”和“面对面”、“请进来”和“走出去”相结合，深入查摆干部“四风”问题、关系群众切身利益的问题和联系服务群众“最后一公里”的问题。一是广泛征求意见查“四风之疾”。县领导率先垂范，先后开展了3轮“驻点走亲联心”活动，召开座谈会351场6335人次，收集各类意见建议897条，整改项目66个。按照“走村不漏户、户户见干部”的要求，全县部门干部走访农户14621户，乡镇（街道）干部走访农户61085户，农村党员干部走访农户84578户。同时通过发放问卷、专人接访、设立意见箱等方式，广泛听取群众意见建议，共梳理出意见建议4372条，其中“四风”问题2546条。二是深入谈心交心通“心灵之渠”。坚持做到三个“四必谈”，县委书记杜兴林先后与常委班子成员、人大政协主要领导、其他市管领导干部、乡镇（街道）党政正职、部门“一把手”、老同志代表等90多人谈心交心，给每个常委提意见不少于3条。各级党员领导干部之间也做到问题必谈、原因必谈、措施必谈、建议必谈，达到了加深了解，增进互信的目的。三是反复对照检查画“素面之像”。各级领导班子和领导干部对照焦裕禄精神，对照“三严三实”要求，深入开展了“六查五找”，主动把自己摆进去，认真撰写和反复修改对照检查材料，勾勒出自己最真实的肖像画。其中，县委常委班子对照检查材料先后集体研究讨论6次，修改22稿，常委班子成员对照检查材料也都数易其稿。四是敢于动真碰硬排“沉疴之毒”。7月中旬，县委常委班子率先召开专题民主生活会，查摆了常委班子遵守党的政治纪律和“四风”方面的突出问题，每位常委同志都放下思想包袱，敢于动真碰硬、揭短亮丑，主动剖析根源、认领责任，取得了“红脸出汗、排毒治病”的效果。各级领导干部在开展民主生活会的同时，还带头参加支部专题组织生活会，签订了党员“五条自律”承诺书，确保活动在各个层级都取得实效。

县委从一开始便严格落实中央八项规定、省委“六个严禁”及市委的相关规定，切实做到边查边改，立言立行。一是回应问题改。针对查摆出的问题，县委常委班子按照三色梯级分类，带头制定整改方案，提出24个方面78条整改措施，逐条明确责任领导、牵头单位和整改期限。建立问题销号台账，实行督导组督办、“一把手”督办和社会督办三级联动机制，确保件件有着落、事事有回音。二是专项整治改。从整治文山会海、公款吃喝、奢侈浪费，整治“形象工程”“政绩工程”，整治“吃空饷”，整治党员干部参赌涉毒等21个方面研究制定整治方案，出实招、下猛药，确保整治效果明显，群众看到新气象。活动期间压缩会议10个，减少文件25个，清理违规车辆12辆，减少因公临时出国（境）18批24人次，压缩“三公”经费1700多万元。三是正风肃纪改。持续开展“你点我访纠四风”活动，做到月月有主题，周周有行动，天天有提醒。组织开展明察暗访30余次，通报单位30个干部职工39人，上重点项目一线接受教育4人，查处参赌涉赌党员干部22人。还制作了2期“群众问政进行时”栏目，组织干部群众对热点难点问题进行集体讨论；开通“网络问政直通车”平台，办理群众问政252条，得到了群众的广泛好评。四是领导带头改。创新实施县领导领办重点项目制度，35名副县以上领导在全县干部大会上领办重点项目45个，该做法多次被《浙江日报》等媒体专题报道。9月中旬，启动了第二批次“领办”活动，新增领办项目34个。县委还抓住信访工作这个牛鼻子，由县委领导牵头交办信访件165件，在全县上下形成了一级做给一级看、一级带着一级干的示范效应，确保了群众诉求落到实处。五是建章立制改。着眼于边学边改、边查边改，推出了即知即改九项行动。着眼于加强干部工作，出台了“识别好干部全程考察法”。着眼于提升队伍执行力，制定了“执行力锻造年”十大行动计划。着眼于提升县域发展动力，提出弘扬“担当、奋斗、落实”干事创业精神，出台《关于鼓励改革创新、支持勇于担当的办法》，着力营造鼓励干事创业的良好氛围。

县委坚持把教育实践活动同推动当前改革发展稳定各项工作紧密结合起来，实现“两手抓、两不误、两促进”。上半年全县生产总值增长8.7%，加速推进了低丘缓坡开发等一批重大项目，有效应对了“6.27”特大暴雨洪灾等突发事件，努力办成了梅溪小学、公共自行车项目、烟花爆竹限燃限销等一批群众十分关切的民生实事。各项省市县中心工作稳步推进，“五水共治”方面，全面落实“河长制”，在全省率先出台县级“五水共治”总体规划，创新开展“万人清千河，河长晒垃圾”等活动，全县干部群众投身垃圾河清理累计3万多人次，实施“五水共治”项目28个，累计完成投资4.3亿元，15个乡镇通过畜禽规模养殖污染整治验收，提前消灭垃圾河和黑臭河。“城市更新”方面，广大征迁干部认真践行党的群众路线，从维护群众利益出发，耐心细致与群众沟通交流，并充分发挥“白+黑”“5+2”精神，积极投入到“两滩两路”征迁工作中。至10月底，各区块土地征收工作基本完成，房屋征收工作全面启动；县城棚户区（国有）改造（一期）工作快速推进，仅仅用时24天就完成医疗器械厂地块53户搬迁户的政策处理工作并腾空拆除；历时10多年几易其址的东方食品屠宰场项目落地生根，被市民称之为城市建设“牛皮癣”的老厂房在国庆节前成功拆除。“三改一拆”方面，强力开展涉河、涉宗教违建拆除工作，全面推进竹制品加工行业专项整治，累计拆违73.42万平方米，完成三年拆违任务的183.56%，其中2014年拆违5.74万平方米；累计完成“三改”123.7万平方米，完成三年任务的225%，“无违建县”创建工作扎实推进。

坚持领导带头，在以上率下、示范先行上下功夫。县委常委坚持以身作则、率先垂范，从活动一开始就领办项目、抓实整改，每个环节都走在前列。同时全程参与、指导联系点的教育实践活动，带动和促进全县面上活动的深入开展。各活动单位“一把手”靠前指挥，主动融入，既把自己摆进去，又把党员干部带起来，形成示范带动、上行下效的良好局面。实践证明，抓党风政风，重点在主席台，根子在第一排，必须突出“一把手”抓，抓“一把手”，一级做给一级看，一级带着一级干。

坚持问题导向，在找准病根、破除“四风”上下功夫。活动过程中，始终坚持问题导向，聚焦解决“四风”问题不“走神”、不“散光”。有什么问题就解决什么问题，什么问题突出就重点解决什么问题，用行动转变作风，让群众既看到查找问题的真心，又看到解决问题的决心。实践证明，只有坚持问题导向，才能真正把自身在作风建设方面存在的问题找准找实，也只有把“四风”问题解决好了，才能得到人民群众的信赖和支持。

坚持敞开大门，在发扬民主、发动群众上下功夫。没有群众参与的群众路线活动，注定是搞形式、走过场，变成“内循环”“灯下黑”。县委坚持把相信群众、依靠群众、服务群众贯穿教育实践活动始终，积极引导群众广泛参与，将每个环节、每个步骤置于群众监督之下，真心让群众评判。实践证明，只有开门搞活动，充分发扬民主，广泛汇集民智民意，才能使教育实践活动具有广泛的群众基础，才能真正提升党员干部服务群众的能力，取得群众满意的效果。

坚持立言立行，在抓实整改、建章立制上下功夫。这次教育实践活动，坚持从群众反映最强烈的具体问题改起，强化“四风”突出问题的专项整治，积极回应群众期盼。同时，同步跟进建章立制、树规立矩，坚决维护制度的刚性，防止“破窗”效应；坚持标本兼治，既及时解决“四风”突出问题，又从体制机制上铲除滋生“四风”问题的土壤。实践证明，只有让制度成为带电的高压线，才能不断巩固和扩大教育实践活动成果，为改进作风提供强有力的保障。

坚持统筹兼顾，在围绕中心、服务大局上下功夫。遂昌县将开展教育实践活动同推动当前改革发展稳定的各项工作结合起来，与落实中央和省委、市委的决策部署结合起来，与打造“五美遂昌”、建设山区科学发展示范区的具体实践结合起来，用改革发展的成果检验活动成效，使活动和中心工作相互融合、相互促进、相得益彰。实践证明，只有两手抓、两不误、两促进才能增强教育实践活动的针对性和实效性，始终做到把握全局、有的放矢。　（县委办）

县领导领办项目

2014年，遂昌县坚持走“绿水青山就是金山银山”的生态发展之路，牢固树立“抓项目就是抓发展，抓项目就是抓落实”的理念，全县上下发扬“担当、奋斗、落实”的实干精神，在全市率先创新推行县领导领办项目制度。县四大班子领办领导深入一线，狠抓项目推进，狠抓难题破解，项目推进氛围更加浓厚，项目建设取得较大突破。

2014年共完成固定资产投资52.47亿元，同比增长29.1%，完成市委、市政府年度投资任务（增幅20%、总量48.77亿元）的107.59%。县领导领办79个项目累计完成投资31.78亿元，完成年度计划投资（30.31亿元）的104.85%。其中，45个民间投资项目累计完成投资9.97亿元，完成年度投资任务（9.01亿元）的110.65%；34个政府投资项目累计完成投资21.81亿元，完成年度投资任务（21.30亿元）的102.39%。

64个实施类项目中，有53个项目完成或超额完成年度投资任务，包括高坪高山避暑休闲养生基地、遂昌县第二中学、古院新区大酒店项目、低丘缓坡开发古院区块一期工程、城发公司安置小区及村级拆迁奖房工程、年产7000吨特种铸造项目、园林城市改造工程、污水处理厂二期工程、低丘缓坡开发东城龙板山区块一期工程、北门桥头至三墩桥道路拓宽工程、年产400吨噻吩乙醇及300吨氟萘等医药中间体生产线、三溪综合治理、县城棚户区拆迁一期工程、云峰石材加工园区市政配套工程、桐川水库工程、遂昌中学扩建工程、迎宾大道建设及附属工程、红星坪温泉度假村建设工程、城市文化综合体、养老中心一期工程、乌溪江大桥建设工程、连直线云峰段公路改建工程、东城供水工程、遂昌县供水工程、梅溪小学建设项目、石坑坪水库工程、2013—2015年中央财政小型农田水利重点县建设工程、电网项目，以及城市更新吴乐畈区块、城市更新东桥路区块、城市更新荷花滩区块等。因规划调整、投资商投资方向调整、火车站场选址调整等原因，有7个项目低于年度投资计划，包括汤公园建设及低山缓坡开发利用项目、华东花岗岩集聚加工综合循环利用产业示范区、大柘民俗文化产业园项目、年产3500吨耐高温差别化氨纶纤维项目、汤沐园AAAA级景区创建工程、腾龙小区二期建设工程、后江路网工程。目前腾龙小区二期建设工程、后江路网工程已开工。有4个项目未开工，包括千佛山景区三期工程、城市更新上溪滩区块、萤石采选及综合利用技术研发中心、年产1万吨绿色环保矿产选冶药剂项目。

15个前期类项目中，有11个项目完成进度要求，包括白马山森林旅游养生度假区、渤海商品交易大楼、老船木文化创意园、萤石总部经济大楼项目、桃源古坪文化村、清水源水库等。因投资方撤出、两规不符、电力接入等原因，4个项目前期未推进，包括湖山大溪边养生养老基地、浙西南原生态农副产品批发市场、水中淳茶文化园、高海拔“农光互补”示范基地。

自县领导领办项目活动开展以来，领办领导亲自挂帅、身先士卒，实时了解项目推进情况，全力帮助协调解决项目建设过程中遇到的问题和困难。县委书记杜兴林两次专题召集县委常委扩大会议，听取领办项目推进专题汇报，多次深入一线推进领办项目。县委副书记、县长何卫宁多次布置领办项目推进工作，协调、督办相关问题的解决落实。为更好地发挥制度优势，遂昌县建立了项目无缝对接机制，加快项目审批和部门间的协作，开展了“五办”联合督查跟踪服务活动，发布专题督查通报4期，发放进度滞后项目领办领导通知单30余份，累计协调解决问题336项。同时，在遂昌电视台和《钱瓯遂昌》开设专栏，发布《遂昌县重点建设项目实施进度》通报12期。在领办活动的推动下，项目之间比进度、比质量、比投资，形成了你追我赶的良好建设氛围。

县领导领办项目制度的实行，一改以往只联系仅过问不负责的弊端，强化了项目领办领导职责，一抓到底。在领办县领导的带动下，进一步转变了干部工作作风，推动了干部在转型发展中争做战士，不做绅士，强化责任落实，各责任单位推进项目的主动性、积极性和创造性大大提升，部门服务项目的水平大大增强，全县项目建设氛围浓厚。遂昌县领导领办项目工作还得到了省、市党委政府的充分肯定，《浙江日报》、浙江电视台、《丽水日报》对遂昌县领导领办活动多次进行宣传报道，市委书记王永康作出“要求其他县市学习推广”的批示。　　（发改局）

2014 年度第一批县领导领办项目一览表

表 1

序号	项目名	领办领导	分管领导
1	低丘缓坡开发东城龙板山区块一期工程	杜兴林	蓝献民
2	县城棚户区（国有）拆迁一期工程	何卫宁	赵文明
3	三溪综合治理（三溪水生态修复；“五水共治”项目）	毛建华	叶照辉
4	城市更新园丁路西段、吴乐畈区块	尹建中	赵文明
5	腾龙小区二期建设工程	上官国明	叶照辉
6	低丘缓坡开发古院区块一期工程	罗运乾	赵文明
7	城市更新东桥路区块	华治武	赵文明
8	云峰石材加工园区市政配套工程	周立民	蓝献民
9	中小河流治理重点县综合整治试点项目（“五水共治”项目）	杜云峰	叶照辉
10	污水处理厂二期工程（“五水共治”项目）	洪勇杰	赵文明
11	51 省道遂昌王村口至老虎跳公路改建工程	李和达	朱芝贵
12	北门桥头至三墩桥道路拓宽工程	付勇斐	赵文明
13	古院新区后江区块路网二期工程	包建崇	赵文明
14	园林城市改造工程（创园）	高峥	赵文明
15	梅溪小学建设项目	向争鸣	鲁子钗
16	桐川水库工程（“五水共治”项目）	丛鲁浙	叶照辉
17	2013-2015 年中央财政小型农田水利重点县建设工程（“五水共治”项目	梅伟建	叶照辉
18	城市更新上溪滩区块	廖为义	赵文明
19	遂昌县第二中学	鲁子钗	鲁子钗
20	东城云峰区块低丘缓坡开发一期工程（毛田二期、洋浩区块）	蓝献民	蓝献民
21	连直线云峰段公路改建工程	朱芝贵	朱芝贵
22	迎宾大道建设及附属工程	赵文明、叶照辉	赵文明
23	城市更新荷花滩区块	赵文明、叶照辉	赵文明
24	养老中心一期工程	刘庆华	叶照辉
25	石坑坪水库	王凤琴	叶照辉
26	城市文化综合体	包志华	罗运乾
27	遂昌中学扩建工程	林成高	鲁子钗
28	遂昌县供水工程（“五水共治”项目）	陈志远	赵文明

序号	项目名	领办领导	分管领导
29	东城供水工程（云峰泵站；“五水共治”项目）	叶晓生	赵文明
30	乌溪江大桥建设工程	谢云生	朱芝贵
31	2014年度农村生活污水治理工程（“五水共治”项目）	张少啸	叶照辉
32	三墩旅游综合体项目	何卫宁	朱芝贵
33	年产400吨噻吩乙醇及300吨氟萘等医药中间体生产线	上官国明	蓝献民
34	年产30万立方加汽混泥土生产线	罗运乾	蓝献民
35	湖山温泉小镇项目	华治武	朱芝贵
36	华东花岗岩集聚加工综合循环利用产业示范区	周立民	蓝献民
37	古院新区大酒店项目	杜云峰	朱芝贵
38	高坪高山避暑休闲养生基地项目	李和达	朱芝贵
39	汤沐园4A级景区创建工程	付勇斐	朱芝贵
40	千佛山景区三期工程	鲁子钗	朱芝贵
41	年产3500吨耐高温差别化氨纶纤维项目	蓝献民	蓝献民
42	遂昌金矿5A级景区创建工程	朱芝贵	朱芝贵
43	大柘民俗文化产业园项目	赵文明	朱芝贵
44	旅游商品展示展销中心项目	刘庆华	朱芝贵
45	年产7000吨特种铸造项目	张少啸	蓝献民

2014年度第二批县领导领办项目一览表

表2

序号	项目名称	领办领导	分管领导
1	白马山森林旅游养生度假区	杜兴林	张少啸
2	相圃山庄	何卫宁	赵文明
3	中小河流重点河段治理工程	毛建华	张少啸
4	牡丹亭开发项目	尹建中	朱芝贵
5	天金溪景苑	上官国明	赵文明
6	横坑殿养生养老项目	罗运乾	罗运乾
7	湖山大溪边养生养老基地	华治武	罗运乾
8	桃源古坪文化村	周立民	朱芝贵
9	东城公司安置小区、村级拆迁奖房工程（回购）	杜云峰	叶照辉
10	渤海商品交易大楼	李和达	赵文明
11	老船木文化创意园	付勇斐	马招法
12	黄金谷旅游综合开发项目	陈志远	朱芝贵
13	红星坪温泉度假村建设工程	马招法	朱芝贵

序号	项目名称	领办领导	分管领导
14	电网项目	朱红伟	叶照辉
15	清水源水库	包建崇	张少啸
16	汤公园建设及低山缓坡开发利用项目	高　峥	赵文明
17	年产 1 万吨绿色环保矿产选冶药剂项目	向争鸣	叶照辉
18	康复医院	丛鲁浙	鲁子钗
19	年产 40 万 m^2 高科技重竹地板成品生产线	梅伟建	叶照辉
20	城发公司安置小区、村级拆迁奖房工程（回购）	廖为义	赵文明
21	奇石博物馆	鲁子钗	马招法
22	三墩传统文化艺术博览园	朱芝贵	朱芝贵
23	古院区块主题酒店	朱芝贵	朱芝贵
24	九龙文化创意园	赵文明	马招法
25	浙西南原生态农副产品批发市场	叶照辉	朱芝贵
26	高海拔“农光互补”示范基地	叶照辉	叶照辉
27	金钻养生园	刘庆华	朱芝贵
28	山茶油生产线项目	王凤琴	叶照辉
29	金太阳养老基地	包志华	罗运乾
30	年产 8000 吨脂肪酸项目	林成高	叶照辉
31	萤石总部经济大楼项目	洪勇杰	赵文明
32	萤石采选及综合利用技术研发中心	叶晓生	叶照辉
33	旅游集散中心	谢云生	朱芝贵
34	水中淳茶文化园	张少啸	马招法

遂昌—诸暨山海协作产业园

遂昌—诸暨山海协作产业园为浙江省首批省级山海协作产业园之一，产业园开发面积 5.223 平方千米，分洋浩区块（200 公顷）和龙板山一期（320 公顷）两个片区。至 2014 年年底，产业园实现工业总产值 9.94 亿元，工业增加值 2.08 亿元，入库税收 4226 万元。2013 年、2014 年连续获得浙江省山海协作产业园建设发展情况考核一等奖，是全省唯一获此殊荣的产业园，累计获得省奖励以及补助资金 7050 万元。

自 2012 年签订共建产业园合作框架协议以来，遂昌、诸暨两地党委政府围绕建设特色产业集聚区、体制机制创新先行区、区域合作示范区的总目标，凝心聚力，携手共建，全力推进产业园建设，在体制机制创新、基础设施建设、招大引强选优上取得了阶段性成效。

2012 年 11 月双方签订合作框架协议，为全省最早签订协议的产业园。组建成立产业园管委会和开发公司，开发公司注册资本金 2.5 亿元，注册资本金全省最高。其中，诸暨市以现金入股 1.25 亿元，遂昌县投入龙板山区块场平工程、市政工程，拆迁工程等在建工程 1.25 亿元评估后入股。三年来，双方各抽调了一批懂经济、会管理、能服务的干部，构建了一支精简高效的服务队伍。遂昌县委书记杜兴林担任产业园党工委书记，诸暨市连续派出两位主管开发区工作的副市长担任产业园管委会主任，另外派出了多名招商、规划、财务干部参与产业园建设。双方建立了高层联席会议制度，开展经常性交流互动，决策推进产业园开发建设。同时，建立了产业园专题联席会议制度，双方有关成员单位就具体建设推进细节问题进行紧密对接。总体来说，两地已建立起了兄弟般的亲密关系，共建工作体制机制得到进一步深化与创新。深化产业园管理体制研究，实施主职干部兼职制度，由产业园管委会常务副主任兼任产业园所在地云峰街道党工委书记。积极推进银园合作，主动与农发行密切沟通对接，争取政策性资金支持，成功向农发行融资2.5亿元。

合作共建以来，已累计完成投资14.15亿元，启动开发4.01平方千米，实现建设开发进度76.8%，形成可供出让土地2.08平方千米。其中已出让土地0.71平方千米。至2014年底，启动地块、A地块（共约2000亩）场平工程基本完工，道路路网、雨污水管网、挡墙等市政工程进度过半，龙板山区块经四路、纬二路等全长5.58千米主干道打通并完成路面浇筑。B地块（1000亩）场地平整基本完工，各项市政工程顺利展开。洋浩区块五条市政主干道工程完工，排水渠工程全面跟进。为整个区块提供污水处理配套的龙板山污水处理厂加快项目前期；产业园对外连接的主干道连直线云峰段公路改造一期工程进展顺利，二期工程已谋划启动。为产业园配套的力其桥供水加压泵站工程完工，龙板山加压泵站顺利结顶。洋浩110千伏输变电工程及产业园供地营业所启动施工。启动实施“遂昌—诸暨山海协作产业园中小企业孵化中心”项目，为小微企业培育发展创造平台，激发产业园发展活力。

两地互派干部挂职，协调产业园招商工作。借助诸暨市成熟的招商资源，实施“立体共招”招商新模式。在诸暨市招商局设立了遂昌县招商办事处，专职负责在诸暨开展定点招商。遂昌组建5支招商小分队，与诸暨13支驻外招商小队整合资源、合力招商。充分发挥两地政策叠加效应，遂昌在落实中央、省、市、县一系列政策的基础上，针对产业园出台专项优惠政策。遂昌将山海协作重大项目认定标准作为引进项目考核标准，凡引进项目被认定为“省山海协作重大项目”的，实行重奖。诸暨市出台了鼓励赴产业园投资的意见，诸暨企业入园同样享受诸暨市招商引资和转型升级相关扶持政策。同时，园内企业同等享受诸暨市人才扶持政策，即对所有山海协作产业园企业，大学本科学历以上人才享受每月600元补助，由诸暨市政府出资补助。产业园与诸暨市招商局建立合作招商机制，签订合作招商意向书，将产业园融入诸暨市对外招商的宣传册、推介会等招商平台，开拓项目信息和投资动态的获取渠道，推动两地招商信息互通、资源共享。两地招商部门联合在北京、杭州、温州、诸暨、义乌、遂昌等地举办多场招商推介会。通过两地精诚协作，累计吸引诸暨外地商会、市机电协会、纺织协会、永嘉县纽扣协会等行业团体及企业家50余批次400余人次前往产业园实地参观考察。至2014年年底，产业园累计已有落地项目39个。

围绕“签约项目促落地、落地项目促开工、开工项目促投产”的总要求，着力做好招商项目盯引、落地项目审批服务、开工项目跟踪服务等工作。遂昌建立了县领导重点项目包干制度，由副县级以上领导带头领办项目，保障基础设施和企业项目的高效推进。建立落实招商盯引机制，对重点盯引项目确定一名班子成员专门负责，一盯到底，有效推动了项目的签约、落实。优化行政审批绿色通道，研究探索审批制度改革，完善出台了投资项目审批全程代办制度，推行“店小二”服务承诺，对项目代办审批事项负责到底，“店掌柜”定期对“店小二”工作进行督查督办，确保审批代办事项得到落实。同时建立产业园班子成员、科室骨干跟踪联系在建项目制度，全力做好服务保障工作。至年底，汇金有色金属公司年产3万吨铜制品加工项目等15个制造业项目已实现投产。嘉隆、昌源公司年产2000吨纽扣项目等15个制造业项目建设进展顺利。莹鑫矿业年产7.6万吨萤石矿粉浮选项目等新签约项目即将启动施工。德鹰机械年产300万套缝纫机旋梭等项目继续盯引服务中。

以产业园建设为契机，进一步深化与诸暨全方位多领域合作。遂昌、诸暨两地相互举行文化走亲演出，赢得了市民的赞誉。遂昌开展了“百万诸暨人免费游遂昌”活动；遂昌中学与诸暨中学结对，合作深化新课程、课件的研究交流。遂昌县人民医院与诸暨市人民医院结对，共同提升医疗服务水平。在政府层面，遂昌诸暨互派干部交流学习，推进两地在文化、卫生、教育、旅游、电子商务等多领域的全面合作；而在民间层面，诸暨市热心企业家结对助学遂昌贫困学子，遂昌林农自发组团到诸暨学习香榧种植。 （县府办）

“五水共治”工作

2014年，全县“五水共治”重点建设项目28个，年度计划总投资6.28亿元。至11月底，累计完成投资6.44亿元，占年度投资计划的102.5%，提前一个月完成年度投资任务，投资额及投资完成率位居全市前列。

以“两固三联四抓”法开展垃圾河和黑臭河清理整治（两固：巩固“洁净乡村”、巩固河道“四位一体”管理；三联：联盟治水、联防护河、联动执法，四抓：抓专项行动、抓项目建设、抓污染源治理、抓督查考核），先后组织开展“万人清千河、河长晒垃圾”、河道清淤疏浚、河道两违整治、石材加工专项整治等行动，提前完成“清三河”任务， 7月通过市级验收。累计清淤疏浚河道126千米，治理封堵排污口和污水渗漏点19处，清理生活生产垃圾2500多吨，清运建筑垃圾和河道障碍物3万多立方米，拆除河道违章建筑4700多平方米。在7个重点乡镇建设保洁站，52个行政村开展垃圾分类试点，从源头上减少河道垃圾的产生。

建立城乡生活污水治理统一规划、统一设计、统一招标、统一施工、统一管护的工作机制，启动县污水处理厂二期工程建设和中心城区污水管网渗溢点的截污纳管改造。中心城区污水管网渗溢点改造基本完工，污水处理厂二期主体土建工程年底前完成，相关设施设备完成招标采购，新建城镇污水管网12.7千米。农村生活污水治理确立“试点先行、以点带面、梯度推进、因地制宜”的工作思路，在项目审价、招投标、管材配送等方面简化程序和手续，成功入围省补助资金第一批县市，获得省专项补助资金2397万元。至11月底，列入年度治理计划的55个行政村已有24个村基本完工，累计完成投资5356万元，占年度投资计划的75%左右，新增接入农户9842户，年底完成55个行政村13195户的年度建设任务。

重新调整划分畜禽养殖禁、限养区，制定出台畜禽养殖污染整治政策方案，全县共有125家养殖场列入关停拆除，55家养殖场实施提升改造。至11月底关停拆除123家，完成提升改造51家，减少生猪存栏1.4万头，拆除栏舍面积5.7万平方米，禁养区内的规模养殖场全部关停腾空，一场一册台账齐全，超额完成省市下达的整治任务。病死动物无害化集中处理中心项目加快建设，建立起病死动物无害化处理长效管理工作机制。全年新增沼液利用5.5万吨，推广测土配方施肥面积27.6万亩，推广商品有机肥0.9万吨，实施病虫害统防统治3.5万亩、绿色防控5.3万亩、高效农药替代24万亩，化肥减量263吨、农药减量8.8吨。

深化重污染高耗能行业整治提升工作，列入年度整治计划的5家造纸企业和9家化工企业，其中2家关停，12家通过整治验收。有序推进钢铁、冶金行业落后产能淘汰工作，关停恒安纸业、昌隆不锈钢熔炼炉、元立庄山普线等落后生产线，完成了落后产能淘汰任务。云峰石材加工和制砂行业专项整治取得阶段性成果，列入整治的27家企业，已关停5家，通过整治验收19家，限期搬迁3家。新装1家、扩建8家省控市控重点污染源自动监控系统，完成县级刷卡排污管理平台建设，完成4家企业的污水刷卡排污系统建设，启动工业企业排污权的有偿使用和交易。

完成山塘整治16座，完成河道整治40千米，新建加固堤防6.2千米，新建水文测站3座，清疏城市排水管网24千米，改造积水易涝隐患点10处。主汛期间，突出抓好“防洪水”和“排涝水”工作，确保人民群众生命财产安全。6月27日，西部乡镇遭受百年不遇的特大洪灾，县委县政府及防汛部门超前部署、科学决策，灾区干部群众齐心协力、同舟共济，以指挥到位、预警到位、转移到位、抢救到位的“四个到位”实现大灾“零伤亡”。

县自来水厂扩容改造，新增4万吨/日供水规模，新建配水干管14.5千米。完成东城供水工程（云峰泵站）及供水干管的铺设。启动桐川水库工程建设，完成石练、三仁两个乡镇水厂和蕉川安置小区等18个村级供水项目的提升改造建设，新增安全饮水人口0.6万人。完成1.45万亩竹林、茶山和农田规模化节水灌溉示范项目建设。成立县节水办，积极开展节水宣传和节水型单位、企业、小区创建活动。在利民化工、惠同纸业等企业开展水平衡测试，凯恩特纸、正中萤石、绿源木业、兴昌纸业等企业积极开展中水回用节水设施改造。年度城市供水管网漏损率为11.83%，城市节水型器具普及率达80%以上。

9月18日，浙江卫视《今日聚焦》报道遂昌县竹制品加工企业污染环境及违建问题，遂昌县迅速启动竹加工行业专项整治行动。9月21日，28家竹加工企业全部断电停产，根据整治方案开始整治拆除。9月25日，浙江卫视《新闻联播》播发了遂昌县开展专项整改的反馈报道。至年底，除6家实行原地整治提升外，列入拆除计划的22家竹加工企业全部拆除到位，竹加工企业污染环境问题得到彻底整治。

充分利用广播、电视、报纸、网络、微博、短信、横幅等载体广泛宣传“五水共治”工作。开设了“五水共治”专题网站、微博、微信和电视、报纸宣传专栏，编印了“五水共治”宣传手册3万多份，编发“五水共治”工作简报46期，发布和上报各类工作信息800多条次，省治水办、省农办、省水利厅等部门的治水简报录用刊登遂昌县“五水共治”工作信息15篇次，省市治水办简报信息录用数排名全市第一。组织开展农村生活污水治理、企业环保法规、垃圾分类处理、防洪减灾等各类专题培训7次。举办“五水共治”广场咨询、文艺演出、有奖答题等活动8场次。组织开展“最美河长”评选活动，5名乡村河长被评为遂昌县“最美河长”。

成立由县党政主要领导任组长的“五水共治”工作领导小组，设立遂昌县治水办，抽调人员集中办公，建立“五水共治”作战指挥室，实行挂图作战。县委常委会、县政府常务会议定期研究“五水共治”工作，先后4次召开全县性的会议动员部署“五水共治”工作，与各乡镇部门签订“五水共治”年度目标责任书。全面建立落实“河长制”，由县、乡、村三级领导分别担任相关河段的河长，牵头开展河道水环境综合治理工作。

制定《遂昌县五水综合治理实施意见》《遂昌县河长制实施方案》《遂昌县钱塘江流域水环境治理方案》《遂昌县瓯江流域水环境治理方案》，在全省率先编制县级“五水共治”总体规划，明确实施产业转型升级、城镇治污基础设施建设、水源涵养修复、城镇防洪排涝和引水净水、企业治理设施提升、农业面源污染治理、农村生活污水治理、城乡一体化垃圾集中处理、城乡饮用水安全保障、水养产业等十大治水系统工程。

在人力、物力、财力等方面对“五水共治”工作实行优先保障，充分整合特扶、山区经济发展、水利建设基金等项目资金，统筹用于“五水共治”，全年整合安排上级补助及地方财政配套等各类资金4.6亿元，用于“五水共治”项目建设。先后制定出台了《遂昌县深化“千村示范万村整治”工程全面推进农村生活污水治理三年行动计划》《遂昌县河道保洁长效管理实施方案》

《遂昌县畜禽养殖污染整治若干规定》《遂昌县畜禽养殖禁养区限养区划分方案》《遂昌县2014年度河道清淤疏浚计划》《遂昌县农业面源污染防控暨农药废弃包装回收处置方案》等政策文件。

县纪委专门下发《关于严明五水共治工作纪律的通知》，明确“五水共治”工作的“十项严禁”。进一步强化水环境执法监管，制定环保全员巡查实施方案，组织开展河道治污“零点行动”，严厉打击企业污水直排偷排问题。环保、水利、国土、公安等部门共出动执法监察巡查1500余人次，下达限期改正通知书95份，立案查处排污、采制砂、电鱼、违建等环境违法和涉河违法案件36件，行政处罚18人，刑事拘留11人。

将“五水共治”纳入对乡镇部门年度综合考核的重要内容。建立“五水共治”一周一督查、一月一通报制度，采取政府督查、社会监督、媒体曝光等多种形式，对“五水共治”工作进行全面监督检查。共组织明察暗访50余次，发出督查通报16期，发放河长督办单7份，办理人大代表、政协委员建议提案18件，受理处置群众来信来访及“网络问政”21件次。

“五水共治”大事记

2013年12月25日，县委常委会议专题研究部署全县“五水共治”工作，审议通过《遂昌县“五水”综合治理实施意见》和《遂昌县“河长制”工作实施方案》，全县治水工作全面启动。

2014年1月10日，全县农村生活污水治理启动工作会议召开。

1月24日，媒体上公布县、乡河流河长名单，包括县四套班子主要领导在内的20多名县领导均担任县级河长，各乡镇（街道）负责人担任乡级河长。

1月27日，遂昌县“五水共治”工作领导小组成立，县委书记杜兴林，县委副书记、县长何卫宁任组长，下设“五水共治”办公室（“河长制”办公室），设在县水利局。

1月28日，县委、县政府印发《遂昌县五水综合治理实施意见》。

1月30日，县总工会、团县委、县妇联、县工商联、县侨联等单位向全县人民发出“聚力五水共治，打造五美遂昌”倡议书。

2月8日，遂昌县举行“聚力五水共治，打造五美遂昌”捐款仪式，杜兴林、何卫宁、毛建华、尹建中、上官国明等县四套班子领导带头捐款。

2月11日晚，县治水办在平昌广场开展“五水共治”宣传和募捐活动。

2月14日，全县干部大会暨“五水共治”动员大会在县影剧院召开，会议通过电视直播方式开到县、乡、村三级。会上，元立、凯恩等17家企业、商会和个人向“五水共治”捐款捐物，捐助款物合计达571万元。

3月5日，县治水办在平昌广场开展“五水共治”宣传咨询和有奖问答活动。

3月10日，《遂昌县“百个部门联村、千名干部治水、万人洁净家园”行动方案》出台。

3月20日，县公安、环保等部门联合行动，快速查处位于妙高街道平昌村内的鑫辉铸造厂违法排放有毒废水废渣案，刑事拘留犯罪嫌疑人6人。

3月21日，县水利局、县治水办在平昌广场举行迎“3.22世界水日”及“中国水周”宣传咨询活动。

3月21日，“聚力五水共治，打造五美遂昌”专题网站正式上线。

3月25日晚11时至26凌晨3时，县治水办联合环保、国土、水利、电力、公安等部门开展五水共治“零点行动”，对县城周边及云峰的制砂洗砂和石材加工企业进行突击检查，5家涉嫌非法制砂污染企业被当场查封断电。

4月1日至3日，县治水办联合电视台、报社等县级新闻媒体对县城周边的“三河”现象进行明察暗访并公开曝光。

4月10日，遂昌县、衢州市、衢江区两地三家环保部门负责人在遂商议建立乌溪江流域跨区域水环境综合治理联席会议制度，全面落实《浙江省乌溪江环境保护若干规定》。

4月16日，全县开展“万

人清千河，河长晒垃圾”行动，杜兴林、何卫宁、毛建华、尹建中等县四套班子领导以河长身份分赴各责任河段进行清理河道垃圾活动。当晚，浙江卫视新闻联播报道了此次活动。

4月16日，县政府第35次常务会议审议通过《遂昌县畜禽养殖污染整治的若干规定》《遂昌县农村生活污水治理工作实施细则》和《遂昌县深化千村示范万村整治工程全面推进农村生活污水治理三年行动计划》。

4月18日，县五水共治办、县三改一拆办联合印发《遂昌县清除河道违建清理河道违占专项整治实施方案》。

5月5日，由县纪委、县委宣传部主办的“群众问政进行时”首期节目开播，围绕“聚焦县城周边污染问题—我们眼皮底下的污染因何长期存在？”这一主题，全县各乡镇、部门统一开展学习讨论活动。

5月8日，县政府常务会议审议通过《遂昌县五水共治总体规划》《遂昌县农村生活污水治理规划》。

5月9日，省水利厅考核组到遂昌考核河道保洁长效管理工作。经全面考核，遂昌县获2013年度全省河道综合管理工作考核一等奖。

5月15日，《浙江日报》第3版《五水共治，百城擂台》刊发遂昌“五水共治”专版。

6月23日，县水利局举办全县村级水务员治水工作培训会，20个乡镇（街道）分管领导及200多名村级水务员参加培训。

6月25日至26日，市“五水共治”督查组在遂昌县暗访检查垃圾河整治工作。

7月7日，全县“五水共治”工作推进会召开，县政府与各乡镇街道签订“五水共治”和农村生活污水治理工作责任书。

8月21日，黄沙腰水文站通过竣工验收。

8月25日，县环保、水利、公安、建设、卫生、宣传等部门组织开展成屏二级水库饮用水源保护联合执法行动，开展设卡宣传，劝离垂钓、游泳人员40余人，收缴渔具2套。

9月22日，全县农村生活污水治理（现场）推进会召开，县、乡、村三级近200人参加会议。

9月30日，位于县城君子路的东方食品有限公司屠宰场整体拆除，困扰市民多年的环境“毒瘤”被彻底清除。

9月30日，《丽水日报》以“为有源头清水来”为题专刊报道遂昌“五水共治”工作。

10月9日至16日，县治水办督查组对全县55个农村生活污水治理村项目推进工作进行全面督查。

11月12日，县政府第四十六次常务会议专题听取“五水共治”工作汇报。

11月18日晚，县治水办联合环保、水利、国土、公安、电力、工业园区、云峰等部门再次开展打击违法企业偷排、直排行为的“零点行动”。当晚行动共检查20家涉水涉污企业，现场查封3家，责令整改5家。

（“五水共治”领导小组办公室）

城市更新工程

遂昌县于2014年初正式启动城市更新工程项目建设。在有关部门和全体征收干部的共同努力下，城市更新各项工作有序推进。

一、谋划启动荷花滩等区块改造建设工作。

1.荷花滩区块。该区块将规划建设成为遂昌县核心人居示范区，主要涉及建设商住区、停车场、幼儿园、商贸综合楼、沿溪景观带及凯恩路改造等。区块规划用地面积69645平方米，总建筑面积213743平方米。原凯恩路按24米宽拓宽改造为城市道路。

2.上溪滩区块。该区块将规划建设成为以建材市场为主，辅助汽贸汽配和适当规模农贸批发市场的商贸新区。区块规划用地面积35004平方米，总建筑面积95837平方米。

3.东桥路区块。东桥路道路工程项目起止于溪边路至平昌路，全长1260米，建设公寓安置房1.5万平方米、商业用房约1万平方米、农民迁建安置房约40幢。

4.园丁路延伸段（吴乐畈）区块。园丁路延伸段道路总长

1347 米，规划建设吴乐畈大桥 1 座、小学 1 所、幼儿园 1 所、农民安置小区、沿溪绿化景观带等。园丁路延伸段包含园丁路西段和园丁路连接线两部分，园丁路西段长 1157 米，宽 21～24 米；园丁路连接线南接园丁路西段，北至凯恩路，与现源古路相接，长约 120 米，宽 24 米。吴乐畈区块整体规划成明代风格的农民安置小区。

5.县城棚户区（国有）改造工程。主要涉及原医疗器械厂、原造纸厂、原溪边路天一堂、原粮油加工厂、原农机厂、原童车厂等原国有企业破产改制后产权为县国资所有的职工宿舍楼、旧厂区、办公楼等。需腾空承租住户 256 户、承租企业（经营户）61 户。为解决上述破产或改制企业职工住房困难，实施县城棚户区（国有）改造工程限价房项目建设，总投资约 6250 万元，新建约 200 套单套建筑面积约 60 平方米的小户型。

6.县城主要街道两侧、河道两侧立面改造。一是启动旧城立面改造规划，按照每年实施一段街道（河道）的步骤和时序，争取利用 5～10 年时间，完成北街、东街、西街、南街等主要街道两侧的立面改造以及南溪、北溪等主要河道两侧的景观改造提升。二是进行部分区块，沿山、沿溪、边角区块的改造规划编制，适时启动改造。三是加快中心城区植物景观规划编制，对中心城区主要道路、河道两旁的公共设施、机关单位空地进行垂直绿化。争取 3 年基本建成，5 年全面建成以垂直绿化为特色的花园山城。

二、加快各区块项目规划编制、方案设计及征收补偿与安置方案制定。

1.有序推进规划编制。强化与国土、住建等部门的沟通衔接，统筹推进规划编制及方案设计工作。开展《北街立面改造规划》《荷花滩地块修规》《上溪滩地块修规》《吴乐畈地块概规》、《吴乐畈地块修规》《吴乐畈南侧山体概规》《原医疗机械厂地块规划》《原屠宰厂地块修规》、《下杭山地块修规》《水阁零星地块修规》《金岸零星地块修规》以及《东桥路迁建小区规划》《水阁拆迁安置小区规划》等 13 项城市更新类项目规划编制工作，完成《遂昌县城区景观绿化及植物配置专项规划》初步设计评审，为城市更新工程的顺利推进奠定基础。至年底，荷花滩和上溪滩地块修规，东桥路农民安置房规划建设方案完成评审；吴乐畈地块修规在编制当中；东桥路和园丁路延伸段施工图设计已完成。

2.依法制定征收政策。2013 年 5 月，县征收办开展了荷花滩等区块基本情况调查工作；2014 年初以来，历经半年多时间反复讨论酝酿，制定出台了《遂昌县城市更新工程东桥路建设项目房屋征收与补偿安置方案》和《遂昌县城市更新工程荷花滩和吴乐畈区块建设项目房屋征收与补偿安置方案》，公布实施了《遂昌县县城房屋征收重置价等相关补偿标准》《遂昌县征收集体土地补偿安置标准暂行规定》。

三、通过单位包干办法和分类协调机制的落实，有效保障了工作推进。

1.强化领导加快落实。成立县委书记、县长任组长的领导小组，下设由分管副县长兼任主任的办公室，全面负责各项工作统筹协调。根据《遂昌县重点项目县领导领办负责制度》，将城市更新工程列为第一批县领导带头揭榜领办的重点项目，由县四套班子督办落实，设立荷花滩、上溪滩、东桥路、园丁路（吴乐畈）四个征迁指挥部，五位副县以上领导担任总指挥亲驻一线。随着 3 月 20 日城市更新项目土地征收动员会，5 月 30 日全县城市更新动员大会的召开，城市更新序幕正式拉开。

2.营造氛围凝聚合力。将城市更新土地征收动员会参会对象扩大至涉及村两委干部、村民代表及被征收土地全体户主，同时全体征收工作人员进村入户一对一动员宣传，全力争取群众理解和支持。在报纸、电视开辟专栏，切实强化了工作动态宣传和舆论环境营造。编写《城市更新工作简报》，总结先进经验和工作典型，先后报道了坚信为政府做事不会错，全力支持征收的耄耋老人李荣树；宁愿自己损失，率先签约腾空的承租经营户王惠民；舍小家为大家的征收“女汉子”等一批先进典型，形成了强大的正能量，有力推动征收工作。

3.完善机制强化保障。出台《遂昌县征地拆迁安置工作机制补充意见》《遂昌县城市更新项目征收任务单位包干办法》《遂昌县城市更新项目资金管理办法》等，进一步明确了工作制度、人员职责、资金使用规定。建立城市更新工作协调机制，确保了各类问题和矛盾的及时发现、会诊和解决，领导小组办公室协调召开各类会议80余次。结合干部全程考核办法，全面落实干部全程纪实和全程推优工作，有效调动了征收干部的工作积极性，提高了工作效率。

四、2014年城市更新工程各项工作任务扎实推进。

1.东桥路区块。龙潭村涉及的两个生产队和东街村第三生产队的土地征收协议已签订，土地征收扫尾工作稳步推进；房屋征收阶段的测绘和入户评估已完成，正在进行评估结果公示和复核，12月初进入签约阶段。

2.园丁路延伸段（吴乐畈）区块。西街村18个生产队已全部完成土地征收协议签订，18个生产队的土地征收补偿款已发放到村；截至11月20日，拟征收房屋205户，累计完成房屋测绘138户，占总数的67%；累计完成房屋入户评估146户，占总数的71%。

3.荷花滩区块。截至11月20日，拟征收房屋178户，累计完成房屋测绘80户，占总数的45%；累计完成房屋入户评估170户，占总数的96%。

4.上溪滩区块。已完成前期走访调查和房屋测绘，基本掌握区块相关情况和业主诉求，在征收补偿安置政策研究制定中提出了非常详细的意见建议。上溪滩是此次城市更新工程各区块中现状情况最为复杂的，该区块的房屋征收与补偿安置方案征求意见稿于9月24日至10月23日公开向社会征求意见，根据指挥部的调查反馈，有16家企业不同意征收，比例达57%，现有政策难以满足被征收人的诉求。考虑到该区块征收条件不成熟，10月30日县政府第45次常务会议研究决定暂缓征收，待区块内有关企业意见统一后再适时启动征收。

5.县城棚户区（国有）改造工程。原医疗机械厂区块57户承租住户的腾空及相关房屋拆除工作已于5月初完成，限价房工程已于11月10日开工建设。原造纸厂、农机厂、童车厂和原米厂涉及的199户承租住户，目前已签订腾空协议180户，腾空177户，下步将进行腾空房屋拆除工作。涉及的40家承租企业（经营户）已签订腾空协议36户，腾空36户。21家大排档整体搬迁工作已启动，新址位于龙谷路，现已开工建设；粮食收储公司人员分流工作和社区卫生服务中心搬迁已完成。

6.城市绿化美化更新。围绕省级园林城市创建工作，全力推进园林绿化建设管护工作。已完成妙高山公园绿化提升工作，汤公园建设整体工程预计年底完工；启动实施街头小品二期、县城公园内设施改造提升、县城道路行道树和藤本植物种植、破损道路及花坛修复等工程，完成县城景观亮化一期工程（包括南溪、北溪、四座桥梁和主要街道），迎宾大道建设即将于年底完成。11月7日，遂昌县顺利通过省级园林城市创建考核组考评。

7.城市基础设施完善。围绕城市功能完善目标，着力优化城市路网、水网等市政配套设施。东桥路道路工程、园丁路延伸段（西段）工程计划本月底完成招投标并于12月初开工建设；水阁路部分区块拆迁已基本完成；先后完成了平昌路“白改黑”和部分人行道改造提升工程；南溪太保殿桥建成通车；启动了金溪货车停车场、南北溪渗溢点排污水管网、水厂扩容及管网改造等工程建设。这些项目的实施，有效改善了县城市政基础设施条件，加速提升了城市品位。

（城市更新领导小组办公室）

大事记

1月

从2014年1月1日起，遂昌县城乡居民社会养老保险基础养老金最低标准由每人每月80元调整为100元。这是遂昌县自2010年全面实施该项制度以来，第三次提高基础养老金最低标准。

1月3日，第三次全国经济普查工作遂昌县开始进行入户登记。全县共选调“两员”270人，其中普查指导员80人，普查员190人。此次入户登记的时间为2014年1月1日至3月31日。

1月10日，全省扫盲工作推进会在遂昌县召开，总结交流前阶段扫盲工作经验，布置下阶段扫盲工作。

1月13日，县委十四届七次全体（扩大）会议暨全县经济工作会议召开。会议回顾总结2013年主要工作，研究部署2014年目标任务，审议通过《中共遂昌县委关于深化改革创新建设美丽遂昌的决定》。县委书记杜兴林作题为《坚持绿水青山就是金山银山加快建设山区科学发展示范区》报告。

1月22日，历经四年建设的省重点工程—峡口门至湖山至金竹公路改建工程举行通车仪式。峡湖金公路改建工程路线全长15.961千米，按二级公路标准建设，设计行车速度每小时60千米，比原公路里程缩短了近9千米。

1月23日，县委召开常委（扩大）会议，传达习近平总书记在党的群众路线教育实践活动第一批总结暨第二批部署会议上的讲话精神，传达省“两会”精神，传达中央、全省政法工作会议精神，传达中央、省纪委全会精神，并通报了10起违反中央八项规定精神典型问题。

1月23日，遂昌县第二中学建设项目破土动工。遂昌县第二中学位于古院区块，项目总投资2.14亿元，是遂昌县教育项目投资最大的建设工程。该工程占地9.3万平方米，建筑面积5.4万平方米，设计规模为初中30个班级、高中18个班级。该工程计划于2015年8月完工。

1月24日，遂昌县市场监督管理局正式成立，将承担原县工商行政管理局、县食品药品监督管理局的职能，以及县质量技术监督局生产领域食品安全监管职责。

1月27日，遂昌县旅游委员会正式挂牌。

1月，遂昌县制定出台《农村生活污水治理行动计划（2014—2016）》，计划未来三年投资1.6亿元，完成全县26798户农户生活污水治理，实现全县农村生活污水治理覆盖率90%以上，农户受益率80%以上。

2月

2月8日，遂昌县举行“五水共治”捐款仪式，县四套班子领导带头捐款，社会各界积极响应。浙江元立集团现场捐款300万元。

2月8日，2014年春季遂昌新山区人才交流暨劳务招聘现场会在平昌广场举行，165家县内企业和30多家外地企业前来招聘，近1.5万名求职者进场应聘。当天共有3075人到场求职登记，334名求职者与用工企业成功“牵手”。

2月10日，在丽水市“五水共治”暨浙商创业创新和扩大有效投资大会上，遂昌县获2013年度全市招商引资工作特等奖。2013年，全县引进合同内资45.95亿元，实到内资27.80亿元，分别完成年度任务的153%、164%；引进合同外资1375万美元，实到外资800万美元，分别完成年度任务的250%、229%；新增浙商回归项目11个，实到资金6.33亿元，完成年度任务的127%；新增项目63个，其中大项目14个，完成年度任务的175%。

2月14日，遂昌全县干部大会暨“五水共治”动员会召开，总结回顾2013年工作，并就2014年“五水共治”、执行力锻造年等重点工作进行部署。

2月14日，遂昌县退伍军人黄英俊被丽水市政府授予“丽水市见义勇为勇士”荣誉称号并记个人二等功。2011年，黄英俊在出租房楼道内与持刀歹徒英勇搏斗，身负重伤。

2月17日，省级山海协作产业园考核组到遂昌县，就2013年山海协作共建产业园实施情况进行考核。

2月21日，遂昌县召开党的群众路线教育实践活动部署会。会议以视频会议的形式召开，县里设主会场，各乡镇（街道）、单位、部门设分会场。

2月21日，阿里巴巴集团研究中心发布国内首份县域电子商务研究报告，首次发布“2013年中国电子商务发展百佳县”榜单，遂昌县榜上有名。至2013年年底，遂昌县共有各类网商1500多家，主要以销售竹炭产品以及本地特色农产品为主，全年网上销售额突破3亿元。

2月28日，省农协办组织专家对遂昌县农业标准化综合示范县创建项目进行全面考核验收。自2012年获批创建丽水市首个省农业标准化综合示范县以来，遂昌县围绕主导产业和特色产业，制定了农产品标准体系表10项，标准化生产模式图13项，累计制定发布省级农业地方标准5项，县级农业地方标准67项。全县已基本建成2个省级现代农业综合区，8个主导产业示范区，10个特色农业精品园。

2月，遂昌县连直线云峰段公路改建工程被列为2014年省重点建设项目。该公路起点位于古亭，终点位于力其山脚与庄梧线相交处。路线穿越工业园区龙板山区块、洋浩区块、毛田区块。路线全长约5.594千米，设计速度60公里/小时，路基宽24米，工程概算投资2.0384亿元。

2月，《遂昌县交通志（1989—2010）》由浙江大学出版社出版发行。

2月，春节黄金周期间，全县共接待游客19.24万人次，实现旅游综合收入9656.22万元，同期分别增长20.12%和34.93%。

2月，遂昌县焦滩乡独山村入选第六批中国历史文化名村。

2月，遂昌县入选第一批省级循环经济示范城市（县）创建地区。

3月

3月5日，遂昌县乡村文明促进会暨第一届会员代表大会在长濂鞍山书院举行。遂昌县乡村文明促进会是全国首个县域乡村文明组织，以率先、全面、系统和持续推进乡村文明建设，致力于使遂昌成为江南山区乃至全国乡村文明建设的典范为宗旨。浙江工商大学工商管理学院原院长、浙商研究院名誉院长、博士生导师吕福新教授当选为遂昌县乡村文明促进会会长。

3月10—13日，遂昌县政协八届三次会议举行。

3月12—14日，遂昌县十五届人大三次会议开幕。

3月20日，遂昌县召开城市更新项目土地征收动员会。

3月28日，中国乡村文明研究中心主任、国家行政学院教授张孝德，到西畈乡举淤口村指导文明建设工作。

3月29日，在第六届“高淳国际慢城金花节”上，评出2014“华东最美十大金花胜地”，遂昌南尖岩景区被评为“华东最美十大金花胜地”之一。

3月31日，全省建设“平安浙江”会议暨建设“平安浙江”

10周年纪念大会召开。遂昌得到平安建设“九连贯”银鼎表彰。应村乡获2012—2013年社会管理综合治理先进集体称号。

3月，丽水市首批农家乐综合体名单公布，遂昌高坪、长濂两个农家乐综合体上榜。

3月，遂昌县国家级油茶栽培标准化示范区项目通过省市专家组验收。该项目于2010年被列入第七批全国农业标准化示范区项目。三年来，共建成油茶栽培标准化示范基地10675亩，其中新造油茶良种基地1079亩，油茶低产林改造9596亩，辐射推广面积34779亩。项目实施后示范基地油茶原油亩产量达到11.9千克，低改辐射区亩产油茶原油8.7千克。

3月，遂昌县被评为“浙江年度旅游推广十佳县”，遂昌金矿工业游获“年度最具吸引力旅游新业态”。

3月，遂昌县人民医院获省首批节约型公共机构示范单位称号，这是遂昌县首家获此荣誉的公共机构

3月，遂昌—诸暨山海协作产业园获2013年度省级山海协作产业园考核一等，是丽水市唯一获一等奖的山海协作产业园。

一季度，遂昌县实现国内生产总值（GDP）17.38亿元，同比增长9.5%，增速排名全市首位，实现“开门红”。

4月

4月3日，省政府耕地保护责任目标考核组到遂昌县检查耕地保护工作。根据2013年土地变更调查结果显示，遂昌县耕地面积为18760公顷，基本农田实有面积14653公顷，标准农田实有面积6009公顷，三项指标均大于上级下达的控制数。

4月4日，2014年全县卫生工作暨县乡村卫生一体化综合管理改革试点工作动员大会召开，遂昌县成为浙江省16个县乡村卫生一体化综合管理改革试点单位。

4月10日，浙江省生态文明建设评价结果报告发布，遂昌县生态文明建设总指数高居全省第一。

4月12日，2014中国遂昌汤显祖文化节开幕。本次文化节内容包括：开幕式、“班春劝农”典礼、汤显祖与莎士比亚文化国际学术研讨会、《牡丹亭》杯首届昆曲曲友大奖赛等。开幕式上还举行了长篇历史小说《浮生之梦》新书首发仪式，举行了汤显祖电子纪念馆开馆仪式。

4月12日，全县城乡农民、学生、干部、工人、市民等10590人组成万人合唱团，在同一时刻齐唱昆曲《牡丹亭》，被认定为规模最大的昆曲齐唱活动，获得“大世界基尼斯之最”。

4月12日，浙江省农村文化礼堂建设工作现场会召开，遂昌县获得浙江省农村文化礼堂建设先进县荣誉。

4月17—20日，“云巅之间、魅力车前”大柘车前摄影大赛作品展在丽水市摄影博物馆举行。

4月26日，2014浙江遂昌三井“问茶节”暨农家乐推介会举行。

4月30日，遂昌县获得省（部）级劳模称号的郑宗长、毛卫华，赴杭州参加浙江省庆祝“五一”国际劳动节暨劳模先进表彰大会。

4月30日，由县委宣传部、县效能办、中国遂昌新闻网共同建设的遂昌网络问政和民生服务互动平台—“遂昌问政直通车”上线试运行。

4月，同程网遂昌旅游主题馆正式开通上线，这也是该网站开通的全国首个县域级旅游主题馆。

4月，遂昌县成功获批全国首批农村综合改革标准化试点项目—“美丽乡村建设标准化”试点县，为全省3个试点县之一。

5月

5月4日，2014遂昌县青年电子商务创业大赛落幕。

“五一”小长假，全县共接待国内外游客30.64万人次，实现旅游综合收入14490.2万元，同比增长36.12%和40.58%；景区门票收入215.77万元，同比增长51.23%。

5月8—9日，中央电视台中文国际频道《走遍中国—丽水人的养生密码》摄制组到遂昌县专题拍摄，此次拍摄的主要内容

是三仁畲族乡坑口村“亲农谷”观光园出产的“活竹酒”。

5月9日，2014年丽水市十台最美“乡村春晚”名单公布。遂昌县大田村春晚、徐村村春晚榜上有名。

5月13日，遂昌县金太阳养老基地项目签约。为遂昌县首个民间投资的中高端养老项目，位于遂昌县古院新庵，规划面积90亩，总投资2亿元以上。规划建设集老年护理、医疗康复、餐饮住宿、养生文化、休闲娱乐等功能于一体，养老服务设施齐全的养老基地。

5月13日，渤海商品交易所竹炭上市推介会在遂昌县举行。

5月15日，浙江省借鉴复制“遂昌模式”扩大“一事一议”财政奖补助推美丽乡村建设试点工作会议在遂昌县高坪乡召开。国务院农村综合改革工作小组办公室主任王卫星，及来自临安、开化、淳安等8个县（市、区）代表参加会议。

5月15日凌晨，应村乡天师石玄村桐树源自然村石头岭发生山体滑坡，滑落面积达300立方米。

5月16日，上溪滩区块征迁工作动员会召开，标志着县城上溪滩区块征迁工作正式启动。

5月20日，环保部公布了37个获得“国家生态文明建设示范区”市（县、区）名单，遂昌县榜上有名，成为丽水市首个获此荣誉的县（市、区）。

5月29日，遂昌县天然气利用工程一期、遂昌县供水工程、东城供水工程三个项目集中开工建设。遂昌县天然气利用工程一期项目位于二都街元立大道北侧，将建设LNG气化站1座、LNG瓶组站2座和市政中压管道20公里，一期项目总投资4572万元。遂昌县供水工程项目总投资7383万元，新建日处理规模4万吨的滤池和综合池各一座，及泵房、加药间改造和配套配水干管工程。东城供水工程项目总投资3362万元，建设内容包括供水加压泵站和配套供水干管工程，建成后，一期供水规模达20000吨/日，二期供水规模可达40000吨/日。

5月30日，遂昌县新型城镇化推进大会暨城市更新、无违建县创建动员大会和全县工业、投资工作推进大会暨招商引资项目服务月动员会召开。

5月，遂昌县被确定为“浙江省农产品质量安全放心示范县”创建试点，成为全省12个创建试点之一。

6月

6月4日，新建的太保殿桥正式通车。

6月6日，渤海商品交易所竹炭上市交易启动暨交易中心开业庆典举行。

6月12日，全省农村电子商务工作现场会在遂昌召开。遂昌县获得首批“浙江省电子商务示范县(市、区)”称号。

6月13日，遂昌昆曲曲社在汤显祖纪念馆成立。

6月17日，县道连直线云峰段公路改建工程正式开工。该工程是省重点建设项目，概算投资2.0384亿元。

6月17日，《遂昌县十八里翠国家水利风景区总体规划》通过国家水利部审查，成为全省第一个通过总体规划审查的水利风景区。

6月23日，省委书记夏宝龙，省委常委、省委秘书长赵一德一行到遂昌调研农村电子商务和汤显祖文化。

6月24日，遂昌县首家以五星级标准设计的遂昌凯兴开元大酒店正式开工。项目总投资5亿元，用地面积2.77万平方米，总建筑面积9.89万平方米。项目计划于2015年年底完成土建工程，2016年年底竣工投入试运行。

6月25日，全县543名副科级以上领导干部开展廉洁作风承诺活动，全部签订《远离“两局”（牌局、酒局）承诺书》。

6月27日凌晨开始，遂昌县普降暴雨，局部大暴雨，造成山洪暴发，多地受灾，西部三乡镇受灾尤为严重。至28日，西畈乡房屋倒塌78幢，农田受损3000余亩、水利设施损毁严重，通信、电力、道路基本中断。此次暴雨造成全县4.1万人不同程度受灾，倒塌房屋91户546间，农作物受灾面积4.83万亩，绝收面积0.42万亩，死亡牲畜

2200 头，损毁水利设施 720 处，冲毁道路 70 千米，32 个村 10141 户停电，通信设施损毁 50 多处，直接经济损失 2.77 亿元。

7月

7 月 3 日，人民日报、中央电视台、中新社、浙江日报、浙江卫视等 14 家中央、省级主流媒体到遂昌县，开展“走基层·建设美丽浙江”主题采访活动。

7 月 4 日《钱瓯遂昌》载，由港商陈卫国投资的大柘茶博园项目开工，建设面积约 500 亩，总投资 10 亿元人民币。该项目按照国家 AAAAA 级旅游景点要求进行规划设计，以汤显祖文化和民俗文化等为主题，通过建设汤显祖文化园、畲族养生园、茶叶博物馆、禅茶博物馆等古建筑群和旅游配套设施，最终建成一个集养老、休闲、度假、观光等功能茶博园。

7 月 8 日，2014 年遂昌县夏季人才交流大会—首届遂昌电商人才招聘会暨“电商让家乡更美好”开放式论坛举行，共有 85 家企业进场洽谈，提供 1300 多个就业岗位。招聘会引来 8000 多名求职者，954 人进行了求职登记，67 名求职者当场与用工企业“牵手”。

7 月 9 日，丽水市委副书记、市长黄志平到遂昌调研生态农业、生态旅游、农村污水治理、美丽乡村建设等工作。

7 月 12 日，遂昌县儿童公园修缮完工开园。儿童公园修建工程总投资 450 万元，总用地面积 6387 平方米。修缮后园内建有亲子游乐、儿童游乐、涂鸦墙、休息坪、公厕和座椅等配套公共设施。

7 月 15 日，遂昌县与海宁千成文化传播有限公司正式签订合作协议，标志着遂昌县搭建起招才引才又一新平台。

7 月 17 日，遂昌县农村宅基地确权登记发证工作暨试点工作会在王村口镇举行。

7 月，遂昌县焦滩乡独山村获评“中国最美乡愁旅游古寨”。本次评选活动由中外旅游文化协会、中国文化与旅游产业联盟（中国旅游传媒委员会）、世界景观组织（WLO）和文旅中国网、导航网、中国旅游家微杂志联合发起。

7 月 19 日，由全国 8 省 1 市 54 支队伍 1400 名泳将参加的“华数杯”耐寒勇士泳闯寒江挑战赛举行，遂昌县 11 名游泳爱好者参加这次比赛，全部挑战成功。

7 月 21 日，丽水市委书记王永康到遂昌县调研汤显祖文化。

7 月 21 日，阿里巴巴董事局主席马云到遂昌调研农村电子商务。马云一行到了三仁畲族乡“赶街”服务网点、麦特龙超市实体店、淘宝“特色中国·遂昌馆”运营中心、网店协会培训中心等处参观调研。

7 月 25 日《钱瓯遂昌》载，丽水市首届十大特色蔬菜出炉，遂昌冬笋、遂昌高山四季豆榜上有名。

7 月 25 日，遂昌县举行 2014 年招商引资项目集中签约仪式。此次签约项目共 10 个，总投资 24.15 亿元，其中亿元以上大项目 5 个，包括 2 个 5 亿元以上重大项目—三墩旅游综合体二期和湖山大溪边养生养老项目。

8月

8 月 1 日起，遂昌县对全县最低月工资标准和非全日制工作的最低小时工资标准进行调整，此次最低月工资标准从 1080 元调整到 1220 元，非全日制工作的最低小时工资标准从 8.7 元调整到 9.8 元。

8 月 4 日，《潜伏》作者龙一等十几位国内知名作家到遂昌开展“久远乡村的回忆”文学采风活动。

8 月 6 日，浙江大学医学院附属邵逸夫医院和县中医院建立指导医院签约仪式在县中医院举行。

8 月 10 日，团中央书记处书记徐晓到遂昌县调研农村电子商务工作。

8 月 10 日，首届大洞源客家民俗文化节暨高山避暑旅游地推介会举行。

8 月 18 日，遂昌县城乡居民社会保障卡医保“一卡通”系统正式上线。全县已领取社会保障卡的城乡医保参保人员可持社保卡在全省范围内的定点联网结算医院进行实时刷卡就医。

8月20日开始，遂昌县与上海市美协、上海市人民美术出版社、上海市鲁迅纪念馆联合举办纪念杨可扬先生100周年诞辰活动。“百年可扬艺术作品展”在遂昌县汤显祖纪念馆开展，共展出杨可扬大师110多幅珍贵作品，包括版画、国画和藏书票等。8月21日，杨可扬先生100周年诞辰祭扫可扬活动在西畈乡举淤口村举行。

8月22日，求是《小康》杂志社副社长赖惠能、浙商创投合伙人李先文到遂昌县，以“小康新经济”为主题作讲座。

8月23日，“情动八月天，醉美桃溪红”2014“欢乐桃溪”系列活动暨北界红提节开幕。此次活动在北界体验果蔬之旅，在应村感受休闲运动之旅，在高坪体验高山避暑的清凉与爱的温暖。

8月23日，丽水市军分区抢险救灾行动规范化建设现场观摩会在遂昌举行。

8月24日，2014浙江自行车系列公开赛（遂昌站）—大柘茶园山地车越野赛在大柘镇举行，来自全国各地23支代表队的75名选手参加比赛。

8月25日，县委十四届八次全体（扩大）会议暨县政府十五届四次全体(扩大)会议召开。会议回顾总结上半年工作，部署今后一个时期的主要任务。

8月29日，来自全县不同领域和岗位的96位人民陪审员在县人民法院宣誓就职。

8月29日，遂昌县第十五期青干班举行结业仪式。该期青干班自5月29日开班，34名学员参加为期3个月的学习实践活动，创下历届青干班时间跨度之“最”。

8月30日，遂昌县首家区域性农民专业合作社联合社—新路湾镇蕉川村的遂昌县得得来农产品开发专业合作社挂牌成立。

8月30日，遂昌县文学协会召开第四次代表会议，文学协会更名为作家协会，并选举产生新一届作协理事会。

8月，遂昌县城平昌路“白改黑”道路提升改造工程启动，施工范围为电力局桥头至发改局门口段，太和路金矿宿舍门口至叶坦大桥桥头，改造总面积1.3万余平方米。

8月，遂昌县社会公共服务中心“96345”服务热线开通。

8月，遂昌县东方食品有限公司屠宰场项目场平工程正式开工，屠宰场选址定在51省道竹山下隧道东出口北侧。

9月

9月1日，遂昌县实验幼儿园设茗月山庄分园。

9月4日，县人民政府发布通告，在遂昌县主城区内限制燃放和销售烟花爆竹。通告于2014年10月8日起执行。

9月10日，焦滩乡农村土地承包经营权确权登记暨村经济股份合作制改革试点工作动员会召开。遂昌县选定焦滩乡为试点单位，率先在该乡开展农村土地承包经营权登记、村经济合作社股份合作制改革、建立农村产权交易服务体系等工作。

9月11日，从加拿大传来消息，遂昌籍科学家、麦克马斯特大学教授朱世平当选加拿大皇家学会科学院院士，这是加拿大给予该国科学家的最高荣誉。

9月11—12日，全省地质灾害避让搬迁工作现场会在遂昌县召开。

9月12日《钱瓯遂昌》载，国家发改委、水利部下达大型灌区续建配套和节水改造等工程2014年中央预算内投资计划，遂昌规模化节水灌溉增效示范项目列入投资计划，获得国债补助1400万元。

9月14日，丽水市第三届残疾人运动会落下帷幕。遂昌县派出的25名残疾人运动员获得金牌22块、银牌13块、铜牌7块，奖牌和总分排名第四。

9月15日起，遂昌县公安局出入境管理电子港澳通行证正式启用。

9月15—16日，浙江省农产品电子商务经验交流会在遂昌县举行。

9月19日，遂昌县举行浙江新闻手机报和浙江新闻移动客户端宣传推广工作会议。

9月22日，中央电视台中文国际频道《两岸文化传人》摄制组到遂昌拍摄非物质文化遗产项目竹炭烧制过程。

9月25日，《遂昌县职工特种重病住院团体医疗互助办法》开始执行。

9月26日，“2014中国（国际）休闲发展论坛”颁奖盛典在武汉举行，遂昌县获“2014年度中国最美休闲小城”称号。

9月26日，浙江省旅游博物馆分馆“遂园”开馆。占地600多平方米的“遂园”主体为清代建筑，园内分为汤显祖文化、好川文化、久远的故乡、自然的馈赠、悠久的文化、英雄的赞歌、秀美的山川七大板块，全面展示古邑遂昌的优良生态、人情风貌和文化底蕴。

9月26日，遂昌大柘镇车前村被授予全国首个“摄影文化村”，举行揭牌仪式。

10月

10月1日，遂昌县城区公共自行车项目投入使用，该项目总投资500余万元，全城投放公共自行车500辆，设有26个站点。

“十一”黄金周期间，全县共接待国内外游客72.96万人次，实现旅游收入39060.96万元，同比增长20.06%和24.38%。

10月13日，以“信息强省、电商兴农”为主题的首届中国（浙江）县域电子商务峰会在阿里巴巴西溪园区举行。县委副书记、县长何卫宁应邀参加传统强县与电商新县对话交流活动。

10月14日，省、市书法家协会授予云峰街道长濂村“浙江书法村”称号，这是丽水市第四个获此荣誉的村。

10月15日晚，浙江省“村歌”创作演唱大赛颁奖仪式在桐庐县举行，遂昌县北界镇淤弓村村歌《淤弓精彩如虹》获作品和演唱双项金奖。

10月20日，遂昌县在南尖岩景区召开旅游推介会，向来自全国各地的120多家报社社长、总编以及资深记者宣传推介“五行遂昌”旅游品牌。

10月21日，首届中国报商联盟大会“旅游经济”高峰论坛在遂昌县南尖岩景区举行。

10月23日，“体彩”杯遂昌县第八届全民运动会开幕。

10月27日，遂昌县计量检测公共服务平台—县计量检定测试中心正式开始运行。

10月28日，浙江省第十五届运动会在绍兴大剧院闭幕。遂昌县运动员吴水斌、张博文分别摘得拳击和赛艇项目金牌。

10月30日，遂昌县第一期“党政一把手”培训班开班。

10月30—11月2日，浙江省第九届残疾人运动会在杭州举行，遂昌县残疾人运动员王建鸣、陈兵、叶霞、华志新夺得2块金牌、1块银牌及5个第四名和2个第五名的好成绩。

10月31日，遂昌县委书记杜兴林在元立国际饭店会见遂昌籍加拿大工程院院士、皇家科学院院士、国际聚合反应工程领域顶级科学家朱世平先生及夫人杜仲旸。

10月，遂昌县上调城乡居民最低生活保障标准。城镇居民由去年每人每年5184元调整为5856元，提高12.96%，农村居民由2013年每人每年3528元调整为4224元，提高19.73%。

10月，遂昌系列丛书之《遂昌古代金石书画》由浙江大学出版社出版发行。之前，遂昌系列丛书已经出版《品读遂昌》《印象遂昌》《诗话遂昌》《遂昌祠堂》《五行遂昌》5册。

10月，遂昌县高坪杜鹃花景观被农业部公布为2014年“中国美丽田园”（花卉景观类）。

10月，遂昌县白马山国家森林公园获“2014年浙江省运动休闲旅游示范基地”称号。

11月

11月1日，遂昌县委副书记、县长何卫宁应邀参加在国家行政学院举行的第二届中国乡村文明发展论坛。

11月10日，遂昌县城棚户区限价房改造工程在原医疗器械厂区块开工建设。该工程占地面积6614平方米，总规划建筑面积18417平方米，总投资6653万元，规划建设237套住宅，其中限价房137套，保障性住房100套。

11月10日，“汇爱心·尽孝道”行动启动暨汇金爱心基金会成立仪式，在妙高小学举行。

11月13日，遂昌桐川水库工程正式开工。桐川水库工程为省“五水共治”重点建设项目，总投资2522万元。水库总库容为70.9万立方米，正常蓄水位441.55米，年均设计供水总量211.1万立方米，是一座以供水为主、兼顾下游灌溉和水环境保护等综合利用的水库工程。

11月13—14日，平湖市副市长蔡国平带队到遂昌县开展结对帮扶工作。平湖市与遂昌县王村口、黄沙腰、三仁、蔡源、焦滩、柘岱口、西畈、垵口8个乡镇20个村结对，新一轮扶贫结对帮扶工作从2013年至2017年，每年为每个结对村提供5万元帮扶资金。

11月14日，遂昌县召开城乡居民社会保险工作会议。从11月15日起，遂昌县2015年城乡居民基本医疗保险开始征缴，缴费标准为每人每年600元，其中个人缴纳200元、政府补助400元。

11月15日，2014上海遂昌双城文化周暨长三角乐游（遂昌）乡村体验活动在长濂艺术馆启动。

11月15日，在南京举行的“牵手·2014中国最美村镇”颁奖典礼上，全国60个村镇脱颖而出，遂昌县湖山乡获“循环发展奖”。

11月19日，龙谷路大排档建设工程开工。为推进城市更新工作，经多方协商，确定将荷花滩大排档整体搬迁至龙谷路。龙谷路大排档项目规划用地面积2000平方米，总建筑面积2200平方米。主体建筑为钢结构两层，坡屋顶，共有22间独立排挡。

11月21日，遂昌县第八届全民运动会田径比赛在新建的全民健身中心开幕。全民健身中心总用地面积33094平方米，地上总建筑面积39809平方米，总投资2.75亿元，建有田径场塑胶跑道、综合训练馆、网球场、室外灯光篮球场等基础设施。该中心的建成并投入使用，填补了县体育、商业综合体产业的空白，对遂昌县体育、商贸、旅游经济发展起到极大的促进作用。

11月21日，《遂昌县生态文明建设规划（2014—2025年）》通过评审。

11月24日，遂昌县政协召开工作会议暨县政协成立30周年纪念大会。

11月26日，遂昌县首批廉租住房实物配租公开抽签选房仪式举行。该期配租房源为梅溪庵一期保障房，共计57套。其中面积45.59平方米、47.85平方米的共54套，面积60.52平方米的3套。

11月27日，2014年全国“群星奖”获奖作品巡演遂昌行活动在云峰街道湖边村文化礼堂举行。

11月29日，遂昌县人民医院新住院大楼投入试运行。作为省重点建设项目的县人民医院新住院大楼于2011动工，2014年10月底竣工验收，项目占地面积1234平方米，总建筑面积17799.6平方米，建筑层数为14层，设480张床位。

11月，由车震亚编著的《平昌变迁》一书出版。

11月，遂昌县出台全国首个地方标准《农村垃圾分类管理规范》。

11月，由县人民医院完成的“腹腔镜结直肠肿瘤手术的临床研究”项目获丽水市科技进步三等奖；由县农作物站完成的“遂昌县山地生态蔬菜高效安全生产技术集成与示范”和县农村能源办公室完成的“遂昌县生态家园农村沼气工程综合利用技术推广与应用”项目分别获市星火二、三等奖。

11月，遂昌县城公共停车场管理项目经营承包竞价成功落锤，浙江罗邦建设有限公司以每年81万元的承包价成功拿下城区8处公共停车场284个车位的承包权。

12月

12月5—7日，由南尖岩、千佛山、神龙谷、汤沐园景区主办的中国·遂昌首届乡村跑酷大赛举行，来自全国各地的30多名跑酷爱好者参加。

12月6日，遂昌县城市更新工程东桥路、荷花滩和吴乐畈区块建设项目房屋征收签约工作启动。

12月8日，湖山欧陆风情·温泉小镇项目一期工程开工。该项目总投资10亿元，将建设温泉大酒店、温泉特色街及欧陆风情旅游房产等。

12月8日，遂昌县“创建省级卫生应急工作示范县”动员会召开。遂昌县将利用两年时间，力创省级卫生应急工作示范县。

12月上旬，遂昌县22所义务教育寄宿制学校全部安装上热水供应系统，至此，全县26所义务教育寄宿制学校实现全天候热水供应，8000多名住校生可以用上热水温暖过寒冬。

12月11日，“全国义务教育发展基本均衡县（市、区）”国家认定督导评估组到遂，对遂昌县义务教育均衡发展工作进行督导评估。

12月12日，遂昌县和浙江越剧团联合打造的越剧音乐诗画剧《牡丹亭》在省人民大会堂首演。

12月12—13日，浙江省农村生活污水治理工作年度检查小组到遂检查农村生活污水治理工作。从2014年起，遂昌县全面启动农村生活污水治理工作，计划用3年时间，完成176个行政村、39460户农户的生活污水治理任务，项目预计总投资2.37亿元。

12月13—15日，新浪浙江旅游品牌栏目“新鲜旅十二城”带领全国各地的14位新浪微博达人走进遂昌，零距离感受“五行旅游”和美食的独特魅力。

12月14日，2014年“金海豚”浙江行全民健身游泳锻炼达标系列活动暨浙江省第四届冬泳锦标赛在遂昌游泳健身中心举行，来自临海、台州、杭州、温州等地的近200名冬泳爱好者参赛。

12月15—17日，由省体育局局长孙光明带队的省级体育强县验收组到遂昌县考核验收创建省级体育强县工作。

12月17日，“中国城市力量峰会暨2014腾讯筑德人物年度颁奖盛典”在杭州举行。遂昌县湖山乡的“一指教师”张雄峰获2014年度全国“筑德人物”称号。

12月18日，遂昌县建筑装饰协会成立大会暨第一届会员大会召开。

12月19日，长濂古民居文化街区项目开工典礼在云峰街道长濂村举行。

12月19日，遂昌县国资公司和县“三改一拆”办组织人员对县城荷花滩区块属国有资产的旧厂区进行拆除。这些建筑物大多为20世纪70年代所建，属于国有资产，总面积有2万多平方米。

12月23日，丽水市首个景区红十字救护站在遂昌金矿国家矿山公园挂牌成立。

12月24日，浙江省旅游局A级景区评定专家组对遂昌县高坪乡高坪新村、云峰街道长濂村创建国家AAA级旅游景区进行评定验收。

12月24日，遂昌汤溪生态温泉开发有限公司在上海股权托管交易中心中小企业股权报价系统（Q板）挂牌成功，成为遂昌县第一家挂牌Q板的企业。

12月25日，《中国全面小康发展报告·遂昌样本》初稿审稿会召开。该书由求是《小康》杂志社组织编撰，旨在总结小康社会建设实践经验，给其他地区全面建成小康社会提供借鉴。

12月26日，2014中国生态体育论坛在遂昌举行。

12月26日，“遂昌记忆”老照片展在长濂洛齐国际当代艺术馆开幕，选出了200多幅历史影响大、收藏价值高的照片归类展出。

12月29日，遂昌三墩旅游综合体项目在三仁畲族乡举行开工典礼。三墩旅游综合体是省重点旅游建设项目，规划用地700亩，总投资20亿元，计划建设一个集吃、住、行、游、购、娱、养为一体的旅游风情小镇，内容包括特色风情商业街、牡丹亭文化园、康养中心、度假酒店和养生房产等。

12月30日，遂昌县第三届道德模范颁奖典礼在县影剧院举行。常吉娥等9位同志被授予遂昌县道德模范、吴广遂等8位同志被授予道德模范提名奖，35名“最美遂昌人”受到表彰。

12月30日，县城东桥路（溪边路—平昌路）正式开工。东桥路工程道路全长1102米，项目包括东桥路及太和路连接线两部分，概算总投资1.92亿元，建设工期330天。

12月31日，园丁路西段工

程开工建设。该工程西起环城南路，东至三级电站桥，与现园丁路相接，连接工程南起园丁路西段，北至凯恩路，与现源古路相接。全长1300米，工程概算总投资7353.32万元。

12月31日，“勤廉遂昌”书法、绘画、摄影大赛作品展在汤显祖纪念馆开展。

12月，遂昌县云峰街道被命名为第五批省级生态街道。全县20个乡镇（街道）全部成功创建省级生态乡镇（街道）。其中16个成为国家级生态乡镇（街道）。

12月，程晓伟等10名残疾人被授予县残联“遂昌县第二届残疾人十佳创业能人”称号。

机构 名录

中国共产党遂昌县委员会

书　记：杜兴林
副书记：何卫宁　上官国明
常　委：罗运乾（~2014-11）
华治武
周立民
杜云峰
李和达
付勇斐
褚国华（~2014-03）
陈志远（2014-03~）
方建明（~2014-05）
马招法（2014-07~）
朱红伟（2014-08~）
胡　刚（2014-11~）

遂昌县人民代表大会常务委员会

主　任：毛建华
副主任：包建崇
高　峥（女）（~2014-11）
向争鸣
从鲁浙
梅伟建
廖为义
党组书记：毛建华
党组副书记：包建崇

人大办公室

主　任：傅丽红（女）
副主任：廖陈尉（~2014-11）
杨　力

代表工作委员会

主　任：张金娇（女）（~2014-11）
廖陈尉（2014-11~）
副主任：邱佳俊

法制工作委员会

主　任：王光标
副主任：李丽春

财政经济工作委员会

主　任：郑俊良
副主任：潘家健

农业与农村工作委员会

主　任：谢永坤
副主任：雷　馨（女）

城乡建设与环境资源工作委员会

主　任：罗仕军
副主任：雷新伟

教科文卫民族侨务工作委员会

主　任：唐昌元
副主任：章勇军

遂昌县人民政府

县　长：何卫宁
副县长：罗运乾（~2014-12）
鲁子钗（女）
蓝献民（~2014-12）
刘庆华

朱芝贵
赵文明
叶照辉
黄　俊（~2014-07）
党组书记：何卫宁
党组副书记：罗运乾

中国人民政治协商会议遂昌县委员会

主　席：尹建中
副主席：王凤琴（女）
包志华
马翔华
林成高
谢旭峰
党组书记：尹建中
党组副书记：王凤琴（女）
秘书长：方建雄
副秘书长：刘江菊（女）
梁信猷
蓝方贤

政协办公室

主　任：方建雄
副主任：唐振根
林　辉
雷根和（2014-04~）

提案委员会

主　任：刘江菊（女）

财贸经济委员会

主　任：梁信猷

专门委员会办公室

主　任：蓝方贤（~2014-01）
副主任：雷根和（~2014-04）

社会法制和侨台民族委员会

主　任：蓝方贤（2014-01~）

文教卫体委员会

主　任：罗晓平（2014-01~）

农业农村和人口资源环境委员会

主　任：丁志勇（2014-01~）

中国共产党遂昌县纪律检查委员会

书　记：付勇斐
副书记：郑建青
罗铁明
常　委：丁慧敏（女）
叶根会（~2014-09）
朱立军
王　微
袁　琳（女）

遂昌县人民法院

院　长：叶晓生
副院长：张晓法
李红群
周惠平
党组书记：叶晓生
党组副书记：张晓法
纪检组长：郑爱芽（女）
政治处主任：张力民（~2014-04）

遂昌县人民检察院

检察长：谢云生
副检察长：丁慧敏（女）
周松华（~2014-05）
吴征峰（2014-11~）
张桂旺
党组书记：谢云生
党组副书记：王曾荣
纪检组长：王曾荣

县委工作部门

县委办公室

主　任：周立民
常务副主任：周黎平
副主任：叶名颉
罗会贤
舒坚阳
张延洪

机要局
局　长：游宏伟

组织部
部　长：李和达
常务副部长：郭劲松
副部长：朱立军
胡法连（~2014-03）
郑法鑫（2014-03~）
徐成章（~2014-03）
华志平（2014-03~）
吴法根
尹渭彬

新经济与新社会组织工作委员会
书　记：朱立军
副书记：刘卫军
程利贤
李　宗
程　倞（女）

老干部局
局　长：尹渭彬
副局长：杨建林
程　昕（女）

宣传部
部　长：华治武
常务副部长：刘力宇
副部长：林文渊（~2014-09）
蓝水林
朱宜根（2014-01~）
黄新园（2014-01~）

社会主义精神文明办公室
主　任：林文渊（~2014-09）
副主任：杨育民

统一战线工作部
部　长：林成高
常务副部长：蓝　善
副部长：徐永强（~2014-08）
蓝一平
程利贤
林文渊（2014-09~）

政法委员会
书　记：上官国明
副书记：罗运乾
杜云峰
杨全俊
王建新
李建华

台湾工作办公室
主　任：张延洪

机构编制委员会办公室
主　任：胡法连（~2014-03）
郑法鑫（2014-03~）
专职副主任：占伟红（女）

农村工作办公室
主　任：罗会贤
副主任：梁善根
楼高进
苏新华（~2014-08）
王修华（2014-08~）

直属机关工作委员会
书　记：徐成章（~2014-03）
华志平（2014-03~）
副书记：雷小德
纪工委书记：雷小德

信访局

局　长：舒坚阳

副局长：徐晓峰

　　　　傅长贵（~2014-09）

　　　　毛剑波

史志办公室

主　任：蓝飞鹏

副主任：巫灵飞

档案局（档案馆）

局（馆）长：肖陈明

副局（馆）长：蓝翔宇

　　　　　　潘伟平

县委党校

校　长：李和达

常务副校长：蓝建民

副校长：毛立华

　　　　潘文华

党委书记：蓝建民

行政学校

校　长：罗运乾

副校长：蓝建民

　　　　吴法根

　　　　毛立华

　　　　潘文华

县政府工作部门

县政府办公室（法制办公室）

主　任：张春根

副主任：傅准卫（2014-03~）

法制办公室主任：傅准卫（2014-03~）

法制办公室副主任：傅准卫（~2014-03）

法制办专职副主任：瞿成明（2014-10~）

办公室（法制办）副主任：

　　　　黄新园（~2014-01）

　　　　巫法源

　　　　李建红（女）

　　　　周松华（2014-03~）

　　　　蓝关洪

　　　　骆应勇（~2014-09）

　　　　姜银珠

　　　　詹建平

　　　　朱与滨

　　　　巫惠祥

　　　　上官方鸣（2014-01~）

　　　　郑子洪（~2014-10）

　　　　傅长贵（2014-10~）

党组书记：张春根

党组副书记：黄新园（~2014-01）

　　　　　　周松华（2014-09~）

纪检组长：詹建平

发展和改革局（粮食局）

局　长：杨朝晖

副局长：金　飞（女）

　　　　尹伟平

　　　　云中强

　　　　徐建明

　　　　周　辛（女）

　　　　毛仁根（2014-01~）

　　　　张永庆（2014-01~）

党组书记：杨朝晖

纪检组长：吴培民

经济商务局

局　长：罗晓平（~2014-01）

　　　　叶孔贤（2014-01~）

副局长：林　勤（~2014-07）

　　　　廖建红（女）（~2014-07）

　　　　朱建伟（2014-09~）

　　　　汪金权（2014-03~2014-08）

党组书记：叶孔贤

纪检组长：蓝培忠

经济合作交流办公室(招商局)
主　任：徐建林
副主任：张雪芬（女）（~2014-01）
　　　　刘伟良
　　　　童宣明（2014-03~）
纪检组长：毛长峰（2014-03~）

教育局
局　长：雷伟东
副局长：王俊杰
　　　　林建立
　　　　王其孔
党组书记：雷伟东
党组副书记：朱建英（女）
纪检组长：朱建英（女）

科学技术局
局　长：傅秋华
副局长：朱乐平
　　　　尹新华
党组书记：傅秋华
党组副书记：唐昌华（~2014-09）

民族宗教事务局
局　长：蓝一平

公安局
局　长：杜云峰
副局长：苏樟会
　　　　应事建
　　　　邓建平
　　　　姜文伟
　　　　金存序
党委书记：杜云峰
党委副书记：谢炳洪
纪委书记：曾俊彦（~2014-08）
政治委员：谢炳洪
政治处主任：陈忠良

监察局
局　长：郑建青
副局长：叶根会（~2014-10）
　　　　林延忠

民政局
局　长：李建平
副局长：刘卫军
　　　　雷招婷（女）
　　　　华利颖（女）
党组书记：李建平
党组副书记：刘卫军
纪检组长：涂发寿

司法局
局　长：徐春球（女）
副局长：李建华
　　　　周小明
党组书记：徐春球（女）
纪检组长：雷根松

财政局
局　长：周瑞琛
副局长：叶宏放
　　　　方文初
　　　　程昌文
党组书记：周瑞琛
党组副书记：刘旭萍（女）（~2014-09）
纪检组长：刘旭萍（女）（~2014-09）

地方税务局
局　长：周瑞琛
副局长：叶宏放
　　　　罗时福

人力资源和社会保障局
局　长：吴法根
副局长：雷志良

赵宏华
雷永春
党组书记：吴法根
纪检组长：余建飞

住房和城乡建设局
局　长：徐根耀
副局长：周根旺
黄存贵（~2014-09）
王肖波
叶刚强
钟雪飞（2014-09~）
党组书记：徐根耀
党组副书记：王芳美（女）
纪检组长：王芳美（女）
总工程师：钟雪飞（~2014-09）
李君飞（2014-09~）

交通运输局
局　长：马国跃
副局长：阮定豹
张朝辉
潘　勍（女）
党组书记：马国跃
纪检组长：季春光
总工程师：傅旭波

农业局
局　长：谢秋鸣
副局长：翁慧平
朱永平
林延山
党组书记：谢秋鸣
纪检组长：季　琳（女）
总农艺师：郑子洪（~2014-10）

水利局
局　长：张仪辉
副局长：董根瑞（~2014-01）
潘伟军
党组书记：张仪辉
纪检组长：徐水江
总工程师：孟伟烽

文化广电新闻出版局
局　长：张水源（~2014-01）
陈爱娥（女）（2014-01~）
副局长：占跃灵
汤建雄
党组书记：陈爱娥（女）
党组副书记：王建明
纪检组长：王建明

卫生局
局　长：潘新军
副局长：周武琴（女）
金忠平
党组书记：潘新军
党组副书记：王益民（~2014-05）
纪检组长：王益民（~2014-05）

人口和计划生育局
局　长：郑法鑫（~2014-05）
徐成章（2014-05~）
副局长：秦丽君（女）
刘建荣
党组书记：郑法鑫（~2014-03）
徐成章（2014-03~）
纪检组长：郑　哲

审计局
局　长：李伟纲（~2014-03）
胡法连（2014-05~）
副局长：林延彬
党组书记：胡法连（2014-03~）
纪检组长：叶根会（2014-09~）

总审计师：陈樟林

环境保护局
局　长：张勇军
副局长：黄彤兴
　　　　鲁旭晖（女）
党组书记：张勇军
纪检组长：戴根法
总工程师：林家成

统计局
局　长：江海仁
副局长：张志伟
党组书记：江海仁
纪检组长：李益林
总统计师：沈慧珠（女）

林业局：
局　长：季方法
副局长：巫洪训
　　　　吴　军
　　　　周亚锋
　　　　周惠龙
　　　　董根瑞（2014-01~）
党组书记：季方法
总工程师：华文礼（~2014-09）
纪检组长：朱爱军（女）

公安局森林分局
局　长：金存序
教导员：俞根贤

风景旅游局（~2014-01）
局　长：孙培莲（女）（~2014-01）
副局长：季国良（~2014-01）
　　　　黄　颖（~2014-01）
　　　　洪　斌（~2014-01）
党组书记：孙培莲（女）（~2014-01）
纪检组长：方巧媛（女）（~2014-01）

旅游委员会（2014-01~）
主　任：孙培莲（女）（2014-01~）
副主任：季国良（2014-01~）
　　　　黄　颖（2014-01~）
　　　　洪　斌（2014-01~）
党组书记：华治武（2014-01~）
党组副书记：孙培莲（女）（2014-01~）
纪检书记：方巧媛（女）（2014-01~）

侨务办公室
主　任：蓝　善

安全生产监督管理局
局　长：鲍王富
副局长：邱　晨
党组书记：鲍王富
党组副书记：余考洪
纪检组长：余考洪
总工程师：杨文煌

食品药品监督管理局（~2014-01）
局　长：华志平（~2014-01）
副局长：姜　敏（~2014-01）
　　　　王遂龙（~2014-01）
党组书记：华志平（~2014-01）
纪检组长：朱柏成（~2014-01）

工商行政管理局（~2014-01）
局　长：杜维涛
副局长：程延根
　　　　程　倞（女）
　　　　顾飞翔
　　　　张宗渭
党委书记：杜维涛
纪委书记：程　倞（女）

市场监督管理局（2014-01~）
局　长：杜维涛（2014-01~）
副局长：华志平（2014-01~2014-03）
王遂龙（2014-01~）
姜　敏（2014-01~）
程延根（2014-01~）
顾飞翔（2014-01~）
张宗渭（2014-01~）
朱柏成（2014-01~）
党组书记：杜维涛（2014-01~）
党组副书记：华志平（2014-01~2014-03）
纪检组长：程　倞（女）（2014-01~）

人民防空办公室
主　任：王根森
副主任：黄清华
党组书记：王根森
纪检组长：黄贵培

机关事务管理局
局　长：李建红（女）
副局长：尹根良（2014-01~）
毛淑景（女）（2014-01~）

体育局
局　长：占跃灵
副局长：汤建雄

工业园区管理委员会
主　任：姜雄伟
副主任：吴华军（~2014-09）
王　耀
李逢庆（~2014-09）
雷先华
张新华
钟雪飞（~2014-09）
李君飞（2014-09~）
王路林
黄存贵（2014-09~）
尹卫中（2014-09~）
党工委书记：上官国明
党工委副书记：包　炜
上官利斌（2014-01~2014-07）
叶金元（2014-03~）
吴华军（2014-08~）
纪工委书记：蓝义明

行政服务中心
主　任：潘成松
副主任：上官献雄
廖立尧（~2014-01）
姜　鹏（2014-10~）
党组书记：郑世武（~2014-01）
潘成松（2014-01~）
党组副书记：潘成松（~2014-01）
郑世武（2014-01~）
纪检组长：廖立尧（~2014-01）

库区移民工作办公室
主　任：叶良平（2014-01~）
副主任：黄丽萍（女）
李根明
党组书记：叶良平
纪检组长：李根明

县级民主党派

中国民主促进会遂昌县总支部委员会
主　委：马翔华
副主委：雷招珠（女）
潘堂根

部分群众团体

总工会
主　席：吴志新
副主席：雷水香（女）
余仙青

党组书记：吴志新

中国共产主义青年团遂昌县委员会
书　记：叶君美（女）
副书记：罗根爱（女）
　　　　刘卫斌

妇女联合会
主　席：张　珍（女）
副主席：郑月娥（女）（2014-01~）
　　　　吴素好（女）
党组书记：张　珍（女）

归国华侨联合会
主　席：徐永强（~2014-08）

工商业联合会（总商会）
主　席：谢旭峰
常务副会长：程利贤
副会长：陈樟兴
　　　　吴丽芳（女）
党组书记：程利贤

科学技术协会
主　席：徐瑞祥
副主席：应文仓
　　　　朱美君（女）

文学艺术界联合会
主　席：黄美丰（女）
副主席：朱呈富（~2014-05）
　　　　朱旭明
　　　　雷　鸣

残疾人联合会
理事长：阙绍华
副理事长：余雪峰
党组书记：阙绍华

纪检组长：汪樟英（女）

红十字会
会　长：林成高（2014-03~）
常务副会长：李　泳（女）（2014-03~）
副会长：傅秉辉

社会科学界联合会
副主席：朱旭明

关心下一代工作委员会（2014-11~调整）
名誉主任：梁青山
　　　　　李和达
　　　　　鲁子钗（女）
主　任：包志华
副主任：王炽耀　徐桂妹（女）
专职副主任：毛水兰（女）

计划生育协会
会　长：鲁子钗（女）
副会长：郑法鑫（~2014-03）
　　　　徐成章（2014-03~）
　　　　朱晓梅（女）

中央、省、市和县双重管理部门

国土资源局
局　长：吴建华
副局长：丁志勇（~2014-01）
　　　　程　华（2014-01~）
　　　　徐晓平
　　　　罗锦利
党委书记：吴建华
纪委书记：华建平

电力工业局
局　长：夏之罡
副局长：傅　斌（~2014-11）
　　　　单玉飞（2014-11~）

吴世斌
季　伟
党委书记：傅　斌（~2014-11）
单玉飞（2014-11~）
党委副书记：夏之罡
王根霞（女）（~2014-04）
尤　军（2014-04~）
纪委书记：王根霞（女）（~2014-04）
尤　军（2014-04~）

丽水市住房公积金管理中心遂昌分中心

主　任：黄存德

气象局

局　长：卢　钊
副局长：潘建新
党组书记：卢　钊

质量技术监督管理局

局　长：杨文学
副局长：何建华
厉少华
党委书记：杨文学
纪委书记：华　俊

烟草专卖局（丽水市烟草公司遂昌分公司）

局　长：陈叶平（~2014-12）
副局长：罗樟水
经　理：陈叶平（~2014-12）
副经理：叶荣民（~2014-02）
宋恬恬（女）（2014-02~）
党组书记：陈叶平（~2014-12）

国家税务局

局　长：黄美琴（女）（~2014-05）
杜良德（2014-05~）
副局长：余盛华（~2014-01）
刘小华
黄根堂
张志德（2014-11~）
韩雪莲（女）（2014-12~）
党组书记：黄美琴（女）（~2014-05）
杜良德（2014-05~）
纪检组长：张志德（~2014-11）
张传俊（2014-12~）

邮政局

局　长：徐景标
副局长：吴青林
党委书记：徐景标

中国电信股份有限公司遂昌分公司

总经理：周瑞晨（2014-12~）
副总经理：周瑞晨（~2014-12）
党委书记：周瑞晨（2014-12~）

农村信用合作社联合社

理事长：洪日强
主　任：余振荣
副主任：季晓伟
监事长：郑亚秋
党委书记：洪日强
纪委书记：郑亚秋

中国移动通信集团浙江有限公司遂昌分公司

总经理：周根成

中国联合网络通信有限公司遂昌县分公司

经　理：尹俊柳（~2014-09）
副经理：曹　玲（2014-09~）（主持工作）

中国人民财产保险股份有限公司遂昌支公司

总经理：毛利敏
党组书记：毛利敏

中国人寿保险股份有限公司遂昌县支公司
总经理：吴云涛

部分事业单位

浙江九龙山国家级自然保护区管理局
局　长：张少啸
副局长：季方法
　　　　巫洪训
　　　　周惠龙
党组书记：张少啸
党组副书记：季方法
纪检组长：余水生

供销合作社联合社
主　任：朱剑平
副主任：谢根远（~2014-08）
　　　　黄雪梅（女）
　　　　方一丰
　　　　李逢庆（2014-09~）
党组书记：朱剑平（2014-01~）
纪检组长：黄雪梅（女）

县政府金融工作办公室
主　任：郑子洪（2014-10~）
副主任：吴志春

广播电视台
台　长：叶良平（~2014-01）
　　　　黄新园（2014-01~）
副台长：朱呈富（~2014-06）
　　　　李法贵
党组书记：黄新园（2014-01~）
总工程师：华　卫（~2014-03）
纪检组长：巫丽华（女）

新闻传媒中心
主　任：蓝水林
副主任：周淑赟（女）
　　　　郑立盛

公路管理局
局　长：吴瑾秋
党支部书记：张　毅

公路运输管理局
局　长：黄丰产
党支部书记：朱建伟（~2014-08）
　　　　　　廖美恩（2014-08~）

老龄工作委员会
主　任：刘庆华
副主任：胡法连（~2014-03）
　　　　郑法鑫（2014-03~）
　　　　柳启斌
　　　　李建平
　　　　吴法根

畜牧兽医局
局　长：朱永平

人民医院
院　长：周亚新
副院长：卜文良
　　　　朱建和
　　　　周小伟
党委书记：巫智强
纪委书记：雷招媛（女）

中医院
院　长：马翔华
副院长：阙建伟
　　　　张布明
　　　　张建生
党委书记：李　泳（女）（~2014-03）
党委副书记：张布明（2014-03~）
纪委书记：梁盛恒

遂昌中学

校　长：胡志忠
副校长：彭素飞（女）
　　　　刘仁海
党委书记：胡志忠
党委副书记：郭跃安
纪委书记：郭跃安

职业中专

校　长：龚林鸿
副校长：郑建雄
　　　　雷志明
　　　　许　艳（女）
党委书记：龚林鸿
纪委书记：钟春明

浙江广播电视大学遂昌分校

校　长：蓝建民
副校长：毛立华
　　　　潘文华
党委书记：蓝建民

交通开发有限公司

董事长：廖美恩（~2014-09）
总经理：廖美恩（~2014-09）

城市建设发展有限公司

董事长：李君飞（~2014-09）
　　　　邱小松（2014-09~）
总经理：李君飞（~2014-09）
　　　　邱小松（2014-09~）

国有资产经营有限公司

董事长：夏飞龙（~2014-09）
总经理：夏飞龙（~2014-09）

旅游发展有限公司

董事长：王修华（~2014-09）
总经理：王修华（~2014-09）

乡镇（街道）

中国共产党妙高街道工作委员会

书　记：上官利斌（2014-01~2014-07）
　　　　吴华军（2014-08~）
副书记：吴华军（~2014-08）
　　　　潘来根
　　　　黄梦怡（女）
　　　　黄存贵（2014-08~）
纪工委书记：彭智强
委　员：肖德富
　　　　张蕴铭
　　　　彭智强
　　　　江振军
　　　　华宗新（2014-09~）

县人大常委会妙高街道工作委员会

主　任：王良贤（2014-01~）
副主任：黄新春（~2014-01）
　　　　王仙发（2014-01~）

妙高街道办事处

主　任：吴华军（~2014-09）
　　　　黄存贵（2014-09~）
副主任：陈云香（女）（~2014-01）
　　　　程昌武（~2014-10）
　　　　郑富毅
　　　　杨　捷
　　　　毛新文
　　　　叶熙华（2014-10~）

中国共产党云峰街道工作委员会

书　记：包　炜
副书记：张新华
　　　　林伟华
　　　　包育盛（2014-09~）
纪工委书记：李卫东
委　员：占军民
　　　　谢晓辉（~2014-07）

余俊杰（2014-09~）
邝剑飞
李卫东
吴锦雄（2014-09~）

县人大常委会云峰街道工作委员会

主　任：朱正根（~2014-05）
　　　　张一夫（2014-05~）

云峰街道办事处

主　任：张新华
副主任：华新强
　　　　尹卫中（~2014-09）
　　　　张永庆（~2014-01）
　　　　吴锦雄（2014-01~）
　　　　周玲莉（女）（2014-10~）

中国共产党大柘镇委员会

书　记：上官利斌（~2014-01）
　　　　徐根明（2014-03~）
副书记：徐根明（~2014-03）
　　　　叶　晟（~2014-09）
　　　　毛　洁
　　　　杨志崇（2014-09~）
　　　　苏　欣（2014-08~）
纪委书记：毛　洁
委　员：雷鸣远
　　　　刘亦非
　　　　周振东
　　　　叶熙华（~2014-09）
　　　　吴子峰（2014-09~）

大柘镇人民代表大会

主　席：范桂林

大柘镇人民政府

镇　长：徐根明（~2014-08）
副镇长：李作林
　　　　留建丽（女）
　　　　王成杰
　　　　黄文法

中国共产党石练镇委员会

书　记：邵小根
副书记：包育盛（~2014-09）
　　　　范宏伟
纪委书记：包育盛（~2014-09）
　　　　　范宏伟（2014-09~）
委　员：雷菊香（女）
　　　　严宏伟
　　　　吴春涌
　　　　苏　欣（2014-08~）

石练镇人民代表大会

主　席：黄兆荣

石练镇人民政府

镇　长：李建霞（女）
副镇长：赵文斌
　　　　苏　欣（~2014-08）
　　　　刘苏明
　　　　陈　锋

中国共产党北界镇委员会

书　记：范建文
副书记：杨　慧（女）
　　　　徐伟珺
纪委书记：徐伟珺
委　员：朱翠英（女）
　　　　谢斌峰（~2014-03）
　　　　蔡荣建（2014-09~）

北界镇人民代表大会

主　席：巫根成

北界镇人民政府

镇　长：杨　慧（女）
副镇长：雷贤根
　　　　姜李强
　　　　潘　驰

中国共产党王村口镇委员会

书　记：杨全优（~2014-04）
　　　　徐土生（2014-05~）

副书记：李小明（~2014-07）
吴樟根
苏新华（2014-08）
纪委书记：吴樟根
委　员：唐红飞（女）
应永军
毛鸣声

王村口镇人民代表大会

主　席：洪尚富

王村口镇人民政府

镇　长：李小明（2014-01~2014-07）
副镇长：程文威（~2014-07）
王晶晶
叶裕和（2014-01~）

中国共产党金竹镇委员会

书　记：王坚兵
副书记：徐土生（~2014-05）
张海锋
郭云强（2014-09~）
纪委书记：张海锋
委　员：周建军
苏　毅
李立清
谢法富（2014-03~）

金竹镇人民代表大会

主　席：黄嘉中

金竹镇人民政府

镇　长：徐土生（~2014-05）
副镇长：谢法富
林　涛
罗莹冰（女）（2014-01~）

中国共产党黄沙腰镇委员会

书　记：郑必强
副书记：杨志崇（~2014-09）
谢明富（2014-09~）
纪委书记：杨志崇（~2014-09）
谢明富（2014-09~）
委　员：毛守针
叶丽娟（女）
林　巍

黄沙腰镇人民代表大会

主　席：张水明

黄沙腰镇人民政府

镇　长：潘堂根
副镇长：柳　雄
黄建斐

中国共产党新路湾镇委员会

书　记：汪华成
副书记：杨松长
朱　政
纪委书记：朱　政
委　员：唐凤莲（女）
罗伟锋

新路湾镇人民代表大会

主　席：刘金洪

新路湾镇人民政府

镇　长：杨松长
副镇长：涂火华
叶富洪
陶松强

中国共产党湖山乡委员会

书　记：孟晓明
副书记：陈海标
包新飞（2014-09~）
纪委书记：包新飞（2014-09~
委　员：范依能
蓝　海（~2014-03）
翁锡华
潘　冰
洪　涛（2014-09~）

湖山乡人民代表大会

主　席：雷陈松

湖山乡人民政府

乡　长：陈海标

副乡长：罗峰云

　　　　包新飞（~2014-09）

　　　　洪　涛（2014-01~）

　　　　周利香（女）（2014-01~）

中国共产党垵口乡委员会

书　记：周安涛

副书记：孟　波

　　　　张伟武

纪委书记：张伟武

委　员：余俊杰（~2014-09）

　　　　尹渭俊

　　　　黄邦海（2014-03~）

　　　　周建锋（2014-09~）

垵口乡人民代表大会

主　席：应文军

垵口乡人民政府

乡　长：孟　波（2014-01~）

副乡长：袁欣豪（~2014-03）

　　　　徐承蔚

中国共产党焦滩乡委员会

书　记：林延旺

副书记：张雪芬（女）

　　　　谢明富（~2014-09）

　　　　胡敬柱（2014-09~）

纪委书记：谢明富（~2014-09）

　　　　　胡敬柱（2014-09~）

委　员：俞　正

焦滩乡人民代表大会

主　席：林延旺

副主席：朱樟法

焦滩乡人民政府

乡　长：张雪芬（女）（2014-01~）

副乡长：林素贞（女）

　　　　雷建明（2014-01~）

中国共产党应村乡委员会

书　记：郑水松

副书记：龚彩云（女）

　　　　雷兴禾

纪委书记：雷兴禾

委　员：周焕彪

应村乡人民代表大会

主　席：李文富（2014-01~）

应村乡人民政府

乡　长：龚彩云（女）

副乡长：王水英（女）

　　　　斯　科（2014-01~）

中国共产党高坪乡委员会

书　记：邱根松

副书记：林小军

　　　　何华根

纪委书记：何华根

委　员：吴子峰（~2014-09）

　　　　陈志勇（2014-09~）

高坪乡人民代表大会

主　席：邱根松

副主席：谢名胜

高坪乡人民政府

乡　长：林小军（2014-01~）

副乡长：蔡　捷

　　　　雷　蕾（女）

中国共产党三仁畲族乡委员会

书　记：潘光明

副书记：蓝　波

　　　　姜　鹏（~2014-09）

　　　　叶　晟（2014-09~）

纪委书记：姜　鹏（~2014-09）

　　　　　叶　晟（2014-09~）

委　员：毛吉凤（女）

　　　　华伟东

　　　　巫林富（2014-03~）

三仁畲族乡人民代表大会

主　席：叶旭明

三仁畲族乡人民政府

乡　长：蓝　波

副乡长：张雪强

　　　　巫林富（2014-01~）

　　　　方开和（2014-01~）

中国共产党柘岱口乡委员会

书　记：叶松华

副书记：陈林军

　　　　周勇锋

纪委书记：周勇锋

委　员：葛海东（~2014-07）

　　　　赛　盛

柘岱口乡人民代表大会

主　席：尹小旻

柘岱口乡人民政府

乡　长：陈林军（2014-01~）

副乡长：葛海东（~2014-07）

　　　　叶　英（女）

中国共产党濂竹乡委员会

书　记：汪金权（~2014-03）

　　　　钟月英（女）（2014-03~）

副书记：钟月英（女）（~2014-03）

　　　　袁欣豪（2014-03~）

纪委书记：袁欣豪（2014-03~）

委　员：钟金德

　　　　王　玮

濂竹乡人民代表大会

主　席：汪金权（~2014-03）

副主席：濮相康

濂竹乡人民政府

乡　长：钟月英（女）

副乡长：钟金德

　　　　吴永良

中国共产党龙洋乡委员会

书　记：朱宜根（~2014-01）

　　　　龚水伟（2014-03~）

副书记：林晓礼

纪委书记：林晓礼

委　员：蔡荣建（~2014-09）

　　　　卜洪斌（2014-09~）

龙洋乡人民代表大会

主　席：朱宜根（~2014-01）

副主席：周朝霞（女）

龙洋乡人民政府

乡　长：王朝辉

副乡长：朱文宾

　　　　董美俊（女）（2014-01~）

中国共产党蔡源乡委员会

书　记：华　锋（~2014-04）

　　　　曹　昱（2014-05~）

副书记：龚水伟（~2014-03）

　　　　严育根

纪委书记：严育根

委　员：毛雄华（2014-03~）

蔡源乡人民代表大会

主　席：华　锋（~2014-04）

副主席：戴樟友

蔡源乡人民政府

乡　长：龚水伟（~2014-03）

副乡长：高　磊

　　　　毕樟兰（女）

中国共产党西畈乡委员会

书　记：周世岳

副书记：曹　昱（~2014-05）

　　　　翁　捷

　　　　葛海东（2014-07~）

纪委书记：翁　捷

委　员：陈志勇（~2014-09）

　　　　曾春东（2014-09~）

西畈乡人民代表大会

主　席：周世岳

副主席：周世辉

西畈乡人民政府

乡　长：曹　昱（~2014-05）

副乡长：宁云抗

　　　　叶巧军（女）

县情概览

基本地情

【位置面积】遂昌县位于浙江省西南部，地理坐标为北纬 28°13′～28°49′、东经 118°41′～119°30′。县境极东至濂竹乡安门村黄长岗，极西至柘岱口乡际下村竹洋乌岗凹，极南至龙洋乡黄塔上村大高山，极北至北界镇登埠村猪凹岭。东靠武义县、松阳县，南接龙泉市，西邻江山市和福建省浦城县，北毗衢州衢江区、龙游县和金华婺城区，县域总面积 2539 平方千米。县政府驻地妙高街道，位于县境东部，海拔 200 米。县城距杭州 296 千米，距丽水 96 千米。龙丽高速公路和 50 省道、51 省道穿境而过。

【地形地貌】境内山地面积 22.56 万公顷，占县域面积的 89%，耕地面积 1.03 万公顷，占 4%，水域面积 1.8 万公顷，占 7%，素有“九山半水半分田”之称。地势西南高东北低，由龙泉和福建浦城入境的仙霞岭山脉横贯南北。境内海拔千米以上山峰 703 座，其中 1500 米以上山峰 39 座。九龙山主峰海拔 1724 米，为浙江省第四高峰。

【水系流域】全县共有河流 1467 条，河道总长度 2838 千米，分属钱塘江、瓯江两大水系，遂昌又被称作“钱瓯之源”。西北部的乌溪江、洋溪源、周公源、湖山源和桃溪、官溪、桃源，属钱塘江水系，流域面积 1865 平方千米，占县域面积的 73.45%；东南部的南溪、北溪、襟溪、濂溪，属瓯江水系，流域面积 674 平方千米，占县域面积的 26.55%。乌溪江是县境内最大河流。

【气候特征】县境气候属中亚热带季风类型，冬冷夏热，四季分明，雨量充沛，山地垂直气候差异明显。白马山、南尖岩、九龙山等高山地区终年无高温天气，是夏季避暑胜地。1991— 2010 年，全县平均气温 17.1℃。极端最高气温 40.6℃（2003 年 7 月 16 日），极端最低气温 -9.9℃（1983 年 12 月 31 日）。

县境雨量充沛，空间分布不均，县城年均降水量 1559 毫米，年均雨日 175 天。最多降水量 2206.4 毫米（2010 年），最少降水量 1038.6 毫米（1978 年）。最长连续降雨 23 天，最长连续无降雨 37 天。一日最大雨量 140.8 毫米（1997 年 7 月 9 日）。主要降水集中在 3 月至 9 月，6 月降水量最多。县城多年平均日照 1755 小时。平均霜期 114.5 天，无霜期 251 天。年平均降雪日数 7.8 天，最多 28 天（1983—1984 年），最少 2 天（1970—1971 年），积雪最大深度 30 厘米（1961 年 2 月 16 日）。

县内主要气象灾害有台风、暴雨、雨雪冰冻、春季低温阴雨、夏秋季高温干旱、汛期洪涝及局部冰雹、大风等。另外，由不利气象条件引发的地质灾害、农业气象灾害、森林火灾等次生灾害和衍生灾害也较为严重。随着全球气候变暖，遂昌极端天气事件增多，气象灾害的发生频率和影响程度呈现增加趋势。据史料记载，自宋代、元代以来，全县共出现较大水灾

68 次，旱灾 59 次，较大范围降冰雹 26 次。

【2014 年气候】2014 年平均气温较常年偏高，降水量偏多，雨日偏少，日照偏多。年内气候较为异常：天气复杂多变，降水时空分布极不均匀，气温起伏大，春夏季节多强对流天气，极端天气和灾害性天气多发，是气象灾害较严重的年份。年内重要天气过程和明显的气象灾害有：2 月中旬前后出现连续降雪和持续低温天气，对春运交通造成一定影响；3 月下半月先后出现强降水、雷雨大风等强对流天气和寒潮过程，对春播造成一定的影响；4 月下旬多次出现局地暴雨和强对流天气；5 月中下旬降水异常偏多，而且暴雨连绵；6 月"降水集中期"暴雨及洪涝灾害明显，并造成重大经济损失；8 月出现近 60 年来同期罕见的多雨寡照和凉夏天气，县内各主要水库纷纷开闸泄洪；入冬后持续多晴少雨天气，气象干旱突显。

2014 年，全县平均气温 17.6℃，较常年（17.1℃）偏高 0.5℃；年极端最低气温-6.4℃，出现在 1 月 22 日；年极端最高气温 36.8℃，出现在 7 月 12 日。全年降水量达 1954 毫米，比多年平均年降水量（1579.1 毫米）偏多 374.9 毫米，偏多约 24%，是 1957 年有雨情记录以来年降水量第 4 多年份。全年总日照时数为 1721.3 小时，比常年偏多 146.1 小时。

政区居民

【历史沿革】县境内在新石器时期就有人类繁衍生息。1997 年在三仁畲族乡好川村发现古文化遗址，经考古发掘，出土石器、玉器、陶器、漆器等千余件，经鉴定，属于良渚文化晚期，距今四千年左右。夏、商、西周时属越，春秋、战国时属越姑蔑。秦、西汉时属会稽郡太末县。

东汉建安二十三年（218），分太末县南部地始置遂昌县。三国吴赤乌二年（239），更县名为平昌县。晋太康元年（280）复称遂昌。置县后，隋以前分别隶属会稽郡、东阳郡。隋开皇九年（589）撤县。唐武德初（619—621）复置遂昌县。武德八年（625）遂昌撤县并松阳。景云二年（711）复遂昌县。此后分别隶属括州、缙云郡、处州、处州路（府）等。民国期间隶属多次变更，抗日战争时期属浙江省第九区。中华人民共和国成立后，隶属衢州专区，1955 年改属金华专区，1963 年起至今属丽水专区（地区、市）。遂昌是浙江省建县较早的县，1800 年来，均以今妙高镇的中心区为县城，县署在君子山麓。

【行政区划】遂昌建县时地域广阔，约含今遂昌县域和龙泉市、庆元县大部，以及金华市原汤溪县部分地域。史上县境迭有调整。1982 年遂昌、松阳两县分治后，始成今日之县域。

2014 年，全县辖 2 个街道、7 个镇、11 个乡、203 个行政村。

遂昌县乡镇（街道）及行政村一览表

表 3　　单位：个

乡镇街道	村数	所辖村名
妙高街道	27	西街、南街、东街、北街、龙潭、北门、井东、含晖、金溪、上江、黄庄、金岸、大桥、源坪、上南门、螺蛳垵、源口、仙岩、七山头、古院、后江、东峰、新东、东红、庄山、余家、苍畈
云峰街道	17	社后、东亭、门阵、同心、隔溪、马头、范村、连头、龙口、龙祥、下马、东姑、古亭、长濂、湖边、银都、洋浩
新路湾镇	12	新路湾、官溪、新双溪、新溪、远路口、三井、社杨、蕉川、大马埠、小马埠、夹路畈、胡家
北界镇	9	北界、大谷岭、周村、淤弓、白水、王宅桥、苏村、登埠、王坞

大柘镇	12	车前、双溪新村、柘溪上、柘溪下、新旦、大田、永安、北山、黄垵、后垄、华洋、梭溪桥
石练镇	12	石练、姚埠、宏象、竹溪新村、淤溪、黄皮、柳村、大茂坑、迎新、金练兴、景新、爱丰
金竹镇	14	金竹、岭内、旱坞、王川、百胜、叶村、夏东、梭溪塘岭、王村、交塘、兰蓬、龙溪、古楼、茶竹岭
王村口镇	13	桥东、桥西、钟根、山枣坪、山前、弓桥头、官塘、后塘、对正、吴处、大坑、石笋头、尹坞
黄沙腰镇	7	黄沙腰、大洞源、大熟、邵村、上定、仙人坝、小洞源
三仁乡	8	高碧街、小忠、好川、大觉、坑口、十三都、沙口、排前
濂竹乡	9	苏旺、治岭头、黄（石玄）、刘坑、千义坑、大竹小岱、横坑、柘坑、瓦窑岗
应村乡	9	东源、西山头、桃溪、应村、天师石玄、竹溪、双里、定溪、高棠
高坪乡	6	高坪新村、石坪、湖连、茶树坪、箍桶丘、淡竹
湖山乡	11	湖山、三归、湖方、珠村畈、坪峰、长安、红星坪、黄泥岭、福罗淤、奕山、姚岭
焦滩乡	5	焦（石娄）、蔡口、独山、大路沿、前山
蔡源乡	5	蔡和、双溪、大柯、永兴、甚坑
西畈乡	7	举淤口、渡口、西畈、湖岱口、渡坑、上西坑、独坑
柘岱口乡	5	柘岱口、毛阳、尹家、际下、五星
龙洋乡	6	凉潭口、九龙口、龙洋、黄赤、西滩 、埠头洋
垵口乡	9	根竹口、桂洋、徐村、葛程、垵口、大山、乐山头、石仓、小岩

【人口与民族】 2014年末，全县公安户籍人口232343人，其中男性120602人、女性111741人，分别占总人口的51.9%和48.1%。全年出生人口2238人，出生率9.63‰；死亡人口1842人，死亡率7.93‰；自然增长率1.70‰。

户籍人口1万人以上的有妙高街道、云峰街道、大柘镇、金竹镇、石练镇、新路湾镇、湖山乡。其中，妙高街道户籍人口最多（61855人），焦滩乡户籍人口最少（3068人）。全县常住人口18.75万人，人口密度每平方千米73.8人，处于较低水平。

据2010年第六次全国人口普查，居住在城镇75311人，占全县总人口39.60%，城镇人口比重（城市化率）低于全省和全市水平。居住在乡村114854人，占全县总人口60.40%。全县共有家庭户70191户，平均每个家庭户2.62人。全县有外来人口30287人，另有外出半年以上人口66896人。

各乡镇（街道）2014年户籍人口变化表

表4 单位：人

乡镇（街道）	年末总人口	出生	死亡	自然增加	乡镇（街道）	年末总人口	出生	死亡	自然增加
妙高街道	61855	637	394	243	濂竹乡	4177	47	41	6
云峰街道	22931	238	187	51	应村乡	8435	58	63	-5

乡镇（街道）	年末总人口	出生	死亡	自然增加	乡镇（街道）	年末总人口	出生	死亡	自然增加
新路湾镇	11854	112	117	-5	高坪乡	5972	59	43	16
北界镇	9236	82	76	6	湖山乡	10188	113	91	22
金竹镇	14400	126	118	8	蔡源乡	3530	37	33	4
大柘镇	14640	161	133	28	焦滩乡	3068	37	24	13
石练镇	12342	117	99	18	龙洋乡	4405	40	49	-9
王村口镇	9358	77	77	0	柘岱口乡	7259	41	62	-21
黄沙腰镇	8379	64	58	6	西畈乡	4506	33	42	-11
三仁畲族乡	8488	90	75	15	垵口乡	7320	69	60	9

境内居民以汉族为主，少数民族有畲族、苗族、布依族、拉祜族、彝族、土家族、哈尼族、侗族、水族、白族、壮族、蒙古族、回族、傈僳族、满族、佤族等35个。2010年第六次全国人口普查，汉族176164人，占总人口92.64%；畲族12983人，占总人口6.83%。苗族205人，布依族184人，拉祜族159人，彝族87人，土家族53人，侗族43人，哈尼族37人，水族32人，白族31人，壮族28人，蒙古族23人，回族20人，傈僳族20人，满族19人，佤族14人，瑶族9人，藏族8人，维吾尔族6人，傣族6人，黎族4人，仡佬族4人，景颇族3人，土族3人，仫佬族3人，羌族3人，京族3人，纳西族2人，布朗族2人，德昂族2人，朝鲜族1人，哈萨克族1人，毛南族1人，鄂温克族1人，其他1人。

随着经济社会的发展，民族政策进一步落实，婚嫁圈扩大，特别是跨省婚姻增多，县内少数民族人口比重上升，民族种类更具多样性。

【畲族】全县20个乡镇（街道）均有畲族人口居住。畲族人口在2000人以上的乡镇（街道）有妙高街道、大柘镇、三仁畲族乡，1501～2000人的有石练镇，1001～1500人的有云峰街道，501～1000人的有新路湾镇，101～500人的有北界镇、金竹镇、黄沙腰镇、湖山乡，100人以下的有10个乡。

2007年，县人民政府共公布全县38个畲族村—妙高镇：古院村、后江村、东峰村、龙谭村、东门村、水阁村、井头坞村、东梅村、大毛头村、荫樟源村、螺蛳安村、下杭村、下坑口村、枫树坪村；三仁畲族乡：石板桥村、高碧街村、大觉村、坑口村、高桥村、好川村、排前村；石练镇：宏岗村、象岗村、项岭头村、上安村、金苏村、坪墟村、章师村；大柘镇：后垅村、永安村、高山村、培坞村、大坟山村、横源村；云峰镇：毛田村、岩里村；新路湾镇：夹路畈村；濂竹乡：苏旺村。

【姓氏】根据2010年第六次全国人口普查，全县共有513姓，其中10000人以上的有周、张、叶、吴、黄5姓；5000～9999人的有王、雷、李、陈、刘、郑、罗、朱、徐、潘10姓；1000～4999人的有33姓；100～999人的有77姓；不满100人的有225姓，不足10人的有146姓，仅1人的有48姓。按人口数量排位（1）周13284人（2）张11496人（3）吴10575人（4）叶10354人（5）黄10104人（6）王9465人（7）雷8604人（8）李7145人（9）陈6774人（10）刘6591人。

语言与习俗

【语言】境内人群使用方言有遂昌话、畲话、福建话、江西话、淳安话、景宁话、南京话等。遂昌话是遂昌全境通用方言，系属吴语区处衢片龙衢小片。

【民间习俗】婚嫁习俗有请

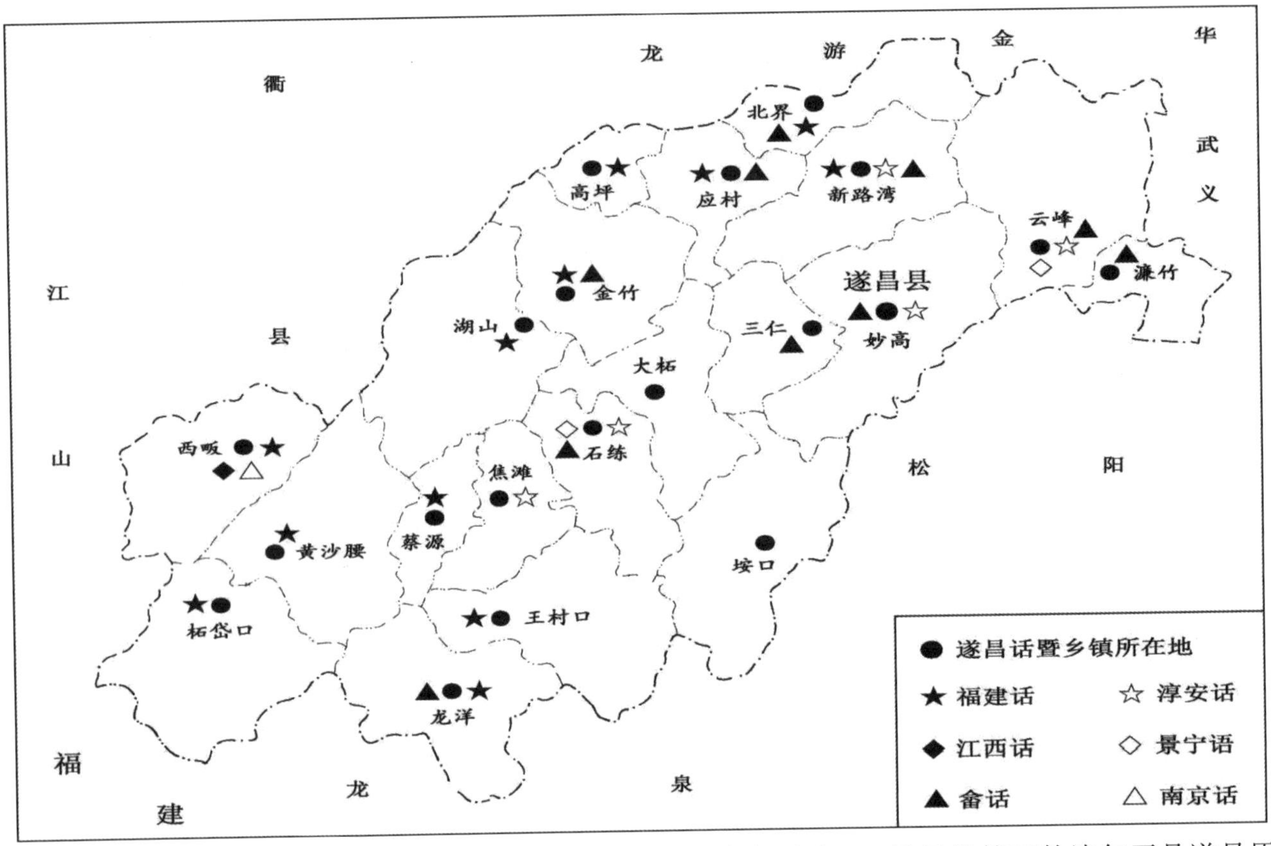

媒人、望人家、押茶、择婚期、迎亲拜堂、传袋（代）、婚宴、闹新房、送灯、回三朝、新娘服装、做新女婿、划拳等；生小孩习俗有催生、报生、洗三朝、做满月、做对幼、起俗名和认亲爹（娘）等；丧葬习俗有送终、哭丧、沐浴更衣、报丧、吊丧、守夜、入殓、守灵、出殡、斋饭、做七、百日祭、做阴寿等；岁时习俗有春节、元宵节、二月二、清明、立夏、端午、七月半、八月半、重九、冬至、过年等；生产习俗有开秧门、尝新米、求雨、判青山、狩猎、换工等；建房习俗有选地基、开工、开墙板、竖大门、上梁竖柱、归新屋等；其他习俗有修谱、建宗祠、立嗣、过行、舞龙灯、演戏等。

（习俗的简介和演变详见1996版《遂昌县志》和《遂昌县志（1991—2010）》

生态环境

【生态优势】遂昌生态环境优越，全县森林覆盖率82.3%，居浙江省前列。拥有华东地区几近唯一的原始森林—九龙山国家级自然保护区和全国唯一以县级命名的森林公园—遂昌国家森林公园。县域水质优良，出境水质常年达Ⅱ类以上。境内地热资源丰富，湖山温泉单井日出水量全省第一。全县负氧离子每立方厘米含量达9100个，高出世界清新空气标准6倍以上。“山也清，水也清，人在山阴道上行，春云处处生”，400年前汤显祖笔下的诗句正是遂昌原生态环境的生动写照。据2013年《浙江省生态环境状况评价报告》，遂昌县生态环境状况指数（EI）为96.2，生态环境状况级别全为优，居全省第七位。

【年度环境质量】水环境：出境水全部达标。2014年，遂昌县对三个出境水断面（乌溪江龙鼻头断面、灵山港北界断面、松荫溪大石断面）实施监测：北界断面和龙鼻头断面基本为Ⅱ类水；大石断面基本为Ⅲ类水，均符合功能区要求。根据浙江省环保厅交接断面水环境质量公报，遂昌县交接断面水环境综合评价结果为优秀。集中饮用水源地水质良好。成屏二级水库（自来水厂取水点）水质全年均为Ⅱ

类水，均符合水功能区要求，其中达Ⅰ类水质率94.2%。河流地表水全部达标。境内主要河流水质均处于Ⅰ～Ⅲ类水之间，均符合功能区要求。

环境空气：2014年，空气自动站获得有效数据天数为300天，县城大气环境质量状况良好，全年空气质量指数（AQI）处于Ⅰ、Ⅱ级，符合功能区要求的有264天，其中Ⅰ级（优）有93天，Ⅱ级（良好）为171天，Ⅲ级（轻微污染）为32天，Ⅳ级（中度污染）为3天，重度污染天数为1天，污染天数主要集中在11月、12月华东地区出现的大范围雾霾天气，主要污染为输入性外来污染。2014年城区降尘介于1.8～4.6吨/平方千米·月之间，平均值为3.35吨/平方千米·月，与2013年全年平均值相比，上升0.05吨/平方千米·月，降尘升高的主要原因为2014年城市基础建设较多，道路扬尘较大。2014年共采集降水样品57个，pH年平均值为4.77；酸雨率为98.75%，酸雨形势依然严峻。

声环境：5月和11月分别对县城建成区内的各噪声功能区和道路交通噪声分别进行监测：城区内1类区（居民区）等效连续声级（Leq）平均为47.1dB(A)，2类区（混合区）等效连续声级（Leq）平均为48.3dB(A)，3类区（工业区）等效连续声级（Leq）平均为50.3dB(A)，4类区（道路交通噪声）等效连续声级（Leq）平均为60dB（Leq），均符合声功能区标准。

资源与特产

【水资源】全县共有河流1467条，河道总长度2838千米。有市级河道松阴溪1条，长11千米，县级河道乌溪江、高碧溪、濂溪等16条，总长342千米。全县河流多年平均径流总量27.88亿立方米。全县水域总面积71.891平方千米，水域类型以河流、山塘、水库为主，水资源总量27.88亿立方米，多年平均降水量44.7亿立方米。

全县水力资源蕴藏量40万千瓦，其中可开发利用26.5万千瓦。至2014年底，全县共建成小水电站108座，总装机24.61万千瓦，年发电量6亿千瓦时，占总可开发量的92.86%。

遂昌县域主要河流一览表

表5

河流名称	河道长度（千米）	河道平均宽度（米）	水域面积（平方米）	河流名称	河道长度（千米）	河道平均宽度（米）	水域面积（平方米）
松阴溪	11	80	880000	碧龙源	14	50	723500
南溪	32	50	1588500	独塬坑	8	25	197750
北溪	9	50	441000	关川	22	30	646800
濂溪	24	50	1201000	湖山源	12	35	432600
桃溪	35	40	1414400	柘溪	29	45	1325250
官溪	12	40	466000	金竹溪	14	30	413700
蕉溪	29	25	722000	周公源	51	70	3600800
桃源	7	25	175000	洋溪源	24	35	848400
乌溪江	20	60	1183200	合计	353		16259900

遂昌县域主要水电站（装机容量5000千瓦以上）一览表

表6

电站名称	站 址	集雨面积（平方千米）	设计水头（米）	装机容量（千瓦）	投产年份
周公源一级	黄沙腰镇	162	108	25000	2009
周公源二级	黄沙腰镇	269	42	12600	2009
周公源三级	黄沙腰镇	336	50	16000	2009
蟠龙水电站	焦滩乡	750	22	16000	2011
金竹	金竹镇	46	182	6400	2010
碧龙源电站	龙洋乡	138	108	12600	2005
成屏一级电站	妙高街道	185	58	13000	1989
成屏二级电站	妙高街道	215	34	7600	1966
大溪坝电站	王村口镇	463	24	10000	2013
应村电站	应村乡	118	214	32000	2004

【国土资源】全县土地面积25.4万公顷，人均17亩，为全省人均占有土地面积的4.7倍。地貌以中山为主，间有低山、丘陵、岗地和谷地。林业用地占全县土地面积的84.71%、农业用地占8.77%、居民点及工矿用地占1.10%、交通用地占0.37%、水域占1.85%，未利用地占3.20%。地面90%以上为植物或水面，生态环境优越。土壤种类有红壤、黄壤、岩性土、潮土、水稻土等5个土类11个亚类34个土属70个土种，有明显分布范围。海拔800米以上主要是黄土壤。黄、红壤土分别占全县土壤总面积的43%和48%，适宜发展林业生产和茶果等经济特产。水稻土占9%。

遂昌是浙江省矿产资源比较丰富的县之一。已发现矿种30余种，矿床和矿点100多处，主要有金、银、铅、锌、钴、萤石和花岗岩等矿产，境内有2个萤石矿田（湖山、黄沙腰）和1处大型黄金矿山基地，是浙江省黄金、白银、萤石主要产地。

遂昌县域主要矿藏储量及分布表

表7

矿产名称	保有金属量(吨)	保有资源量(千吨)	主要分布
金	3.83824	299.69	濂竹乡治岭头银坑山矿区
银	172.94	8717.04	濂竹乡治岭头银坑山矿区和应村乡金田寺
铅	86054.47	8319.90	濂竹乡治岭头银坑山矿区
锌	205168.6	8319.90	濂竹乡治岭头银坑山矿区
钴	525.2	1370.63	应村乡金田寺（全省唯一有钴储量的矿山）
萤石	4234020	9258.27	湖山萤石矿田和黄沙腰萤石矿田
花岗岩		25164.55	主要分布在云峰街道北部

"十二五"期间，遂昌县地质找矿取得重大进展，新探明一批萤石、铅锌和地热等矿产地，新增萤石资源量500多万吨，新增铅锌矿金属量15万吨。地热矿产地2处，其中探明1处日出水量达1500吨/天，井口温度40.3℃，是浙江省近年发现1个日出水量最大，温度较高，具有开发价值的温泉。遂昌金矿在西块段发现Ⅴ-4矿体，增加黄金962公斤，银6.76吨，在中块段探明1处中型铅、锌矿产，铅锌金属量15万吨。

全县现有矿山16家，独立选厂1家。其中金属类矿山2家，遂昌金矿为采、选、冶联合企业。萤石类矿山10家，配套选厂2家，规模分别为300吨/日和200吨/日。花岗岩建筑类矿山4家。此外，黄金和温泉旅游具有良好的矿业发展潜力。

【农业资源】遂昌历属传统农业地区，长期以种植粮食为主，稻谷为大宗产品，其次为玉米、番薯、豆、麦、小米、荞麦等。茶叶为遂昌主要经济特产。

遂昌大力发展原生态精品农业，将之作为县域品牌来培育打造，出台《加快发展原生态精品农业的决定》，全县原生态农产品基地达5万多亩21个品种，先后打响了黄泥岭土鸡、金竹山茶油、七山头土猪肉、桃源尖高山蔬菜、北界红提、建洋稻米等一批原生态农产品知名品牌。

在原生态精品农业引领下，茶叶、竹业、生态蔬菜、生态畜牧业、水干果五大主导产业做大做强，杂交水稻制种、中药材、油茶、食用菌、甘薯五大特色产业做精做优。遂昌县先后获中国竹炭之乡、中国菊米之乡、中国茶文化之乡、全国休闲农业与乡村旅游示范县等称号，被评为浙江省农业特色优势产业综合强县，是全省最大的杂交稻制种基地，也是全省无公害高山蔬菜主产区。

原生态农产品

【龙谷丽人茶】 外形浑直似眉，色泽翠绿鲜润，香气清幽持久，冲泡杯中，茶芽直竖，似丽人曼舞，先后获国内外金奖10余次，浙江十大旅游名茶，是浙江省著名商标、浙江名牌产品。

【遂昌竹炭】 遂昌竹炭系列产品以环保、健康、低碳的理念深受市场青睐，广泛应用于净化水质、空气，吸湿防汗，保鲜消臭，屏蔽电磁波等方面，是居家健康生活的必备之品。遂昌是国内最大的竹炭生产、加工和出口基地。

【高山蔬菜】"桃源尖"高山蔬菜产自海拔890多米的石姆岩景区内，这里空气清新，昼夜温差大，全年平均气温13.4℃。基地栽培全部采用有机标准种植，采用杀虫灯、昆虫性诱剂等技术达到杀灭害虫的目的，杜绝化学农药的使用。"桃源尖"高山蔬菜系列产品通过国家有机食品、绿色食品认证。

【遂昌烤薯】 遂昌烤薯选用国家级自然保护区内的红心甘薯、紫番薯为原料，采用独特的传统工艺制作而成，不含任何添加剂和色素，口味自然纯正，风味别具一格。"黄沙腰"烤薯是浙江省著名商标、浙江省名牌农产品。

【石练菊米】 《增广本草纲目》记载："菊米，处州出一种山中野菊，甚香且清圆黄亮，土人采其蕾干之，如半粒绿豆大，云：败毒，散疗，祛风，清火明目为第一，产遂昌石练山。"经开水冲泡，菊香四溢，沁人心脾，具有清热解毒、平肝降压、预防感冒的作用，是天然、健康的保健饮品。

【七山头土猪】 生长在海拔800米以上的高山村庄，采用古老的熟饲喂养方式，以农副产品和青绿饲料、牧草为原料，杜绝使用配合饲料和添加剂。生产管理运用质量追溯体系，从仔猪选购、饲养、防疫、出栏实行全程跟踪服务"户籍化"管理，确保了土猪的品质。

【北界红提】 生长在北界镇桃源流域两岸。这里昼夜温差大，特别适合红提的生长，因而瓜果丰茂，又因独特的地理位置，山泉清澈甘甜，所产红提水贮量丰富，含糖量高。

【金竹山茶油】 原料为深山幽谷中的野生茶籽，分布在遂昌县西部山区金竹镇。山茶树在生长过程中不需施化肥和农药，其营养成分完全来自天然无污染的空气和土壤。茶籽采用传统工艺，经冷榨、全物理提炼，是真正的纯天然、原生态食用油。

【湖山有机鱼】 遂昌县境内的乌溪江库区水质清澄，无污染，保持着原生态的自然环境，有鳙鱼、鳜鱼、鲶鱼等数十个优质鱼类品种。库区特有生物资源溥皮蚤，是鱼类最优质的天然饲料。"湖山源"牌有机鳙鱼采取人放天养的自然生长模式，是不可多得的原生态有机鱼，被评为2010浙江省渔业博览会金奖。

【黄泥岭土鸡】黄泥岭村位于湖山乡乌溪江畔，村庄依山而居，四周环水，黄泥岭村巧借天然隔离带，化劣势为优势，培育出原生态黄泥岭土鸡，这里的每一只鸡都有《生长记录》，进行户籍化管理。这里养殖的土鸡都是自家母鸡孵出的，放养在房前山后自由寻食昆虫野草，饮山泉露水，早晚辅喂五谷杂粮，是原汁原味的农家土鸡。

【林业资源及生物资源】遂昌是浙江省传统林业大县和重点林区县，有林业用地面积22.13万公顷，占土地总面积的87.1%，其中生态公益林13万公顷，占林业用地58.8%，比重全省第一，建设规模全省第二。林木蓄积总量779万立方米，并以每年近25万立方米的速度增长。遂昌另有4个国有林场和九龙山国家级自然保护区。

全县有脊椎动物314种，隶属5纲29目81科202属，其中哺乳动物60种、鸟类143种、爬行类49种、两栖类34种、鱼类28种；无脊椎动物675种，隶属114科491属，其中蜘蛛类94种、昆虫类581种。常见有脊椎动物178种，其中哺乳动物43种、鸟类65种、爬行类29种、两栖类25种、鱼类16种。有国家一级保护动物黑鹿、黄腹角雉、白颈长尾雉、金钱豹、云豹。

全县有维管束植物252科982属2419种，其中种子植物151科724属1766种、孢子植物101科258属653种。少数为引种栽培，绝大多数为本地自然分布种。有国家一级保护植物南方红豆杉、伯乐树。全县现存100年以上名木古树6281株。其中有全省最大的鹅掌楸，树龄200余年。

遂昌县国家一、二级保护动物一览表

表8

动物名称	保护级别		动物名称	保护级别	
云豹	Ⅰ		领鸺鹠		Ⅱ
金钱豹	Ⅰ		草鸮		Ⅱ
黑鹿	Ⅰ		白鹳		Ⅱ
黄腹角雉	Ⅰ		鸢		Ⅱ
白颈长尾雉	Ⅰ		鹰雕		Ⅱ
猕猴		Ⅱ	乌雕		Ⅱ
短尾猴		Ⅱ	白腹山雕		Ⅱ
穿山甲		Ⅱ	蛇雕		Ⅱ
水獭		Ⅱ	燕隼		Ⅱ
大灵猫		Ⅱ	红隼		Ⅱ
小灵猫		Ⅱ	勺鸡		Ⅱ
鬣羚		Ⅱ	红角鸮		Ⅱ
斑羚		Ⅱ	领角鸮		Ⅱ

动物名称	保护级别		动物名称	保护级别	
豺		II	斑头鸺鹠		II
金猫（原猫）		II	兰翅八色鸫		II
河麂（獐）		II	赤腹鹰		II
黑熊		II	松雀鹰		II
青鼬（黄猴貂）		II	普通鵟		II
白鹇		II	毛脚鵟		II
凤头鹃隼		II	灰脸鵟鹰		II
鸳鸯		II	大鲵		II
雀鹰		II	虎纹蛙		II
苍鹰		II	尖板曦箭蜓		II
雕鸮		II	中华虎凤蝶		II
长耳鸮		II	彩臂金龟		II
红脚隼		II			

遂昌县国家一、二级保护植物一览表

表 9

植物名称	保护级别		植物名称	保护级别	
南方红豆杉	I		鹅掌楸		II
伯乐树	I		厚朴		II
福建柏		II	凹叶厚朴		II
白豆杉		II	樟树		II
榧树		II	闽楠		II
长叶榧		II	珠网萼		II
九龙山榧		II	花榈木		II
长序榆		II	毛红椿		II
榉树		II	香果树		II
连香树		II			

【九龙山国家级自然保护区】坐落于遂昌西南部，总面积5525公顷。主峰1724米，为浙江省第四高峰。保护区内物种丰富、集中，地域连片，享有“生物基因库”的美称。大面积原生植被划分为5个植被型组，11个植被型，32个群系组，39个群系和44个群丛组。已发现种子植物145科612属1348种，其中南方红豆杉、伯乐树、莼菜为国家Ⅰ级重点保护植物。已知动物有兽类8目22科47属60种，鸟类14目36科96属147种，两栖类2目8科20属34种，爬行类3目9科34属49种，鱼类3目8科20属25种，蜘蛛类21科94种，昆虫类16

目101科642种，其中黑鹿、黄腹角雉、白颈长尾雉、金钱豹、云豹为国家Ⅰ级保护动物。保护区内有壮观的十里猴头杜鹃长廊，全国罕见，更有神秘的“野人之谜”。1983年九龙山建立自然保护区，2003年升格为国家级自然保护区。内有四洲兰、蔡相岩、龙井、十八罗汉、大岩、饭蒸坛、八仙钓台、石门等景点。

文化遗产

【文化底蕴】遂昌建县历史悠久，文化积淀丰厚，是瓯越文化的重要发源地。好川遗址是浙西南地区新石器时代文化遗址的代表，被公布为国家级文物保护单位。相传五代时期名僧贯休曾在遂昌唐山隐居修行，作《十六罗汉图》。明代著名戏曲家汤显祖在遂昌为官五年，酝酿创作《牡丹亭》。焦滩乡独山村“明代一条街”，拥有叶氏宗祠、葆守祠、正统古井、隆庆石牌坊、明代寨墙等文保单位，是浙江省历史文化保护区。

全县共调查记录不可移动文物1064处，发掘昆曲十番、茶灯戏、台阁、米塑、竹编画、茶园武术、黑陶烧制等民间艺术和非物质文化遗产，恢复了石练七月会、班春劝农等传统节庆。发现培养一大批民间艺人，建立了国家、省、市、县四级名录保护体系、加强非物质文化传承人保护。在弘扬民间优秀文化传统同时，积极开展汤显祖文化、红色文化、好川文化、农耕文化研究。

遂昌县是浙江省非物质文化遗产保护先进单位、浙江省民族民间艺术之乡，2008年被命名为中国民间文化艺术之乡。截止2014年年底，全县有国家级非物质文化遗产保护项目2个，省级非物质文化遗产保护项目9个，市级非物质文化遗产保护项目24个，县级非物质文化遗产保护项目49个。

【好川文化】1997年，遂昌县三仁畲族乡好川村发掘的好川遗址，清理面积4000多平方米，发掘墓葬80处，出土玉器、石器、陶器、漆器1028件（组）。据考证，好川遗址属新石器时代晚期，上限为良渚文化晚期，下限为夏末商初，距今4200～3700年。这在浙西南地区是首次发现，被评为1997年全国重大考古新发现提名荣誉奖。是浙江省继河姆渡文化、良渚文化之后发现的又一个考古学文化—好川文化。2013年，好川遗址被国务院核定为第七批全国重点文物保护单位。

【汤显祖文化】明代著名文学家、戏剧家汤显祖于万历二十一年至二十六年（1593—1598）任遂昌知县。在任期间，他清政惠民，深受百姓爱戴。他创相圃书院，建尊经阁；劝农耕作，发展生产；抑制强豪，灭除虎患；贯索从教，纵囚观灯……此外，他还写了大量题咏遂昌山水的诗文，创作了名著《牡丹亭》，为遂昌留下丰富的文化遗产。汤显祖辞官归里之后，遂昌百姓为汤显祖立生祠纪念。

1984年，遂昌成立汤显祖研究会；1985年，民众捐资在妙高山建遗爱亭，并举行纪念汤显祖诞辰435周年活动；1995年，遂昌汤显祖纪念馆建成开馆；2000年，中国汤显祖研究会首届年会在遂昌举行；2004年，《汤显祖研究通讯》在遂昌创刊；2006年，中国汤显祖研究会驻会遂昌。遂昌县委、县政府制订了《汤显祖文化发展规划》，依托“汤显祖世界文化名人、牡丹亭世界文化名著、昆曲世界文化遗产”三大世界文化品牌，着力打造汤显祖文化，并坚持举办中国遂昌汤显祖文化节。

【红色文化】在浙西南地区，遂昌创建中国共产党组织最早、革命斗争历史最长。1927年1月，遂昌建立了浙西南第一个中共组织。10月，成立了浙西南第一个中共县委。1928年4月，创建了浙西南第一支革命武装。同年7月，共产党领导遂昌农军举行武装暴动，打响了浙西南革命武装斗争的第一枪。

1935年5月，粟裕、刘英率领中国工农红军挺进师转战遂昌，建立了以王村口为中心的浙西南游击根据地。1937年10月，在遂昌门阵举行了国共合作抗日谈判，达成协议。之后，遂昌成为浙江抗日救亡运动的后方基地之一，掀起了轰轰烈烈的抗日救亡高潮。1941年“皖南事变”后，遂昌的中共组织执行

"隐蔽精干"白区工作方针，坚持斗争。解放战争时期，中共遂昌县委建立了武装工作队，一边积蓄力量，一边开展武装斗争。直至1949年5月8日，遂昌全境解放，揭开了历史新篇章。1988年5月，遂昌县被浙江省人民政府命名为"革命老根据地县"。

全县有革命遗址128处，其中省级文物保护单位6处，县级文物保护单位10处；省级爱国主义教育基地6处，市级爱国主义教育基地3处，县级爱国主义教育基地3处。

【国家级非物质文化遗产保护项目】

昆曲十番　十番是一种以多样乐器为组合，集打击与吹奏为一体的民间音乐。相传明代戏剧家汤显祖任遂昌知县期间，把昆曲传到遂昌，教会民众演奏（唱）"昆曲十番"，迄今400余年。中华人民共和国成立前遂昌昆曲十番班子流布全县城乡，主要在民间"七月会"迎神时活动，中华人民共和国成立后一度沉寂。2000年发现昆曲十番传统工尺谱抄本，有曲牌132首，多以汤显祖的"临川四梦"为演奏（唱）内容。2008年，遂昌"昆曲十番"被国务院批准公布为国家级非物质遗产保护项目。

班春劝农　"班春劝农"是遂昌传统的迎春文化形式。古时，在遂昌任职的县级长官在春耕来临之际，举行鞭春礼仪，颁布春令，劝农耕作。汤显祖任遂昌知县期间，每年下乡劝农，留下了许多劝农诗文，并将班春劝农民俗写入了《牡丹亭》。遂昌县于2009年春恢复举办班春劝农节，活动在乡村田间举行，分祭春、鞭春、开春三部分，四方群众和外地游客参与其中。2011年，遂昌"班春劝农"被国务院批准公布为国家级非物质遗产保护项目。

【历史文化村】在第三次全国文物普查中，全县调查登记的文物建筑1064处，古村落20多个。焦滩乡独山村、云峰街道长濂村、新路湾镇蕉川村是遂昌的历史文化名村。

独山村　位于焦滩乡境内，距县城47千米。村东文笔峰、石梯峰高耸环卫，村西天马山孤峙江边。南宋孝宗年间，尚书左丞相叶梦得的曾孙叶峦自松阳迁居独山，始成村落。明嘉靖年间，村中文风卓盛，名士辈出，当地称之独山府。村区遗存的明代建筑群，闻名遐迩，古街、民居、石碑坊、寨门、寨墙，延续并保存着古村落的历史文化脉络，素有"明代一条街"之称。独山村拥有叶氏宗祠、葆守祠、正统古井、隆庆石牌坊、明代寨墙等文保单位，是浙江省历史文化保护区。

长濂村　位于云峰街道境内，距县城12千米。村南有真武山，北有龟山，西南蛇山、东北赤尖山，村前濂溪萦回。长濂村有一千一百余年历史，文化积淀丰厚，明代最为兴盛。建于明万历年间的鞍山书院，因出过状元杨守勤而闻名。村中现存明清古建筑30多座，长濂村古建筑群—郑氏宗祠、郑秉厚府第、绣楼、蒙童书堂、滋德堂、保俭堂等被公布为省级文物保护单位。十余年来，长濂村连续被评为丽水市十大文化名村、省级文明村、省级文化名村、全国文明村。

蕉川村　位于新路湾镇境内，距县城10千米，这里畈田平展开阔，周围山峦环绕，地形犹如芭蕉而称蕉川。村中张姓为唐代右丞相张九龄的后裔。蕉川村有古建筑41处，是全县保存文物建筑最多的村。潘家大屋为第三次全国文物普查重要新发现之一。潘家大屋、叶氏宗祠、七间大屋、周家大屋、周氏祠、叶炳林民居等六处乡土建筑被公布为省级文物保护单位。传统的蕉川板龙是遂昌最大的板龙，有100多节，长200多米。

【节庆活动】汤显祖文化节　中国遂昌汤显祖文化节是浙江省18项重大文化节庆活动之一，2006年首办，2009年起举办汤显祖文化劝农节，2012年起固定为两年一届。中国遂昌汤显祖文化节主要由开幕式暨文艺晚会、班春劝农典礼、民间艺术巡展、《牡丹亭》戏曲之夜、汤显祖与莎士比亚文化高峰论坛、农民趣味运动会等十余项活动组成，集文化遗产展示、民间艺术展演、高端学术交流、农耕文化体验、生态旅游推介等为一体，使人民群众共享文化发展成果，同时是遂昌县精心打造的一个服务平台和文化载体。

中国遂昌汤显祖文化节之班春劝农典礼，见“国遗项目”。

2010年以来，遂昌与莎士比亚的故乡英国斯特拉福德市联姻，开展国际文化交流。遂昌县多次组织文化交流考察团赴英交流考察，双方签订文化交流合作协议。英国客人也多次回访，参加中国遂昌汤显祖文化节。2012年4月，遂昌县联合浙江昆剧团，携全本《牡丹亭》赴英演出。

石练七月会　又名“秋赛会”。会期达20余天，是全县时间最长、范围最广、规模最大的民间庙会。七月会是古时在夏耘之后、秋收之前的一场大规模的民间文化娱乐活动，是商贾云集、买卖所需的乡村物资信息交易会，也是家家户户亲戚朋友的团聚会。石练七月会每坦（村）一天，上午迎神巡游，下午、晚上在蔡相行宫（祭亭）演戏，日夜各一场。迎神巡游队伍浩浩荡荡，礼炮震天，旗幡蔽日，笙歌缭绕、鼓乐喧闹。赶会的群众人山人海，夹道相迎，热闹非凡。

中华人民共和国成立之后，石练七月会终止了五十多年。2004年起石练民间成立理事会，组织恢复了七月会。巡游队伍中增加了军乐队、腰鼓队、秧歌队。最引人瞩目的是昆曲十番和石练台阁。

北界红提节　北界全镇红提种植面积2000余亩，总产值超过3000万元，红提产业成为农民增收的重要渠道。2009年以来，北界镇每年举办一次生态红提节，推动红提产业进一步发展。北界镇把举办生态红提节与发展乡村休闲旅游相结合，举行红提开摘仪式、推出红提免费品尝、爱心红提拍卖会、红提大王、红提状元评选，以及农民趣味运动会、七夕晚会、垂钓大赛、主题论坛等活动。

2013年起，北界、应村、高坪三乡镇联袂推出“欢乐桃溪”系列活动，将北界红提节与应村自行车爬坡赛暨猕猴桃节、高坪乡村爱情节结合起来举办，内容更加丰富，更受游客欢迎，农民受益面更广。

金竹山茶油节　金竹镇有原生态山油茶林1867公顷，年产油茶籽30万千克，有“浙西南油库”之称。旧时，金竹镇有十多家水碓榨油作坊，农村中有世代相传的榨油师傅。2008年，金竹镇投资修复了王和车榨油坊，使传统榨油技艺得以保护传承。从这一年起，金竹镇每年举办山油茶开榨节。开榨节上，挑着油茶籽的茶农排成长龙，人们给油茶树挂上红灯笼和红布条，舞台上摆着巨型古老榨油车，在榨油师傅的引导下，嘭嘭嘭的榨油声和着榨油号子，金黄锃亮的茶油从油车底部吱吱流淌出来。山油茶特色小吃品尝、山油茶产业发展论坛等，让节庆活动更加丰富多彩。

大柯摄影文化节　蔡源乡大柯村充分利用当地的地理环境优势，成功举办了多届“走进大柯”摄影文化节。这是全国首个由村级举办的摄影文化节，吸引了来自全国各地的几百名摄影家相聚大柯，赏山村民居美景，摄江南梯田风光，品蔡和文化古韵，享山区农耕情趣。

大柯摄影文化节把优秀的蔡和文化、农耕文化与梯田风光相结合。摄影节期间，有蔡和班婺剧表演、蔡和脸谱、米塑、特色花灯、铜钟鼓乐、金龙闹梯田和耕田插秧比赛、泥田拔河比赛、捉泥鳅比赛等，以及打铁、箍桶、磨豆腐、打草鞋、打土墙等项目，还有各种特色小吃和农产品展示，内容丰富多彩，令人目不暇接。

风景旅游

【旅游资源】遂昌古称“仙县”，山清水秀，自然和人文景观交相辉映，旅游资源丰富，先后获中国最佳生态旅游县、中国旅游文化示范地、浙江省十大生态旅游名城、浙江省旅游经济强县等称号。有国家级自然保护区1处、森林公园1处、矿山公园1处，国家AAAA级景区4处，省级红色旅游经典景区1处。金矿、温泉、竹炭博物馆是遂昌旅游的亮点。

【国家AAAA级景区】南尖岩　南尖岩景区距县城50千米，主峰海拔1626米，2004年被联合国教科文组织确定为“国际摄影创作基地”，2008年获评国家AAAA级景区。景区主要由天柱峰、神坛峰、千丈岩等多处奇峰异石构成地貌景观；霞归瑶池、九级瀑布等构成水体景观；竹海、针阔混交林、古松为主的植物和千种动物构成生物景观；景区空气清新，富含负氧离子，年均雾日约200天，形成奇独的云海、日落、长虹、雪景、雾凇、冰挂等天象景观。景区独特的地形地貌，经历代劳动人民辛勤耕耘，造就了百余公顷高山梯田景观。

神龙谷 神龙谷景区地处县域南部山区，距县城50千米，为国家AAAA级景区。有林地面积615公顷，深谷幽洞、绝壁飞瀑和高山台地为典型特征。最美丽的神龙飞瀑，被誉为中华第一高瀑，其水源流经山崖倾泻而下，随山势阻挡形成三级：一级瀑高约60米、宽10米，二级瀑高约80米、宽18米，三级瀑高约120米、宽25米。一、二级之间还有落差约70米的跌水河段。瀑布水量常年比较稳定，雨水丰沛期尤为壮观。

千佛山 原名飞石岭景区，距县城30千米，国家AAAA级景区。拥有迷人的山水风光和原始阔叶林；峡谷清幽，林木茂密，清澈的山泉穿行其间，形成瀑、池、湖、潭、泉、涧。高达300米的天然石佛—弥勒山令人震撼，裸露的岩石酷似佛像的头腹手足，“山是一尊佛，佛是一座山”，使人不禁感叹大自然的神奇造化。

遂昌金矿 国家首批矿山公园、国家AAAA级景区，距县城16千米。景区拥有国内开采规模最大、遗迹保存最完好的唐代金银矿古矿硐。古矿洞中的“烧爆法”遗迹，具有弥足珍贵的历史文化价值。景区建成黄金博物馆、黄金顶、黄金冶炼观光、淘金体验等旅游项目。有黄金商业街、酒店、青年公寓等服务设施。金矿所在地奇峰秀水、林幽涧碧，是“长三角”唯一集旅游观光、休闲度假、求知探密、商务会议为一体的黄金景区。

【特色农家乐】2014年，全县有农家乐休闲旅游村（点）78个，农家乐经营户493户，从业人员8600余人。有农家乐省级特色示范村6个，省级特色示范点3个，市级特色示范村15个，市级特色示范点8个，省五星级农家乐点2家，省四星级农家乐户点7家。

省级农家乐特色村：新路湾镇三井村、高坪乡茶树坪村、大柘镇大田村、王村口镇石笋头村、云峰街道刘坞村、安口乡大山村；

省级特色示范点：湖山温泉度假村、长濂鞍山书院、竹海休闲山庄；

省五星级农家乐：湖山温泉度假村、长濂鞍山书院；

省四星级农家乐：三井明贡茶庄、竹海休闲山庄、刘坞村银庄、梧桐仙迹蘑菇园、大田村茶香苑、龙谷丽人茶叶观光园、红星坪渔歌青年旅社。

经济和社会发展

年度经济运行情况

【概况】2014年，全县地区生产总值90.92亿元，比上年增长7.5%。其中第一产业实现增加值10.43亿元，增长2.2%；第二产业增加值41.7亿元，增长7.3%；第三产业增加值38.79亿元，增长9%。三次产业占比由2013年的12∶47∶41调整为2014年的11∶46∶43。

【农业】全年实现农业总产值16.59亿元，增长5.3%；实现农村经济总收入32.25亿元，增长10.5%。其中农业产值10.2亿元，增长10.4%；林业产值3.98亿元，增长2.5%；牧业产值2.2亿元，下降9.6%；渔业产值1174万元，增长0.7%。畜牧养殖受污染整治和产业布局调整影响，生猪存栏6.31万头，出栏10.45万头，分别下降21.91%和9.91%。粮食种植面积13867公顷，增长2%，总产量7万吨，增长2.49%。茶园总面积7620公顷，产量9193吨，增长8.3%，产值5.85亿元，增长14.9%。高山蔬菜播种面积3067公顷，产量5万吨，产值1.8亿元，增长5.6%。水果总面积1400公顷，增长15.8%，产量8130吨，增长24.9%，产值0.57亿元，增长35.7%。

【工业】全年实现工业总产值219.17亿元，增长1.9%，规模以上工业产值180.09亿元，增长0.3%。规模以上工业增加值29.99亿元，增长3.5%。从规上工业主要行情看，呈“二增三降”态势。其中电力生产和供应形势较好，完成产值7.96亿元，增长28.2%；建筑五金业实现微增长，完成产值136.98亿元，增长0.3%；木材加工业、造纸及纸制品业、化工产品制造业分别完成产值3.4亿元、7.84亿元、4.4亿元，分别下降2.1%、4%、21.5%。工业用电量6.43亿千瓦时，增长5.8%。骨干企业运行总体平稳，支撑作用明显，浙江元立集团在2014年工业产品价格下滑较多的情况下，采取积极应对措施，产值跟上一年相比增长5.47%。

【服务业】全年实现服务业增加值38.79亿元，居全市第五位，增长9%，居全市第四位。批发业、零售业和餐饮业呈现上行趋势。批发零售业增加值增长19.7%，住宿餐饮业增加值增长13.3%。金融业和房地产业增加值分别增长5.3%和7.7%。营利性服务业和非营利性服务业增加值分别增长6.8%和2.8%。全年共接待国内外游客1210.2万人次，实现旅游总收入60.46亿元，分别增长22.1%和30.2%。

【固定资产投资】全年完成固定资产投资47.92亿元，居全市第六位，增长17.9%。其中基础设施投资完成20.22亿元，增长51.2%；民间投资完成25.84亿元，增长2%；工业投资完成16.15亿元，下降11%；房地产投资完成6.53亿元，增长37.4%。12月，民间投资由降转增，打破连续11个月负增长格局，工业投资增长亦由上半年的下降29.4%回升18.4个百分点。

【消费和出口】全年社会消费品零售总额38.05亿元，增长13.1%。其中限上消费品零售总额5.52亿元，增长6.4%。出口需求由降转增，打破连续11个月负增长的趋势。外贸出口总额14682万美元，增长11%，居全市第七位。进口总额7513万美元，增长304.8%。

【财税】全年财政总收入9.54亿元，增长3.1%。地方财政收入6亿元，增长8.7%，其中营业税和企业所得税分别增长21.4%和5.4%。12月末金融系统本外币存款余额108.68亿元，增长13.7%。贷款余额95.03亿元，增长5.7%。存贷比为87.4%。

全年企业产品销售收入164.5亿元，增长6.6%；实现利税7.8亿元，增长7.1%，利润总额4.29亿元，增加18.3%。其中规上企业实现利税5.57亿元，增长2%；实现利润2.68亿元，增长17%。

【民生】城乡居民收入持续增长。按照新的统计口径，城镇居民人均可支配收入31478元，增长8.7%；农村居民人均可支配收入12908元，增长12.3%，均快于经济增速。

2014年遂昌县社会经济主要指标统计表

表10

类别	序号	指标	计量单位	2014年实绩		备注
				总量	比上年增长%	
经济发展	1	生产总值	亿元	90.92	7.5	GDP增幅按2010年不变价计算
		其中：第一产业	亿元	10.43	2.2	
		第二产业	亿元	41.70	7.3	
		第三产业	亿元	38.79	9.0	
	2	工业增加值	亿元	36.34	6.2	
	3	农业总产值	亿元	16.59	5.3	
	4	一般公共预算收入	亿元	6	8.7	
	5	固定资产投资	亿元	47.92	17.9	

类别	序号	指标	计量单位	2014 年实绩		备注
				总量	比上年增长%	
	6	消费品零售总额	亿元	38.05	13.1	
	7	外贸自营出口总额	万美元	14682	11	
结构优化	8	旅游总收入	亿元	60.46	30.2	
	9	民间投资	%	25.84	2	
生态环境	10	单位生产总值综合能耗				预计能如期完成削减任务
	11	化学需氧量排放量				
	12	二氧化硫排放量				
	13	氮氧化物排放量				
	14	氨氮排放量				
民生事业	15	农村居民人均可支配收入	元/年	12908	12.3	2014 年为新口径数据
	16	城镇居民人均可支配收入	元/年	31478	8.7	2014 年为新口径数据
	17	城镇登记失业率	%	4 以内	2.91	
	18	人口自然增长率	‰	5 以内	1.7	

2011—2014 年遂昌县城乡居民收入指标数据表

表 11

年份/存值/项目	2011		2012		2013		2014	
	总量（元/人）	增幅（%）	总量（元/人）	增幅（%）	总量（元/人）	增幅（%）	总量（元/人）	增幅（%）
农民人均纯收入	7962	19.6	9056	13.7	10224	12.9	12908	12.3
城镇居民人均可支配收入	24431	12	27534	12.7	30370	10.3	31478	8.7

计划管理与宏观调控

【规划编制】全年共安排31个重点规划编制，规划经费999.8万元，编制完成《遂昌县五水共治总体规划》《遂昌县群众增收致富奔小康特别扶持项目三年规划（2014—2016年）》《遂昌县学前教育发展规划（2014—2020年）》《遂昌县民办教育发展规划(2014—2020年)》《遂昌工业园区产业发展规划》《遂昌县（中心城区）节水专项规划》《遂昌县城市排水（雨水）防涝综合规划》等规划。

开展“十三五”规划编制工作，委托省发改委宏观经济研究院开展“十三五”规划思路调研工作，开展部门乡镇调研和实地走访工作，形成《遂昌县“十三五”思路研究》，开展遂昌县“十三五”规划前期重大课题研究27个，包括宏观战略方面6个，产业发展方面9个，公共事业方面7个，资源环境方面5个。

围绕遂昌全局和长远发展重大问题，深入开展课题研究，形成一系列课题成果。确定2014年度重点调研课题12项，完成市县联动课题《遂昌县循环经济发展模式研究》的编写，《遂昌特色的基本公共服务均等化》《“五行”遂昌“五养”生活》《浅谈幸福粮食人》等调研文章在省级刊物上发表。

【资源要素争取】2014年，遂昌县重点加强市政基础设施、农业、林业、水利、社会事业、资源环境领域项目的包装。共争取中央预算内投资项目10个，争取中央资金4586.5万元。组织开展中央预算内投资项目申报专题培训，在项目前期审批过程中提前做好项目谋划和准备工作。

列入2014年省公共建设投资计划项目13个，争取省公建资金737万元；列入省2014年洪涝灾后恢复重建工程投资计划项目3个，争取补助资金45万元。新增省重大产业项目4个，分别为遂昌金太阳养老基地、遂昌白马山森林旅游养生度假区、遂昌旅游商品展示展销中心、遂昌民俗文化产业园。

根据《浙江省重点建设项目认定标准》，对全县重大项目进行全面梳理，建立了申报省重点储备项目，分别为遂昌县连直线云峰段公路改建工程、遂昌县制水厂4万吨/日规模建设工程及配水干管工程；增补1个省重点建设项目，为三溪综合治理项目，已开工建设。

【体制改革】 印发《中共遂昌县委关于成立县委全面深化改革领导小组的通知》，成立了由县委书记任组长，县长、县人大常委会主任、县政协主席、县委副书记任副组长，县委常委、副县长任成员的县委全面深化改革领导小组，负责全县改革的总体设计、统筹协调、整体推进、督促落实。县委全面深化改革领导小组下面成立了生态保护体制改革专项小组、生态经济体制改革专项小组、社会事业体制改革专项小组等19个专项小组，印发了《遂昌县委全面深化改革领导小组2014—2015年工作要点》。

开展民办教育综合改革试点工作，编制《遂昌县民办教育综合改革试点方案》和《遂昌民办教育改革与发展规划》。推进行政审批制度改革，积极努力推动“四张清单一张网”的建设，制定企业投资项目准入标准，明确禁止进入、经审批进入事项的具体目录，制定权力清单。按照省市相关文件依据及时取消有关行政事业性收费项目，调降有关收费标准。共办理项目服务联系单28项，投资项目审批42项，企业投资项目备案与变更152项，行政事业单位培训收费标准审批等定调价格事项16项，换发和变更32个单位的收费许可证。

着力开展省级循环经济示范县试点工作，成为第一批6个省级循环经济示范县创建地区，印发《遂昌县人民政府办公室关于进一步加强省级循环经济示范县创建工作的通知》，2014年共有6个项目纳入省循环经济“991”行动计划2014年重点支持项目，获得385万元补助，是全省获得补助项目个数最多的县，编制了《遂昌县创建省级循环经济示范县2014工作计划》。

【产业结构】遂昌县以市场为导向，以创新为动力，坚持传统特色产业改造提升和新兴产业培育发展两手抓，着手构建“3+1”生态特色产业体系，推进工业产业跨越式发展。按照“向东发展工业，向西拓展商住”的总体思路，大手笔规划工业新城和城市新区布局，“东城、新城、老城”三城组团格局初步形成。以省块状经济向现代产业集群转型升级示范区试点为契机，加快金属制品及关联产业基地建设，大力发展特种纸、竹木加工、矿山采掘、农副产品加工四大特色产业，着力培育生物、新能源、新材料、节能环保四大新兴产业，稳步发展装备制造业和其他特色产业。

着力构建“一核两带”产业空间布局，积极融入长三角经济圈、海西经济圈和丽水生态产业集聚区，推动产业集群发展，加快东城毛田、洋浩、龙板山工业区块，以及石练、北界等工业集聚区建设。“一核”为东城区块，包括妙高、云峰两个区片，“两带”分别为石练—大柘绿色产业带和龙丽高速公路沿线产业带。

遂昌已成为国内最大的金属制品生产基地、特种纸研发生产基地以及竹炭制品生产、加工和出口基地；建成2个国家有机食品基地、2个粮食生产功能区、4个主导产业示范区、6个特色产业精品园，成功申报省级农业标准化示范县。

【粮油供需】2014年，遂昌县组织开展了社会粮油供需平衡调查，编制了2014年度粮食供需平衡计划，同时修订粮食安全应急管理操作手册，同全县20家应急供应网点和2个应急加工企业分别签订应急供应协议和急加工协议。县粮食收储有限公司年度抛库早籼谷2047吨、中晚籼谷1049吨，补库早籼谷2046吨、中晚籼谷1050吨，同时投入资金23万元，对县中心粮库粮情检测系统以及办公设备进行升级改造。全县粮食储备“一符四无”达标率100%。2014年，经县政府同意，储备油的储备办法采用小包装油储备替代原来的散装油储备。

【物价管理】2014年，按照省、市有关文件规定，提高了全县小水电站上网电价，调整小水电线损考核政策，两项合计每年可为小水电企业增加收入2500万元。调整、制定教育、生猪定点屠宰、景区停车收费、保障性住房租金、廉租住房租金补贴标准及行政事业单位培训收费20项。完成行政事业性收费验审77家单位，收费项目345项，收费总额6344.24万元。完成了非公立医院收费实行市场调节价的收费制度改革。开展了民生课题调研，完成《改革体制 加大投入 提高公交出行分担率》被县政协和县政府采用。

【土地市场】2014年度，全县国有建设用地供应总量177宗，供应总面积101.2282公顷。其中出让土地153宗，出让面积71.4113公顷，土地出让价款共计6.83亿元；划拨土地24宗，划拨面积29.8169公顷。2014年度拍卖出让土地98宗，挂牌出让土地55宗。根据出让土地用途划分，出让商服用地20宗，出让面积20.2457公顷，出让价款27270.6万元；出让工矿仓储用地25宗，出让面积35.0587公顷，出让价款5460.9万元；出让住宅用地105宗，出让面积13.2317公顷，出让价款33943.6万元；出让公共管理与公共设施用地3宗，出让面积2.8751公顷，出让价款1702.3万元。

（发改局）

国家、省（部）级荣誉称号（部分）

表12

荣誉称号	获得时间（年）	荣誉称号	获得时间（年）
省级文明县城	2006	全国科普示范县	2011
中国十大特色休闲产业基地	2007	浙江省旅游经济强县	2011
中国最佳生态旅游县	2007	省级生态县	2011
中国旅游文化示范地	2007	浙江省美丽乡村创建先进县	2011
浙江省十大生态旅游名城	2009	省级森林城市	2012
国家级林业科技示范县	2009	国家级生态县	2013
中国绿色名县	2010	中国最美休闲小城	2014
中国竹炭产业基地	2010	国家生态文明建设示范县	2014
2011中国十大年度县域旅游之星	2011	美丽中国十佳旅游县	2014
全国休闲农业与乡村旅游示范县	2011	中国电子商务发展百佳县	2014

2014年遂昌县国民经济和社会发展统计公报

2014年，在县委、县政府的正确领导下，面对全国经济发展进入新常态压力，全县始终坚持“绿水青山就是金山银山”的绿色生态发展理念，进一步深化“目标强县富民、空间东进西拓、产业扬长补短、民生与时俱进、社会和谐幸福、发展科学持续”战略路径，全年经济保持平稳增长，社会发展和谐稳定，人民生活水平不断提高。

一、综 合

2014年全县实现生产总值（GDP）90.92亿元，按可比价计算，增长7.5%，其中，一、二、三产增加值分别为10.43亿元、41.70亿元和38.79亿元，同比增长2.2%、7.3%和9.0%。人均生产总值48492元（按年平均汇率折算为7894美元），比上年增长7.6%。三次产业结构从上年的11.7:46.8:41.5调整为11.5:45.9:42.6。

二、农业和农村建设

2014年，全年实现农林牧渔业总产值16.59亿元，比上年增长5.3%。其中：农业产值10.2亿元，增长10.4%；林业产值4.0亿元，增长2.5%；牧业产值2.2亿元，下降9.6%；渔业产值1174万元，增长0.7%；农林牧渔服务业产值1009万元，增长7.9%。

2014年全县粮食种植面积20.8万亩，粮食总产6.9万吨。茶园总面积11.4万亩，全年实现产量9193吨。全年商品性山地生态蔬菜生产面积达4.6万亩，总产量5万吨，总产值1.8亿元。水果产量突破8000吨。

全年农业“两区”累计投入资金4.19亿元，其中财政资金投入1.40亿元。新建粮食生产功能区11个，面积达8600亩，完成投资1250万元。

2014年“中国最洁净乡村”建设实现新突破。推进农村垃圾分类试点扩面提升，举淤口等50个村被列入县级试点村，大山村等2个村列入省级试点村，垵口乡被列入县级“整乡推进”试点。出台《遂昌县农村建筑垃圾管理办法（试行）》、全市首个农村垃圾分类标准化体系等相关制度，举办了首届农村垃圾分类技术培训班。

三、工业和建筑业

2014年，全县实现规模以上工业产值181.09亿元，比上年增长0.3%。规模以上工业销售产值168.39亿元，增长3.8%，其中出口交货值5.16亿元，下降3.0%，出口交货值占销售产值的比重为3.1%。规模以上工业企业产品销售率99.06%，比上年提高3.3个百分点。实现利润总额8.17亿元，增长8.4%。工业五大主要行业中，电力生产和供应业形势较好，完成产值7.96亿元，增长28.2%；建筑五金业完成产值136.98亿元，增长0.3%；木材加工业、造纸及纸制品业和化工产品制造业产值受市场环境影响有所下降。工业经济虽经受经济下行、企业生产经营困难影响，但总体保持了平稳健康发展。

全年规模以上工业高新技术产业增加值3.01亿元，比上年下降22.8%，占规模以上工业增加值比重为12.8%。新产品产值39.59亿元，占规模以上工业产值比重为23.3%，比上年提高19.0个百分点。全年发电4.85亿千瓦时，比上年下降14.6%。

建筑业增加值 5.37亿元，比上年增长15.6%。资质以上建筑企业完成总产值7.16亿元，增长57.3%，实现利润总额0.31亿元，增长45.6%。

四、固定资产投资和房地产业

全年固定资产投资完成47.92亿元，比上年增长17.9%。其中项目投资41.39亿元，增长15.3%，项目投资中，基础设施投资20.22亿元，增长51.2%。固定资产投资中，工业投资16.15亿元，下降11.0%，其中制造业投资12.34亿元，下降18.3%。

全年房地产开发投资6.53亿元，比上年增长37.6%。商品房销售面积4.20万平方米，增长37.3%。商品房销售额3.40亿元，下降0.1%。

五、国内贸易和对外经济

2014年，全县社会消费品零售总额38.05亿元，比上年增长13.1%；其中，限上社会消费品零售总额5.52亿元，增长6.4%。批发业、零售业分别实现商品销售额38.77亿元和44.27亿元，增长53.6%和18.9%；住宿业、餐饮业分别实现营业额2.27亿元和7.92亿元，增长18.2%和20.4%。

全县实际利用内资25.10亿元、外资760万美元，共引进项目63个，其中重大项目18个，浙商回归资金10.62亿元。

六、交通运输、邮电和旅游

2014年，交通运输、仓储和邮政业增加值 2.89亿元，比上年增长4.3%。邮政业务总量3088万元，电信业务收入1.30亿元，年末固定电话用户3.71万户，移动电话用户23.62万户，宽带用户4.44万户。

2014年，全县接待国内外游客1210.20万人次，突破“千万”大关，比上年增长22.1%；实现旅游收入60.46亿元，比上年增长30.2%。其中接待国内游客1208.74万人次，实现国内旅游收入59.85亿元，分别增长22.1%和30.3%；接待入境游客1.46万人次，实现旅游外汇收入994.94万美元，分别增长21.9%和22.4%。

全县共有农家乐村（点）82个，经营户588户，床位6159个，餐位48510个，从业人员达9448人，共接待游客262.95万人次，比上年增长33.8%；经营收入2.66亿元，增长40.7%。

七、财政、金融

全年财政总收入、地方财政收入分别为9.54亿元和6.00亿元，比上年增长3.1%和8.7%。其中，地方财政税收收入5.28亿元，增长8.9%。国税收入4.49亿元，下降3.4%。全年财政支出20.78亿元，增长16.6%。

2014年年末，金融机构本外币存款余额108.68亿元，比年初增加13.07亿元，增长13.7%；其中人民币存款108.27亿元，增长13.8%。本外币存款中，居民储蓄存款余额62.85亿元，比年初增加8.36亿元，增长15.3%。金融机构本外币贷款余额95.03亿元，比年初增加5.26亿元，增长5.9%；其中人民币贷款95.03亿元，增长5.9%。

八、教育和科学技术

2014年年末，全县拥有中等职业教育学校1所，招生735人，在校生2210人，毕业生792人；高中学校2所，招生890人，在校生2799人，毕业生1020人；初中学校5所，招生1950人，在校生6118人，毕业生1917人，初中毕业升高中段的比例为96.50%；小学24所，招生1912人，在校生12245人，毕业生1990人，小学毕业生升学比例达100%；幼儿园55所，其中省三级以上幼儿园达29所，在园幼儿5774人。

2014年全县共有1218人参加高考，其中文科368人、理科682人，高职单考单招168人。遂昌中学第一批上线人数125人，其中文科人数33人，创历史新高。职业中专参考总人数190人，上线172人，上线率达90.53%。

截至12月，专利申请量为183件，其中发明专利申请量为29件，专利授权量为105件，其中发明专利授权17件。获得立项29项，其中省新产品试制计划27项，省农业科技成果转化项目2项。

九、文化、体育和卫生

开展“浙江省文化先进县”创建活动，全年举办了“新春大舞台”春节系列广场文化活动，创办了“美丽遂昌幸福家园”春节摄影抓拍赛、“共享工程”服务送年画、《春节那些事儿》浙江省各地民俗摄影展、“马年迎新春”猜灯谜、新春电影展播、“赈灾义演”文艺演出等活动。2014汤显祖文化节中，万人齐唱《牡丹亭》创上海大世界基尼斯纪录。广场舞《牡丹亭》《七彩竹炭》获第十届乡村艺术节总决赛双金奖。全年举办“乡村春晚”27场，送文化下乡巡回演出170多场，惠及群众9万余人，跨市文化走亲6场，送电影下乡2510场。开展文化骨干培训工作，组织各类培训103期，培训骨干5400人。出版浙江省“非遗”代表作丛书《昆曲十番》。图书馆通过浙江省古籍保护达标单位的评审，提前完成古籍普查工作，普查古籍3685余册。

全民健身中心项目完成并交付使用。成功申报白马山森林公园为浙江省青少年户外活动营地和浙江省运动休闲基地。全县开展“浙江省体育强县”创建活动,成功举办了首届“中国·生态体育论坛”。举办了迎新春桥牌比赛、“庆”‘五一’迎‘五四’”单项运动会、2014遂昌县体育舞蹈锦标赛等赛事。承办了遂昌县信用合作联社第二届趣味运动会、丽水市羽毛球联谊赛等40多项比赛活动。参加浙江省全民健身浙西片区活动并获总分第一名。参加2014年丽水市青少年各项比赛,获得20枚金牌、16枚银牌、23枚铜牌。赛艇健将华志新在第九届全国残疾人运动会上摘得2金1银。

2014年年末,全县有医疗卫生机构(含诊所)138个,其中医院、卫生院23个,卫生技术人员(含诊所)1020人,其中执业医师和执业助理医师525人,注册护士406人,床位数657张。2家县级公立医院门诊均次费用173.9元,下降2.06%,出院均次费用6660元,下降9.24%。扩大国家免疫疫苗接种,各单苗接种率及脊灰疫苗强化免疫接种率均在95%以上。全年完成60周岁以上老年人体检2.16万人次,中小学生2.3万人次,0~6岁儿童1.33万人次。全面更新居民电子健康档案系统,完成梳理个人档案3.89万份。8家卫生院成功创成省级乙等卫生院。

十、人口、人民生活和社会保障

2014年年末,全县公安户籍人口232343人,其中男性人口120602人、女性人口111741人,分别占总人口的51.9%和48.1%。全年出生人口2238人,出生率9.63‰;死亡人口1842人,死亡率7.93‰;自然增长率为1.70‰。

全县城镇常住居民人均可支配收入31478元,比上年增长8.7%;农村常住居民人均可支配收入12908元,增长12.3%,其中农村常住居民人均可支配收入增幅高于全国和全省平均水平。

2014年,全县基本养老保险新增2716人,基本医疗保险新增1320人,工伤保险新增110人,生育保险新增4400人,失业保险新增1320人,社会保障卡持卡总人数达13.24万人。

2014年全县新增就业人数2926人,城镇下岗失业人员实现再就业825人,其中困难人员再就业380人,创业培训202人,农村劳动力转移就业培训2210人,城镇登记失业率控制在2.91%。举办大型招聘会2次,日常招聘会7次。

十一、资源、环境和社会安全

2014年年初,在全市率先启动了生态文明建设规划编制,11月《遂昌县生态文明建设规划(2014—2025年)》通过专家评审。启动编制《环境功能区规划》,完成了《遂昌县水环境功能区规划》的编制和“十三五”环境保护规划前期重大研究课题调研。2014年5月,遂昌县被命名为国家生态文明建设示范区。2014年度浙江省生态环境质量公众满意度调查结果排名全省第五位、全市第二位。

节能降耗不断深入。近年来,遂昌县通过督促企业加快技术改造,延伸产品加工链等措施,使得产业得到优化,经济调整和节能降耗工作取得明显成效,万元GDP能耗不断下降。2014年,全社会用电量8.15亿千瓦时,比上年增长5.9%,其中工业用电量6.43亿千瓦时,增长5.8%。

2014年,全县共发生各类上报事故21起,死亡22人,事故起数与上年持平,死亡人数上升4.76%。全县各类事故死亡人数占控制指标的100%,工矿商贸事故死亡人数占控制指标的27.27%,道路交通事故死亡人数占控制指标的72.73%。其中,工矿商贸企业事故5起、死亡6人,与上年相比,事故起数上升150%,死亡人数上升200%;道路交通死亡事故16起、死亡16人,与上年相比,事故起数和死亡人数均下降15.78%;未发生生产经营性火灾死亡事故;未发生水上交通、渔业船舶事故。

2014年,全县累计排查出各类安全生产隐患5009条,完成整改4909条,整改率98%;完成市级挂牌重大隐患整改2处,完成县级挂牌隐患整改2处,整改完成率100%。

(县统计局)

中共遂昌县委员会

综述

2014年，中共遂昌县委团结带领全县干部群众，深入贯彻落实党的十八届三中、四中全会精神，坚定不移走"绿水青山就是金山银山"绿色生态发展之路，全力推进美丽县城、美丽乡村、美丽生态、美丽生活、美丽事业建设，山区科学发展取得新的成效。

2014年，县委紧紧围绕"党的群众路线教育实践活动"这一工作主线，以"为民务实清廉"为核心主题，始终保持党同人民群众的血肉联系。一年来，县委常委班子坚持"九个带头"率先垂范，"十一项举措"整体推进，示范带领全县88个活动单位15844名党员，规定动作做到位，自选动作创特色，全力推进群众路线教育实践活动，取得了重要的阶段性成果。组织开展"我的责任我担当、遂昌发展我在先"专题讨论、"把好总开关、赶考在路上"主题论坛、先进事迹报告会等活动，全县300余名各级书记上党课550余场，受训党员干部2.5万余人次。对照"三严三实"要求，坚持开门搞活动，采取"驻点走亲连心" "百名书记走千村" "网络问政直通车"等方式，广泛听取干部群众的意见建议，切实找准"四风"方面存在的突出问题，县委常委班子及成员共征集到各类意见建议1710条次。出台《关于大力弘扬"担当、奋斗、落实"干事创业精神的意见》，常委班子提出24个方面77条具体整改措施，并率先在9个方面进行即知即改。县委班子整改任务完成率达89.6%，取得了群众满意的实效。

一年来，县委以"五美遂昌"为总目标，树立发展、民生、问题三个导向，坚守发展质量、生态指数、平安建设三条底线，全力推动山区科学发展示范区建设向更深层次迈进。前三季度全县实现生产总值61.32亿元，比上年增长8.4%；城镇居民人均可支配收入24094元，增长8.8%；农村居民人均纯收入9928元，增长12.4%。1至11月，地方财政收入5.22亿元，增长10.6%；固定资产投资43.76亿元，增长17.8%。全年地区生产总值增长7.8%左右；规上工业总产值与上年持平；农业总产值增长6%；固定资产投资增长18%；社会消费品零售总额增长13%；城镇常住居民人均可支配收入增长8.5%；农村常住居民人均可支配收入增长12%；城镇登记失业率控制在2.91%以内；人口自然增长率控制在5‰以内；各项约束性指标达到国家要求。

县委坚持"三城并举"战略，全力打破发展空间制约，毫不动摇推进新型城市化。一是加快建设生态工业新城。龙板山区块突出集聚集约要求，加快完善各项基础设施，一期工程累计完成投入3.30亿元，连直线改建加速推进。山海协作共建产业园完成市政配套设施建设投资3.89亿元，新开发工业用地102公顷，首批8家企业正式落地。二是加快建设现代城市新区。古院区块精心打造集商住文旅功能为一体的城市新区，城市文化综合体、遂昌第二中学、人防工程、五星级酒店、安置房小区等一批重大项目加快推进，北门桥头至三墩桥道路拓宽工程年底春节前完工，路网二期工程即将开工建设。三是加快推进城市更新。老城以改善人居为目标，启动有史以来最大规模的旧城改造项目，土地征收进入扫尾阶段，房屋征收总体签约率83.37%。棚户区改造限价房工程开工，荷花滩区块国资房屋顺利拆除，东桥路、园丁路延伸段（西段）工程开工建设。完成县城景观亮化一期等市政工程，省级园林城市创建通过考评。至11月，20个省市重点建设项目完成年度投资计划的139.6%，投资进度列全市第二。

县委切实加强对经济工作的领导，始终坚持创新驱动，力促产业转型升级。一是推动农业提质增效。依托良好的生态环境和电商平台，积极推进农业标准化建设，成功创建4个省级主导产业示范区，4个省级特色农业精品园，63个产品获无公害、绿色和有机认证。积极推动农业景观化发展，高坪四季花海、蔡源大柯桃花村等5个区块建设成效初显。积极推进农业电商化发展，完善加快农村电子商务发展的相关政策，推出“年货节”“8小时鲜鸡直配”等特色营销活动，建成“赶街”网点210个，全年实现网销额5.3亿元，其中农产品网销额达4.1亿元，同比增长70.8%。二是推动工业难中求进。深入推进“四换”工作，推动元立、凯恩等骨干企业抓好新生产线引进，鼓励永新、利民等企业进行技术改造。加快推进“三名”工程，积极做好“小升规”“个转企”工作，加大企业优秀人才的引进和培养使用，增强企业创名牌意识，企业增幅和有效注册商标增速排名全市第一。全面开展“争当企业钟点工”活动，帮助企业增强信心、共克时艰。强势推进招商引资，1—11月，全县实现利用内资23亿元、外资1121万美元、浙商回归资金6.97亿元，引进重大项目17个，均位居全市前列。三是推动旅游转型提升。高坪新村和长濂村成功创建为国家AAA级旅游景区，遂昌金矿国家矿山公园创AAAAA、汤沐园创AAAA工程取得实效，高坪高山避暑休闲养生基地、牡丹亭、旅游商品展示展销中心、金钻养生园等项目扎实推进，三墩旅游综合体、大柘民俗文化园、湖山温泉小镇、白马山生态旅游区等项目有序落地，精品民宿、体育旅游、养生养老等一批旅游新业态涌现。创新旅游营销方式，提升旅游服务质量，“五行遂昌、一诺千金”品牌深入人心，前11个月接待国内外游客1102.62万人次，实现旅游总收入52.63亿元，同比分别增长25.99%和28.17%，遂昌入选中国最美休闲小城。

县委始终把生态文明作为一种信仰去实践奋斗，以强力实施省市重点工作为抓手，不断扩大遂昌生态优势。一是强力推进“五水共治”。全面推行“河长制”，在全省率先出台“五水共治”县级总体规划，实施治水十大工程，全年完成项目投资7.22亿元。创新开展“河长晒垃圾”“政府买垃圾”等活动，整治石材加工、造纸和化工企业41家，畜禽养殖场178家，竹加工企业28家，拆除河道“两违”4700平方米，提前完成“清三河”任务并通过省市验收，河道保洁长效管理连续四年获全省一等奖，并首次夺得全省水利“大禹杯”竞赛铜奖。二是强力开展“三改一拆”。出台土地和城乡建设共同监管责任制，“无违建乡镇”创建考核验收率95%，乡镇“一户一档”创建率100%。建立“一网多格、一格多员、全员参与、责任捆绑”的网格管理新模式，全县累计拆违102.53万平方米，完成三年拆违任务的256.33%。编制“三改一拆”行动社会稳定风险评估报告和涉及宗教违法建筑处置社会稳定风险评估报告，从源头上预防和减少各种不稳定因素。三是强力打造“美丽乡村”。继续推进“中国最洁净乡村”建设，启动第二批垃圾分类处理试点工作，实施县城禁放烟花爆竹措施，全县50%的洁净乡镇、60%的洁净村庄、70%的洁净家庭达到“最洁净”标准，省级生态乡镇实现全覆盖，成功创建为全市首批国家级生态文明建设示范区。继续推进美丽乡村精品村、风景线建设，实施一事一议助推美丽乡村建设项目

58个、历史文化村落建设项目11个，推进白马山—石姆岩农家乐精品示范区和大田、红星坪农家乐综合体建设，十八里翠国家水利风景区规划通过批复，入选全国首批美丽乡村建设标准化试点县。

县委紧紧围绕人民群众反映强烈、需求强烈的重点难点问题，将关爱民生落到实处，确保社会和谐稳定。一是破解民生难题。深化公立医院综合改革，全面实施县乡村卫生一体化综合管理改革试点，县人民医院新住院大楼投入试运行，民营康复医院项目开工建设。推动教育事业健康发展，全国义务教育发展基本均衡县创建通过评估，梅溪小学搬入新校园，遂昌中学优生增长量位居全市首位。文化体育事业全面推进，全民健身中心项目竣工使用，省级文化先进县、体育强县创建工作顺利推进，成功举办2014中国遂昌汤显祖文化节、全国首届生态体育论坛，被评为省农村文化礼堂建设先进县。城乡基础设施进一步完善，峡口门至湖山至金竹公路改建工程正式通车，王村口至老虎跳公路改建工程、乌溪江大桥工程扎实推进，城区公共自行车系统投入运行，建成80个居家养老服务照料中心，遂昌被评为全省基本公共服务均等化优秀县。二是创新社会治理。全面推广应村“民事村了”工作法，有效解决干部难找、事情难办、问题难诉、纠纷难解、项目难推等问题，应村乡获全省社会管理综合治理先进集体。全力推进“求和”人民调解实现县乡村三级全覆盖，700名村干部、老党员、大学生村官成为乡村“和事佬”。积极探索便民服务中心“政企社共建”模式，全县共建成127个点，走访群众10万多次，办理各类事项57700件，该模式获得2014中国全面小康十大社会治理创新奖。产权制度改革全面启动，焦滩乡在全市第一个完成土地确权登记试点，承包经营权证发放率、新增土地流转面积、村经济合作社股份制改革、林权抵押贷款等任务全面完成。三是建设平安遂昌。以平安创建“十连贯”为目标，健全重大决策社会稳定风险评估、情报信息分析研判、社会稳定等级预警等机制，为城市更新等重大项目顺利推进奠定基础。在全市率先推出重点部门轮值接访制度，继续实行县领导接访和包案制度，初信初访满意率居全市前列，连续8个月保持“零非访”，实现重点时段零进京访的目标。强化犯罪打击力度，建成社区警务中心，全县未发生恶性命案，群众安全感进一步提升。着力完善安全生产责任体系，积极探索建立政府、企业有偿购买服务的隐患排查治理机制，全县安全生产形势持续稳定好转。不断强化党管武装工作，遂昌县连续第6次被命名为“浙江省双拥模范县”。科学应对“6·27”特大暴雨洪灾，实现大灾面前“零伤亡”，荣获全省平安建设10周年先进县荣誉称号。

县委牢固树立党要管党、从严治党的意识，真正把抓好党建作为最大的政绩，健全机制抓党建，强化执行抓党建，凝心聚力抓党建，为山区科学发展提供强有力的组织保证。县委从自身做起，坚持领导带头、以上率下，不断形成推动发展的强大合力。一是加强思想政治建设。牢牢把握意识形态领域主动权，组织开展党的十八大、十八届四中全会和中国梦主题宣传活动，举办县委理论学习中心组学习会19次，成立全国首个县级乡村文明促进会，引导党员干部提振精气神、凝聚正能量。二是发挥领导核心作用。按照总揽全局、协调各方的原则，支持人大依法履行职能，支持政府依法行政、狠抓工作推进和落实，支持政协政治协商、民主监督和参政议政，做到步调一致、合心合力、和衷共济，不断提高科学执政、民主执政和依法执政水平。三是创新项目领办制度。出台重点项目县领导领办包干负责制，四套班子领导公开领办79个重点建设项目和招商引资项目，屠宰场迁建、污水处理厂二期等一批“钉子项目”得到彻底破解。四是坚决贯彻民主集中制。对于涉及县域发展的重大决策和涉及人事、项目、资金等重大事项，都以县委常委会、县委常委扩大会、县委全会等形式集体讨论决定，2014年共召开县委常委会31次、县委常委扩大会议11次、县委全会2次，集思广益推进经济社会各项工作。

县委认真贯彻落实《党政领导干部选拔任用工作条例》，树立“有激情、敢担当、能负重”的用人导向。一是全程考察干部。创新推出“七位一体”的“识别好干部全程考察法”，206名干部临时组阁参加“三重”工作，全程推优248人次，20名在“三重”工作中表现优秀的干部得到提拔或转任重要岗位，全程考察法入选全市组织工作创新奖。二是高效调配干部。更加注重带头人队伍建设，更加注重从基层选拔干部，更加注重体现人文关怀，一年来县委常委会共讨论任免领导干部9批159人次，其中新选配“班长”15人，2名年龄较大的优秀乡镇干部提任为正科级领导干部。三是依法保护干部。实施《关于鼓励改革创新、支持勇于担当的办法（试行）》，对在重点领域、重大项目攻坚克难过程中因失误和过失导致一定损失或造成不良影响，符合一定条件的相关单位和责任人员，给予从轻、减轻或免于责任追究。四是加强人才培养。出台紧缺急需人才定向培养办法等7项政策，加大人才工作投入，搭建人才交流平台，关心关爱基层青年干部，建成11个高层次人才遂昌疗休养基地和省级大学生村官实习实践基地，党管人才工作的科学化水平全面提升。

县委围绕基层服务型党组织建设，努力创建“十百工程”党建品牌。继续完善党建百里示范长廊，创建党建示范点35个、8小时远教播放点50个。探索了“摆摊”服务、干部“亮身份”等工作机制，乡、村干部实现走访联系农户全覆盖，县机关党员认领群众“微心愿”1671个。不断加强基层党组织带头人队伍建设，评选表彰“最美基层干部”30名，树立了杨昌兴等一批先进村支书典型。通过领导挂帅整顿，县乡村三级合力转化，完成12个软弱涣散农村（社区）党支部的整转，共解决班子不团结、拉票贿选、信访矛盾等突出问题22个。认真开展党员先锋指数考评，结合“党性体检、民主评议”工作，划清党员信教等红线问题，畅通不合格党员出口机制。发挥元立集团、网店协会“青春党建”榜样带动作用，将兴昌纸业等一批党组织助推企业转型升级效果好的企业，发展成为党建示范点，进一步提升企业党组织的领导核心作用。针对流动党员管理难的实际，在永康、武义等地探索成立了流动党员之家。多措并举落实村级组织运转经费、社区工作经费、村干部报酬、社区专职工作者报酬“四项保障”，村集体经济“打包扶贫”模式产生效益100多万元，有效保证了基层党组织工作有力量、办事有经费、活动有阵地。

县委切实担负起党风廉政建设主体责任，为改革发展凝聚正能量，提供有力保障。着眼于锻造执行力，建立了督办巡查制、县领导通报制、中层干部交流制，共发出县领导通报31次，开展“你点我访纠四风”40余次，通报单位34个、干部职工43人，上重点项目一线接受教育4人。开展“群众问政进行时”电视直播3期，开通“网络问政直通车”平台，办理群众问政337条。认真落实省委十大整改行动，从整治文山会海、公款吃喝、奢侈浪费等21个方面研究制订专项整治方案，压缩会议12个，减少文件28个，清理违规车辆12辆，减少因公临时出国（境）18批24人次，清理超标办公用房6033平方米，“三公”经费同比下降46.7%。县委支持纪检监察机关落实“三转”、回归主业。深化廉政风险防控机制建设，全县1.5万余名党员签订“五条自律”，规范推进农村“三资”管理、“三务”公开和“三多”整治。坚持有案必查、有腐必惩，立案查处违纪违法案件63件，涉及副科级以上领导8人，挽回经济损失300多万元。坚持以法律为准绳，切实把法治理念和法治精神体现到工作实践之中。完善法律顾问制度，全县203个行政村实现法律顾问全覆盖。强化在“三重”工作中的法律底线，加强在信访维稳中的依法办事，不断提高党员干部法治思维和依法办事能力，积极稳妥推进法治遂昌建设。

（县委办）

重要会议

【县委十四届七次全体（扩大）会议暨全县经济工作会议】1月13日，县委十四届七次全体（扩大）会议暨全县经济工作会议召开。会议深入学习贯彻党的十八届三中全会、省委十三届四次全会、市委三届六次全会和中央、省、市经济工作会议精神，回顾总结2013年主要工作，研究部署2014年目标任务，并审议通过《中共遂昌县委关于深化改革创新建设美丽遂昌的决定》。县委常委会主持会议。县委书记杜兴林代表县委常委会作报告。县委副书记、县长何卫宁就贯彻全会精神作具体部署。会议还听取了北界、三仁、西畈三乡镇党委书记党建工作述职，对乡镇（街道）党（工）委书记进行了基层党建工作测评。会议还对岁末年初各项工作作了部署。

【县委常委会议专题听取并研究元立集团工作】2月7日，县委召开常委会议，专题听取并研究元立集团工作。过去的一年里，面对严峻复杂的外部经济环境，浙江元立集团大力发展循环经济，取得了较好的业绩，为遂昌地方经济发展做出了巨大贡献。2013年，元立集团遂昌本部实现上缴税收1.38亿元。县委常委会议充分肯定元立集团所取得的成绩，高度赞扬元立集团为遂昌县做出的贡献。

【全县干部大会暨“五水共治”动员大会】2月14日，县委召开全县干部大会暨“五水共治”动员会，总结回顾2013年工作，并就2014年“五水共治”、执行力锻造年等重点工作进行部署。会议强调，要以“重整山河”的雄心和“壮士断腕”的决心开展“五水共治“行动，打响铁腕治水攻坚战；要以高度责任感推进“执行力锻造年”行动，培养高瞻远瞩、高效执行、高风亮节的领导干部。会上，县委书记杜兴林用“十个难忘时刻”回顾了2013年遂昌县取得的成绩，并就2014年工作进行部署。会议还表彰了2013年获省、市、县表彰的先进集体和个人、县纳税大户，并举行了“五水共治”捐款仪式。

【全县新型城镇化推进大会暨城市更新、无违建县创建动员大会】5月30日，全县新型城镇化推进大会暨城市更新、无违建县创建动员大会召开。全县各分会场同步直播。县委书记杜兴林在会上讲话，县委副书记、县长何卫宁主持。

【全县工业、投资工作推进大会暨招商引资项目服务月动员会】5月30日，全县工业、投资工作推进大会暨招商引资项目服务月动员会召开。会议指出，要坚定不移走绿色生态发展之路，切实提升县域经济发展活力。要以“绿水青山就是金山银山”战略思想为指导，全面落实工业、项目、招商引资各项任务。要充分发扬“遂昌发展我在先”的精神，凝聚合力抓好目标任务落实。

【全省农村电子商务工作现场会】6月12日，全省农村电子商务工作现场会在遂召开。2013年，全省县及县以下实现网络销售1000亿元，全省农村青年网上创业达100万人，有6个淘宝村，通过“电子商务进万村”工程，已建立1172个村级服务点，农村电子商务已经成为重要的经济增长点，有效实现了农民增收、农业增效，促进了产业的转型升级。丽水市、遂昌县、临安市、阿里巴巴集团、浙江聚宝盆电商公司等负责人作交流发言。手册县委书记杜兴林在发言中表示，近年来，遂昌农村电子商务借势天时地利人和，抢抓“四化“同步机遇，在“电商换市”背景下起步、成长、闪光，服务驱动型农村电商的“遂昌模式”在推进政府购买服务，激发市场创新活力中助推转型跨越和强县富民。遂昌将以此次会议为新契机，努力打造全国电子商务发展的示范县、农村电子商务的领跑者和涉农电子商务创业的集聚区。会议对江干区、余姚市、海宁市、义乌市、遂昌县等7个获得首批“浙江省电子商务示范县(市、区)”称号的县(市、区)进行了授牌。

【全县生态文明建设推进会】6月26日，县委召开全县生态文明建设推进会，县委书记杜兴林讲话，从理想信念的高度，赋予生态文明建设对县域长远健康可持续发展的新内涵。近年来，在“绿水青山就是金山银山”理念的指导下，遂昌县生态文明建设取得明显成效，2012年生态文明总指数位列全省第一，2013年列入第六批全国生态文明建设试点，2014年又正式被命名为国家级生态县。

【县委十四届八次全体（扩大）会议暨县政府十五届四次全体（扩大）会议】县委十四届八次全体（扩大）会议暨县政府十五届四次全体（扩大）会议于8月25日召开。会议深入贯彻落实党的十八大、十八届三中全会和省委十三届五次全会、市委三届七次全会精神，回顾总结上半年工作，部署今后一个时期的主要任务，动员全县各级党组织和广大干部群众，大力弘扬“担当、奋斗、落实”干事创业精神，全力推进“五美遂昌”建设。县委书记杜兴林代表县委常委会作报告，县委副书记、县长何卫宁代表县政府全会作报告，县委副书记上官国明主持会议。

【全县党的群众路线教育实践活动总结大会】10月13日，全县党的群众路线教育实践活动总结大会召开，深入学习贯彻中央和省、市党的群众路线教育实践活动总结大会精神，总结遂昌县教育实践活动成效，巩固和扩大活动成果，全面部署新形势下从严治党各项工作。省委督导组组长、衢州市政协副主席余广宇出席并讲话。县委书记、县委党的群众路线教育实践活动领导小组组长杜兴林作总结报告。遂昌县教育实践活动高起点开局、高标准开展、高质量推进，达到了预期目的，得到了省委督导组的高度评价。主要成效有：理想信念在对标立杆中更加坚定；开展批评在求真求诚中广纳贤言；整改落实在立言立行中除风祛病；中心工作在攻坚克难中强势推进。遂昌县在取得成效中积累了重要经验：必须坚持领导带头，在以上率下、示范先行上下功夫；必须坚持问题导向，在找准病根、破除“四风”上下功夫；必须坚持敞开大门，在发扬民主、发动群众上下功夫；必须坚持立言立行，在抓实整改、建章立制上下功夫；必须坚持统筹兼顾，在围绕中心、服务大局上下功夫。

【全县领导干部会议】10月30日，县委召开全县领导干部会议，传达学习贯彻党的十八届四中全会精神，对全县学习宣传贯彻落实全会精神进行安排部署。县委书记杜兴林传达中央全会精神并讲话。会议强调，要把传达学习贯彻党的十八届四中全会精神作为当前的一项重大政治任务，立即行动起来，全面部署起来，把全县上下的思想和行动统一到中央的决策部署上来，扎实做好当前各项工作，迅速掀起学习宣传贯彻热潮，深入推进法治遂昌建设。

【乡镇（街道）党（工）委书记抓基层党建工作述职评议会】12月22日，乡镇（街道）党（工）委书记抓基层党建工作述职评议会召开。这项会议是贯彻落实中央、省委、市委“党要管党、从严治党”要求的重要举措。述职评议会上，20个乡镇（街道）党（工）委书记紧紧围绕“党要管党、从严治党”的要求，就如何切实抓好基层党建，在限时7分钟内进行了述职，述职的同时，与会人员对各位党（工）委书记述职情况进行了书面评议。县委书记杜兴林对大家的发言给予充分肯定，并结合各乡镇（街道）党建工作实际，提出了两条中肯的针对性建议。

【县委、县政府2015年工作务虚会】12月22日至23日，县委、县政府2015年工作务虚会召开。与会县领导结合县域实际和各自分管工作，围绕“今年工作怎么看？明年工作怎么干？”畅所欲言，剖析形势和机遇，谋划思路和举措，为2015年工作及县域长远持续发展共献良策。（县委办）

重要活动

【市委考核组到遂昌县考核】1月2—3日，市委考核组到遂昌县，通过实地查看、翻阅资料、听取汇报、走访座谈、民主测评等多种方式，对2013年遂昌县委、县政府工作及领导干部党风廉政建设责任制、惩防体系建设、作风建设等工作进行检查考核。县委书记杜兴林汇报相关工作。县委副书记、县长何卫宁汇报了2013年县政府工作情况及2014年工作计划。考核组对遂昌县各项工作所取得的成绩给予充分肯定。

【山海协作产业园考核组莅遂考核】2月17日，省级山海协作产业园考核组到遂昌县，就2013年山海协作共建产业园实施情况进行考核。作为全省第一个签约结对的县市，遂昌县与诸暨市按照“共同投资、共同建设、共同管理、共同招商、共同受益”的原则，于2012年11月23日签订《产业园共建框架合作协议》。该产业园区位于遂昌县东城低丘缓坡开发项目区域内，分龙板山一期和洋浩区块两个片区，首期开发面积5.223平方公里，力争通过5年时间，将产业园建设成功能布局合理、产业特色鲜明、集聚效应明显、生态环境优美的产业集群，成为遂昌县经济的重要增长极。

【省督查组到遂昌督查“三改一拆”和“五水共治”工作】4月8日，由省审计厅副厅长王小龙带队的督查组到遂昌县，督查“三改一拆”和“五水共治”工作。县委书记杜兴林作表态发言，县委副书记、县长何卫宁汇报遂昌县“三改一拆”“五水共治”具体工作。2013年，遂昌在全市率先完成“三改一拆”三年目标任务，考核评定为综合优秀。同时，遂昌县以“五水共治”为突破口，坚持铁腕治水，将“五水共治”作为党的群众路线教育实践活动的重要抓手加以推进，形成了人人参与、全民治水的良好工作态势。

【2014中国遂昌汤显祖文化节】4月12日，2014中国遂昌汤显祖文化节隆重开幕。本次活动以“满城尽唱《牡丹亭》”为主题，将万人齐唱《牡丹亭》、“班春劝农”典礼、昆曲大奖赛等活动贯穿整个文化节，重现四百年前汤显祖执政时期遂昌“政通人和”的场景。省文化厅副厅长赵和平，省旅游局副巡视员徐海，浙江大学人文学院党委书记楼含松，英国莎士比亚出生地基金会创意总监尼克·福泽，英国伦敦大学亚非学院副教授陈馥沅，市、县领导，汤显祖文化节艺术顾问，中华诗词学会负责人，江西、湖北等地领导，各地汤显祖和莎士比亚学术研究专家、昆曲曲友、参加“《牡丹亭》之夜”艺术展演的艺术家及新闻媒体记者等应邀出席开幕式。开幕式上还举行了描写汤显祖执政遂昌的长篇历史小说《浮生之梦》新书首发仪式，并举行汤显祖电子纪念馆开馆仪式。中国遂昌汤显祖文化节是省18项重大文化节庆活动之一，集文化遗产展示、民间艺术展演、高端学术交流、农耕文化体验等活动为一体，既是人民群众充分共享文化发展成果的服务平台，又是遂昌县推动生态旅游等产业经济发展的有效载体。

【“万人清千河、河长晒垃圾”行动】4月16日，一场针对河道保洁的“万人清千河、河长晒垃圾”行动在遂昌县展开。杜兴林、何卫宁、毛建华、尹建中、上官国明等县四套班子领导以“河长”身份分别来到各自管辖的河道，开展捡垃圾、晒垃圾行动。遂昌县开展“万人清千河、河长晒垃圾”行动，要求县、乡、村三级河长负责开展所辖河段及周边区域的卫生大清扫活动，重点清扫全县河道垃圾，清除各类卫生死角，消灭垃圾河，全面改善城乡人居环境面貌，进一步巩固洁净乡村建设成果，切实解决群众切身利益问题，全力打造“中国水环境最佳县”。

【县四套班子领导开展群众路线现场教育活动】5月6日，县委书记杜兴林率领县四套班子领导前往门阵国共和谈旧址开展以“弘扬焦裕禄精神，践行‘三严三实’要求”为主题的群众路线现场教育活动。四套班子领导参观粟裕将军与门阵和谈历史陈列室，听取县史志办党史专家周德春讲的党课，还深入村民家中，看望慰问老党员廖小妹的儿子张忠兴和困难党员傅恒品，感谢革命前辈为遂昌发展所做的贡献。

【马云到遂昌调研农村电子商务】7月21日，阿里巴巴董事局主席马云一行到遂昌调研农村电子商务发展情况。市领导王永康、林建东、徐岳明、陈重等陪同调研。马云一行到三仁畲族乡“赶街”服务网点、麦特龙超市实体店、淘宝“特色中国·遂昌馆”运营中心、网店协会培训中心等处参观考察。其间听取丽水市和遂昌县农村电子商务发展历程和概况，了解“遂昌模式”的特点、做法、价值和电商农产品质量管理体系。马云表示，对农村电商发展的“丽水模式”、“遂昌模式”，集团将继续研究并推广，同时将在技术、培训及更多领域支持丽水农村电商平台建设，将更多的“试验”放在丽水开展，最终实现互利多赢。

【县领导参加烈士公祭活动】9月30日上午，在全国首个烈士纪念日当天，县领导和全县的机关干部、妙高街道以及驻遂部队官兵代表、烈属代表、学校师生代表共800多人前往妙高山革命烈士陵园，缅怀英雄先烈。县委书记杜兴林主持公祭仪式并讲话，县委副书记、县长何卫宁，县人大常委会主任毛建华、县政协主席尹建中等县四套班子领导参加烈士公祭活动。

【省“创园”考核组到遂昌现场考核】11月6—7日，省级园林城市现场考核组到遂昌检查。专家组分成园林绿化组和市政公用组，到汤显祖纪念馆、遂昌中学、滨溪公园、上坑垃圾填埋场等地，对遂昌县城市绿化、保障性住房、垃圾处理、污水处理等进行实地考察，并对创建工作进行现场指导。汇报会上，县委书记杜兴林作表态发言，县委副书记、县长何卫宁汇报了遂昌县创建省级园林城市工作情况。专家组认为，遂昌县委、县政府高度重视创园工作，形成了组织机构健全、创建目标明确、氛围浓厚的全民合力共建的工作局面。在具体编制和实施中，依托山水优势，因地制宜发展垂直绿化，注重城市基础设施建设和综合环境整治，取得了良好的成效。

【2014中国生态体育论坛举行】12月26日，2014中国生态体育论坛在遂昌举行。中华全国体育基金会理事长吴齐、中国职业经理人协会会长洪虎、中国体育文化促进会会长胡建国等出席，省体育局局长孙光明，市委副书记、市长黄志平，县委书记杜兴林分别致辞，县委副书记、县长何卫宁作主旨发言。新华社体育部主任助理、著名篮球评论员徐济成主持。论坛上，胡建国作生态休闲产业与社会发展的报告，北京大学中国体育产业研究中心主任何文义作民族体育与传统文化的报告，求是《小康》杂志社社长兼总编辑舒富民作生态休闲运动产业与文明生活方式的报告，清华大学体育与健康科学研究中心主任张冰作生态休闲健身与健康文化的报告，北京博爱堂中医药研究所所长、中医影响世界论坛秘书长李俊峰作生态休闲运动与养生养老的报告，中央电视台高级编辑岑传理作县域如何发展生态体育产业的报告。论坛上发布了生态休闲城市指标；遂昌县被授予生态休闲体育文化城市（筹）；北京中世奥体育文化发展中心与遂昌县人民政府签署《共同建设绿色生态休闲城市战略合作》协议。本次论坛由中国体育文化促进会、浙江省体育总会主办，丽水市生态休闲养生（养老）经济促进会、北京中世奥体育文化发展中心、丽水市体育总会、遂昌县人民政府承办。智美集团、铭鼎集团、能兴集团、泛华体育等企业负责人参加论坛。

【县第三届道德模范颁奖典礼举行】12月30日晚，遂昌县第三届道德模范颁奖典礼在县影剧院举行，县委书记杜兴林致辞，并为道德模范颁奖。此次评选活动从5月开始，经过层层推荐，共收到推荐人选90名。经审核公示，并通过公众投票评选，最终授予常吉娥等9位同志为遂昌县道德模范、吴广遂等8位同志为道德模范提名奖，还有35名“最美遂昌人”受到表彰。

（县委办）

重要调研

【陈艳华到遂昌督查】5月26—27日，省委赴丽水市督导组组长、省政协副主席陈艳华到遂昌县督查党的群众路线教育实践活动和“五水共治”工作。陈艳华一行先后到石练镇大茂坑村、安口乡大山村和石仓村，查看水源保护、村庄洁净工作，还到三仁畲族乡坑口村农村电子商务服务站，了解农村电子商务发展情况。县委书记杜兴林汇报了遂昌县党的群众路线教育实践活动开展情况。实地督查并听取汇报后，陈艳华对遂昌县党的群众路线教育实践活动和“五水共治”工作给予充分肯定。

【乔传秀到遂昌调研】5月21日，省政协主席乔传秀在省政协秘书长陈荣高的陪同下，到遂昌县调研教育工作。乔传秀深入北界镇中心小学，了解学校的办学特色。近年来，遂昌县把国学经典、红色文化、汤显祖文化、畲族文化教育等融入课堂，不断弘扬传统特色文化。乔传秀对遂昌县的教育工作给予肯定，认为遂昌县委、县政府对教育工作高度重视，教育办得很有特色、很有亮点，德智体美劳全面发展的教育方针在遂昌得到了充分实践、创新实践。

【虞红鸣到遂昌调研】6月6日，市人大常委会主任虞红鸣到遂昌调研人大工作及企业发展情况。虞红鸣到浙江凯恩特种材料股份有限公司，考察了解公司的运行情况。随后举行人大工作汇报会，县人大常委会主任毛建华汇报了遂昌县人大工作的主要情况。近年来，遂昌县人大一直以发挥代表主体作用为重点，紧紧围绕实现发展目标、完成中心任务开展工作，紧紧抓住事关全县改革发展稳定的重大问题和人民群众普遍关心的热点难点问题履行职责，为加快转型跨越，推动强县富民做出了贡献。虞红鸣对遂昌县人大工作开展情况表示满意。期间，虞红鸣还实地察看了妙高街道代表联络站建设情况。

【夏宝龙到遂昌调研】6月23日，省委书记夏宝龙，省委常委、省委秘书长赵一德到遂昌调研。夏宝龙一行深入遂昌县网店协会，了解“赶街”项目在解决服务群众“最后一公里”中发挥的作用和“特色中国•遂昌馆”的运营情况，对遂昌县发展农村电子商务的做法给予肯定。夏宝龙又到省廉政教育基地汤显祖纪念馆参观，了解遂昌汤显祖文化的发展，寄语遂昌县干部多向汤显祖学习，工作中多讲究方法。

【黄志平到遂昌调研】7月10日，市委副书记、市长黄志平到遂昌调研生态农业、生态旅游、农村污水治理、美丽乡村建设等工作。黄志平一行先后到三仁畲族乡坑口村农村电子商务“赶街”网点、坑口村农村生活污水治理施工现场考察，又到龙洋乡九龙口村考察新农村建设，到王村口镇考察红色古镇，再到焦滩乡考察农家乐发展工作。

【王永康到遂昌调研】7月21日，市委书记王永康到遂昌县调研汤显祖文化。王永康先后到汤显祖纪念馆、县实验小学，了解汤显祖文化和学校昆曲传承基地的情况。随后召开座谈会，听取了遂昌县委书记杜兴林的汇报。近年来，遂昌县以高度的文化自觉全力打造汤显祖文化品牌，通过多种举措，开展汤显祖—莎士比亚文化交流合作，推进优秀传统文化走向世界。遂昌县还注重文化的引领、渗透作用，注重文化与产业的深度融合，注重文化项目的带动作用，努力让文化成为生产力。王永康表示，相关部门要加强汤显祖文化与旅游、城市建设的结合，充分挖掘汤显祖文化、《牡丹亭》文化，将遂昌打造成为汤学研究中心。

【熊建平到遂昌考察调研】8月6日，副省长熊建平到遂昌考察调研。熊建平一行到低丘缓坡开发项目古院区块，了解项目开发、规划设计、功能布局等情况，对遂昌县新城开发建设工作给予充分肯定，并对新城规划建设提出了建议。又来到位于龙板山区块的省山海协作共建产业园，考察项目建设工作。还来到三仁畲族乡坑口村农村污水处理项目施工现场，实地调研农村污水治理工作。还前往县网店协会、遂昌金矿国家矿山公园、长濂文化村等地考察指导。

【徐晓到遂昌调研农村电子商务工作】8月10日，团中央书记处书记徐晓到遂昌县调研农村电子商务工作，先后到三仁畲族乡“赶街”服务网点和县网店协会考察调研。县委书记杜兴林向徐晓介绍了“赶街”项目在解决服务群众“最后一公里”中发挥的作用和对开发农村电子商务市场的参考价值。徐晓表示，“赶街”和淘宝“遂昌模式”都非常值得肯定，这是对农村传统消费模式的一种转变，帮助农村百姓省时省力购物。同时，政府、经销商之间实现资源组合，也取得较好成效。希望各级党委、政府加强组织建设，支持帮扶青年创业基地建设和管理，地方共青团组织要充分发挥好桥梁纽带作用，为创业青年做好服务。

【黄旭明到遂昌调研】11月18日，副省长黄旭明到遂昌调研农村电子商务工作。黄旭明详细了解遂昌农村电子商务的发展历程，认真查看“赶街”项目的业务流程，得知遂昌农村有100多个“赶街”网点，“赶街”项目正在向其他县、市拓展，黄旭明鼓励遂昌农村电子商务要立足当下，放眼长远，不断探索创新，为其他县、市的农村电子商务发展提供样板。黄旭明表示，遂昌的农村电子商务是“绿水青山就是金山银山”的最好实践之一，是信息化、新型城镇化、农业现代化和农民增收的有机统一。

【葛慧君到遂昌调研】11月26日至27日，省委常委、宣传部部长葛慧君到遂昌县调研宣传思想文化工作。葛慧君一行先后到妙高街道东峰村考察文化礼堂建设，到省级廉政文化教育基地汤显祖纪念馆了解汤显祖文化，到县网店协会了解农村电子商务产业文化发展情况，到遂昌金矿国家矿山公园调研指导黄金文化产业。葛慧君对遂昌县对传统文化的保护开发、传承弘扬工作给予充分肯定，勉励遂昌继续努力，把县域传统文化的保护开发和传承弘扬这篇文章做实做细做好。

（县委办）

县委办公室工作

【综合调研】2014年，县委办公室综合调研完成各类文稿材料300余篇，审核把关文件70余份。组织了县委十四届七次全会和八次全会、全县干部大会暨五水共治动员大会等重大活动的筹备工作，完成大会报告及《县委关于全面实施创新驱动发展战略，加快建设山区科学发展示范区的决定》《县委关于大力弘扬“担当、奋斗、落实”干事创业精神的意见》等重大政策的起草工作。完成夏宝龙、王辉忠、王永康等重要领导考察和省委办公厅调研组、省“五水共治”“三改一拆”督查、市委考核组汇报材料的起草，完成教育实践活动、县两会、市县务虚会、季度汇报会、县纪委全会、党建工作会议、政法综治暨信访工作会议、农业农村工作会议、新型城镇化推进会等重要会议文字材料起草工作，其中教育实践活动达30多篇，完成省农村电子商务现场会、2014中国遂昌汤显祖文化节、汤显祖—莎士比亚文化交流合作恳谈会、首届中国生态体育论坛、省计生协宣传服务活动等一批文化活动的材料起草。积极参加“五水共治”、“三改一拆”、“三城并举”、产业发展、洁净乡村建设、抗洪救灾、电子商务发展、信息进村入户、生态文明建设试点、村级集体经济发展、招商引资、山海协作共建产业园、项目推进、勤廉遂昌建设等重点工作，为县委领导决策提供有价值的材料参考。全程参与县委全面深化改革工作，确定了19个专项小组及主要任务，编制了2014—2015年全面深化改革工作要点。组织开展了项目督查、新农村建设、产业培育、工业经济发展、农家乐提升、灾后重建和2015年经济社会发展思路等专项调研活动，形成多篇调研报告，获得县委主要领导的充分肯定。更加积极主动参加县域特色工作的提炼总结，如参与“政企社”共建便民服务模式的总结提炼，帮助申报公共管理创新案例和全国社会治理创新奖，在工作中提炼了“项目领办”引领执行力锻造、电子商务发展“赶街”模式、打造政府购买服务“遂昌模式”、争当企业钟点工等经验上报省市。先后完成《坚持绿水青山就是金山银山加快建设山区科学发展示范区》《全力打造山区生态旅游的“遂昌标杆”》《聚力“一号工程”打造“五美遂昌”》《我们依然走在赶考的路上》《把握五组关系 发展生态经济》《坚持绿水青山就是金山银山全力争创生态文明建设典范》《坚定山区生态经济的遂昌路径》等理论和调研文章起草工作。

【发文办会】2014年，县委办公室精简各类发文。能以县委办公室名义印发的，不以县委、县政府名义印发；能以便笺形式印发的，不以红头文件形式印发；属于部门职责范围的，原则上由部门发文。把好发文审核关，注重发文的针对性、指导性和可操作性，做到规范、精炼。全年共发文203份，在上年已经减少发文22%的情况下，再减少发文15份。认真做好党内规范性文件备案工作，全年共向上备案文件19件，全部通过备案审查。按照“宜开则开、宜合则合、宜减则减”的要求，精简办会，并采取“多会合一”的办法，紧凑安排。出台关于严格执行值班工作制度、请假制度和保持通讯畅通制度的通知，明确并规范会议请假程序，有效改善会风。全年共办会69场，其中上级视频会议35场。公务接待严格执行中餐自助餐，公务接待不上酒、不上高档菜，节俭接待赢得好评。

【督查考核】2014年，县委督查室认真落实“十督查、十推进”、“三多清理”、“夏书记交办事项”等督查工作，积极参与“五办联合督查重点项目”、“五水共治”、“洁净乡村”、“清理规范办公用房”等重点、难点工作。全年下发督查通报18期，落实县委领导批示件29件、县委工作交办单4件，发布县委、县政府领导督查通报39期。针对“考核方式不够科学合理”这一问题，县考核办对考核体系进行大刀阔斧的改革，按照“可界定、可量化”的要求，紧扣“发展、保护、稳定、管理”四大核心任务为各相关单位量身定制考核目标。更加突出指向性，更加突出开放性，更加突出刚性，确保考核流程胡科学、合理、可操作，力求考核结果的客观、公正。

（县委办）

纪检监察工作

【概况】2014年，全县各级纪检监察机关按照中央、省、市纪委和县委关于加强党风廉政建设和反腐败斗争一系列部署要求，以打造“勤廉遂昌”为总目标，以坚持“疾恶如仇、与人为善、实事求是”为总要求，着力转职能、转方式、转作风，聚焦中心任务，强化执纪监督问责，深入推进反腐败体制机制创新，严明政治纪律和组织纪律，从严正风肃纪，零容忍惩治腐败，加强源头预防，严格内部监督管理，党风廉政建设和反腐败工作取得了新进展、新成效，为全力建设山区科学发展示范区提供了坚强保障。

【中共遂昌县第十四届纪律检查委员会第四次全体会议】3月6日，中国共产党遂昌县第十四届纪律检查委员会第四次全体会议举行。会议深入学习贯彻党的十八大、十八届三中全会和习近平总书记系列重要讲话精神，按照十八届中央纪委三次全会、省纪委十三届三次全会、市纪委三届三次全会、县委十四届七次全会和全县干部大会部署要求，认真回顾总结2013年全县党风廉政建设和反腐败工作，进一步研究部署2014年任务。县委常委、纪委书记付勇斐作《聚焦中心任务，坚持改革创新，深入推进党风廉政建设和反腐败斗争》的工作报告。县委书记杜兴林作重要讲话。县纪委委员20人，副县以上党员领导干部，各乡镇党委书记、乡镇长、纪委书记，县属各单位和中央、省、市驻遂各单位副科级以上领导干部、中层正职，部分企事业单位纪检监察组织负责人，特邀纪检监察员等参加会议。

【主体责任落实】县委主要领导带头履行“第一责任人”职责，坚持重要工作亲自部署、重大问题亲自过问、重点环节亲自协调、重要案件亲自督办；县委常委结合分管工作，主动抓好分管范围内的党风廉政建设；制定出台《关于贯彻落实党委（党组）履行党风廉政建设主体责任有关工作的通知》，细化量化责任内容，逐级建立责任清单，层层传导压力，督促各级党委履行主体责任；健全履行党风廉政建设主体责任情况报告制度，全县60个单位完成书面报告，2个乡镇（街道）、3个重点部门党委（党组）向县纪委全会报告履行党风廉政建设主体责任情况，其余18个乡镇（街道）和10个重点部门分3批次向县纪委常委会作了面对面汇报，县纪委组织进行了评议，提出了加强和改进意见；出台《2014年遂昌县落实党风廉政建设责任制、“勤廉遂昌”建设、惩防体系建设重点工作项目化管理责任分工》，梳理重点项目43项，涉及32个牵头部门，实行牵头负责制和定期报告制，加大责任追究力度，确保责任制落实到位。

【“四风”纠治】以“你点我访纠四风”活动为载体，组建以人大代表、政协委员和退居二线领导干部为主的巡查督办组，以拍摄视频方式通过《遂昌新闻》《钱瓯遂昌》进行直播和报道。全年共出动人员221人次开展各类监督检查35次，检查单位375个，发出“你点我访纠四风”通报6期，电视台曝光2期，通报涉及单位30个、干部职工39人，上重点项目一线接受教育4人，涉及正科级领导干部2人；深入开展部门满意度测评工作。邀请县领导、干部代表、“两代表一委员”、群众、效能监督员等各行业人员对县属各部门开展满意度测评。对测评排名靠后的10个部门单位主要负责人进行约谈，测评结果作为中层干部交流工作重要依据，纳入年度部门岗位目标责任制共性考核；深入开展远离“两局”专项行动。制定出台《关于进一步加强作风建设切实纠治“四风”突出问题的通知》，要求县级领导干部和全县纪检监察干部带头签订远离“两局”承诺书，并将县四套班子领导承诺书在《钱瓯遂昌报》和县电视台进行公示。对1名违反“两局”规定的乡镇副科级领导进行了全县通报批评。

【案件查办】坚持以零容忍态度惩治腐败，加大查办案件工作力度，形成强大威慑力。全共受理信访件260件，同比增长29.4%；立案查处违纪违法案件62件，涉及正科领导干部6人，副科领导干部2人，挽回直接经济损失300多万元；坚持抓早抓小，治病救人，开展信访监督3次，约谈单位主要负责人17次；加强办案监督管理，成立案件监督管理室，选调了3名工作人员，组建人才信息库，建立陪护、监控人员队伍，切实提升执纪办案监督能力；加强办案场所标准化建设，投资40余万元建成建筑面积达150平方米，内设2个谈话室、1个监控室、1个小会议室、1个休息室及其他用房4间的标准化谈话点；加强案件剖析和警示教育，制作王村口案件警示教育片，充分发挥办案治本功能。

【纪律执行】深入开展“群众问政进行时”活动，联合新闻媒体，以重点项目推进和群众关心关注的问题为核心，开展不定期明查暗访，将结果制作成电视片，组织有关单位在夜学时开展集体观看、集体讨论、集体评议。同时，健全整改半月报制度和“媒体督政”机制，对相关责任单位的整改情况，进行持续跟踪，并将整改进展或结果通过媒体进行公开报道。首期活动促使完成关停、拆除养殖场96家；二期活动促使遗留多年的东方食品有限公司屠宰场顺利搬迁；三期活动促使各乡镇（街道）及有关部门切实加强了对村监会和农村“三务”公开和集体“三资”管理，取得了较好的工作成效和社会效果；深化重点工作监督检查，加大对“五水共治”、“三改一拆”、“低丘缓坡开发”等重点工作的监督检查，督查项目35个（次），提出整改意见18条，协调解决问题16个，并对“6.27”洪灾各类救灾款物的管理和分配、灾后重建工作等情况进行了专项监督检查。深化执行力建设。加强“执行力进企业”政务微博建设，发布各类涉工涉企信息1744条，受理“涉企办事绿色通道”工作9件，办结率100%。

【基层勤廉】推进村（居）务监督委员会标准化建设，全面推行“五式”督查法和“四评”工作制，实行村务监督积分管理办法，对全县新任210名村（居）监会主任进行集中培训，切实提升村（居）监会监督实效，全年共收到群众意见建议1689条，落实1574条；退回村级财务监督不合理票据423张，涉及金额95万元；开展校务监督委员会标准化建设，实现校务监督委员会全覆盖；修订完善《“大家建”暂行办法》，将项目投资规模从50万提高到150万元。全年共实施“大家建”项目66个，总投资1763.5万元，其中竣工项目34个，村民工资增收130.6万元，村集体增收147万元，资金节约率21%以上，工程合格率100%；加强乡、村两级财政财务监管，牵头制定出台《遂昌县乡镇（街道）财政财务管理制度》，严格执行规范津补贴相关规定，规范机关部门食堂运行管理，实行村级行政事务“零招待”和乡镇、村两级财务逐项逐笔公开，不定期开展村级招待费支出专项检查，有效防止违规违纪行为的发生。

【源头预防】落实《遂昌县建立健全惩治和预防腐败体系2013—2017年实施细则及责任分工》，进一步完善权力制衡机制，协助县委制定出台《关于鼓励改革创新、支持勇于担当的办法（试行）》，弘扬“担当、奋斗、落实”干事创业精神；坚持教育为先，认真开展经商办企业专项清理活动，清理涉及经商办企业人员18人；落实领导干部报告个人事项制度，诫勉正科级领导干部1人；举办“勤廉遂昌”书法绘画摄影大赛，拍摄廉政微电影，营造廉荣腐耻的良好氛围；完善《遂昌县党风廉政建设巡查工作制度》，对4个乡镇、2个重点部门开展党风廉政巡查，对巡查中发现的问题及时督促整改。

【队伍建设】推进议事协调机构清理和内设机构的改革，清理议事协调机构149个，保留13个；开展内设机构的调整，调整后执纪监督机构数量和人员数量分别占内设机构总数的72.7%和行政事业编制数的75.8%；深化“大科室”体制改革，建立“周安排、月论坛、季例会”制度，强化工作落实；强化内部监督，在《勤廉遂昌网》的政府信息公开和公开公示两栏目，公开委局班子成员一周工作日程安排，公开日常办公事项、工作分工和联系电话，方便群众联系，接受群众监督，同时，在“勤廉遂昌”网站开辟举报专栏，坚决防止“灯下黑”；完善纪检监察组织工作综合考评制，开展基层纪检监察干部评优评先和集中培训等活动；组织各乡镇（街道）、部门纪检监察干部开展业务知识培训，切实提升基层纪检监察干部干部队伍素质。

（张益熊）

组织工作

【概况】至2014年年底，全县有基层党组织806个，其中党委48个，党总支22个，党支部736个。基层党委中，有乡镇党委18个，企业党委8个，事业单位党委6个，县级机关党委16个。全县党员总数16021名，其中正式党员15640名；女党员3737名，占党员总数的23.3%；少数民族党员814名，占党员总数的5.08%。

2014年，全县发展党员278名。其中女党员85名，少数民族党员6名，35岁及以下党员164名，36岁至59岁党员113名，60岁以上党员1名，高中以上文化程度180名，企事业、民办非企业单位具有专业技术职务的10名，入党前为共青团员的11名。

2014年遂昌县党员年龄结构一览表

表13

年龄	人数（人）	占总数%
35岁及以下	2987	18.64
36岁至45岁	3747	23.39
46岁至54岁	3793	23.68
55岁至59岁	1717	10.72
60岁及以上	3777	23.58

2014 年遂昌县党员文化结构一览表

表 14

学历	人数（人）	占总数%
研究生	67	0.42
大学本科	2309	14.41
大学专科	2547	15.90
中专	1166	7.28
高中、中技	2450	15.29
初中及以下	7482	46.70

【党的群众路线教育实践活动】2 月，党的群众路线教育实践活动在全县铺开，县级领导班子和领导干部以上率下，推动全县 88 个活动单位、15844 名党员参与。创新开展一把手“过五关、考百题”活动，推行县领导领办重点项目制度，副县以上领导分两批领办重点项目 79 个，化解信访积案 165 件；开展 3 轮“驻点走亲联心”活动，召开座谈会 351 场、座谈 6335 人次，县委常委班子共征集意见建议 4372 条次，推行“三定梳理、三色分类、三级督办”机制强化意见建议的梳理、落实工作；举办“把好总开关、赶考在路上”“城市更新”主题论坛和“我的责任我担当、遂昌发展我在先”“正确处理政府与市场关系”等专题讨论，全县 300 余名各级书记共上党课 550 余场，受训党员干部 2、5 万余人次。积极推进“走村不漏户、户户见干部”、“联系不漏户、党群心贴心”活动，全县部门干部走访农户 14621 户，乡镇（街道）干部走访农户 61085 户，农村党员干部走访农户 84578 户。实施“执行力锻造年”十大行动，制定实施中层干部强制交流、即时记功、巡查督办等制度，交流 4 名干部前往重点项目一线接受锻炼教育，给予 1 名干部记三等功的奖励；开通“群众问政进行时”电视栏目和“网络问政直通车”平台，开展“你点我访纠四风”活动，共通报单位 30 个、干部职工 39 人，查处参赌涉赌党员干部 22 人。7 月 17—24 日，县四套班子先后召开专题民主生活会，8 月底，全县 88 个活动单位党委（党组）班子专题民主生活会及 730 个基层党组织专题组织生活会相继召开。

【全程考察法识别好干部】制定出台《遂昌县识别好干部全程考察法（试行）》，实行全程纪实、全程培养、全程监督、全程考核、全程推优、全程记功、全程覆盖“七位一体”考察模式，规范干部识别选拔、锻炼培养及监督考评等环节工作。办法出台以来，先后在教育实践活动、“五水共治”、城市更新等重点工作以及青干班培训中开展全程记实，以《全程纪实表》的形式建立全程考察档案，组织部班子成员与全县乡镇、部门班子成员进行 2 次以上谈心谈话；认真落实各级党委（党组）全程推优责任，截至 12 月，活动督导组、“三重工作”指挥部及相关单位推荐优秀干部 248 人，其中推荐提任正科 84 人、推荐提任副科 164 人。

【领导班子和干部队伍建设】2014 年共讨论任免领导干部 9 批 159 人次，其中提拔 34 人、交流转任 59 人。坚持德才兼备、以德为先，注重实干实绩导向和基层一线导向，多名在“三重工作”中表现优秀的干部提任或转任至重要岗位，全年新选配“班长”15 人，其中部门 6 人、乡镇 9 人；注重适岗性分析，积极打造年龄、经历、专长、能力、性格等互为补充的领导班子，先后将 2 名年龄较大的优秀乡镇干部提任为正科级领导干部；注重干部梯队建设，认真做好县管后备干部的培养锻炼工作，至12月共有县管后备干部164名，先后选派县管后备干部参与青干班学习、“三重工作”锻炼等。

【干部教育培训】出台《遂昌县县管领导干部教育培训学时制管理办法（试行）》，全年举办乡村休闲旅游发展、工业经济转型升级、党政“一把手”轮训班等主体班次12期，所有班次均设立党性教育专题课程，累计培训各个层级干部2000余人次。深化王村口镇“浙江省干部教育培训现场教学示范基地”建设，先后接待1期省中青班、2期市中青班。注重实践培养历练，选派21名干部赴上海市长宁区人事局、省直机关、市专业招商局、衢宁铁路、县信访局等单位挂职锻炼，抽调206名干部直接参与“五水共治”、城市更新等重点工作，安排第十五期青干班学员接受2个月的重点项目历练，其中17名学员直接参与“6·27”洪灾的抢险救济工作，被县委表彰为抗洪抢险救灾工作先进集体。

【干部监督工作】深入开展《党政领导干部选拔任用工作条例》的学习、宣传和培训。认真落实专项整治任务，消化超配县管领导干部19人次，清理领导干部在企业兼职9人次，对县属各单位中层干部选拔任用工作开展专项检查。严格干部日常管理监督，安排9名“一把手”开展离任经济责任审计，对39名领导干部进行了预警扣分，调整不适宜担任现职干部9人，个人有关事项报告率100%，办理因公出国（境）14批20人次、因私出国（境）5人次，建立“12380”手机短信、网站和专用固定电话等综合举报受理平台。

【农村基层党建】出台并实施推行“十百工程”打造“先锋遂昌”三年行动计划。按照巩固深化“党建百里示范长廊”和三年“创建百个党建示范点”“培育表彰百名先锋党员”的要求，成功打造西畈乡举淤口村，妙高街道东峰村、叶坦社区等35个基层党建工作示范点，评选出30名最美基层干部，其中西畈乡举淤口村支部书记杨昌兴被评选为全省首批“群众喜爱的好支书”；深入实施“整顿转化百个相对落后党组织”工程，县乡村三级合力整转12个农村（社区）软弱涣散党支部、解决问题22个，全年整转41个软弱涣散基层党组织。全面加强农村党员的教育管理，推行“三小时志愿服务”、干部“亮身份”、住夜常态督查等工作机制，在永康、武义等地成立“流动党员之家”，解决流动党员教育管理难问题；深化党员先锋指数考评和党员“党性体检、民主评议”工作，制定推行党员“五条自律”，全县1、5万余名党员签订承诺书，限期改正不合格党员29名，自行脱党除名1人。

【“两新”组织党建工作】全年新建“两新”党组织3个，5月举办全县“两新”组织书记培训班；推动“两新”组织在“五水共治”等中心工作中发挥实质作用，元立集团为“五水共治”捐资300万元；深化青春党建，将党员青年志愿服务活动与教育实践活动相结合，着力将网店协会打造成新的示范点。

【创新党代表联络工作】深化开展百名党代表为民服务行动，推广党代表摆摊服务、列席县委全体会议、观摩公务员招录面试等履职机制，全年全县党代表开展“摆摊”服务48次，解决基层难题120件，收集各类群众意见1000余条；针对中华人民共和国成立前老党员开展党代表定期上门义诊活动，建立老党员“红色档案”。健全完善乡镇党代会年会制度，省级联系点石练镇的党代会年会工作得到省、市领导肯定。

【党建信息化工作】实施“百个8小时远教播放点”创建工程，全年完成50个远教播放点的建设或设备更新升级，并结合农村电子商务“赶街”服务站点建设建立7个远教延伸站点，实现设备共用、人员共管。积极推动党员网络学习平台向《时代先锋网》转移，入选了丽水市利用新型电子商务课件组织培训的试点单位。

【人才队伍建设】2014年全县共确定人才专项资金1531.6万元。出台《遂昌县紧缺急需人才定向培养办法》《高层次人才遂昌疗休养优惠政策》《遂昌县人才工作专项资金使用管理办法》《遂昌电商新农人选拔管理办法》《遂昌县本土特色人才等级认证及培养管理办法》等人才政策。在南尖岩、千佛山、遂昌金矿国家矿山公园等11个景区建立高层次人才疗休养基地，推行"疗休养团"和"一卡通"制度，为来遂昌的高层次人才提供"免门票、免住宿及打折特惠"等个性旅游服务，全年发放高层次人才遂昌疗休养一卡通461张，接待高层次人才1000余人次。开展第四批拔尖人才和第三届科技新秀评选活动，评选出拔尖人才6人、科技新秀16人。面向遂昌籍高中毕业生和应届大学毕业生开展紧缺急需人才定向培养工作，推出87个定向培养岗位，成功签约8名毕业生。组团外出引进硕士研究生18人、紧缺急需人才23人，入选丽水市"绿谷精英和创业创新团队"引领计划2人。选聘第九批大学生村官8人，在全市率先与浙江农林大学合作建立省级大学生村官实习实践基地，出台《关于开展助推大学生村官创业工作的实施意见》。

（陈　永）

宣传工作

【概况】2014年，遂昌县农村文化礼堂建设取得较好的成绩，代表丽水市参加全省农村文化礼堂研讨会并作交流发言。县委宣传部开展第三届道德模范和"最美遂昌"系列评选表彰活动，推进孝道文化建设，把孝道文化和"六星文明户"创评结合起来，开展"六星文明户"创评工作。遂昌县成功举办2014年中国遂昌汤显祖文化节，县委宣传部完成"汤显祖—莎士比亚文化交流合作恳谈会""汤显祖与莎士比亚文化国际学术研讨会""《牡丹亭》之夜演出""《牡丹亭》杯全国昆曲曲大奖赛"的组织协调工作。有关乡镇、村先后举办了大柘车前+茶山越野公开赛、遂昌县第二届乡村爱情节、石练七月秋赛会、三井问茶节、龙谷茶炒制大赛、北界红提节、应村自行车爬坡赛、金竹镇山茶油开榨节、龙洋礼树节、蔡和文化节等乡村节庆活动。2014年，县委宣传部会同公安局、建设局等部门在主城区范围内限制燃放和销售烟花爆竹；与县效能办、中国遂昌新闻网共同建设"遂昌问政直通车"上线试运行。

【乡村文明讲师团】5月22日，县委宣传部与遂昌县乡村文明促进会共同发起并组建了遂昌县乡村文明讲师团，召集各类专家、民间艺人、成功人士49名建成讲师库，宣讲内容涵盖乡村文明、养生保健、法律知识、农业技术、果树种植等多方面内容。讲师团以"身边的人讲身边的事感染身边的人"为主旨，通过座谈、聊天、问答等不拘一格的形式开展宣讲。讲师团还根据村民实际需求和讲师团师资力量制定了宣讲菜单，农村群众点单，讲师团委派相应的讲师下乡为群众讲课。讲师团共组织宣讲22场，听课农村群众达2095人次。

【农村文化礼堂建设】2014年，农村文化礼堂建设被列为县政府十件实事之一。全县新建农村文化礼堂16家，开展"政府买服务、企业种文化、社团做宣讲、村民管礼堂"四位一体农村文化礼堂运行模式，遂昌县代表丽水市参加了全省农村文化礼堂研讨会并作交流发言。

【2014中国遂昌汤显祖文化节】4月11—13日，县委县政府举办以"满城尽唱《牡丹亭》"为主题的2014中国遂昌汤显祖文化节。活动内容有汤显祖—莎士比亚文化交流合作恳谈会；万人齐唱《牡丹亭》、千人齐跳《牡丹亭》广场舞；汤显祖与莎士比亚文化国际学术研讨会；"班春劝农"典礼；村村上演《牡丹亭》，全县24个农村文化礼堂及县影剧院纷纷上演越剧版和婺剧版《牡丹亭》；《牡丹亭》之夜，上演昆剧、赣剧等名家名剧；"牡丹亭"杯首届昆曲曲友大奖赛；汤显祖文化艺术展览；汤显祖文化大讲坛；优秀民间文化大展演等。其中，万人齐唱《牡丹亭》项目获"上海大世界基尼斯—中国之最"称号。活动期间，省内外76家媒体到遂昌采访报道，中央电视台戏曲频道《戏曲采风》栏目到遂昌拍摄制作了15分钟专题片

《遂昌•汤公》。

【纪念杨可扬100周年诞辰活动】 8月20—22日，纪念杨可扬先生100周年诞辰活动在上海、遂昌西畈两地举行。在西畈杨可扬文化公园，遂昌县委副书记、县长何卫宁致纪念文，上海鲁迅纪念馆副馆长乐融、杨可扬先生女儿杨以平在祭扫仪式上致辞，县委常委、宣传部部长华治武主持祭扫仪式。

【文艺创作】 2014年，中央电视台体育频道《健康动起来》栏目“走进遂昌紫蝶踏歌广场舞”系列节目首播。遂昌歌曲《遂昌之恋》和《醉美遂昌》完成了作词、作曲、录音和排舞创作，在全县传唱。《醉美遂昌》应用到领导干部的手机铃声，全面对外宣传遂昌。10月24日，在桐庐县举行的全省村歌创作演唱大赛上，北界镇淤弓村村歌《淤弓，精彩如虹》获全省村歌创作演唱大赛创作金奖和演唱金奖，黄沙腰镇大洞源村村歌《走进大洞源》获创作铜奖。

【汤显祖文化建设】 开展汤显祖纪念馆周边环境整治，编制《汤显祖文化和城市公共艺术规划》，强化汤显祖文化元素在城市建设中的应用。汤显祖文化旅游系列商品已着手设计开发20项40款。反映汤显祖政绩和生平事迹的电影《班春》《梦寻》在中央电视台首映。11月，组织汤显祖纪念馆馆长等人员组成的文化交流团到莎士比亚故居学习和对接工作。开展与中国青瓷小镇的学习交流。排演越剧、婺剧版《牡丹亭》，和浙江越剧团合作创作越剧音乐诗画剧《牡丹亭》，于12月12日在浙江省人民大会堂首演。汤显祖纪念馆入选浙江文化地图。

【道德建设】 6月，遂昌县道德模范评选系列活动启动。12月26日，县文明委下发《关于表彰“最美遂昌”系列的决定》，授予王冬洪等35位先进个人、垵口乡等2个乡镇、大柘车前村等3个乡村“最美遂昌”系列称号。12月30日，在县电影院举行第三届道德模范颁奖晚会，对道德模范、道德模范提名奖和“最美遂昌”系列进行颁奖。遂昌县谢金发（孝老爱亲）、查小钢（助人为乐）获市道德模范称号。

【网络问政直通车开通】 4月30日，由县委宣传部、县效能办、中国遂昌新闻网共同建设的遂昌网络问政和民生服务互动平台— “遂昌问政直通车”上线试运行。平台列出了首批参与“问政直通车”运作的106个单位。县委宣传部、县效能办对各单位办理答复市民咨询、建议、投诉等提出了时间、质量上的具体要求，同时对市民提问的帖子办理情况进行跟踪，便于网民有针对性地提出咨询、建议等问政诉求，并得到及时有效的回应和解决。县新闻传媒中心的微信公众号“中国遂昌新闻网”还与“问政直通车”栏目实现互通。市民可通过微信号公众平台实现与问政平台的绑定，随时随地进行掌上问政或查询帖子办理进展情况。

【“五行遂昌·一诺千金”主题外宣传活动】 1月28—29日，中央电视台《远方的家》栏目组到云峰街道银都村拍摄“新春行•刘坞拜祖过大年”节目，2月7日在中央电视台中文国际频道《中国新闻》栏目播出。5月8—9日，中央电视台《走遍中国》栏目组到遂昌拍摄《丽水养生密码》专题片。5月9—11日，人民日报浙江分社采编部主任江南一行15人到遂昌考察调研高坪新村、万亩杜鹃、金矿国家矿山公园和鞍山书院，并制作了节目。6月3—6日，浙江电视台《休闲江南》栏目到遂昌拍摄制作了10分钟专题片“美丽城镇—蜕变•遂昌”。6月17—20日，省城书画家名家谷清等9人到遂昌开展采风活动。6月19日，《小康》杂志社副社长赖惠能到遂昌专访县委书记杜兴林。6月20日，中央电视台体育频道《健身动起来》栏目组再次走进遂昌，专题录制遂昌紫蝶团队的广场舞教学视频。7月2—3日，中新社、光明日报、农民日报、福建日报等10家中央、省级主流媒体到遂昌开展“绿水青山就是金山银山在丽水的实践”主题采风活动。7月3日，人民日报浙江记者站、浙江卫视等媒体记者20余人到遂昌开展主题采访活动。8月4—8日，知名作家龙一等24人到遂昌开展为期一周的采风活动。8月22—26日，中央电视台《致富经》栏目组到遂昌拍摄专题—《农村电子商务遂昌模式探析》。9月19—24日，中央电视台《天涯共此时》栏目组到遂昌拍摄浙江省非遗项目—竹炭烧制技艺全程。11月20—29日，中央电视台《走遍中国》之“记住乡愁”栏目组到遂昌独山村拍摄专题。

（张伟红）

统一战线工作

【概况】2014年，县委统战部推荐两批6名党外干部和少数民族干部参加市级培训班学习。通过落实组织部、统战部联席会议制度，在届中干部调整中，6名党外干部和5名少数民族干部列入组织考察。全年定向招考5名少数民族公务员。党外政协委员、人大代表在县“两会”上提交团体、个人提案60余件，议案22件，社情民意21件。

全年申报省级少数民族资金重点项目3个，少数民族特色村寨建设项目3个，争取资金90万元。深入开展“五水共治、五教同行”活动，落实资金110万元，在3个民族村开展治水项目实施工作。继续推进省、市、县少数民族村的结对帮扶工作，帮助7个民族村落实帮扶资金35万元。积极做好涉宗教场所“三改一拆”宣传引导工作，确保了全县“三改一拆”工作的平稳推进。组织80名少数民族群众进行电商培训，有力地推动了少数民族电商发展。

先后组织医疗小分队在平昌广场和石练竹隐寺开展学雷锋义诊和为宗教界人士免费体检等活动。一年来，同心·服务队共组织送医下乡、送温暖等社会服务活动8次，服务群众1000余人，为困难群众送去慰问品和慰问金1万余元。

民宗部门完成298名中、高考学生的少数民族身份审核工作。向12名少数民族优秀考生发放奖学金2.8万元。争取到三仁畲族乡好川民族村特色村寨省重点项目补助资金50万元。7月，组织开展“同心同行，共绘和谐”少数民族书画展，刊印作品集200册。9月，召开遂昌县第三届畲族文化研究会会员大会。

县侨务部门共接待侨胞81人次，接待来遂昌考察的侨商6批50余人次。配合市侨联开展“侨商回家——走进遂昌”大型招商引资活动，顺利引进葡萄牙侨商总投资1亿元的樱桃种植园项目。此外，在完善前期基层侨联组织网络全覆盖工作的同时，在妙高街道七大社区探索成立基层侨联组织、设立便侨服务点，设立便侨服务窗口。

【民进丽水市羽毛球联谊赛在遂昌举行】6月15日，由民进丽水市委会主办，民进遂昌县总支承办的民进丽水市羽毛球联谊赛在县体育馆举行。来自莲都区委会、缙云县总支、遂昌县总支和市直各支部联队共40多人参加了男单、女单和混合团体的比赛。

【朱世平及夫人杜仲旸回乡探亲】10月31日，遂昌籍加拿大工程院院士、皇家科学院院士、国际聚合反应工程领域顶级科学家朱世平先生及夫人杜仲旸回乡探亲。县委书记杜兴林会见朱世平先生及夫人杜仲旸。县政协副主席、县委统战部部长林成高参与会见活动。

（项东军）

机关党建工作

【概况】遂昌县是全省县市区机关党建工作28个重点联系点之一。2014年，遂昌县直属机关党建工作以提升党员队伍先进性和纯洁性为落脚点，统筹安排，注重实效，充分发挥党组织优势，激发党员干部围绕中心转、立足本职干，不断提高机关党的工作水平。2014年年底，县机关党工委所辖党组织有16个党委、6个党总支和50个党支部，共有2850名党员；归属机关党工委管理的有3个部门党委、5个事业党委、8个企业党委和2个其他党工委，共有127个党支部、2209名党员。

【党建实践问题研究】制定《2014年遂昌县机关党建调研课题及研究重点》，更加注重理论成果转化和实践性，各机关党组织围绕“新时期贯彻党的群众路线”开展了山区科学发展重大决策理论支撑课题的调研、交流研讨工作。全年征集调研文章

75篇，其中获市机关党建征文三等奖1篇、县一等奖3篇等多项成果。

【群众路线教育活动】指导县直单位开展第二批党的群众路线教育实践活动，并全程参与正风肃纪的相关任务。工委领导带队对下属基层党委、党支部开展调研走访征求意见，梳理机关党建问题五个方面共33条建议、意见，现场指导解决了6个问题。围绕县委“执行力锻造年”活动，以“你点我访纠四风”活动为载体，工作时段与重要节点相结合，主动出击，不走过场，不留死角。参加了公款购买年货节礼、工作纪律、会风会纪、公车私用、公款消费、公款大吃大喝、机关单位内部食堂等各类监督检查专项行动31次，并抽调人员参加市纪委组织的明察暗访活动。在正风肃纪期间发出通报6期，通报涉及单位23个、干部职工27人，上重点项目一线接受教育2人，涉及正科级领导干部1人，起到很好的警示教育作用。

【发展新党员工作】严把党员入口关,从严从紧发展党员。一是对新发展的党员严格按照组织程序层层筛查，明确发展对象，严把入党动机和政治审查关；二是畅通民意渠道，增强透明度。严格按照民主推荐、阳光公示、谈心谈话、公开票决等程序，进一步完善群众参与机制，发展过程更加客观、公正，有效解决“定人关”；三是严格控制入党积极分子的总量，实时掌握思想动态，提前筛查介入优胜劣汰，进一步解决个别入党申请人对党的认识不够深、理解不够透的问题。全年新发展党员96名，对103名入党积极分子进行了培训。（机关党工委）

信访工作

【概况】2014年，遂昌县信访形势呈现“逐步下降、趋于平稳”的良好态势，全县共办理群众来信来访822件（人）次，同比减少9.47%。其中来信305件次，来访243批517人次。全县连续8个月保持“零非访”。11月21日，中央信访联席会议办公室督查组到遂昌县督查信访工作，给予充分肯定。

【信访工作责任制落实】2月，召开全县政法综治暨信访工作会议，将全县信访工作责任制落实到位。县委书记、县长分别代表县委、县政府与各乡镇（街道）、部门党政主要领导签订信访工作责任书，确定年度工作目标。5月，县委、县政府印发《遂昌县信访工作责任倒查追究办法实施细则》。

【领导干部接访下访】2014年，县领导在信访室接访群众61批248人次，县领导下访接待群众157批662人次，一批信访问题得到及时回应和妥善化解。4月下旬，全面启动县属部门进驻县联合接访中心开展轮值接访工作，全年共待群众92批242人次。通过实行重点部门轮值接访制度，在很大程度上分流了信访局和县领导信访接待日的来访压力。

【规范信访秩序】5月，全县开展“依法信访”主题宣传月活动。其间，县信访局、县委宣传部、县司法局、县普法办联合组织了一次以信访法律法规政策为主要内容的信访知识竞赛。全年在政府信息网站、主要街道宣传窗和电子宣传栏，宣传依法信访相关规定，引导上访群众依法逐级理性反映诉求。

【“百名市县领导包百案”活动】结合党的群众路线教育实践活动，在全县部署开展了“百名市县领导包百案”活动。各包案领导对所包案件，亲自研究分析、亲自化解疏导和亲自协调落实。全县领导包案61件，已化解45件。

【寻找最美信访干部活动】2014年，全市信访系统开展“学先进、谈体会、寻找最美信访干部”活动，遂昌县信访局祝钱伟被选为全市“最美信访干部”，受到表彰。（秦红云）

机构编制工作

【概况】2014年，遂昌县编委办以确保财政供养人员只减不增为目标，以全面推进政府部门机构改革和权力清单梳理工作为重点，以机构编制实名制管理和编制使用申报审批制度为抓手，全面落实机构编制各项工作任务。

**【推进新一轮政府机构改

革】按照全省机构改革会议精神，深入乡镇部门走访调研、听取意见建议，及时拟订《遂昌县人民政府职能转变和机构改革方案》，并按程序提交政府常务会、编委会、县委常委会审议通过，上报市委、市政府审批执行。

【探索相关领域体制机制改革】推行城建、国土部分权限（农民建房审批管理权限）下放乡镇，方便群众办事；牵头开展县住建局与县公积金管理中心关于对“房改办”的机构和职能划转协调工作；完成“生猪屠宰”职能、“职业卫生监管”职能划转工作；制定县市场监管局、招商局、旅委的“三定”规定。

【全面完成政府部门“两单”梳理工作】建立权力清单工作会商机制，梳理全县41个县级部门职权8518项，保留行政权力4061项，减少4357项，精简比例达51.2%。10月31日，在浙江政务服务网上公布35个部门的权力清单（另有6个部门因保密等要求不安排对外公布）。35个部门责任清单共梳理出主要职责513条、具体工作事项2158条、职责边界事项46项，建立事中事后监管制度265项，公共服务167项。

【开展机关单位网站标识加挂工作】会同县网络安全和信息化领导小组办公室、县政府信息中心，完成27家党政机关网站开办审核、资格复核的报送及相关工作，网站标识加挂率为100%。

【规范管理事业单位法人登记审核工作】进一步规范事业单位法人登记程序，缩短办理时间，提高办理效率，2014年度共设立登记12家，变更登记45家；完成全县151家单位网上年检工作，年检率达99.3%，年检合格率为100%。

【加强机构编制政策法规宣传】编制《机构编制工作法规政策及常识汇编》，编入25个有关机构编制的政策法规文件、70个机构编制常识问答，分发给机关单位及乡镇（街道）学习参考，强化全县干部特别是领导干部的机构编制意识，切实维护机构编制政策法规的严肃性。

（祝卿甫）

党史和地方志工作

【概况】2014年，遂昌县史志办公室服务县委、县政府中心工作，以“党史研究要有新突破，方志编纂要有新进展，基地建设要有新起色，干部队伍要有新气象”为目标,开拓创新、扎实工作，较好地完成了各项任务。遂昌县史志办公室被评为2013年度全市史志信息工作先进集体。2014年，王村口红军挺进师革命旧址群、中共遂昌支部旧址、中共遂昌县委旧址被确定为丽水市首批党史教育基地。

【党史专题编写】为提高遂昌党史二卷专题编写质量，党史编写组人员采用“六步修改法”：一是执笔者先进行文稿的自我完善，形成第二稿；二是召开讨论会，形成集体的修改意见，执笔者根据修改意见、建议进行修改，形成第三稿；三是由负责初审的同志修改，形成第四稿；四是执笔者根据初审者意见、建议，再次补充修改，形成第五稿；之后由主编审稿，提出修改意见建议，再经执笔者补充修改，形成第六稿。截至11月底，新写党史二卷专题（征求意见稿）9个，修改党史二卷专题37个。

【志鉴编修工作】2014年全面开展《遂昌年鉴》编写工作。通过年鉴编辑部和撰稿人员的共同努力，到年底，《遂昌年鉴（2012）》和《遂昌年鉴（2013）》的初稿已经完成，进入审稿阶段。二轮修志工作进展顺利，大部分承编单位已完成或正在根据县志编辑部的要求补充修改本单位承编的志稿，县志编辑部完成37份征求意见稿，由县志编辑部承担的境内宗祠、遂昌宗谱、遂昌方言、现存金石碑铭的调查核实和入志人物、入志照片的筛选工作已经基本完成。

【史志宣教工作】2014年度史志宣教工作主要采用了办刊物、上党课、发短信、辟专栏、报信息、赠书刊、设展览、“借东风”等8种方法，成效明显。在《遂昌史志》刊发史志文章35篇，上党课10次，发送党史宣教短信1万余条，在《钱瓯遂昌》开设专栏2个（刊发12期），向上级史志信息刊物报送信息43篇（采用近40篇），增加党史布展点3处，向县内单位和个人赠送史志书刊1200余册，在市史志刊物发表文章4篇，遂昌的红色景点载入了《南京战区范围内的红色旅游概览》《浙江省红色旅游指南》。

【革命旧址开发利用】2014年，遂昌县史志办多渠道筹措资金，开展了4处革命旧址的维修工作。垵口乡葛程（谷陈）乡苏维埃政府旧址暨遂（昌）松（阳）龙（泉）边游击队队部旧址、唐公宪故居、遂昌县第一次党代会旧址、门阵国共和谈旧址四处革命旧址修复工作进展顺利，基本完工或即将完工。1—11月，县内四大党史教育基地（红军挺进师师部驻地王村口、国共抗日和谈谈判地遂昌门阵、遂昌支部旧址、遂昌县委旧址）接待参观者3.3万人次。

【细菌战专题编写】在《日军地面入侵遂昌纪实》《日军在遂昌实施细菌战罪行调查》等专题的基础上，对日军地面入侵遂昌、日军入侵后遂昌县疫病集中暴发流行、遂昌县疫病集中暴发流行的祸源做了进一步调查分析，并以"经得起日本人的质疑"为标准对注释、受害者名录等进行了核实、补充，完成《日军在浙江实施细菌战专题研究》课题中的遂昌内容。正文内容1.4万字，注释1.1万字。

【志稿审阅和地情资讯】认真审改《遂昌县水利志（1990—2010）》《遂昌县教育志（1991—2012）》的初稿并参加评审会。参与遂昌县地名故事、地名谜语的评审工作。完成向小康杂志社提供《中国全面小康发展报告·遂昌样本》中1983—2014年上半年30年的大事记任务；完成向丽水市地方志办公室提供遂昌县地方志成果统计资料的任务。

（县史志办）

档案工作

【概况】2014年，遂昌县档案局（馆）馆藏档案147全宗，案卷104725卷53970件，比上年增加1个全宗、3465卷、30100件。另有民国档案41全宗、13641卷，馆藏量位居全省第三。中草药动物标本627份。资料（图书、报刊）共有8909册。录像、录音档案14盒，照片档案共1231张。馆藏档案中，包含《潘氏宗谱》木刻印刷版片291块，民国时期遂昌县户地联络图2003张，这两件珍贵档案被列为浙江省档案文献遗产。

【新馆建设】2014年，县档案馆新馆建设进入内部布局调整阶段，并成功争取省财政专项资金补助500万元。新馆位于妙高街道古院区块，规划馆建筑层数四层（局部五层），建筑面积6132平方米，总投资4800万元，预计2016年年底可竣工投入使用。

【档案原文数字化】 2014年，县档案局建立馆藏重点民生领域档案部分全宗档案原文数据库，年内完成40万页民生档案原文扫描，挂接档案数据270164条。4月，建立全县婚姻档案原文数据库，11月，建立山林权证档案原文数据库，实现民生类档案目录及文件级检索，查档快捷化。

【"村档乡管"试点】2014年，县档案局启动"村档乡管"试点工作，选取龙洋乡作为试点乡镇，年内，收集、规范整理龙洋乡6个行政村1115卷、59件档案，交由乡政府档案室统一管理。

【细菌战口述档案建档】1月，县档案局为15位侵华日军细菌战受害者录制口述历史影像资料。年内，到妙高街道金溪村、庄山村、平昌村等10位细菌战炭疽受害者家中送药服务，并作跟踪专访。11月，启动制作专题片《尘封的梦魇—侵华日军入侵遂昌县罪证纪实》。

【档案业务监督指导】2014年，县档案局监督指导30多家立档单位的档案规范化管理工作；规范化整理教育局人事档案、社保中心养老保险和医疗保险等业务档案。监管、指导乌溪江大桥工程、峡湖金公路改建工程、51省道王村口至老虎跳公路工程、乌溪江水电开发工程等项目指挥部、施工、监理单位的项目档案管理。

【档案查阅利用】2014年，县档案局（馆）全年接待档案、现行文件、资料查阅2750人次，提供案卷借阅利用13877卷（件）次，出具证明5244张。档案提供利用工作为领导决策、补办养老保险、解决土地纠纷、补办结婚证、校对工龄、落实惠民政策等提供翔实可靠的依据。

【《今日遂昌要事集萃》第7辑】利用“中国·遂昌”政府门户网站编辑印发《今日遂昌要事集萃》第7辑，共36万余字，该资料收录“中国·遂昌”政府门户网站发布的电子档案，包括重大新闻、事件、民俗、文化等要事，其中重要新闻727篇，图片931张。电子档案转化为纸质档案，更便于查阅利用和保存。

【重点建设项目档案管理】年内，县档案局研究制定《遂昌县重点建设项目档案管理办法》（以下简称《办法》），9月，经县委常委会会议审议通过。该《办法》对项目档案管理体制、登记备份、专项验收、管理和利用等作出详细规定，共9个章节、37条。

【珍贵档案抢救】遂昌县档案馆馆藏民国档案13641卷，数量居全省第三，是国家珍贵的、不可再生的资源。为保护这些珍贵史料，自2008年起开展修裱、编录、装盒等抢救工作，已累计抢救民国档案7016卷，编录卷内目录215537条。其中2014年共抢救民国档案408卷，抢救条目17124条。（雷金香）

老干部工作

【概况】2014年年底，全县共有离休干部109人，年龄最大95岁，最小80岁，平均年龄86.8岁。其中县统计上报92人，省属企业14人，部队安置2人，外县托管1人。实职副县及以上退休干部19人。

【老干部政治待遇】全年组织老干部学习会14次，其中：情况通报会10次，形势报告会1次，十八届四中全会精神学习会2次，组织老干部参加全市“最美老干部”事迹巡回报告会之遂昌县报告会1次。召开老干部座谈会3次。全面实行县委常委、副县长每月共同讲课的新模式，进一步充实老干部学习会工作情况通报或理论学习内容。开展“走基层、看变化、促发展”活动，组织老干部参观考察县“三改一拆”“五水共治”等重点工作。向离休及实职副县以上退休干部赠送《浙江老年报》《丽水日报》《钱瓯遂昌》等学习资料；向居住外地的老干部赠送《共产党员》杂志。

【老干部生活待遇】提高离休干部健康休养、体检、护理补贴“三费”标准：每人每年的健康休养费从1000元提高到1500元；健康检查费从450元提高到800元；护理费根据参加革命工作的时间不同进行相应调整；高龄护理补贴从900元提高到1000元。组织老干部参加健康休养，并为老干部制作健康休养专题相册。组织离休干部进行健康体检，新增4个检查项目。继续开展“政府买单送服务”活动，老干部服务平台从社区热线“8189090”转移至县社会公共服务中心服务热线“96345”。9月底，召开利用社区资源为老干部服务工作经验交流会，与县城七大社区续订《遂昌县利用社区资源做好老干部服务工作协议》。新增“夏季送清凉”活动，在夏季高温时节上门走访慰问老干部。经常上门走访老干部和探望慰问生病老干部，全年共走访慰问老干部约370人次。

【离退休干部党支部建设】在全县离退休干部党支部中开展以“助农、助企、助学、促和”为主要内容的“老干部红领先锋”活动，取得了较好的成效。与县委组织部、县直机关党工委联合开展遂昌县第四批“五好”离退休干部党支部和优秀离退休干部党员评选活动，评选表彰3个“五好”离退休干部党支部和9名优秀离退休干部党员。12月8—9日，举办第五期全县机关事业单位离退休干部党支部书记培训暨党的十八届四中全会精神学习会，全县42位支部书记参加培训。向各离退休干部党支部赠送《学习参考》《习近平谈治国理政》等学习资料。

【老干部活动中心工作】新电梯交付使用，修缮局办公大楼附属设施，较大地改善了老干部和老年大学学员的学习活动条件。坚持每月开展活动：2月开展“元宵佳节猜灯谜·马年共书中国梦”活动，“三八节”参观大茂坑村休闲养生基地建设，清明节祭扫革命烈士陵园，7月至8月为老干部送清凉，重阳节开展老干部健身活动等。

【老年大学工作】2014年，县老年大学春季班开设专业12个，秋季班开设专业14个，学员总数660余人次。年初，举办学习贯彻中共十八届三中全会精神文艺演出；4月，百余名老干部、老年大学学员参加2014汤显祖文化节开幕式，参演节目“万人齐唱牡丹亭”。5月21日，近50名学员代表遂昌参加2014年丽水市群众合唱大赛活动暨第二届丽水市合唱节决赛，获得铜奖；6月20日，诗词班学员参加以“五水共治”和“五美遂昌”形象建设为主题的参观采风活动，积极配合“五水共治”“五美遂昌”工作的宣传；9月23日，近30位学员参加“庆祝新中国成立65周年”全市老干部文艺会演，表演歌伴舞《祖国万岁》；9月29日，组织学员送文化下乡到蔡源文化礼堂演出；10月23—24日，组织老年大学全体教职员工、各班正副班长前往丽水市老年大学和缙云县老年大学，开展学习考察活动。

【开展“老干部好声音”活动】围绕“汇聚好声音、传递正能量”主题，向全体老干部广泛征集关于个人经历、历史回忆、对未来的展望、对党和社会的感言感想、对老干部工作的寄语等内容的稿件近百篇，经整理、分类、编辑，出版书籍《汇聚好声音，传递正能量》。该书共收录42位老干部撰写的文章59篇、抒写心中梦想的亲笔字17幅，遂昌县委书记杜兴林为该书作序。（吴丽芬）

党校（电大）工作

【干部培训】2014年，遂昌县委党校举办各级各类干部培训班20期，参训干部1605人。此外，县委党校联合有关部门举办其他各类培训班：联合县气象局举办气象防灾减灾和农业气象知识培训班；联合县网店协会举办2014年第二期电子商务培训班；联合县机关党工委举办2014年入党积极分子培训班；联合县环保局开展“五水共治”暨企业环保政策法规培训班；联合县农办开展了农家乐礼仪培训；联合县新闻传媒中心开展新闻工作者培训班；联合安徽省绩溪县委党校开展农技人员能力提升培训班等。2014年，县委党校及下属分校共举办成人实用技术、职业技能各类培训班130余期，培训人数1.5万多人次，为促进劳动力就业、农民增收、提高居民素质，提升居民生活品质，构建和谐社会做出了积极贡献。

【理论宣讲】开展“送课到机关”“送课下基层”等活动，全年校领导、骨干教师到各部门单位、乡镇（街道）、企业、社区宣讲111场次，为3万多人次党员干部和群众送去了精神食粮。

【教学科研】参加中国浦东干部学院案例征集（报案例2项），完成市社科联规划立项研究课题1项（《丽水旅游产业转型发展研究》），完成县情调研课题3项，新立项市社科联规划立项研究课题1项（《走出畲族文化传承危机的路径思考》）。学校举办了论文写作专题研讨会。全年教师撰写论文26篇（省级发表4篇，市级发表1篇，市级获奖9篇）。

【抗洪救灾】6月27日，遂昌县西部乡镇遭遇百年一遇的洪灾，根据县委指示，第十五期青干班学员第一时间赶赴灾区投入抗洪救灾，得到当地干部群众的称赞，县委对青干班的良好表现进行了通报表彰。

【电大工作】2014年，遂昌电大招生278人，各类在校生人数为890人，办学规模居全市县级电大前茅。遂昌电大被评为2013年度全省电大教材发行管理先进单位，2013年度全市电大系统先进单位、教科研先进单位和教学管理先进单位。

（刘美华）

人事工作

【概况】2014年，全县引进各类人才125人，培养高技能人才306人。申报浙江凯恩特种材料股份有限公司《高光无纺墙纸原纸的研制与开发》为2014年度省级引智项目。职业技能鉴定3084人，高技能人才培养基地1家，企业高技能人才试点12家。取得正高级职称人员4人、副高级职称47人、中级职称237人、初级职称570人。全年举办继续教育公需科目培训班12期，培训学员1488人次。

全县考试录用公务员64名，20家事业单位招聘工作人员55名。配合卫生、教育系统公开招聘卫技人员48名、教师43名。国有企业招聘合同制工人28名。完成全县2014年机关、事业单位公开选调和村级社保员招聘工作。完成5家事业单位的岗位设置和首次入岗。

调整650名精减退职人员生活困难补助费标准和机关事业单位工作人员死亡后遗属生活困难补助费标准。办理事业单位工作人员工作年限变动增资326人。审批机关事业单位工作人员退休159人。

【高层次人才疗（休）养基地建成】遂昌县依托本地旅游资源，以南尖岩、神龙谷、千佛山、遂昌金矿、竹炭博物馆、汤显祖纪念馆和王村口红军挺进师纪念馆等景区为核心，建成11个高层次人才疗（休）养基地，与“丽水—上海生态旅游推介会”对接，赴沪发布《遂昌县高层次人才遂昌疗休养优惠政策》。

【本土特色人才培养】制定出台《本土特色人才等级认证及培养管理办法》和“遂昌电商新农人选拔管理办法》等人才培养政策，政府每年投入100万元，对昆曲十番、竹炭、黑陶、茶叶、旅游、电子商务等特色产业中从事演艺、技艺传承、研发、加工、营销、管理等工作的各类人才进行等级认证和培养激励。举办农村电子商务、农家乐旅游服务等培训，培训学员6000余人。

【紧缺急需人才定向培养】2014年，出台《遂昌县紧缺急需人才定向培养办法》，发布遂昌县2014年度企、事业单位紧缺急需专业目录。面向遂昌籍高中毕业生和应届大学毕业生，推出52个专业88个岗位开展定向定岗培养。6月24日，在县影剧院召开有上千名家长和考生参加的高考志愿对接会、就业形势分析会，报名参加定向培养12人，签约8人。

【凯恩电池有限公司博士工作站成立】2013年9月，组织浙江凯恩电池有限公司开展丽水市博士工作站申报工作，2014年1月经丽水市人才工作领导小组批准建站，2014年7月授牌并签订《丽水书博士后试点、博士工作站建设任务书》。博士工作站组建以来，整合了现有的技术力量，并汇聚了国内优秀的镍氢电池原材料研究人才，通过引进技术不断提高产品的科技含量，先后高薪聘请多位国内材料专业的技术专家，参与公司新产品和新技术的研发，同时与浙江工业大学开展技术合作，在新产品的开发、产品的性能改善提升、新能源材料研究及机械化改造等方面取得卓著成效。2014年，浙江凯恩电池公司入选第二批丽水市重点企业技术创新团队。

【青年人才交友活动】2014年，建立全县未婚青年干部档案、QQ群、微信群和办公助手群，在青年人才中开展交友活动。7月和9月，与团县委合作，组织两期共80名单身男女参加的关爱基层青年活动。通过团队活动、沙龙交流、才艺展示等方式，有10对青年成功牵手，从生活上、情感上关心引进人才，做好引才之后的留才服务。

【拔尖人才和科技新秀选拔培养】2014年，制定《遂昌县中青年专业技术拔尖人才和科技新秀选拔培养管理办法》，对县域内品牌人才队伍的选拔培养管理进行了规范。开展第四批拔尖人才和第三届科技新秀评选活动，通过初评、组织专家评、考察等环节，评选出拔尖人才6名、科技新秀16名。

（唐根金）

遂昌县人民代表大会

【概况】2014年，遂昌县人民代表大会召开常委会议7次，听取和审议“一府两院”专项工作报告35个，作出决议决定13项，审议意见4项，并对审议意见落实情况进行跟踪监督，共处理群众来信61件，接待群众来访118批次。

听取“十二五”规划纲要中期评估审议意见落实情况的报告、2014年上半年国民经济和社会发展计划执行情况及下半年工作计划的报告、2013年固定资产投资完成情况及2014年固定资产投资计划安排的报告、“十一五”以来市场经济主体结构变化情况的报告，审查批准2014年政府性债务收支计划。组织对工业经济及项目建设情况进行视察，向县政府提出工业经济视察意见。着力监督“五水共治”进展，开展专题调研，深入平昌石材园区，对石材加工污水处理设施建设情况进行视察，对饮用水源地生活垃圾分类、乌溪江上游生活污染和农业面源污染、养殖场污染整治、防洪排涝工作情况开展专题调研。省、市、县三级人大联动，听取并审议防洪排涝工作报告。组织开展“发挥人大职能推动‘五水共治’”系列行动和“合力‘五水共治’，代表作表率”主题活动，各级人大代表和人大机关干部积极参与“五水共治”工作。召集相关部门负责人就畜禽养殖污染整治提升工作进行现场调研。对县人力社保局社会保障工作进行评议，持续跟踪监督县政府关于教育质量提升行动计划落实情况。依法决定重大事项，审议政府性债务收支计划、荷花滩吴乐畈区块综合开发工程项目融资、动用预算稳定调节基金等议案，分别作出相应决定。依法检查办案质量，对县市场监督管理局、县农业局的行政执法案件进行办案质量检查。依法监督司法行为，加强对法院审判活动、反渎职侵权工作、公安机关社会管理工作和社区矫正工作的监督。继续抓好《遂昌县人民代表大会常务委员会规范性文件备案审查的规定（试行）》的落实，全年受理审查县政府报备的规范性文件49件。配合省人大开展“查找不适应全面深化改革要求的法律法规条文”主题活动，共征求到100余条意见、建议，涉及法律、行政法规、地方性法规、地方政府规章及其他规范性文件40多部，认真分析梳理后上报市人大75条。

【县十五届人大三次会议】3月10—14日，遂昌县第十五届人民代表大会第三次会议举行。会议应到代表165人，实到代表165人，邀请、列席170人。会议听取和审查了县长何卫宁作的《县政府工作报告》、县人大常委会主任毛建华作的《县人大常委会工作报告》、县人民法院院长叶晓生作的《县人民法院工作报告》、县人民检察院检察长谢云生作的《县人民检察院工作报告》，审查了计划、财政工作报告，通过上述工作报告决议。选举陈志远、夏之罡为遂昌县第十五届人民代表大会常务委员会委员。大会收到10人以上联名提出的13件议案转为代表建议，连同176件代表建议、批评和意见，一并交由县政府和有关部门研究办理。

【县人大常委会会议】2014年，遂昌县第十五届人民代表大会举行常委会议7次：

1月26日，举行第十七次会议。听取关于要求调整2013年公共财政支出预算的报告，作出《关于2013年县级财政支出预算调整的决议》；听取关于落实县人大常委对我县住房公积金归集使用情况的审议意见的报告；听取关于审议意见落实情况的调研报告并对审议意见落实情况进行满意度测评；听取关于落实县人大常委会对2012年度财政预算执行和其他财政收支审计工作审议意见的报告，听取关于审议意见落实情况的调研报告并对审议意见落实情况进行满意度测评。通过有关人事任免事项。同意雷华英辞去市三届人大代表职务，并补选李和达为市三届人大代表。决定遂昌县第十五届人民代表大会第三次会议召开时间。

3月3日，举行第十八次会议。听取关于2014年固定资产投资计划的报告和关于2014年政府性基建预算情况的报告；听取关于代表变化情况的报告；讨论通过县人大常委会、县政府、县法院、县检察院、县财政、县发改等6个工作报告。通过人代会有关事项。

3月14日，举行第十九次会议。听取关于提请许可对杨全优采取刑事拘留等强制措施的报告，作出关于许可对县人大代表杨全优采取刑事强制措施的决定。

5月15日，举行第二十次会议。学习《社区矫正实施办法》；听取关于社区矫正工作的汇报；听取和审议关于许可对县人大代表罗富红采取行政拘留处罚的请示，作出许可对县人大代表罗富红采取行政拘留措施的决定；听取关于认真做好人民陪审员增补工作的报告，作出关于确定遂昌县人民法院人民陪审员名额的决定；听取关于“增进计生关爱，促进家庭幸福”工作情况的报告；听取关于滩坑水电站移民安置及后续扶持工作的报告。通过有关人事任免事项。

7月24—25日，举行第二十一次会议。学习反渎职侵权犯罪知识；听取和审议关于反渎职侵权工作情况的报告，听取关于县检察院反渎职侵权工作情况的调研报告并作出审议意见；听取关于“十一五”以来市场经济主体结构变化情况的报告；听取关于县人大常委会“十二五”规划纲要中期评估审议意见落实情况的报告，听取关于审议意见落实情况的调研报告并对审议意见落实情况进行满意度测评；听取关于县人大常委会对县国土资源局工作评议意见整改情况的报告，听取关于评议意见落实情况的调研报告并对评议意见落实情况进行满意度测评；听取关于疾病预防控制工作情况的报告；听取关于高效节水灌溉设施建设情况的报告；听取和审议关于防洪排涝工作情况的报告，听取关于遂昌县防洪排涝工作情况的调研报告并作出审议意见。通过有关人事任免事项。

9月24—25日，举行第二十二次会议。学习《中华人民共和国社会保障法》；听取关于2014年上半年国民经济和社会发展计划执行情况和下半年工作计划的报告；听取和审议关于遂昌县2013年度财政预算执行情况和其他财政收支情况的审计工作报告，听取关于2013年县级财政收支决算（草案）的报告，作出《关于2013年度财政预算执行情况和其他财政收支审计工作报告的审议意见》，审查批准了2013年财政决算；听取关于提请审议2014年度政府性债务收支计划的报告，审查批准2014年度债务收支计划；听取关于2014年上半年财政预算执行情况和预算外资金管理使用情况的报告；听取关于旅游项目建设落地情况的报告；听取关于农村公路养护管理和安保设施建设情况的报告；听取关于野生动物驯养繁殖情况的报告；听取《关于遂昌县教育教学质量提升五年行动计划》实施情况审议意见落实情况的报告，听取关于县政府落实《县人大常委会关于〈遂昌县教育教学质量提升五年行动计划〉实施情况报告的审议意见》情况的调研报告，并进行满意度测评；听取关于加强和创新社会管理工作的报告。通报在县十五届人大常委会第42次主任会议上通过的《关于遂昌县荷花滩、吴乐畈区块综合开发工程项目融资建设有关问题的决议》和在县十五届人大常委会第43次主任会议上通过的《关于设立代表联络站的指导意见》。

11月26—27日，举行第二十三次会议。学习《刑事诉讼法修正案》；听取关于近三年全县安全生产工作情况的报告；听取关于近三年全县招商引资工作情况的报告；听取关于动用预算稳定调节基金的报告，作出《关于批准动用预算稳定调节基金的决议》；听取关于古院新区开发建设情况的报告，听取关于县城市更新工作情况的报告；听取关于我县保障性住房建设、分配和管理工作审议意见落实情况的报告，听取关于县保障性住房建设、分配、管理工作审议意见落实情况的调研报告，并进行了满意度测评；听取关于茶产业发展情况的报告；听取和审议关于学前教育发展情况的报告，作出《关于遂昌县学前教育发展情况报告的审议意见》；听取关于防震减灾工作情况的报告。通过有关人事任免事项。

【人大监督工作】2014年，遂昌县人大常委会牢牢抓住加快转型升级这条主线，把事关全局、事关长远、事关人民群众根本利益的问题作为监督重点，推动山区科学发展示范区建设。关注经济运行质量和效益提升。

听取“十二五”规划纲要中期评估审议意见落实情况的报告、2014年上半年国民经济和社会发展计划执行情况及下半年工作计划的报告、2013年固定资产投资完成情况及2014年固定资产投资计划安排的报告、“十一五”以来市场经济主体结构变化情况的报告，审查批准2014年政府性债务收支计划。重视工业经济发展。组织常委会组成人员对工业经济及项目建设情况进行视察，听取工业经济发展情况报告和近三年全县安全生产情况报告、近三年全县招商引资工作情况报告，向县政府提出工业经济视察意见。关注旅游产业和城市建设。听取旅游项目落地、古院新区开发、城市更新、文体设施建设情况的报告，视察文体设施建设项目。加强对预算编制的监督，通过代表大会全体会议审议批准年度公共财政预算。加强对预算执行情况和财政决算的监督，加强对财政审计的监督。加强支农惠农政策落实情况的监督，听取滩坑水电站移民安置及后续扶持工作的报告，听取高效节水灌溉设施建设、野生动物驯养繁殖、茶产业发展情况的报告。着力监督“五水共治”进展，常委会组成人员深入平昌石材园区，对石材加工污水处理设施建设情况进行视察,对饮用水源地生活垃圾分类、乌溪江上游生活污染和农业面源污染、养殖场污染整治、防洪排涝工作情况开展专题调研。听取和审议“五水共治”工作情况报告，听取并审议了防洪排涝工作报告，组织开展了“发挥人大职能推动五水共治”系列行动和“合力五水共治，代表作表率”主题活动，各级人大代表和人大机关干部积极参与“五水共治”工作。对畜禽养殖污染整治工作进行持续监督，常委会领导召集相关部门负责人，就畜禽养殖污染整治提升工作进行现场调研。关切社会保障，依法对县人力社保局社会保障工作进行评议，专题召开对县人力社保局社会保障工作的工作评议会议，进行满意度测评，并作出评议意见，要求县人力社保局认真整改。听取了保障性住房建设、分配和管理工作审议意见落实情况、“增进计生关爱，促进家庭幸福”、疾病预防控制、防震减灾等工作情况的报告。关切教育质量，持续跟踪监督县政府关于教育质量提升行动计划的落实情况，听取政府对教育质量提升行动计划审议意见落实情况的报告，并进行满意度测评。对遂昌中学扩建、第二中学、梅溪小学等教育设施建设工作实施监督。关切群众信访问题，积极配合县委、县政府做好信访、维稳工作，坚持常委会领导下访接访制度，认真接待群众来信来访，全年共处理群众来信61件，接待群众来访118批次。依法监督司法行为。加强对法院审判活动的监督，对反渎职侵权工作进行监督，加强对公安机关社会管理工作的监督，加强对社区矫正工作的监督。

【建议、议案办理工作】认真做好代表议案、建议的整理和交办工作，将事关人民群众切身利益和社会广泛关注的六件建议作为重点建议，由主任、副主任分工进行重点督办，并及时跟进办理进度。一年来，交办代表建议、批评和意见189件，建议办理满意率100%。

【人事任免】2014年，先后任命遂昌县国家机关工作人员34人次。支持县法院人民陪审员“倍增”工作，依法任命96位人民陪审员。

任命：胡法连为遂昌县审计局局长；徐成章为遂昌县人口和计划生育局局长；张一夫为遂昌县人大常委会云峰街道工作委员会主任；廖陈尉为遂昌县人大常委会代表工作委员会主任；钟芳筱为遂昌县人民法院民事审判第一庭副庭长；李秀才为遂昌县人民法院审判员；王武为遂昌县人民法院审判员；洪丽晓为遂昌县人民法院审判员；应巧为遂昌县人民法院审判员；徐露熙为遂昌县人民法院审判员；占媛为遂昌县人民法院审判员；吴征峰为遂昌县人民检察院副检察长、检察委员会委员。

任命李土水等96位同志为遂昌县人民法院人民陪审员。

免去：郑法鑫的遂昌县人口和计划生育局局长职务；朱正根的遂昌县人大常委会云峰街道工作委员会主任职务；周松华的遂昌县人民检察院副检察长、检察委员会委员、检察员职务；周正祥的遂昌县人民检察院检察员职务；黄家安的遂昌县人民检察院检察员职务；姜少俊的遂昌县人民检察院检察员职务；包献荣的遂昌县人民检察院检察员职务；杨慧、李昌军、陈樟荣的遂昌县人民法院人民陪审员职务；张金娇的遂昌县人大常委会代表工作委员会主任职务；廖陈尉的遂昌县人大常委会办公室副主任职务。接受高峥辞去遂昌县人大常委会副主任的职务。

（朱娇美）

遂昌县人民政府

综 述

2014年是贯彻落实党的十八届三中、四中全会精神以及全面深化改革的开局之年。遂昌县人民政府坚持“绿水青山就是金山银山”绿色生态发展理念，深化改革创新，打造“五美”遂昌，加快建设山区科学发展示范区，较好地完成了县十五届人大三次会议确定的各项目标任务。

（详见《政府工作报告》）

重要会议

【县长办公会议】2014年，召开县长办公会议2次：

5月12日，在县政府综合楼二楼会议室召开县长办公会议，专题研究党政机关办公场所装修审批问题。

6月25日，在县政府综合楼二楼会议室召开县长办公会议，听取县旅委孙培莲关于遂昌长濂古民居文化街区项目有关情况的汇报。

【县政府常务会议】 2014年，县政府召开常务会议18次：

1月8日，召开县政府第31次常务会议，听取关于陈新华信访问题的情况汇报，审议《千佛山景区三期开发和三墩旅游综合体项目政策》。

1月24日，召开县政府第32次常务会议，审议《政府工作报告》《遂昌县预拌混凝土管理办法》《遂昌县电子商务发展战略规划》，审议遂昌县困难企业帮扶工作措施，听取2013年县政府十件实事完成情况及2014年县政府十件实事建议事项汇报、行政审批有关事项汇报。

2月8日，召开县政府第33次常务会议，审议《关于遂昌县2013年国民经济和社会发展计划执行情况及2014年国民经济和社会发展计划（草案）的报告》《遂昌县2014年固定投资计划（草案）》《关于遂昌县2013年财政预算执行情况及2014年财政预算（草案）的报告》《遂昌县2014年财政预算（草案）》《遂昌县2014年政府性基本建设预算（草案）》。

3月20日，召开县政府第34次常务会议，审议《遂昌县关于加快推进城镇化建设的实施意见》《遂昌县关于加快推进“美丽县城”建设三年行动计划》《遂昌县城市绿线管理暂行办法》《遂昌县县城棚户区（国有）改造工程（一期）限价房实施办法》《遂昌县县城棚户区（国有）拆迁工程（一期）实施方案》《2014年土地和房屋征收计划》《征地拆迁工作经费调整及使用办法》《遂昌县城区公共自行车租赁系统建设实施方案》《遂昌县创建省卫生强县工作实施方案》《遂昌县乡村卫生一体化综合管理改革实施方案》《县政府党组关于扎实开展党的群众路线教育实践活动实施方案》。

4月15日，召开县政府第35次常务会议，审议《遂昌县城乡居民基本医疗保险暂行办法》《遂昌县关于畜禽养殖污染整治的若干规定》《遂昌县深化千村示范万村整治工程全面推进农村污水治理三年行动计划》《遂昌县农村生活污水治理工作实施细则》《遂昌县“美丽乡村项目大家建”模式实施办法》，听取2014年县“两会”重点建议、提案拟办情况汇报，听取《遂昌县县城棚户区（国有）改造工程（一期）限价房实施办法》修改情况汇报。

5月8日，召开县政府第36次常务会议，审议《关于进一步加强矿产资源管理工作的意见》《遂昌县林地经营权流转证登记管理办法》《遂昌县五水共治总体规划（2013-2020）》《遂昌县农村生活污水治理规划》《重点欠发达县2014-2016特别扶持规划项目表（遂昌县）初步方案》，听取遂昌金太阳养老基地项目情况汇报。

5月28日，召开县政府第37次常务会议，审议《遂昌县重大非工项目招商工作管理办法》《遂昌县创建省体育强县实施意见》《遂昌县创建省文化先进县实施方案》《遂昌县危旧房排查工作实施方案》《遂昌县廉租住房申请和实物分配实施方案》《遂昌县创建“无违建县”工作实施方案》《遂昌县查处违法用地违法建设行为补充规定》。

6月19日，召开县政府第38次常务会议，审议《遂昌县征收集体土地补偿安置标准暂行规定》《关于进一步加强设施农用地管理工作的意见》《遂昌县中心城区排水专项规划》《遂昌县中心城区给水专项规划》，听取关于将部门单位国有资产无偿划拨省电力工业公司管理的汇报、科技工作情况汇报。

6月25日，召开县政府第39次常务会议，听取东方食品公司屠宰场迁建项目和水阁路客运中心项目西南侧区块政策处理情况说明，审议《遂昌县粮食收储有限公司人员分流、资产整合方案》《遂昌县畜禽养殖禁养区限养区划分调整方案》，审议农村相关产权制度改革方案、意见。

7月25日，召开县政府第40次常务会议，审议《遂昌县新建住宅项目供配电设施建设维护管理办法（试行）》，听取上半年经济形势分析。

8月20日，召开县政府第41次常务会议，审议《遂昌县主城区限制燃放和销售烟花爆竹的通告》《茶厂边地块土地出让方案》《遂昌县农村宅基地使用权确权登记发证实施细则》《遂昌县2014年度政府性债务收支计划》《遂昌县政府领导班子党的群众路线教育实践活动整改方案》《县政府专题协调会议工作规程》《县政府领导分工调整》，听取城市更新项目进展情况汇报、关于解冻国有划拨土地房屋贷款抵押登记建议情况汇报、安全生产工作报告。

8月25日，召开县政府第42次常务会议，讨论研究浙江凯兴置业古院五星级酒店地块要求延期缴纳土地出让金等相关事宜。

9月17日，召开县政府第43次常务会议，审议《遂昌县“6·27”洪灾灾后重建规划（2014—2016年）》《遂昌县2014年招商引资考核办法》《遂昌县农村集体土地征地补偿费分配使用管理暂行办法》《遂昌县农民建房审批管理办法》《遂昌县“六边”青山白化治理工作实施方案》《遂昌县重点建设项目档案管理办法》《遂昌县国有土地使用权出让金收支管理办法》《遂昌县财政结余结转资金管理办法》。

10月20日，召开县政府第44次常务会议，听取县政府部门职权清理推行权力清单制度工作汇报、财政专项资金管理清单梳理情况汇报、遂政发〔2014〕65号文件修改事项说明，审议《东桥路建设项目房屋征收与补偿安置方案》。

10月30日，召开县政府第45次常务会议，审议《城市更新工程荷花滩和吴乐畈区块建设项目房屋征收与补偿安置方案》，听取上溪滩区块房屋征收与补偿安置政策及征求意见反馈情况的汇报。

11月12日，召开县政府第46次常务会议，审议《遂昌县2015年城乡居民医疗保险筹资标准》《遂昌县城市更新工程鼓励购买商品住房办法》《遂昌县人民政府（办公室）行政规范性文件2014年度清理结果》，听取全县黄标车及老旧车淘汰整治工作情况汇报、“五水共治”、“三改一拆”、“无违建县”创建工作情况汇报、农村产权制度改革和“三权”抵押贷款工作开展情况汇报、关于动用预算稳定调节基金的报告。

12月18日，召开县政府第47次常务会议，审议《遂昌县政府机构改革方案》《关于加快社会组织培育发展和规范管理的实施意见》《关于加快发展养老服务业的实施意见》《遂昌县招商小分队组建方案（试行）》《遂昌县扶助残疾人实施办法》《关于转发<丽水市党政机关停止新建楼堂馆所和清理办公用房实施办法>的意见》《2014-2016年遂昌县乡镇财政管理体制》，听取政府性债务清理甄别情况汇报、遂昌县部门责任清单编制工作汇报、关于外贸出口相关问题的汇报。

12月30日，召开县政府第48次常务会议，审议《关于进一步完善遂昌县被征地农民基本生活保障转职工基本养老保险机制的若干意见》和《遂昌县被征地农民基本生活保障实施办法》，听取2014年党风廉政建设、审计工作情况汇报。

【县政府专题会议】 2014年，召开专题会议107次：

1月2日，遂昌县旅游集散中心项目的专题会议、关于凯恩路等项目相关问题的专题会议；

1月13日，关于渤海商品交易所上市交收中心租用国资办公场所问题的专题会议；

1月15日，关于浙江平昌石材有限公司场地平整工程有关问题专题会议；

2月13日，关于汤沐园项目的专题会议；

2月24日，关于终止有关工业用地出让合同相关问题专题会议、关于农村住房抵押贷款试点工作的专题会议、有关工业用地出让金缴纳相关问题专题会议；

3月3日，关于县人民医院新住院大楼设施设备采购相关事宜的专题会议、关于长濂村“民俗文化展示中心”相关问题的专题会议；

3月4日，关于浙江裕昌冶金贸易有限公司、浙江回龙油茶开发有限公司办理土地证、房产证专题会议；

3月5日，关于城市更新征迁指挥部办公场所改造及办公设施购置等问题的专题会议；

3月11日，关于原毛纺厂地块沿街部分营业用房收购的专题会议；

3月14日，滩坑水电站库区移民安置房“两证”办理工作专题会议；

3月19日，关于遂昌华瑞木业有限公司办证有关问题专题会议、关于浙江凯宇物流有限公司项目规划核实相关问题专题会议；

3月21日，关于浙江凯恩电池有限公司办理国有土地使用权证、房屋产权证有关问题专题会议；

3月26日，关于遂昌县“一事一议”财政奖补助推美丽乡村建设试点项目资金计划的专题会议；

3月27日，关于湖山乡天子栏山场承包纠纷调处的专题会议、遂昌德鑫铸钢有限公司基础设施建设补助相关问题专题会议；

3月31日，关于峡湖金公路金竹段拆迁安置相关问题的专题会议；

4月3日，关于三仁乡高碧街村集体奖励房相关事宜的专题会议；

4月4日，关于县质监局采购计量标准器及配套设备相关事宜的专题会议；

4月14日，关于湖山温泉小镇项目推进有关事宜的专题会议；

4月17日，关于遂昌电子商务创业园区项目建设专题会议、关于19宗国有资产土地性质转变及用途变更等相关问题的专题会议；

4月18日，关于长濂民俗文化展示中心土地证、房产证办理问题的专题会议、关于浙江翱力机械有限公司办理房产证有关问题专题会议、关于遂昌县二都街区块北侧1～3号道路、排污雨水工程和污水处理厂二期工程有关问题的专题会议；

4月23日，关于土地开发整理工作有关问题专题会议；

5月4日，关于农村生活污水治理项目相关问题的专题会议、城市规划委员会专题会议；

5月7日，关于浙江荣凯化工科技有限公司基础设施建设工程、环保设施工程补助、场平工程结算等有关问题专题会议；

5月16日，关于金溪停车

场建设相关问题的专题会议；

5月19日，关于企协应急转贷周转金工作相关问题的专题会议；

5月21日，关于迎宾大道建设有关问题的专题会议；

5月22日，关于浙江平昌石材有限公司土地出让金缴纳相关问题专题会议；

5月27日，关于浙江遂昌汇金有色金属有限公司享受“一事一议”有关政策专题会议、关于新老旅游政策衔接有关事宜的专题会议；

5月29日，关于浙江杰森木屋制造有限公司资产过户有关问题专题会议；

5月30日，关于一级电站及二级电站发电调控及相关安全问题的专题会议；

6月5日，关于富民村镇银行云峰、大柘支行营业用房等相关问题的专题会议；

6月6日，关于县纪委业务用房改造项目相关问题的专题会议；

6月11日，关于遂昌东方食品有限公司屠宰场项目场平工程招投标等有关问题专题会议、关于兑现工业扶持政策有关问题专题会议；

6月12日，关于九龙文化创意园项目相关事宜的专题会议；

6月14日，关于乌溪江干流水电开发项目享受相关政策问题的会议；

6月18日，关于南溪老桥改造相关事宜的专题会议；

6月20日，关于放心农贸市场创建有关事宜的专题会议；

6月24日，关于浙江平昌石材有限公司环保设施补助有关问题专题会议、关于钱柏松户建房遗留问题专题会议；

6月25日，关于腾龙小区水泥厂区块政策处理相关问题的专题会议；

6月30日，关于遂昌县卫片执法有关企业办理国有土地使用权证、房屋产权证相关问题专题会议；

7月8日，关于中石化遂昌石油支公司新路湾加油站国有土地使用权确权登记、房产变更问题专题会议；

7月14日，关于对浙江平昌矿业开发有限公司年产12万立方米路沿石、火烧板项目节能评估和审查有关事项专题会议；

7月16日，关于连直线云峰段公路改建工程有关事项的专题会议、关于51省道王村口至老虎跳公路改建工程外龙口段政策处理费用的专题会议；

7月17日，关于二都街市政工程有关问题专题会议、关于2013年度大中型水库移民创业致富专项资金用于移民村购买国资店面房发展村集体经济事宜的专题会议；

7月18日，关于三墩传统文化艺术博览园项目政策和三墩旅游综合体项目土地征收政策有关事宜的专题会议；

7月23日，关于《遂昌县促进总部经济发展的若干意见》执行问题的相关会议；

7月29日，关于东城基础设施建设相关问题的专题会议；

7月30日，关于2013年科技专利奖励政策执行等有关问题的专题会议；

7月31日，关于“6·27”洪灾灾后重建工作的会议；

8月4日，关于土地开发整理项目招投标问题专题会议；

8月11日，关于历史文化村落保护利用项目建设相关问题的专题会议；

8月13日，关于利民药业办证问题的专题会议、关于湖山香炉岗农机加油点规划调整的专题会议；

8月14日，关于碧岩环保材料股份有限公司享受股权交易中心挂牌奖励政策的专题会议；

8月15日，关于云峰湖边教堂拆迁安置问题的专题会议、关于焦滩乡龙头坑地质灾害点避灾户异地安置问题专题会议、关于湖边洋浩区块场平工程临时施工用房的专题会议；

8月21日，关于北街84号房产有关问题专题会议；

8月29日，关于城东道路网拆迁户毛佐川房屋处置问题的会议；

9月1日，关于遂昌县农村土地承包经营权确权登记颁证管理信息系统建设的专题会议、关于屠宰场迁建项目问题的专题会议；

9月3日，关于峡湖金公路改建工程有关事宜的专题会议、非专用校车运行问题专题会议；

9月5日，关于连直线云峰段公路改建工程相关问题的专题会议、关于遂昌县云峰连头石材加工园区 SGYP(2013)013 号地块工业用地有关问题的专题会议；

9月11日，关于农村电子商务服务站（赶街网点）项目验收专题会议；

9月12日，关于东方食品公司屠宰场场平项目工程设计变更相关问题的专题会议；

9月19日，关于浙江新宏钢制品有限公司办理土地证和办理土地预登记证延长手续等相关问题的专题会议；

9月22日，关于下杭山陈继连户房屋征收相关问题的专题会议；

9月23日，关于文化刷墙项目招投标及资金拨付问题的专题会议；

9月25日，关于遂昌县职业中专实习培训楼项目专题会议、关于竹山下新屠宰场场平工程相关问题的专题会议；

10月9日，关于协调推进县养老中心项目建设专题会议；

10月10日，关于县全民健身中心体育用房物业维修专项资金问题的专题会议、关于遂昌县公共停车场管理专题会议；

10月16日，关于丽水恩典制造有限公司大桥区块工业用地回购相关问题的专题会议、浙江惠同纸业有限公司规划调整及办理两证相关问题的专题会议；

10月17日，关于推动“一事一议”财政奖补政策转型升级促进美丽乡村建设试点工作专题会议；

10月20日，关于2013年度工业企业扶持政策兑现相关问题的专题会议；

10月22日，关于乡镇畜牧兽医站集体房产处置专题会议；

10月28日，关于荷花滩大排档搬迁相关问题的专题会议；

10月31日，关于建群公司资产处置两证办理相关问题的专题会议；

11月6日，关于云峰街道兴云街改造工程线杆迁移有关事项的专题会议；

11月7日，关于大地金属农机、金穗粮业、供销社等改制资产处置有关问题专题会议；

11月18日，关于推动遂昌县病死动物无害化处理项目专题会议、关于遂昌县连直线云峰公路改建工程建设相关问题的专题会议；

11月25日，城市规划委员会会议；

12月15日，关于竹隐养老院财政补助资金的专题会议；

12月19日，关于浙江荣成辊轴有限公司延长土地建设期限相关问题的专题会议；

12月24日，关于东城小区16户民房拆迁安置问题的专题会议、关于龙板山东亭安置小区、湖边亭前小区迁建安置房办理两证相关问题专题会议。

（巫培娟）

重要活动

【遂昌成立全国首个县域乡村文明组织】 3月5日，遂昌县乡村文明促进会暨第一届会员代表大会在长濂鞍山书院举行。县委副书记、县长何卫宁，县委副书记上官国明，副县长刘庆华出席会议。遂昌县乡村文明促进会是全国首个县域乡村文明组织，以率先、全面、系统和持续推进乡村文明建设，致力于使遂昌成为江南山区乃至全国乡村文明建设的典范为宗旨。浙江工商管理学院原院长、浙商研究院名誉院长、博士生导师吕福新教授当选为遂昌县乡村文明促进会会长。

【全省财政系统预算编制人才库研讨班在遂昌开班】 5月7日，全省财政系统预算编制人才库研讨班在遂昌县开班，省财政厅总预算局局长邢自霞出席。县委副书记、县长何卫宁应邀就遂昌如何扶持和引导电商发展为研讨班成员作报告。

【借鉴复制“遂昌模式”加快推进美丽乡村建设】 5月15日，浙江省借鉴复制“遂昌模式”扩大“一事一议”财政奖补助推美丽乡村建设试点工作会议在遂昌县高坪乡召开。国务院农村综合改革工作小组办公室主任王卫星，省财政厅副厅长王广兵及来自临安、开化、淳安等8

个县(市、区)代表参加会议。县领导何卫宁、黄俊、张少啸参加会议或陪同考察。

【祐康遂昌“触电”联姻】 6月11日，祐康•遂昌战略合作新闻发布会举行。县委副书记、县长何卫宁，副县长叶照辉、刘庆华等，祐康集团品牌总监周瑞扬，新华社、中新社、浙江电视台、天下网商、新浪网等媒体记者参加发布会。

【国内知名作家到遂昌采风】 8月4日，《潜伏》作者龙一等十几位国内知名作家应邀到遂昌开展“久远乡村的回忆”文学采风活动。县委副书记、县长何卫宁，县委常委、宣传部部长华治武出席活动启动仪式。

【邵逸夫医院和县中医院“联姻”】 8月6日，浙江大学医学院附属邵逸夫医院和县中医院建立指导医院签约仪式在县中医院举行。省政协副主席、邵逸夫医院院长蔡秀军，省卫生和计划生育委员会副书记、副主任张平，县委副书记、县长何卫宁，副县长鲁子钗，县政协副主席、县中医院院长马翔华出席仪式。

【大师故里追思可扬先生】 8月21日，“百年可扬”纪念杨可扬先生100周年诞辰祭扫可扬活动在西畈乡举淤口村举行。县委副书记、县长何卫宁致纪念文，上海鲁迅纪念馆副馆长乐融、杨可扬先生女儿杨以平在祭扫仪式上致辞，县委常委、宣传部部长华治武主持祭扫仪式。

【省地质灾害避让搬迁工作现场会在遂昌召开】 9月11—12日，全省地质灾害避让搬迁工作现场会在遂昌县召开。省国土厅副厅长张金根讲话，县委副书记、县长何卫宁汇报工作，县委常委、常务副县长罗运乾陪同调研。

【参加第二届中国乡村文明发展论坛】 11月1日，由公共经济研究会中国乡村文明研究中心、中国人民大学乡村建设中心、中国农业大学农民问题研究所等单位主办的第二届中国乡村文明发展论坛在国家行政学院举行。本次论坛以“乡村文明复兴与有根的中国梦”为主题，遂昌是全国五个乡村文明建设典型县之一，县委副书记、县长何卫宁在论坛上与其他典型县领导、专家学者共话乡村文明意义价值，分享乡村文明建设经验，探讨乡村文明建设路如何走。

【三墩旅游综合体项目开工】 12月29日，三墩旅游综合体项目举行开工典礼。县委副书记、县长何卫宁宣布开工，县委常委、宣传部部长华治武致辞，县领导廖为义、朱芝贵、包志华参加开工典礼。（巫培娟）

县政府十件实事

表15

实事内容	完成情况
城市供水保障提升工程	项目已完工，进入整体工艺调试阶段。工程共建设4万吨/日规模综合池、滤池各一座，铺设DN800配水干管14.82公里。项目可新增制水厂供水能力4万吨/日（总8万吨/日）
“中国最洁净乡村”建设	突出长效管理，坚持“属地管理、辖区负责”工作原则，组织开展“百个部门联村、千名干部治水、万人洁净家园”“万人清千河，河长晒垃圾”等环境卫生集中整治活动，启动垵口乡根竹口村等26个村的第二批垃圾分类试点建设，制定出台《遂昌县农村建筑垃圾管理办法（试行）》。积极整合资金及争取省环保厅的项目、资金支持
县城美丽河道建设	完成松阴溪龙潭湾河道1.6公里的亲水设施和3座生态堰坝建设，绿化河道8000平方米；完成南溪荷花滩1公里游步道主体工程。累计完成三墩桥、上江、古院、源口、后江等重点河段防洪堤建设8.3公里，建成生态堰坝11座，河岸亲水平台4公里

实事内容	完成情况
农村生活污水治理	编制实施《遂昌县农村生活污水治理规划（2014—2016）》，出台《农村生活污水治理三年行动计划》《农村生活污水治理实施细则》和《农村生活污水治理实施方案（2014—2016）》等相关政策文件和管理办法；55个计划治理村均已完成工程建设任务，新增受益农户约13276户，完成投资8029万元
城区教育基础设施建设	梅溪小学累计完成投资额6405万元，学校已于2014年9月交付使用，校园绿化、运动场等附属工程已于2014年12月底完成。遂昌第二中学累计完成投资12508万元，完成年度计划的166.77%。一期主体工程全部结顶；二期工程完成体育馆基础及剪力墙建设，教工单身宿舍、初中女生宿舍结顶，初中男生宿舍斜屋面、高中女生宿舍四层、高中男生宿舍三层正在施工中
养老服务体系建设	县养老中心（一期）项目2014年9月5日开工建设，至2014年12月底，老年公寓1#楼已经开始浇筑二楼楼面，2#楼开始浇筑基础地梁，综合服务楼完成基础挖掘。全县75个农村社区居家养老服务照料中心建设任务全部完成
城市公共自行车项目建设	全部26个公共自行车服务点于2014年6月底完工，7月开始调试，9月29号开始运行。截至2014年12月底，共计售卡1000余张，租车3万余次
古院新区路网建设	北门至吴突头至东峰道路主体工程完成投资15867万元，完成投资计划的106%，已完工并通车。古院区块1、2号道路工程已完成道路路基土石方开挖和雨、污管道铺设安装，正在边沟施工，完成年度投资6805万元，完成年度投资计划的340%。古院新区后江区块路网一期工程（吴突头桥梁工程）已完成打孔灌注桩施工，完成年度投资310万元，占年度投资计划的62%。古院新区后江区块路网二期工程2014年12月18日完成施工招标，已开工建设
农村文化服务体系建设	已完成10个新增的省级农村文化礼堂建设，创新了市场管礼堂、村民自治等模式，得到省、市领导肯定。“活力遂昌”文化刷墙行动已完成北界至高坪线、三墩桥至南尖岩线、长濂至金矿线等三条线路文化刷墙行动，共305幅4418.59平方米
农村“天网”视频系统建设	已完成农村“天网”系统建设，采用“政府规划、企业建设、部门租用、资源整合”建设模式，总投资约1300万元

政府办公室工作

【概况】2014年，县政府办公室围绕县委、县政府中心工作，强化办公室服务领导、服务基层、服务群众的职能作用和参谋助手作用，狠抓机关作风建设，不断完善工作机制，为全县经济社会的持续协调发展做出了积极贡献。

【法治工作】2014年，县政府法制办公室完善政府法律顾问制度，为县领导、职能部门依法行政提供专业的法律意见和建议，积极参与“五水共治”、城市更新等重点项目的政策制订和部分政策文件的修改细化。创新行政争议化解机制，建立健全行政调解与人民调解、司法调解的衔接机制，为及时有效化解矛盾纠纷，最大限度地减少不和谐因素提供制度保障。2014年，全县各级行政机关共受理行政调解案件3735起，调解成功3516件，调解成功率94%。

【政务督查】做好《政府工作报告》重点工作责任分解、2014年政府“十件实事”督查，人大、政协建议提案交办，上级督办件和县领导批示件交办等各项工作。落实领导交办（批示）事项17件，政府工作交办单6件。共收到建议提案297件，其中代表建议189件、委员提案108件，全部在规定期限内办理答复完毕。参与联合督查行动，协调解决重点项目、洁净乡村、“五水共治”、办公用房清理等工作中的问题。参与制定新考核办法，多次召开班子会议研究讨论，提出中肯的修改意见。认真研究市对县综合考核实施意见，牵头相关部门定时研讨分析，及时准确向县领导提供指标完成情况。

【信息工作】整合县委办、县府办两办信息科资源，形成紧急信息两线同报，统一受理，协同审查的责任共担机制。全年共向省市上报要情信息600余条，专报信息10余篇，市《政务信息》刊物录用要情146条，省《昨日要情》录用要情4条，7篇专报信息送呈市政府分管领导批阅，获得省市领导批示5条。

【政务服务】政务服务网建设工作推进情况良好，整体进度位于全市前列。配合县行政服务中心梳理、入库省事项库的644项审批事项，录入便民服务业务514项，信息1124条；配合编办录入、公布35个部门的权力清单共保留行政权力4061项。中国遂昌门户网站围绕与公众利益相关的重大决策问题做了34项民意征集，对公众意见进行吸纳和反馈。“县长信箱”收到群众来信344件，经筛选审查，向部门转办344件。受理政务服务网咨询和投诉信件27件，办理27件，取得良好的社会效果。中国遂昌政府门户网站在浙江省政府网站技术监测和人工监测排名一直位居全省十名左右，在丽水各兄弟县（市、区）保持第一。

【应急管理】健全应急物资队伍保障，形成以1支综合应急救援队伍为主，地质灾害、供电、防汛、交通等专业救援队伍16支为辅的应急救援队伍体系。应急联动机制全面推进，设立遂昌县应急联动指挥中心，委托遂昌县公安局管理，与公安局“110”指挥中心合署办公，已配民警8名、协警19名。县应急联动指挥中心2014年总接警量79057起，其中有效接警18049起，指令出警数13195起；应急联动总数3474起，联动接警数占有效接警比为19.2%。

【外事工作】围绕县委、县政府中心工作，积极开展对外经贸、文化、旅游、教育等领域外事活动，推进友城建设，拓展沟通渠道，加强交流合作，提升国际知名度。全年办理因公出国（境）组团1个4人次，参团出访7人，共计11人。为进一步加强双方友好关系，推进合作项目落地，于11月组团赴英国斯特拉福德市开展文化交流和友好访问。就签订开展文化交流合作备忘录、2016年纪念莎士比亚和汤显祖逝世四百周年系列活动方案，以及与英国斯特拉福德市建立友好交流关系等具体事宜进行深入磋商。

【公务接待】全年接待来宾712批、11215人次。其中部省级12批16人，厅局级127批251人次，外宾3批11人次，各类调研组、考察团、代表团312批，完成了县委、县政府41个会议的接待保障工作。同比2013年减少30.08%和16.98%，接待经费也同比下降30%以上。

【机关后勤工作】利用开展党的群众路线教育活动契机，全面清理修缮公租房。厉行勤俭节约，取消一次性纸杯，提倡绿色消费。根据机关食堂实际情况，参照借鉴市机关事务局和莲都区机关事务局机关食堂改造和管理经验，改造机关食堂、改善就餐环境。（巫培娟）

行政服务

【概况】2014年，遂昌县行政服务中心窗口共受理业务6万多件，办结率97.8%；即办件占办件总量60%，提速率达90%以上；午间值班共受理330件，办结319件，行政指导153件；县代办中心受理代办项目13个，涉及总金额15亿元，完成代办环节63个，办结项目4个，完成联动代办环节1个。

【三级便民服务体系建设】

推进县、乡、村三级便民服务体系建设，探索和完善政企社共建服务机制。加强村级便民服务中心实体和网络两个平台建设，将村级便民服务中心与国有企业基层网点进行整合，由基层组织办理公共服务事项，由邮政局牵头整合农村金融、邮政、电力、电信、移动等资源，开展相关社会服务，实现共建共享共服务；拓展村级便民服务中心的功能和内涵。服务事项延伸到保险、劳务、医疗、养老、来料加工等，着力构建“乡镇（街道）主体、村级主办、纪委和村监会主抓、行政审批中心主导”的运转机制。在全县78个村级便民服务中心实施政企社共建模式，共接待、走访群众6.7万多人次，办理行政服务类、市场服务类及公益服务类事项9.9万多件。8月，举办有30个行政村30多名村级代办员（信息员）参加的“农业部信息进村入户试点县信息员、村级便民服务中心专职代办员”首期业务培训班。10月，举办为期4天的第二期培训班，有50多名村级代办员参加业务培训。

【网上政务大厅建设】2014年，县行政服务中心对全县公布保留的438项审批事项进行确认。通过清理，全县32个部门共上报省对口部门汇总审核的行政审批事项752项，经省政府确认进入省事项库的644项。梳理便民服务事项，确认事项实施单位。由于省公布的便民服务事项目录未确定实施单位，一些事项的部门职责不明，或涉及多部门，容易造成事项缺项。县服务中心认真核对并落实责任单位，帮助做好工作对接，保证了便民服务事项不出现盲点现象。建立政务网管理机制，保障网络正常运行。制订下发《遂昌县网上政务大厅建设工作方案》《遂昌县2014年行政审批服务效能综合指数考核细则》和《关于认真做好浙江政务服务网（遂昌县）内容保障和应用推广工作的通知》，切实抓好组织协调、督促检查和业务指导等工作。进一步建立健全管理网络，落实政务服务网建设工作县级联络员8名，督促各部门落实系统管理员、业务联络员、便民服务事项信息维护员、在线互动（在线咨询、在线投诉处理）员等相关工作人员63名，明确分工，落实责任，确保系统内容信息更新及时、在线互动正常运转。

【午休值班和大厅值班主任制度】8月开始，实行午休值班制度，其中国土、建设（房管）、市场监管、公安、林业、综合6个窗口实行人员值班，其他15个窗口实行午间电话值班。8—10月午间值班共受理业务330件，办结319件，行政指导153件。实行大厅值班主任等大厅管理制度，中心办事大厅设立值班主任，实行坐班制，值班主任每天提前15分钟到岗，推迟10分钟离岗，负责整个大厅的工作秩序、工作纪律、监督检查、受理办事群众的投诉、处理大厅的日常事务。通过优化服务方式，提高了服务质量，获得服务对象的普遍好评。

【公共资源交易工作】2014年，县公共资源交易中心累计完成交易项目484项，建设工程交易额60963.33万元，节约5492.89万元，节约9.01%；政府采购交易额4582.00万元，节约564.81万元，节约10.97%；产权、土地交易额54869.00万元，增值6465.50万元，增值13.36%。

【引进使用电子评标系统】为进一步规范招投标工作，减少人为因素干扰，引进房屋市政电子评标系统、计算机随机抽取系统、计算机辅助评标系统和视频监控系统，较好地维护招投标工作的公正性，遏制腐败现象的滋生，实现“公开、公平、公正”目标。（行政服务中心）

政协遂昌县委员会

【概况】2014年，政协遂昌县委员会召开全体会议1次，11名委员作大会发言。召开常委会会议7次，主席会议5次，报送调研报告15份，组织各类调研、视察和民主监督15次，举办“城市更新”论坛1次。共收到以提案形式提出的意见建议147件，立为提案108件，办复率100%。政协遂昌县第八届委员会共有委员168名。

开展加强县城饮用水水源保护、县城河道面源污染治理和系统治理重点提案督办活动、城区安全供水专项视察活动、排涝水暗访监督活动；联合纪检部门、新闻媒体开展了城区畜禽养殖场搬迁整改监督活动。全体委员和机关干部积极参加“五水共治”，或担任河长，或联系村庄，或捐款出力，寓监督于参与，促进了问题解决。持续关注工业经济转型升级，并就老城区现有制造业企业搬迁处置和二次开发开展了专题协商，提出因企制宜，合理安排搬迁时序、启动二次开发等建议。围绕美丽乡村建设开展深入调研，针对工作中规划落地难、资源整合不够、特色不明显、产业融合度不高、公共基础设施不扎实等问题，从精准定位、突出重点、稳步实施，力促规划落地、加速产业融合等方面提出了翔实建议。

严格执行中央八项规定，建立健全学习教育、联系委员、公务接待、公车管理等7项制度。协助县委于11月召开全县政协工作会议，配合县委出台“加强人民政协政治协商和民主监督”两个实施办法，推进了政协工作制度化、规范化、程序化建设。

县政协领导主动领办园丁路西段·吴乐畈区块土地征收项目、石坑坪水库、城市文化综合体、遂昌中学扩建工程等重点项目。其中，工作量和工作强度最大的吴乐畈区块共征收土地74公顷，清表工作基本结束。规范细致地做好富丽细木工板厂的拆迁工作，顺利签约，保证了园丁路西段工程顺利开工。

【县政协八届三次会议】3月9—13日，召开县政协八届三次会议。听取和审议《政协遂昌县第八届常委会工作报告》《政协遂昌县第八届常委会关于提案工作情况的报告》，审议通过《政协遂昌县八届三次会议提案审查情况的报告》，审议通过《政协遂昌县八届三次会议决议》。全体政协委员视察城市建设情况，列席县十五届人大三次会议，听取、讨论《县政府工作报告》及会议的其他报告。会议期间，委员们分别就工业经济转型升级、助推“五水共治”、美丽乡村建设、农村电子商务、原生态精品农业等方面作了大会发言。

【政协常委会会议】2014年，政协第八届遂昌县委员会召开常委会议7次。

1月23日，召开第十一次常委会会议，听取县政府关于经济运行情况的通报、提案办理工作情况的通报，协商通过有关人事事项，协商讨论《关于对龙板山工业区块开发建设与招商引资工作的思考》调研报告，听取关于城市更新课题（城市论坛）的情况说明。

2月28日，召开第十二次

常委会会议，协商讨论县政府工作报告（送审稿），协商讨论八届县政协常委会工作报告（草案）、八届县政协常委会关于提案工作情况的报告（草案）及通过报告人名单（草案），审议县政协八届三次会议有关事项。

3月11日，召开第十三次常委会会议，听取各讨论组政协常委会工作报告、提案工作报告讨论情况汇报。

3月12日，召开第十四次常委会会议，听取各讨论组县政府工作报告及有关报告讨论情况汇报。

3月13日，召开第十五次常委会会议，听取各讨论组讨论情况汇报，审议通过政协第八届遂昌县委员会第三次会议决议（草案），审议通过政协第八届遂昌县委员会提案委员会关于县政协八届三次会议提案审查情况的报告（草案）。

7月31日，召开第十六次常委会会议，听取县政府关于上半年经济运行情况的通报，协商讨论《改革体制、加大投入，提高公共交通出行分担率》调研报告，听取县政协党组班子专题民主生活会情况的通报。

11月4日，召开第十七次常委会会议，协商讨论《关于尽快启动老城区现有制造业企业搬迁处置和二次开发工作的建议》调研报告，学习习近平总书记在纪念中国人民政治协商会议成立65周年大会上的讲话精神。

【政协主席会议】2014年，政协第八届遂昌县委员会召开主席会议5次。

1月13日，召开第九次主席会议，听取县政府关于经济运行情况的通报、提案办理情况的通报，协商有关人事事项，研究县政协八届十一次常委会会议召开有关事宜。

2月21日，召开第十次主席会议，协商讨论县政府工作报告（审议稿），审议政协第八届遂昌县委员会常务委员会工作报告（征求意见稿）及报告人和政协第八届遂昌县委员会常务委员会关于提案工作情况的报告（征求意见稿）及报告人建议名单，审议决定先进表彰事宜，审议县政协八届三次会议有关事项，研究县政协八届十二次常委会议召开有关事宜。

4月8日，召开第十一次主席会议，研究县政协2014年度重点工作安排，协商通过有关人事事项。

7月24日，召开第十二次主席会议，听取县政府关于上半年经济运行情况的通报，讨论《2014年委员进社区（村）、进企业、送服务下乡活动的方案》，研究县政协八届十六次常委会议召开有关事宜。

10月17日，召开第十三次主席会议，研究《中共遂昌县委关于加强人民政协政治协商的实施意见》（代拟稿）（讨论稿）、《中共遂昌县委关于加强人民政协民主监督的实施意见》（代拟稿）（讨论稿）和政协机关有关制度，协商通过有关人事事项，研究县政协八届十七次常委会议召开有关事宜。

【加强民主监督】2014年，组织开展“五水共治”工作推进情况、县城供水情况、城区教育卫生事业布局规划与建设情况、社区管理与服务提升情况等专项视察监督。对县政府关于经济运行、提案办理工作等进展情况的通报提出改进意见。

【举办“城市更新”论坛】3月12日，县政协举办“城市更新”论坛，委员们围绕欠发达县城市更新典范—泰宁现象、城市功能分区与完善—更新的主线、城市形象提升—更新的重点、城市环境提升—更新的目标和城市经营管理的手段发表意见建议。此外，县政协还对口协商城市更新征迁政策，全力助推城市发展。

【全县政协工作会议】县委于11月24日召开全县政协工作会议，会议系统回顾总结30年来政协工作成效和经验，部署当前和今后一个时期的主要任务。会后出台了《关于加强人民政协政治协商的实施办法》和《关于加强人民政协民主监督的实施办法》，推进了政协履职制度化、程序化、规范化建设。

【提案工作】2014年，县政协共收到以提案形式提出的意见建议147件，立案108件，其中团体提案23件，委员个人提案85件。提案分别交由33

个相关单位承办，现已全部办复完毕。提案所提问题已经采纳或基本采纳的36件，占33%；正在采纳或列入采纳计划的63件，占59%；对因条件限制未能采纳或留作参考的9件，占8%。5月20日，召开关于加强城区燃放烟花爆竹管理的提案办理“回头看”座谈会。5月26日，召开完善全县市政工程建设专题类提案集中办理“三见面”座谈会。8月8日至10月23日，对《进一步加强县城饮用水水源保护的建议》《加快城市更新步伐的建议》《加强县城河道面源污染治理和系统治理的建议》《加强县城停车场管理的建议》《在义务教育寄宿制学校实施“热水暖心”工程的建议》《推进数字化信息化社区建设的建议》等重点提案进行督办。10月11日，开展《进一步加强县城饮用水水源保护的建议》重点提案办理“回头看”活动。

【社情民意工作】2014年，政协委员反映社情民意建议意见36件，其中转有关部门办理25件，编辑《政协信息》11期，其中《关于丽水市预选承包商制度的建议》《加快推进税制改革，合理划分中央与地方收入》等信息被市政协采用；《打造中国农村电子商务培训基地的建议》《关于南尖岩旅游换乘中心的情况反映》《把南溪建成可游泳的河》等信息得到了县委、县政府主要领导的批示。

【政协宣传工作】开展了县政协成立30周年纪念活动。加强与《人民政协报》《联谊报》和市县新闻媒体的合作，办好政协网站、政协简报，刊播新闻200余篇，宣传了政协履职特色、亮点工作和委员风采，扩大了政协工作社会影响。

【文史工作】2014年，出版县政协文史资料第十七辑《杏坛留痕（续）》，启动《遂昌县畲族教育史料》征集工作，编撰遂昌县志（续）政协篇目。协助市政协征集水利建设史料和非物质文化遗产传承人口述文史资料。

【省市政协领导调研考察】6月18日，省政协常委、人口资源环境委员主任张苗根率队到遂昌开展乌溪江水域保护情况调研。7月16日，省政协副秘书长、科教委专职副主任叶青一行8人到遂昌参加捐建北界镇中心小学塑胶运动场活动。8月22日，省政协民宗委一行10人到遂昌督查《关于进一步加快民族乡镇经济社会发展的意见》文件落实情况和“五水共治、五教同行”专项民主监督活动。8月25日至26日，市政协副主席何赤峰到遂昌开展“汤显祖文化深度开发”课题调研。9月22日，市政协副主席叶朝丐到遂昌开展“农村建设规划情况”专题调研。10月14日至15日，省政协原副主席孙家贤一行57人到遂昌考察“五水共治”、“美丽乡村”建设。（杨　珊）

民主党派·社会团体

民进遂昌总支

【概况】2014年，中国民主促进会遂昌县总支部下设支部4个，会员85人，其中具有中级以上专业技术职称76人，占比89.41%。2014年吸收新会员4人。

【参政议政】2014年，在省、市、县“两会”上，民进遂昌总支提交团体提案8件，个人提案26件，另外还有社情民意22件，全部予以采纳。其中周荷香代表民进遂昌总支的大会发言《整合优势资源，提升遂昌茶叶竞争力》被县政协八届三次会议评为优秀大会发言，《关于出台优惠政策，吸引本地人才的建议》被评为优秀提案，《改革体制、加大投入，提高公交分担率》被确定为县政协常委会的专题协商课题；李建霞在县政协城市经济论坛上的专题发言《欠发达地区城市更新的典范—泰宁现象》，为遂昌县的城市更新工程提供了良好的范本；肖飞《关于在我县义务教育寄宿制学校实施“热水暖心工程”》的建议，被列为重点督办提案，至年底已在全县中小学实施；雷金南《关于加强县城停车场管理的建议》被列为重点督办提案，至年底已完成招标；徐伟军、蓝根荣关于加快推进三溪治理 和“五水共治”方面的建议，被列为重点提案。

【社会服务工作】科技经济支部服务农村、服务基层，指导村镇建立健全村级档案，帮助农民拓宽农产品外销通道，指导年轻人参与网上创业，利用涉企办事律师服务中心工作平台，为企业排忧解难，组织开展“3·15”价格咨询，为群众宣传物价政策解答价格问题等；文卫支部常年不定期组织医卫界会员送医到乡镇，免费为当地群众进行义诊，宣传常见病预防保健知识，文化界会员热心参加县内外各类文化活动，开展送文化下乡活动，参与培训乡镇文艺骨干和文化志愿者，受到群众的欢迎和好评；教育支部和遂昌中学支部送教下乡，深受老百姓喜欢，保持和延续了民进遂昌总支社会服务的强项和特色。

【会员荣誉】2014年，遂昌县民进会员黄迎婷获省民进企业家联谊会优秀会员；施晓洁执笔并参与编导的微电影《青春合伙人》，在省、市获奖，并提交参与全国电力微电影评选；黄跃霞被丽水市行政审批中心评为2013年度行政审批工作先进个人；朱学苏荣获第十一届“星星火炬”中国青少年艺术英才推选活动优秀指导奖；吴琼获浙江省第三届青少年校外教育教师技能比赛小论文二等奖，论文《钢琴四手联弹教学中个性和共性的配合及训练》发表在《科技展望》杂志上；章基勤多篇散文在《中国旅游报》等国家级报刊发表，散文《门外看版画》入选上海人民美术出版社《百年可扬》一书；赖昌平的书画、汤建华的黑陶作品参加展出并多次获奖；华宗宏担任校长的北界中心学校，国学教育特色得到了省政协主席乔传秀的赞扬，他还利用省政协委员的身份，争取到两位省政协委员40万元资金的支持，为学校建造了塑胶跑道；王海瑛的油画作品入选浙江省美术作品展参展，获丽水首届美术作品展优秀奖；张朝晖论文获国家优秀论文奖，省中职教师教学能力竞赛三等奖；上官文训被评为丽水市第一届“最美教师”，论文《山区高中文科数学学困生的成因及对策》发表于国家级期刊，在省新课改背景下高中教师五项能力提升培训中作题为《谈谈周记》的发言，被评为一等奖；巫林松获2014年丽水市高中数学说题比赛一等奖，并被推选参加省级比赛；潘立云获丽水市高中数学青年教师说题竞赛一等奖。（民进遂昌总支）

工商业联合会

【概况】2014年，遂昌县工商业联合会下辖云峰、大柘、石练、三仁4个基层商会和食品、家电、铸造3个行业商会，北京、上海、杭州、义乌、温州5个异地商会和新生代企业家联合会。全年发展会员138个，共有会员1043个。北京遂昌商会完成换届工作。县工商联被评为浙江省“五好”县级工商联，丽水市工商联系统先进单位及招商引资工作先进单位，获2013年度遂昌县招商引资优胜奖三等奖。

【“五好”工商联建设】县工商联围绕学习贯彻落实中央16号文件精神及省、市工商联工作部署，从“争取党政重视，工作保障好；加强力量配备，领导班子好；兼顾规模结构，会员发展好；突出特色规范，商会建设好；注重创新创造，作用发挥好”等五方面入手，加强商会规范化建设和自身建设。2014年，被评为浙江省“五好”县级工商联。

【北京遂昌商会换届】12月13日，主题为“融昌盛，商天下”的北京遂昌商会第三届会员代表大会暨遂昌县招商推介会在北京五洲皇冠国际酒店举行，150余名在京遂昌商会成员及领导嘉宾参加，遂昌县领导包建崇、叶照辉、包志华、林成高等到会祝贺。大会选举产生第一届理事会，北京仁歌视听科技有限公司总裁黄志强当选为北京遂昌商会第三届理事会会长，吴炜强、唐昌平、吴伟华、周文辉、吴法富、刘春伟当选为常务副会长，聘请北京大山子阳光金街国际商城有限公司总裁刘建新担任名誉会长，北京市华业达服装辅料有限公司总经理王伟华担任顾问。大会还进行慈善拍卖和义卖募捐，共募得善款17万余元，纳入“北京遂昌人爱心基金”。（刘志琼）

总工会

【概况】2014年，全县单独建会504家，联合工会40家，会员43234人。是年，县职工服务中心被评为浙江省优秀职工服务中心。

【省劳模、模范集体评选】1至4月，县总工会通过前期的调查、摸底，完成省劳动模范、模范集体和工人先锋号等先进的推荐工作。云峰街道长濂村党支部书记郑宗长、遂昌育才中学校长毛卫华获浙江省劳动模范称号；县环卫处上坑垃圾填埋场被省总工会授予浙江省工人先锋号；遂昌县公安局看守所、遂昌竹炭博物馆原生态农产品销售班组、浙江元立集团优带厂生产丙工段轧机班分别被市总工会授予丽水市工人先锋号称号。

【职工特种疾病互助】县总工会出台《遂昌县职工特种重病住院团体医疗互助办法》，以保重病、保子女和人人助我，我助人人的“两保两助”医疗互助为宗旨，将患有恶性肿瘤、冠状动脉旁路移植术（或称冠状动脉搭桥手术）、终末期肾病（或称慢性肾功能衰竭尿毒症期）、良性脑肿瘤手术、严重Ⅲ度烧伤、再生障碍性贫血等6类重大疾病的职工或其22周岁以下子女确定为保障对象，一次互助期限为3年，一份互助金为120元。2014年有94个单位已办理职工特种重病住院团体医疗互助手续，涉及职工4117人，金额61.88万元。

【省劳模（职工）休养基地】2014年，县总工会通过与外对接，吸引各地工会组织劳模来遂休养。全年共接待杭州、温州、舟山等地来遂昌休养的劳模1.2万人次。同时，县总工会争取将劳模休养基地打造成一线职工休养场所。4月，由杭州市总工会组织的一线职工首批休养员100人，到遂昌进行为期3天的休养，在游览风光的同时，还安排休养员在遂昌县人民医院进行健康体检。2014年全年共计有5个批次，约500名来自全省各地的一线职工来遂昌休养。

【工资集体协商】2014年，县总工会根据各类企业不同特点，有针对性地确定协商方式和协商重点，下发《关于全面签订企业集体合同暨实行工资集体协商制度的通知》等指导文件，拟定合同范本，以工委为单位，推进所辖企业的签订任务的完成。全年完成签订单独集体合同243家，区域行集体合同1份，覆盖13家企业，行业行集体合同1份，覆盖48家企业，签订率达100%。（黄芸芳）

共青团遂昌县委员会

【概况】 2014年，全县14～35周岁青年65375人，其中28周岁以下青年41502人，共有共青团员12530人，团青比为30.2%。全县共青团组织共721个（包括37个团委、2个团工委、2个团总支、680个团支部，其中实体化大团委新建团组织360个），团县委直属团组织69个，其中乡镇团组织20个，青工团组织41个，学校团组织8个。

2014年，共青团遂昌县委员会开展"青春聚力中国梦""奋斗的青春最美丽""红领巾相约中国梦"等主题教育活动20余场。选树"村村都有好青年""农村致富带头人""向上向善青年"等先进典型30余人。组建了一支由20名核心网评员、300余人网评员组成的网络志愿服务队伍。开通遂昌团县委微信公众号，发布信息150余条，有粉丝554人。开展"青春微梦想""青春微志愿""青春微舞台"为主题的网络文明宣传活动，引导青少年正面发声。制作首部农村电子商务宣传片《创·青春》。开设"干部讲坛""我眼中的你"活动，培养青年干部博学、审问、慎思、明辨、笃行的行为习惯。

【助力遂昌电子商务发展】出台《遂昌县加快农村电子商务发展实施意见》《遂昌县电子商务发展战略规划（2014—2020）》等文件，实施美丽乡村试点工作，建立农村电子商务服务站210个。开办农村电子商务培训夜校，全年共举办培训班及会员沙龙活动50余场。制作遂昌县农村电子商务电视专题片、青年电子商务创业微电影，《休闲遂昌》农村电子商务专刊。

【首届青年电子商务创业大赛】5月4日，遂昌县2014年青年电子商务创业大赛落幕，本次大赛自4月10号报名以来，吸引了百余名参与者，经海选、创业书评定以及现场演说的方式，最终决出10强选手进入决赛。大赛以"激扬青春·赢在网商"为主题，设置超过300万元奖项，鼓舞青年在电子商务领域创业创新。参加决赛的10名选手，有地地道道的农民，有全职妈妈，有IT精英，也有在读的大学生。来自浙江大学的研究生邹建财凭借着"校园零食销售网络"的巧妙创意获得了一等奖，王宏俊、张雅卿获得二等奖，朱耀军、林世豪、叶松旺获得三等奖。

【基层团组织建设】完成村级团组织换届选举、争当"泥腿子"村官工作，推荐2人进入省组织部乡镇（街道）团委书记培养人选遴选计划。开展推优入党集中行动月，共19名青年团员被推荐列入入党积极分子。

【青少年维权工作】 2014年，团县委成功创建三个省级"青少年维权岗"，开展"共青团与人大代表、政协委员面对面""我是小法官""流动青少年宫"进校园等青少年平安自护活动20余场。未成年人犯罪率较之2013年下降3.1个百分点。

【青年人才培养】发放青年创业小额贷款1712.4万元，获贷人数234人，帮扶青年创业。评选遂昌县青年文明号、青年岗位能手，并推选42人参加丽水市青年文明号风采展示大赛、青工技能比武大赛、技能运动会等活动。（吴　旻）

妇女联合会

【带动女性创业就业】2014年，全县培育来料加工经纪人465名，发展加工队伍2.39万人，发放加工费2.2亿元，从业者人均增收9270元。争取省特扶资金430万元，用于第二轮来料加工场所建设，年度完成云峰街道隔溪村、大柘镇华洋村、焦滩乡蔡口村、龙洋乡凉潭口村、濂竹乡治岭头村来料加工场所验收，应村乡桃溪村、妙高街道上江村在建中。举办为期12天的首期“月嫂”培训班，培训学员65人。

【深化巾帼健身活动】县妇女会（以下简称县妇联）联合县体育局、县住房和城乡建设局，举办“浙江省第二届全民体育节暨2014年遂昌县庆“三八”“美丽县城杯”全国第九套广播操比赛，来自各乡镇（街道）、机关企事业单位的56支代表队1400余名队员参赛。举办“广舞沙龙”活动10期，其中金岸、云峰等城乡交流“广舞沙龙”活动6期，上演各类舞曲200余支，4000余人次参与展演，参演队伍70余支。

【妇女干部培训班在杭州开班】由县委组织部、县妇联联合举办的2014年妇女干部培训班在杭州市妇女干部培训学校开班。全县各乡镇（街道）妇联主席、城镇妇委会主任60人参加培训学习。培训班邀请专家学者讲课，结合妇女工作实际和妇女干部特点，就党的群众路线实践活动、婚姻与家庭、女干部素质提升、妇女维权常识等方面知识进行深层解读，进一步增强提升基层妇女干部业务素质。

（周　燕）

红十字会

【概况】2014年，全县20个乡镇街道成立红十字会，妙高叶坦、庄山等4个村（社区）建立基层红十字会。全县32所公立学校及县级三家医疗机构建立红十字会组织。“6·27”洪灾后，社会爱心人士和凯恩股份捐款20.36万元，上级红十字会下拨应急救灾款物22.56万元支援灾区。黄沙腰镇大熟村、西畈乡渡口村设立红十字会关爱金13万元，用于帮助和扶持村困难户。推进生命关爱行动，全县无偿献血3131人次，献血总量1013.7升，满足了全县临床用血量。捐献造血干细胞入库20人。对3位器官捐献志愿者走访慰问，杭州遂昌商会为器官捐献志愿者粟永芬捐款1.88万元。开通遂昌县红十字会微博、微信宣传人道博爱精神。

【应急救护培训】2014年，县红十字会组织卫生、公安、交通、旅游、矿山等行业从业者集中培训，每期10课时，共18期1300多人，通过考核取得救护员证的有1200多人。应急救护知识普及培训5642人。编印《应急救护手册》及《家庭常见急症及处置》折页共5000多份，发放民众学习。

【志愿者队伍建设】8月成立遂昌县红十字志愿者队伍“志诚红十字宣教服务队”。11月成立红十字无偿献血志愿者队伍。在遂昌金矿景区设立救护站，制订服务章程和制度，配备应急救护器材，同时开展急救技能培训，有34名景区志愿者掌握了初级急救技能。（章亚群）

关心下一代工作委员会

【青少年思想教育】2014年，遂昌县关心下一代工作委员会（以下简称县关工委）强化社会主义核心价值体系教育，配合有关部门，在全县深入开展“践行核心价值观，携手共筑中国梦”主题教育活动，开展社会主义核心价值观进校园活动。

一是在青少年中开展社会主义核心价值观的宣传和普及，把友善、孝敬、诚信等中华传统美德教育很好地体现到课堂教学、课外活动等各个方面。开展“我的中国梦”主题教育实践，增强孩子们的社会责任感、创新精神和实践能力。二是充分利用传统节日、纪念日等开展主题教育。在全县中小学开展“点亮微心愿•共筑中国梦”四季主题活动，充分利用学雷锋日、“三八”妇女节、清明节、“五四”青年节、抗日战争胜利纪念日等重要纪念日和节庆日，开展以爱国主义教育为核心、中华美德和革命传统教育为重点的主题教育活动。三是组织未成年人了解民族传统文化、中国历史、英模事迹；开展以“中国梦”为主题的征文演讲、诗歌朗诵、主题班队会等，教育学生常怀感恩之心，学会关心身边的人。四是通过开展“小手牵大手，保护水环境”为主题的治水宣教活动和发放“五水共治”倡议书，将治水活动渗透到学校教育教学工作和师生文明行动中，通过学生的感悟、体会与践行，使治水理念、治水知识、治水行动走进学校、带动师生、辐射社会。

【开展“美德少年”评选表彰活动】与县委宣传部、文明办、团县委联合开展“美德少年”评选活动。全县共评选出102名“美德少年”，并进行表彰，为全县青少年树立了学习的榜样。

【构筑三位一体的安全防护网】一是构建学校、家庭、社会三位一体的安全防护网，通过召开家长座谈会，发放《致家长一封信》《学生家长告知书》等形式，联合家长做好安全教育工作；通过书面签订安全责任书、短信、电话、家长会、家访等方式，切实落实家长的学生安全监管责任；二是联合县教育局开展防溺水专题教育活动，开展“珍爱生命，预防溺水”为主题活动，在江河、溪流、山塘、水库等危险水域边树立醒目的安全警示牌，加强防溺水宣传力度，形进一步增强了学生的安全意识。

【帮困助学】2014年，县关工委为遂昌中学患肾衰竭需手术而家庭困难的应晓健同学捐款3000元；对城东社区雷晓军换肾后家庭困难进行了走访慰问，送慰问款500元。为遂昌中学30名贫困高三学生筹集6万元助学金，帮助他们能顺利完成学业，参加高考。县关工委还联系社会爱心人士对一批特困儿童进行帮扶，有50名贫困大学新生得到资助，其中13人得到全程（四年）资助每人每年5000～7000元，37人得到一次性资助每人5000元。共计资助金45万余元。受助的50名学生中有9名学生来自残疾人家庭。

（涂金兰）

革命老区开发建设促进会

【概况】2014年，遂昌县革命老区开发建设促进会注重调查研究建言献策，开展调研8次，撰写调研报告4篇，获县领导批示1篇。牵线搭桥拾遗补阙，争取到项目经费650万元。服务老区重在实效，扶持项目资金12万元。慰问农村老党员和农村老党员遗孀3.1万元。

【牵线搭桥助发展】2014年，云峰街道墩头至门阵公路开始全线硬化，县老促会多次向上级建议，争取到省政府专项补助资金500万元。县老促会出资3万元扶持白马山中药材专业合作社450亩项目，已收益10万余元。

【新建和修复革命遗址】县老促会向省政府建议新建曾友昔纪念亭，2014年争取到资金20万元，县老促会还为泉湖寺、唐公宪故居、埠头洋党代会旧址和曾友昔纪念亭4处革命遗址修复出资9万元。以上革命遗址修复工作均已动工，其中曾友昔纪念亭已竣工。

【遂昌县老促会第四届理事会第一次全体会议】12月1日，遂昌县老促会第四届理事会第一次全体会议召开。会议选举产生新一届县老促会理事会，会长廖为义，常务副会长叶良平，副会长潘新军、李伟纲、郑建云、李建平、周瑞琛、罗会贤、蓝飞鹏、罗建国，秘书长罗建国。理事会下设经济、农村、妇女、教科文卫和综合5个工委，共有理事89名。

（林玉香）

法　治

政法及综治

【政法综治维稳暨信访工作】2月26日，县委、县政府召开全县政法综治维稳暨信访工作会议。会上，县委、县政府与各乡镇（街道）、部门签订《2014年度社会管理综合治理目标管理责任书》，明确维稳工作责任。县委维稳办下发《关于落实重大不稳定问题化解稳控的通知》以及《关于做好全国“两会”、市“两会”期间社会稳定工作的通知》，明确各单位加强各项安全管理和治安防控工作措施。实行领导包案，化解信访积案，破解信访难题，引导教育群众依法合理解决诉求，维护社会和谐稳定。

【制订平安遂昌三年行动计划】 2014年，遂昌县委、县政府出台《关于实施平安遂昌三年行动计划的意见》，明确以“六项举措”为抓手，为提升全县平安建设水平划定了时间表，确定了路线图。计划通过实施目标化管理、项目化运作、常态化推进，努力建设基础更牢、水平更高、人民群众更加满意的平安遂昌，为建设“五美遂昌”创造安全稳定的社会环境。

【化解矛盾纠纷】依托“网格化管理、零距离服务”，及时掌握社情民意，排查发现各类苗头性问题，充分运用领导包案、督查督办、考核推动等手段，切实开展矛盾化解工作。1—11月共排查矛盾纠纷2950起，调处2918起，调处率98％，调解成功2774起，调解成功率95%。省综治办督办的第二批重大矛盾纠纷“妙高街道西街移动联通通信基站辐射”，市综治办挂牌督办的“金竹镇兰蓬村村民与大西坞萤石矿发生的开采引发的矛盾纠纷”，通过政法委、环保局等相关单位耐心细致的群众工作，都得到妥善解决，分别于7月底、10月底报结。

【强化安全生产整治力度】建立健全“党政同责、一岗双责、齐抓共管”工作机制。出台《加强安全生产促进安全发展的意见》，完善安全生产责任体系。完善和推进乡镇（街道）和园区安监站所规范化建设和企业安全生产标准化建设。通过扎实开展“打非治违”专项行动、可燃爆粉尘专项整治行动及安全生产大排查大整治活动，完善事故隐患自查、自改、自报制度，积极探索建立政府、企业有偿购买服务的隐患排查治理机制，全县安全生产形势持续保持稳定好转。2014年，全县共发生安全生产事故19起，死亡20人，与2013年同期相比事故起数下降5%，死亡人数持平。

【重点人员的管理服务】加强对流动人口的服务管理，探索“以房管人、人房共管”的模式，强化日常监管。强化对社区矫正对象和刑释解教人员的服务管理，强化对吸毒人员、重点青少年群体的服务管理，完善帮教安置网络，对刑释解教人员的接收、帮教、管控、安置等各个工作环节实行动态管理，推进安置帮教信息化建设。

【平安建设交叉暗访活动】9月25—26日，遂昌县与龙泉市共同组织开展平安建设交叉暗访活动，重点对校园安保、食品药品安全、治安管理等领域加大检查力度。通过认真细致的交义暗访活动，发现了平安建设中的一些隐患和问题。县平安办根据暗访情况，要求各成员单位对当前存在的薄弱环节进行分析，并及时落实整改措施，迎接省平安暗访组检查，推动“平安遂昌”建设上一个新的台阶。

附：“民事村了”工作法

“民事村了”工作法是遂昌县应村乡应村村两委从多年工作经验中总结出来的，该村自从启动“民事村了”工作法以来，全村连续18年未发生重大刑事案件，24年未发生房屋火灾，17年未发生安全生产事故，99%的矛盾纠纷消除在萌芽状态，是远近闻名的平安村。该工作的做法是：

1. 矛盾纠纷上门了，实现民怨民愤不上交。进一步建立健全村级调解服务队、矛盾纠纷排查队、村级调解委员会、文明和谐宣传队等群防群治服务团队建设，常态化开展矛盾排查、纠纷调解、文明宣讲和普法教育活动。要求村干部和相关队伍做到“四必访”。即有困难时必访、有纠纷时必访、有疑义时必访、有违法违纪苗头时必访，及时掌握动态信息，主动上门调解处置，使纠纷矛盾解决在萌芽状态。

2. 便民服务员“坐堂”，实现服务群众零距离。规范村级便民服务中心运行制度，“一站式”办理宅基地审批、接受贷款申请、社保金缴纳、准生证申领、政策咨询等业务。坐班实行定人、定点、定时、定责，要求有记录、有答复、有反馈、有签名，当场能解决的决不过夜，不能解决的记录在案，集体研究解决。“坐堂”干部还可兼任乡镇（街道）社会管理中心协办员，为村民提供全程代理服务。

3. 项目建设包干，实现乡村发展大提速。明确以项目建设为中心的导向，实行“包干定责制”，由村支部书记负总责，两委干部包干领办、具体落实，明确责任、奖罚有度。村务监督委员会对项目建设全程监督，对建设进度、项目质量、资金使用等方面发现不符合要求的，及时召开村两委会议研究解决。同时发动无职党员参与项目建设、助力政策处理，服务项目的规划和落地。

4. 村务民意上墙。在醒目位置设立“村务群言栏”，村民有想法或要求可以直接通过群言栏留言。村两委每天派人摘录、梳理、回复，能处理的即时处理；暂时无法处理的，交每周村两委例会讨论，通过民主商议，表决处理，做到件件有落实、事事有回音。“村务群言栏”不限于建言献策，还可“晒困难”“表诉求”，甚至“发牢骚”，实现干群沟通无障碍。

5. 帮扶困难群众，实现困难群体全村帮。建立关爱机制，对于困难群众，协助查找致贫原因，落实帮扶措施；对于外来移民，主动上门服务，通过群众性文体活动促进村民融合；对于留守儿童，积极开展“春泥计划”，加强未成年人思想道德教育；对于孤寡老人，定期走访慰问，传递集体温暖；对于矫正对象，及时掌握动态，加强沟通教育，帮扶创业务工，引导融入社会。

自从全县推广“民事村了”工作机制以来，各类矛盾纠纷、安全事故、刑事发案率等大幅下降，村集体事业得到良性发展，村两委干部、党员的服务意识明显增强，不稳定因素大为减少，群众安全感和满意率明显提高。《浙江日报》2014年3月27日头版刊登题为《遂昌“民事村了”暖人心》的文章，作为平安浙江建设10周年经典做法予以表扬。（温红梅）

法治政府建设

【依法行政】2014年，对全县2013年度推进依法行政、建设法治政府工作情况开展全面考评，将法治政府建设考评结果与部门领导干部绩效考核挂钩。年初，县政府常务会议专题研究部署依法行政工作，下发《遂昌县2014年依法行政工作要点》，召开全县依法行政工作会议。10月，遂昌县聘请浙江大学法学院章剑生等3位律师为常年法律顾问，为政府依法行政提供法律帮助。年内政府领导班子集体学法2次，并邀请省信访局副局长王宏就信访与依法行政作专题讲座。

2014年，县政府法制办公室对县政府有关合作协议及合同进行依法审查，为县领导提供法律意见和建议27份，审核办理信访复查函16件。向上级法制机关报送政府法制信息109篇，录用99篇。给县人大常委会组成人员上《浙江省信访事项复查复核办法》专题辅导课1次，到部门、乡镇辅导《中华人民共和国行政许可法》《中华人民共和国行政强制法》6次。全县依法行政工作会议推广应村乡政府“民事村了”模式，县质监局规范公正执法建设法治质监的经验做法，起到示范引领作用。

【制度建设】全年审查政府行政规范性文件45件，出具审查意见45份。经审查出台的行政规范性文件均按要求向市政府和县人大常委会报备，未出现违法设定行政许可、行政处罚、行政强制措施和行政收费的情形。对2000年以来县政府及县政府办公室制定的行政规范性文件共356件进行清理，其中现行有效的县政府及县政府办公室行政规范性文件235件，暂时保留适用的22件，决定废止或宣布失效的56件，已废止或宣布失效的43件。清理结果通过县政府门户网向社会公布。

【执法监督】2014年，县政府法制办会同县编办对政府各部门的行政职权开展全面清理，共梳理权力事项3979项，规范权力名称，优化权力运行流程。围绕人民群众普遍关注的公共安全、食品安全、征收征用、环境保护等社会热点难点，开展了对农业、市场监管局等单位涉及民生保障领域的专项执法检查。邀请人大常委会有关工委一起参加执法检查监督，采取听汇报、查台账、召开座谈会、走访管理相对人、明察暗访、问卷调查、随同执法检查等方式，狠抓突出问题整改。年内2次组织各单位法制工作人员进行行政规范性文件制定、行政执法证件管理、行政调解、合同管理等业务培训。

【行政争议化解】2014年，县政府共受理行政复议申请3件，办结2件，其中维持1件，申请人撤回结案1件，中止1件。对于行政复议当事人争议的事实问题，县政府法制办坚持公开听证，确保查清事实。对于重大、疑难、复杂的行政复议案件，组织全体工作人员集中讨论，广泛听取法律专家、相关部门和管理相对人的意见，提高行政复议办案质量。

2014年，全县各级行政机关共受理行政调解案件3735起，调解成功3516件，调解成功率94%。县政府法制办与县法院共同制定出台《关于建立健全行政调解与诉讼对接机制的意见》，县政府印发《关于建立健全行政调解与人民调解衔接机制的意见》，规范了行政调解与诉讼调解、人民调解的衔接工作，建立人民调解、行政调解、司法调解协调联动机制，形成化解争议纠纷合力。创新行政调解方式方法，采取听证、现场调查、邀请基层组织和专家参与等新方式，进一步提高行政调解的权威性和公信力。健全行政调解信息工作网络，建立重大行政争议预警预防机制，对涉及征地拆迁、劳资纠纷、医患纠纷、资源开发、环境污染和食品安全等涉及广大人民群众切身利益的行政纠纷和民事纠纷，提前出击，主动介入，开展行政调解，将矛盾纠纷消灭化解在萌芽状态。

（法制办公室）

司法行政

【概况】2014年，遂昌县司法局获全省社区矫正先进集体称号；市委、市政府“大调解工作”先进表彰；中心司法所建设工作获全市司法行政工作创新奖；林义生被评为浙江省社区矫正先进个人。

【中心司法所建设】2014年年底，在妙高街道和北界镇设立中心司法所，妙高中心司法所的人员从4人增加到8人，北界司法所的人员从1人增加到4人。下一步，将在云峰街道、石练镇、金竹镇，黄沙腰镇、王村口镇设5个中心所。

【普法工作】结合县重点工作，积极开展“五水共治”、“三改一拆”、依法信访等主题宣传活动。认真开展民主法治村复评和创建工作，创建云峰街道长濂村为全国民主法治村，创建1个省级民主法治村和两个市级民主法治村。创建浙江永联民爆器材有限公司永新分公司为市级诚信守法企业。在大柘镇大田村开展普法农家院创建活动。通过各种主题宣传活动，在全县开展形式多样的法律进机关、进单位、进校园、进农村、进企业、进社区活动。

【公证工作】2014 年，县公证处共受理案件 602 件，涉外案件数量较 2013 年同期增长 25%。根据全省“公证质量建设年”活动的通知，县公证处重点抓公证质量建设，严格落实自查、回访等制度。办理 “万人齐唱《牡丹亭》”、廉租住房抽签选房等活动的现场监督公证。为“低丘缓坡”开发建设项目办理保全证据公证 4 次，积极参与服务“三改一拆”、城市更新项目建设的保全证据、现场监督公证。

【律师工作】对 2013 年本县律师在县人民法院判决的案件进行逐一翻阅，共检查案件 2100 件，对其中本县律师代理的 365 件案件进行信息摘录比对，发现有 9 个案件涉及未登记，并对该名律师进行批评教育。乡村法律顾问工作签订为期 3 年的合同，并采取报名抽签的方式确定各乡镇（社区）的法律顾问，提高了法律顾问工作的积极性；通过制作乡村法律顾问工作牌，印发顾问名片等方式提高了乡村法律顾问工作的知晓率。2014 年，评选出优秀顾问 5 名、优秀服务单位 2 个。遂昌县乡村法律顾问提供法律咨询 1748 人次；开展法制宣传教育活动 13 次；开展村务“法律体检”14 个；帮助修订、完善村规民约、合同、协议等 20 个；办理法律援助案件 233 件；为乡（镇）政府提供法律意见和建议 155 条；协助处理信访问题 15 起；调解疑难矛盾纠纷 27 起；处理其他涉法事务次 19 次。

【社区矫正与安置帮教】2014 年共接收矫正对象 205 人，办理社区矫正解除手续 199 人。在管社区服刑人员 270 人，无脱管、漏管现象和严重刑事再犯罪。接收安置归正人员 74 人，安置率 97.2%，重新犯罪率 0.67%。推进社区矫正规范化建设，开展社区矫正警示教育和“三查”专项行动，积极推动社区矫正执法工作依法、规范、有序、发展。在全县 203 个村（社区）建立社区矫正刑释解教人员安置帮教工作站，形成县、乡、村三级网络，为全县的安置帮教工作扎实开展奠定了良好的组织基础。

【法律援助】2014 年，县法律援助中心及各法律援助工作站共受理法律援助案件 721 件，比 2013 年度增加了 84 件，其中民事类案件 650 件、刑事类案件 71 件。民事案件中诉讼案件 140 件，非诉讼案案件为 510 件，其中劳动仲裁案件 346 年，比 2013 年增加 176 件。

【人民调解】2014 年，全县各级人民调解组织共受理案件 3681 件，调解成功 3678 件，成功率 99.9 %，涉及金额 5623 万元。全县 10 个直属司法所有 4 个直属司法所通过考核达到三星级司法所标准。全县行业性调委会达 12 个。

（王 赟）

公 安

【概况】2014 年，全县各类刑事案件发案数较 2013 年同期下降 5.23%，破案率较 2013 年同期上升 4.97%，没有发生命案。交通事故，同比下降 16%。交通事故死亡人数连续 10 年下降，连续 7 年未发生重特大交通事故。看守所连续 29 年安全无事故。2014 年，县公安局获公安综合工作考评全市优胜单位，社会治安评估考核成绩全市第一。县公安局获市（省厅、部局）级先进集体 13 个，集体三等功 3 个。获市（省厅、部局）级先进个人 7 个，个人三等功 12 个。

【护航县中心工作】围绕县委、县政府中心工作，护航“五水共治” “三改一拆”。实行 “一河一警长”“一溪一责任”，全县 115 条河道和 10 个治水项目实行分解，落实到警长。协助整治“五水共治”污染源 19 个，及时通报移送涉水重大矛盾纠纷和违法行为 16 件，破获环境污染案件 2 起，抓获犯罪嫌疑人 8 名。护航重点项目建设，实行 “一项目一民警”，查处违法犯罪案件 7 起，刑事拘留 7 人，行政处罚 5 人。

【打击刑事犯罪】发还侵财

案件被侵害财物200余万元。出动警力100余人次，辗转北京、广东、广西、河北、河南、上海等地，抓获“4·23”特大电信诈骗案犯罪嫌疑人9人。侦破丽水市第一起医药代表对国家非工作人员行贿案。破获系列盗窃摩托车、电瓶车案，追缴摩托车10余辆；电瓶车20余辆、电瓶40余只、赃款6万余元。“缉枪治爆”专项行动，缴获涉案气枪11支、各类气枪配件2000余件。开展“食药环”专项行动，侦破1起非法生产、销售假药案，查获各类假药30余种200余盒，抓获犯罪嫌疑人6人。

【扫黄禁赌禁毒】 “铁拳2014年”专项行动共查结各类赌博案件50起，摧毁赌博团伙9个，收缴赌资500余万元。“扫黄”行动破获查处涉黄案件4起，抓获犯罪嫌疑人11人。“百城禁毒”会战缴获毒品26克、毒资3万余元。

【社区警务室建设】 3月，社区警务中心和市民体验中心揭牌。社区警务中心协助查破各类案件53起，直接破获重大刑事案件2起，抓获各类违法犯罪嫌疑人17名、在逃人员4名，化解矛盾纠纷104起，为群众提供帮助150余人次。市民体验中心发放各类宣传资料2000余份，接待群众多人多批次。市民参与互联互动，县城入室盗窃发案率同比下降33%，可防性案件同比下降24%，学校周边诈骗、盗窃案明显减少。

【执法规范化建设】 开展法律业务学习培训，营造全员学法的良好氛围。领导带头学、民警轮训集中学、新警跟着学、考核测试封闭学。组织全局兼职法制员到局法制室开展轮值培训，切实提高业务素质。继续贯彻执行“月自查、月考评、月整改”制度，针对共性与典型个案问题召开法制例会进行点评，对各办案部门执法情况进行通报，严格实行奖惩。完善执法考评和执法制度建设，规范具体执法行为和各个执法环节，自觉接受人大政协、司法机关和群众的监督，提高执法效率和执法质量，实现理性、平和、文明、规范执法。

【化解矛盾纠纷】 开展“信访积案化解年”活动，共办结信访案件21件，成功化解信访隐患11起，妥善解决老大难、缠访、重复访等各类信访案件，解决一批疑难信访案件。

【和谐警民关系】 开展“警民恳谈” “警营开放日”等活动，使民警贴近群众、群众了解民警，以争做群众的贴心人为宗旨，推出“微笑服务”等活动。2014年，民警为困难群众捐款4万元，开展广场咨询活动12场，接待咨询群众504人，发放宣传资料3万余份。出台便民利民措施，实行警务公开，把社会各界和人民群众提出的意见和建议作为改进公安工作的有效载体，共办理人大代表建议和政协委员提案32件，受理并办结门户网站“县长信箱”40件，受到社会各界和群众的广泛好评。

（杨　斌）

检　察

【概况】 2014年，遂昌县人民检察院受理提请逮捕案件133件231人，批准逮捕204人，比上年上升6.8%，无一错捕；受理审查起诉案件297件436人，同比分别上升22.2%和7.1%，依法提起公诉228件339人。扎实开展环保检察，依法批捕环境污染犯罪嫌疑人6人，起诉7人。有效化解社会矛盾，对于犯罪嫌疑人真诚悔罪、获得被害人谅解、达成和解协议且符合法定条件的轻微刑事案件，不批捕1人、不起诉6人。促成民事申诉案件当事人达成和解3件，其中1件被评为全省检察机关优秀民行申诉调处案件。受理群众来信来访147件，接待来访群众36批次46人，其中检察长接待24批次。注重保障合法权益，推行涉罪未成年人羁押必要性审查、分案起诉、心理疏导、案后帮教和犯罪记录封存等制度，与县公安局联合出台《关于合适成年人参与涉罪未成年人刑事诉讼的试行规定》，依法保护未成年犯罪嫌疑人合法权益。共对16名未成年犯罪嫌疑人开展社会调查，对12名未成年犯罪嫌疑人犯罪记录进行封存；加强检校合作，2名检察官分别在遂昌县第三中学和遂昌职业中等专业学校担任法制副校长。探索建立律师接待“一站式”服务机制，逐步健全律师会见、阅卷、调查取证等执业权利的保障机制。不断完善刑事被害人救助工作机制，对符合条件的4名刑事案件被害人提供救助。

【推进惩防结合】严肃查处职务犯罪，全年依法立案查处职务犯罪嫌疑人25人，其中查处贪污贿赂犯罪嫌疑人21人、渎职侵权犯罪嫌疑人4人。依法查处科级以上领导干部10人，其中经丽水市检察院指定管辖，依法查处处级领导干部3人、科级领导干部2人。通过办案，为国家挽回经济损失600多万元。确保自侦案件质量。建立健全侦捕诉协作办案机制，促进自侦与公诉良性互动，实现办案质量和效率双提升。犯罪嫌疑人在检察机关首次讯问一律在办案工作区进行，严格落实最高人民检察院关于审、录分离的规定。落实看守所检察审讯室物理隔离和讯问犯罪嫌疑人全程同步录音录像制度，制作光盘500余张，录制时间1500多小时。全年依法查处贪污贿赂犯罪的大案要案和渎职侵权犯罪的重特大案件比例均为100%，职务犯罪案件质量位居全省检察机关前列。强化职务犯罪预防。开展行贿犯罪档案查询26次，接受职务犯罪预防咨询18次，开展特种设备安全监管专项预防调查1次。积极推进“百场领导干部预防职务犯罪宣讲”和“千场预防职务犯罪宣讲进乡村”活动，开展职务犯罪预防宣讲18场，受教育人员近1000人。加强犯罪分析和对策研究，撰写《征地拆迁领域渎职犯罪预防调查报告》，为县委决策提供参考。开通“遂检职务犯罪预防”微信，与有关单位联合拍摄《铁观音》《迷途》微电影，自创自编自演《欢迎多提意见》廉政小品。

【强化诉讼监督】依法加强侦查活动监督。一年来，共监督侦查机关立案7件9人，其中1件被评为全省检察机关刑事立案监督优秀案例；监督侦查机关撤案4件5人。改变侦查机关案件定性8件23人。认真落实审查逮捕阶段讯问犯罪嫌疑人、听取案件当事人及其代理人意见制度，严格执行“两个证据”规定，加强对违法取证活动的监督，针对违法侦查行为发出纠正违法通知书4份。依法加强审判活动监督。对重罪轻判刑事案件提出抗诉2件，抗诉意见均被采纳。依法开展民事行政审判监督，对不符合监督标准的民事行政申诉案件，认真做好释法说理、服判息诉工作，维护司法权威。依法开展行政执法监督，共办理行政执法监督案件8件。依法打击虚假诉讼行为，营造诚信诉讼环境，向侦查机关依法移送虚假诉讼线索2件。依法加强刑罚执行和监管活动监督，与在押人员谈话150余次，监督纠正刑罚执行和监管活动中的违法情形5件5人。完善刑罚变更执行同步监督机制，监督纠正减刑、假释、暂予监外执行不当情形5件5人。开展看守所监管执法专项检查活动，口头纠正一般违法8次，发出书面检察建议5份。加强社区矫正法律监督，纠正脱管漏管，促进社区服刑人员教育转化，保障刑罚依法正确执行。

【维护良好形象】开展“增强党性、严守纪律、廉洁从政”专题教育活动，着力解决群众反映强烈的“四风”和司法作风问题；落实党风廉政建设责任制，进一步强化“一岗双责”，一年来，全院干警零违法、零违纪。深入推进队伍专业化职业化建设，开展有针对性的业务培训和为期5天的封闭式岗位大练兵活动。推进信息化建设，全面推行依托统一业务应用系统的案件集中管理，实现案件受理、办理和审批全程网上运行。加强检察文化建设，积极参加专题文艺会演、疑案沙龙、信息写作笔会、全省检察机关书法绘画摄影作品评展和全市检察机关篮球赛等活动。完善内外监督机制。自觉接受人大监督、政协民主监督和社会各界的监督，认真执行人大及其常委会决议、决定，主动向其报告工作，积极配合代表视察、专题调研和执法检查，切实把人大对检察工作的各项监督落到实处。7月，县人大常委会对县检察院《关于反渎职侵权工作情况的报告》进行审议，县检察院对审议意见逐条研究、全面落实。以“举报宣传周”“综治宣传周”“国家宪法日暨法制宣传日”为契机，上街下乡宣传检察工作，真诚接受社会各界人士监督。在全省率先推行公诉人庭审忌语制度，认真执行“廉洁自律卡”和“执法监督卡”“一案双卡”制度，开展专项检务督察7次。坚持检务公开实体化，以案件信息公开为核心，按照公开内容求全、公开范围求广、公开方式求活、公开效果求好的基本要求，推行案件流程信息查询、诉讼权利义务告知和办案结果告知等制度，促进执法办案环节的信息公开。（周　瑶）

法　院

【概况】2014年，县人民法院受理各类案件4377元，同比上升8.6%，办结4185件，同比上升6.8%，均创历史新高。连续六年获得全市基层法院考核一等奖，五年内第三次集体立功，并获全省阳光司法优秀法院等荣誉称号。

审结刑事案件229件，判处罪犯331人，同比分别减少4.6%和19.3%。审结严重危害社会治安的抢劫、盗窃、诈骗、贩毒等犯罪案件66件，判处罪犯109人；审结贪污、贿赂等职务犯罪案件7件，判处罪犯17人；审结非法采矿、盗伐、滥伐林木、污染环境等破坏生态环境资源犯罪案件7件，判处罪犯20人；审结危害食品、药品犯罪案件4件，判处罪犯6人，审结危险驾驶罪案件93件，判处罪犯93人。依法保障未成年人被告人的合法权益，对全部未成年犯均按新刑事诉讼法进行严格的犯罪记录封存。

审结民商事案件2669件，同比上升8.6%，解决争议标的额5.1亿元。坚持“调解优先、调判结合”原则，对婚姻家庭、邻里纠纷等案件，着重运用调解手段，民事调撤率为67.7%，调解案件自动履行率为73.3%。行政非诉审查案件42件，同比上升75%，其中裁定准予撤回申请4件，裁定准予执行38件。

全年共受理执行案件1302件，执结1228件，同比分别上升6.2%和4.6%，实际执行率为53.4%，执行到位标的额达9882万元。运用“点对点”查控系统建设，全年共查询被执行人银行存款、房地产、机动车等各类信息3257条。积极推进网络司法拍卖，网拍率达98.4%，总成交额达7135万余元。

【封存首位未成年人犯罪记录】3月，周某因偷盗他人金项链1条，构成盗窃罪，被县法院判处有期徒刑9个月，缓刑1年6个月的刑事处罚。由于周某犯罪时尚未成年，根据浙江省检察院联合省委宣传部、省高院等12个部门共同制定《浙江省未成年人犯罪记录封存实施办法(试行)》，法院在宣判后决定封存其犯罪记录。这也是县法院首例对未成年人犯罪记录予以封存的案件。法院制作的首份《未成人犯罪记录封存决定书》与裁判文书已同时送达县人民检察院、公安机关、司法行政机关，并根据前项规定向未成年被告人周某送达书面告知书，告知其犯罪记录已被封存。据了解，在犯罪记录封存的情况下，周某在就学、入伍、就业的时候，享有免除报告自己曾受过刑事处罚的权利。

【成立全市首个社区党员法官工作室】4月17日，县法院在妙高街道叶坦社区成立全市首个社区党员法官工作室。该院将在职党员分成若干组，每组4人，采取固定时间或预约方式，每月轮流值班，并在社区公布值班法官和联系电话。值班法官通过巡回审判、法律咨询、维权指导、矛盾调处、法制讲座等各种形式，提前介入矛盾纠纷，指导人民调解工作，以专业的法律指导协助社区做好涉案群众工作，消除群众在有关问题上的误解以及不合理的利益预期，将矛盾纠纷消灭在萌芽状态，切实为社区居民解决法律难题，真正落实便民司法。

【打击拒执犯罪活动新闻发布会】1月27日，县法院召开“打击拒执犯罪专项活动”新闻发布会，并介绍国家刑法有关拒不执行的相关规定以及市中级人民法院、市检察院和市公安局联合下发的《关于办理拒不执行判决、裁定刑事案件联席会议纪要》。纪要明确了公、检、法三家在处理此类案件时的责任和程序，细化了拒执罪的构成标准，形成了拒执案件办理机制。市中院在全市统一部署，于春节前集中开展打击拒执犯罪专项活动。活动期间，县法院共向公安机关移送涉嫌拒执犯罪案件2件，其中1件已经本院审理后作出判决。

【启动丽水首辆巡回审判车】2014年，县法院开通“巡回审判车”巡回便民深入农村调解审判，这也是丽水市法院系统首辆巡回审判车。5月13日，县法院举行巡回审判车发车仪式，集送达、录像、开庭、调解、法制宣传等功能为一体的巡回审判车正式投入使用，仪式结束后到妙高街道源口村现场调解了一起邻里纠纷案件。

【建立青年法官智库】5月，县法院青年法官智库正式建立。青年法官智库是指由青年法官为主，为全院审判、执行、队伍建设、对外宣传等各方面工作的开展、推进和优化提供咨询、反馈信息、进行诊断、提出方案的团队。主要做法：一是合理配置人员。智库分为创新小组、规范化小组和法制宣传小组。每个小组由一名院领导联系，并设联络员1名。智库实行定期调整制度，根据入库人员的表现、岗位变动情况和工作需要，每两年调整、充实一次。二是有序开展活动。智库通过组织专题讨论、提出意见、形成成果、参与院务会和院长办公会等形式发挥作用，智库成员可单独向联系领导提交针对某项工作意见和建议，也可提议就某个议题召集组员进行讨论。每个小组每年至少召开全院会议2次，讨论决定小组活动计划，安排和部署工作任务。三是做好管理奖惩。联络员认真做好活动记录，如实反映智库各小组人员的表现和成果。联系领导客观全面向院党组汇报智库开展情况，及智库成员的能力、表现和成果。对表现优秀的人员给予通报表彰，并可作为评优、晋职、晋级的重要依据。

【发布《毒品犯罪案件审判白皮书》】6月26日，县法院召开“国际禁毒日”新闻发布会，向社会发布《毒品犯罪案件审判白皮书》（以下简称《白皮书》）。法院在《白皮书》中介绍了遂昌近五年来的涉毒案件的案件数量、犯罪特点、发案原因等基本情况，分析此类案件中呈现的被告人整体年轻化、文化程度偏低、以男性和农村户籍人员为主、以贩养吸和因毒品复吸重新犯罪数量上升等主要特点和各类深层次原因，并提出进一步加强对毒品犯罪危害性的宣传教育、加强综合治理的力度、正确把握宽严相济的刑事政策、完善相关法律制度等“四点预防”和打击毒品犯罪的建议。

【人民陪审员倍增计划】7月，县法院96名人民陪审员全部通过县人大常委会的任命，县内人民陪审员人数2.09倍于法官人数，提前完成人民陪审员“倍增计划”。全县20个乡镇街道、32个部门单位共推荐104名人民陪审员人选，其中组织推荐89名、个人申请15名。经过层层把关，筛选8名不符合担任条件的人员，最终确定96名拟任人选。县法院在增选人民陪审员时，充分考虑广泛性和代表性，其中城镇人口57名、农村人口39名；注重群众性和专业性，其中有医学、金融、管理、农业、林业、建筑、质监等专业技术的人才24名；充分发挥人大代表、政协委员监督职能，其中市人大代表2名、县人大代表28名，县政协委员6名，县党代表2名；注重人民陪审员的文化素质，其中研究生以上学历1名，大专以上学历57名。

【审结全市首例“外籍新娘”重婚犯罪案件】8月5日，法院审结全市首例“外籍新娘”重婚案件，被告人陈氏雪绒被判处有期徒刑一年，缓刑一年零六个月。2013年5月，福建籍男子陈某竹到越南经婚姻中介所介绍，与被告人陈氏雪绒相识。6月14日，被告人使用护照与陈某竹在福建省福州市民政局办理结婚登记。同年11月，被告人返回越南，以前述相同方式与浙江籍男子张某慰认识，并以另一本护照，在未与陈某竹办理离婚手续的情况下与张某慰在丽水市民政局办理登记结婚并以夫妻名义共同生活，并怀孕。法院审理后认为，被告人陈氏雪绒在中国有配偶且尚未办理离婚手续的情况下又与他人登记结婚，其行为已构成重婚罪，公诉机关指控的罪名成立，故作出上述判决。（涂俊丽　徐　璐）

军　事

人民武装部

【思想政治建设】 2014年，遂昌县人民武装部组织学习贯彻中共十八大精神，重点学习习近平关于新形势下国防和军队建设系列重要讲话，干部以《之江新语》《干在实处，走在前列》为主进行自主学习。围绕提高“干部职工队伍思想政治建设”，开展第二批党的群众路线教育实践活动。人武部党委自身反省，向6个渠道征求意见，共查找8个方面34类问题，分门别类解决。组织干部职工瞻仰革命烈士、参观学习王村口镇中国工农红军挺进师纪念馆和门阵革命老区。全年落实每周半天共36课的教育学习。

【后备力量建设】 2014年是遂昌民兵调整改革的第二年，县人武部完成编组1余人。全年先后组织2次专武部长集训。11月，7名专武部长参加军分区组织的选拔考核，获4个课目3个单项第一、个人综合名次第2、3、6名。5月，组织县民兵应急连集训和部分分队集训，选派6名民兵教练员参加省军区跨区联训，增强民兵教练员的法规意识和按纲施训能力。6月，根据驻地山火洪涝多发、外出打工多、科技潜力资源薄弱等地域特点，协调地方政府制定《外出民兵管理实施办法》，编实建强“三类”队伍，确保重点队伍编精、可靠管用，一般队伍编实、到位能用。8月，按军分区要求，举行“山林扑火和地质灾害救援行动现场观摩会”，受到与会领导的肯定。

【征兵工作】 县人武部针对征兵时间调整，抓征兵宣传发动工作，通过协调地方三大通信运营商和地方广电部门发送征兵短信累计2万余条，利用城区户外电子广告屏循环播放宣传片，实现征兵信息全员覆盖。被南京军区评为征兵工作先进单位，部长代表人武部到井冈山参加表彰大会。

【党管武装工作】 按要求落实党管武装各项制度，牵头召开县委常委议军会议，学习后备力量建设有关规定，分析研究武装工作重大问题，提出解决问题的措施办法，制约后备力量建设的一些瓶颈问题得到有效解决。民兵训练基地后期配套设施建设预期开工，随军家属小孩就学就业等问题得到解决。

【全民国防教育】 2014年，县人武部组织开展全民国防教育日系列活动。南京陆军指挥学院甘明法教授应邀到遂作《三海形势透析》国防知识讲座；为遂昌职业技术学校、遂昌中学2000余名高一新生进行军训；全县7所中小学校建立“最骄傲校友”、“最可爱军人”荣誉墙；充实遂昌国防教育网站，普及国防教育；继续开展与三仁乡坑口村军民共建文化村活动。

【抢险救灾】 2014年，县人武部出动民兵3000余人次参与防汛抗洪、山林灭火和“五水共治”工程。先后组织全体干部职工、专武干部和民兵分队参与“五水共治”6次，共清理河道4公里。遂昌“6·27”特大洪灾中，县民兵应急连第一时间赶赴现场，转移被困群众33人，运输物资20余吨。丽水“8·20”特大洪灾，共出动40人参加灾后重建工作。　（人武部）

武警遂昌县中队

【概况】2014年，武警遂昌县中队军事训练氛围浓厚，战备执勤贴近实战，官兵思想纯洁稳定，内部关系团结和谐，后勤管理规范有序，圆满成功了上级赋予的各项任务。中队连续46年执勤安全无事故，36年如一日照料孤寡老人事迹在驻地家喻户晓，连续8年创办中队周报，官兵军事技能全面过硬等都成为中队的特色底蕴和发展基石，中队建设呈现良性发展趋势。

【抓学习纠“四风”】第二批党的群众路线教育实践活动开展以来，中队党支部进一步加强了对干部战士的政治思想教育，提高了官兵参加学习的积极性和自觉性，增强了对党的基本理论、路线、纲领的理论认同、政治认同和情感认同。同时，通过群众提、自己找、上级点、互相帮等方式，查找干部党员的缺点和不足，特别是在“四风”方面存在的问题，明确整改方向，及时整改。活动期间支部共查摆出“四风”方面问题31个，26个得到及时解决，5个问题通过协调解决积极整改。

【军事训练】中队把能打胜仗作为衡量官兵政治是否成熟、头脑是否清醒、能力是否适应的重要标志，围绕战斗力标准，为训练服务。本着不严就落后，不紧就垫底的思路，以体能为基础，技能为牵引，领导带头与士兵同训，掀起军事训练热潮。中队多次进行官兵实战对抗训练，圆满完成了“卫士—14”实战演习。4月，在支队组织的全市勤训轮换验收考核中，遂昌中队夺得军事成绩第一；9月，中队分别获得全市应急班比武团体第四、400米障碍团体第二、投弹团体第三的好成绩。

【找差距补短板】2014年，中队组织全体官兵开展 “去年工作怎么看，今年工作怎么干”“中队全面建设中存在什么问题”“战斗力标准大讨论”“金钱观大讨论”“撰写强军书信”等活动，认真寻找差距和短板，采取相应措施和对策，促进中队工作上新台阶。学习作风的转变带来了工作作风的转变，中队把涉及战士切身利益的问题按程序进行公开公示，三大组织登记本、中队要事日记、周工作安排表等也进一步务实和透明。

（武警中队）

消防大队

【概况】2014年，遂昌县消防大队以“听党指挥、能打胜仗、作风优良”总要求为指针，以“创人民满意消防”活动为引领，紧紧围绕全年重点工作目标任务，强化队伍教育管理、推进消防安全治理创新、加快战斗力生成模式转变、夯实基层基础，不断推进消防工作和部队建设科学发展，较好地完成以防火、灭火救援为中心的各项工作任务，确保了火灾形势和队伍“两个稳定”。

【部队管理】以部队正规化建设为抓手，强力推进实战化训练，练精兵、提素质，部队战斗力得到明显的增强。按照正规化建设要求，大队利用电子岗哨系统，对工作考勤、营区人员出入和夜间查铺查哨等情况进行监管，建立了正规的执勤、训练、工作、生活秩序。在加强日常管理的同时，紧盯“人、车、酒、网”四个重点和“八小时外”、节假日两个重点时段的管控，进一步筑牢安全防线，确保了部队高度安全稳定。开展“为何从警、如何做警、为谁用警”“老三篇”“立足本职岗位、争创人民满意”和“围绕夏宝龙书记‘四个扪心自问’、王新建政委‘六个问一问’”五个专题教育，使每名官兵在思想上淬火锤炼，将群众观念内化于心，在行动上服务民生，将群众期盼外化于行。

【抢险救援】2014年共接警出动115起，其中火灾事故36起，出动车辆143次，出动警力944人，抢救被困人员21人，疏散被困人员13人，抢救财产价值 372.20万元。较突出的火灾和救援事故有：

1月9日，遂昌往龙游方向遂昌服务区附近两辆货车相撞，1人被困，消防大队出动1辆消防车、7名消防官兵赶赴现场救援，经过近30分钟的救援，被困者成功解救。

4月14日，公园路30号阿宝餐馆发生煤气罐着火，消防大队出动3辆消防车20名官兵赶赴现场救援，经过近一个小时的奋战，煤气罐被熄灭未发生爆炸，无人员伤亡。

4月19日，位于君子路的废品收购站内堆放的报废车辆发生火灾，防大队出动3辆消防水罐车14名官兵赶赴现场扑救，经过一个多小时的扑救，大火被扑灭。

6月13日，云峰镇东姑村石步下一民宅起火，消防大队出动一辆消防车、7名消防官兵赶往火灾现场扑救。

6月16日，三仁乡新宇木材厂发生火灾，消防大队出动1辆消防车、7名消防官兵赶往扑救，经过消防队员两个多小时的努力，大火被扑灭。

10月24日，三仁乡石板桥遂昌星宇旅游用品有限公司发生火灾，消防大队出动2辆消防车、16名官兵前往扑救，大货被扑灭，抢救财产20余万元。

【社会火灾防控】以公共消防安全为目标，强化重大火灾隐患整治，抓规范，促整治，社会火灾防控能力得到新的提升。消防大队紧紧抓住消防工作的重点、难点和热点问题，及时分析研判消防工作形势，积极向县委、县政府领导进行专题消防工作汇报，推动政府“四项责任”落实到位，明晰消防安全主体责任；根据上级统一部署结合遂昌实际，提请政府下发《遂昌县人民政府办公室关于印发〈遂昌县全面开展出租房消防安全专项整治活动方案〉的通知》。扎实开展“第二次清剿火患”、区域性火灾隐患整治、重大火灾隐患专项整改行动等，有效地消除了一大批消防违法行为和火灾隐患，确保了辖区火灾形势平稳。全年，大队共检查单位793家，督促整改火灾隐患454处，下发责令改正通知书326份，临时查封单位10家，责令“三停”单位9家，下发行政处罚决定书61份，罚款25.23万元。

（县消防大队）

人民防空

【人防工程建设管理】2014年，遂昌县人民防空办公室做好已建、在建人防工程的管理服务工作，对建设单位的人防建设项目做到提前介入、全程跟踪。2014年，遂昌县结合民用建筑修建防空地下室有茗月山庄三期、遂昌县人民法院审判用房、遂昌·凯恩牡丹亭苑、遂昌县城市文化综合体和遂昌第二中学五个项目。做好1208工程（一期）工程建设，截至2014年11月底，累计完成投资1130万元，完成年度计划的86.92%。已完成工程主体结构验收工作。

【通信建设】2014年，遂昌县人防办制定民防应急救援队伍组建方案，组建人防应急救援队伍，做到一队多用、专兼结合、平战结合。精心组织防灾减灾日防空防灾警报试鸣工作。5月12日15时至15时44分，在妙高镇城区、石练镇、大柘镇和云峰镇政府所在地范围内进行了一次防空防灾音响警报试鸣。本次试鸣，全县8台警报鸣响率，完好率100%，音响覆盖率达95%以上。做好社区人口疏散隐蔽演练工作。5月13日，组织城中社区20多名干部群众开展防空防灾应急疏散演练。此次演练，由于准备充分，做到分工明确、责任到人，达到预期效果。深入学校开展防灾减灾教育，提高师生防灾减灾意识和应对突发事件、自救互救、疏散救援的能力。

【人防合成专业队和民防应急救援队集训】10月30日至31日，县人防办组织人防合成专业队和民防应急救队进行应急救援专业知识学习、共同科目训练和实弹射击集训，进一步加强了人防合成专业队和民防应急救援队的建设，提升民防应急救援的理论和实战能力。

（巫佳雯）

农村建设

农 业

【概况】2014年，遂昌县实现农业总产值16.59亿元，比上年增长5.3%，农民人均纯收入12908元，增长12.3%。全县粮食总产量6.9万吨，产值1.86亿元；茶叶总产量9194吨，产值4.66亿元，比上年增长22.73%；山地生态蔬菜产值1.51亿元，增长13.63%；水果产值2799万元，增长54.39%；中药材产值3350万元亿元，增长7.0%。

实施农业丰收计划4项，省农技推广基金会项目2项，建立农业科技试验示范基地15个；新增市级农业龙头企业2家，县级农业龙头企业5家；新增无公害农产品26个、绿色食品7个，农产品1个；新增合作社 11家，创建市级示范性合作社6家，县星级合作社17家，生态精品农业示范合作社4家；新培育生态精品示范性家庭农场43家，创建合作农场或土地股份合作社3家。1个现代农业综合园区和2个主导产业示范区通过省级验收。

成功争取国家级试点县项目2个，分别是农业部信息进村入户试点县、农业部职业农民培育试点县；争取省级试点县项目4个，分别是浙江省农产品质量安全放心示范试点县、浙江省现代生态循环农业发展整建制推进试点县、浙江省废弃农药包装物回收处置试点县、浙江省整建制农作物病虫害专业化统防统治试点。申请到位项目资金2800多万元，是近年来工作量最大、创建试点县最多、项目资金最多的一年。

2014年遂昌县农业产值一览表

表16 单位：亿元

类别	产值	比上年同期增长
农业总产值	16.59	5.33%
其中　农业产值	10.20	10.39%
林业产值	4.00	3.09%
牧业产值	2.19	-9.88%
渔业产值	0.12	0.69%
农林牧渔服务业	0.10	7.91%

【信息进村入户试点】2014年，遂昌县成为全国22个信息进村入户试点县（市）之一，也是浙江两个试点县之一。到2014年底，已建成标准型村级信息服务站150个，举办村级信

息员培训班5期共137人，为农民和新型农业经营主体提供各类服务47.87万人次，代缴各类费用515.32万元，代购服务为农民节省购物资金740余万元，农产品电子商务销售额4.1亿元。县级“12316”益农信息中心投入运行，乡镇农技人员专用移动智能终端已配备到位，农业产业咨询服务团队已组建完成，初步构建起“政府+服务商+运营商”三位一体的可持续运行机制。

【新型职业农民培育试点】2014年，遂昌承担农业部新型职业农民培育试点工作。选择茶叶、山地蔬菜为重点培育的主导产业，培育生产经营型农民250名、专业技能型200名、社会服务型50名。

【农产品质量安全放心示范县】2014年，遂昌县入选全省农产品质量安全放心示范县创建试点，为丽水市唯一入选的县。到年底，建成县、乡、生产经营（农资经营）主体的三级追溯网络。有50家示范性合作社、农业龙头企业进入省农产品质量安全追溯平台，其主体信息和产品信息生成追溯码；37家农资店纳入信息化监管平台进行监管。建成1个县级检测中心、20个乡镇（街道）快速检测室，形成以县级检测中心为总监控，乡镇、市场、生产单位等检测室为检测点的农产品质量安全四级监测。全年共开展蔬菜水果等定性速测8357批次，其中县检测中心2200批次，乡镇4095批次；定量检测340批次；瘦肉精检测9128批次。

【现代生态循环农业发展整建制推进试点】2014年，遂昌县全面开展现代生态循环农业发展整建制推进试点工作。目标到2017年，实现现代生态循环农业整建制推进目标，建成现代生态循环农业示范区2个、示范主体12个；全县环境友好型农作制度、清洁生产和节能减排技术广泛应用，规模化畜禽养殖场排泄物基本实现生态消纳或达标排放，“主体小循环、区域中循环、县域大循环”发展格局基本构建，具有遂昌特色的现代生态循环农业发展体系和农业可持续发展长效机制基本形成。

【农药废弃包装物回收处置试点】2014年，遂昌县成功申报浙江省农药废弃包装物回收处置试点县。到年底，已在6乡18村建立农田废弃物（农药包装）回收点，回收废弃农药包装物10.5吨，初步建立起以各乡镇（街道）政府为责任主体、相关部门协调监督、农资经营单位折价回收、县供销社归集转运、村级组织回收和农户自发回收相结合的废弃农药包装物回收处置体系。

【整建制农作物病虫害专业化统防统治试点】2014年，遂昌县被省植物保护检疫局确定为农作物病虫害专业化统防统治试点县，新路湾镇为试点乡镇。新路湾镇通过“农民种田我服务，农民打工我管田”的服务模式，为全镇70%农户提供田间管理服务。与传统自防相比，统防区比自防区亩均用药减少1.5次，药量减少200克，每亩节省费用45元，增产20千克，每亩增收80元。

【农经管理工作】2014年，遂昌县出台《农村集体三资管理制度》和《关于进一步加强村级非生产性开支监督管理的意见》，完善村级“三资”管理监管体系建设。实施村级公益事业“一事一议”财政奖补项目，申报省级财政奖补项目58个，总投资5238万元，省级财政奖补资金1729万元。遂昌县农村集体经济发展有限公司发展农村集体经济实现投资收入145万元，帮助经济薄弱村脱困12个。

【农村产权制度改革】2014年，遂昌县深入推进农村产权制度改革，出台《加快推进遂昌县农村产权制度改革的实施方案》，焦滩乡成为全市首个完成土地确权登记试点工作的乡镇。到年底，全县实现二轮土地承包关系合同签订率、承包经营权证发放率100%；新增土地流转面积467公顷，土地流转经营权证颁发45本，完成194个行政村的经济合作社股份合作制改革；建立市县乡三级联网的农村产权交易平台,新增农村产权公开交易27宗；新增林地流转面积827公顷，完成林地流转办证面积259公顷，发放流转权证6本；小型水库确权发证8本；万方以上山塘确权发证37本；完成宅基地土地确权登记发证10087本；新增林权抵押贷款1.02亿元，农房抵押贷款1.14亿元，土地流转经营权抵押贷款1841万元。

【农业服务活动】2014年，遂昌县农业干部走村到户总数3000余户，举办猕猴桃、茶叶、蔬菜、病虫害统防统治等各类培训班40多场次，培训农民3500多人次。发放各种科技图书、技术资料6900份。“6·27”暴雨洪涝灾害，造成遂昌农业直接经济损失8358万元。灾情发生后，县农业局组织7个农业救灾服务组，第一时间深入田间地头开展农业抗灾救灾和恢复生产指导，向上争取救灾资金1400多万元，制订灾后农业产业三年重建规划，保障灾区农业生产的恢复。

【农业机械管理】2014年，全县有农业耕作机械2055台、种植机械11台、排灌机械4573台、植保机械1171台、联合收割机18台、茶叶机械16132台，机械总动力10.37万千瓦，农业机械总值1.53亿元。落实农机具购置补贴资金296.615万元，其中中央补贴资金296.115万元、省补贴资金0.5万元，补贴各种机具1734台，惠及853户。实施补偿报废拖拉机34台，补偿资金8.5万元，其中省财政补偿资金6万元。完成机械耕作面积6482公顷，水稻机插面积83.3公顷，机械植保面积4342万公顷，水稻机收面积806.6公顷，粮食生产综合机械化水平达33.14%。

【农业执法】2014年，遂昌县农业局以检查种子、苗木、农资、化肥、兽药等农业投入品为重点，开展“绿剑”执法、春季种子苗木市场整治、农资打假、农产品质量安全百日严打等专项整治行动。全年共出动执法人员249人次，检查农资经营网点211家次，抽检农药、肥料等农业投入品108批次；立案查处一般程序行政处罚案件38件，收缴罚没款6.2万元；查处植物检疫案件1件，罚款600元；成功调处百合种子、化肥等坑农、损农事件3起，为农民追回补偿款3.3万元。开展春秋季重大动植物疫病防控工作，全年未发生区域性重大动植物疫情。开展农机安全生产农机“安全生产月”“打非治违”和隐患排查专项整治工作，创建“平安农机”示范村5个。发生一起死亡1人的拖拉机道路交通事故，没有发生拖拉机道路外农业机械事故。

【农村能源建设】2014年，继续推广“猪—沼—作物”生态农业模式，新增沼气工程6处，全县新增沼液利用量达5.8万吨；农村生活污水处理沼气工程27处，池容达5540立方米；新增太阳能热水器3600平方米，全县累计推广太阳能热水器45900平方米。2014年全县农村清洁能源利用率达57.4%，秸秆综合利用率达95.87%。共举办农村沼气使用管理知识培训班20场次，受训人员达700余人次。

【首个农村沼气集中供气示范村建成】2014年，遂昌县充分利用遂昌县兴飞养殖有限责任公司产生的大量养殖污水，经厌氧发酵工艺生产沼气，为周边大觉村120户农户提供免费清洁能源，成功建立遂昌县首个农村沼气集中供所示范村建。

种植业

【概况】2014年，全县农作物播种面积24287公顷，粮食播种面积13876公顷，同比增长2.08%，粮食总产量69371吨，增长1.56%，超过省、市下达的13200公顷、66000吨粮食生产任务。建立万亩水稻高产创建示范片1个，省级水稻高产创建示范片2个，新建粮食生产功能区11个。2014年粮食功能区建设获浙江省人民政府肯定，授予“示范性省级粮食生产功能区”称号。

茶园总面积7644.3公顷，总产量9194吨，同比增长21.80%，产值4.66亿元，同比增长22.73%。龙谷牌—龙谷茶荣获“第九届浙江绿茶博览会”金奖，遂昌县域茶叶公用品牌—遂昌龙谷茶在2014年全国品牌研究中心发布的全国农业区域公用品牌价值评估中，品牌价值9.26亿元，列全国第43位。

以四季豆为主的山地生态蔬菜面积3066公顷，产量51000吨，同比增长5.81%，产值1.51

亿元，同比增长13.53%。2014年实施完成国家星火计划项目—“省地生态蔬菜高效安全技术集成与示范”项目，获丽水市星火奖二等奖；“桃源尖”商标先后通过丽水市著名商标和浙江省著名商标的认证；遂昌高山四季豆先后荣获“丽水市首届十大特色蔬菜”称号、“2014浙江果蔬精品展销会金奖”。

水果种植面积774.1公顷，同比下降7.63%，产值2799万元，同比增长54.39%。引进樱桃等水果新品种12个，建立猕猴桃新品种试验园1个。

2014年遂昌县农作物播种面积和产量一览表

表17

类别	面积（公顷）	产量（吨）
农作物	24287	-
1.粮食作物	13876	69371
谷物	7430.3	47401
豆类	3050	6616
薯类	3395.7	15354
2.油料	3636.6	3953
3.蔬菜	4899.1	87684
4.果用瓜	174.3	3192

【旱粮生产】出台《2014年旱粮生产意见》和旱粮生产鼓励政策，对土地开发整理新增耕地种植旱粮作物直接补贴1500元/亩，对利用土地流转开展旱粮生产的给予50～200元/亩补助。实现旱粮种植面积7973.3公顷，比2013年扩种400公顷，超额完成省市下达的260公顷旱粮扩种任务。到年底，已建立100亩以上旱粮基地8个，总面积214公顷。

【杂交水稻制种母体机械化插秧试验】遂昌县是国家级良种繁育基地，杂交水稻种子产量占全省2/3，2014年，有杂交稻制种面积1.24万亩，产量151.1万千克，实现产值4152.7万元。2014年，遂昌泉湖杂交制种专业合作社开展杂交水稻制种母体机械化插秧试验，系全市首次。该技术采用行距18厘米的6行插秧机，经过排水晒田后灌水插秧，相比传统人工插秧平均每亩节约成本15%以上，产量持平或增产，工效提高5倍以上，有效破解农业用工紧张难题，推动制种行业规范化。

【茶产业提升项目启动】2014年，遂昌县印发《2014年中央现代农业生产发展资金茶产业提升项目建设方案》，该项目系2014年中央现代农业生产发展资金茶产业提升拟立项项目之一，全省仅11个县入围首批实施县。根据建设方案，项目总投资959.25万元，其中500万元为中央和省级扶持资金，计划于2014年7月至2015年6月建成1200亩标准化茶园，完成4500平方米初制茶厂优化改造，带动茶农增收500万元以上。

【省级高坪蔬菜主导产业示范区建成】2014年，省级高坪蔬菜主导产业示范区建设完成，并于4月通过省农业厅组织的验收。该示范区建成核心示范面积236公顷，实现总产值2321.8万元，亩均产值6562元，亩均纯收入5282元，单位面积收入比周边多20.6%。

畜牧业

【概况】2014年，全县畜牧业产值2.20亿元，比上年下降9.79%。新增工商注册的家庭牧场5家，新增无公害农产品产地认证养殖场9家。

全年免疫猪瘟171250头次，猪口蹄疫216300头次，牛羊口蹄疫9680头次，猪蓝耳病121100头次，禽流感免疫640487羽次，完成省、市防疫任务。组织开展饲料添加剂生产经营企业的重点监管和巡查，出动检查人员124人次，检查规模场332个（次）、散养户695户（次）、屠宰场15个（次）、农贸市场46个（次）；查处违法案件6起，结案6起，罚没款6224元；受理发放“动物防疫条件合格证”24份；完成“瘦肉精”检测7578项次（其中屠宰场1092批次），检测结果全部为阴性。

2014年遂昌县畜禽生产情况表

表18

名称	存栏	比上年±%	出栏	比上年±%
生猪	6.84	-13.96	10.52（万头）	-5.31
家禽	25.45	-14.51	42.78（万羽）	-14.47
牛	3421	-8.04	2861（头）	1.24
羊	2533	11.19	4068（只）	-3.94

2014年遂昌县肉类产量表

表19　　单位：吨

名称	产量	比上年±%
总产量	10493	-7.26
猪肉	9349	-5.31
牛肉	399	-31.33
羊肉	64	10.34

【畜牧业污染整治】 2014年，重新划分遂昌县畜禽养殖禁养区限养区。全县180家生猪养殖场列入关停、搬迁范围的调整为125家，列入治理提升的55家。到年底，已完成180家养殖场的面积测量工作，签订拆除协议的125家，关停、拆除123家，拆除面积5.7万平方米；治理提升的55家养殖场全部完成改造建设，新增沼气池27处、池容1265立方米，新增沼液贮存池4868立方米，干粪堆积场1050立方米，病死动物无害化处理池870立方米，新增沼液输送管网25740米，高压输送泵43台，新增沼液利用量8.5万吨，配套污水消纳地4.2万亩。疏堵结合，拆建并举，规划建设占地7000余平方米的北界镇登埠养殖小区，主体工程已基本完成，有11户养殖户入驻。

【生猪定点屠宰场迁建】 2014年，遂昌县生猪屠宰监管职责从经贸局划归农业局，是年4月，正式完成职责移交工作，县畜牧兽医局增加屠宰监管编制1个。原县屠宰场被列入拆迁范围，县政府将生猪屠宰工作暂时交由位于三仁乡大觉村的遂昌兴飞有限责任公司新建屠宰点进行过渡，兴飞屠宰点于9月29日完成设备安装调试，10月1日起正式承担县生猪定点屠宰场生猪屠宰业务。原县生猪定点屠宰场（包括屠宰间、职工宿舍及其他出租房屋）于9月30日顺利拆除。（周巧飞）

农村工作

【概况】 2014年，遂昌县农村工作办公室坚持“绿水青山就是金山银山”的绿色生态发展理念，围绕县委“加快转型跨越，推动强县富民”的工作主线，聚力“五水共治”，打造“五美”遂昌。全面启动农村生活污水治理工作，获2014年度全省农村生活污水治理优胜县。

【“六边三化三美”行动】坚持点、线、面结合，推进美丽乡村建设。抓好面上整治，完善垃圾处理、河道治理保洁、绿化维护等长效管理机制。累计完成农村河道整治54.49千米，农房改造6291户，新建无害化卫生公厕93座、森林通道176.9千米，新建生态公墓园101处。做好美丽乡村风景线整治提升工作，完成三墩桥至王村口规划导则，县域六年布局、三年规划和2015年实施计划。扎实推进“三化”促“三美”，拆除公路沿线广告牌183个1.6万平方米，违法违章建筑等632处1.4万平方米，建设三墩桥—王村口沿线、三墩桥—垵口沿线景观带。抓好点位培育，开展“花样农家”活动，在三墩桥—龙洋、三墩桥—垵口（坝头）两条美丽乡村风景线以及环城北路和迎宾大道等区块创建1031户“花样农家”。

【历史文化村落保护】按照“打造一批、培育一批、提升一批”的总体思路，稳步推进历史文化村落保护利用工作。首批省级重点历史文化村落长濂完成投资1400万元，建成停车场、四星级公厕，居民生活污水治理和古道修复与改造项目，外立面改造已完成预算等程序，即将进入施工。首批淡竹、蔡和等4个一般村完成预算审价和招投标，全面施工。第二批省级重点村独山村完成村道路肩改造，仙岩、举淤口、弓桥头等5个一般村规划设计通过评审。2014年，完成省里要求30%的形象进度。

【中心村建设】做好第一轮中心村培育建设扫尾工作。启动第二轮徐村、坑口、竹溪、弓桥头、源口6个中心村建设，徐村村修复廊桥和新建廊亭，年底完成80%形象进度；竹溪已完成项目规划设计及评审，投入施工，坑口、弓桥头等4个中心村进行项目规划设计，2014年年底，完成30%形象进度。

【原生态产业扶贫】积极培育一批支柱产业和特色产业，发展一批加工、营销型龙头企业和服务型专业合作社组织，做好产业扶贫。扶持扶贫重点村和低收入农户发展产业基地96个，茶叶、竹笋林、山油茶、干水果（香榧）、高山蔬菜等农业生产基地2000公顷，毛竹、油茶等林业产业基地以及板栗、红提、猕猴桃等干果水果基地2667公顷，修建基地道路65千米、水渠35千米、滴灌20亩，新建或修缮农产品加工厂面积2000平方米，物流配送、村集体经济物业2000平方米。全面实施扶贫小额信贷，省、县两级财政共投入专项资金300万元和贴息资金300万元，金融配套借贷专项资金600万元，发放小额信贷贴息资金110万元，发放贷款1126户6775万元。

【农民异地转移】2014年，积极推进腾龙小区政策处理，停滞多年的腾龙小区二期土地已经完成招拍挂，即将动工建设。继续推进爱丰、金竹二期等县级安置小区建设，爱丰小区完成投资5450万元，占年度计划的148.6%。全年异地安置库区、高山远山农民636户2148人，完成年度计划的107%；整村搬迁676人（计划600人）,完成年度计划113%。东城小区规划设计进行论证，通过初评，完成地勘。

【结对帮扶工作】不断完善结对帮扶机制，全县138个扶贫重点村落实省、市、县三级结对帮扶部门，做到结对帮扶全覆盖。落实省机关事务管理局、省旅游局、省财贸公司、平湖市和长广集团等省级帮扶资金500余万元，市、县两级帮扶资金200余万元，物资6万余元。帮助结对村修建基地道路30千米，水渠6千米，新建、改造产业基地1800亩。

【启动新一轮特扶项目】按照“增加农民收入、提升民生水平、改善生态环境、增强内生功能”的要求，编制《遂昌县群众增收致富奔小康规划（2014—2016）》，规划涉及三大类15子类28个项目，规划总投资8.25亿元。出台《遂昌县特别扶持项目管理办法》《遂昌县特别扶持资金管理办法》，强化对特扶工作的管理和项目推进力度。2014年，实施扶贫开发、产业发展和公共服务三大类14子类24个项目，总投资25027万元，其中安排特扶资金8000万元、县财政投入8499万元、省级投入5092万元、自筹及其他3436万元。年度所有计划实施项目均已启动，大部分项目已完工。

成立腾龙小区和金竹小区管委会，将异地转移农民纳入现居住地管理，逐步破解异地转移农民管理难问题。

【劳动力素质提升工程】 2014年，县农办以增强农民创业、就业能力为目标，突出培训重点，创新培训方式，加强制度建设，有针对性地开展农家乐、厨师、电焊工等培训。全年完成农民素质提升培训7491人，其中农村实用人才培训1150人，转移就业技能培训2210人，普及性培训4131人。开展乡土人才选拔工作，评选“丽水精英农师”1名、“丽水农师”7名。出台《遂昌电商新农人选拔管理办法》，评选县首批电商精英1人、电商之星3人，电商新农人10人。

附：农村生活污水治理

2014年，遂昌县启动全县农村生活污水治理工作，计划用3年时间，完成176个行政村39460户农户的生活污水治理任务，预计总投资2.37亿元。县政府出台《农村生活污水治理三年行动计划》《农村生活污水治理实施细则》和《农村生活污水治理实施方案（2014—2016）》等文件。2014年计划55个行政村、13195户，预计投资6000万元。

县政府成立县农村生活污水治理工作领导小组，将农村生活污水治理列入县政府2014年十件实事。从各部门抽调10多人组成县农村污水治理办公室。2月，委托省环科环境研究院编制《遂昌县农村生活污水治理规划（2014—2016）》，4月底，通过专家会审并由县政府批复实施。县污水治理办公室制订工程建设督导制度、项目考核办法、档案管理办法、竣工验收办法、工作指导意见等20个管理操作办法。

委托丽水测绘院，8月完成2014年55个污水治理行政村的地形图测绘。确定3家规划设计单位，9月初完成污水治理村的规划设计。确定12个先行先试村，于6月底前开工建设。8月初，完成主要建材、设备的县组织统一招标采购工作。

9月底，全县55个计划治理村全部开工建设。县、乡、村、施工单位签订目标责任书、承诺书、质量保证书。全方位落实治污责任，全过程加强检查监督。建立健全“周督查、月通报、年考核”制度，全力抓好工程建设进度和质量。实行“两查两监三督”，推行“挂牌淘汰制”，共组织各类暗访督查40余次。

2014年，获省专项资金2397万元；整合特扶资金5000万元，山区经济发展项目资金500万元，村庄综合整治项目资金2500万元；县财政投入资金1000万元，筹集社会捐助资金700万元，共计12097万元。

至2014年年底，首批55个行政村污水治理全部完工，占年度计划的100%，共计受益农户13195户，完成投资8008万元，完成投资计划的133.5%。在全省农村生活污水治理考核验收中，遂昌被评为农村生活污水治理优胜县。 （余小英）

2014年遂昌县移民小区分布表

表20

名　称	所在地	建设时间（年）	安置户数人口	安置对象	备　注
乌溪江小区	妙高街道	2004	240户970人	4个库区乡镇	已建设完成
社后小区	云峰	2004	99户438人	4个库区乡镇	已建设完成
东亭小区	云峰	2004	77户341人	4个库区乡镇	已建设完成

名　称	所在地	建设时间（年）	安置户数人口	安置对象	备　注
大柘永安小区	大柘	2004	146户643人	4个库区乡镇	已建设完成
湖山小区（一期）	湖山	2004	77户409人	湖山乡各村人口	已建设完成
湖山小区（二期）	湖山	2005	93户439人	湖山乡各村人口	已建设完成
金竹小区（一期）	金竹	2006	329户1619人	金竹镇各村人口	已建设完成
横街小区（一期）	大柘	2006	126户593人	4个库区乡镇	已建设完成
腾龙小区（池莲区块）	妙高街道	2008	1008户3200人	4个库区乡镇	已建设完成
香炉岗小区	湖山	2008	119户531人	湖山乡各村人口	已建设完成
横街小区（二期）	大柘	2008	59户266人	4个库区乡镇	已建设完成
蔡源小区（一期）	蔡源	2009	61户253人	蔡源乡各村人口	已建设完成
爱丰小区	石练	2013	163户990人	全县扶贫重点村以及重点项目政策安置户	在建
金竹小区（二期）	金竹	2013	285户1000人	金竹镇各村人口	在建
腾龙小区二期（东北区块）	妙高	2015	892户3122人	全县扶贫重点村以及重点项目政策安置户	在建

说明：四个库区乡镇指：湖山乡、蔡源乡、焦滩乡、金竹镇

林 业

【概况】遂昌县是浙江省传统林业大县和重点林区县，全县有林业用地面积22.1万公顷，占土地总面积的87.1%，有林地面积19.9万公顷，占林业用地面积的90%，活立木蓄积量779万立方米，森林覆盖率82.3%，省级以上重点生态公益林13万公顷，占林业用地面积的58.8%。全县竹林面积2.3万公顷(其中毛竹2万公顷)、油茶5333公顷、干水果5467公顷。全县维管束植物252科982属2419种，其中种子植物151科724属1766种，孢子植物101科258属653种；脊椎动物有5纲29目81科202属314种。

2014年度，遂昌县林业总产值45.7亿元，其中一产产值11.3亿元、二产产值18.7亿元、三产产值15.7亿元。是年，县林业局获丽水市林业工作综合考核一等奖、丽水市集体林权制度改革工作考核二等奖、丽水市“平安林区”称号、松材线虫防控工作责任状考核优秀单位。

绿化造林

【概况】2014年，全县完成造林面积1701.1公顷，占任务的131.1%，完成重点防护林工程建设394.8公顷，占目标任务的100.6%，其中人工造林582.8公顷、迹地更新751.7公顷、封山育林253.3公顷。完成平原绿化80.7公顷，占目标任务的133.1%。组织开展新春上班第一天、“3·12”植树节活动，完成义务植树50.2万株。全县春季绿化造林用苗228.79万株，其中本县调运169.88万株，松阳、景宁和云和等地调入各类苗木58.91万株，其中容器苗21.5万株。调集各类种子275千克，完成育苗2.7公顷，完成计划的101%，其中大田育苗2.5公顷，容器育苗0.2公顷。

【“珍贵树种进万村”行动】2014年，遂昌县备足珍贵树种苗木，以赠苗、自购苗等形式推广种植珍贵树种苗木，宣传动员广大农户在房前屋后、路旁、水旁、村旁和自留山、责任山上培育珍贵树种。全年在69个村庄

种植珍贵树种6.5万株，南方红豆杉、毛红椿、香樟等20.06万株，面积283.2公顷，投入资金139.17万元。

【“四边三化”及村庄绿化】2014年，遂昌县开展“四边三化”行动，获得丽水市“四边绿化”二等奖。完成林相改造756.7公顷，占目标任务的103.2%。蔡源乡蔡和村成功创建省级森林村庄，大柘镇双溪新村、新路湾镇夹路畈村、王村口镇吴处村、石练镇姚埠村、湖山乡湖山村、应村乡竹溪村、安口乡石仓村成功创建丽水市绿化示范村。

【省级林木良种基地培育管理】牛头山林场省级林木良种基地由壳斗科母树林和杉木无性系种子两部分组成。5月，开始进行采种母树施肥工作。10月，完成劈山抚育和采种林道维修和采种基地林木采种工作，采摘杉木球果4482千克和山乌桕种子40千克，现正对林木种子进行调制处理。10—11月，完成采种基地母树调查和优树选定，着手资源档案整理和种质资源信息登录工作。

【森林抚育】1—2月，各乡镇、林场开展森林抚育补贴自查验收工作，完成2013年中央和省共同补贴的森林抚育358个小班、面积2673.2公顷抚育山场的自查验收，其中省级补贴面积1135.1公顷。3月，对省级森林抚育部分采用木荷、枫香、杉木等苗木进行了补植。10月，县林业局举办森林抚育技术培训班，培训技术人员70余人。完成2014年森林抚育项目实施方案、作业设计编制，着手实施新一轮森林抚育工作计划。

林业产业

【概况】2014年，建设木本油料示范基地1009.8公顷，占计划的109.4%。其中油茶新造林216.3公顷，占计划的132.5%；香榧新造林135.5公顷，占计划的107%；油茶低产林改造658公顷，占计划的103.9%。项目计划总投资1350.3万元，占计划的109.4%。油茶产量105万千克，产值1.1亿元。新建高效竹林基地2010公顷，全县累计建成高效竹林基地1.3万公顷，形成以三仁、妙高为中心的笋用林经营区，以安口、应村为中心的笋竹两用林经营区和以高坪为中心的材用林经营区。

【“油茶栽培标准化示范区项目”通过验收】3月，县林业局“油茶栽培标准化示范区项目”通过浙江省质量技术监督局验收小组的验收。该项目是第七批全国农业标准化示范项目，项目实施期为2011—2013年。项目完成油茶栽培标准化示范基地711.7公顷，其中新造油茶良种基地71.9公顷，油茶低产林分改造639.7公顷，辐射推广面积2318.6公顷，其中油茶低产林分改造2062.9公顷，新造油茶良种基地255.7公顷。

【三仁省级现代农业综合区通过验收】11月13日，三仁省级现代农业综合区通过浙江省考核验收组的考核验收。该综合区累计完成投资11667万元，完成投资计划的132.2%。其中：毛竹主导产业示范区累计完成投资6614万元，示范区建成面积1500公顷；生态油茶精品园完成投资367.45万元，建成面积80.3公顷；初步建成亲龙谷农业观光园(坑口村)、竹海休闲山庄(十三都村)和好川人家农家乐(好川村)等集竹笋生产、采收等农事体验活动和餐饮、住宿为一体的生态休闲观光园。

【香榧南扩工程启动】2014年，全县新建香榧基地135.5公顷。县林业局制定出台《遂昌县香榧产业发展规划》(2014—2016)，规划建设香榧优良品种苗木基地10公顷，年繁育苗木10万株以上，基本满足遂昌香榧产业发展对苗木的需求；新建高标准、高质量香榧基地1000公顷；改造提升香榧基地333.3公顷；至规划期末，全县香榧基地面积达到1333.3公顷，成为浙南香榧重要产区之一。工程预算总投资3355万元，其中争取国家和省级财政项目支持1020万元，县级财政投入281万元，业主自筹2054万元。

【参加第七届中国（义乌）森林产品博览会】2014年，组织林工企业、合作社、家庭农场等31家、53个摊位、36平方米光地面积参加第七届中国（义乌）森林产品博览会。展出产品涉及竹木家居、森林食品、竹木工艺品、竹木日用品、竹炭制品、竹木玩具等。该届博览会上，该县荣获表彰奖项27个。其中优质产品评选金奖9个，优质奖14个，遂昌县家家木业有限公司获得最佳展位奖，叶夏寅的根雕作品获中国木（竹）雕展暨优秀作品及金雕手评选银奖，唐隆校、雷水英获大会组委会先进个人。

林业体制改革

【概况】2014年，全县林地经营权流转面积827.7公顷，占市考核任务的103.46%。同时，探索国有、集体林权流转的规范管理，制定出台《遂昌县林地经营权流转证管理办法（试行）》。完成丽水市政府下达的林权抵押贷款登记和贴息申报工作任务。

【《遂昌县林地经营权流转证管理办法（试行）》出台】5月，《遂昌县林地经营权流转证管理办法（试行）》制定出台，为进一步推进林地经营权流转，盘活森林资源资产，促进林农增收奠定基础，并吸引各种生产要素向林业聚集，推动资源优化配置，促进林业生产力的发展。全年组织国有、集体林权流转交易16起，流转森林面积161.7公顷。发放林地经营权流转证6本，涉及流转林地面积259.2公顷，占市考核任务的108%。

【林权抵押贷款登记和贴息申报】2014年，加强银林合作，推进林权抵押贷款增量提质，新增浙江稠州商业银行和中国农业发展银行2家银行开展业务合作。累计发放林权抵押贷款15.54亿元，惠及林农16264户。新增林权抵押贷款金额1.135亿元，实现林权抵押贷款余额4.85亿元，完成目标任务的118.3%。全年受理符合中央财政贴息申报条件的林农1477户，贷款额14980.7万元，申报中央财政贴息资金419.73万元；受理申报省财政贴息林农165户，贷款额1650万元，贴息资金49.5万元。审核发放2013年度中央财政贴息资金559.89万元、省财政贴息资金64.76万元。

【新型林业经营主体培育】2014年，申报丽水市生态精品基地23家，其中生态企业2家、生态合作社2家、生态家庭农场8家、生态精品基地10家、大学生创业典型1家。以培育林业大户、林业龙头企业、林业专业合作社和家庭林场为重点，建立和培育新型林业经营主体14家。全县累计培育新型林业经营主体98家，入社社员5500户，联结基地1.3万余公顷。其中，3家专业合作社被列为浙江省林业示范专业合作社，18家被评为丽水市规范化专业合作社，35家被认定为遂昌县规范化专业合作社。建成以竹笋、山茶油和板栗等地方特色产品基地为主的省级森林食品基地8个，总面积约1466.7公顷，辐射面积5666.7公顷。

森林资源管护

【概况】2014年，全面推行“森林保护计划”，县政府与各乡(镇)签订《保护发展森林资源目标责任书》。全年共发放采伐证2104份，计蓄积11.32万立方米，实现林木采伐计划限额控制在17万立方米以下的年度工作目标。办理征（占）用林地项目56项，征（占）用林地36.3879公顷，其中林业生产设施44项，30.589公顷，工程建设10项5.68公顷，临时占用2项，0.12公顷。5—10月，完成森林增长指标年度考核和欠发达地区林业绩效考核工作。9—10月，完成林地变更调查，启动“十三五”林木采伐限额编制工作。组织开展狩猎队员培训，全年共培训狩猎队员105人次。

【竹制品初加工企业整治】2014年，针对各竹制品加工企业存在的违法用地、违章建筑及废水、废气排放污染周边环境现象，遂昌县成立竹制品加工行业整治工作领导小组，由县林业局牵头，对全县竹制品加工企业进行集中整治。截至12月31日，全县28家竹制品加工企业，列入关停拆除的22家企业已全部拆除，6家就地整改提升企业已整改提升到位并通过验收、重新投入生产。

【森林消防】2014年，县政府与乡镇（街道）、乡镇（街道）与村、村与户层层签订森林消防责任状，签订率100%。组建林业局和云峰街道两支“以水灭火”森林消防队伍，购置4台进口高压接力水泵，并开展实战演练。9月29日，由县林业局机关15名干部职工组成的“以水灭火”森林消防队伍，获丽水市森林消防高压接力水泵技能比赛第二名。投入241.4万元资金，全县1200名森林消防应急扑救队伍投保人身意外险，为全县19.8万公顷森林投保政策性林木保险，实现林木火灾保险全覆盖。全年共发生森林火灾4起，火灾案件查处率100%，过火森林面积64.57公顷，受害森林面积15.47公顷，损失林木蓄积277立方米，幼树3.22万株，森林火灾受害率为0.074‰，各项指标都在省、市控制目标1‰以内。

【松材线虫病防控】 2014年，春秋两季对全县约3.3万公顷松林进行全面监测，两次普查发现枯死松木3784株，其中因松材线虫病致死的1098株。县政府安排55万元资金用于松材线虫病防治工作。建立专业采伐清理枯死松木队伍，清理枯死松树2000余株，全部按照技术要求运往绿源木业有限公司进行粉碎及高温处理。3月，对妙高、云峰街道范围内的古树名木中的松树进行松材线虫病免疫制剂注射，共注射古松树170余棵。加大林分改造力度，在疫点周边完成26.7公顷的松改阔工程。

【依法治林】全面推进依法治林。全县开展“雷霆一号”“雷霆二号”“天网行动”“利剑行动”“运材索道整治”“禁种铲毒”和“绿盾护林”专项整治行动。全年共查处各类林政案件114起，收缴罚没款47万元，侦破涉林刑事案件4起，破案率达100%。全县未发生重特大毁林案件。加强运材索道管理，全年共审批运材索道96条，全县未发生因索道引发的安全生产事故。

生态公益林建设

【概况】2014年，全县省级以上公益林面积13万公顷，其中国家级公益林面积3.5万公顷，省级公益林面积9.5万公顷。森林生态效益补偿资金5203.75万元全面落实到位，其中：省补助4786.16万元，县配套417.59万元。加强优质林分建设，全年建成优质林分生态公益林10.9万亩。加强湿地保护，建成白马山湿地生物防火林带10千米和护林道路5千米，对外湖6.7公顷水生小竹进行抚育，新种植景观林6.7公顷，投入资金50万元。

【省级生态公益林数据核对】2014年，对全县20个乡镇、街道的省级生态公益林数据进行实地核对，全面完善矢量数据。严格按照项目建设调出和“占一补一”原则，完成变更调整公益林小班数据信息的数据更新工作，全县共计调整8个公益林小班面积11.6公顷。5月，完成全县外插其他县市的插花山摸底调查，重点核对生态公益林小班重复界定问题。11月，与松阳、龙泉和武义等相邻的县市对接，完成全县12个乡镇、街道共1726.7公顷外插山林的核对工作。9月，深入各乡镇、街道核对省级生态公益林数据，完成小班面积误差在15%以上的小班原因查找和数据修正工作。

【国家级生态公益林区划分级】2014年，按照《国家级公益林区划界定办法》确定的分级标准，对全县4121个小班3.5万公顷国家级公益林进行核对分级，其中一级保护2.2万公顷、二级保护0.9万公顷、三级保护0.4万公顷。形成《遂昌县人民政府关于上报国家级公益林保护等级核对结果的报告》上报浙江省林业厅。

【启动省级生态公益林扩面】2014年，按照“生态优先、兼顾生产、量力而行、群众自愿”的原则，启动省级生态公益林扩面工作。10—12月，完成全县20个乡镇、街道和4个国有林场生态公益林扩面意向性摸底调查。经数据统计，全县拟新增省级公益林面积1.4万公顷，涉及19个乡镇(街道)、4个国有林场，132个行政村，1888个小班。主要分布乌溪江、桃溪河流源头或两岸，龙丽高速公路、省道公路、县道等主要交通干线两侧，饮用水源保护地，城镇周边及下山移民区等区域。

【生态公益林主导功能定向抚育监测】10月，完成生态公益林主导功能定向抚育监测工作。在全县2010—2012年，生态公益林森林抚育小班中，确定7大类13种抚育方式，选取39个抚育样地和39个对照样地进行公益林主导功能定向抚育成效监测。11月，完成监测样地乔木层、灌木层、草本层、土壤和枯落物的数据录入工作。

【护林队伍管理】2014年，严格执行护林员年度考核制度，根据公益林管理站日常考核和考勤系统出勤统计情况，开展2013年公益林护林员责任制考核，评选出优秀公益林护林员30名。6月，开展公益林护林员在岗在位和应急反应能力专项督查，查处违反护林员管理办法的护林员15名，按规定进行处理。完善公益林护林员巡查考勤系统，送修护林员考勤手机85人次。健全护林员保障制度，投入13.5万元购置护林员服装450套，投入专项资金111万元，为护林员缴纳团体意外险34.3万元、购置城镇职工养老保险63万元、提取经济补偿金13.7万元。

林业科技

【概况】2014年，加强与科研单位合作，做好林业科技推广和应用工作。全年组织农民赴诸暨、兰溪等地学习香榧和油茶高效栽培技术10次900余人次。开展香榧、板栗、西红花栽培和蓝莓育苗技术咨询服务及现场指导5次，培训毛竹竹腔注射施肥技术1053人次推广应用面积233.3公顷。参加“科技活动周”，分发宣传资料180份，现场为前来咨询的市民解答林业生产中遇到的技术问题，接待咨询100余人次。承办市级农村实用人才培训现场会两期，7月30日在信恒家庭农场三归村套种基地举办油茶高效栽培现场会，8月7日在新路湾镇风车口村举办香榧生态化经营管理技术培训现场会，共培训150余人。

【林业科研项目成果】2014年，获省、市科技兴林奖7个，“竹炭生产关键技术集成与产业化”获丽水市科技兴林奖一等奖，“油茶丰产技术示范与推广”获丽水市科技兴林二等奖和浙江省科技兴林三等奖，“毛竹促成冬春笋多发技术示范与推广”获丽水市科技兴林二等奖，“杉木林间伐抚育技术示范与推广项目”获丽水市科技兴林三等奖和浙江省科技兴林三等奖，“名特优经济林果引种与高效栽培技术示范推广”获浙江省科技兴林三等奖。完成“九龙山地区珍稀珍贵用材树种高效培育关键技术研究与应用”“杉木优良速生新品种选择与示范”“珍贵树种高效培育技术研究与应用”及“毛竹低产低效林综合生产能力提升技术示范与应用”4个项目申报工作。

【食用林产品监测】 2014年，全面完成食用林产品监测、送检工作。全年共送检食用林产品56批次，其中：第一季度抽检鲜笋15批次；第二季度抽检野生动物养殖（石蛙）3批次、鞭笋8批次（其中1批不合格）、笋干5批次，并对新申报的一个森林食品基地的水质、土壤、化肥进行抽样检测；第三季度抽检板栗15批次；第四季度抽检油茶15批次。送检的食用林产品检测合格率97.6%。

【林下经济发展】4月，在湖山乡三归村油茶基地试点油茶林下套种山稻模式，该基地海拔400米，属山地开发型基地，土壤为红黄壤，土层深厚瘠薄，有机质含量少，试点面积36.7公顷，选用当地旱稻品种—糯山稻进行套种。10月，浙江省林业科学院、丽水市林业科学院专家组对基地进行实地查验和测定，油茶良种成活率99%，当年新梢平均16.6厘米，比未套种增长17%；样地山稻亩产量最高205.5千克，平均亩产135.5千克，亩产值达到2845元，总产值156万元。全县推广油茶（香榧）—山稻套种模式面积200余公顷，同时还着手开展林下套种铁皮石斛、百合等模式探索。 （程筵寿、傅志真）

九龙山国家级自然保护区

【九龙山生态旅游公司成立】2014年5月，成立遂昌九龙山生态旅游发展有限公司，旅游公司下设客房部、餐饮部和生产经营部3个部门，全面负责生态旅游业务。10月24—26日，旅游公司邀请商务酒店高级管理人员到保护区进行授课培训。11月，派出公司从业人员到商务酒店进行实地业务学习。通过学习培训来提高从业人员的服务技能和服务质量，提升整体形象，为生态旅游的可持续发展提供服务保障。

【与高校合作推进科研项目】2014年，九龙山国家级自然保护区管理局与浙江农林大学、浙江师范大学等科研院校合作推进《珍稀濒危植物九龙山榧的保护与种群扩繁》《九龙山自然保护区野生淫羊藿野生抚育技术研究》和《极小种群梵净山石斛资源保护技术研究》等5个科研项目的实施；配合浙江大学完成《九龙山保护区森林动态样地建设》3个1公顷样地内84根小样方界桩的安装工作。实施完成的《九龙山榧在榧属植物中分类地位的研究》项目，获浙江省林业厅、浙江省林学会第十四届“科技兴林奖”二等奖、丽水市第四届“科技兴林奖”二等奖。

【改造宣教中心大楼】2014年，县政府将妙高街道平昌路258号办公楼划拨给九龙山保护区管理局使用，使用面积2253平方米，建筑面积1600平方米。自此保护区管理局告别了多年来“寄人篱下”的局面，拥有了自己的办公场地。保护区共投资200多万元将该区域改建成宣教中心、远程视频监控中心、环境教育中心和业务办公用房，部分工程已完工投入使用。

【加强入区人员管理】2014年，保护区管理局在4个保护站和罗汉源科普生态沟严格执行入区科考审批制度。科考人员必须提供科考项目、明确调查线路，经颁发“九龙山自然保护区科学考察特别通行证”和入区科考“温馨提示卡”，由保护区工作人员专人陪同才能进入保护区。此举严格外来人员随意进入缓冲区和核心区进行活动，将人为干扰降到最低。

（蔡臣臣）

水 利

【概况】2014年，遂昌县水利局全面贯彻落实省委、省政府“五水共治”决策部署，突出水利的基础支撑和保障作用。积极承担全县“五水共治”总牵头总协调重担，一手抓行业管理，一手抓工程建设，水利项目建设投入持续增长，水利改革发展步伐进一步加快，水利行业管理能力有效加强。

全面落实防汛防台责任，确保安全度汛，有效应对百年一遇“6·27”洪灾。遂昌作为中小河流治理重点县，湖山、蔡源、安口、北界、应村等项目区全面开工建设。第5批全国小型农田水利重点县农田水利项目、规模化节水灌溉增效示范项目、农村安全饮用水提升项目建设顺利实施，小水电项目建设有序推进。严格控制水资源开发利用，强化对工业企业和其他用水户的取用水管理。水土保持监督工作进一步加强，水政渔政执法、渔业船舶安全监管力度进一步加大。开展增殖放流，优化和丰富天然河道渔业资源，渔业、特色水产发展态势良好。

“五水共治”取得可喜成果，清水源水库、石坑坪水库、桐川水库、三溪综合治理、农村饮用水提升改造、水土保持、清水河道、防洪预警指挥系统、湖山库区渔业秩序整治、增殖放流、稻鱼轮作共生、渔业精品园等15个项目列入省水利厅和省海洋渔业局的“五水共治”项目库。成功申报全国农田水利设施产权制度改革和创新运行管护机制试点县、全国河湖管护体制机制创新试点县等2个中央水利试点项目。

获省政府第二十届水利“大禹杯”竞赛活动铜奖、全省水利工作综合考核优秀单位、全省河道保洁长效管理工作一等奖和全省“五水共治”先进集体荣誉称号。全年完成水利投资2.43亿元。

水利建设

【水利规划】2014年，县水利局完成《遂昌县“五水共治”总体规划》《遂昌县6·27洪灾灾后重建规划》《遂昌县防洪水实施方案》《遂昌县保供水实施方案》等规划方案的编制工作。落实省水利“四项规划”（水中长期供求规划、水土保持规划、灌溉发展总体规划、水资源保护规划）编制县级基础工作，完成《浙江省排涝规划》《浙江省水环境整治水利工程建设规划》

《浙江省输水管线建设布局研究》资料采集填报工作以及遂昌县“十三五”水利发展思路研究工作。

【农村饮用水安全工程建设管理】全年完成25个行政村安全饮用水提升工程建设，总投资600余万元，改善和提高0.6万余人的饮水安全条件。完成石练集中供水改造工程建设并通过验收，总投资360万元，受益人口7555人，该工程项目也是遂昌县唯一列入2014年市级水利工程施工安全文明标准化工地创建项目。

【农田水利重点县建设】完成第5批全国小型农田水利重点县山塘整治16座，实施高效节水灌溉3处100公顷，改造灌区2处567公顷，衬砌渠道45.48千米，并通过省水利厅组织的绩效考核，获得优秀。

【规模化节水灌溉增效示范工程】完成三仁乡竹笋林喷灌面积567公顷、垵口乡竹笋林喷灌面积200公顷、应村乡竹笋林喷灌面积133公顷和猕猴桃滴灌面积67公顷的建设，总投资2418万元。

【河道综合治理工程】2014年中小河流治理重点县的云峰濂溪同心、龙口、古亭段治理工程已开工建设；湖山—蔡源项目区、安口项目区工程已完工，共整治河道40千米，岸堤绿化15千米。三溪综合治理县城建成区建成生态堰坝11座（龙潭3座、荷花滩2座、源口3座、后江至古院3座）。全年完工验收堤防7.2千米。

【水电站建设管理】2014年，垄下坑水电站改造工程完工并通过验收；装机800千瓦的丹公坑水电站建设项目完工通过机组启动验收投入运行。全年小水电累计发电量达7亿千瓦时，发电产值3.5亿元，税收近6000万元。

防汛防台抗旱

【防汛防台】2014年防汛防台工作以完善基层防汛防台体系和防汛建设为抓手，从组织机构、监测预警、物资储备、应急抢险、宣传教育等“五化”方面着手，不断提升防汛抗灾能力。全县中小河流水文监测及山洪灾害监测网络进一步完善，监测预警和防汛减灾能力明显提升。明确落实各类防汛责任人，汛前及时调整充实了县乡村三级防汛组织，组织开展了水利工程汛前检查，举办了山塘水库巡查员和村级水务员业务培训。入汛后严格执行24小时值班制度，密切监视天气和水雨情变化，及时发布汛情预测、预报和预警信息，科学调度水库洪水。全年共检查水利工程800多项次，发布预警短信8.7万条次，发布山洪灾害和水库泄洪预警书面传真通知51份（次），启动防汛应急响应5次，投入防汛抢险救灾240多人次。

6月下旬，遂昌西部乡镇遭遇百年一遇的“6·27”洪灾，防汛防台指挥部及时启动防汛应急级响应，水利局全体工作人员迅速进岗到位，投入各项防汛抢险救灾工作。6月27日上午，县防办监测到西畈等地的异常强降雨后，第一时间发出短信预警后，又多次电话通知要求当地乡、村干部立即组织人员转移；同时派出3个防汛应急小组携带卫星电话赶赴西部三乡镇了解汛情，指导乡镇开展防汛抗灾工作。充分发挥骨干水库的拦洪错峰功能，科学调度水库提前预泄，拦蓄洪峰7470万立方米，同时积极协调交通、电力、通信等相关部门开展应急救灾工作。由于指挥、预警、转移、救援“四到位”，实现大灾“零伤亡”目标，防汛抢险救灾工作得到国家防总和省政府领导的批示肯定。

【洪涝灾情】2014年洪涝灾害主要发生在6月梅雨期，洪水致使全县4.69万人不同程度受灾，倒塌房屋91户546间，严重受损76户182间，部分损坏102户179间，农作物受灾面积3413公顷，成灾面积2747公顷，农作物绝收面积400公顷，水利、交通、电力、通信等设施损毁严重。据统计，洪灾造成全县直接经济损失3.138亿元，其中农林牧渔业损失0.765亿元，工矿、交通、电力、通信等基础设施损失1.135亿元，水利基础设施损失0.968亿元，其他0.27亿元，未发生人员伤亡。

【6.27特大洪灾】6月27—28日，遂昌县出现入梅以来的

第二轮强降雨，全县面雨量117毫米，特别是27日上午7时至10时，西畈、黄沙腰、柘岱口三乡镇出现历史罕见的短历时特大暴雨，暴雨中心最大三小时降雨量达148毫米，强度超100年一遇；全县20个乡镇、街道均出现暴雨，7个乡镇降雨超400毫米，其余乡镇降雨都在300毫米上。

强降雨导致山洪暴发、河流山塘水库高水位运行，周公源、洋溪源等流域水位暴涨，淹没冲毁大量的道路、农田、村庄。据统计，全县4.1万人不同程度受灾，倒塌房屋91户546间，严重受损76户182间，部分损坏102户179间。发生地质灾害10起，临时转移受灾人员2516人。农作物受灾面积3413公顷，成灾面积2747公顷，农作物绝收面积400公顷。死亡大牲畜2200头，蓝莓、红提、猕猴桃、高山蔬菜等经济作物损失严重。损毁堤防72处15千米，损坏护岸570处，冲毁引水堰坝36座，损毁灌溉设施42处，损坏水电站7座。冲毁省、县、乡、村道路70余千米，农村交通桥梁6座。通往西畈、柘岱口、黄沙腰、蔡源、濂竹、南尖岩等地的23条县乡道公路，因路面积水或山体塌方一度中断，全县共有8条班车线路停运，32个村的交通完全中断。暴雨洪水还造成7条高压电力线路受损，20条支线杆塔损毁，32个村10141户停电，通信线路及杆塔损坏50多处，西畈乡全乡移动通讯中断，16家工矿企业因灾停产，7家畜禽、石蛙养殖场被淹。据不完全统计，“6·27”洪灾造成全县直接经济损失2.77亿元，其中农林牧渔业损失0.65亿元，工矿、交通、电力、通信等基础设施损失1.03亿元，水利基础设施损失0.82亿元，其他0.27亿元。

27日上午，县防办监测到西畈等地的异常强降雨后，水利局第一时间派出3个防汛应急小组携带卫星电话赶赴西部三乡镇了解汛情，指导乡镇开展防汛抗灾工作。27日中午县防指接到灾情报告后，及时协调指挥交通、电力、通信、国土、公安、人武部等单位的应急抢险队伍迅速奔赴现场投入应急抢险救灾和水毁道路、电力、通信线路的临时抢通。

防灾抗灾的关键时刻，乡村两级充分发挥农村基层组织和党员干部的先锋模范作用，各级各类防汛责任人迅速进岗到位，以自然村为网格全面组织开展灾害预警、隐患巡查和人员转移。西部三乡镇基层防汛组织第一时间将县防指的汛情预警指令传达到各村各户，迅速组织人员转移撤离，广大党员干部、村级水务员身先士卒，不顾自家安危，在洪水中挨家挨户通知检查，及时解救转移受困群众，干群互助自救，合力共抗天灾，实现大灾 “零伤亡”目标。

灾情发生后，省市党委、政府及防汛主管部门十分关心关注遂昌县的防汛救灾工作。6月28日和29日，中央电视台、浙江电视台等中央和省级媒体对遂昌县汛情灾情进行了连续的关注和报道。省水利厅、民政厅相继派出工作组到遂昌县指导抢险救灾工作。

【水土保持与水资源管理】 水土保持**方面**。2014年，完成遂昌县后江路网工程、遂昌中学扩建项目、遂昌县林业局牛头山林生态公益林管护站、遂昌县建筑垃圾处置场工程、遂昌县吴突头桥工程、遂昌县上坑垃圾填埋场二期工程—渗滤液处理设施项目、蔡源乡中心幼儿园教学综合楼、遂昌县天然气利用工程、遂昌县东桥路（溪边路平昌路）工程、湖山公路站迁建工程（站队合一）、遂昌县石练镇专职消防队业务用房建设项目、遂昌县古院区块安置小区工程、遂昌县桐川水库工程、遂昌县万向中学教学楼工程、社后水文站、湖山水上救助指挥中心、遂昌县黄金谷电站、遂昌县气象监测预警中心、遂昌县金溪货车停车场建设项目、云峰佳苑—龙板山安置小区建设项目、遂昌县高坪乡高坪新村大型停车场、遂昌县汤公大道加气站工程、遂昌县后江路网工程、洋浩湖边（亭前）拆迁安置点工程、县城棚户区（国有）改造工程（一期）限价房工程、遂昌县云峰街道徐岙村徐安建筑用花岗岩矿（一期）工程、遂昌县职业中等专业学校实习培训楼、遂昌县旅游商品展示展销中心（一期）、煤炭经营大楼及储备库建设项目、遂昌水阁溪景苑项目、遂昌县迎宾大道景观工程、遂昌县横坑桥及接线工程、遂昌县古院区块支路工程、汤公.御景园项目、遂昌康复医院建设项目、遂昌县柘岱口毛阳客运站、遂昌县供排水有限公司、市政园林管理处 仓库及管理用房工程、遂昌县水阁拆迁及安置小区配套工程等37项开发建设项目水土保持方案审查审批工作，征收水土保持设施补偿费19.8万元，水土保持治理面积16.03平方千米，全国第二批水土保持监督管理能力建设县顺利通过省水利厅的初验。

水资源管理方面。2014年，完成100余家重点用水企业取水许可证办理， 8家重点用水企业进行取水实时监控系统建设，并在重点取水单位之一利民化工厂试点开展企业水平衡测试工作，该项工作已通过验收。严格执行国家水资源有偿使用制度，全年共征收水资源费543.7万元。

水政渔政

【水政渔政执法】2014年，按照“依法治水、铁腕治水”的要求，着力加强水事渔业法规的宣传教育和执法监察力度。利用“世界水日”“中国水周”等时机，广泛开展水法规宣传，加强与公安、环保、国土等部门的合作，组织开展河道“两违”查处、“春季禁渔”等专项整治行动，全年在河道水域范围内开展执法巡查700多人次，查办各类水事渔事案件34起，惩处违法人员57人，其中3起重大处罚案件已移交公安处理，涉案金额170余万元。结合“三改一拆”和“无违建县”创建活动，累计拆除涉河违章建筑7567.7平方米。

【渔业管理】2014年，全县完成鱼产量1300吨，渔业水产产值6000万元。增殖放流完成投放甲鱼、光唇鱼、鲢鳙鱼、瓯江彩鲤，黄尾密鲴、大鲵等鱼类1000万尾，同比增长233.3%。

【桐川水库工程】11月15日，省重点工程桐川水库大坝主体工程开工建设。该水库坐落在新路湾镇桐川村，概算投资2522万元，总库容70.9万立方米，是一座以供水为主，兼顾下游灌溉和水环境保护等综合利用的水库工程。

【农村水利产权制度改革】2014年，完成37座1万立方米以上山塘和8座小型水库农村水利工程产权制度改革，做到“三有五落实”。一是工程逐处做到产权证书、运行制度、工程档案“三有”；二是工程逐处做到管理权、使用（经营）权、管护制度、管护经费、监管责任“五落实”。

【山塘水库管理方案出台】3月，为加强山塘水库管理，遂昌县《遂昌县山塘水库维修养护管理方案》出台。方案规定每年对列入计划的山塘水库进行全面维修养护2次，日常维修养护由山塘水库巡查员负责；对大坝、溢洪道、放水涵管、闸门、启闭机、机电设备、附属设施等方面的维修养护要求做了明确规定。

【初级水产品质量安全百日严打行动】3—6月，遂昌县渔业局在全县范围水域开展为期三个月的初级水产品质量安全百日严打行动。整个行动分动员部署、集中整治、巩固提高三个阶段，通过抽检一批重点品种、约谈一批企业、整治一批突出问题、查处一批案件形成高压威慑态势，促进全县初级水产品安全形势持续稳定，确保广大人民群众舌尖上的安全。

【河道保洁长效管理实施方案出台】5月，遂昌县《河道保洁长效管理实施方案》正式出台，方案按照“政府主导、部门协作、全民参与、属地管理”原则，通过建立责任清晰、保障有力、考核严格的河道管理机制，不断改善河道环境，使全县城区及各乡镇（街道）沿路、沿村、沿景的河道保洁覆盖率达100%，全面实现“河面无漂浮废弃物、河中无障碍、河岸无垃圾”的“三无”目标。

【国家防总工作组到遂昌指导抢险救灾工作】7月4日，太湖流域管理局副局长朱威带领国家防总工作组到遂昌县指导“6·27”洪灾抢险救灾工作，省防指办胡尧文副主任、雷宇副主任参加指导工作，县领导张少啸陪同。国家防总工作组一行，深入本次受灾最严重的黄沙腰镇大熟村，西畈乡湖岱口村、渡口村、举淤口村等地了解灾情，检查水毁工程，慰问受灾群众。

【山洪灾害防治县级项目验收】6月，遂昌县山洪灾害防治县级非工程措施项目通过省、市部门的竣工验收。项目总投资580余万元，新建25个简易雨量站、50个简易水位站、18个雨量遥测站、10个水位雨量遥测站、7处视频监控、3座四要素气象站；建立县级监测预警平台和气象分析系统，升级改造县级防汛会商环境系统；配置县、乡、村三级预警设备；编制1个县级、20个乡级、37个村级山洪灾害防御预案。

【黄沙腰水文站建成】8月21日，黄沙腰水文站通过竣工验收投入使用。该水文站2013年7月开工建设，总投资290万元，占地面积1200平方米，建筑面积435平方米；设标准化雨量观测场、水位观测塔、资料室、物资仓库等，为全省中小河流水文站网建设项目。

【双溪口雨量遥测站完成迁移】1月，为了合理布局雨量遥测站点，县水文站将双溪口雨量遥测站迁至应村乡定溪村的汀溪自然村。该雨量站主要为应村水库的合理调度和安全度汛以及小流域山洪预防提供科学依据。

水文概况

2014年，全县累计平均降雨量1930毫米，其中降雨量最大的站点是新路湾镇三井站2418毫米。总体上看，2014年降水呈现出前期正常、中期偏多，东北部地区偏多、中东部地区正常、西北部偏少及强度不大、时空分布不均匀的特点，全县汛情总体平稳。

2014年，县域天气较为异常，特别是8月，雨量较常年明显偏多。1—3月，雨量接近常年；4月，雨量较常年偏少68.8%；5月气温比常年偏低，多降雨天气，但总体强度不强。6月，进入梅汛降雨相对集中期，全县各地先后出现两轮较明显的降雨过程。第一轮强降雨从6日21—23日，全县过程平均降雨量达114毫米，最大站点应村乡洋溪站累计降雨量达199毫米。6月27—28日，遂昌县出现入梅以来的第二轮强降雨，全县面雨量117毫米，强降雨区主要集中在西畈、柘岱口、黄沙腰3个乡镇，最大站点周公源二级站累计雨量达200毫米，特别是27日7时至10时，短短三个小时西畈、黄沙腰的降雨量超过100毫米，暴雨强度超百年一遇。周公源、应村等两座中型水库先后开闸泄洪。7—9月台汛期，多局地性的午后阵雨和雷雨天气，受第10号台风“麦德姆”的影响，给遂昌县北部地区带来超85毫米的降雨。9月下旬至汛末，天气持续晴好，汛期平稳结束。11月降雨量比常年同期偏少30%。12月遂昌县进入隆冬季节，气温显著下降，天气寒冷，出现冰冻。（夏建军）

十八里翠国家级水利风景区

十八里翠国家级水利风景区依托逶迤曲折、碧波荡漾的十四都源而建，景区由南到北形成神龙飞瀑片区、石仓人家片区、风情垵口片区、大山体验片区和高峡平湖片区。每个片区内根据资源特点，又设置有旅游或景观节点，计18处。

神龙飞瀑片区有神龙飞瀑、神龙度假、养生外蓬、仙霞徐村4个节点13个子项目；石仓人家片区有石柱故里、石仓人家、朱坑营地3个节点8个子项目；风情垵口片区有滨水小镇、垵口人家2个节点6个子项目、大山体验片区有田园大山、军事三宝栏2个节点10个子项目；高峡平湖片区有水工新韵、水上成屏、骆村渔家、桃源汤山、银发陈坑、印象十八里翠等7个节点20个子项目。

景区以对水的“观赏—保护—利用”为主线，以“人水和谐共生”为灵魂，集高山、河流、松林、湿地、竹海、湖泊、水工程、滨水公园等资源于一体，全力打造中国知名的综合型水资源利用与综合保护区。

2012年10月，遂昌县十八里翠水利风景区被水利部正式批准为“国家级水利风景区”。2014年6月，《十八里翠国家水利风景区总体规划》通过水利部的审查批复。

主景区以成屏水库、十四都源河道、水利灌溉设施、自然湿地和周边的自然山地景观为依托，规划建设具有观光、游览、体验、度假、养生等功能的水利旅游风景区。延伸区以城市河道为依托，规划建设城市滨水公园，功能定位为防洪排涝、城市美化、为市民提供休闲娱乐的场所。

景区总投资由建设项目投资和基础设施投资两部分组成。其中涉及旅游项目与产品及旅游服务的投资经初步预测达16.76亿元，近期和远期分别投入11.26亿元和5.50亿元。

（夏建军）

气 象

【气象项目建设】5月，县规划委员会同意建设遂昌县气象监测预警科普中心项目。环评、水保、地质勘探、初步设计等前期工作顺利推进。根据批复，该项目占地面积3114平方米，总建筑面积3680平方米(其中地上部分3030平方米、地下部分650平方米)，总投资1518万元。8月，省气象局在杭州专题听取了该项目情况汇报，原则同意项目建设方案。年内支付土地行政划拨费用118.3万元，基本完成施工图编制。

气象监测基础设施建设项目。该项目列入2014年政府性投资项目，是近年来气象项目首次列入政府性投资项目。年内完成投资300万元，建成蔡源大风岭、牛头山林场等3个测风塔；北界镇王宅桥村、柘岱口乡柘岱口村、黄沙腰镇邵村村、大柘镇龙殿村、安口乡大山村5个自动气象站；湖山、王村口2个大气电场观测站。国家气象观测站增加1套雪深自动观测仪器、1套负氧离子监测仪。南尖岩灰霾监测站已于3月份正式投入业务运行。

中央财政“三农”气象服务专项。2014年，县气象局成功争取到第二批中央财政“三农”气象服务专项。为妙高、云峰等9个乡镇（街道）气象工作站配备计算机和数码相机；更新全县20个乡镇（街道）多媒体气象信息显示屏；更新防灾重点单位新型LED显示屏10个；建成气象部门与20个乡镇（街道）的视频互通；在北界王宅桥、焦滩蔡口、西畈渡口各建设气象宣传窗1个。购置1套农田小气候观测设备，建设农业气象服务平台。

【气象业务服务】全年发布气象服务材料152期，其中《气象信息内参》80期、《气象旬月报》48期、《专题气象服务》和《台风快报》等24期。全年发布气象预警信号24次、常规气象手机短信250余次。对2月上中旬3次暴雪，3月局地雷雨大风，6月23—24日和27—28日两次连续暴雨、局部大暴雨，7月1—4日大范围雷阵雨，7月23—25日10号台风“麦德姆”，8月16—20日连续大雨到暴雨过程等重要天气，都做了较为准确及时的预警服务。

7月1日开始，每天为专业气象服务对象发送气象短信。年内，将电力系统服务对象、全县210个行政村（社区）的书记和村民主任、全县农家乐经营户，以及部分农业大户纳入气象预警信息发布平台。全年为申请单位（个人）出具气象证明72份，其中通过网络出具证明65份。

制订气象为农服务方案。全年发布农业气象情报预报等83期。与县农业局联合发文，开展“直通式”气象服务、建立农业气象灾害预警联动机制。建立气象为农服务联系卡制度，发放联系卡100余张。建立气象为农服务专家联盟队伍，23名农技人员、农业企业或农业大户代表纳入专家库。遂昌县仙女山原生态农产品专业合作社“桃源果”红心猕猴桃通过省气候中心优质农产品气候品质认证。编制茶树、猕猴桃气候区划和茶叶冻害风险区划。11月7日傍晚，在湖山乡牌坊门实施人影作业，发射火箭弹8枚。

【防雷安全管理】与县平安办、安监局联合公布防雷安全管理重点单位95家。建立防雷检测组，落实专人负责。10月，联合县旅游委员会、建设局，对全县主要景区和宾馆防雷安全进行大检查。全面启用“浙江省防雷信息管理系统”。开展防雷收费“三核对”工作。全年防雷行政许可事项63项，其中设计审核34项、竣工验收29项。

【灾害防御管理】开展全县气象灾害易发村调查摸底工作，确定全县41个行政村（社区）为气象灾害易发村，涉及13105户38486人。3月27日，召开部门气象联络员会议，3月28日召开乡镇气象协理员工作会议，4月4日召开气象为农服务座谈会。6月6日，联合县委党校，首次举办较大规模的“全县气象防灾减灾和农业气象知识培训班”。与县旅游委员会和县建设局分别签署合作备忘录。下发《遂昌县气象现代化和监测预警全覆盖县建设实施方案》。完成2013年公布的10个气象灾害防御重点单位应急准备认证工作，2014年新公布5个重点单位。建成前山社区、城西社区、北界王宅桥、蔡源蔡口、西畈渡口村等5个省级气象防灾减灾标准化村（社区）。协助高坪乡政府成功创建中国气象局第二批气象灾害防御标准化乡镇。与丽水日报传媒有限公司合作，通过公交站台显示屏每天传播天气预报信息。完成《遂昌县雨雪冰冻观测系统建设实施方案》编制，完成《遂昌县暴雨精细化监测预报预警建设工程方案（初稿）》编制。编印《遂昌县气象科普和应急手册》。首次组织“3·23”世界气象日开放活动。与县金岸小学共同推进校园气象科普教育基地建设。（杨　柳）

工 业

工业经济

【概况】2014年，遂昌县完成工业总产值219.16亿元，增幅1.91%，其中2000万元以上规模企业实现产值181.09亿元。全年实现规模以上工业增加值29.99亿元，增幅3.5%。全年完成工业投资16.15亿元，降幅10.98%。全年实现外贸出口14682万美元，增幅10.97%。全县实现社会消费品零售总额38.05亿元，增幅13.1%。合同利用外资1515万美元，实际利用外资760万美元，分别完成市政府下达考核任务的178%和101%。全县新开发工业用地102公顷，实际出让工业用地42公顷。全县单位GDP能耗下降3.5%。

【深化企业服务】2014年，县经济商务局针对主要服务对象，创新推出开展“争当企业钟点工、服务企业我先行”活动。活动中，以问题为导向，注重团队协作，把干部分成5个小分队与全县规模以上企业建立一对一联系服务。全局干部共走访服务企业700余人次，收集梳理企业反映问题160个，现场答复交办100个，帮助协调解决问题60个。通过这项活动的开展，使企业满意度从过去的50%提高到90%，也得到了社会各界好评和县主要领导的肯定。此外，县经济商务局牵头督促有关部门进行负面清单管理，落实惠企政策。年内清理取消行政事业单位事业性收费项目6个，规范自由裁量权行为1个，共为企业减负16970万元。

【抓有效投资】充分发挥有效投资的推动作用，着力优化创业环境，在谈项目抓签约、签约项目促落地、落地项目抓开工、开工项目促投产，密切关注重点投资项目建设进展情况，强化部门联动，为企业项目及时落地开工提供服务。全年完成可供工业用地102公顷，累计出让工业土地26宗42公顷，盘活存量土地中用于工业33.5公顷，挖潜节地面积15公顷。全年工业投资效率为16.8%，工业投资总量16.14亿元，其中完成工业技术改造投资10.94亿元，占工业投资比重67.7%。投资最大的浙江平昌石材有限公司华东花岗岩集聚加工综合循环利用产业示范区建设项目，2014年累计完成投资1.8亿元。列入2014年度市工业技术改造重点项目15个，省工业技术改造重点项目4个，省电子信息重点项目1个，省“411”重点项目1个，都按照计划进行投资，年内实际完成投资4.67亿元，是投资计划的129%，动工率100%，投产率33.3%。建立工业投资财政专项资金，2014年专项资金支出1281万元；并且争取到省级以上工业投资和技术改造财政专项资金3603万元。

【工业领域“五水共治”】加大节能减排力度，倒逼企业转型升级。2014年对3家采掘企业进行清洁生产企业创建后认定工作。对4家化工企业强制性创建工作做预安排。通过对21家重点用能企业节能方案的指导，促使他们加快节能技改步伐。2014年完成节能技改项目31个，投入资金13655万元，全县万元GDP综合能耗下降3.5%。同时，开展节能减排和淘汰落后产能工作。对全县污水严重的8家造纸和9家化工企业进行整治，其中3家造纸企业通过验收，4家关闭，1家停产。8家化工企业通过验收，1家停产。关闭了元立庄山普线生产和昌隆的不锈钢熔炼炉，完成了市下达淘汰落后产能任务。加强散装水泥和新型墙材的推广应用工作。2月19日出台《遂昌县预拌混凝土管理办法》，为此遂昌县发展散装水泥工作上了一个新台阶。

【对内与对外贸易】通过重点跟踪服务有出口意愿且有出口潜力的企业，2014年新增8家对外贸易的企业，组织指导企业参加国外展和投资考察15人次。内贸促进工作上，主要在推进“放心柜”工程建设上面，通过努力，已有1家企业完成“放心柜”项目建设，并于9月初进行试营业。成功引进1家跨国连锁餐厅—肯德基，于9月初开业。

【发展壮大电子商务】设立扶持电子商务发展专项资金，对好的创业项目、公共服务平台等予以扶持。对电子商务人才进行培训。2014年，全县有网店2000多家，网货供应商200多家，第三方服务商40多家。出台《加快农村电子商务的实施意见》，全力推进电子商务进万村工程。已完成了“赶街”县级运营中心和190个村级服务网点建设，为农村居民在代缴费、代买、代卖等方面提供便捷服务。向外地输出“赶街”项目模式。2014年全省农村电子商务现场会、2014年全省农产品电子商务经验交流会等高规格电商会议放在遂昌召开。一年来，900多批次、1000多人慕名到遂昌考察农村电子商务。

【推动“两化”融合】打造全新农村电子商务“遂昌模式”，充分发挥县网店协会、浙江遂网电子商务有限公司在电子商务发展中的引领示范作用，引导企业深度应用电子商务，增加企业竞争力。组织浙江凯恩特种材料股份有限公司的“片式电容器纸”申报2014年省电子信息产业重点项目计划，并成功列入A类计划，获得省级补助55万元。组织申报浙江遂网电子商务有限公司的“遂昌县农村电子商务公共服务平台”作为2013年浙江省信息服务业发展专项，获得省级补助40万元。通过2014年信息化工作开展，使得遂昌县信息化发展指数从2013年的0.745上升到2014年的0.753。

（陈　敏）

特色工业

【金属制品产业】金属制品产业是遂昌县工业经济的支柱产业。2005年10月，遂昌县被中国五金制品协会授予“中国建筑五金产业基地”称号，2010年被省政府列为第二批块状经济向现代产业集群转型升级示范区试点。遂昌县金属制品产业具有比较坚实的产业基础和规模，2014年，全县有金属制品企业285家，占全县工业总量的68.12%，其中浙江元立集团是该行业的龙头企业，产值占全县工业总产值的61.45%。

2014年，全县生产镀锌铁丝25万吨，棒材40.43万吨，气保焊丝6.76万吨，高速线材41.77万吨，无缝钢管、焊接钢管达1.46万吨和17.11万吨。

【特种纸产业】以凯恩特种材料股份有限公司为龙头的特种纸产业，是遂昌县的传统优势产业之一，也是丽水市特有产业。产品主要有电解电容器纸、茶叶滤纸、浸渍纸、皮革转移纸等，其中电解电容器纸、皮革转移纸等产品可与国外同类进口产品相媲美。2014年，全县有造纸及纸制品加工规模以上企业5家，实现产值7.65亿元，占全县工业总产值4.65%，其中浙江凯恩特种材料股份有限公司完成6.65亿元，实现销售5.5亿元。

【精细化工产业】2014年，全县精细化工行业共有规模以上企业10家，产品除乳化炸药等火工产品外，还有医药中间体、农药中间体、化妆品中间体、手机用高档涂料等。其中利民化工和永新化工是代表性企业。利民化工除了生产炸药外，近年来又涉足生物医药行业的发展。

2014年全县精细化工规模以上企业实现产值6.5亿元，占全县工业总产值2.97%，全年共生产炸药40726吨。

【竹木加工产业】遂昌县是长江以南地区重要的林业大县，有林地面积22万多公顷，木材蓄积量约530万立方米，其中竹林面积17667公顷，毛竹立竹量约3000多万株。2014年，全县有各类竹木加工企业1067家，年实现工业产值7.5亿元，上缴税金2500多万元，实现利润8700多万元。遂昌县竹木企业现已开发出五大类100多个品种2000多个规格的系列产品。特别是“遂昌竹炭”已成为一张响当当的品牌，在国内外市场享有盛誉。（陈　敏）

金属制品产业集群

【概况】遂昌县金属制品产业自2010年9月被省政府列入块状经济向现代产业集群转型升级示范区试点以来，产业规模持续扩大，技改投入不断增加，创新能力有所提高，节能减排成效明显，整个产业在转型升级的道路上阔步前行，示范区各项指标较好完成。2014年全行业实现规模以上工业总产值139.6亿元，实现销售产值139亿元，利润总额6.26亿元，实现税金1.25亿元，整个行业有规模以上工业企业18家。

【产业发展规划和扶持政策】先后编制完成《遂昌经济社会发展“十二五”规划》《遂昌工业发展十二五规划》。明确了工业发展“一大（金属制品）、四特、四新”发展目标，确定“十二五”末工业总产值330亿元，金属制品行业发展规模达230亿元，占全县工业总产值的70%左右。2011年编制完成《遂昌县金属制品产业集群转型升级示范区实施方案（2011－2013）》。为扶持这一支柱产业，在政府各种资源配置中，无论是工业用地安排、财政专项资金的扶持以及评奖评优等方面都向该产业倾斜。2012年、2013年修订完善工业扶持政策，以县委1号文件形式发文实施，在示范区建设中努力创造良好的政策环境。

【平台拓展】近两年，遂昌县大力拓展工业空间，规划东城工业空间36平方千米，先后开发建设毛田区块、洋浩湖边区块和龙板山区块，征迁总面积达1000公顷，至2014年年底，已开发建设347公顷，启动开发240公顷，整个东城是遂昌县今后工业发展的主要平台。

【转型升级】先后完成元立年产10万吨气保焊丝生产线建设和30万吨黑铁丝加工生产线，以及冈本公司年产20万吨建筑用材生产线改造新项目，开发生产出能填补省内空白的高档金属轧辊生产线，实现全自动电脑设计雕花。在金属制品行业中全面推广新技术、新工艺，对钉、丝、焊接材料、优带、焊管、不锈钢制品、大型辗扩法兰盘等产品的生产工艺都进行了全面改造，产品产量、品种数量明显增加，品质也明显提高。有两名自然人发明的钢筋轧机、山洞掘进机设备获得发明专利。2014年，全县金属制品18家规模以上企业新产品产值达34.8亿元。元立公司新上马热镀带项目、新元焊材二期年产10万吨气保焊丝生产线、冈本公司高强度建筑用材生产线改造、翱力机械年产5万辆厂用小型液压推车生产线、裕诚五金扩产技改等一批技改项目均全面进入实施阶段或顺利投产。先后从永康、温州等地引进各类五金制品、高档铜加工企业、高档建材钢构产品等生产企业10多家落户毛田区块，使毛田区块成为以金属制品产业为主，建材、竹木制品加工、新能源等产业相结合的复合型产业区块。

【循环经济】2014年，全面完成冈本公司冶炼工序粉尘治理，投资建成电网谐波治理，推广应用电机调频节电新技术，和中介公司合作推行节能合同管理。对全行业强制推广水幕除尘和脱硫工艺，全面完成遂钢金属制品公司电镀行业的整治，在全行业推广一系列节能减排新技术、新工艺。

【降本增效】2014年，以元立集团为代表的遂昌县金属制品企业通过强化对标挖潜，降成本增效益成效明显。峰力公司通过引进高晶模生产工艺，模耗、电耗、辅助材料及工人劳动强度明显降低，生产效率和产品质量大大提高。镀锌厂引进新的在线切断工艺，每吨产品降低成本100元以上。新立焊材引进辊模拉丝工艺，提高线材进线直径，降低成本，每吨节约成本180元。针对当前劳动力紧缺特别是熟练工紧缺，许多企业采取多种改进措施，实现机器换人，其中新宏制管减少员工100人以上，全年节约工资300万元以上。（陈　敏）

招商引资

【概况】2014年，全县共引进项目63个，其中大项目18个，完成年度任务的225%；完成合同内资58.31亿元，实到内资28.64亿元；完成合同外资1515万美元，实到外资760万美元；浙商回归到位资金11亿元，完成年度任务的157%。遂昌县获得2014年度丽水市招商引资工作创新奖，2014年度省级山海协作产业园考核一等奖。

【创新招商工作机制】创新实行招商引资项目县领导“领办”制度，变“联系项目”“包干项目”为“领办项目”。2014年县领导领办招商引资项目累计36个，总投资30多亿元。出台《遂昌县重大非工项目招商扶持政策》，明确部门的工作职责，规范了从项目导入、项目评审、项目决策、项目签约、项目落地、项目服务到政策兑现的全程操作要求，流程优化近70%。政策出台以来，成功引进非工项目10个，总投资额达12亿元。

【招商项目服务月】围绕“在谈项目促签约、签约项目促落地、落地项目促开工、开工项目促达产”的要求，制定服务“六个一批”招商项目的目标（即领办一批重点招商引资项目；包装一批优质的招商引资项目；签约一批在谈的招商引资项目；落地一批已签约的招商引资项目；开工一批已供地的招商引资项目；加速一批已开工项目的建设进度）。通过倒排计划，明确各类项目需推进的工作事项、时间节点和责任单位，进行任务分解和交办，重点招商引资项目的推进速度全面提升。活动期间举办“2014年招商引资项目集中签约仪式”，集中签约三墩旅游综合体二期等10个项目，合同投资24亿元。

【特定区域精准招商】制定驻外小分队招商办法，组建5支招商小分队，分别派驻广东（深圳）、上海（南京）和省内杭嘉湖、诸暨、温台甬等发达地区开展驻点招商，充分发挥精英干部的招商积极性和创造性，进一步拓展招商渠道并探索专业招商模式。

【对接国企央企行业龙头】国企杭钢集团投资10亿元实施遂昌金矿创5A工程，国企浙能集团投资2亿元以上开发天然气综合利用项目，光大集团与凯兴置业合作开发五星级酒店项目，央企中农集团注资开发遂昌纳福尔山茶油项目，这些项目已经落地开工或已建成。国内行业龙头企业和民营500强企业佑康集团、省农业龙头示范企业华农实业与遂昌县签订合作协议。此外，世界500强浙江省物产集团、国企浙江机电集团等一批大企业多次到遂昌考察洽谈投资项目。

【深入实施“山海协作”工程】2014年，遂昌—诸暨山海协作产业园获省一等建设专项资金1600万元。5个村通过山海协作工程与发达地区结对，获得34万元援助资金；4个农产品基地命名为“2014年度丽水市山海协作工程农产品种植（养殖）基地”，均获得2万元的基地基础设施补助；4个项目申报山海协作项目援助资金，下达资金共29.525万元；组织企业参加第十七届渝洽会，实现30万元销售合同；组织企业参加第20届义博会，接洽有合作意向的企业30余家。

省级山海协作产业园建设，完成2014年度基础设施投资6.58亿元，累计完成18.5亿元；完成制造业投资7.19亿元，实现工业产值5.61亿元，上缴税收2357万元；新引进落地项目13个，计划总投资18.77亿元，其中亿元以上项目7个，年度实现投资7.19亿元。

（招商局）

重点工业企业

【浙江元立集团】浙江元立集团（前身遂昌钢铁厂）成立于1991年，2001年企业改制组建集团，2003年成立衢州元立金属制品有限公司，形成集矿山、炼铁、炼钢、轧材及金属制品为一体的现代化大型企业，是国内钉、丝类生产总量最大的企业。浙江元立集团是国家大型工业企业、中国制造业企业500强、全国民营企业500强、中国民营企业制造业500强、全国先进基层党组织、浙江省“五个一批”重点骨干企业、浙江省百强企业、浙江省百强民营企业、“浙江省出口名牌”企业。

2014年，企业现拥有员工1.3万余人，下辖近30家子公司。元立遂昌集团本部实现工业产值134.7亿元，实现出口创汇6214万美元，上缴税收1.4亿元。

【浙江凯恩特种材料股份有限公司】浙江凯恩特种材料股份有限公司（前身遂昌造纸厂）是一家致力于生产和开发高性能特种纸的高新技术企业，现有员工750人。2004年7月，公司股票在深圳交易所成功上市，成为丽水市首家上市公司。2014年，公司在省内有5家控股子公司，主导产品有：电解电容器纸、无纺壁纸、茶叶滤纸、烟用接装原纸、吸尘器袋纸等。企业拥有特种纸生产的关键技术和自主知识产权，拥有专利22项，其中发明专利14项。

2014年，凯恩特材公司实现销售收6亿元，比上年增长4%，年纳税5200多万元。

【遂昌金矿有限公司】浙江省遂昌金矿有限公司是一家集采、选、冶炼为一体，日处理300吨原矿的省属国有黄金矿山企业，隶属于杭州钢铁集团公司，2014有职工670人。

至2014年年底，公司已累计生产黄金18.38吨、白银276.62吨。2014年实现营业收入3.75亿元，实现利润2651万元。

2014年，公司贵金属综合楼建成并投入使用；铸造公司6000吨水玻璃工艺铸件项目于年底开工建设；决定投入连续纤维增强型复合材料项目的研发，并与合作方签订合作研发协议；矿山公园创“5A”工作正式启动；与浙江省第七地质大队签订共同找矿框架协议，“治岭头矿区深部钼矿普查项目”通过浙江省国土厅组织的评审；成功取得叶家田萤石矿的探矿权，初步估算资源储量达到中型规模；与江孜县得龙金锑矿达成项目投资框架协议。

【浙江利民化工有限公司】浙江利民化工有限公司前身是1965年创建的“小三线”军工企业，1998年改制为股份合作制民营企业，是全国民爆行业的重点骨干企业、浙江省创新型示范企业。公司主营业务分为民爆炸药产品、医药化工产品、植物提取产品三大系列，其中炸药产品的生产与销售仍是公司主导产业。公司下有炸药厂、精细化工厂2个生产厂以及3个子公司。2014年在册职工323人。

2014年，公司组织开展乳化炸药小直径药卷自动化包装技改项目：悬挂输送系统直接将物料卸至装药机料斗内，取消分料皮带机；在装药工序拆除原有3台RZY系列纸卷装药机，改用德国保利卡公司自动装药机，实现大小直径塑膜药卷的全自动化装药；包装工序大小直径药卷纸塑包装改造分别采用CTZD50型和CTZD35型全自动装袋机进行包装；装车平台增加皮带机直接将炸药成品输送至运输车厢内。技改项目于11月通过浙江省国防科工办组织的项目验收。

【浙江永联民爆器材有限公司遂昌永新分公司】2014年，浙江永联民爆器材有限公司遂昌永新分公司生产炸药17643吨，总量同比下降2%；销售炸药16907吨，总量同比下降8%；完成工业总产值10604万元，实现销售收入10183万元，实现利润1390万元，分别同比下降2%、增长6%、增长9%，上缴税收1373万元。

2014年．公司乳化炸药生产线通过技改实现9人及5人生产线，并通过省级安全标准化A级达标。（陈 敏）

中小企业

【概况】2014年，全县小微工业企业总数537户，从业人员19896人，工业产值38.08亿元。从行业分类来看，金属制品及机械加工业总产值9.78亿元，食品、农副产品加工业总产值1.79亿元，竹木制品加工业总产值1.56亿元。从中小企业产业结构上来看，遂昌县中小企业产业层次低、结构性矛盾突出的问题依然存在，还需加快结构调整和发展方式转变。

（陈　敏）

工业园区

【概况】2014年，遂昌县工业园区内入驻企业136家，建成投产企业76家。累计完成工业总产值162.1亿元，比2013年增长9.49%，占全县工业总产值的73.97%。

【固定资产投资】全年共完成固定资产投入15.35亿元，其中基础设施建设投入5.26亿元，制造业完成投入10.09亿元。

【空间平台】全年新开发工业用地102公顷。龙板山区块一期工程A地块场地平整已基本完工，主干道路网基本成型，基本满足企业入驻需要，洋浩区块五条市政主干道建成。全年累计出让工业用地22宗，出让面积46公顷。

【遂昌—诸暨山海协作产业园】山海协作产业园已累计完成投资14.9亿元，其中2014年度完成投入6.58亿元；累计开发土地3.61平方千米，形成可供出让土地面积1.88平方千米，其中已出让用地面积0.74平方千米。累计落地项目34个，2014年新引进项目13个，年度实现固定资产投资7.19亿元。产业园全年实现工业总产值56103万元，工业增加值11241万元，入库税收2357万元。获2013年度考核一等奖，2014年度基础补助最高档次，累计争取到位资金4300万元。

【龙板山区块实现供地零突破】经过两年的基础设施配套建设，工业园区龙板山区块实现供地零突破，浙江遂昌嘉隆服饰有限公司、浙江遂昌昌源服饰有限公司等8个企业项目正式落地龙板山，累计出让工业用地25公顷。

（叶圣补）

电力工业

【概况】2014年，国网浙江遂昌县供电公司固定资产投资5036万元，其中电网投资4855万元。售电量7.17亿千瓦时，同比增长11.49%；综合线损率4.59%。农网可靠率99.93%，综合电压合格率99.40%。最高负荷13.51万千瓦。营业总收入4.79亿元，同比增长12.1%。职工劳动生产率55.03万元/人·年。当年电费回收率100%，连续7年实现“双结零”。到2014年年底，连续安全生产3352天。

【“6·27”洪灾抢修线路】6月27日，遂昌西部乡镇遭受特大洪涝灾害，电网受损。公司组织干部员工二十余人到达灾区，修复了7条受损线路，10141户恢复供电，得到灾区群众的认可，县委县政府给予“两个第一”的评价。(第一时间到达灾区，第一时间抢通线路)

【电网建设】2014年，公司围绕县委、县政府“三城并举”城市发展战略，组织编制《遂昌县域电力设施布局专业规划》。配合市公司做110千伏石练变、桃园变扩建增容工程的政策处理和保供电工作。35千伏大柘变、新路湾变增容改造工程完工，解决了春茶负荷快速增长带来的供电能力局部紧张问题。35千伏石湖线改造工程的推进，为湖山旅游经济开发和市级农业中心镇金竹镇的发展提供了电力保障。全年累计投入电网资金8318万元，增改造35k千伏线路12千米、10千伏线路124千米、低压线路190千米，装配变容量39480千伏安。

【服务地方】2014年，遂昌供电公司开展“你用电我用心”为民服务百日行动，服务“五水共治”，配合政府做“三改一拆”和相关行业整治停电工作。县城重大节日、重要活动、中考、高考保供电，开展增供扩销、缩短高压业扩报装流程时限，开展走访大客户、浙商回归、遂昌电子商务发展服务，做供电所与村级便民服务中心对接工作。签订低温余热项目合同(加签订单位数)，年节约电力电量550万千瓦时。使用电费充值卡销售，增加居民缴费渠道。全年用电量逆势增长，增幅位列全市第二。

（辛普林）

商贸·旅游

国内贸易

【概况】2014年，全县社会消费品零售总额38.05亿元，比上年增长13.1%；其中限上社会消费品零售总额5.52亿元，增长6.4%。批发业、零售业分别实现商品销售额38.77亿元和44.27亿元，增长53.6%和18.9%；住宿业、餐饮业分别实现营业额2.27亿元和7.92亿元，增长18.2%和20.4%。

粮食安全

【概况】2014年底，全县晚稻储备总量达2247吨(含100吨成品粮)，成品粮储备100吨全部为晚稻米，均达到要求并按时完成粮油轮换工作。20个乡镇(街道)均有粮食应急供应网点，实行挂牌定点，其中山湖应急加工厂稻谷日加工能力30吨，县中心粮库加工厂稻谷日加工能力50吨。开展2013年度社会粮油供需平衡调查、编制2014年度粮食供需平衡计划。设立专门的军粮供应点，并对驻遂部队进行粮油质量、服务态度的回访，回访满意度100%。初步制定氮气储粮技术以及气密性改造方案，稳步推进氮气储粮技术的应用。组织实施“粮安工程”，积极创建“星级粮库”，连续7年通过三星级粮库复验，“一符四无”合格率达100%。

烟草专卖专营

【概况】2014年，全县卷烟销量10619箱，比上年降0.62%；实现销售额3.23亿元，比上年增3.97%；实现税利7313万元，比上年增2.99%，实现利润5844万元，比上年增2.91%。其中，一至三类重点品牌销售6154箱，同比增长3.28%，原中央苏区重点培育品牌（七匹狼、金圣）大幅度超额完成市局（公司）下达的任务进度，品牌培育能力显著增强。

2014年底，全县共建成现代终端224户，占总客户数12.4%，其中标准化现代终端95户，一般现代终端129户，品牌终端1户，终端建设转入了深耕细作阶段。网上配货试点工作有序推进，圆满完成市局(公司)下达的考核目标。

【专卖管理】一是打假破网“出拳狠”。联合公安部门八下广东，三赴东北，南征北战，“4·08”和“8·01”案件逮捕涉案人员5人，“4·08”案件已成功申报国标网络案。二是市场监管“功夫真”。全年共出动市场检查175次556人次，先后与公安部门、工商部门、运管部门开展真烟非法流通专项治理行动、“蓝天1号”整治无证经营专项行动和无证运输专项检查等。查获案件27起，无证经营案件4起。同时，以全市整治真烟非法流通统一行动为契机，对全县销售大户、重点违法户进行集中整治，维护辖区内卷烟经营秩序。三是依法行政“推进深”。开展对规范性文件和权力清单的清理，并对全县许可证的办理使用情况开展一次自查工作，对2448份行政许可档案进行了归档复查，并及时整改自查中发现的问题，规范行政执法。

【加强基础管理】一是财务管理职能增强。2014年，业务招待费、会议费、办公费、宣传促销费、车辆购置及运行费分别同比下降36.32%、36.08%、47.82%、67.85%、35.48%；三项费用率7.1%，同比降幅1.51%。二是安全管理能力提升。全面落实安全生产责任制，严抓事故隐患排查和整改工作，开展了危险源辨识及管理培训、全员安全教育及配送车辆应急预案演练。三是创新工作积极推进。与衢州市局合力开展《卷烟规范经营监管及评价方法探索与研究》创新课题，顺利通过省局验收。QC活动成果可圈可点，《降低山区送货车辆百公里油耗》和《提高涉烟案件中举报案件比例》两个QC小组成果分别获得全市烟草系统QC成果评选一等奖、三等奖。

（陈　芳）

供销合作

【基层组织体系建设】2014年，县供销社按照示范性农民专业合作社的要求，进一步提升和规范原参办、对接的专业合作社，增强组织化程度，注重专业社品牌建设。完成了遂昌县里高农产品专业合作社规范参股，投资20万元，占总股本的20%。组织下属专业合作社和龙头企业参加“浙茶杯”红茶推选活动，遂昌遂红茶业厂“遂红”牌、遂昌县天堂源农产品专业合作社“夏鸿”牌红茶获优胜奖。

2014年，县供销社积极提供农资技术服务，为农户提供小农机具的修理和用肥、用药咨询。开展“电话订货、送货上门”便民服务，为农民提供快捷、方便、实惠的农资服务。实行24小时全天候服务，只要客户需要，保证随到随卖；遇上困难农户，还实行记账赊销，待农户的农产品变现后还款。积极了解农户需求变化，及时提供高效优质农资商品，春耕备耕期间，仅黄沙腰片仙人坝、大洞源、西畈等三家综合服务社销售高效低毒农药、化肥、农用薄膜及防汛物资等100多吨。

2014年，县供销社积极推进经营服务综合体建设，选取综合条件较好的王村口供销社作为开办单位。这是继高坪经营服务综合体之后，供销社创办的第二家经营服务综合体。

2014年，县供销社和遂昌富民村镇银行建立长期、紧密的银社合作关系，签订《银社战略合作框架协议》，协议规定合作期内，通过吸纳县供销社为富民村镇银行的重要的基本客户，富民村镇银行为县供销社推介的下属企业及相关农民专业合作社及社员提供各类信贷支持和其他优质金融服务。

【农资流通网络建设】一是做好春耕备耕工作。春耕之前，县供销社下属几家农资公司库存肥料3082吨，超额完成县委、县政府下达的1600吨淡季化肥储备任务。二是加强有机肥配送中心建设，增加有机肥配送服务。遂昌县惠农有机肥业有限公司在全县主要乡镇新增设10个有机肥配送点，完善了有机肥配送网络。三是帮助绿金生态有机肥厂营销服务，扩大销售，促进遂昌县有机肥的推广使用；四是开展农资服务活动，向遂昌仙女山原生态农产品专业合作社赠送有机肥3000公斤；邀请省农科院专家到王村口镇石笋头村指导四季豆种植农户科学合理施用有机肥；联系省供销社向北界镇味优特红提专业合作社赠送复合肥10吨；组织下属保丰农资公司开展为期一周的科技下乡服务活动，共到全县8个乡镇21个村，开展农化服务1000多人次，发放科技宣传资料2000余份；组织机关干部及下属农资公司员工，到大柘镇柘溪下村茶园畈开展田野农药、化肥包装废弃物的清理活动。

【肯德基落户遂昌】5月12日，遂昌供销社和杭州肯德基公司正式签约，标志着肯德基正式和遂昌牵手，继莲都、青田、龙泉之后，落户丽水市的第四家肯德基直营店。该直营店由杭州肯德基有限公司投资经营，总投资500多万元，选址遂昌大厦，于9月14日正式开张营业。

（罗正阳）

2014年度遂昌县府前中心市场交易情况

表21　　单位：万元

类　别	金　额	类　别	金额(单位：万元)
粮食类	579	蔬菜类	2457
油脂油料类	278	干鲜果类	383
肉食禽蛋肉	7034	工业品类	3785
水产品类	2460	其　他	3482
		合　计	20458

遂昌县各乡镇集市日期及点位一览表

表22

乡镇（街道）	集市日期	点　位
妙高街道	农历每月二、七、十二、十七、廿二、廿七日	荷花滩
大柘镇	农历每月一、六、十一、十六、廿一、廿六日	大兴街
石练镇	农历每月五月、十、十五、廿、廿五、三十日	石练村
北界镇	无	
新路湾镇	农历每月五、十五、廿五日	新路湾村
云峰街道	农历每月三、八、十三、十八、廿三、廿八日	云峰街
金竹镇	农历每月二、七、十二、十七、廿二、廿七日	金竹村
王村口镇	农历每月四、九、十四、十九、廿四、廿九日	桥东村
黄沙腰镇	农历每月月四、十四、廿四日	黄沙腰村
三仁乡	无	
垵口乡	无	
濂竹乡	无	
湖山乡	农历每月三、八、十三、十八、廿三、廿八日	湖山新街上
应村乡	无	
焦滩乡	无	
龙洋乡	无	
蔡源乡	农历每月2二、十二、廿二日	蔡和村
西畈乡	农历每月五、十五、廿五日	西畈村
高坪乡	无	
柘岱口乡	农历每月三、十三、廿三日	柘岱口村

对外及港澳台贸易

【概况】2014年，全县实现外贸进出口总额22195万美元，比上年增长47.12%，其中出口14682万美元，增长10.97%；进口7513万美元，增长304.82%。

【运行主要特点】月度出口创新高。12月，全县实现进出口6499万美元，同比增长43.30%；出口6147万美元，创月度出口最高值，实现39.19%的增长；全年进口7513万美元，创历史新高。

生产型企业出口增幅下降，出现负增长。1—12月，全县流通公司累计出口5703美元，比上年增长44.04%，主要得益于"市场采购"方式出口；内资生产型企业出口8750美元，下降4.4%；"三资"企业出口166万美元，同比增长43.52%。

非洲市场出口高速增长。2014年，遂昌县产品出口非洲市场高速增长，增速329%；亚洲市场增长7.33%；拉丁美洲市场下降4.39%；大洋洲市场下降35.10%；出口北美洲市场下降6.65%。从区域市场看，出口美国市场348万美元，下降71.53%；出口欧盟市场1634万美元，下降18.63%。

机械产品为第一大类出口产品。农产品出口持续低迷，下降92.51%；纺织服装高速增长，比上一年增长769.63%；轻工工艺品保持较快增长，比上一年增长20.92%；机械产品累计出口8988万美元，出现小幅下降，下降0.41%，占全市出口总额的61.22%；化工产品出口492万美元，增长40.00%。

2014年遂昌县出口100万美元以上企业情况表

表23　　　　单位：万美元

序号	企业名称	总额	增幅%	主要产品	主要市场
1	浙江元立金属制品集团有限公司	3550	+40.71%	镀锌铁丝、镀锌电焊丝网、元钉、地板钉等	中东、迪拜、非洲、巴西、印尼等
2	浙江遂昌遂刚金属制品有限公司	2446	-24.70%	镀锌铁丝、螺栓、螺母	中东、迪拜、巴西等
3	浙江凯恩特种材料股份有限公司	1082	+23.58%	茶叶滤纸、电解纸等	斯里兰卡,俄罗斯,波兰,韩国,印度印尼,马来西亚等
4	浙江凯恩电池有限公司	160	-79.40%	镍氢电池	瑞典、匈牙利、美国
5	浙江遂昌天马有限公司	120	-57.58%	木制户外家具、马车、沙滩椅等	美国、日本、德国、欧洲等
6	浙江星宇旅游用品有限公司	223	+6.32%	木制户外家具、沙滩椅、木制别墅等	欧盟、德国、荷兰、丹麦等
9	遂昌高盛木业有限公司	187	+95.65%	木制户外家具、沙滩椅等	德国
11	遂昌县遂发贸易有限公司	5533	+49.77%	为市场采购方式出口企业	

2014年遂昌县进口企业情况一览表

表24　　　　单位：万美元

序号	企业名称	进口总额	增幅%	主要进口产品
1	浙江元立金属制品集团有限公司	5423	—	铁矿石、煤炭

序号	企业名称	进口总额	增幅%	主要进口产品
2	浙江凯恩特种材料股份有限公司	2067	43.63%	纸浆、造纸机零配件及造纸设备
3	浙江凯恩电池有限公司	15	—	锂电池

【利用外资及港澳台资】2014年遂昌县没有新批外资项目，增资项目3个，合同利用外资1515万美元，实际利用外资为760万美元。其中石练菊米是以公司的资本公积1700万元人民币转增注册资本金，这是遂昌县首例以资本公积转增注册资本项目。增资项目均为港资投资，其中一产项目1个，二产项目2个。

遂昌县外商及港澳台商投资企业一览表

表25　　单位：万美元

序号	企业名称	投资国别（地区）	合同	实际资金	经营产品	备注
1	浙江遂昌万事德工艺制品有限公司	中国香港	14.2	14.2	竹、木制、铁工艺品	已转为内资
2	浙江遂昌华润竹木器有限公司	德国	4	4	户外家具	
3	浙江遂昌石练菊米有限公司	比利时	312.24	312.24	菊米	2014年增资276万美元
4	遂昌绿源木业有限公司	英国	250	250	木材加工	
5	丽水市欧华武昌水电开发有限公司	奥地利	120	120	水电开发	
6	遂昌精诚茶业有限公司	日本	15	15	茶业	
7	浙江遂昌佳洋金属制品有限公司	印度尼西亚	35	35	金属制品	
8	遂昌德鑫铸钢有限公司	美国	862	215855	五金工具	2014年新增注册资本200万美元
9	遂昌裕诚建筑五金有限公司	中国台湾	208	202	建筑五金	
10	遂昌金石门旅游开发有限公司	荷兰	83.76	83.76	旅游开发	2013年4月份转为内资
11	浙江遂昌欧华武昌旅游开发有限公司	奥地利	120	80.9	旅游开发	
12	遂昌县九龙山水电开发有限公司	英国	4670	3083	水电开发	
13	浙江泰运通家居礼品有限公司	德国	8	8	家居礼品	2014年转内资企业
14	遂昌县周公源水电开发有限公司	英国	1360	1360	家居礼品	
15	浙江雅居户外用品有限公司	中国香港	38	31	户外家具	
16	浙江新恒金属制品集团有限公司	中国香港	597	597	金属制品	
17	遂昌聚福昌农业开发有限公司	中国香港	884	884	农业开发	2014年6月新增注册资本284万美元

旅游

【概况】2014年，遂昌县共接待国内外游客1210万人次，实现旅游收入60.46亿元，比上年分别增长22.08%和30.17%。其中接待国内游客1209万人次，实现国内旅游收入59.85亿元，比上年分别增长22.08%和30.27%；接待入境游客14560人次，旅游外汇收入995万美元，比上年分别增长21.86%和22.37%。

全年景区门票收入0.57亿元，增幅10.11%。四大景区（遂昌金矿、南尖岩、千佛山、神龙谷）门票收入增幅11.72%。旅行社组团业务红火，团队游客总量与上一年基本持平。绿谷、联合、含晖、遂金、黄金假日旅行社地接总量均超万人。县城及景区23家住宿设施共实现销售客房219215间，较上一年增加41080间，增幅23.06%。

2014年，遂昌县获得"中国最美休闲小城""年度最佳旅游推广县"等荣誉，入选"2014美丽中国十佳旅游县"。

【县旅游委员会挂牌成立】1月，遂昌县旅游委员会挂牌成立。9月，县政府办公室印发了《遂昌县旅游委员会主要职责、内设机构和人员编制规定》，新增相关的职责，尤其是新增乡村旅游管理和农家乐项目的申报和实施等职责，明确与农办、林业局、湖山景区开发建设委员会的职责划分。10月，旅委总工程师、执法大队长配备到位，执法大队、乡村旅游管理中心等职能科室开始运转。

【旅游管理机制建设】2014年，建立县旅委《旅游项目领导班子联系负责制》，将全年的旅游项目建设任务落实到个人，并建立相应的考核机制，形成旅游项目人人抓的良好氛围。制定与遂昌旅游发展相关的政策和细则，印发《遂昌县加快旅游业发展实施意见的实施细则》。在全省首度制定并落实《高层次人才遂昌疗休养优惠政策》，为全国符合条件的高层次人才提供各大景区免门票、免住宿及打折特惠的休闲旅游服务。

【旅游发展新举措】联合质监、发改、经贸、公安等部门召开《遂昌县非星级酒店服务规范》标准审定会，探索以标准化促非星级酒店质量提升。着手制订乡村旅游提升发展方案。尝试在乡村旅游投资和建设中引入"众筹"的模式。以"众筹泥坯房"项目作为这一模式的试点，探索"众筹"模式可行性，已经有相关团队到遂昌调研该项目。

旅游项目建设

【概况】2014年，全县累计完成旅游建设投入5.5亿元。其中通景公路等旅游基础设施建设投入1.28亿元，旅游项目建设投入4.22亿元（县旅委作为责任单位项目完成投资3.15亿元），完成年度投资计划的117.8%，比上年增长10.7%。

【前期项目有序落地】三墩旅游综合体项目完成主题策划并编制详细规划建设方案，完成一期土地征收政策处理和土地农转用报批，开展一期约37亩土地挂牌出让；三墩民俗文化博览园编制项目建筑设计方案，开展土地和地面建筑挂牌出让；白马山生态旅游区项目完成规划建设方案、环评、水保方案评审，开展公益林调整报批前期；北界上坪艺术村项目完成规划建设方案评审，开展一期约77亩土地征收政策处理；湖山温泉小镇开展一期建筑设计方案规划审批，基本完成场平工程，启动土建基础工程；大柘民俗文化园开展一期建筑设计方案规划审批，实施场平工程；焦滩龙门旅游综合开发项目开展一期约25亩土地征收政策处理；焦滩独山历史文化村完成规划建设方案编制，实施村庄搬迁和安置小区建设，实施独山村基础设施建设工程。

【在建项目进展平稳】古院新区大酒店项目开展场地平整、土方清运工程，启动土建基础工程；牡丹亭开发项目完成民俗博物馆区块建设；完成古民居文化街区项目供地并实施场平工程；旅游集散中心项目酒店主体工程结顶，实施内部管网安装工程、外墙装饰工程和绿化等附属设施工程；高坪高山避暑休闲养生基地项目完成景观通道、游步道、观光索道、缆车和滑草滑雪场建设工程，开展景区景点设施提升和游客综合楼工程前期；金钻养生园酒店实施装修工程；黄金谷旅游综合开发项目实施游客接待中心建设工程，启动二期水资源综合利用工程前期。

【招商引资成效显】全年完成旅游招商项目签约11个，合计合同投资57.35亿元，签约项目数量和投资额创下历年新高，同时填补了县内休闲度假、养生养老和文化创意等复合型新业态旅游项目的空白，丰富了遂昌县旅游产品的内涵，优化了旅游产业的结构，大力助推遂昌县旅游业快速实现转型升级。

【高等级景区创建】《“黄金省级旅游度假区”可研报告》通过省级部门联席审查，报省政府待批，开展度假区总体规划和环评报告编制工作。遂昌金矿创5A工程完成提升规划和新游客接待中心设计方案编制，新游客接待中心工程完成土地征收政策处理、公益林调整，正在开展林地使用和土地农转用报批；汤沐园景区创4A工程完成茶山自行车道40公里路基工程，开始编制游客综合服务中心和海啸馆规划建设方案；高坪新村、长濂村全面开展创3A工程。

旅游营销和市场拓展

【搭借大平台立体宣传】2014年，县旅游委员会组织各旅游企业参加浙江省（山东）旅交会、无锡长三角休闲旅游博览会、中国旅游商品博览会、上海500家旅行社销售洽谈会、天津旅交会、西安旅交会、义乌森博会等大型旅游展会，广泛推介遂昌旅游品牌，进一步提升遂昌旅游品牌的认知度和美誉度。

【多彩活动亮点纷呈】2014年，县旅委精心选择上海100家、杭州50家社区，举办125场“遂昌旅游进社区”终端旅游市场营销活动；借力汤公文化节广泛宣传，邀媒体记者、美食达人来遂昌体验，美食之旅大放异彩，遂昌获“最美自驾游精品线路”称号；以报商联盟大会旅游高峰论坛在遂举行为契机，举办遂昌旅游宣传版面大赛，有10多家全国各地的日报刊登了遂昌旅游宣传专版。组织旅游企业直接面向社区市民“卖旅游”，开展广场推广、文化演艺、社区叫卖、企业拜访等形式多样的活动，同步开展现场收客活动。上海和杭州成为遂昌县2014年最大散客客源地。

【拓展新兴市场】通过与无锡市、常州市旅游协会和福建旅游同行合作，组织当地旅行社老总赴遂昌踩线。在福建南平市、邵武市举办遂昌旅游专场文艺晚会，为遂昌旅游进驻中远端市场打开通道。结合“花一开满就相爱”“仲夏微凉夜”“秋韵遂昌”的春、夏、秋季主题宣传，同步跟进“温州人免费游遂昌”“宁波人免费游遂昌”“遂昌人免费游遂昌”活动。据统计，免费游遂昌活动反应热烈，免票金额高达136.85万元。

【“微”营销大绽魅力】继成功开通“中国·淘宝遂昌馆”、“遂昌旅游”旗舰店，实现网络预定销售遂昌旅游产品后，又与同程、携程、去哪儿等大型知名网站携手合作，借助网站集群效应。积极致力于微博、微信运营，实现“小投入，大宣传”效益。“遂昌旅游”作为县域级旅游公众微信号，拥有6000余名粉丝。全年推出百余期图文：“印象遂昌”之乡村系列、“四季玩转遂昌攻略”、“秋韵遂昌”系列主题游等，遂昌旅游实现指尖上的营销和互动。同时与省旅游信息中心合作，进行“微信导航”、旅游信息采集等微应用试点工作，努力打造遂昌的智慧旅游平台。

旅游服务

【安全监管】县旅委与相关企业签订2014年安全生产目标管理责任书，责任书首次加入了具体考核表，内容更加细化和具体。强化部门联合检查工作，开展元旦、春节、“五一”、国庆等节前旅游安全暨旅游市场秩序联合大检查。开展景区紧急救援工作和漂流安全工作、在建景区安全工作，A级景区防雷安全工作等专项检查，落实假日期间领导带班巡查制。全年共组织检查54次，235人次参加检查，发现隐患85个，整改隐患81个，整改率95.29%。

【服务培训】2014年，县旅委举办各类培训9期，参训人员2040人次。2月举办韩语基础免费培训班，景区、旅行社、酒店110余名从业人员参训。举办导游年审培训，省导资格取证培训（新增省导39名）、乡村旅游人才培训、国导资格考试培训、国导资格考试强化班、遂昌乡村旅游转型升级研修班等。组织人员参加省里举办的旅行社岗位职务培训、全省旅游景区和度假区营销部门经理岗位职务培训、工业旅游景区讲解员专题培训和首期乡村旅游转型升级专题研讨班等。10月，组织县内各旅游从业人员参加应急救护取证培训。11月至12月，开展旅行社、酒店全员应急救护知识普及培训。

【志愿者服务】节假日期间在汽车站新增志愿者咨询处，解决车站散客咨询难问题。解决节假日志愿者用餐难问题。在高速出口等处增设临时垃圾箱，解决黄金周、小长假垃圾乱丢等问题。与团县委联合举办微笑志愿者遂昌旅游知识培训，提升志愿者服务质量。国庆期间在遂昌东高速口设置移动公厕，解决游客内急无场所问题。

【旅游环境百日专项整治】出台《遂昌县旅游环境百日专项整治工作实施方案》，成立旅游环境百日整治工作领导小组，确保环境整治工作落到实处。不定期进行专项整顿，联合多个部门进行专项大检查，对检查中发现的问题及时督促整改。通过政府主导、部门联合、企业融入、全民参与的模式，结合“三改一拆”“五美遂昌”等工作，旅游环境百日整治工作成效显著。全县街道、景区、景区周边的乡村，基本消除可视污染。通景公路路面硬化、路肩杂物清除已基本完成。全县河流基本保持河畅水清风貌。（吴喆）

乡村休闲

【概况】2014年，遂昌县成功创建红星坪农家乐综合体，启动大田农家乐综合体创建。培育白马山、石姆岩农家乐精品示范区，打造避暑养生基地。建设箍桶丘省级特色村，创建竹炭博物馆省级四星级经营点、半岭民宿特色村、坑口市级特色点，提升农家乐的品位和档次。新建茶竹岭、周村源、石坪3个高山避暑型农家乐特色村，新增经营户34户。

2014年全县共有农家乐村（点）82个，经营户588户，床位6159个，餐位48510个，从业人员9448人。其中省级农家乐特色村（点）11个、市级精品农家乐综合体2个、市级特色村（点）25个，五星级农家乐点（户）3家，四星级经营点（户）7个。全年农家乐共接待游客262.95万人次，同比增长33.8%，经营收入26636万元，同比增长40.7%。

【红星坪农家乐综合体建成】红星坪农家乐综合体以红星坪温泉度假村、琴淤书院和红星坪农家乐为基础，集温泉养生、乌溪江有机鱼、休憩农家、农事体验、原生态农产品等要素为一体。2014年实施项目：将村中原茶厂改造为农家乐接待中心，内设服务接待厅、农产品展示厅、民俗农耕文化展示；新建生态停车场、公厕；村中道路改铺条石路面，村口农田莲鱼共养，路边绿化美化亮化等。完善农家乐标牌、标识，规范农家乐服务设施，提升农家乐服务水平。总投入创建资金1000万元，县财政补助132万元，村集体和红星坪温泉度假村以及农户筹集投入800余万元。

【农家乐（部分）简介】

万亩杜鹃—茶树坪 距遂昌县城60千米，位于高坪乡海拔1000米的高山上，年平均气温15℃，夏季最高气温27℃。村后桃源尖海拔1438米。山峰边天接云，每年5月，杜鹃花开漫山红遍，方圆十里一片花海，被称为“万亩杜鹃”。村中民居高低错落，山泉叮咚从房前流过。全村有农家乐47户，床位420个，餐位1000余个。

茶香汤沐—大田村 距遂昌县城20千米，是通往南尖岩、千佛山、神龙谷、湖山温泉和红色古镇王村口的必经之地。村边有汤沐园温泉和龙谷丽人茶叶观光园。村里有旅游接待中心，全村有农家乐48户，床位718个，餐位2000余个。

千年银都—刘坞村 距遂昌县城16千米，村口是通往国家级矿山公园遂昌金矿的必经之路。村东的黄岩坑是宋代“永丰银场”旧址。生态农庄有“千年银都”文化展示区、农业观光区、农家体验区、垂钓娱乐区、健身活动区。有床位140个、餐位300余个。

梯田古韵—大柯村 距遂昌县城56千米，村庄坐落在海拔560米山坡梯田间，黄墙黛瓦的民居错落有致。蔡和文化，梯田景观，是摄影爱好者的神往之地。全村有农家乐18户，有床位108个、餐位200余个。

高山流水—三井村 距遂昌县城37千米，村庄坐落在白马山麓，海拔975米。年平均气温在18℃左右，年最高温度28.3℃，负氧离子含量20000个每立方米。全村有农家乐31户，有床位349个、餐位800余个。

云海仙境—石笋头村 距遂昌县城50千米，村庄坐落于南尖岩景区中心，海拔1040米。梯田古村、奇峰怪石、云雾林海、飞瀑流泉美不胜收，是联合国教科文组织指定的国际摄影创作基地。年平均气温18℃，夏季最高气温27℃。全村有36户农家乐，有床位800个、餐位1000余个。

乡野漂流—大山村 距遂昌县城25千米，是通往神龙谷景区的必经之地。村边有电影“千年湖”的拍摄基地，“6636”军事基地，惊险刺激的神龙谷漂流穿村而过。全村有15户农家乐，有床位90余个、餐位600余个。

明代市井—长濂村 距遂昌县城10千米，是通往遂昌金矿国家矿山公园的必经之地。村周青山环抱，濂溪九曲，风景怡人。村里有明清古建筑30多处，村东有明代的鞍山书院，出过状元和多位进士，被誉为“状元文化村”。全村共有农家乐9家，有床位72个，餐位300余个。

畲乡乐园—竹海休闲山庄 竹体系休闲山庄——凤凰山庄距遂昌县城8千米，园内名贵树木、盆景根雕琳琅满目，楼亭池竹交相辉映。山庄有床位18个、餐位300余个。

中国竹炭博物馆 距遂昌县城5千米，位于上江竹炭园区，是国内首个炭文化专题博物馆。设炭文化历史展区、炭综合应用展区、炭科学体验区，竹炭特产购物区，炭缘客栈和炭缘人家等。有床位140个、餐位500个。

梧桐仙迹—蘑菇园 距遂昌县城12千米，是通往国家级矿山公园遂昌金矿的必经之路。有木屋、水榭包厢和大厅，可同时接待200人用餐。

清凉山居—高坪新村 距遂昌县城53千米，高坪乡政府所在地，海拔850米，年平均气温13.4℃，夏季平均气温24℃左右。当地盛产水昌花，被评为全国“山椏皮之乡”。新村有别墅式的农家屋40户，有床位308个、餐位800余个。

红豆养生—汤山头 距遂昌县城14千米，海拔800多米，红豆山庄坐落在百年古树红豆杉群中，村中有农家乐8户，有床位42个、餐位600个。

果蔬农家—黄皮村 距遂昌县城30千米，位于千佛山景区东南麓，是通往红色古镇王村口和独山古寨的必经之地。全村13户农家乐，以黄瓜、西瓜、冬瓜、香瓜、辣椒等果蔬命名，有床位98个、餐位700余个。

焦滩鱼头—焦石娄村：距遂昌县城35千米，是通往红色古镇王村口和独山古寨的必经之地。全村有农家乐15户，床位110个，餐位800余个。特色名菜“焦滩鱼头”味道鲜美，远近闻名，被称为“鱼头一条街”。

戏曲情韵—三墩山庄 距遂昌县城6千米，是通往南尖岩景区、千佛山景区和神龙谷景区的必经之地。山庄依山傍水，建筑古色古香，有餐位200多个。

武术之乡—茶园村 距遂昌县城83千米，村庄坐落于九龙山麓。2009年茶园传统武术被列入省级“非遗”名录，建立“茶园武术传习基地”。茶园村边石壁高耸，古树成林，风光秀丽。有农家乐7户，床位80个、餐位200多个。

金柏木养生花园 距遂昌县城5千米，利用成屏二级电站旧厂房、旧宿舍改建而成，以各种各样花卉为主题，废旧材料结合，构筑成高尚典雅的集餐饮、住宿、观光、体验为一体的休闲娱乐度假场所。有床位10个、餐位300个。

悬崖古寨—车前村 距遂昌县城30千米，海拔900米。村周围峰峦环绕，梯田层叠，民居错落，云雾缭绕，是摄影爱好者的神往之地。有农家乐12户，有床位120多个、餐位200余个。

（农办）

金融·财税

金融

【概述】2014年，遂昌县域金融业贯彻实施稳健的货币政策，强化金融监管，深化金融改革，创新金融服务，调整信贷资金投向，围绕县委、县政府中心工作，加大对县域实体经济和农村信贷的投入，着力防范金融风险，维护金融稳定，促进县域经济平稳发展。

2014年年末，县域共有银行机构10家，本外币各项存款余额108.68亿元，比上年增加13.06亿元，增长13.66%；本外币各项贷款余额95.03亿元，增加5.26元，增长5.86%，不良贷款率2.94%，年末存贷比87.44%。县域共有保险机构14家，全年保费收入2.6亿元，比上年增加0.3亿元，增长13.26%；各类理赔和给付0.76亿元，增加0.11亿元，增长17.65%。县域有证券机构1家，年交易额256.3亿元，增长63.79%。

2014年年末银行业本外币存贷款情况表

表26 单位：万元

机　　构	各项存款				各项贷款	
	各项存款		其中：个人存款			
	余　额	同比%	余　额	同比%	余　额	同比%
工行遂昌支行	145199	7.91	48336	11.13	104467	-23.77
农行遂昌支行	93866	11.25	41918	7.37	76136	-2.09
中行遂昌支行	96633	8.26	28563	4.14	141357	6.46
建行遂昌支行	172768	6.13	66342	14.36	221577	3.35
遂昌农信联社	390928	21.33	311693	21.52	274793	16.16
邮储行遂昌支行	101546	13.20	84726	12.19	46487	11.30
稠州银行遂昌支行	49425	-0.46	22290	-11.16	40343	12.73
泰隆银行遂昌支行	20294	24.23	16205	11.08	18099	105.83
遂昌富民村镇银行	15198	110.56	8379	55.89	27045	111.29
合　计	1086769	13.66	628452	15.34	950304	5.86

金融监管

【概况】2014年，人行遂昌县支行和银监遂昌监管办两家金融监管机构密切配合，围绕经济新常态，贯彻和把握货币信贷政策意图，认真调研经济态势，因地制宜制定工作指导意见，引导金融机构正确理解新常态，调整信贷结构，加大对新业态产业主体支持，发展农村普惠金融，合理调整金融资源配置，保持信贷平稳适度增长，推动地方经济转型升级，快速处置风险隐患，严守金融风险底线，确保辖内金融稳健运行和稳定，促进经济稳定协调发展。

【贯彻货币政策】2014年，人行遂昌县支行围绕“绿水青山就是金山隐山”的发展理念，准确把握货币政策内涵，结合经济发展新形势，出台《遂昌县2014年货币信贷指导意见》和加大支持新型农业经营主体及小微企业的金融服务工作要求，传递国家政策导向和调控意图，引导金融机构调整和整合资源，支持企业转型升级和新型农业经营主体发展，强化法人机构合意贷款监测和额度管理，调控信贷投放节奏，保持信贷平稳增长。年末，全县贷款余额95.03亿元，同比增加5.26亿元，增长5.86%，存贷比87.44%。其中，涉农合作金融机构新增贷款5.24亿元，占新增贷款99.62%。

【维护公平竞争环境】2014年，丽水银监分局遂昌办事处运用监管双评成果，建立监管督导、督查、督办机制，加强警示促进银行合规经营。结合监管双评反映问题梳理，对可能问题提示督导，引以为戒，对存在问题督促核查，纠错整改。密切季末存款偏离度，加大违规揽存行为监督检查，建立季末、季初存款报告监测，督促规范经营，杜绝不当吸存。加强对不合理收费、违规揽存、压票、限制转账等监察频率，严禁考核压力转嫁客户，维护金融市场秩序。

【强化法人机构监管】2014年，丽水银监分局遂昌办事处强化法人机构监管，守住风险底线，调动法人机构理事参与经营积极性，监管治理不松懈。通过“三方会谈”“审慎监管会谈”等措施实施，促进法人机构在监管政策引领下的合规，安全运行，提高监管会谈效用。实施法人机构高管约谈，强化内控建设，做好信贷、操作、道德风险防范。加大EAST系统疑点数据、“三办法一指引”贷款新规落实、用途真实性、关联交易检查，及时作出风险提示、责成对责任人问责。

【普惠金融服务发展】2014年，人行遂昌县支行组织开展普惠金融服务年活动，以支农支小、扶贫扶弱为重点，发展农村普惠金融服务。累计参与“金融干部访千村（企）入万户”活动1631人次，服务村（企）408个，结对104个村队，农户8031户，落实资金16.11亿元。开展小微企业绿道建设，专设机构8个，新增小微企业252家，落实资金2.58万元，加大对农户、小微企业、创业青年等群体信贷支持。支持金融机构开展银企对接，引导加大重点项目融资支持，推进经济较快发展。年末全县涉农贷款66.52亿元，同比增加4.52亿元，增长7.28%，高于全部贷款增长幅度。

【强化金融风险监管】2014年，人行遂昌县支行和银监遂昌监管办加强银行流动性和整体风险跟踪监测，关注不良贷款变化，督促各行采取切实措施，加快风险处置进度。在县委县政府和上级行帮助下，有关银行有效处置了2013年7月发生的浩洋娇子公司资金链断裂形成的大额企业融资风险敞口，稳定县域金融态势。结合经济金融活动出现新情况、新问题，为提出针对性监管建议和风险预警，守住不发生区域性风险底线。

【完善农村金融资源配置】2014年，丽水银监分局遂昌办事处加强金融支农服务，增加有效金融支农投入，按村镇银行发展规划，审批设立富民村镇银行大柘支行，指导村镇银行云峰街道支行筹建准备，引导金融服务向下延伸，加大服务“三农”力度。审批县首家小微企业专营稠州银行云峰支行开业，更好支持县域小微企业发展。

【金融支农品牌建设】2014年，人行遂昌县支行按“普惠金融、服务农村”要求，加强林权贷款示范点建设，引导金融机构办理业务，扩面增量，出台农房、土地流转经营权、划拨土地房屋抵押贷款等政策规定，破解“三农”融资瓶颈，增加有效支农投入，拓展农村金融服务范畴。全县林权抵押贷款余额4.85亿元，增加1.13亿元，完成计划的118.38%；农房抵押贷款余额1.31亿元，完成计划的130.87%；土地流转经营权抵押贷款余额0.27亿元，完成160.65%。按分类和动态管理要求，做好农户信息更新，引导金融机构支农产品创新，推进“整体批发、集中授信”信贷模式和信用村（社区）乡（镇）创建，更新林农信息638户，更新农户信息95.66%；开办“整体批发、集中授信”业务85个村，对10891户农户授信8.71亿元，6136户农户累计贷款3.17亿元；组织5个乡、村上报第二批市级信用村（社区）乡（镇）；43家企业参加资信评级；银行卡助农取款6.84万笔，金额3711.88万元，代理转账1.31万笔，金额974.72万元，32个银行卡助农取款服务点开办网上代购，23个银行卡助农取款服务点与村邮站结合。

【快速处置集中取款异常事件】 12月20日下午始，受外县泰隆银行集中取款风波和谣言影响，导致部分不明真相存户前往泰隆银行遂昌支行柜面取款，发生集中取款异常情况。事件发生后，人行遂昌县支行人员第一时间赶赴现场了解情况，向政府和上级报告，在县政府分管县长牵头下，公安、人行、银监办、金融办等部门密切配合，商讨联合应急应对措施，成立应急处置小组，启动舆情监测，开展正向舆论引导宣传，安抚劝导客户，加强县域辖区内金融机构流动性监测管理，协调党政部门做好应对准备，防止谣言扩散，防范事态扩散蔓延。由于采取得力有效措施，经两天努力，客户担忧情绪得到缓解，事态得以有效平息。12月23日，泰隆银行遂昌支行营业秩序恢复正常。

【省银监局领导调研】 2014年4月3日，省银监局袁亚敏副局长赴遂昌指导党的群众路线教育实践活动，并进行调研。听取遂昌监管办活动开展和工作汇报，提出监管工作要求，抓好教育活动，改进银行监管服务；金融服务为主线，做好服务实体经济，支持“三农”及小微企业发展；加强多方式监管监察，督促银行合规经营，维护金融竞争秩序；支持金融创新，稳定小微企业生产经营，促进业平稳发展，维护地方金融稳定。

银行业

【概况】 2014年，遂昌银行业贯彻执行稳健货币政策，适应经济新常态，推进农村金融改革试点工作，强化普惠金融服务，调整信贷结构，保持信贷合理增长，增强金融运行效率，支持县域经济平稳发展。年末，本外币各项存款108.68亿元，同比增长13.66%；本外币各项贷款余额95.03亿元，增长5.86%；年末存贷比87.44%。全县涉农贷款65.33亿元，增长5.92%；支农“三权”贷款超额完成任务，“整村批发、集中授信”便民支农有新突破；中小企业贷款32.23亿元，减少9.08%；新增中长期贷款5.07亿元。

【农业发展银行遂昌信贷组】 2014年，中国农业发展银行遂昌县信贷组努力争取上级支持，拓展农业开发金融支持，增强县域农业发展基础，促进业务发展。年末，各项存款余额0.97亿元，各项贷款余额3.43亿元，同比增长20.35%，其中政策性贷款余额3.57亿元。

2014年，农发行遂昌信贷组认真做好储备粮油贷款发放，贷款980万元，确保轮换资金足额到位；强化贷款风险意识，落实政策性贷款资金使用原则，运用政策调整，核销粮食附营挂账。发放县级“一期垦造耕地项目”贷款1亿元，增强县域农业发展基础，夯实农业发展后劲。续贷公路改建项目0.23亿元，确保重点项目顺利进行；增加贷款600万元，支持农业龙头企业发展。

【工商银行遂昌支行】 2014年，中国工商银行股份有限公司遂昌支行面对经济新常态，在上级政策调整中，扩大重点行业、重点企业支持，增加企业流动性，加强金融服务，加快不良资产处置，促进业务转型。年末，各项存款余额14.52亿元，同比增加1.06亿元，增长7.91%；各项贷款余额10.45亿元，减少3.26亿元，下降23.77%，可比口径增长近10%；办理承兑汇票4.90亿元，开立国内信用证6.10亿元。

2014年，工行遂昌支行按上级政策调整要求，压缩大型企业贷款，重心转向支持地方重点企业和小微企业，通过网贷通、易贷通、信用证、贸易融资等工具，满足小企业资金需求，重点企业贷款余额6.0亿元，增加1.2亿元，办理国内贸易融资12.4亿元、元立集团“掉存通”国际业务0.2亿元。拓展“农家乐”为主农村信贷业务，发展休闲旅游和电子商务，向“赶街”公司贷款200万元，发放7户网商创业贷款37万元。改善窗口服务，推广电子银行服务，提升服务功能。通过多渠道，落实风险防范，清收不良贷款0.54亿元。

【农业银行遂昌县支行】 2014年，中国农业银行股份有限公司遂昌县支行以提高服务为切入点，创新金融支农方式，加强“三农”支持，拓展业务领域，做好合规经营，促进业务发展。年末，各项存款余额9.39亿元，同比增加0.95亿元，增长11.25%；各项贷款余额7.61亿元，减少2.09%；承兑汇票余额2.80亿元；不良率0.46%（含卡），实现利润2292万元。

2014年，农行遂昌县支行强化金融支农服务提升，支农工作有新突破，对电力局授信5000万元，贷款1500万元，支持农村电网改造；与嘉言民生公司合作，提供电子机具52台，为农户开办转账、代收代缴、购物等金融服务，发展农村电商；开展2个农村金融自治村创建，发放惠农卡和小额贷款，实施乡村金融服务；开展“三权”支农业务，办理农房抵押贷款1002万元。推广汽车分期，拓展业务领域，实现增量增收，年末分期余额6379万元，收入349.7万元。做好合规经营，完善内控机制，强化风险防控，不良率保持较低水平。

【中国银行遂昌县支行】 2014年，中国银行股份有限公司遂昌县支行强化小微企业信贷支持，加强基础客户服务，拓展国际业务支持，促进业务平稳发展。年末，本外币各项存款余额9.66亿元，同比增加0.74亿元，增长8.26%；本外币各项贷款余额14.14亿元，增加0.86亿元，增长6.46%。

2014年，中行遂昌县支行以对小微企业支持为重点，增加信贷投入，客户群体新增一批储备一批，新增客户5户，贷款1530万元，储备企业贷款需求3000万元。做好重点客户支持，满足客户资金需求，提供融资3.6亿元。为元立集团办理1.3亿元进口开证，2000万元出口商贴和融资。以提升金融服务，推进存款营销，拓展客户群体，对公业务稳定发展，为支微夯实基础。

【建设银行遂昌支行】 2014年，中国建设银行股份有限公司遂昌支行“强管理、促转型、保发展”，围绕工作目标，正确处理调控和发展、总量和结构、数量和质量关系，加强风险调控和业务创新，业务保持平稳增长。年末，各项存款余额17.28亿元，同比增加1.00亿元，增长6.13%；各项贷款余额22.16亿元，增加0.72亿元，增长3.35%；实现利润6349万元。

2014年，建行遂昌支行开展“三综合”建设活动，加强综合网点、综合柜员制和综合营销队伍建设，实行窗口服务对公、对私合并，一人多岗、一岗多人，提高服务效能，为客户提供全方位服务。加大风险资产处置，实施结构调整，优化资源配置，加强对小企业信贷支持，支持经济发展。以“大系统”客户为重点，深化金融服务，推出现金管理、网银、结算网络等产品，满足客户个性化需求。

【遂昌县农村信用合作联社】 2014年，遂昌县农村信用合作联社续推“阳光信贷”，调整信贷结构，支持农村电商发展，加大对农村信贷投入，推动农村产业调整，提升农村金融服务和服务覆盖面，促进农村经济稳固发展。年末，各项存款余额39.09亿元，同比增加6.87亿元，增长21.33%；各项贷款余额27.48亿元，增加3.84亿元，增长16.16%；上缴税金3969.9万元，增长14.42%。获省农信系统“2014年度普惠金融标兵单位”。

2014年，遂昌农信联社以支农支小、服务农村为己任，支持农业龙头企业、农业合作社、小微企业发展，推动农村产业调整。年末，涉农贷款余额25.33亿元，增加4.01亿元，增长18.82%，高于全部贷款2.53个百分点；其中：农户贷款18.68亿元，增加3.96亿元，增长26.94%；小微企业贷款6.80亿元；农村创业、农家乐、家庭农场、杂交制种及种粮大户、小额扶贫、下山脱贫6项贷款2.44亿元。加大“三权”贷款力度，增加林权抵押贷款额度，发放林权抵押贷款3.13亿元，贷款余额2.99亿元，增长40.38%；农房抵押贷款495户，贷款余额0.75亿元；土地流转经营权抵押贷款50笔，贷款余额0.10亿元。开展农信“普惠快车”，简化信贷流程，提升办贷效率，在85个村实行“整村营销、整村批发”，对9256户农户授信6.91亿元，方便农户取得金融支持。助农取款5.59万笔，金额2150万元。创建示范型村级便民服务中心9个，支持“赶街”模式农村电商，为县青年电子商务创业大赛获奖10名创业青年贷款授信320万元。发放小额贷款卡1.10万张，授信7.22亿元，贷款余额6.51亿元。与县企服公司合作，办理微贷周转贷款2.16亿元。加大设施投入，新增ATM机7台，发展特约商户335家，布放机具196台，农村普惠金融服务覆盖面进一步提升。

【邮政储蓄银行遂昌县支行】2014年，中国邮政储蓄银行股份有限公司遂昌县支行加强实体经济服务，提高服务质量，拓展业务广度，促进业务开展。年末，各项存款余额10.15亿元，同比增加1.18亿元，增长13.20%；各项贷款余额8.47亿元，增加0.47亿元，增长11.30%；实现利润1243万元。

2014年，邮储行遂昌县支行与8个村合作，授信3200万元，发放附加林权抵押贷款100笔824万元；与应村乡政府合作，实行信贷倾斜，简化放贷手续，推行移动展业，提高办贷效率，激励农民返乡创业；推进农房抵押，新增农房贷款15户196万元；做好低收入农户集中村资金互助贷放，发放79户237万元，配套小贷45户225万元。走访企业80家，落实资金775万元。企业票据贴现5.1亿元，支持企业稳定生产，增加收入56万元。

【稠州银行遂昌支行】2014年，浙江稠州商业银行股份有限公司丽水遂昌支行围绕“两低一轻”发展转型，推进“三权”贷款，简化审批流程，提高工作效率，开展各项工作。年末，各项存款余额4.84亿元，同比降低0.46%；各项贷款余额4.03亿元，增加0.47亿元，增长12.73%。8月26日，云峰小微企业专营支行开业。

2014年，稠州银行遂昌支行简化审批流程，支小扶微强实体，推出“融易卡”便利产品，提高工作效率，支持小微企业发展，小微企业贷款2.12亿元。投身农村金融改革，运用农村信用信息体系建设成果，探索服务“三农”途径，发放林权抵押贷款49户，余额713万元；发放农房抵押贷款51户，余额780万元；发放土地流转经营权抵押贷款3户，余额525万元。

【泰隆银行遂昌支行】2014年，浙江泰隆商业银行股份有限公司丽水遂昌支行坚持定位、强基础、提高竞争力方针，深入基层拓业务，推进整村批发、集中授信，以快捷便利的金融服务，为小微企业和客户提供融资。年末，各项存款余额2.03亿元，同比增长24.23%；各项贷款余额1.81亿元，增长105.83%，存贷比89.19%。

2014年，泰隆银行遂昌支行支小支农两手抓，对17个村推行整村批发、集中授信便民服务，授信农户1038户，授信1.52亿元，农户贷款134户，贷款额0.20亿元，普惠“三农”。强化规范化建设，开展银行社区（乡村）共建活动。年末，支小余额0.67亿元，增长0.39亿元；支农余额1.07亿元，增长0.60亿元。

【遂昌富民村镇银行】2014年，浙江遂昌富民村镇银行股份有限公司以支持“三农”出发，坚持小额、分散、流动性经营原则，加强基础管理，依法合规经营，强化风险防控，把资金投向“三农”，支持农村经济发展。年末，各项存款余额1.52亿元，增加0.80亿元，增长110.56%；各项贷款余额2.70亿元，增加1.42亿元，增长111.29%；实现利润222万元。

2014年，遂昌富民村镇银行以农户、专业户、市民、工商户、小微企业为目标客户，树立客户为中心服务理念，支农支小，支持农户增效增收，发放农户贷款1101户，金额2.17亿元，涉农贷款余额1.13亿元，占全部贷款的88.07%。开展村居行活动，用整村建档、连片授信便民措施，对石笋头村农户授信1080万元，当年发放10笔，贷款156万元，支持农家乐发展。

保险业

【概况】2014年，遂昌县域保险机构认真履行社会责任，致力改革创新，拓宽承保领域，围绕地方中心工作，提高地方产业抗灾害和意外能力，维护改革发展成果，保障社会经济稳定。县域14家机构全年保费收入2.60亿元，增加0.30亿元，同比增长13.1%；各类理赔和给付0.76亿元，增加0.11亿元，增长16.9%。其中全年财险保费收入1.20亿元，各类理赔支出0.57亿元；全年寿险保费收入1.40亿元，各类理赔和给付支出0.19亿元。

【人保财险遂昌支公司】2014年，中国人保财产保险股份有限公司遂昌支公司开展“做人民满意保险公司”活动，认真履行社会责任，改革创新，拓宽承保领域，稳定功能得到加强，服务地方经济社会发展，保障民生福祉。全年保费收入7093万元，同比增加685万元，增长10.69%，提供保险保障232亿元；保险理赔支出4398万元，增加489万元，增长12.50%，占县域财险市场59.33%。

2014年，中国人保财险遂昌支公司开展“做人民满意保险公司”活动，关注民生，改革创新，拓宽承保领域，推出保险新产品，强化对经济发展保障能力和保险覆盖。政策性农保保费收入585万元，为农业提供风险保障15亿元，理赔支出215万元。支持产业转型升级，提升服务经济社会发展和履行社会责任能力，创新推出农家乐公众责任险，开办全省首单公路财产损失保险。开展民生保险，惠泽百姓，得到地方党政赞誉；11月7日，《中国保险报》报道遂昌开办政策性农家乐公众责任保险，对惠民保险给予“农家乐保险让农家更乐”高度评价。

【人寿保险遂昌支公司】2014年，中国人寿保险股份有限公司遂昌支公司以突破瓶颈、转型优化、防范风险，提升效益为重点，增强竞争力，强化队伍建设，加强渠道和网点合作，实现逆势发展。全年各项保费收入6361万元，同比增加778万元，增长13.93%，提供保险保障68.75亿元，占全县寿险的45.35%，其中个险保费4352万元，增长19.69%；全年理赔支出295.78万元，满期给付122万元，保单质押贷款1290万元。

2014年，人寿保险遂昌县支公司采取资源整合，举办“黄金风暴”客户升级、对抗“五六联动”活动，加强队伍建设，开发新业务增长点，个险保费624.1万元，三康险保费114.5万元，完成107%。面对市场竞争，渠道维护难度增加，加强自营理念，促进银保期交发展，全年期交214.04万元，同比增长58.57%。突出短期险，调整险种结构，短险保费304.79万元，增长15.8%。7月，开办农村小额意外险，农民参保5537人，保费22.14万元，增强保险“三农”服务，提高了农户普惠保险保障。

证券业

【概况】2014年，中国银河证券股份有限公司遂昌北街证券营业部为提高客户理性投资理念，邀请投行专家举办客户投资报告会，增强客户投资风险意识，引导防范“一夜暴富”心态，开办两项标准化小额股票质押式回购业务，银河证券上市1周年之际，组织开展“我健康•我快乐”健步走活动。全年证券交易量256.30亿元，同比增加近百亿元，增长63.79%；代客管理证券资产12.52亿元，增长61.37%，全年融资融券授信3.51亿元，增长142%。（唐少景）

住房公积金管理

【住房公积金缴存】2014年，遂昌住房公积金管理中心深入开展住房公积金扩面工作，全县实际缴存职工人数12867人，新增1947人，比上年净增537人。全年归集公积金19532万元，比上年增加3187.67万元，增长19.50%；归集余额62383.28万元，比年初增加8667.83万元，增长16.14%。

【住房公积金提取】2014年，全县职工提取公积金本息7041.31万元。其中购建房提取2854.14万元，偿还贷款本息提取5467.40万元；与单位终止劳动关系、退休、调离本县销户等支取2542.63万元。提取总额比上年增加948.57万元，增长9.57%。

【住房公积金贷款】全年共为214户职工发放住房公积金贷款7938万元，回收贷款本息4861.12万元，年底公积金贷款余额为47214.57万元，公积金存贷比为75.68%。逾期率为零。

【住房公积金增值收益】2014年，全县住房公积金实现增值收益1129.64万元，比上年增加227.93万元。全年上缴县财政城市廉租住房建设补充资金210万元，累计上缴财政廉租住房补充资金1260万元。

2011年以来住遂昌县房公积金缴存和提取情况表

表27

年度	缴存比例	正常缴存人数	缴存金额(万元)	提取金额(万元)
2011	12%	11317	13717.56	7041.31
2012	12%	11825	14588.78	7940.71
2013	12%	12330	16344.33	9915.6
2014	12%	12859	19532	10864.17

（包铭富）

财政与税收

【概况】2014年，遂昌县实现生产总值90.92亿元，比上年增长7.5%。其中第一产业增加值10.43亿元，增长2.2%；第二产业增加值41.7亿元，增长7.3%；第三产业增加值38.79亿元，增长9.0%。三次产业结构由上年的11.7∶46.8∶41.5调整为11.5：45.9：42.6。全县人均生产总值48492元，增长7.6%。全县财政总收入9.54亿元，增长3.1%，其中，公共财政预算收入6.0亿元，增长8.7%，占财政总收入比重62.9%；税收收入5.28亿元，占公共财政预算收入的87.9%；非税收入0.73亿元，增长7.2%。公共财政预算支出20.78亿元，增长16.6%。当年财政收支平衡。

【组织财政收入】紧盯财税体制改革动向，每季度开展重点税源调研，完善月度税收分析制度，重点联系监控企业、项目分别调增至95家、45个，占全县税收收入的70%以上，增强组织收入主动性。通过定期数据对比、纳税申报跟踪、警示信息提醒等方式，加强91户个体户建账管理。开展土地增值税清算和企业所得税汇算清缴，分别入库税收3557万元和1148万元，其中土地增值税增长428.72%。加大房地产行业、省局级重点税源企业的稽查力度，共查补入库税收957万元。规范国有资产管理，净增税收3970万元。强化税收风险应对，全年开展各类纳税评估7户，完成风险应对项目14户。规范企业土地回购事项涉税管理和加强建筑业发票审核，巩固国地税在联合办证、信息共享、“双定户”共管、联合稽查等多领域的全方位协作机制，与房管、工商部门共同抓好自建房营业税、企业股权转让的税收征管。通过部门协作共清缴欠税超1000万元。完善非税管理。深化新版非税收入管理信息系统应用，强化“以票管费”，全年实现非税收入0.73亿元，增长7.2%。

【支持经济发展】助推转型升级。出台加快旅游业发展、促进总部经济发展、加快发展养老服务业等财税配套扶持政策，继续实施结构性减税和清费减负政策，累计减轻企业税费8788万元。全年共争取省补专项资金109884万元，同比增长12.2%。发挥企协应急转贷周转金作用，全年发放367笔共计93156万元转贷资金，缓解企业融资困难。做好个转企提质增效工作，全年完成个转企税务登记162户。加快城市建设。全年拨付基本建设资金20.74亿元，为“五水共治”、低丘缓坡开发利用等重点项目提供资金保障。以新农村公司和国资公司为融资平台争取城市更新银行贷款6.5亿元，保障吴乐畈、荷花滩、东桥路区块征迁工作。加快城市东进西拓步伐，低丘缓坡开发利用累计完成投资10亿元。遂昌-诸暨山海协作共建产业园建设加快推进，累计完成基础设施建设投资6.29亿元。建设美丽乡村。全面推进“一事一议”财政奖补助推美丽乡村建设试点，共拨付试点项目资金3434万元，探索出的“遂昌模式”得到张高丽副总理圈阅，省委书记夏宝龙、阿里巴巴董事局主席马云亲临指导。

【保障社会民生】全县民生支出152219万元，同比增长16.8%，占财政总支出73.2%。支持教育科技事业发展。教育支出26805万元，深入实施教育教学质量提升五年行动计划，全国义务教育发展基本均衡县通过教育部认定。梅溪小学投入使用，遂昌第二中学项目一期主体工程结顶，遂昌中学扩建工程开工建设。完成热水暖心工程，解决“5773”寄宿制学生冬季洗澡难题。推动实施创新驱动发展战略，设立创新强县专项资金800万元，兑现企业科技创新、科技政策奖励支出184万元。支持文化卫生事业发展。全年投入320万元建设24个农村文化礼堂，被评为省农村文化礼堂建设先进县。保障省级文化先进县和体育强县创建资金并顺利通过验收，成功举办2014汤显祖文化节和生态体育论坛。城乡居民基本医疗保障财政补助标准提高到每人每年350元，基本公共卫生服务经费标准提高到每人每年35元，全年对两家公立医院县级财政补助超1300万元。加快社会保障体系建设。企业退休人员基本养老金月人均水平增长10%，达2300元，城乡居民基本养老保险制度基础养老金水平从每月80元增加到100元，并提高缴费补贴标准。出台失地农民转职工基本养老保险政策，政府补贴标准达15100元。

【规范财税管理】推进财税管理改革。做好政府存量债务清理甄别和分类管理工作，防范债务风险。充分利用预算编制一体化软件，首次试编国有资本经营预算，探索全口径预算编制。成功上线政府采购软件，率先启用货物服务采购指标。加快乡镇财政公共服务平台和“数字财政”建设，将10项涉农资金纳入管理信息系统，发放资金711万元。积极推进政府预决算和“三公”经费公开，细化公开内容。深化国有资产管理。根据全县行政事业单位国有资产整合盘活专项行动的计划，完成办结房产证660宗，土地证338宗，进度均超80%。分两批次公开处置国资房屋、店面29宗收入2407万元，对原老电力大楼等18宗国有资产进行调拨整合。出台国有企业监管、工作人员薪酬管理、财务监管等办法，建立国有企业分类分档绩效考核监管机制。加强资金绩效管理。开展城镇污水处理基础设施建设项目绩效评价和27个项目绩效自评工作，以安监局等4个单位为试点编制预算绩效目标。严控政府投资项目审核质量，共完成252个项目预算、结算审价工作，净核减8700万元。出台财政资金结余结转管理办法，盘活存量资金5053万元；通过优惠利率实现社保基金协议存款达3.2亿元。（叶晓晖）

国有资产管理

【概况】2014年，遂昌县国资公司根据全县国有资产整合盘活专项行动方案，加强与国土、建设等部门的沟通协调与合作，开展全县行政事业单位、乡镇街道和国有企业的国有房产、土地的清产核资、产权测绘及两证办理等工作。完成全县国有产权测绘1090宗，完成办结房产证660宗，土地证338宗，涉及100余个单位，进度超80%，净增税收3970万元。分两批次公开处置国资房屋、店面29宗，收入2407万元，实现国有资产的保值增值。对老电力大楼、建筑公司大楼及教师进修学校等18宗国有资产进行调拨整合，对资产的用地性质和土地用途进行变更，为政府融资贷款夯实资产抵押保障。

（国资公司）

国家税务

【概况】2014年，遂昌县国家税务局全年共组织国税收入44927万元，其中增值税收入35858万元，同比减收2120万元，下降5.58%，企业所得税收入6579万元，同比增收681万元，增长11.55%，车辆购置税收入2400万元，同比减收128万元，下降5.06%。

【国税税收征管】2014年，遂昌县国家税务局规范发票监管，严格“验旧购新”，打击发票违法行为，共查验121户企业发票11628份，查验金额20804万元。查验结果正常票11481份，异常票147份，涉及金额150万元，确保以票控税。开展企业所得税汇算清缴及后续审核工作，汇算清缴企业771户，清缴面100%，调增应纳税所得额8391万元，调减应纳税所得额2784万元，弥补以前年度亏损43户，弥补亏损额4276万元，补缴企业所得税873万元。确定38户企业作为后续审核名单，共调增应纳税所得额765万元，补缴企业所得税税额1.5万元。

【落实税收优惠政策】2014年，遂昌县国家税务局共征前减免农副产品销售额2.64亿元，办理政策性减免退税计1.7亿元，其中办理固定资产抵扣税额3382万元，对外贸易免抵退税4400万元，支持“三农”免税农产品抵扣3629万元，资源综合利用增值税退税1344万元，福利企业增值税退税1079万元，未达起征点减免税收925万元。

【国税依法行政】2014年，遂昌县国家税务局开展高污染、高能耗行业税收专项检查和区域税收专项整治，打击虚开发票、骗取出口退免税等违法犯罪行为。2014年共查结各类涉税案件33件，入库税款、滞纳金及罚款共计827.46万元。稽查选案准确率100%，案件结案率100%，查补收入入库率100%，金税协查按期回复率100%。

【便民办税春风行动】2014年，遂昌县国家税务局开展便民办税春风行动，开发《货运发票表单填写工具》管理创新项目被省局评为优秀项目并被纳入“营改增”货运发票税收风险防控机制体系中。同时推广“税问”、“纳税人之家”QQ群，建立农村涉税服务点，提供预约服务、延时服务、上门服务、自助服务等特色服务，全年共发生预约服务80次，延时服务350次。浙江卫视、丽水电视台对以上便民办税春风行动以“惠民零距离服务”题材在浙江卫视时代先锋栏目、丽水电视台丽水先锋行栏目作了报道。

【打造纳税人学堂】2014年，遂昌县国税局成立纳税人学堂和网上纳税人学堂，为纳税人提供新政策、涉税操作培训。自9月成立纳税人学堂以来，共进行新政策培训2次，对新办企业纳税人培训1次，共培训纳税人300多人次。在遂昌国税局网站内设立网上纳税人学堂栏目，开展纳税人学堂与网上纳税人学校的互动。（管雯洁）

地方税务

【概况】2014年，地税部门共组织入库地方税费82119万元，同比增长11.82%。其中税收收入48469万元，增长7.29%；其他收入33650万元，增长19.05%。

【帮扶发展】参与出台加快旅游业发展、加快发展养老服务业等财税配套扶持政策，促进经济转型升级。继续实施结构性减税和清费减负政策，全年地税部门税收优惠4866万元。通过免征水建金、兑现政府奖励等措施，推进“个转企优服务提质量长效机制建设年”活动，当年新办“个转企”168户，税务登记162户，办证率96.4%；累计办理工商登记“个转企”592户，税务登记549户，累计办证度92.7%。开展企业专项帮扶，编印2100份优惠政策宣传资料向各企业免费邮寄，开展支持浙商创业创新“百日集中行动”暨“长效机制建设年”活动，联合企业家协会召开企业家座谈会，解读相关优惠政策和专项辅导。

【税费征管】通过定期数据对比、纳税申报跟踪、警示信息提醒等方式，完善129户个体建账户管理，比上年增加9户。加强税源管理，强化税收风险应对，全年开展各类纳税评估7户，完成风险应对项目14户。5月，举办龙版深化应用全员培训，外聘龙版开发参与同行进行授课。加大土地增值税清算、企业所得税汇算清缴和社会保险费年度结算力度，全年入库土地增值税3557万元，增长428.72%，汇算清缴入库企业所得税1148万元，社保费结算入库560万元。完善财政地税协作机制，规范企业土地回购事项涉税管理和加强建筑业发票审核；巩固国地税全方位协作机制，加强在联合办证、信息共享、“双定户”共管、联合稽查等多领域的合作；与房管、工商部门抓好自建房营业税、企业股权转让的税收征管。通过部门协作，共清欠入库税收超1000万元。新增代征单位遂昌县民用爆破公司1家，共计25家代征单位，形成较完整税收代征网络。完成《遂昌县税收征管保障实施方案》阶段性工作，推动税收社会保障办法落实。完善社保费缴费基数管理，强化社保费收入分析、预测工作，巩固和完善“五费合征”工作机制，全年社保基金收入28592万元，同比增长20.53%。

【纳税服务】布置落实全国纳税人满意度调查工作，通过走访重点税源企业，召开企业座谈会，结合办税服务厅现场调查、邮寄问卷、网络问卷等多种方式，收集纳税人对涉税事项、地税干部“四风”问题的意见和建议。5月推出午间值班制，与“周一早例会”“轮流值周”制度形成三大互动机制。推出纳税服务绩效考核工作，考评结果应用于“纳税服务之星”评比。全面落实全国县级税务机关纳税服务规范，9月20日制定下发县级实施方案，9月25日开始分两批进行落实《纳税服务规范》工作动员会暨业务培训。深入执行重点企业联系制度，开展“进万企、解难题”专项活动，发放宣传资料3000余份，帮助纳税人安装机打开票软件32台。

【税务稽查】2014年以大要案查处为工作突破口，全面提升稽查质效。重点开展房地产行业、省局重点监控税源企业、非学历教育行业、多年未查工商贸行业的专项检查；按全市地税稽查“三集中一分级”专项检查要求，配合市局对全市农行系统进行历时6个多月的重点检查；以发票使用专项整治为契机，对全县234户餐饮用票企业5万多份发票使用情况进行了排查，选取4户进行重点检查。2014年度查处各类涉税案件32件，共查补入库988万元。

【税收法制】4月，联合国税开展以税收文化展览为平台开展税收宣传月专题活动。9月17日成立领导小组，开展行政规范性文件清理工作。11月7日清理结束，继续有效的行政规范性文件为39件，拟修改但暂时保留适用文件10件，已废止或宣布失效文件36件。根据县政府和省地税统一布置开展权力清单清理工作，权力事项由“一报”的229项缩减为“三报”的104项，行政处罚等八项行政权力调整为93项，在政务服务网予以公开。（叶晓晖）

交通·邮电

交通运输

【概况】2014年，遂昌县计划完成交通基础设施投资2.02亿元，其中政府性投资项目11个，计划投资1.86亿元；非政府性投资项目1个，计划投资1600万元；1—12月共完成交通项目固定资产投资27603万元，占年度计划的136%，完成重点建设项目投资15657万元，占年度计划的106.5%。

【规划设计】遂昌县综合交通规划"立足一基本点，突出一亮点"。一基本点，即立足于遂昌县交通系统的自身建设，实施新举措，谋划新局面，促进交通转型发展，加快遂昌县综合交通体系建设，逐步提高遂昌县区域一体化和城乡统筹发展水平。重点是推进公路、水路、铁路等交通基础设施建设，提高运输服务保障等现代化管理水平。一亮点，即突出遂昌县交通系统如何服务于地方经济，特别是如何为工业布局和旅游开发服务。遂昌坚持"工业是第一经济"不动摇，把握县级旅游改革试点机遇，重点发展休闲旅游，将遂昌努力打造成为全省休闲旅游的示范县，成为依托旅游发展实现富民强县、跨越发展的典型。

【重点项目】峡口门至湖山至金竹公路改建工程：于2010年5月开工建设，路线全长15.961千米，按二级公路标准设计。至2014年年底累计完成投资38051万元。2014年完成投资5151万元，占年度计划的115.72%。路基、路面、桥涵、隧道、交安、机电和绿化工程基本完成，金竹尾段路基部分也已基本完成。

51省道王村口至老虎跳段公路改建工程：于2011年4月开工建设，至2014年年底累计完成投资21447.68万元。2014年完成投资2336万元。至2014年年底，路基完成99.41%，桥涵完成98.78%，隧道完成98.91%，完成占总体工程形象的95.78%。

乌溪江大桥建设工程：于2011年3月开工建设，全长1.32千米，按二级公路技术标准设计。至2014年年底，路基、隧道完成95%，桥梁工程完成7个节段吊装。已累计完成投资10115万元，2014年完成投资3080万元，占年度计划的102.67%。

遂昌县连直线云峰段公路改建工程：全长5.624千米，按二级公路标准建设，工程总投资20384万元。2014年完成投资5090万元，占年度计划的101.80%。工程挡土墙已开始施工；力其桥除桥面结构外，其他已完成；圆管涵已经开始施工；路基分段开始填筑。

【公路管理】项目建设、养护管理。2014年，完成了省道及农村公路的路面大中修、路面预防性养护、公路安全保障、危险桥梁加固改造、水毁修复等10个工程项目任务，全年完成项目投资6323.14万元。11月，湖山公路养护站完成招投标，建设用地6256平方米，建筑面积2504平方米，建筑占地1533平方米，总投资790万元，年底前全面开工建设。全年各公路站共出动机械车辆5100余台次、人工2.62万余人次，较好地维护了路面的洁化和美化。

抢险工作。“6·27”特大洪灾给遂昌公路造成重创，灾情发生后，公路局干部职工立即投入到抢险抗灾的第一线，仅用了7天时间就抢通了受灾最为严重的西畈乡的生命通道，确保了救灾物资尽早送到受灾群众手中。半个月时间里，抢通了24千米通往江山方向的主干道。期间，遂昌县交通运输局投入抢险设备、抢险车辆120多台次，投入抢险人员400余人次。由于此次应急抢险工作表现突出，县交通运输局被县委通报表彰。

路政专项行动。全年路政大队共出动巡查3774人次，发放各类宣传资料5000余份，组织专项整治40次，清除堆积物9805立方米，拆除非公路标志牌11块，查处超限车11辆，卸货390余吨，收缴罚款39800元，查处路产损坏案件、处罚案件查处率、答复率为100%，较好地维护了路产路权。

遂昌县区域干线交通网络布局规划线路一览表

表28

交通方式	序号		线路名称	主要控制点	里程（公里）	规划等级
铁路	两铁	1	衢宁铁路	北界、新路湾、妙高	30	Ⅰ级
		2	衢丽铁路			Ⅰ级
公路	两高	1	龙丽高速（遂昌段）	北界、新路湾、小马埠、株树窟、妙高	29	高速
		2	遂（昌）江（山）上（饶）高速	规划研究阶段	70	高速
	三省	1	龙游—莲都（S225）遂昌段	北界、新路湾、小马埠、连头、云峰	35	一级
		2	遂昌—庆元（S226）遂昌段	上江、妙高、三仁、大柘、石练、焦滩、王村口、龙洋	81	二级以上
		3	常山—遂昌（S228）遂昌段	峡口门、湖山、左肩、西畈	70	二级
			50、51省道连接线	三墩桥、枫树突、阴樟源	15	二级
	四射	1	三墩桥—垵口～龙泉（城北）	三墩桥、阴坑、垵口、坝头	48	二级
		2	金岸—连头—金华（婺城区）	金岸、连头、半坑、门阵、小洋坑	30	三级以上
		3	湖山—金竹—北界—金华	湖山、金竹、汀溪、应村、北界、苏村	61	二级
		4	西畈—黄沙腰—柘岱口	西畈、黄沙腰、柘岱口、尹家	68	三级以上
	九联	1	连直线公路	连头、云峰、濂竹、直坑口	40	二级
		2	新路湾—白马山—汀溪	新路湾、远路口、白马山景区、汀溪	39	三级以上
		3	应村—高坪	三十萝、洋溪、双溪口、高坪、长树源	25	三级以上
		4	金竹—衢州界	金竹镇、官坞、上坪头、长树源、牛岭岙	20	三级以上
		5	甲门坑口—左肩	甲门坑口、姚岭、左肩	23	二级
		6	石练—南尖岩—神龙谷	石练、双坑口、南尖岩、神龙谷	40	四级以上

交通方式	序号	线路名称	主要控制点	里程（公里）	规划等级
	7	焦滩—黄沙腰	焦滩、蔡源、大坑源、上定	32	三级以上
	8	黄沙腰—九龙山和九龙山—西坑口。	黄沙腰、九龙山、黄基坪、西坑口	30	四级以上
	9	王村口—南尖岩	王村口、关塘、坑里	36	三级

【交通运输管理】全年完成客运量474.5万人次，旅客周转量15782万人千米，与上年同期持平；货运量304万吨，货物周转量31392万吨千米，与2013年同比增长1%；完成汽车驾驶员培训2490人。2014年春运完成旅客运输量约57.83万人次（含城乡公交、旅游包车、出租车），旅客周转量约2160万人千米，基本与上年持平。春运加班2674（含农村班线加班数）班次。春运期间无一般以上道路运输安全事故发生，实现了旅客进出畅通和各种生产生活物资正常运输目标。

【交通窗口形象】2014年，县交通运输局驻审批办证中心窗口受理办结各项业务4902件，其中即办件4833件，承诺件69件，做到受理事件100%办结，未出现一起业务滞办、拖办现象。

【客货运站场及公共自行车项目建设】2014年，县交通运输局以项目建设为重点，深入实际，积极做好站场建设各项工作，积极推进乡镇、农村客货运站场建设和港湾式停靠站建设。一是加快东城物流中心项目建设。二是金溪停车场项目已进入施工阶段。三是公共自行车项目已于9月28日投入试营运。遂昌公共自行车租赁系统建设项目第一期投资500余万元，建设26个自行车服务点，投放500辆公共自行车。至年底，以办理自行车卡1000余张，出租车次达27800次。

遂昌客运站发车时刻及票价表

表29

	票价	发车时间		票价	发车时间
杭州		08:00	上海	171 5.5小时	11:45
		09:45		经：杭州100 临平103 嘉兴148	
	100元	11:40	湖州	113 4.5小时	10:25
		12:25		经：12:25 杭普(建德38 桐庐路口64	
		13:00		富阳路口78 杭州90) 武康100	
		15:05	萧山	100	10:00
		16:30		4小时	13:30
	98元	21:30	景宁	45 3小时	08:30
丽水		06:30			13:10
		07:20		经：靖居口18 南山26 石塘31	
		08:10		小顺32 云坛36（大港头27早上经）	
		09:00	龙泉	54	08:50

	票 价	发车时间		票 价	发车时间
	35 元	09:35		2 小时	12:35
		10:25	柯桥	104	09:55
		11:10		经：诸暨 83 绍兴 100	
		12:00	金华	48	08:45
		12:40		2 小时	12:40
		13:20		经：湖镇 25 白龙桥 39	
		14:10	义乌	66	08:25
		15:00			11:35
		15:45		3 小时	14:20
		16:35		早上经：湖镇 23 金华 48	
		17:40		下午经：金华 48 中午直达	
		18:40	温州	79	08:00
龙游		06:30		2.5 小时	10:30
		07:20		青田 56	13:25
		08:05			15:30
		08:40	瑞安	84 3.5 小时	08:55
		09:45		经：青田 56 温州 73	
		10:30	永康	43	08:15
		11:00		52	12:30
		11:40		早上（走武义）经：宣平 20 王宅 28 武义 33	
		12:20		下午（走缙云）经：缙云 46	
		13:10	武义	27	07:15
		14:15			12:40
		14:50	路桥	112	09:35
		15:40		经：仙居 74 临海 90 黄岩 105	
		16:20	宁波	128 4.5 小时	09:35
		17:00		经：东阳 66 嵊州 91 奉化溪口 113	
衢州		07:35	北仑	146 6 小时	08:20
		09:00		经：永康 48 东阳 70 嵊州 95	
		10:15	隔天开	上虞 110 慈溪 125 镇海 143	
		11:35	庆元	79	13:00
		13:00	隔天开	经：小梅 66	
		14:20		52	
		15:50	千岛湖	经：白沙 42	13:25

	票 价	发车时间		票 价	发车时间
		17:20	松阳	9.5	6：40—18：40 20分钟一班
					44班/日

【遂昌县公交车停靠站明细】

1路线：10分钟/班 早班：6:00 末班：21:10

源口—交警队—吴乐—兴居花园—上南门桥—下南门桥—平昌广场—钟楼—人民公园—龙潭—水泥厂—渡船头—上江—下杭—工业园区—金岸—高路—元立厂区—利化

3路线：20分钟/班 早班：6:30 末班：18:40

株树窟高速路口—黄马坞口—叶定口—水阁村委—梅缘路口—戏曲公园—北街老桥—审批中心—影剧院（妙高派出所）—财政局—遂昌大厦—移动公司（国税）—南门中路（西）—体育馆—职教园区（职高）—大毛头村委会

4路线：20分钟/班 早班：6:30 末班：18:40

兴居花园—西街广达地产—巷弄口—教堂—地税局—遂昌大厦—新世纪影院（人民医院）—国土局—环卫大楼—月亮湾—茗月山庄—源古路（北）

5路线:60分钟/班 早班：6:30 末班：17:30

茗月山庄—大桥　此线路为城乡公交，部分站点与其余路线重叠，重叠线路站点相同，其余路段招手即停

2路（叶坦—永化）30分钟/班 早班：6:30 末班：17:40

叶坦—车站—海天门口—办证中心—文明路口—人民医院后门—北街15弄—北街23弄—北街29弄—北门桥头—月亮湾—茗月山庄—古院—五突头—后江—三墩桥—石板桥—高碧街—周村—凤凰山庄—前村—十三都—永化

6路（县城—云峰）30分钟/班 早班：6:10 末班：17:50

北门桥头—云峰（社后）此线路为城乡公交 部分站点与其余路线重叠，重叠线路站点相同，其余路段招手即停

【出租车和黄包车管理】遂昌县首辆出租客运小汽车出现在1994年7月，当年就发展到10辆，开始都为个体户经营。1995年4月，县汽车运输总公司组织各个体经营户组建遂昌汽车出租（旅游）有限公司，并将客运站门前的空地作为出租车停放点，此种方式一直延续至2014年。遂昌县出租车未实行打表收费制度，采用车主和旅客协议收费的办法。由于遂昌县城区域不大，出租车市场狭小，自1998年以后出租客运审批从进入调控审批阶段，并数次对出租车市场进行整顿，但效果不明显。

【续建项目】农村联网公路：2014年遂昌县农村联网公路建设项目8个，分别为：十三都至大觉1.7千米，排前至永垵5.0千米，官坞至岭胜1.5千米，坳头至龙泉市城北乡黄畲村4.5千米，根竹口至根竹坑4.8千米，后垅至后村2.4千米，范村至马头3.0千米，蚱蜢殿至清水源3.2千米。2014年完成投资2018.7万元。

水运码头建设：大溪边水运码头2014年计划投资200万元，完成投资96万元。黄泥岭水运码头计划完成货运码头混凝土挡墙施工。

公路养护工程：2014年，遂昌县公路养护工程计划包括农村公路大中修工程、农村公路安保工程、农村公路日常养护项目、国省道干线公路日常养护工程、“6·27”水毁重建工程、国省道公路大中修、农村公路危险桥梁加固改造等7个项目，2014年完成投资4792.1万元。

遂昌县物流中心：2014年主体项目基本完成，仓储仓库框架已完工，地面水泥已经浇灌好。2014年投资计划1600万元，实际完成投资1603万元。

（钟璐　叶圩）

邮 政

【概况】2014年，遂昌邮政局投入运行集“工业品下乡，农产品进城”为目的的农村电子商务平台，方便农村百姓。实现“遂昌模式”二次创新实践。对公园路、云峰、大柘3个支局网点进行网点转型，年内全部完成网点改造工程。全年完成业务收入1577万元，同比增长2.61%，完成计划的100.43%。完成有效收入1221万元，占总收入比重77.45%，占比居全市第2位。业务总收入位居全市第5名。其中函件业务完成收入141.87万元，增长58.94%。报刊业务完成收入109.94万元，增长22.24%。代理金融业务快速发展，年底实现储蓄余额5.49亿元，比上年增加4236万元，实现代理保费4376万元。

【物流配送网络建设】2014年，县邮政局举办信息化村邮员培训班3次，为全县农村老百姓更好地享受邮政服务奠定坚实基础。全年新建信息化村邮站15个、信息化三类站68个，建成遍布城乡、覆盖全县的“县—乡—村”三级物流配送网络。

【筹建农村电子商务市场】2014年，遂昌邮政局积极筹建农村电子商务市场，将三仁畲族乡打造成农村电子商务示范点，加快农村电子商务“进万村”步伐。全年累计代投农村邮件18711件，日均代投量200余件。共有申通、韵达、天天、汇通、国通5家快递公司与邮政达成合作意向，全县共开业代投点21个。推进“电商换市”，建设国际电子商务中心，大力发展E邮站，成功安装青云小区、茗月山庄、凯恩佳苑、兴居花园4个生活小区的安建智能终端设备，社会反响良好。

【新建信息化村邮站布点】2014年，新增信息化村邮站布点，分别是：马头村邮站、湖山村邮站、石练村邮站、垵口邮政代办所、西畈村邮站、黄沙腰村邮站、蔡和村邮站、蔡口村邮站、应村邮政所、高碧街村邮站、龙洋村邮站、高坪新村村邮站、治岭头村邮站、门阵村邮站、西街村邮站。（叶淑芳）

电 讯

中国电信遂昌分公司

【概况】2014年，中国电信遂昌分公司完成业务收入3920万元，比上年增长4.6%，C网净增2243户，宽带净增1175户；ITV到达1.2万户，FTTH到达9935户。

【网络建设】加大网络资源建设，重点投资在基站和线路。上半年完成县城区光网建设，新增FTTH光纤接入能力8958线；城区高速宽带网格覆盖率83.11%，农村高速宽带网格覆盖率25.69%，末梢改造小区25个。全年管线建设投资256.91万元，线路维护成本184万元。在县城区域，完成了6028线FTTH改造投资258万元，覆盖率从2013年的64.84%上升至99.24%。同时投资156万元用于对农村乡镇所在地及主要街道和行政村的FTTH建设，覆盖率从2013年的10.80%上升至20.09%。加快4G网络建设，本县4G网络已完成56个LTE基站开通运行，建设中26个基站。主城区、主要工业园区、20个乡镇所在地、较好覆盖，境内高速公路、省道、各AAAA级景区基本覆盖。

【农村信息化建设】大力发展农村宽带建设，助力农村信息化建设。4G/3G/2G移动网络覆盖全县188个行政村，覆盖率92%，宽带网络实现20个乡镇全覆盖，通村率97.8%。中国电信丽水分公司与浙江赶街电子商务有限公司签订战略合作协议，以信息惠农为合作宗旨，在客户资源和宣传资源共享、通信基础设施和渠道网点建设上开展深度合作，为信息化助推农村经济社会发展贡献力量。

【便民服务】2014年，中国电信遂昌分公司加快通信基础设施建设，加大城乡便民网点建设，已建成县城中心商圈代理门店9家、专营店8家、电脑门店25家，拓展二级网点90家，方便当地居民缴费和办理电信业务，极大地满足了城乡居民通信需求。

【宽带网络升级优化】2014年，加大宽带网络升级建设，全县出口带宽扩容到45G，重要乡镇骨干带宽由千兆升级到万兆。对重要网点采取了双路由保障措施。完成各个乡镇的GPON设备OLT安装，共计安装OLT设备14套，为各点FTTH覆盖提供了条件。完成全县小区LAN修改为FTTB的工程建设，合计完成更改26套，为原来只能受理10兆及以下低速率的用户可以受理高速率的宽带创造了条件。

【政府信息化建设】 2014年，中国电信遂昌分公司加快宽带网络在国民经济和社会各领域的应用。校车监控项目安装监控设备115台，摄像头460个，上线115台。公共自行车系统项目26个点、云峰石材园区污水监控项目发展光纤27条，教育局高清监控项目、工商局大楼监控项目、智慧农业项目、二级水库监控项目监控项目、遂昌中学网络卫士项目、梅溪小学桌面云项目、教育局8所学校阳光厨房项目、府前菜市场监控扩容、九龙山通道道闸系统项目等ICT项目20余个，配合公安局万兆视频网开通和公安专网的割接，完成交警42个监控点的接入改造工作。

【"综治e通"信息平台开通】 2014年，中国电信遂昌分公司投资20多万元，率先在全市开通"综治e通"信息平台，这标志着遂昌县230名农村综治管理员真正实现无纸化办公和移动办公。"综治e通"是依托基层社会管理综合信息系统开发的手机客户端，通过中国电信无线网登录手机系统，使农村综治管理人员更加便捷地采集数据，记录工作日志和事件处理流转过程，更便捷、高效地完成日常信息上报。装有"综治e通"系统的手机。一旦遇上群众纠纷等事，他们便会记录下来，并实时传送到乡镇(街道)综治网格化信息系统，大大提高事件处理效率。

【提升客户感知】 2014年，中国电信遂昌分公司承接"宽带五心服务"和"对外十项承诺"，持续开展宽带提速工作，持续开展效能提升，推进快装快修。装移机24小时竣工，宽带故障平均修复时长逐步降低，品牌客户平均修复时长为3.5小时，普通用户为6小时（含夜间）。

【全县校车车载监控项目安装上线】 1月8日，全县校车车载监控项目全面完成安装上线工作。这一项目的启动应用，达到实时传送全县学生接送车监控图像的基本要求，实现与公安局、运管所和两家客运公司资源的共享，从而实现"同一平台、全面监控"，既维护了道路交通秩序，又保障了学生接送的安全。 （县电信公司）

中国移动遂昌分公司

【概况】 2014年，中国移动遂昌分公司完成运营收入8126万元，利润3970万元。遂昌分公司获"全国优秀质量管理小组""中国移动浙江公司模范'职工小小家'""中国移动浙江公司企业文化示范单位"等称号。

【市场发展】 2014年，公司开展优质服务感恩行服务领先工程，以感恩为主题开展各种惠及于民的活动。1月推出感恩充值送油活动；2月开展服务进两会、服务进园区、服务进农村活动；3月开展"团购"手机活动，以最低的价格让百姓受益；6月开展免费为考生送水活动；7月开展岗位大练兵活动；8月开展技能比武；9月开展中秋国庆优惠购活动；10月开展国庆手机特惠购活动；11月开展流量充值送、加量不加价活动；12月开展宽带大优惠活动。从客户感知出发，了解客户真实诉求，以优质服务和细致营销回报客户，积极做好客户维稳和拓展工作，提升用户价值。虚拟网累计通话用户数131520户，4G用户14000余户，全县宽带用户17940户。

【网络建设】 2014年，中国移动遂昌分公司网络建设与维护工作成效显著。2013年G20期人民医院已完成，G20期优化9个站点，已开通7个站点。2013年12月新增的10个直站全部开通。全县3G基站159个，城区及乡镇均已覆盖。WLAN热点110个，AP300个，覆盖大型酒店、宾馆、影院等场所。4G基站已建设完成55个宏站和3个LTE室分（移动大楼和县政府室分、元立室分），主要位于主城区，信号覆盖范围包括东面渡船头以内，西面至兴居花园以内，北面北门桥头至茗月山庄以内，南面至枫树突以内。驻地网建设城区户籍覆盖率为90%，除西畈乡外的10个乡镇区户籍覆盖率68%，已覆盖77个行政村。开通大柘上旦片区的6个村，龙口片区6个村的网络建设。

（县移动公司）

中国联通遂昌分公司

【概况】2014年，中国联通遂昌分公司主营业务收入1108万元。固网收入完成160万元，完成率全市排名第三。快速发展移动业务、宽带业务，收入近千万元。2014移动网建设W网有渡船头北、新庵、叶坦小区等11个站点。新建固网工程有大柘镇、金溪村廉租房、二都街安置小区、枫树突、凯信广场等。北街、西街两处固网改造工程。集团大客户专线建10处专线。完成遂昌污水厂、妙高镇古院开发区、石练镇绿色农产品加工园区、蔡源信用社、老医院厂安置小区、毛田工业园区、金竹镇王坞等迁改工作。新建源口至交警队、茗月山庄至吴突头2处管道建设。

【宽带线路建设】至年底，共建设245个分线盒FTTH端口1960个，合作覆盖片区有云峰镇、龙潭鑫城三期、大柘镇、石练镇，覆盖用户数1.1万户。2014年总发展用户数149户。

（县联通公司）

科学技术

自然科学

【科技服务】2014年，县科技局继续实施科技干部联系乡镇（街道）、企业制度，完善相关政策，开展以“三带三解”（带科技进村，解难保增收；带政策入企，解疑保发展；带感情恳谈，解疏聚合力）为主题的“科技助推春耕备耕专项活动”和“科技促进企业转型升级专项活动”。对全县20个乡镇开展科技助农活动，共举办培训班30期，1000余人接受技术培训。全年共走访企业120家次，到企业召开负责人、技术人员座谈会8次，帮助企业解决困难共60个。

2014年共向上级申报项目48项，其中申报国家创新基金1项；省级项目47项，成功申报省科技型企业4家、市高新技术企业2家。获得立项29项，其中省新产品试制计划27项，省农业科技成果转化项目2项。获发明专利授权17件。共获得上级经费377万元。

2014年专利申请量183件，其中发明专利申请量29件，专利授权量105件，其中发明专利授权17件。碧岩生态通过省专利示范企业复核，利民化工被评为丽水市知识产权示范企业，兴昌纸业、遂金特铸、林产化工、华辉机电被评为县示范企业。发布《遂昌县规上工业企业“专利清零”行动计划（2015—2017年）》。

【科技宣传】开展防震减灾宣传“六进”活动，共发放资料1000余份。5月12日，在实验小学进行了应急疏散及救援演练。加强对社区开展防震减灾工作的指导。做好对地震台的日常维护。发布《遂昌县地震应急预案》和2个乡镇的《地震应急预案》，开展了乡镇防震减灾助理员培训和县地震应急演练（桌面推演）活动，开展省级防震减灾科普示范学校建设。开展科技（科普）周活动。参与单位发放资料27种共计10300份；科普竞猜题目500个，咨询2300人次，展板70块。活动周期间，还举办了科技特派员送科技下乡、科技大篷车巡展等10多项活动。

【对外合作】开展县人才项目申报工作。建立了49名科技人才组成的专家库，发放遂昌县科技专家库聘书。推荐两家企业申报绿谷精英创业创新团队引领计划项目。完成浙江农林大学合作项目合同签订工作。深化与浙江大学、浙江树人大学、浙江师范大学的合作，开展合作对接、洽谈，浙江大学遂昌技术转移中心专家不定期走访企业，帮助企业解决难题。

【科技成果转化】激发网上技术市场活力，加强科技成果转化，推动科技合作，促进技术交易和难题破解。全年共发布难题28项，签约项目24项，成交金额1545万元。指导各成果完成单位完成15项成果登记。2014年获市科技进步奖、星火奖共3项。

加强农业科技成果转化和项目申报。遂昌山泉石蛙养殖合作社《石蛙良种选育及规模化养殖技术转化与示范推广项目》和遂昌纳福尔山茶油公司《油茶丰产技术示范与推广项目》获国家、省农转化项目。开展农业科技投入统计、人类遗传资源管理基本情况调查表统计、国家可持续发展实验区创新能力监测表统计、科普统计等工作。开展县星火项目和示范带头人申报工作。

【科技特派员工作】2014年新派遂昌县省级科技特派员11人，新派市级科技特派员3人。审核并上报省、市科技特派员项目20项。组织科技特派员抗击“6·27”洪涝灾害，深入乡镇村，开展技术指导，帮助灾后重建，争取灾后重建项目资金75万元。

【杂交稻制种工作】2014年，遂昌落实杂交水稻制种基地906公顷（遂昌基地833公顷，江西浮梁73公顷），涉及农户0.6万户。进行新品种试制20公顷。完成样品田种植鉴定311份。完成150个新品种的筛选对比试验和有关田间苗情记载工作。全年种子收购总量184.4万千克，共销售种子102.8万千克，比2013年同期增4.6万千克，增5%。（李建瑞）

科学技术协会

【青少年科技创新大赛】遂昌县第十一届青少年科技创新大赛于2月10日评选结束，大赛共收到各中小学校上报的科技创新项目35项，科技实践活动8项，少儿科学幻想绘画作品200余幅。共评选出科技创新项目一等奖9项；科技实践活动一等奖3项；少儿科学幻想绘画一等奖37幅；评选出优秀科技辅导员12人，优秀组织单位6个。获得一等奖的部分作品推荐参加2014年省、市级青少年科技创新大赛，获得市级二等奖1项、三等奖3项和省级二等奖1项、三等奖3项的好成绩。

【送科技下乡活动】2014年，县科学技术协会从农业生产的实际需要和农民的技术需求出发，组织有关学会到乡镇开展因地制宜的实用技术培训活动。一年来共举办培训班769余期，现场指导800余次，发放资料10000多份。深入新路湾、金竹、濂竹、北界等乡镇了解科协组织情况，走访科技示范户、走访科技工作者，考察中草药、果蔬基地、红心猕猴桃基地等科普示范，对示范辐射作用较大、社会效益较好、土地综合利用较合理的产业加以引导和支持。

【推进学会创新发展】5月16日，县科协与县移民办、蔡源乡政府、石练中心成技校联合举办名优茶栽培管理技术培训班，在活动现场派发科技图册100余册。9月29日，由县科协农函大主办的2014第一期农函大农民网上营销培训班在北界辅导站开班，来自北部5个乡镇的38名农民学员参加培训。

【科技（科普）活动周】5月19日，遂昌县2014年科技(科普)活动周暨大型科普广场活动在平昌广场开幕。县科协下属15个学会的科技专家服务组和科普工作者共计50余人参加本次活动。县医学会和护理学会的工作人员为广大群众进行高血压、糖尿病等方面的健康检查活动。县科普活动中心巧设科普知识竞答题目500条，引起广大市民踊跃参与，竞答人数达2300人次。而来自反邪教协会、农业、林业、水利等学会的各条战线的专家、服务人员为群众开展现场咨询和服务活动。科普广场现场共接受咨询2300多人次，展出各类展板70多块，宣传资料共27种、共计10030余份。

【科普广播栏目】2014年，县科协与县广播电视台继续合作举办《科技进农家》《科普万象》和《科普园》广播专题栏目，分别为44期12小时45期11小时。邀请县内涉农专家作农技讲座，向广大听众解答生产、生活中的疑难问题。使之成为有声有色、群众喜爱的科普惠民栏目。这三个栏目在全市科协系统中都是唯一的，其中《科普万象》已坚持举办27年。

【防灾减灾宣传】全国第六个防灾减灾日前夕，县科协会同科技、教育、人防办、消防大队、民政局、遂昌实验小学，围绕“城镇化与减灾”主题，积极开展防灾减灾宣传活动。5月12日，在遂昌实验小学进行地震应急疏散演练。9时30分，警报声响后，全校32个班级1700多名师生在3分钟内全部撤离到空旷区域。演练结束后，由县消防大队示范消防、逃生演练。最后，向学生赠送由浙江省地震局主编的《中小学生防震避险教育读本》和《防震减灾实训手册》。此外，还展出防灾减灾等科普宣传画板。

【院士专家工作站提升】 文照竹炭院士专家工作站建立以来，充分发挥院士专家的技术引领作用，开展食用炭生产和产业化、竹炭颗粒造炭等技术研究与集成，仅炭颗粒造炭这一项技术每年预计产生近千万的经济效益。积极帮助玄乐竹炭、碧岩竹炭、蟠龙竹炭、维康竹炭等企业培养创新团队、解决关键技术难题、提供产业最新发展动态，提升企业技术创新能力。先后帮助各竹炭企业开展聚氨酯碳基复合材料研究和标制定、申报工作，指导企业开展环保型竹炭装饰材料、竹醋液化妆洗涤用品、功能性竹炭制品等生产技术的研发。

利民化工院士专家工作站建站以来，院士团队为利民化工提供咨询和指导10次，开展决策咨询4项，培养创新人才4人。开展联合攻关项目7项，已完成4项，完成科研成果转化3项，开展关键共性术3项，增加新产品5个。完成新增利润总额1328万元。4月28日，利民化工院士专家工作站申报省级院士专家工作站，因条件不成熟，未能通过。

【请进来和送出去培训】 选送5位农村科技示范户参加市科协举办的营销与品牌建设专题培训。推荐11位科技示范户参加市级农村科技示范户评选，选取其中的4位参加浙江省第九批省级农村科技示范户的评选活动。同时对星火带头人、星火示范项目和重点科技示范户给予一定的资金扶持鼓励。开展2014年遂昌县农村实用人才技术职称申报评定工作，经过培训、考试、审核，由业务主管部门推荐，县评委会评审，共评出农民技师7名、农民助理技师8名。

【申报科普项目】 实施完成浙江省科普设施项目，在叶坦社区建立百米科普画廊，9月23日交付使用。2014年妙高街道城中社区创建成为浙江省优秀基层科普示范社区，积极开展社区益民科普活动。组织申报并实施2014年省级“科普惠农兴村计划”农村专业技术协会项目。

（县科协）

社会科学

【概况】 2014年，全县有经济、金融、教育、财税、文化、管理等社科类学会、协会和研究会20个，国家级、省级、市级社科普及示范基地1个，县级社科普及基地10个，县级社科研究基地1个。县社科联在日常组织管理、课题申报评奖、社科知识普及、课题研究方面给予必要的指导和帮助。

【汤显祖文化交流】 完成汤显祖—莎士比亚文化交流合作恳谈会组织工作。在前期与英方、浙大、丽水学院联系邀请的基础上，与县委、县政府作充分对接，召集宣传、文化、教育、旅游、发改等部门召开会议征询合作项目。参加文化交流合作座谈会的各方达成共识和合作意向，并对具体合作项目进行研讨，形成会议纪要。

完成2014汤显祖与莎士比亚文化国际学术研讨会会务组织工作。4月12日举办2014汤显祖与莎士比亚文化国际学术研讨会，来自英国、新加坡等国家以及国内著名高校、研究机构的专家共63人参加会议。研讨会收集各位专家学者的论文共48篇，编印出版《汤显祖与莎士比亚文化国际学术研讨会论文集》。

完成《牡丹亭》之夜演出组织协调工作。在前期，与浙江昆剧团、江西赣剧院、江西抚州汤显祖演艺有限公司进行谈判，与三方签署演出合同。精心收集《牡丹亭之夜》演出的5个剧团的基本情况表及演出剧照，制作宣传广告牌。认真对接各团体的信息，收集参赛人员名单及到达和离开日期等基本信息确认工作的有191人。演出准备期间，及时协调解决搬运、置景、灯光、音响等问题。联系县城两大影院及电视台，播出《梦寻》电影，并安排电影票发放给各大社区。

协调组织做好《牡丹亭》杯全国昆曲曲友大奖赛活动。在前期，做好人员名单确认和对接工作，签订合作协议。做好比赛场地汤公园金缕茗楼布置安排工作，安排制作比赛广告牌、标识语，大奖赛取得圆满成功。

完成《汤显祖文化资政育人》的录播工作。主动联系中国人民大学中文系副教授郑志良老师、绍兴文理学院教授周一农老师主讲《汤显祖文化的资政育人》。与电视台合作，现场协调、组织节目录制工作，制作《汤显祖文化的资政育人》碟片，安排在文化节期间在电视台黄金时间播放。

【挖掘地方文化】出版《遂昌古代金石书画》，分为金石、书法、绘画3编，包括摩崖、碑刻、钟铭、匾额、书画手记等，是了解遂昌悠久历史文化的重要窗口。出版《长濂古韵》，系统地介绍长濂村历史文化，是研究遂昌历史村落文化的一本有价值的参考书。完成《一诺千金》稿件征集工作。组织本县汤学专家撰写汤学论文4篇，参加文化节期间学术研讨会。组织人员就“汤显祖文化资政育人”进行调研，形成3万余字的调研文章。做好汤显祖和莎士比亚文化交流合作网维护、及时更新工作，中文版本维护和运转工作正常。

【社科活动】2014年，县社科联整合县委宣传部、党校、史志办、档案局、遂昌中学、汤显祖研究会等力量，积极开展社科研究，取得良好成果。参加市第二十次（2012—2013年度）社会科学优秀成果评选共19项。继续办好内部刊物《遂昌社会科学》。做好县乡村文明促进会成立工作，于3月5日在长濂村召开乡村文明促进会成立暨首届代表大会。召开社科联第二次代表大会，大会确定会员单位80个、代表81名。会议总结县社科联前五年的工作，确定未来五年的工作目标，选举产生社科联新一届理事、常务理事、主席、秘书长。

（肖冬丽）

文体·传媒

文 化

【概况】2014年，县文化广电新闻出版（体育）局紧扣创建省级文化先进县和省体育强县两项重点工作，抓住机遇，明确任务、与时俱进，开拓创新，推动县域文化事业繁荣发展，为建设山区科学发展示范区，打造宜居、宜业、宜游的生态城市提供强有力的文化支撑。

【省级文化先进县和体育强县创建】4月，成立省级体育强县创建办公室。6月，成立省级文化先进县创建办公室。分别召开动员大会，与各相关部门、乡镇（街道）签订创建责任书，对业务人员进行2次培训，制订了《遂昌县创建浙江省文化先进县（体育强县）实施意见》《遂昌县创建省级文化先进县（体育强县）实施方案》，编发创建简报16期，及时通报创建工作进度。整理完善“两创”台账资料近1000本，制作文化体育工作宣传录像片，举办文化摄影大赛。12月9日，省文化厅到遂昌检查创建文化先进县工作；12月15日，省体育局到遂昌验收创体育强县工作，都给予遂昌县充分肯定。

【汤显祖文化节大放异彩】在2014中国遂昌汤显祖文化节中，县文广出版局负责文化节开幕式、万人齐唱《牡丹亭》、千人齐跳《牡丹亭》广场舞、《牡丹亭》之夜、昆曲大奖赛、汤显祖文化艺术展览等多项活动。前期，邀请专业老师前来助阵编排《牡丹亭》广场舞，带领文艺骨干深入到各系统、社区排练，确保汤显祖文化节的圆满完成。

【汤显祖纪念馆改造提升】2014年，县文广出版局研究制定汤显祖文化纪念馆提升方案，邀请企业家季建真先生到纪念馆指导策划改造提升工作，配合建设部门完成纪念馆周边环境整治工作。组织相关工作人员前往中国青瓷小镇学习文化旅游纪念品的设计、生产和销售等。目前，汤显祖文化旅游系列商品已着手设计开发20项40款，包括工艺美术品、风味特色食品、养生保健品、生活日用品、美食及娱乐文化创意等系列。

【文化刷墙】文化刷墙是2014年县政府十件实事之一。2月，宣传部、文广出版局、相关乡镇在石练镇召开文化刷墙工作动员会。5月，文广出版局与设计公司及乡镇召开研讨会，确定刷墙点位，要求在刷墙内容上突出汤显祖文化、特色农产品电子商务、旅游景观、地域文化等遂昌特色，制作上要求图文并茂，年内完成应村至高坪、三墩桥至南尖岩、长濂至金矿三条线路。至年底，三条线路刷墙任务全部完成，共305幅4419平方米。

【“乡村春晚”受好评】2014年，全县共举办“乡村春晚”27场。大田、徐村、银都等5个村参加“到丽水乡村过最美春节”网络推介会。县电视台和新闻传媒中心全程跟踪报道“乡村春晚”。大田村春晚、徐村春晚入选全市十台最美“乡村春晚”，其中大田村春晚名列榜首。蓝巧飞、叶美华等17名草根演员获评全市百名“村晚民星”。遂昌县获丽水市首批“乡村春晚”示范县称号。

【文化精品创作】2014年，

遂昌县广场舞《牡丹亭》《七彩竹炭》获第十届乡村艺术节总决赛双金奖。“夕阳红”老年合唱团在2014年丽水市群众合唱大赛暨第二届丽水市合唱节上获铜奖。县文广新局组织参加了“新松计划”全省青年话剧演员大赛丽水市选拔赛，获金、铜奖。创编的小品《短信》参加了浙江省第二十五届戏剧小品邀请赛。舞蹈《天地喜洋洋》参加丽水市第七届乡村艺术节农民才艺擂台获银奖。绝活《千金大力士》获银奖，器乐合奏《武十番》获银奖。摄影作品《老人与木偶》获中国梦·桃源摄影大赛三等奖，《大美杨丰山》获2014浙江摄影家“走进纪居朱溪港聚焦大美杨丰山”摄影比赛三等奖。《音乐之星 》获2014年浙江省太平洋寿险第九届“未来之星”摄影大赛三等奖。徐俊花获丽水市“十佳婺剧好声腔”荣誉。北界镇淤弓村村歌《淤弓，精彩如虹》获浙江省“村歌”创作演唱大赛决赛作品和演唱双项金奖。

【基础设施建设】2014年县图书馆通过浙江省古籍保护达标单位评审，提前完成古籍普查工作，共普查古籍3685册。9月开通“移动图书馆”服务平台，使读者体验到数字化的先进功能和云共享服务。8月，石练镇图书馆正式开放。“农家书屋”实现行政村、社区全覆盖。石练镇淤溪村、柘岱口乡尹家村“农家书屋”通过省五星级“农家书屋”初验。三仁乡排前村“农家书屋”被评为省“示范农家书屋”。县文广出版局被评为省“农家书屋”工程建设先进单位。汤显祖纪念馆全年接待游客15034人，电子纪念馆于4月开馆，公众微信号开通。举办“单行道•王海瑛油画汇报展”“浙江客京书画家四人邀请展”“百年可扬艺术作品展”“勤廉遂昌书法绘画摄影大赛优秀作品展”等临展，拍摄遂昌汤显祖纪念馆电视专题片。6月，成立遂昌昆曲曲社，招募社员近50人，开展学习活动50余次。

【人才队伍培养】2014年，县文广新局开展“幸福文化直通车”表演艺术辅导团下乡辅导活动，对镇、乡、村文化礼堂、文化活动点分期定点进行戏曲、舞蹈、器乐、小品等分类辅导。县文化馆、乡镇文化站开展文化骨干培训工作，组织各类培训103期，培训骨干5400人。组织开展“躬耕书院•音乐筑梦”培训活动，11月，25名学员在杭州大剧院“2014国际音乐节”上演出。举办县美术创作群体画家高坪3天的写生活动，浙江师范大学美术学院教授，硕士生导师宋永进携研究生到遂昌高坪写生。

【文化惠民活动】举办“新春大舞台”春节系列广场文化活动，创办“美丽遂昌幸福家园”春节摄影抓拍赛，开展“共享工程”服务送年画、《春节那些事儿》浙江省各地民俗摄影展、“马年迎新春”猜灯谜、新春电影展播等服务宣传活动。分别到湖山、王村口、石练、大柘、三仁、妙高、北界、新路湾、云峰等乡镇街道送春联8000多幅。组织开展“赈灾义演”文艺演出活动和为灾区摄影作品义卖活动，捐赠灾区善款1.6万余元。全年送文化下乡巡回演出170多场，惠及群众9万余人，赴诸暨、上虞、新昌等跨市文化走亲6场。送电影下乡工作在完成1700场的基础上增加放映场次，达2510场。

【文化遗产保护】对国家重点文物保护单位好川遗址的保护和规划进行深入探讨和研究，“四有”资料整理工作完成，通过省文物局内容验收。省级文物保护单位长濂滋德堂、宝俭堂维修工程，县级文物保护单位赤山古塔维修工程已完成并通过验收。完成蕉川乡土建筑之谷仓部分的保养性维修预算和天后宫、苏村苏氏家庙和黄塔桥照明线路改造工作。为县级文物保护单位配备4公斤灭火器210只、置放箱105只。启动全国第一次可移动文物普查工作，在全市率先完成系统内50%可移动文物报送工作。做好各级名录体系和传承人体系建设，完成省、市第4批非物质文化遗产代表性传承人和第2批“非遗”传承基地申报工作。3月，市文广出版局公布第4批丽水市非物质文化遗产代表性传承人名单，遂昌县车龙传承人王富和、黄祖胜，剪纸传承人周爱女，台阁传承人吴宪榜上有名。王村口妈祖庙会、遂昌米塑等10个"非遗"项目入选第5批县级非物质文化遗产保护名录。完成并出版浙江省"非遗"代表作丛书《昆曲十番》。

【文化市场管理】深入开展"扫黄打非"行动和出版物市场专项整治，着力打造平安文化市场。全年受理举报2件，出检374人次，检查经营单位567家次，开展突击执法检查17次，开展零时后行动1次，查获违规经营单位7家次，责令改正，一般程序立案调查2件，办结2件。联合消防部门开展清剿火患行动1次，检查经营单位17家次。联合工商、公安部门依法取缔"黑网吧"2家，暂扣电脑16台。联合工商部门、县电视台开展"地卫"执法检查1次，暂扣设备20套。联合县文管办开展全县文物巡查4次，共检查文物保护单位73家次。

（文广出版局）

遂昌县物质文化遗产一览表

表30

名称	级别	类别	时代	地理位置	公布时间	批次
好川遗址	国家	古遗址	新石器时代（四千年前）	三仁乡好川村	2013年3月	第七批

遂昌县非物质文化遗产一览表

表31

编号	非遗名称	级别	公布时间	批次
1	遂昌昆曲十番	国家	2008年	第一批扩展
2	班春劝农	国家	2011年	第三批扩展
3	昆曲十番	省	2007年	第二批
4	茶灯戏	省	2007年	第二批
5	黑陶烧制技艺	省	2007年	第二批
6	班春劝农	省	2009年	第三批
7	竹炭烧制技艺	省	2009年	第三批
8	豆腐制作技艺	省	2009年	第三批
9	茶园武术	省	2009年	第三批
10	台阁	省	2012年	第三批扩展
11	白曲酒酿造技艺	省	2012年	第四批

文艺创作

【服务汤显祖文化节】2014年，为配合县里举办汤显祖文化节，县文联召集书法、美术、剪纸等协会举办大型主题创作艺术展。一个多月时间里，各协会创作出200多幅（件）作品，遴选出170余件作品参展。所展出的作品囊括书法、油画、国画、剪纸、布贴、根雕、炭陶、青瓷、十字绣等艺术门类，蕴含着浓厚的汤公文化艺术元素，是近年来历次艺术展中规模最大，表现形式最全，艺术水准最高的一次。文化节期间，县文联还组织"诗词名家遂昌行"活动，邀请全国、省市级诗词协会的会长、副会长们到遂昌采风，为遂昌文化出谋划策。

【《遂昌样本》编撰】2014年，县文联配合完成《小康》杂志社《全面小康建设发展报告·遂昌样本》的编撰工作。该报告全面反映遂昌县改革开放三十年的成果与经验。4月以来，县文联完成《全面小康建设发展报告遂昌样本》的前期资料收集、整理工作，配合专家实地进行调研，与县委宣传部共同策划组织编撰座谈会和分组讨论，收集整理12个典型案例。至年底，报告样本已完成初稿，进入校审阶段。

【文艺“三服务”】 一是“文艺服务社会”。2014年，开展送春联进企业活动；开展送文化进农村文化礼堂活动，向村民赠送春联，赠阅《遂昌文学》《汤显祖研究通讯》《遂昌游记》等文学刊物，为村民拍照；组织开展全县24个农村文化礼堂采风活动；完成全县文化礼堂的服务需求摸底调查工作。二是“文艺服务企业”。县文联与凯恩集团多次对接，拟在千佛山景区成立千佛山诗社。凯恩集团成立中华礼堂文化研究会；支持县电力局创办《电力风采》刊物。三是“文艺服务旅游”。到县内部分农家乐进行采风，为农家乐宣传网站提供一手资料，参与相关景区的景点命名、楹联创作。

【文艺创作】6月，邀请市作协在遂昌召开笔会。8月和11月，组织开展“久远乡村的回忆”采风活动，来自省内外三十位名家参加活动并撰写文章，多篇文章发表在《人民日报》《北京晚报》《浙江日报》等媒体上。此外，还组织中华《诗词月刊》“美丽遂昌”采风活动，来自全国各地的诗词名家80余人到遂昌采风，并在遂昌召开笔会。举办“五彩墨韵”贯休书画院优秀作品展；县书法协会主席赖昌平、遂昌客京画家朱锦平作品参加“笔墨境界—浙江客京书画家四人邀请展”；县美术协会柴国军、李根庆、王海瑛创作的5幅油画、1幅国画作品，参加“丽水市第一届美术作品展览”。2014年，可扬版画艺术研究会在西畈小学开办版画班，实现“版画艺术从娃娃抓起”；县文联黄小康创作长诗《百年可扬》。

【协会换届工作】年内，县文联下属15个协会开展换届工作。换届后有会员750人，其中全国文艺家协会会员23人；省级文艺家协会会员68人，市级文艺家协会会员145人。11月初召开文代会，对文联进行换届。换届后各协会捷报频传。音乐协会在全省“村歌”比赛中获得演唱和创作双金奖；作家协会在省、市“乡愁”主题征文中分别获三等奖、一等奖；民间文艺家协会在全市剪纸大赛中获得1金2银3铜；摄影协会组织举办了“魅力车前”摄影比赛；书法协会争取到省级“书法村”在长濂挂牌。（县文联）

汤显祖文化交流

【概况】遂昌县依托“汤显祖世界文化名人、《牡丹亭》世界文化名著、昆曲世界文化遗产”三大世界文化品牌，以小马拉大车的勇气、一届接着一届干的作风，推进汤显祖文化的研究发展。制定出台《遂昌县汤显祖文化发展规划》，每年安排汤显祖文化品牌建设专项经费。致力于将汤公文化打造为县域第一文化品牌，并成功走向了国际舞台。温家宝和李克强两任国家总理在访问英国期间都提到了汤显祖和牡丹亭，遂昌深受鼓舞，更加坚定了打造汤显祖文化品牌的信心和决心。

2014年6月23日，省委书记夏宝龙到遂昌调研，对遂昌提出“做好汤显祖纪念馆周边环境整治”“到莎士比亚的故居去学习参观”等几项工作；11月26日，省委常委、宣传部部长葛慧君到汤显祖纪念馆及汤公园调研汤显祖文化；11月27日，市委常委、宣传部部长陈建波带领相关部门到遂昌县就深化汤显祖文化研究开发应用进行专题调研。

【2014中国遂昌汤显祖文化节】4月11日至13日，成功举办2014中国遂昌汤显祖文化节。活动以“满城尽唱《牡丹亭》”为主题，包括汤显祖—莎士比亚文化交流合作恳谈会、文化节开幕式、万人齐唱《牡丹亭》、“牡丹亭”杯昆曲曲友大奖赛、2014汤显祖与莎士比亚文化国际学术研讨会、“班春劝农”典礼、遂昌美食之旅、村村上演《牡丹亭》《牡丹亭》之夜、汤显祖文化艺术展览、诗词名家走遂昌、

汤显祖文化大讲坛等12项内容。共有近百家中央、省、市新闻媒体120余位记者，近70位汤研专家学者，50多位来自全国各地的昆曲曲友，10余位中央、省、市诗词嘉宾，190余位外地优秀演员聚焦遂昌。本次活动的最大亮点是由10590人齐唱昆曲《牡丹亭》和千人齐跳《牡丹亭》广场舞。万人齐唱《牡丹亭》活动创造了上海大世界基尼斯之最。

【赴英国学习交流】11月9日，由副县长朱芝贵带队的遂昌文化交流考察团赴英国，到莎士比亚故居学习和对接工作。在英国期间，学习了莎翁故居的布展、纪念品、解说词等先进经验；落实了2016年在莎翁故居举办“认识汤显祖”展览的时间、场地；对接了2016年双方共同纪念两位名人逝世四百周年的纪念活动。

【汤显祖纪念馆周边环境整治】汤显祖纪念馆周边环境整治方案对北街四弄、文明路等进行整体考虑，统一规划，统一设计，分步实施。工程对北街四弄进行全面改造，对文明路进行部分改造。北街四弄方面，一是对附近存在安全隐患墙体进行加固修缮；二是对沿路两边墙体立面按照晚明风格，融入汤显祖文化和戏曲元素进行装饰：墙面刷白做旧，增加晚明风格窗台、屋檐；三是在北街侧弄口新建了门楼；四是对空中线路进行整理，清理无用线缆，统一实现管线下地；五是对路面进行开挖，布设管网，实现雨污分流，复原路面采用旧石板；六是改造路灯，使用仿古路灯，并增加部分亮化工程。文明路部分改造方面，一是新建文明路与公安路交叉路口上的牌坊；二是改造实验幼儿园围墙、停车场围墙、老宿舍围墙等三片墙面；三是整治梳理文明路上空无用杂乱线缆。

【汤显祖文化融入城市建设】在溪边路、汤公大桥、汤公园入口处等场所建设刻有汤显祖诗词的文化柱、刻有明刻本《牡丹亭》的栏杆、刻有汤显祖有关遂昌诗句的灯柱，以及汤显祖基本情况介绍的入口景墙和《四梦墙》。龙丽高速遂昌出口还设了刻有汤显祖描写遂昌政通人和、山清水秀诗句的明清风格文化墙。

【文艺精品创作】完成展现汤显祖在遂昌五年从政生涯的戏剧剧本《平昌遗爱》，并进行谱曲；反映汤显祖在遂昌勤政为民的数字电影《梦寻》于2014年10月21日在CCTV-6首映；和浙江越剧团合作创作越剧音乐诗画剧《牡丹亭》，2014年12月12日在浙江省人民大会堂公演；昆歌《柳梦梅和杜丽娘》舞蹈在全县普及。

（肖冬丽）

体育

【概况】2014年，遂昌县运动员在第十五届浙江省运动会上夺得3.37枚金牌（张博文转为省队试训运动员，转试训1人计入省运会1枚金牌，吴水斌获46公斤级男子拳击1枚金牌，足球6人参加获1.17枚金牌，男子篮球0.2枚）、3枚银牌、1.5枚铜牌，总分117分。这是遂昌县在近几届省运会上取得金牌最多的一届。

遂昌县坚持走体教结合之路，田径、篮球、游泳、排球、足球、乒乓球、跆拳道等项目坚持常态化训练。4月，组队参加丽水市青少年田径锦标赛，获11枚金牌、4枚银牌、10枚铜牌。6月，组队参加丽水市青少年跆拳道比赛，获2枚金牌、3枚银牌、4枚铜牌。7月，组队参加丽水市乒乓球比赛，获6枚金牌、6枚银牌、4枚铜牌。组队参加丽水市羽毛球比赛，获2枚银牌、3枚铜牌。8月，组队参加丽水市青少年男、女篮球比赛，男、女队均第四名。11月，组队参加丽水市排球比赛，获男子第一名、女子第二名。另外，参加浙江省田径、乒乓球、游泳比赛分别获得：刘霖400米第一名、胡昊400米第三名，李佳琪单打第一名，奕婷50米自由泳第二名。另外，张博文获全国青年赛艇锦标赛U—18男子双人双桨2000米第五名。

2014年，县体育局与教育局联合举办系列比赛。4月，举办第二届全民体育节青少年围棋、中国象棋比赛。5月，举办了中小学生男、女篮球赛，共有39支代表队400多人参加。11

月，举办了全县中小学田径比赛。

【群众体育】1月，举行迎新春桥牌邀请赛。3月，举办“美丽县城杯”庆“三八”第九套广播操比赛，共有56支代表队1000多人参赛。4月，举办浙江省第二届全民体育节暨2014年遂昌县庆“五一”迎“五四”单项体育运动会之围棋棋份赛、气排球比赛、中国象棋比赛、乒乓球比赛、拔河比赛。

2014年，县体育局还举办遂昌县第八届全民运动会中国象棋比赛、乒乓球比赛、老年气排球比赛、老年门球比赛、羽毛球比赛、篮球比赛、田径比赛、青少年足球比赛、青少年篮球比赛；举办“1+1”篮球俱乐部对抗赛、“凯兴杯”羽毛球锦标赛；举办第六次体育场地普查培训班、全县佳木斯操培训班。承办丽水市烟草系统遂昌赛区篮球赛、遂昌县农村信用合作联社第二届趣味运动会、浙江省自行车系列公开赛应村自行车爬坡赛和大柘茶园自行车越野赛；开展全民健身日展示活动。

【体育创强工作】2014年，遂昌县开展创建浙江省体育强县工作。4月，成立创建办公室，对工作人员进行培训。出台《遂昌县创建省体育强县实施意见》。通过努力，争取和建成小康体育村80个，村级体育俱乐部7个，老年活动中心1个，中心村体育广场1个，创建省体育强镇5个（西畈乡、蔡源乡、王村口镇、湖山乡、濂竹乡），强乡镇复查1个（北界镇），社区体育俱乐部1个（城北社区），浙江省幼儿体育示范幼儿园1个（遂昌示范幼儿园）。至10月底，全部完成创强准备工作。12月15日至17日，省级体育强县验收组到遂昌县考核验收体育创强工作，对遂昌县全民健身中心、企业、学校、机关单位、妙高山体育公园、乡镇场地设施等进行了实地检查。12月，遂昌县体育创强工作通过省检查组验收。

【第六次体育场地普查】2014年是全国第六次体育场地普查年，县体育局下发《遂昌县开展第六次体育场地普查工作方案》，抽调了25名体育老师担当普查员，并于3月19日举办遂昌县普查员培训班。4月15日基本完成普查，又经过近1个多月的查漏补缺，6月20日迎来省体育场地普查工作检查验收组的抽查。遂昌县以0.6%错误率的优异成绩通过验收（国标1%错误）。

【体育场地建设】2014年，遂昌县全民健身中心建成交付使用，成为集竞技赛事、全民健身、文化娱乐、休闲旅游、经贸商展及大型文艺演出为一体的综合性体育公园，并举办遂昌县第八届全民运动会田径比赛暨遂昌县第三十七届中小学生运动会、遂昌中学运动会、县职业中专运动会等。体育场每天早、晚对市民开放。此外，完成妙高山体育公园建设，新浇筑四片羽毛球场地，形成8片羽毛球场，维修了门球场，添置了健身路径、露天乒乓球桌，安装了体育公园的各种场地标识标牌。年内，完成12个乡镇的篮球场灯光和妙高山体育公园羽毛球场建设、门球场修缮工作。

【生态体育】遂昌县大力推动体育产业与“健康、快乐、休闲、养生”旅游主题深度融合。2014年，红星坪温泉度假村建设了灯光篮球场、网球场；高坪乡箍桶丘村石门塘人工草坪门球场建成后，举办浙江省中老年生态休闲养生门球赛，让千米高山成为上海、杭州等地老年人娱乐养老胜地；石姆岩滑雪场、南尖岩和千佛山的跑酷活动、大柘的山地自行车越野赛道及系列休闲度假设施，也吸引了大批体育爱好者前来。年内，还成功申报白马山森林公园为浙江省青少年户外活动营地和浙江省运动休闲基地。几年来，遂昌已经连续举办了茶园骑行、野生垂钓、中美篮球对抗赛、中国浙江自行车系列公开赛等赛事。

12月25日至26日，举办“2014中国生态体育遂昌行”活动，邀请全国相关专家、企业家40多人和30多家媒体参加。活动主要内容除了举办2014中国生态体育论坛外，还开展生态体育户外考察，召开中国体育文化专家委员会工作会议及企业家座谈会。

【体育产业】遂昌县利用丰富的山、湖、森林等旅游资源，大力发展“山上、水上、陆上”体育产业，规划、建设一批生态运动休闲项目。挖掘修建8条登山健身步道、沿江健身走游步道、5条徒步穿越古道、户外露营、青少年户外营地、运动休闲精品线路、运动休闲示范基地、野生垂钓、温泉养生、勇士漂流等运动休闲项目。冬季有温泉养生、夏天有休闲漂流。

加大对体育彩票的宣传、促销和布点，体彩销售渠道的数量和覆盖区域不断增加，体育彩票市场份额和体育彩票增幅超过全省平均水平。1月至10月，全县体育彩票总销量1591万元，比上一年增幅78%，体育彩票市场份额占比20%，比上一年提高5个百分点。

（王　玥）

广播电视

【做大做强本土新闻】2014年，县广播电视台加强策划，做“活”《五水共治》《党的群众路线教育实践活动》《城市更新》等主题新闻报道。加强时效性和覆盖面，对县重点工作进行7场直播和录播，为县委、县政府中心工作营造好舆论氛围；做好“走、转、改”，深入一线，反映民生，关注民情，做好老百姓的“老娘舅”。2014年，帮助10多位贫困户争取到社会各界的关注和帮扶。

【做精做好外宣工作】2014年，县广播电视台在省级媒体外宣上有突破，至10月，《浙江新闻联播》用稿86条，达到2013年县级新闻协作二等奖的任务数。遂昌县电商“双十一”活动期间，在浙江卫视进行了两场直播报道，把“遂昌模式”淋漓尽致地展现在全省观众面前。全年省级媒体用稿量近百条，中央级媒体用稿量7篇。

【加强突发事件处置能力】百年一遇的“6·27”洪灾突如其来，县广播电视台全体工作人员快速反应，迅速抵达一线，不仅记录下真实、惊险的自然灾害现场，并对全县上下众志成城抗大汛进行及时报道，采写新闻被中央级媒体录用5篇，《浙江卫视新闻联播》录用3篇，市级媒体录用17篇。

【广播电视数字化】县广播电视台坚持以数字化改造为基础，以业务开发为核心，以科技创新为动力，不断提升广播电视数字化发展水平。2014年，进一步加大农村有线电视传输网络双向化改造力度，已完成14个乡镇所在地的双向网改造，行政村双向网改造已完成120个（按原391个行政村统计）。农村应急广播体系建设有序实施，前期完成全县203个行政村的调查摸底工作，完成了所有行政村应急广播安装点位的线路施工，11月底设备采购工作完成后，集中力量实施应急广播的安装调试工作，已完成102个行政村的农村应急广播的安装调试。

（杜丽萍）

新闻传媒

【概况】2014年，县新闻传媒中心围绕县委十四届七次全会、全县干部大会、县两会确定的目标任务以及“五水共治”、党的群众路线、“五美共建”等中心工作，加强策划，突出重点，推介亮点，以新颖的宣传思路、多变的宣传形式、独特的宣传视角，提前宣传、跟踪宣传、深入宣传，营造了浓厚的氛围。全年报纸共刊发“五水共治”“群众路线”等相关报道200余篇，专版策划15个，评论10篇，推出“治水典型人物”等系列报道十篇。2014年出版《钱瓯遂昌》纸质报249期，中国遂昌新闻网日点击量突破14300人次。

【“记者驻点走亲连心”活动】2014年，县新闻传媒中心开展了“记者驻点走亲连心”活动，每月派一名采编人员深入乡镇（街道）、村，开展“一天一篇稿、一周一讲座、一月一调研”的“三个一”活动。先后在《钱瓯遂昌》报、中国遂昌新闻网上刊发《大山里引进宝葫芦》《濂竹村民西红花里喜淘金》等一批接地气、有深度、有分量、有影响的新闻报道。增强了新闻宣传的亲和力、吸引力和感染力。

【开展新闻业务演讲】3月开始，县新闻传媒中心开展新闻业务讲座活动。每月安排一位人员主讲，时间控制在30分钟以内，讲课内容自选，主要围绕中央、省、市、县重要会议精神和新闻宣传业务知识、新闻职业道德规范等内容进行。新闻业务演讲增强了新闻从业人员的大局意识和责任意识，提高了政治素质和业务能力，强化了职业精神和纪律观念。

【“问政直通车”平台投入运行】4月30日，中国遂昌新闻网“问政直通车”平台正式建成投入运行。问政直通车成为政府联民心、市民问诉求的新渠道。全县有106个部门建立网络发言人制度，问政直通车受理市民投诉近100多起，全部在规定的时间内得到答复。中国遂昌新闻网日点击量突破14300多人次。

【微信平台关注度提升】2014年，县新闻传媒中心微信平台每天发布最新的新闻，实现了网络新闻实时发布，让读者第一时间获悉最新资讯，大大增加了微信关注度和新闻转发率。网络编辑摘录一些大家感兴趣的话题和文章在微信公众平台分享，进一步提升遂昌新闻网的知名度。完善对网络编辑的考核，以制度的约束鞭笞网络编辑更好地做好微信和遂昌新闻网两大平台。

【实现“五水共治”信息宣传效应最大化】4月，县新闻传媒中心“聚力五水共治、打造五美遂昌”专题网站上线，网站设置工作动态、公告、图片新闻、省市动态、工作简报等10个版块，全年累计发布县域治水动态1370篇、微博899篇、相关治水信息400余篇，实现“五水共治”宣传效应最大化、路径最优化，营造人人争当治水宣传者、监督者、践行者的全民治水舆论氛围。（陈飞凤）

教　育

【概况】2014学年，全县有各类学校87所，其中幼儿园55所，小学24所，初中5所，普高2所，职高1所。全县有教职工2514人，在校学生29067人，其中幼儿园5774人，中小学18363人，高中4909人，特殊教育21人。

2014年，遂昌教育实施《关于全面提升教育教学质量的若干意见》和《遂昌县义务教育学校教学质量评价方案暨教学质量奖励暂行办法》，教学质量稳中求进。全县1218人参加高考，其中普高1050，高职单考单招168人。普高录取率86.5%，职高单考单招上线率90.53%；中职学生就业率98%；学前三年幼儿入园率96.02%，省三级以上等级幼儿园覆盖率73.48%；中小学入学率、巩固率达均100%；三类残疾儿童少年入学率达100%；“初升高”比例达到96.5%；普职比1.1:1；义务教育阶段学业考试总分平均分、优秀率均居全市第二。

2014年，教育经费投入48399万元，比上年增加5247万元，增长12.16%。国家财政性教育经费占国内(地区)生产总值的比例为4.61%，比上年增长0.27%；公共财政预算教育经费占公共财政预算支出的比例为18.71%。

【首届班主任工作室成立】6月27日，遂昌首届班主任工作室成立暨授牌仪式在遂昌育才中学举行。遂昌中学的华德文、育才中学的朱宇敏、实验小学的顾梅娟、育才小学的苏慧娟、妙高小学的邱永球、梅溪小学的李雪兰6位教师成为县首届班主任工作室的导师。

【农村义务教育督查】9月16日，教育部刘诗海带队的专项督导组到遂昌督导检查农村义务教育学校基本办学条件情况。按农村义务教育办学指标要求，采用随机抽查的方式，对万向中学、大柘小学、三仁小学、古楼小学等学校作督查。通过检查，督导组对遂昌农村义务教育办学14项指标均符合督导要求，具备办学条件给予肯定。

【职校校长论坛在遂昌举行】9月18日至19日，2014丽水市中等职业学校校长论坛在遂昌举行。来自丽水、遂昌、缙云、云和、龙泉、青田等地8所职校校长围绕主题发言。全市中职校长、分管教学副校长共60余人参加论坛活动。

【省义务教育标准化学校创建复评】11月5日，省义务教育标准化学校评估组到遂昌，对梅溪小学、王村口小学、龙洋小学、安口小学申报创建省标准化学校进行复核评估。评估组按照《浙江省义务教育标准化学校基准标准》，对申报学校进行34项创建指标的核对，结合校园办学规模、环境、设施装备、安全诸方面进行考查。至2014年，遂昌已创建省义务教育标准化学校19所，达标率65.5%。

【“教育环浙行”新闻采风团走进遂昌】12月5日，由新华社浙江分社、中国教育报、浙江日报等中央驻浙及省、市级主流媒体30多位记者组成的“教育环浙行”新闻采风团，就遂昌校园文化建设进行实地采访。对实验小学、三仁小学、大柘小学等校园文化建设亮点和特色进行报道。

【义务教育工作通过“国评”】12月10—11日，“全国义务教育发展基本均衡县”国家认定督导评估组到遂昌，对县义务教育均衡发展工作进行督导评估。按13项办学达标要求进行核查评估，查阅资料、召开人大代表和政协委员、校长、教师和家长等座谈会，实地核查妙高小学、遂昌三中等8所学校。11日，县义务教育均衡发展工作通过“国评”。

教育管理

【概况】2014年，全县有教职工2514人，其中幼儿园601人，小学934人、初中538人、普通高中251人、职业高中190人。中小学专任教师学历达标率100%，幼儿园教师持证上岗率54.26%。完成教师人均72学时培训任务，其中487人次完成90学时及以上集中培训，占五年一轮培训周期应参加培训人数的24.4%。

教育基础设施建设

【概况】2014年，全县有教育项目建设21项，其中6个继建项目、15个启动项目，占地面积76.28万平方米，校舍总面积37.83万平方米，总投资1.33亿元，其中投资标准化学校建设项目0.18亿元。梅溪小学、云峰中心学校实验综合楼等继建项目完工并投入使用。遂昌中学、新路湾小学、实验小学等9所中小学9个标准化建设项目均已完工。

【教育装备投入】2014年全县配备计算机4657台，其中教学用机4321台，其中小学2107台、初中1094台、普通高中500台、职业高中620台。全县各类学校有图书70.71万册，其中小学30.52万册、初中21.90万册、普通高中9.12万册、职业高中9.17万册。建3个学前教育达标和示范乡镇、3所义务教育标准化学校、7所B级学校食堂。

【住校生热水暖心工程】2014年年初，投入200多万元，启动实施“热水暖心工程”，全县22所寄宿制学校安装热水供应系统，对学生浴室的地面、吊顶、墙面进行装修改造，全县7000多位义务教育阶段住校生用上了热水，提前实现26所寄宿制学校住校生“热水洗澡”的目标。

学前教育

【概况】2014学年，全县有幼儿园55所（公办23所、民办32所），在园幼儿5774人，学前三年入园率96.02%；其中省三级以上等级幼儿园29所（一级1所、二级11所、三级17所），在园幼儿4243人，省三级以上等级幼儿园覆盖率达73.48%，比上年增长13.1%。

【创建乡镇达标幼儿园】制订出台《遂昌县学前教育三年行动计划（2014—2016）》《遂昌县教育局关于加强农村幼儿园规范化管理的通知》。创建应村、金竹、王村口、梦翔四所省二级等级幼儿园；完成王村口、金竹、应村乡3处学前教育达标乡镇申报市。

【市督导组到遂昌督导学前教育工作】2月24日，丽水市学前教育专项督导组到遂昌督查指导学前教育三年行动计划实施工作。督导组采取汇报、座谈、现场抽查等方式，督查遂昌学前教育工作。对遂昌“城乡携手行动”学前教育管理模式给予肯定。现遂昌创建省二级园7所，创建率位居全市前列。

【学前教育宣传月活动】6—7月，遂昌学前教育开展“让科学育儿知识进入千家万户”为主题的宣传月活动，进行专题宣传、科学保教专题培训、举行“快乐六一开放日”活动、进行教学比武等活动。

【遂昌县示范幼儿园】前身是遂昌县城关小学附设幼儿班，创办于1952年，1986年更名为遂昌县示范幼儿园，2008年搬迁至遂昌县妙高镇公园路67号新园区。是浙江省一级幼儿园。现有大中小班18个，浙江省“巾帼建功”标兵、市功勋教师王朝红担任园长。学校先后被评为全国五一巾帼标兵、浙江省首批园本教研示范幼儿园、浙江省教科研先进单位、浙江省巾帼建功示范岗、浙江省女职工建功立业标兵岗。

义务教育

【概况】2014年，全县有小学24所，在校生12245人，比上年减少101人；招生1912

人，比上年增加39人；毕业1990人，比上年减少113人；校均人数510人。全县有初中5所，在校生6118人，比上年增加35人；初中招生1950人，比上年减少42人；校均规模1400人。小学入学率、巩固率、小学升初中比率均达100%。初中入学率、巩固率达100%，初中升高中比率96.50%。义务教育阶段学业考试平均分、优秀率均居全市第二。

【“1818”节目组采访蔡源小学艺术社团】4月23日，浙江电视台1818节目组赴蔡源小学进行“蔡和脸谱”文化采访活动。摄制组对“蔡和脸谱”绘画社团活动进行全程拍摄，学生们的绘画作品得到摄制组的肯定。

【可扬版画艺术传承班开班】4月25日，西畈小学首届可扬版画艺术传承班正式开堂授课。上海大学美术学院版画系主任周国斌教授和桑茂林博士为首届可扬版画传承班学员授课。

【蒲公英图书馆进驻金竹小学】9月28日，由Paypal中国公司捐资，金竹小学蒲公英图书馆建成，价值10万元，藏书3000余册，多媒体设施配套齐全。

【“教育环浙行”新闻采风团走进遂昌】12月5日，由新华社浙江分社、中国教育报等多家媒体30多位记者组成的“教育环浙行”新闻采风团，到遂昌就校园文化建设进行采访。对实验小学、三仁小学、大柘小学等校园文化建设和特色教育作了报道。

【张雄峰当选全国“筑德人物”】12月17日，湖山乡小学“一指教师”张雄峰（14岁时，不幸被车祸夺走了的左臂和右手4根手指），在杭州举行的“中国城市力量峰会暨2014腾讯筑德人物年度颁奖盛典”上，被评为2014年度全国“筑德人物”。

【王伟平获全国优秀教师荣誉称号】2014年，大柘小学王伟平老师获由教育部发文表彰的全国优秀教师荣誉称号。王伟平老师认真从教35年，并热心公益，从2001—2014年共献血2、3万多毫升，曾获全国无偿献血奉献奖金奖。

【学生社团出成果】 2014年，全县中小学生参加省市级体艺比赛个人获奖324人次，集体获奖19次。遂昌育才小学参加第九届中小学生经典诵读大赛获市第一名、省二等奖，遂昌三中男女排球队均获市第一名；在浙江省第六届中小学生乒乓球联赛中，育才小学男子组获小学组首个省级联赛团体冠军，遂昌育才中学获得初中男子组二等奖和“体育道德风尚奖”　。

【育才中学】育才中学的前身是遂昌县第二中学，2011年7月，县政府与杭州育才中学签署联合办学协议，改制为一所民办初级中学。杭州育才中学校长郜晏中担任学校董事长，浙江省功勋教师、省特级教师、省劳动模范毛卫华担任校长。学校全面引进杭州优质教育资源和办学模式，打造“稳定优异的质量，朴素实效的德育，独树一帜的教学”办学品牌。2014年，省一级重点中学升学率97.18%，前100名学生所有指标均居全市第一。2012—2014年，连续三年荣获遂昌县教学质量特等奖。

【遂昌县第三中学】遂昌三中创办于1999年。学校先后获全国德育工作先进学校、全国“五个好”基层党组织、国家级外语实验学校、省文明单位、省示范性中学、省廉政文化进学校先进单位、省校本教研特色学校等荣誉。连续九年获县德育安全考核一等奖和县教学质量考核一等奖。2014学年学校获国家级奖1项，省级誉奖4项；专业教师在各学科竞赛中获省级奖16人次。2014年有44个班级，在校生2013人，教职工158人，其中高级教师34人，一级教师94人，2014年中考有145位同学考入遂昌中学，其中正取生122人，位居全县同类学校之首。

【实验小学】创办于清光绪三十二年（1906），始称遂昌县官立两等小学堂，1985年定名为遂昌县实验小学。学校先后获全国现代教育技术实验学校、全国劳动技术教育先进学校、红旗大队、双合格优秀（示范）家长学校、外语实验学校、少年科学院科普基地、少先队研究实践基地、汉语言文字示范学校、省教育科研先进单位等荣誉称号。2014年，由省名校长培养对象、丽水市名校长鲍宗武担任校长。现有34个班级，1个丽水市科研导师工作室，在校生1663人，教职工100人，其中特级教师5人，小学高级教师66人，本科学历72人，省级名师培养对象1人，丽水市教学名师2人、学科带头人3人、明星教师11人、教坛新秀18人，遂昌县功勋教师1人，首席名师1人，县“钱瓯名师”8人。

【**育才小学**】前身为遂昌县新世纪实验学校，2011年8月与浙江省育才教育集团联合办学，重组改制为遂昌育才小学。学校先后被评为浙江省艺术教育特色学校、浙江省课外阅读先进集体、丽水市教育科研先进集体、语言文字规范化示范学校等荣誉称号。2014年有30个班级，900名学生，教职工80人，其中浙江省教坛新秀2人，丽水市学科带头人4人、明星教师5人、教坛新秀8人，遂昌县首席名师1人，县“钱瓯名师”4人、名校长1人。

【**民办教育**】遂昌王财贵经典学校创办于2009年7月，位于大柘镇，台湾台中师范学院语教系教授王财贵授权使用“王财贵”作为校名注册，是一所全日制寄宿型经典学校。学校以九年制义务教育为基础，培养中西、德慧双修的世界公民为目的，四书五经等中华传统经典文化为教学主干，同步进行英文、书法、武术、数理、生活自理教学，培养学生的综合素质和自主学习能力。每年暑假定期举办读经夏令营。2014年有6个班级、在校生122人、教职工37人。

普通高中教育

【**概况**】2014年全县有普高2所，分别为遂昌中学和遂昌县第四中学，在校学生2799人，比上年减少了168人。招生890人，比上年减少42人。退学30人。教职工209人，专任教师学历合格率99.52%；专任教师超学历(研究生及以上)人数15人。全县2050人参加普通高考，其中文科368人、理科682人，录取908人，其中本科509人专科399人，录取率86.5%。

【**遂昌中学**】遂昌中学创办于1944年，是浙江省一级重点中学。学校秉承“立德、立功、立言”的校训，培养了傅惠民、唐之景、朱亚峰等一批著名科学家、教授和社会知名人士。近年来，与镇海中学和海盐元济中学结成帮扶对子，建立智力支持体系。选派教师投师学习100多人次；先后聘请十余位特级教师担任学科教学指导。2013年，组织建立课程改革领导小组，制订《深化普通高中课程改革实施方案》，用于社会对人才培养的需求。2014年，开设73门选修课程，其中市级精品课程3门，完成遂昌中学省一级特色示范高中创建申报。高考第一批上线人数125人，其中文科上重点线人数33人，创历史新高；优生增长量超过80人，增长量位居全市重点中学之首。

中等职业教育

【**概况**】遂昌县职业中专是国家级重点职业学校，浙江省首批一级中等职业学校、职业教育改革发展示范学校、职业教育德育工作实验基地、山海协作职业技能实训基地、教科研百强学校。学校教育教学设施配套齐全，拥有40个专业实训室。2014年开设机电技术应用、电子商务、电子与信息技术、竹炭工艺、旅游管理等品牌专业，新开设“浙船班”专业。在校生2110人，毕业学生792人，其中升学172人（单考单招录取152人），就业620人，就业与升学合计率100%；退学107人。教职工190人，专任教师157人，学历合格率100%。其中参加单考单招168人。

【**校企联合办学**】4月，遂昌县职业中专在完成电子商务省级实训基地申报的同时，与浙江造船有限公司、欧博特电子有限公司、道明光学有限公司签订《校企合作协议》，2014年开设 “浙船班”，实行校企联合办学，提高了学生就业率。

成人教育

【**概况**】全县有妙高、北界、大柘、石练4所中心成技校，服务全县20个乡镇街道的农民、移民培训等工作。2014年有专职教师25人，兼职教师38人。常年进行职业技能培训，包括家政服务、电动缝纫操作工、茶叶初制工、砌筑工、中式烹饪师、钳工、电工、电焊工、计算机操作、车工、农民创业培训，种养殖能手、各类新型农民培训等，以及成人“双证制”教育和农村预备劳动力培训等。

2014年，职业技能、实用技术培训10672人次；家政服务人才培训培养630人；成人双证制培训结业331人；脱盲人数7043人，完成年度计划的330%，累计完成脱盲人数11914人，完成三年目标（2014—2016年）总数的217%；社区教育培训20378人。全县50%的行政村成立村（市）民学校，形成以遂昌社区学校为龙头，乡镇社区学校和村（市）民学校为基础的社区教育网络。12月，遂昌县被省教育厅列入国家级农村职业教育和成人教育示范县名单公示，并推荐参加国家农村职成教示范县申报。

【省扫盲工作会在遂召开】 1月10日，浙江省扫盲工作推进会在遂昌召开。丽水市、永嘉县、海盐县、遂昌县等7家单位先后交流了扫盲工作经验。会上，遂昌的“6842”模式得到肯定（即办班时间不得少于6个月、集中学习时间不得少于8次、授课时间不得少于42个课时）。

2014年遂昌成技校劳动力培训一览表

表32

项目名称	迄止时间	活动形式	参加人数	承办单位
2013年退伍军人创业培训	2013.12.30—2014.1.3	集中办班	85	妙高中心成技校
名优茶技术培训（枫树突）	1.16—1.17	集中办班	52	妙高中心成技校
蔬菜生产技术（东峰村）	1.10—1.17	集中办班	60	妙高中心成技校
水稻技术培训（东亭村）	2.26—2.27	集中办班	65	妙高中心成技校
名优茶技术培训（龙口村）	2.27—2.28	集中办班	60	妙高中心成技校
山地生态蔬菜标准化生产技术培训	3.4—3.5	集中办班	45	妙高中心成技校
山地生态蔬菜标准化生产技术培训	3.4—3.5	集中办班	43	妙高中心成技校
名优茶技术培训（黄庄村）	3.6—3.7	集中办班	70	妙高中心成技校
蔬菜生产技术（横坑村）	3.9—3.10	集中办班	80	妙高中心成技校
蔬菜生产技术（乐山头村）	3.11—3.12	集中办班	51	妙高中心成技校
中草药种植培训（上畈村）	3.12—3.13	集中办班	66	妙高中心成技校
山地生态蔬菜标准化生产技术培训	3.12—3.13	集中办班	50	妙高中心成技校
山地生态蔬菜标准化生产技术培训	3.12—3.13	集中办班	50	妙高中心成技校
水稻技术培训（龙祥村）	3.13—3.14	集中办班	108	妙高中心成技校
蔬菜生产技术（桂洋村）	3.19—3.20	集中办班	50	妙高中心成技校
移民毛竹栽培管理培训班	5.9—5.10	集中办班	77	妙高中心成技校
移民烹饪培训班	5.20—22	集中办班	52	妙高中心成技校
移民毛竹栽培管理培训班	5.20—21	集中办班	130	妙高中心成技校
移民来料加工培训班	6.6—6.7	集中办班	59	妙高中心成技校
电子商务（预备劳动力）	4.5—7.5	集中办班	44	妙高中心成技校

项目名称	迄止时间	活动形式	参加人数	承办单位
市场营销（预备劳动力）	4.5—7.5	集中办班	42	妙高中心成技校
文秘（预备劳动力）	4.5—7.5	集中办班	40	妙高中心成技校
旅游服务（预备劳动力）	4.5—7.5	集中办班	40	妙高中心成技校
峰力基层干部素质提升培训班	6.12	集中办班	24	妙高中心成技校
峰力公司员工安全生产宣传教育培训	6.6	集中办班	84	妙高中心成技校
遂昌县农村垃圾分类技术培训	7.3—7.4	集中办班	69	妙高中心成技校
电焊工培训一班	5.19—7.4	集中办班	85	妙高中心成技校
电焊工培训二班	5.31—7.5	集中办班	55	妙高中心成技校
家政服务员	8.11—8.13	集中办班	52	妙高中心成技校
移民面点班培训	9.2—9.4	集中办班	52	妙高中心成技校
企业“五水共治”培训班	9.28—9.29	集中办班	91	妙高中心成技校
2014级农广校种植专业培训	11.5—11.6	集中办班	53	妙高中心成技校
县种植能手培训班	11.5—11.8	集中办班	55	妙高中心成技校
县残疾人来料加工技能培训	11.6—11.7	集中办班	49	妙高中心成技校
中式烹饪师（中级）	11.17—11.20	集中办班	55	妙高中心成技校
市残疾人猕猴桃种植技术培训	11.18—11.20	集中办班	40	妙高中心成技校
金竹中级中式烹饪培训	7.28—8.30	集中学习	54	大柘中心成技校
社会服务人才培训	11.17—12.1	集中学习	55	大柘中心成技校
原生态农产品加工培训	11.25—12.8	集中学习	55	大柘中心成技校
湖山乡休闲旅游开发培训	4.3—4.5	集中学习	45	大柘中心成技校
金竹山茶油种植技术培训	6.23—6.24	集中学习	95	大柘中心成技校
大柘箬叶采摘与加工培训	10.17—10.19	集中学习	56	大柘中心成技校
湖山香榧种植技术培训	7.16—7.17	集中学习	55	大柘中心成技校
大柘移民村干部培训	10.15—10.19	集中学习	57	大柘中心成技校
湖山电子商务培训	10.18—10.20	集中学习	67	大柘中心成技校
三仁来料加工培训	10.14—10.19	集中学习	58	大柘中心成技校
三仁果蔬栽培培训	10.21—10.22	集中学习	52	大柘中心成技校
金竹黄金茶种植培训	11.15—11.16	集中学习	55	大柘中心成技校
残疾人剪纸插花培训	8.26—8.28	集中学习	42	大柘中心成技校
农村信息员暨便民中心代办员培训	11.15—11.20	集中学习	64	大柘中心成技校
三仁乡坑口村卫生保健培训	2.28	集中学习	56	大柘中心成技校
大柘镇新旦村卫生保健培训	3.8	集中学习	58	大柘中心成技校
大柘镇制种技术培训	4.11	集中学习	70	大柘中心成技校
三仁乡制种技术培训	4.1	集中学习	62	大柘中心成技校

项目名称	迄止时间	活动形式	参加人数	承办单位
湖山乡香榧种植技术培训	4.14	集中学习	65	大柘中心成技校
金竹镇制种技术培训	4.15	集中学习	85	大柘中心成技校
金竹镇安置小区施工及用电安全培训	4.28	集中学习	55	大柘中心成技校
大柘镇制种技术培训	5.12	集中学习	95	大柘中心成技校
三仁乡制种技术培训	5.15	集中学习	80	大柘中心成技校
湖山乡香榧种植技术培训	5.6	集中学习	75	大柘中心成技校
金竹镇制种技术培训	5.2	集中学习	90	大柘中心成技校
大柘镇残疾艺术中心培训活动	5.28	集中学习	120	大柘中心成技校
大柘镇卫生保健培训	6.4	集中学习	305	大柘中心成技校
金竹镇制种培训	6.2	集中学习	60	大柘中心成技校
湖山乡香榧管理培训	6.10	集中学习	90	大柘中心成技校
三仁乡制种培训	6.10	集中学习	90	大柘中心成技校
大柘镇退教协、老年书画协会培训活动	6.12	集中学习	110	大柘中心成技校
大柘镇笋竹林技术培训	7.04	集中学习	125	大柘中心成技校
金竹镇茶油山改造培训	7.12	集中学习	78	大柘中心成技校
湖山乡吊瓜种植技术培训	7.19	集中学习	86	大柘中心成技校
三仁乡毛竹病虫害防治培训	7.22	集中学习	75	大柘中心成技校
大柘镇果蔬栽培技术培训	7.25	集中学习	69	大柘中心成技校
大柘镇吊瓜种植技术培训	8.14	集中学习	80	大柘中心成技校
金竹镇香榧种植技术培训	8.12	集中学习	52	大柘中心成技校
湖山乡板栗病虫害防治技术培训	8.06	集中学习	72	大柘中心成技校
三仁乡毛竹病虫害防治培训	8.17	集中学习	115	大柘中心成技校
大柘镇高山蔬菜种植技术培训	8.22	集中学习	51	大柘中心成技校
大柘镇高山蔬菜技术培训	9.1	集中学习	75	大柘中心成技校
金竹镇高山蔬菜技术培训	9.12	集中学习	66	大柘中心成技校
三仁乡香榧种植技术培训	9.2	集中学习	70	大柘中心成技校
湖山乡香榧种植技术培训	9.16	集中学习	85	大柘中心成技校
大柘镇高山蔬菜技术培训	10.8	集中学习	95	大柘中心成技校
金竹镇高山蔬菜技术培训	10.12	集中学习	82	大柘中心成技校
三仁乡香榧种植技术培训	10.12	集中学习	73	大柘中心成技校
湖山乡香榧种植技术培训	10.16	集中学习	90	大柘中心成技校
大柘镇黄金茶种植培训	11.2—11.3	集中学习	105	大柘中心成技校
三仁乡黄金茶种植培训	11.5—11.6	集中学习	68	大柘中心成技校

项目名称	讫止时间	活动形式	参加人数	承办单位
湖山乡黄金茶种植培训月	11.5—11.6	集中学习	75	大柘中心成技校
金竹镇高山蔬菜培训	11.11—11.12	集中学习	106	大柘中心成技校
湖山乡香榧种植培训	12.3	集中学习	62	大柘中心成技校
湖山乡茶叶种植培训	12.8	集中学习	53	大柘中心成技校
湖山乡名优茶培训	12.17	集中学习	42	大柘中心成技校
湖山乡板栗种植培训	12.2	集中学习	120	大柘中心成技校
三仁乡毛竹冬季管理培训	12.5	集中学习	78	大柘中心成技校
三仁乡毛竹病虫害防治培训	12.2	集中学习	90	大柘中心成技校
大柘镇茶叶扦插技术培训	12.6	集中学习	90	大柘中心成技校
大柘镇茶叶冬季管理培训	12.15	集中学习	80	大柘中心成技校
成人高中学历教育	全年	函授学习	112	大柘中心成技校
现代农艺技术班	2014.1.7 始两年	农民中专班	56	石练中心成技校
蔡源乡平车电缝班	1.14—1.20	职业技能培训	59	石练中心成技校
爱丰小区建房施工安全培训	3.03	职业技能培训	80	石练中心成技校
西畈乡移民种植能手培训班	5.14	职业技能培训	69	石练中心成技校
蔡源乡移民茶叶培训	5.16	职业技能培训	59	石练中心成技校
焦滩乡移民茶叶培训	5.16	职业技能培训	68	石练中心成技校
残疾人计算机培训班	5.27—5.29	职业技能培训	42	石练中心成技校
石练成技校初级电工培训班（一）	7.24—8.25	职业技能培训	43	石练中心成技校
石练成技校初级电工培训班（二）	7.24—8.25	职业技能培训	43	石练中心成技校
遂昌农家乐省级旅游服务培训班	10.22—10.24	职业技能培训	72	石练中心成技校
移民农家乐培训班	9.27—9.30	职业技能培训	61	石练中心成技校
柘岱口县级种植能手培训	12.03—12.5	职业技能培训	67	石练中心成技校
石练苗木种植级手培训班	11.28—12.1	职业技能培训	55	石练中心成技校
少数民族面点师（宏象）班	10.17－10.19	职业技能培训	70	石练中心成技校
少数民族面点师（姚埠）班	11.25－11.27	职业技能培训	75	石练中心成技校
文化生活常识培训（扫盲培训）	每期 6 个月	文化培训	1935	石练中心成技校
双证制	每期 6 个月	文化培训	145	石练中心成技校
农村预备劳动力	6 个月	文化技能培训	85	石练中心成技校
家长专题培训	12.12	专题讲座	1550	石练中心成技校
茶叶种植技术培训班	共 24 期 每期 1 天	实用技术培训	2680	北界中心成技校
高山蔬菜种植技术培训班	共 6 期	实用技术培训	480	石练中心成技校
小水果种植技术培训班	共 6 期	实用技术培训	378	石练中心成技校

项目名称	讫止时间	活动形式	参加人数	承办单位
应村乡油茶种植春季管理培训班	3 月	集中培训	62	北界中心成技校
应村乡高山蔬菜种植培训班	4 月	集中培训	75	北界中心成技校
应村乡毛竹种植春季管理培训班	3 月	集中培训	83	北界中心成技校
应村乡猕猴桃种植春季管理培训	4 月	集中培训	80	北界中心成技校
新路湾“常回娘家看看”文艺活动培训	2 月	集中培训	120	
应村乡初级中式烹饪	3 月—4 月	集中培训	66	北界中心成技校
成人高中学历培训	2013 年 4 月—2014 年 4 月	集中培训	32	北界中心成技校
北部农村预备劳动力	4 月	集中培训	35	北界中心成技校
应村乡移民毛竹培育管理技术培训班	5.22	集中培训	54	北界中心成技校
新路湾胡家村移民大棚蔬菜培训	5.23	集中培训	75	北界中心成技校
应村乡竹溪村移民面点培训	7.07—07.09	集中培训	60	北界中心成技校
北界镇移民毛竹培育管理技术培训	5.29	集中培训	59	北界中心成技校
成人高学历培训	2013 年 10 月—2014 年 10 月	集中培训	24	北界中心成技校
	2014 年 5 月—2015 年 5 月		45	北界中心成技校
全县 2 个初级电焊工	5.15—6.15	集中培训	85	北界中心成技校
全县初级电工培训班	3.15—4.16	集中培训	52	北界中心成技校
2 个北界红提种植培训班	4.1—4.21	集中培训	101	北界中心成技校
新路湾胡家村大棚蔬菜第二期培训	7.17	集中培训	50	
新路湾现代农业科学技术培训	7.27	集中培训	54	北界中心成技校
				北界中心成技校
遂昌县残疾人高山蔬菜种植管理技术	10.21—10.23	集中培训	49	北界中心成技校
北界红提种植培训	10.24	集中培训	41	
农村致富技术函授大学（网上营销培训）	9.28—9.30	集中培训	40	北界中心成技校
来料加工经纪人电子商务培训	9.29—9.30	集中培训	38	北界中心成技校
新路湾、北界“农技通”培训班	10.29	集中培训	20	北界中心成技校
高坪乡毛竹管理技术	10 月	集中培训	88	
高坪乡山垭皮管理技术培训	10 月	集中培训	80	北界中心成技校
高坪乡高山蔬菜管理技术培训	11 月	集中培训	85	北界中心成技校
全县乡镇、部门炊事员中级烹饪培训班	11 月—12 月	集中培训	70	北界中心成技校

项目名称	迄止时间	活动形式	参加人数	承办单位
北界社区教育培训	11月—12月	集中培训	160	北界中心成技校
新路湾社区教育培训	11月—12月	集中培训	170	
应村社区教育培训	11月—12月	集中培训	150	北界中心成技校
高坪社区教育培训	11月—12月	集中培训	135	北界中心成技校
合计			17589	

（周顺华）

卫　生

【概况】2014年，全县有各级各类医疗卫生机构170家。其中县级公立医院2家，疾病预防控制中心、卫生监督所、妇幼保健所（计生指导站）、卫生进修学校、“120”急救指挥中心各1家，乡镇卫生院（社区卫生服务中心）21家，社区卫生服务站26家，厂校医务室12家，村卫生室80家；民营医院1家，民营综合门诊部1家，个体诊所22家。全县公办医疗卫生机构有职工1087人，卫生技术人员996人。全县共有执业医师（含执业助理医师）407人，注册护士412人。每千人医生数1.75人；每千人拥有注册护士数1.77人；实际开放床位总数812张（县人民医院500张、中医院180张、卫生院102张、民营医院30张），每千人口拥有床位数3.50张。

【基层卫生管理】2014年，制定出台《关于加强基层医疗卫生机构财务管理的若干意见》，乡镇卫生院财务收支管理、财产物资管理、资金审批、价格管理、财务监督和财务管理中心工作等制度并执行；重新修订遂昌县社区卫生服务中心（乡镇卫生院）年度绩效考核细则，乡镇（街道）社区卫生服务中心（卫生院）院长综合管理考核实施意见，乡镇卫生院的年终考核得分、农民体检、门急诊人次与绩效工资拨款总额挂钩更加紧密，逐步拉大差距；将边远山区补贴从每月50～450元提高到100～600元，完善绩效考核分配制度，突破绩效工资总量，在基层医疗卫生机构完成核定业务量的基础上，年终结余的45%、不超过绩效工资总量的20%，用于改善医护人员工资福利待遇，从乡镇卫生院单位层面、院长层面、职工层面、边远山区职工四个层面提高积极性；不定期对乡镇卫生院公务接待、网络视频学习和院长坐诊情况在卫生系统内予以通报，共有13家卫生院被通报，6月对责任医师大走访活动的开展情况进行督查，局领导班子成员带领相关人员到基层督查指导每两个月不少于一次。

【县乡村卫生一体化综合管理改革】出台《遂昌县县乡村卫生一体化综合管理改革实施方案的通知》和《关于推进县级优质医疗资源下沉的实施意见》，2家县级公立医院全面托管、业务托管、协作帮扶对21家乡镇卫生院开对接帮扶。投入资金190万元，建成县影像会诊中心和县域心电会诊中心，12月19日正式投入使用，会诊中心设在县卫生局，在县人民医院、县中医院分别设立远程诊断终端。影像会诊中心覆盖云峰、金竹、王村口、黄沙腰4家中心卫生院，心电图会诊中心覆盖云峰、金竹、王村口、黄沙腰、妙高中心、大柘、石练、北界8家卫生院。调整设置6个中心卫生院，3个直属乡镇卫生院，12个乡镇卫生院；中心卫生院承担统筹协调和督查指导片区内其他卫生院职能，对片区内人员、医疗设备实行统筹调度。云峰、王村口等6家乡镇卫生院与丽水市人民医院建立工作帮扶，市人民医院将定期下派专家到帮扶乡镇卫生院开展专家义诊、业务培训、健康宣教和临床教学活动。15家乡镇卫生院和6家社区卫生服务站修缮项目已陆续开工和部分完成。

【县级公立医院改革】2014年，县人民医院、县中医院2家县级公立医院的门急诊人次、住院人次和业务收入增长明显，全年门诊人次66.19万人次，比上年增长15.29%，出院人次2.05万人次，比上年增长17.50%。医药费用不合理增长势头得到有效控制，推行医疗阳光用药工程、完善医保支付方式、基本医疗保障医药费用监管等举措，门诊和住院医药均次费用增长势头得到控制。县中医院与浙江大学医学院附属邵逸夫医院对接，增挂邵逸夫医院指导医院牌子，邵逸夫医院派泌尿外科、骨科等科室专家到中医院服务30人次，接待门诊病人475人次、会诊52人次、手术示教22台次、各类讲座10次；县人民医院与浙二医院创新合作模式，浙二医院在县人民医院开设妇产科、普外科、B超工作室，定期派专家来坐诊。11月底，投资6929万元，建筑面积17799.6平方米，总体14层、局部15层的县人民医院新住院大楼项目投入使用，新增加内科四和综合两个病区，开放位数由280张增加至500张，住院病床紧张现象将得到缓解。

【医疗质量与管理】 2014年，全县校验医疗机构170余家，注销村卫生室6家，变更27家，新审批设置1家口腔诊所，4家村卫生室转型为个体诊所，新设置1家村卫生室。在等级卫生院评审的基础上，申报5家卫生院参与“市级医疗质量安全示范乡镇卫生院”创建，通过市卫生局考核验收。县级医院、各乡镇卫生院及村卫生室均参加医疗责任保险，共报告纠纷7起，其中民营医院1起、基层村卫生室1起、县级医疗机构5起。

【中医药管理】开展“名中医师带徒”工作，县人民医院、县中医院和乡镇卫生院共9名医务人员与本县或市医院名医结成师徒关系，进行为期两年的跟师学习。对全县村卫生室人员、服务站和乡镇卫生院的部分临床医生开展基层中医药适宜技术培训，村卫生室重点培训4项适宜技术，乡镇卫生院还对常见疾病的中医药诊治共10项内容进行培训。各医疗机构配备5种以上中医诊疗设备；在公共卫生服务中积极使用中医药服务技术，65岁以上老年人体质辨识率、0～36月儿童中医药服务率达30%。高坪乡卫生院、柘岱口乡卫生院参与“中医药参与社区卫生服务市级示范单位”创建，通过市卫生局评估。

【基本公共卫生服务】新一轮村卫生室紧密型一体化管理率100%。启动等级卫生院评审相关工作，首批申报的云峰等8家乡镇卫生院成功创建乙等乡镇卫生院。全面布置落实城乡居民健康体检工作；做好业务培训、质量控制和督导等工作，共体检63795人，其中60岁以上老人体检率达到69.04%。推进小学二年级学生免费窝沟封闭项目，签订知情同意书的1805人，应封闭学生人数1359，完成封闭1348人，封闭率99.19%。全科医生签约服务签约22401人。

【疾病预防控制】2014年全县法定传染病发病形势平稳，无突发公共卫生事件发生报告。强化霍乱、人感染H7N9禽流感、手足口病等重点传染病防控，两家县级医院按要求开设肠道门诊；规范报告和处置新路湾幼儿园手足口病聚集性疫情，疫情得到有效控制。1—10月共开展HIV抗体检测20880人，确诊阳性病例5例。1—10月全县乡镇卫生院转诊疑似结核病人110例，初发涂阳结核病人治愈率达96.55%。全县规范化接种门诊创建率为100%。通过集中宣传、发放宣传资料等，推进开展防治结核病日、全国儿童预防接种宣传日等卫生日宣传活动。同时，按要求开展食品安全风险、农村饮用水监测和病媒生物监测等工作。

【卫生监督】保持非法行医高压态势，采取“赶集”执法打击“游医”，2014年取缔非法行医点6家，行政处罚3家；对全县沐浴和住宿场所开展卫生“333”专项治理行动，共检查相应单位79家，对2家足浴场所进行行政处罚，分期对城区及景区的住宿等公共场所卫生管理员开展培训，累计培训206人。联合县教育局对全县各中小学校传染病防控、饮水卫生等内容进行监督检查，及时发现存在的问题并督促整改。积极参加县城饮用水源保护区的日常巡查，周密部署饮用水宣传周活动，联合县疾控中心开展二次供水卫生检测，加强县餐饮具集中消毒单位—心连心餐具消毒服务中心的卫生监管，多次开展监督检查开展全县医疗机构消毒质量监测。开展以“防治职业病，职业要健康“为主题的《中华人民共和国职业病防治法》宣传周活动。开展医疗机构人感染H7N9禽流感防控督查，共督查医疗机构35家。

【妇幼保健】2014年全县产妇1777人，建卡率99.16%，系统管理1706人，系统管理率95.15%，住院分娩率100%，筛查高危产妇1021人，管理1011人，管理率99.90%；无孕产妇死亡；婚前检查2382人，婚检率98.06%，检出疾病142人，疾病检出率5.96%。新生儿访视1769人，访视率98.06%，7岁以下儿童保健覆盖率96.35%，3岁以下儿童系统管理率95.17%，5岁以下儿童死亡率7.25‰；婴儿死亡率5.02‰；新生儿死亡率2.79‰ ，均达到指标要求；农村孕妇住院分娩补助1244人，补助金额64.2万元，农村孕妇叶酸免费发放2161人；妇女病检查21308人，检查率46.53%。

【卫生队伍建设】加大人事招聘和定向培养力度，2014年全县招聘卫技人员48人，定向培养招生20人。改革乡镇卫生院定向培养毕业生和公开招聘人员的分配制度，定向生和公开招聘人员按照成绩的高低排位，由排名由前到后的人依次选择岗位，既保证整个分配工作的客观公正，也保证边远乡镇卫生院有及时的人员补充；以全科医生为重点的基层卫生人员培训66人，2家县级医院派出40人次到省三甲医院进修，举办继续教育项目11个，传染病防治知识项目6期；培训780余人次，医德医风项目1期，培训200余人。形成卫生院长“公开竞争、能上能下”的机制，公开竞争有63人报名，选拔出17名院长，31名副院长，年龄最大51岁，最小23岁。

【爱国卫生】围绕“远离病媒侵害，你我同享健康”主题，开展第26个爱国卫生月活动。完成市级卫生乡镇创建任务，新申报创建的黄沙腰镇、龙洋乡通过考核验收，卫生乡镇占比83.3%。开展春季统一灭鼠灭蟑活动，累计农田灭鼠2000公顷，参与灭鼠居民户11594户，单位273个，鼠密度从5.63%降至1.02%。开展第27个世界无烟日宣传活动，县人民医院成功创建省级无烟单位，龙洋乡中心小学等14家单位成功创建市级无烟单位。妙高街道北门村等4个乡镇7个行政村建设的1100户无害化中央改厕项目通过考核验收。 （李新标）

遂昌县人民医院

【概况】2014年，遂昌县人民医院有职工500人，其中专业技术人员457人，高级技术职称76人，中级技术职称134人。全年门急诊436873人次，比上年增加47172人次，增幅12.1%；出院14981人次，剔除新生儿人次后增幅5.69 %；完成各类手术3662例(含门诊)，增幅2.1%。全年业务收入1.74亿元，增幅6.61%，其中医疗收入10867.6万元，增幅12.24%，药品收入6578万元，下降95万元；全院药比37.72%，降幅3.06%。顺利通过省级文明单位复评。内三科成功创建省级癌痛规范化示范病房。

全年投入投入1500万元，购入高清腹腔镜、宫腔镜系统、呼吸机、全自动生化分析仪、肺功能仪等先进仪器，更新供应室、血透室、监护室的仪器设备，1.5T核磁共振配置获得省卫计委的批复许可。完成信息机房搬迁，新机房在原有硬件设备的基础上新增了核心交换机、备用服务器、UPS电源等设备。增加病区药房子系统，规范了住院科室、药库与病区药房之间的工作流程。实现了肺功能电子化申请。

【新住院大楼投入使用】11月底，省级重点建设项目—总投资近7000万元、占地面积1234平方米、总建筑面积17799.6平方米（其中设备层面积1252.8平方米）、建筑层数为14层（含设备层、局部15层）的新住院大楼投入使用。医院核定总床位数由原来280张（实际使用300～320张）增加到480张（其中含新大楼床位420张），有效缓解遂昌百姓的住院难问题。

【科研论文和技术创新】充分利用帮扶协作平台，开展甲状腺、淋巴结的细针穿刺活检术、宫腔镜手术、甲状腺癌中央区淋巴结清扫术、血液灌流等新技术、新项目达31项，其中一些项目已达到省市先进水平，提升了医院的核心竞争力。5项科研获得遂昌县科技局立项。外一科科研项目《腹腔镜结直肠肿瘤手术的临床研究》获丽水市科技进步奖三等奖。共发表论文28篇，其中一级期刊论文3篇、论著3篇，其中1篇论文获得丽水市自然科学优秀论文三等奖。

【学科建设】与浙医二院的“万名医师下基层”3年对口支援工作圆满结束，创新协作方式继续对接，即在县人民医院妇产科、普外科、超声科设立浙医二院主任工作室，浙医二院定期派相应专家坐诊工作室，解决专科的临床疑难问题，指导开展新项目、新技术，提示县人民医院专科能力。同时，开展与丽水市中心医院的对口支援工作。6项内镜诊疗技术通过了浙江省内镜诊疗技术应用能力评价，获得开展相应治疗工作的应用资质，在县级医院中通过的项目最多。血液透析技术、人工关节置换技术等4项技术顺利通过浙江省医疗技术应用能力复评。麻醉科的“浙江省县级医学龙头学科”建设工作顺利通过了省卫生厅组织中期评估。内三科成功创建“癌痛规范化治疗示范病房”。

【人才培养】举办1次国家级、1次省级和5次市级继续医学教育项目；利用医院慢病贯宣基地的平台，开展网络视频教育；举办浙江省医学会麻醉分会无痛分娩专业组高峰论坛会议；选送12名骨干医师外出进修，外出参加继教班者达200余人次。开展执业医师考试前技能培训，规范了住院医师技能培训工作，成立技能培训小组进行逐项培训和考核，以优异成绩通过市住院医师规范化培训基地复评工作。

【推行“便民惠民”措施】针对住院患者以年老体弱、行动不便者居多的特点，在新住院大楼病区增设B超室。护理部推行责任制整体护理，科室改变排班模式与工作流程，每位护士分管一定数量的患者，有针对性提供专科护理和健康教育，提高了患者满意度。开设PICC及CVC置管维护门诊，方便带管患者的日常维护。导医台针对自动挂号机与化验结果自动打印工作中存在的问题，安排人员专职指导与帮助。药剂科制作《癌痛患者用药教育手册》，为患者提供合理用药知识。财务科安装语音报价器，方便了与病人之间的沟通。通过每月召开工休座谈会、设立意见箱、定期问卷调查和面对面沟通等方式，了解病友心声，及时改进工作中的不足。

（汤红芳）

遂昌县中医院

【概况】2014年，遂昌县中医院有职工224人，其中卫生技术人员183人，管理人员16人，工勤人员25人。医院核定床位100张，2014年实际开放床位增加至175张。全年医疗业务收入7721万元，同比增长16%；门急诊量22.5万人次，增长22%；累计出院5499人次，增长13%；床位使用率100.2%；手术2450人次。2014年，遂昌县中医院获“丽水市健康促进医院”称号。

【医疗卫生体制改革】建立费用控制、医保奖惩、工作责任追究制度，2014年，平均出院费用6707元，同比下降1.5%，门诊均次费用167元，下降0.04%，西药比例为32.5%，继续保持在全市低位。

【中医药特色优势】2014年，中医门诊服务人次7.6万人次，同比增长20.1%。全院中药饮片贴数42.4万贴，增长33%。采用新引进的设备对体检用户开展体质辨识。不断挖掘中医特色护理项目，全年共开展5万余例次。

【医疗技术水平】2014年，县中医院糖尿病专科列为遂昌县糖尿病防治指导中心，获批为浙江省中管局2014年基层中医药优势病种建设培育项目；肝病专科《中药敷脐治疗肝硬化难治性腹水的临床研究》课题结题；骨科成功开展30余例C臂透视下行闭合股骨粗隆骨折髓内钉内固定术；内二病区开展非中风眩晕头痛手法复位，并创新穴位埋线法；外科新开展腹腔镜下左肾切除术，输尿管癌根治术等，中医外科学（中医肛肠病学）被列为丽水市第四批中医重点学科；口腔科被列为遂昌县口腔卫生指导中心；妇科成功治疗不孕不育患者100余例；放射科新开展肺穿刺操作3例；内一病区成功开展阿替普梅静脉溶栓治疗急性脑梗死。内二病区和检验科各成功申报2014年县科技项目1项。医院举办市级继教项目4次。

【优质护理服务】改革护理模式，开展责任制护理及专科护理。尽量固定责任护士，使病人熟悉“我的护士”，使护士掌握“我的病人”；各病区参照ICU管理模式开展危重病人分区域集中管理；组织开展“减少铃声呼叫”“三基三严岗位技能练兵”“提升静脉穿刺成功率”等系列活动。

【借力发展】8月6日，邵逸夫医院与遂昌县中医院正式签订指导协议，定期派出重点科室副高以上职称专家到遂昌，帮扶提升医疗技术水平和管理水平。浙江省中医院乳腺外科专家定期来院指导，乳腺外科门诊病人3005人次。丽水市中心医院风湿免疫科专家定期到院坐诊，为风湿免疫科建设奠定坚实基础。丽水市人民医院不定期派出ICU专家到院帮助提升危重病救治能力。（潘爱萍）

综合监管

发展和改革

【改革创新不断深化】2014年，遂昌县成立全面深化改革领导小组，负责全县改革的总体设计、统筹协调、整体推进、督促落实。成立19个深化改革专项小组，分别制定2014—2015年工作要点。深入开展低丘缓坡开发利用试点、农村金融改革试点和扶贫改革试点“三大改革试点”工作，推进山区科学发展综合改革试验区、生态经济创新发展综合配套改革试点以及国家生态文明建设试点示范县建设。全面开展民办教育综合改革试点工作，编制《遂昌县民办教育综合改革试点方案》和《遂昌民办教育改革与发展规划》。开展全面深化改革半年度、年度报告的分析工作。

积极推动“四张清单一张网”建设，制定遂昌县企业投资项目的准入标准，明确禁止进入、经审批进入事项的具体目录，制定权力清单。办理项目服务联系单28项，投资项目审批30项，企业投资项目备案与变更133项，行政事业单位培训收费标准审批等定调价格事项16项，换发和变更32个单位的收费许可证。

完成2014年度政策性农村住房保险工作，参保总数54451户，参保率98.7%。政策性农业保险大户参保率完成50%以上，并新增大棚、大棚蔬菜政策农业保险两大险种。开展了生猪保险与无害化处理联动试点的前期工作。

做好公共资源交易管理工作。注重提升交易运作水平，规范评标专家选聘和考核，加快小额建设项目发包速度，多部门联合监管合力逐步形成。1月至10月，县公共资源交易中心共完成公共资源交易事项465宗，交易总额达10.67亿元，增收节支金额1.03亿万元，经济效益显著。

【产业转型持续提升】认真研讨和分析全县经济社会发展情况，形成经济发展、结构优化、生态环境和民生事业的科学发展指标体系，拟定年度计划报告。开展月度、季度、半年度经济运行分析，召开专题座谈会，形成经济运行分析报告。编制遂昌县钢铁行业化解产能过剩工作实施意见，指导浙江正圆不锈钢管业有限公司编制《申请报告》。落实温室气体清单编制工作和低碳城市、低碳园区、低碳社区等工作，开展节俭养德公民节约活动。全县共有6个项目纳入省循环经济“991”行动计划2014年重点支持项目，项目数为全省第一，获得385万元补助。积极开展省循环经济示范县的创建工作，编制《遂昌县创建省级循环经济示范县2014工作计划》。谋划一批风力、光伏、天然气重大能源项目，并适时推出招商，加强政企合作，引进民间资本。为遂昌县早日使用管道燃气，督促项目业主抓好天然气综合利用一期工程建设，加快项目建设步伐。按时序开展高污染禁燃区建设和大气污染防治。开展“十三五”综合能源规划课题研究工作，研究制定新能源、清洁能源开发利用政策。

【有效投资切实扩大】合理

安排2014年投资盘子，提早下发2014年“四大计划”，同时分解并正式下达各单位年度目标任务。全年完成固定资产投资47.92亿元，同比增长17.9%。列入省市重点建设项目20个（其中15个省重点建设项目），年度投资计划9.49亿元。前十月累计完成投资10.86亿元，提前超额完成年度投资任务。全县32个重大前期项目（包括10个市重大前期项目），获得重大节点性突破的有：衢宁铁路（遂昌段）可行性研究报告获得国家发改委审批；清水源水库工程项目建议书获得省发改委审批；避灾中心建设项目开展建设方案论证；后江路网工程完成初步设计审批；县城棚户区（国有）拆迁一期工程完成土地“招拍挂”；金太阳养老基地项目完成土地“招拍挂”及备案。

开展2次县领导领办项目活动，变被动为主动。制定项目推进无缝对接工作机制，从项目管理职责和管理流程上进行制度化、标准化管理。开展对项目全过程跟踪管理，强化前期项目、新开工项目、在建项目的动态管理模式。9月底开展“双进双解”项目推进百日攻坚活动，把投资任务分解落实到位。开展3次县“五办”跟踪督查服务活动，对检查情况及时通报给各领办领导、责任单位。梅溪小学、北门桥头至三墩桥道路拓宽工程等一批项目政策处理难题得到破解。三溪综合治理工程、古院新区大酒店、遂昌中学扩建工程等一批项目前期进展快速推进，并提早开工建设。

【要素争取成效显著】积极申报中央预算内投资、省公共建设项目及救灾补助各类专项资金，共获5146.5万元。积极争取信贷支持，成功取得遂昌县荷花滩、凯恩路城市更新项目贷款国开行3.5亿元授信审批。积极谋划申报省重点建设项目，三溪综合治理工程纳入2014年增补省重点建设项目，获省重点戴帽用地指标。积极争取省重大产业项目，旅游商品展示展销中心、白马山森林旅游养生度假区、金太阳养老基地、民俗文化产业园四个项目纳入2014年度浙江省重大产业项目名单。全力推进衢宁铁路遂昌洋浩站位的争取工作，精心踏勘、精细比选，成功争取到衢宁铁路遂昌洋浩站位方案。及时对接通道预留、“大小三改”工程、电力线路迁移等，对项目工程量进行实地确认。提前启动衢宁铁路遂昌车站站区规划，对车站功能定位、站场规模，站区功能布局、交通设施衔接、货场及周边场地等内容进行充分研讨规划。已取得车站站区规划的初步成果。

【谋划能力不断提升】确定遂昌县“十三五”规划前期重大课题27个，组织各部门和单位开展课题研究。制订“十三五”规划编制工作方案，委托省规划院开展“十三五”规划编制工作并开展部门乡镇调研和实地走访工作。全面开展年度规划编制工作，下达2014年度重点规划编制计划及经费安排，安排31个项目，共计安排规划经费999万元。及时下达2014年度重点调研课题计划，内容涵盖经济转型、社会发展及项目建设等方面，确定2014年度重点调研课题共计12项，其中市县联动课题《遂昌县循环经济发展模式研究》已完成，《遂昌特色的基本公共服务均等化》《“五行”遂昌“五养”生活》《浅谈幸福粮食人》等调研文章在省级刊物上发表。

【城镇化推进模式不断完善】编制《遂昌县新型城镇化发展规划》。完成起草遂昌县中心镇强镇扩权工作实施方案（征求意见稿）。完成石练镇、金竹镇两个中心镇异地转移小区基础设施建设规划（新一轮特扶项目）编报工作，列入计划补助480万元。深入中心镇实地调研、指导质量提升工作12次。出台《加快推进新型城镇化建设的实施意见》，积极探索山区新型城镇化路径。项目扶持方面，中心镇列入县政府性投资计划的项目5个；在资金争取方面，中心镇基础设施等上报争取中央、省投资补助项目3个。

【生态服务业进一步壮大】开展2014年服务业重点工作和重大项目计划编制工作，浙西南竹炭产业研发服务中心、遂昌农村电子商务公共服务平台两个项目列入2014年省服务业重大项目，遂昌旅游集散中心项目获省服务业专项财政引导资金80万元；城市文化综合体、东城物流中心等17个市服务业重点项目投资进展顺利。开展2014年重点服务业集聚区建设计划编制。前十月，中国（遂昌）竹炭产业综合服务集聚区实际完成投资3175万元，提前超额完成年度投资计划，正在实施金钻养生园酒店整体空调、消防、管网和客房装修工程。集聚区子项目浙西南竹炭产业研发服务中心成功列入省服务业重大项目。

组织申报首批丽水市服务业重点企业5个。养老院服务标准化等3个省级服务业标准化试点项目，全部通过省级验收，在全市率先制定出台生态农产品电子商务标准规范。探索建立服务业重点企业联系和重大项目监测制度，新增遂昌金矿国家矿山公园和万佳商贸2家服务业企业样本。

建立健全服务业运行推进制度，认真做好季度服务业运行分析。开展了2013年度服务业扶持政策奖励工作，并启动服务业产业发展奖励政策修订，对12家符合条件企业兑现奖励资金35.6万元。

积极讨论和研究遂昌县生态服务业发展思路、建议举措及重点项目的谋划和建设等，完成生态服务业专题报告。围绕电子商务与物流配送协调发展改革创新试点主题，积极申报省服务业改革创新试点县。完成健康服务业专题调研。

2014年全县在建养生（养老）项目20个，计划投资约7.4亿元。增加了湖山半岛温泉养生园、石练菊米博物馆等一批新签约的养生项目。竹炭休闲养生基地等三个项目列入市养生（养老）基地项目，民俗文化产业园（大柘茶博园）等两个项目列入市养生（养老）产业培育项目，前十月，全县养生养老项目完成投资10161万元，其中基地项目7201万元、产业项目2960万元。8个村庄入选第二批丽水市“养生乡村”。

【市场调控不断强化】加强对粮油、生猪、蔬菜、农资、钢材、液化气等重要商品的价格监测，开展公办普通高中教育生均培养成本定期监审，完成公路客运价格、出租车价格等调研和水利工程供水价格摸底调查，做好价格基础工作。11月底启用丽水市监测业务综合管理平台。认真落实各项清费减负政策，2月1日起，取消和免征行政事业性收费15项，涉及11个部门，及时敦促收费单位变更收费许可证。对5个单位进行清费减负政策落实情况专项督查，没有发现乱收费行为。按时完成行政事业性收费验审工作，全县应审单位77个，实审77个，审验率100%。

走访县供排水有限公司、凯恩特种纸业等用水大户，征求我省调整水资源费征收标准意见；走访小水电企业、协会和有关部门，征求完善小水电上网电价政策意见；深入遂昌金矿和千佛山等景区，开展收费政策执行情况和金矿票价调整前期调研工作；完成水利工程供水价格摸底调查，促进水利工程供水价格改革；开展大型连锁超市基本情况调查，推动民生价格监测信息发布；走访王财贵经典学校、育才中学等民办学校开展民办教育综合改革试点调研；对两家县级公立医院医药价格改革进行调研评估。开展基本公共卫生服务免费项目落实情况、涉农涉企收费情况和清费减负政策落实情况专项检查，立案查处1起违法行为。制定保障性住房租金标准和廉租住房租金补贴标准，调整乡镇小学附设幼儿园保教费标准。

节假日出动巡查人员20人次，发放明码标价提醒函100余份，检查药店、酒店、商场超市等企业积极参加“3·15”和政府“96345”开通日宣传活动，发放资料200余份，接待群众咨询30余人次。完成认证案件105件，认证金额达129万元。

（县发改局）

审计

【审计成果】全年完成28个审计项目，查出管理不规范金额268万元，核减工程造价405万元。向县纪委、公安局、检察院移送案件线索7件。审计建议被采纳14条，2篇经验范例被收录到审计署地方经济责任审计模拟实验室。编发审计专报12期，其中获得县委、县政府主要领导批示的有10期，审计报告与信息被批示、采用393篇次。

【审计荣誉】被省审计厅评为2014年度全省审计机关考核先进单位、2014年度全省内部审计业务指导和监督工作优胜单位。被市审计局评为全市审计机关考核一等奖、内审工作考核一等奖。“遂昌县审计局实施的遂昌县2011至2012年度农民专业合作社运营发展情况专项审计调查”被评为全省优秀项目。陈樟林同志被浙江省人力资源和社会保障厅、省审计厅授予“全省审计机关先进工作者”称号。黄海慧同志被市审计局授予“全市审计机关先进工作者”称号。

【经济责任审计】根据县委组织部委托实施13个经济责任审计项目，首次联合县纪委、组织部对新上任的8名领导干部实行经济责任任前告知，对被审计单位主要负责人约谈制度。

【内审工作】连续出台《关于进一步加强内部审计工作的意见》《关于全面开展内部审计工作的通知》两个文件，从政府层面明确了内审工作的组织框架、体制机制、工作重点及工作要求。7月，根据县编办《关于调整遂昌县内审指导中心机构设置的批复》，组建县内审指导中心，明确全县40个部门、乡镇街道设置内审科，由县内审指导中心负责指导、监督全县内部审计工作，负责对二、三级预算单位的审计。

【线索移送】加强与纪检监察、公安、检察等部门的协作配合，及时移送了云峰龙口村杨梅果园征迁实际补偿与补偿规定严重不符问题、云峰龙口村黄某地上物补偿金额过高问题、西畈乡湖岱口村林木采伐计划管理费等收入未入账问题、黄沙腰镇上定村报账员郑某涉嫌冒领款项问题、东城洋浩湖边区块市政配套一期项目工程招标存在施工企业串标嫌疑，以及在参加全国土地出让收支和耕地保护情况审计过程中发现的文成县金朱林场涉嫌经济犯罪等7个案件线索。

【审计公开】首次以审计公告的形式，对2014年实施的23个审计项目在遂昌政府网上全部进行公告，方便社会公众及时了解审计结果，更好地发挥舆论监督、群众监督、社会监督的作用，提升了审计监督效能。

【出台审计工作文件】2014年，县政府出台《关于加强审计整改工作的意见》《关于进一步加强全部政府性资金审计工作的实施意见》《关于进一步加强内部审计工作的意见》《关于全面开展内部审计工作的通知》4个文件，全面加强审计工作。

（审计局）

统计

【企业基础规范化建设】县统计局印发《遂昌县企业统计规范化建设实施方案》和《遂昌县企业统计规范化建设验收细则》，通过对全县“四上企业”的摸底检查，选择基础工作较好、规范化程度较高的企业作为示范样本，率先开展企业基础规范化建设。通过召开培训会，组织企业统计人员互相学习交流，专业人员入企指导，健全各项原始记录、规范统计台账和统计档案，并按照工作计划完成年底达标验收。

【统计服务工作】2014年，县统计局坚持统计信息服务制度，加大统计服务载体创新，针对领导重视、百姓关心、社会关注的工业发展、电子商务、网售等热点、难点问题，进行专题调研，撰写《当前我县规模工业生产需关注五大问题》《从增加值看遂昌工业》《关注我县工业总产值与主营业务收入的匹配性问题》《关于2013年度遂昌工业强县综合评价结果的分析和思考》《电商发展对遂昌经济增长的作用和影响》和《关于社会消费品零售总额与网上零售额的思考》6篇专题文章，完成11个研究课题。共撰写统计信息分析67篇，完成17期统计专报。在《钱瓯遂昌》开设统计数据专栏，撰写“短、平、快”文章共20篇，积极反映全县经济运行特点。

【城乡一体化住户调查】2014年，县统计局按照省、市统计局和调查队要求，加强业务培训，建立业务规章制度，强化数据联审，开展数据质量自查工作，切实提高数据质量，有序推进了全县206户调查样本量的记账工作。

【服务业统计】2014年，县统计局积极应对核算制度改革，围绕经济增长目标，着力抓好“个转企”、“四上”企业清查申报和“四下”升“四上”企业审批工作。加强与各部门的通力协作，明确职责分工，整合统计力量和统计资源，完善服务业统计“资源互补、信息共享”机制。（“个转企”指个体经营户转型升级企业，“四上”指规模以上服务业，“四下”就相对“四上”而言。）

【固定资产投资制度改革试点工作】2014年，县统计局在新老制度双轨并行的特殊背景下，围绕投资工作重点，以提升投资统计数据质量为主线，以准确界定口径、规范基础台账、摸清形象进度、统全在建项目、强化数据审核等为主要内容，加大对续建项目的全面梳理工作和新开工项目的审核，强化项目的现场核查和跟踪确认，加大对投资统计实务的培训和指导，开展“投资统计面对面服务周”活动，全力推进投资统计基础规范化建设，并积极进行双轨数据比对分析，取得了阶段性成果。全县有13家21个投资项目纳入联网直报。

【基本单位名录库建设和维护】2014年，县统计局以第三次经济普查的单位数为基础，强化与工商、税务、发改、经商等部门的沟通，掌握各类单位包括“个转企”“无转有”单位的新登、变更、注销等情况，做好统计单位名录库的动态更新维护工作。开展乡镇（街道）名录库延伸维护工作。收集、整理部门新增变更资料形成维护清单，及时发放给各乡镇（街道），动态关注各乡镇（街道）维护进度，定期对录入的数据进行审核，及时向乡镇（街道）名录人员反馈差错，督促及时修改。

【统计法制建设】县统计局从实施统计稽查工作常态化入手，重点开展贸易、工业、劳资、投资等专项统计执法检查，抓好统计数据质量、统计从业资格、统计联网直报以及原始记录、统计台账等统计专项稽查。以重大宣传日为切入点加大统计法宣传。12月4日全国法制宣传日，在平昌广场上开展统计法律法规知识有奖问答，发放普法宣传手册和宣传小礼品上千份。2014年，对全县22家单位开展了统计执法检查，对发现的违法违规8起案件进行严肃处理，有效地发挥了统计监督检查职能，维护了统计工作秩序。

第三次经济普查工作

【开展情况】2014年，县统计局按照国家、省、市的统一部署，1月开始在全县20个乡镇（街道）进行第三次经济普查入户登记，3月底完成现场数据采集登记，之后相继开展查漏补缺、审核改错、数据验收、事后质量抽查、开发计划制定等阶段性工作。全县共普查登记法人单位2495家，产业活动单位586家，个体经营户11708家。

【主要工作举措】一是重部署，把控全局。事先制定好各项工作方案、会议安排及业务培训等事项，精心部署各阶段工作；县经普办设立五大片区，按区域负责制，分片逐一进行业务指导和督查工作；定期采集各乡镇（街道）的工作进度信息，把握普查工作的进展情况，辅之业务指导，及时改错，补全遗漏，点面结合，确保了经普工作的整体进度推进。二是重宣传，全面覆盖。不仅有宣传海报、告知书、宣传手册、《致普查对象的一封信》和宣传车等传统的实物宣传方式，还结合QQ、广播电视媒体、短信、LED、微博等网络方式全面开展普查宣传。三是重指导，划片负责。县经普办主任带队多次赴20个乡镇（街道）指导经普工作。在数据审核验收阶段，县经普办在全市率先开展事后质量自我抽查工作，通过抽查与指导相结合，有效落实了乡镇（街道）本阶段工作，确保了上下级的有效沟通。四是重方法，强化审核。加强三轮连审工作法，即入户登记初审、指导员复审、业务副主任总审；加强个性自审法，即与工商配合，重点强化“四上”单位和行业代码的全面核实工作，开展法人单位与产业活动单位对应的自审工作。五是重自查，严把质量。县经普办成立5个普查事后质量抽查组，分别对全县20个乡镇（街道）的普查事后质量进行抽查。通过自查，不仅做到普查数据心中有数，也对抽查过程中发现的问题及时进行查漏补缺。六是重规范，加强资料管理。加强普查后期纸质和电子资料整理、归档、刻盘工作。七是重实效，强化普查成果开发。及时印发《遂昌县第三次经济普查资料开发应用计划》，认真组织实施普查资料开发应用工作。

（统计局）

市场监督管理

【概况】2014年，全县新设内资企业376家，个体工商户1261户，农民专业合作社110户。在册市场主体总数11631家，其中内资企业2022家，个体工商户8940户，农民专业合作社669户。办理股权出质12户，出质股权3707万股，融资金额1.377亿元，办结企业动产抵押登记30件，融资12.72亿元。

2014年3月1日，公司注册资本登记制度改革实施，注册资本改为认缴登记制，并放宽注册资本登记条件。受此影响，全县公司制企业注册资本明显增长。是年3月至年底，新设私营有限公司221户，注册资本129978万元，同比分别增长27.01%和181.94%。实施商标品牌战略，新认定浙江省著名商标2件，续展9件；新认定丽水市著名商标2件，续展2件。

全年办结案件278件，下降20.3%，罚没款161.62万元。查处假冒伪劣案126件，虚假宣传案8件，移送案件8件。查处反不正当竞争案件9件，消保案件36件，商标案件6件，产品质量案件28件，广告案件28件，食品安全案件117件，药品案件4件。全年共出动检查人数3900人次，检查经营主体4500个（次），检查各类重点市场320个（次）。

“12315”申诉举报中心共受理消费投诉87件，调解87件，为消费者挽回直接经济损失9.1万元。开展家装服务和家居建材商品领域的消费维权专项整治工作，查处案件8起，为消费者挽回经济损失1.4万余元。

【机构改革】1月24日，原县工商局、县食品药品监管局合并组建，成立县市场监督管理局。6月25日，县政府印发《遂昌县市场监督管理局主要职责、内设机构和人员编制规定》的通知。按“三定”方案，县市场监督管理局组建8个市场监督管理所，下设遂昌县食品药品安全检验检测中心，原县质监局食品生产环节监管职能划入县市场监督管理局。

【消费维权工作】2014年，县市场监督管理局推进银行业合同格式条款规范整治专项行动，共检查辖区登记的银行4家，重点检查消费类贷款合同、个人理财类合同、银行卡业务合同等消费类合同。共检查各类合同51份，发现问题合同21份、问题条款37条。发放行政建议书4份，建议银行对问题条款进行整改纠正。

【药品医疗器械监管工作】2014年，县市场监管局开展全县“五整治”专项行动，共检查医疗器械经营、使用单位179家次。结合医疗器械“五整治”抽样专项行动，抽检避孕套等医疗器械8个品种9个批次送省医疗器械产品质量检验中心检验。

县市场监管局开展保健食品、化妆品示范店创建工作，全县共评出保健食品、化妆品11家，示范店要求建立相关的质量管理制度，保健食品、化妆品经营实行索票索证和台账管理。

【农贸市场改造提升工作】2014年，县市场监管局开展府前中心市场创建省级“放心市场”工作，投入资金155万元对对市场的直接入口食品、冷冻制品、豆制品、水产等店面进行改造，建立猪肉统一冷藏保鲜区，对市场楼顶大棚、水产区大棚改造更新，全面完善市场监控系统。同时，建立健全市场经营户食品农产品安全可追溯台账，对市场一楼经营户建立一户一档制度，评选出市场文明诚信经营户11户。通过改造，市场在经营环境、管理服务、整体形象等方面得到了有效提升。

【食品安全监管工作】3月1日至6月10日，县市场监管局开展“百日严打”专项行动，共出动执法人员348人次，检查经营户1908户次，立案查处违法行为35起，罚没款13.93万元，没收不符合食品安全标准食品273.6公斤。

2014年，县市场监管局根据《遂昌县食品安全信用“红黑榜”制度（试行）》，7月在县政府门户网站公布全县首批食品安全信用“红黑榜”名单，包括1家“红榜”、5家“黑榜”名单。

2014年，县市场监管局开展阳光厨房创建工作，全县共10家餐饮企业、单位食堂创建成功通过验收。高坪新村成功创建省级餐饮服务食品安全示范街。（市场监督管理局）

国土资源管理

【概况】2014年，县国土资源局共筹集各类涉土资金17.14亿元（合同价款），实到资金13.7亿元；通过招商引资实现合同引资4.85亿元，实到资金1.45亿元，为县域发展提供强有力的资金保障。

全年争取新增建设用地指标93公顷，系历年最多。农用地指标实现100%报批使用，顺利保障招商引资、“五水共治”等省、市、县重点项目。全县低丘缓坡开发利用试点规模300公顷，场平工作全面完成。土地利用工作取得零突破，龙板山区块实现工业用地出让25公顷。全年完成垦造耕地项目39个，面积284公顷（其中水田52.5公顷、农村土地综合整治项目17个，面积18.3公顷）；高标准基本农田建设1647公顷；完成新立项农村土地综合整治项目7个，面积7.9公顷；完成2个耕作层剥离再利用项目的实施。废弃矿山生态环境治理有序开展，共完成3处废弃矿井治理；1家省级绿色矿山创建通过验收；投入2499万元开展柘岱口横坑坪萤石采选联合项目及萤石研发中心建设，切实深化萤石资源综合利用示范基地项目建设。“无违建县”创建全面深入，19个乡镇（街道）“无违建”创建工作通过市初步考核验收。全年共颁发农村土地证2650宗；完成资料收集、权属调查、地籍测量等具备发证条件的9059宗，合计11709宗，全县整体发证率75.52%。农民建房审批管理办法11月15日起正式实施，全年完成农村危旧房改造新建审批1589户。建立地质灾害应急指挥中心；完成地质灾害避让搬迁150户466人；完成西畈、黄沙腰、妙高太保殿等3处地质灾害应急排险和治理，争取国土资源部490万元用于黄沙腰镇大熟村特大型地质灾害治理工程项目。

【完成全市首次探矿权“网拍”】云峰街道刘道坞、上市两矿区的花岗岩普查探矿权通过全省矿业权网上交易系统，分别以7050万元和1500万元完成出让，共计8550万元，系全市首笔网上交易。该网上交易系统于7月1日正式开启，发挥了全省矿业权统一交易平台作用，有效规范矿业权交易行为，同步实现了全程监控和全民监督，最大程度确保矿业权交易公平、公开、公正。

【全市率先实现农民建房审批权限下放】遂昌县制定出台《农民建房审批管理办法（试行）》自11月15日起实施，在市内率先实现农村建房用地审批权限下放，建立高效便民的宅基地审批管理的新机制。该办法重新定义农村建房的审批原则、建房条件、建房标准、审批程序、考核奖惩、法律责任等，按照“农户申请、村级审查、乡镇审批、县管专用”模式，简化农民建房用地审批程序，切实破解当前农民建房难题。

【获省工业投资和“机器换人”技术改造考核新增建设用地计划奖励指标】省国土资源厅根据《关于印发〈浙江省工业投资和“机器换人”技术改造考核评价办法〉的通知》和《关于2013年度浙江省工业投资和“机器换人”技术改造考核评价结果的通报》，对2013年度浙江省工业投资和“机器换人”技术改造考核优秀的县（市、区）给予新增建设用地计划指标奖励。遂昌县考核结果为三等奖，获得新增建设用地计划指标奖励7公顷亩，其中农用地6公顷，耕地4.2公顷。

**【龙板山区块首次供地实

现开门红】2014年，东城工业园区龙板山区块挂牌出让2宗工业用地，土地用途为工业用地，用于非金属矿物制造业，要求投资强度≥168万元/亩。最终，浙江莹鑫矿业有限公司以454.5万元取得龙板山区块010号地块建设用地出让权，浙江隆兴矿业有限公司以450万元摘得龙板山区块011号地块建设用地出让权，总成交额904.5万元，实现龙板山区块首次供地成功。

【完成权力事项梳理】按照省委、省政府“三张清单一张网”的总体部署及省政府建设浙江政务服务网的指示精神，自2014年4月以来，遂昌县国土资源局开展本部门的行政权力梳理与清理，结合省、市、县三级权力事项，由241项瘦身至130项，确保部门事项真实性、准确性与完整性。

【遂昌争取省厅预支用地计划指标15公顷】通过积极争取，省国土资源厅下达《浙江省国土资源厅关于预支2014年度新增建设用地计划指标的通知》，同意遂昌县预支2014年度新增建设用地指标225亩(15公顷)，其中农用地225亩（耕地213亩）。该预支指标用以解决三墩旅游综合体项目剩余13.1公顷用地需求。

【通过耕地占补平衡指标调剂和标田代保筹集资金超7亿元】2014年，遂昌县与绍兴柯桥区达成3.02亿元（20万/亩，1510.7亩）旱地补充耕地指标调剂协议，与余杭达成2.31亿元（7.7万/亩，3000亩）标准农田代保协议，与萧山达成1.125亿元（7.5万/亩，1500亩）标准农田代保协议，外加上年度调剂后的到位资金1亿元。全年遂昌县筹集耕地占补平衡指标调剂和标田代保等资金共计7.455亿元（合同价），已实际到账2.15亿元。（濮东杰）

环境保护

【概况】2014年，遂昌县全面启动国家生态文明建设试点建设，县生态办组织召开多次生态文明建设领导小组推进会，重点部署生态文明规划编制和大气污染防治工作。在全省率先组织编制《遂昌县生态文明建设规划（2014—2025年）》，开展《遂昌县环境功能区规划》编制，完成《遂昌县水环境功能区规划》编制和“十三五”环境保护规划前期重大研究课题调研。

开展钱塘江流域水环境综合治理，建立1名钱塘江遂昌流域总河长（副县长），24名县级河长（县级副河长），15名乡（镇）级河长，133名村级河长组成的“河长制”框架，实现钱塘江流域县、乡、村三级河长全覆盖。投资2.7亿元，完成15个“河长制”项目建设。

严把建设项目环境准入关，全程监督建设项目“三同时”制度落实。全年共受理环评审批134件，其中新建项目123件、无重污染敏感性技改项目11件，32个建设项目通过环保设施竣工验收。开展行政权力梳理工作，共梳理出职权106项，其中行政许可9项、行政处罚69项，行政强制4项、行政征收2项、行政确认3项，其他行政权力19项。

推进排污费申报工作，2014年征收排污费402万元，比上年增加197万元。为两家企业争取上级补助资金共计195.2万元。全面推进排污权交易工作，核定排污权有偿使用企业45家，核定额共计378.68万元；开展排污权交易企业6家，交易额共计17.07万元。

以“6·5”世界环境日、“6·30”浙江生态日、世界水日等节日为契机，组织开展“6·5进村入企”服务宣传活动、行业环保规范及环保法律知识培训、“五水共治”巡查、中小学生参与“科技、环保、绿色设计”环保创意设计大赛、“6·5”世界环境日和“6·30”浙江生态日新闻宣传、饮用水源保护宣传、乡镇（部门）系列宣传等活动，将“五水共治”、保护环境的意识和行为渗透到广大人民群众的日常生产生活中，进一步浓厚生态环保宣传氛围。

举办2014年企业“五水共治”暨环保法律法规培训班，全县共有85家企业近百名从业人员参加培训。

【节能减排】2014年，全县工业废水排放1271.5万吨，工业源主要污染物化学需氧量排放1270.14吨、氨氮排放14.85吨、二氧化硫排放2188.69吨、氮氧化物排放525.98吨。根据丽水市减排办《关于通报2014年主要污染物总量减排结果的函》，经核查核算，全县2014年四项主要污染物比上年分别削减：化学需氧量（COD）削减4.74%，氨氮（NH3-N）削减2.5%，二氧化硫（SO2）削减1.5%，氮氧化物（NOX）削减3.36%，圆满完成年度减排任务。

【污染治理】 深入开展造纸、化工行业专项整治，关停了东源纸业、永翔职业、池禾化工和天赐高新科技4家企业；凯恩特材、兴昌纸业、惠同纸业3家造纸企业完成整治并通过验收；永新化工、林产化工、志濂化工、大德龙生物科技、荣凯科技6家化工企业完成整治并通过验收。全县完成8家造纸和9家化工企业整治提升任务，其中关停7家，整治提升10家，标志着遂昌县重污染高耗能行业整治提升工作圆满完成。关停非法采砂制砂企业10家，15家石材企业通过整治验收，3家石材企业正在实施搬迁。针对9月18日浙江卫视《今日聚焦》栏目反映的遂昌县竹制品加工业环境问题，县环保局积极配合县林业部门开展竹制品加工企业专项整治，对全县28家竹制品加工企业进行停产整顿，至12月底，有5家完成整治恢复生产。制定出台《遂昌县畜禽养殖禁养区限养区划分方案》，配合农业部门开展畜禽养殖行业污染整治。

针对青田阀门企业污水直排问题，开展全县环境保护专项检查活动，实施全面自查、抽查、排查。开展“五水共治”治污零点行动，共检查企业145家次，出动726人次，发出通知66份，回收企业承诺书63份，企业自查表50份，下达限期改正通知书25份，责令停止生产2家。开展大气污染防治工作，制定《遂昌县大气污染防治十大工程实施方案》和《遂昌县大气污染防治实施方案(2014～2017)》。配合公安部门重新划定黄标车及无标车限行区域，引导黄标车、老旧车办理报废手续，全年共淘汰黄标车、老旧车893辆，年度完成率135.3%。全年共发放汽车环保标志15523个，发放率80%以上。

加强道路防尘和施工防尘工作，出台《遂昌县建筑工程施工扬尘污染防治办法》。大力发展清洁能源，淘汰6蒸吨/小时及以下燃煤锅炉10台。完成元立金属、遂昌遂钢、凯恩特材（水）、绿源木业、新元焊材5家省控企业废水刷卡排污总量控制系统现场端验收。开展凯恩特材（气）、新宏钢制品、利民化工、荣凯科技、惠同纸业、兴昌纸业6家企业刷卡排污总量控制系统安装工作。

【执法监察】 2014年，县环保局开展各类环保专项行动，现场监察企业168家1000余次，出动人员3000余人次，下达限改决定书224份，责令160家企业进行停产整改，关停取缔企业30家，立案查处环境违法案件16件，实施行政处罚案件13件，共处罚没款52万元。

开展“五水共治”污染企业排放口情况调查摸底。排查辖区内沿河涉水排污企业，跟踪督办问题企业的治理和整改，确保沿河涉水排污企业稳定达标排放。开展云峰区块矿砂行业专项治理活动，共查处关停10家采砂制砂企业，15家石材企业通过整治验收，3家石材企业实施搬迁。加大饮用水源保护力度，在夏秋季开展为期3个月的饮用水源保护专项执法检查活动，共出动516人次，印发宣传单705份，劝离垂钓、游泳人员69批次126人，当场实施行政处罚5件。对全县36家竹木加工企业进行污染整治，制定整治方案，对23家企业进行搬迁提升整治，关停4家，同时对3家环境违法企业进行立案查处。配合农业部门和乡镇（街道）开展全县畜禽养殖污染整治工作。开展工业企业专项检查，对全县90余家企业下发专项行动通知，并签署承诺书。圆满完成丽水市“绿剑”一号环保执法专项行动。对丽水电视台电视问政所反映的问题进行调查，对违法企业进行处理，并对企业整顿治理情况进行跟踪检查。加强绿色护考噪声监督管理，在考试期间全程监管，为全县考生营造安静舒适的考试环境。对浙江大金庄矿业有限公司尾矿库溃坝引发的次生环境污染问题在第一时间内启动应急预案进行处置，全程督促企业落实整改。开展钱塘江流域执法检查和整治违法排污企业保障群众健康环保专项行动。

全年辖区未发生重特大环境突发事件。顺利完成排污费新软件数据库迁移工作，全年排污申报企业数170家，排污费开单55家，开单金额402万元，入库金额402万元。推进通信基站辐射污染信访件处置工作，圆满处置遂昌县吉光墙材有限公司、浙江和新科技有限公司环境污染信访投诉。2014年共受理来访、来电、网络（含“12369”环保热线）信访件共76起，全部处理完毕，处理结果基本得到群众认可。

“洁净乡村”工作

【概况】2014年，“中国最洁净乡村”建设被列入县“五水共治”十大重点工程和县政府十件实事之一。县洁净办围绕“五水共治”工作主线，做好长效管理和宣传引导，突出长效管理和日常督查，创新农村垃圾分类、集镇保洁、基础设施建设等机制体制，长效管理机制进一步落实，群众生态环保意识不断提升，农村环境卫生状况不断改善，洁净乡村建设实现预期目标。

【建立县乡村三级“河长制”】2014年，遂昌县33名副县级以上领导分别担任各自联系乡镇河段的县级河长或副河长，20个乡镇（街道）党（工）委书记分别担任各自辖区内河段乡级河长，203个行政村两委主要负责人担任村级河长，实现县、乡、村三级河长全覆盖。县四大班子主要领导结合党的群众路线教育实践等活动多次深入乡镇（街道）、村调研洁净乡村工作。柘岱口乡尹家村的垃圾分类试点工作得到县委书记杜兴林的充分肯定。组织开展“百个部门联村、千人指导治水、万人洁净家园”“万人清千河、河长晒垃圾”等主题活动，提前消灭了垃圾河。

【主题宣传】县洁净办在主题宣传和教育引导上下足功夫，加大宣传力度，一方面通过开展大型活动浓厚氛围，凝聚共识，另一方面借助电视、网络、报纸等新闻媒体，通过设立宣传专栏、正反典型的宣传报道等形式督促、引导群众转变观念，养成习惯。及时总结提炼各乡镇（街道）、村中涌现出来的先进经验和做法，通过“你点我访看真相”等节目对督查中发现的问题进行曝光。

【长效管理机制】坚持“属地管理、辖区负责”工作原则，重点加强乡、村两级日常保洁、监管、奖惩考核等长效管理机制的落实，固化“乡村日扫日清，一周一督查”“全县一季一大扫，一月一排名”机制，确保洁净常态化、实效化、可持续化。对2010年命名的7个洁净乡镇、119个洁净村庄进行复评，对复评中存在问题的10个村，下发限期整改通知书。根据“五水共治”的要求，对妙高、云峰、大柘、石练、北界、新路湾、三仁等7个乡镇（街道）及部分重点点位实行“跟踪督查、限期整改”，要求以督促改，以整促治，即查即改。同时，各乡镇（街道）高度重视落实长效管理机制，不断推陈出新，成效明显。

【垃圾分类试点】2014年，启动妙高街道螺蛳垵村等第二批26个村的垃圾分类试点建设，全县开展垃圾分类试点村达50个。50个农村垃圾分类试点村都配备垃圾分类桶、垃圾箱等基础设施，大山村、三归村列入全省46个省级垃圾减量化、资源化试点村之一。制定出台《遂昌县农村建筑垃圾管理办法（试行）》，完成以垵口乡为模板的农村垃圾分类标准化体系建设。云峰街道、石练镇切实加大资金投入，实行集镇“全天候保洁”模式，从根本上改善集镇环境卫生状况。柘岱口在全乡设立20余个有毒有害垃圾有偿回收点，公布有毒有害垃圾回收的价目表，专门投入资金进行有毒有害垃圾填埋点和沤肥池建设。

生态文明建设

【概况】2014年是遂昌生态县建设的收获之年，也是国家生态文明试点示范县建设启动之年。5月16日，遂昌被命名为国家生态文明建设示范县。在

2014 年度浙江省生态环境质量公众满意度调查中位居全省各县（市、区）第四，全市第二位。《2012 年浙江省生态文明建设评价结果报告》显示，遂昌县生态文明建设综合评价结果总指数为 109.02，位列全省第一。遂昌县获 2013 年度国家级生态县创建特别奖。

【规划编制】5 月，编制完成《遂昌县生态文明建设规划（2014—2025 年）》初稿。经过召开 2 次座谈会、3 次书面征求意见，进一步修改完善，11 月 21 日通过专家评审。同时，启动编制《环境功能区规划》，完成《遂昌县水环境功能区规划》的编制和“十三五”环境保护规划前期重大研究课题调研。

【生态示范乡镇创建】以生态文明建设、绿色创建系列工作为抓手，开展生态示范创建工作。2014 年，云峰街道被命名为第五批省级生态街道，全县 20 个乡镇（街道）全部创成省级生态乡镇（街道），其中国家级生态乡镇 16 个。有市级生态村 171 个，县级生态村 174 个，省级绿色企业 3 家、绿色社区 5 家、绿色家庭 21 户、绿色学校 11 所、绿色医院 1 家、绿色饭店 2 家，省生态环境教育示范基地 2 个。

【成立领导小组】成立由县委书记任组长、县长任常务副组长的生态文明建设工作领导小组。4 月 1 日和 10 月 31 日，两次召开生态文明建设领导小组推进会对生态文明建设工作进行重点部署。县主要领导多次调研生态环境保护工作，县委常委会、县政府常务会议、县长办公会议经常听取生态环保工作汇报，研究解决生态环保工作中的实际问题，将生态环保工作列入乡镇部门工作考核。围绕遂昌县生态文明建设指标，结合县“十二五”及未来一段时期规划实施的重大项目，确定县生态文明建设重点工程 19 类共计 76 项，总投资达 340 多亿元。

【农村环境综合整治】积极申报 2014 年农村环境综合整治项目，争取到中央专项资金 2856.27 万元，计划实施 25 个农村污水治理项目，以及王村口、北界、新路湾、黄沙腰 4 个镇所在地的污水处理设施改造工程，另有 8 个农村垃圾分类试点项目。实现整治一片、巩固一片，美化一片的建设目标。7 月 29 日，由县环保局牵头制定的《遂昌县畜禽养殖禁养区限养区划分方案》，经县政府常务会议通过发布实施。

【生态环保宣传】在县主要媒体开设宣传专栏和环保频道，宣传生态环保工作，引导广大干部群众投入到生态环境保护中去。利用广播电视、平昌广场液晶屏滚动宣传生态环保知识和常用法律法规。以“6·5”世界环境日、“6·30”浙江生态日等节日为契机，组织开展各类服务宣传、环保法律培训、环保创意设计大赛等活动，将“五水共治”、保护环境的意识和行为渗透到群众生产生活中。县环保局信息工作连续四年被评为全市环保系统先进单位。

（曹烨晔）

质量技术监督

【概况】2014 年，遂昌县出台《关于推进品牌创建与质量建设的若干意见》，召开全县质量工作大会，与乡镇（街道）、部门签订质量强县工作责任书，形成氛围浓厚的质量强县工作机制。旅游、建筑五金等产业积极创建质量强业，石练镇被评为丽水市质量品牌示范乡镇，浙江凯恩电池有限公司 QC 成果获全市 QC 小组竞赛二等奖。遂昌县养老院服务标准化、乡镇（村）便民服务标准化、洁净乡村综合服务标准化通过省级服务业标准化试点项目验收。

【省级农业标准化综合示范县通过验收】遂昌县质监工作围绕遂昌本地的主导产业和特色产业，制定农产品标准体系表 10 项，标准化生产模式图 13 项，累计制定发布省级农业地方标准 5 项，县级农业地方标准 67 项。全县基本建成 2 个省级现代农业综合区，8 个主导产业示范区，10 个特色农业精品园，农业标准化程度明显提高。2014 年 2 月，省专家组对遂昌农业标准化示范县工作进行考核，以 96.5 分的成绩通过考核验收，成为浙江省首批农业标准化综合示范县。

【制定《农村垃圾分类管理规范》】4月，遂昌县入选全国首批美丽乡村建设标准化试点单位。为充分发挥标准的引领作用，全面推进美丽乡村建设，遂昌县审定通过了地方标准《农村垃圾分类管理规范》，标志着遂昌农村垃圾分类管理工作驶入标准化轨道，这在全国尚属首例。

【制定石材行业整治标准规范】近年来，遂昌花岗岩石材产业发展较快，为发挥标准的提升作用，推进石材产业转型升级，助力"五水共治"，县政府出台《遂昌石材行业标准化建设方案》，成功获得遂昌红花岗石全国统一编号（G3336），同时制定《石材行业整治标准规范》，这两个规范标准在国内首创。

【特种设备安全监察】2014年，县质量技术监督工作强化特种设备安全监察力度，加大稽查执法力度，规范执法行为，严格执法检查，全年出动检查人员467人次，检查使用单位185家次，发现严重隐患40处，下达指令书40份，整改隐患40处。推进特种设备智慧监管系统应用，首批计划推进51家，注册并上线运行50家。全年查处各类案件14起（其中投诉举报案件4起），查获货值1.97万元，结案14起，罚没款20.55万元。

【工业园区计量公共服务平台建设】2014年，遂昌县质监工作开展"工业园区计量公共服务平台"建设，项目包括商品计量标注（4个基本项目）、游标卡尺、千分尺、定量灌装机、水表、燃气表、常用玻璃量器、温度显示控制仪、百分表、氧气吸入器、20吨M12等级1000kg砝码与辅助叉车等，共计12个扩展项目。9月竣工验收投入使用，计量检定项目由原来16项增加至37项，方便了企业送检，基本满足本县企业计量检测需求。完成竹炭制品检测能力建设，质检所对植物炭黑产品6个改进项及竹炭、空气净化用竹炭包等4个产品9个改进项进行整改， 4月份顺利取得竹炭、空气净化用竹炭包和植物炭黑等5个产品的计量认证证书，为开展竹炭等相关产品检测提供保障。与渤海商品交易所开展竹炭检测合作，为该产品指定检测机构，助力遂昌竹炭成功上市。

（雷先土）

安全生产监督管理

【概况】2014年，遂昌县域共发生各类上报事故21起，死亡22人，与上一年相比事故起数持平，死亡人数上升4.76%。其中：工矿商贸事故5起，死亡6人，死亡人数占事故死亡总人数的27.27%；道路交通死亡事故16起，死亡16人，死亡人数占事故死亡总人数的72.73%。未发生生产经营性火灾死亡事故；未发生水上交通、渔业船舶事故。

【安全生产"党政同责、一岗双责"】9月25日，县委、县政府印发《关于加强安全生产促进安全发展的意见》（以下简称《意见》）。《意见》建立起"党政同责、一岗双责，齐抓共管"的安全生产责任体系。明确了包括党政"一把手"、副职领导、安监站所（科室）负责人、一般工作人员和村组、社区干部等各级各类人员的安全生产职责，明确主要领导总抓安全生产工作，其他分管领导既抓本职业务和分管工作、又抓分管工作范围内的安全生产工作；负有安全生产监管职责的部门也都相应建立"一岗双责"制度。

【安全生产大排查大整治】2014年，县安监局按照"全覆盖、零容忍、严执法、重实效"的要求，开展大排查大整治专项行动。通过一个多月的专项行动，全县各乡镇（街道）和各部门共成立检查组331个，出动检查人员2090人次，检查企业719家，共排查出隐患1072条，整改1052条，整改率98%，及时消除各类安全隐患。

【安全生产标准化】 2014年，遂昌县矿山、危险化学品和烟花爆竹企业和规模以上工业企业全部完成安全生产标准化创建工作；开展"示范企业"评选活动，培育浙江凯恩特种材料股份有限公司等4家企业为安全生产标准化"示范企业"，确定石练镇为小微企业安全生产标准化规范化示范乡镇（街道）。2014年按照标准化创建奖励办法，兑现标准化创建政府奖励资金51万元。

【安全生产培训】2014年，遂昌县共开设培训班19期，培训三类人员1310人，其中电工、电焊工特种作业人员复审培训6期417人，电工、电焊特种作业人员新取证4期培训249人；矿山企业负责人、安管人员复审119人，危化负责人、安管员复审班113人；金属非金属矿山特种作业复审49人；一般企业负责人、安管人员复审6期374人。

【可燃爆粉尘专项整治】2014年，遂昌县按照省、市工作部署扎实开展可燃爆粉尘专项整治，县委常委会和县政府常务会议专题听取可燃爆粉尘专项整治工作汇报并就相关工作进行部署。出台《遂昌县2014年度可燃爆粉尘事故防范创新体系建设工作方案》。全县共排查粉尘企业52家，其中毛竹加工企业26家、木材加工企业24家、粮食加工1家、炭粉加工1家，共排查出各类隐患316条，其中重大隐患1条。按照可燃爆粉尘整治要求，对未能完成整改的企业，依法取缔1家，责令停产停业23家，提请县政府关闭4家。

【职业卫生监管职责划转】7月16日，县机构编制委员会下发《关于职业卫生监管职责划转的批复》，将职业卫生监管职责划转给县安监局，县安监局下属事业单位安全生产监察大队编制增加1人名。划转后县安监局负责对建设项目职业病危害“三同时”监督管理，用人单位职业危害项目申报工作，组织查处职业危害事故和违法违规行为等。

【化工自动化推广应用】2014年，遂昌县共有4个化工项目采用了化工自动化安全控制系统，其中遂昌志濂化工有限公司年产1.5万吨甲醛生产装置于2014年5月完成化工自动化安全控制系统改造，浙江新恒金属制品有限公司年产40万吨热镀锌配套项目化工自动化安全控制系统于2014年1月投入使用。2014年，省财政厅、省安监局下拨生产县化工自动化安全控制系统推广应用专项资金10万元。

【大金庄“4·19”事故】4月19日22时08分，县安监局接到浙江大金庄矿业有限公司报告，称该公司尾矿库发生部分垮塌，无人员伤亡。县安监局、环保局、公安局及柘岱口乡政府迅速组织人员连夜赶赴事故现场，开展应急处置和事故调查。事故发生初期对水体造成影响，通过切断污染源、利用周公源二级、三级电站沉淀、稀释，以及合理调度生态流量等措施，影响得到有效控制。按国务院《生产安全事故报告和调查处理条例》规定，遂昌县人民政府成立“4·19”溃坝事故调查组，经调查，事故主要原因是尾矿库内水位过高，干滩长度过短，在第九级子坝发生塌陷后库内水体随后从坝面流出，无应急处置时间。

（叶勇飞）

城市建设与管理

概 述

2014年，县住房和城乡建设局承担规划、设计和项目前期共20项，政府性投资项目32个，规划编制13项城市更新类项目。低丘缓坡开发古院区块一期工程、北门桥头至三墩桥道路拓宽工程、污水处理厂二期工程、迎宾大道景观工程、东城供水工程（云峰泵站）、遂昌县供水工程、古院新区后江区块路网二期工程等9个重点项目完成预期目标。承担“五水共治”10个项目，年度投资1.9亿元，增供水管网14.3千米，建排水管网4.6千米，11月7日通过省政府园林城市创建考核组验收。平昌路“白改黑”工程、汤显祖纪念馆周边环境整治提升工程均完工。

城市规划

【规划修编】2014年，县住房和城乡建设局承担各类规划编制20多个。开展《荷花滩地块修规》《上溪滩地块修规》《吴乐畈地块修规》《东桥路迁建小区规划》等13项城市更新类项目的规划编制工作，为“县城棚户区改造工程”、“两滩两路城市更新项目”的顺利推进奠定基础。组织相圃山庄、五星级酒店、民营医院、旅游集散中心、旅游商品展销中心等近30个建设项目的规划设计方案审查。完成《遂昌县行政中心修建性详细规划》《遂昌县后江修建性详细规划》等在编规划的收尾工作，拟定金太阳养生养老基地、正中萤石研发中心、渤海商品交易中心、后江主题酒店等招商引资项目的规划设计条件。加快洋浩、湖边、云峰及整个东城区块的相关规划调整。

此外，开展《遂昌县中心城区排水(雨水)防涝综合规划》《遂昌县中心城区植物景观规划》《水阁株树窟迁建安置地块规划》《遂昌县燃气专项规划》编制工作。完成金岸零星地块规划，完成高速公路沿线3个典型村庄农房整治规划，开展高速公路沿线其他村庄农房立面整治规划；完善并优化县城农居点规划方案；完成“数字遂昌地理空间框架项目”设计任务书评审和“遂昌地理国情普查项目”基础资料收集。

完成大柘镇城镇总体规划和大柘镇镇区控制性详细规划的编制工作，8月通过最终评审。完成大柘镇大田村、妙高街道东峰村、应村乡竹溪村、三仁乡高碧街村、濂竹乡苏旺村和西畈乡举於口村6个村庄地形图的新测、补测。

【规划管理】2014年，县住房和城乡建设局审批核发工业项目选址意见书1份，建设用地规划许可证11份，用地面积10.3119公顷，建设工程规划许可证9份，建筑面积25621.25平方米。审批核发农民建房，选址意见书55份，建设用地规划许可证147份，用地面积11479平方米。核发建设工程规划许可证178份，建筑面积35406平方米，审批核发商住等公建项目选址意见书29份，用地规划许可证40份，用地面积106.9559公顷，建设工程规划许可证35份，建筑面积341485平方米。

【测绘工作】2014年，组织人员检查4家测绘机构测绘资质，进行业务、质量、档案管理体系考核，上报年度资质注册。协助市测绘局做浙江金安矿业设计研究有限公司资质升级工作，投资基础测绘经费430万元，GNSS卫星定位连续运行设备和测绘机构s86trtk先进测量设备投入使用，有利县域城乡测绘、勘测。整理汇编1∶500地形图5.31平方千米测绘成果目录，已上报省测绘局档案馆建档。

城市更新

【城市更新工程】2014年年初，启动荷花滩、东桥路、吴乐畈等区块城市更新工程建设项目，涉及房屋征收和县城棚户区改造腾空约730户，企业50家；征收房屋面积7万平方米，改造县城棚户区（国有）3.4万平方米。另外，东桥路工程和园丁路西段工程分别于12月30日和31日动工建设。

【城市基础设施建设】全年投资城市基础设施建设资金6.93亿元。增城市道路基础设施建设3.6千米。先后进行园丁路西段工程、东桥路工程、后江双月大楼、古院大厦、遂昌县建筑垃圾处置场、上坑垃圾填埋场渗滤液处置技改工程等项目的前期工作。低丘缓坡开发古院区块一期场平工程、垃圾填埋场二期工程、太保殿桥梁工程、屠宰场污水管网工程、龙谷路二期道路工程、梅溪小学支路、二都街农民安置公寓房七项工程均完工。城市景观配套设施工程中，南溪、北溪、四座桥梁、主要街道等32个点位完工。古院区块1#、2#道路工程、古院安置小区、垃圾处置场、上坑垃圾填埋场渗滤液处置技改工程、东桥路、园丁路西段等项目均动工。

【供排水设施建设】全年投资供水设施建设1.5亿元。制水厂进行扩容工程建设，增供水能力4万立方米/天，建设大型供水加压泵站一座，动建城市供水管网13.12千米，改造供水管网25.04千米。云峰泵站和配套供水管网建成；4万立方米/天的综合池、滤池和配套供水管网配建成；屠宰场和仓畈2处小型加压泵站建成；完成车站红绿灯至好川公园、好川公园至林业局、创新小区、上石马小区给水支管改造；完成一户一表改造1029户；启动自来水取水工程项目前期。

村镇规划与建设

【乡镇规划】2014年，遂昌县住房和城乡建设局编制《大柘镇镇域总体规划和大柘镇镇区控制性详细规划》《大柘镇大田村美丽宜居示范村规划》《妙高街道东峰村美丽宜居示范村规划》《龙洋乡龙洋村美丽宜居示范村规划》《三仁高碧街中心村村庄规划》《濂竹苏旺村村庄规划》等。大柘镇镇域总体规划和大柘镇镇区控制性详细规划通过评审。

【乡镇示范村建设】12月，遂昌县首个“美丽宜居示范村”云峰街道长濂村，经省住房和城乡建设厅检查组验收合格，整个项目历时2年多。2013年组织申报的第二批“美丽宜居示范村”独山村和高坪村，到2014年年底分别完成项目实施进度的69.0%和68.0%。另外，从村庄地域地貌、示范效应、村级集体经济收入等综合因素考虑，选定淤溪村、焦石娄村、三井村作为2014年遂昌农房改造建设示范村试点村。

【农村危旧房改造】2014年，全县农村危旧房改造总任务数150户，经申请要求，省住房和城乡建设厅同意追加150户，实际完成310户，全县住房困难户发放救助资金总额230.95万元。因“6·27”西部乡镇洪灾，省住建厅对遂昌县受灾村镇100户困难群众发改造危房救助资金75万元。

城建监察

【数字化城市管理】2014年，县数字城管中心开展城市管理宣传月活动，进行专业部门考核，制定《智慧城管项目建设方案》。县数字城管中心全年接收案卷21911件，其中监督员上报21524件，受理立案21419件，立案率99.52%。“12319”热线反映381件，受理立案337件、领导交办6件。各部门应处理案卷21992件，已处理21972件，处理率99.91%，应结案22064件，已结案22043件，结案率99.90%。

【市容市貌管理】2014年，

遵照“堵疏结合、教育先导”的原则，对市容进行量化管理，省级园林城市初检和复检均合格。全年进行市容市貌整治18次，清理店外6990家、占道作业510起、乱缠乱挂1169起、流动摊13856个、乱堆放物品749处，规范店面装修129起，拆除店面招牌77个、横幅90条，办理数字城管转办件17589件，发放整改通知书1000件。

【违章建筑监管】2014年，“三改一拆”和“无违建县”创建工作有序进行，全县查处各类违法建设245起，面积31590.03平方米，核发责令停止违法建设行为通知书142件、责令限期整改违法行为通知书229件。立案查处违法建设52件，面积11329.61平方米，拆除面积7717.04平方米。

建筑业

【概况】2014年，全县有建筑业企业22家，其中施工总承包三级资质企业11家、二级资质企业2家、专业承包6家、劳务分包企业1家、监理企业2家。实现建筑业年产值7.16亿元，与上一年相比增长57.3%。上缴税金1.25亿元，与上一年相比增长10.63%。

【建筑施工安全管理】2014年，共检查房建、市政基础在建工程162个次，发现各类安全隐患1800余条，下发安全隐患整改指令书140份，进行简易处罚26起，处罚金14800元。跟检建筑起重机械设备，实行一机一牌、查封制度，发放设备使用登记牌，查封检测不合格和在检查中发现存在严重安全隐患的设备，全年查封处罚17台起重设备。依据《丽水市建筑业类企业及从业人员违规记分管理办法》，14家施工、监理企业，29名从业人员予以记分，其中7名从业人员上报丽水市建设市场不良行为记录并进行公示。9月中旬，在遂昌县第二中学一期工程召开全市建筑工程“树标杆，学标杆”质量安全现场会。

【节能减排】2014年，遵照《浙江省民用建筑绿色设计标准》，组织制定《民用建筑项目节能评估和审查工作流程》。全年共审查8个项目，建筑面积344654.13平方米，审查率100%。其中建筑节能改造工程居住建筑9655.64平方米(危房改造3831.94平方米，平改坡5823.7平方米)，公共建筑改造示范工程1项（县电影院改造工程）。2014年，县房管处申报监管省级示范工程，要求遂昌企业做星级绿色建筑示范工程，提倡绿色建筑、可再生能源建筑，太阳能等可再生能源应用面积4.15万平方米（凯兴新苑3.2万平方米、凯恩牡丹亭苑0.95万平方米）。

【工程质量监督】2014年，遂昌县建筑行业进行工程建设质量检查，规范监管，全年办理质量监督注册手续工程37个，建筑面积45.5万平方米，造价5.86亿元。进行保障性安居工程质量管理，全县保障性安居工程分户验收率、设置永久性责任标牌率均达100%；全县勘察设计行业技术人员入库工作完工，市政基础设施工程施工图设计文件审查率达100%。

【建筑市场管理】2014年，共办理施工许可证43份，建筑面积48.21万平方米，含市政道路长度16.13千米，预算造价4.78亿元。142名二级建造师网上初始注册、变更工作完工，安全生产合格证延期换证134份，申请考核取证92人，协助追讨民工欠款625.29万元。

土地和房屋征收

【概况】2014年，县土地和房屋征收工作办公室征收土地面积131.73公顷，支付补偿款共计1.3亿元，办理失地保险农户933人。征收房屋468户（家），征收面积11.5万平方米；征收其他建筑房面积3100平方米。

【土地和房屋征收政策】1月，成立区片综合价调整工作领导小组，5月制定《遂昌县征收集体土地补偿安置标准暂行规定》，6月发文实施。全县由原来5个区片调整划分为3个区片，土地补偿费、安置补助费、青苗补偿费及地面附属物补偿均作明确规定。10月制定《遂昌县城市更新项目的房屋征收与补偿安置方案》，11月县政府作出《遂昌县城市更新工程东桥路建设项目房屋的征收决定》和《遂昌县城市更新工程荷花滩和吴乐畈建设项目房屋的征收决定》，县征收办进行房屋重置价、房屋征收相关补偿标准的调整工作，同时出台并实施《遂昌县棚户区改造实施方案和腾空办法》。

【土地和房屋征收政策培训】2014年，县征收办组织各区块征迁工作人员，就土地和房屋征收政策、业务进行培训和业务指导，分批组织全县村干部和各乡镇分管国土工作的干部，进行征迁补偿安置政策和业务培训；遂昌县第十五期青干班学员，进行为期一天半的城市更新实施方案、房屋征收政策、土地征收政策和程序等内容的培训。

【征地拆迁阳光工程实施】2014年，继续实施征地拆迁阳光工程建设，按制定的方案行事（《遂昌县2014年征地阳光工程实施方案》）。土地和房屋征收程序规范，2014年公示征地项目8个批次，共计面积76.0531公顷，公告实行在村两委会办公场所张贴并在县国土局网站进行公示。6月16日，遂昌县阳光征迁的工作得到省国土厅督导组的肯定，通过省中期督查。

住房保障

【房地产开发】2014年，全县房地产开发投资6.53亿元，比上一年增长37.6%。施工面积37.3万平方米，比上一年增长31%，其中2014年开工建筑面积17.51万平方米，比上一年增长41%；房屋竣工建筑面积4.73万平方米，比上一年下降53.4%；商品房销售面积4.2万平方米，比上一年增长37.3%。办理二手房转让872宗，比上一年下降32%，成交金额66505万元，比上一年下降14%。

【保障性住房】2014年，审定增加享受廉租房家庭17户，其中增加租金补贴1户，增加实物配租16户，租金补贴退出24户。开工建造公共租赁住房76套，约3500平方米，项目地点在梅溪庵，保障性安居工程二期，完成率为180%；古院农民安置公寓和湖边洋浩农民安置公寓，两处旧住宅区改造项目，开工434套，约47740平方米，完工率241%；276套保障性住房完工，完工率170.4%。

市政园林

【市政设施改造】2014年，县市政园林管理处完成龙谷路人行道改造、水阁路人行道改造、平昌路“白改黑”工程和汤显祖纪念馆周边环境整治提升工程，改造工程量1.7万平方米。

【城市绿化】至2014年年底，全县区绿地覆盖面积262万平方米，绿地面积229.8万平方米，公园绿地面积88.8万平方米。妙高山公园、儿童公园、人民公园、平昌广场、好川公园、戏曲公园、汤公园，人均公园绿地面积为12.28平方米，建城区绿地率30.57%，建成区绿地覆盖率35.57%。溪边路、君子路的绿化工程建设均完工，增绿地面积5.8公顷。

【路灯养护】2014年年底，县城区内有路灯5982盏，处理群众投诉、12319反映路灯事件共630余起，累计更换灯泡1641只、镇流器359个，更换电缆3000余米，县城路灯的亮灯率达95%以上。

【市政公用事业管理】2014年，先后2次检查全县3家燃气经营企业扩下属燃气供应站、供应点，专项检查整治城镇管道燃气和瓶装气。对县城6座桥梁进行常规检测，2座桥梁进行特殊检测。10月底，市政范围内的27座桥梁进行限载、限速通行桥牌安装。

市容卫生

【环卫基础设施建设】2014年，对城区文明路、西街一弄、南门中路3座公厕进行改造，拆除城区7座地下集装箱式垃圾中转站，溪边路垃圾直运站、上坑垃圾填埋场二期工程建成并投入使用，建造上坑垃圾填埋场仓库、凯恩路环卫工人休息点，建筑垃圾处置场建设项目动工。

【环境卫生管理】2014年，新一轮的保洁招标服务工作按要求落实，城区道路保洁面积144.569万平方米，比上一年增长7.68%；河道保洁面积56.78万平方米，比上一年增长1.65%；机械化清扫面积75万平方米，机扫率51.88%，比上一年提高5.91个百分点；全年填埋处置生活垃圾43776.33吨，处置建筑垃圾43.9万立方米。

【白蚁防治】2014年，全县

新建房屋白蚁合同签订26份，预防面积30万平方米。民居住房、直管公房蚁害检查面积37.5万平方米。古建筑白蚁治理面积14112平方米，园林绿化白蚁的蚁害调查面积127017平方米。先后调查全县30处中小型水库、山塘的蚁害。

（廖　彬）

社会民生

劳动与社会保障

【概况】2014年，遂昌县城镇登记失业率2.91%。新增就业人数2926人，城镇下岗失业人员实现再就业825人，其中困难人员再就业380人；创业培训202人，农村劳动力转移就业技能培训2210人。开发大学生就业见习岗位45个；举办春、夏两次大型招聘会，举办日常招聘会7次。公益性岗位进村达标率100%。办理高校毕业生就业登记200多人，兑现高校毕业生租房补贴、到非公有制中小企业和城乡社区（村）就业补助、创业补贴、见习训练补贴等共60人次30余万元。全年办理职工失业登记334人，发放失业保险金139万元，为领取失业金人员代缴医疗保险费20.6万元。拨付村级社保员工作经费补贴和岗位补贴96.84万元。

全年新增养老保险参保人员2716人，新增基本医疗保险参保人员1320人，新增工伤保险参保人员110人，新增生育保险参保人员4400人，新增失业保险参保人员1320人。持卡总数达13.24万人；个人月人均缴费基数增长率同比上升12.75%；基本养老保险基金预算收入20011.47万元，基本养老保险基金当期征缴预算收入15010.27万元；城乡居民基本医疗保险大病保险制度实现全覆盖；城乡居民基本养老保险金提高25%，城乡居民基本医疗保险（县域内）政策范围内住院费用报销比达75%。工伤支付人数338人，发生率1.1%。企业退休人员社区管理率95%。劳动争议案件结案率100%，劳动争议案件调解率96.53%；建成标准仲裁庭和法援工作站各1个；规模以上企业调解组织率100%；规模以上企业“双爱”活动参与率100%（58家）；集体合同签订率100%；劳动保障书面审查1768份，主动巡查374家；乡镇示范网格2个。

劳动就业

【新山区科学发展人才交流会】2月8日举办2014年春季新山区科学发展人才交流暨劳务招聘现场会，参会企业165家（宁波、绍兴、湖州、杭州等外地企业33家），提供9017个工作岗位，共有2.8万多人次进场，求职登记人数3075人，当场录用334人。

【新山区充分就业县创建】4月，“新山区充分就业县”创建试点工作通过市人劳社保局的中评验收；6月，县创建领导小组办公室组织考评组对各乡镇劳动保障基层平台、救助站的“六到位”建设、基层平台数据维护和社保员的“六本台账”等工作进行检查，20个乡镇（街道）通过充分就业乡镇的考评验收。全县100%的城镇社区和203个行政村达到充分就业村（社区）标准。

【电商人才招聘会暨“电商让家乡更美好”开放式论坛】7月8日，举办夏季人才劳务招聘会及首届遂昌电商人才招聘会暨“电商让家乡更美好”开放式论坛。共85家单位参加人才招聘会，提供岗位1300个，进场人数8000人，求职登记954人，当场录用67人。另有“网店协会”“赶街”等10余家电子商务企业提供220余个适合大学生就业的岗位，遂昌“赶街”项目与150余名求职者达成求职意向。

【就业社保“绿色通道”】 2014年，开通就业社保业务办理“绿色通道”，实行“全程代办制”，为电商企业和大学生员工服务。同时建立劳动监察工作人员联系企业制度，实行“保姆”式、一站式靠前服务。对各类劳动纠纷，人社局第一时间介入、第一时间立案、第一时间化解矛盾纠纷。全年化解电商企业用工纠纷7件，审查、调整合同文本500余份，促进了新兴电商企业和谐发展。

社会保障

【城乡居民医疗保险市级统筹】 8月18日，城乡居民基本医疗保险数据向上集中至市数据中心，避免了不同乡镇（街道）、市内各县之间及城乡医保与职工医保之间的重复参保问题。将城乡居民基本医疗保险纳入“一卡通”服务平台，实现了参保人员省内异地就医联网实时结算。

【医保医师培训】 开展全县400余名医师的医保培训、考核工作，与医生签订《医保医师服务协议》，加强医保医师的管理，将医保责任落实到个人。完成全县10家医疗保险定点零售药店的服务协议签订。

【社会保障网上申报、网银支付平台】 推进信息化建设，完善社保网上申报平台，充分发挥乡镇（街道）社保平台作用，乡镇通过社保专网进行网上申报缴纳，实现工作的分解细化，使乡镇社保员随时掌握参保人员的参保信息，确保参保信息的及时性、准确性。2014年1月1日，开通社保网银支付系统，取代以往支票、电汇的付款方式，简化了报销流程，真正做到让群众“少花钱，少跑腿”。

【“两定”药店网上审核】 开展了网上审核业务，进一步规范“两定”药店的管理。全年网上审核就诊信息8877条，9月22日起对全县定点单位开展为期两周的中药饮片使用情况专项审核工作。出台《遂昌县社会保险基金举报奖励办法》，对举报骗取医保基金、冒领养老金等10多种违法违规行为，经查实后奖励金额为追缴入库违规社会保险基金数额的10%，不足100元的补足100元，单个案件奖励最高不超过5000元。

【生育保险覆盖机关事业单位】 12月起，将全县机关、事业单位及人员纳入《遂昌县生育保险办法》参保范围。全县机关、事业单位及工作人员参加后，生育津贴与产假期间单位发放的工资不重复享受，按就高的原则处理，自此遂昌县生育保险覆盖所有参保人群。

【“不拖欠民工工资承诺”制度】 2014年，全市首次在建筑施工单位实施“不拖欠民工工资承诺”制度，通过签订《不拖欠民工工资承诺书》，使建筑、交通、水利等工程能提早安排资金，确保发放民工工资的资金能足额到位。建筑、交通、水利等工程项目部成立防范和处罚拖欠工资领导小组，由业主和建筑公司法人、项目部负责人等组成，有效地防范拖欠工资。

【窗口单位改进工作作风专项行动】 出台《遂昌县人力资源和社会保障系统窗口单位改进作风专项行动工作方案》《县人力资源和社会保障局工作纪律管理制度》《县人力资源社会保障系统窗口单位20项禁止性规定》《县人力资源社会保障系统窗口单位服务规范》等制度，结合党的群众路线教育实践活动，在人社局办事窗口开展改进作风专项行动，修订完善各项规章制度，强化服务窗口监督评议和考核，加强全局干部的培训，提高政治素质和业务能力。

【“阳光政务”工程】 开展审批事项、便民服务事项、权力清单、机关内部管理等方面的现行制度进行梳理评估，27项审批事项中保留20项、整合1项、取消6项，建立健全事中事后监管制度，完善审批流程。对教育考试、就医保健、就业社保、证件办理4大类53项便民服务事项进行梳理、调整，修改完善相关办事制度。（唐根金）

民政工作

【概况】 2014年，遂昌县民政局围绕保障基本民生、优化社会服务、创新社会治理三大民政职能，着力构建现代大民政，推进民政事业城乡一体化，提升民生保障水平，创新基层社会治理机制，拓展为民服务平台，切实发挥民政社会建设的骨干作用，为加快建设山区科学发展示范区做出了新贡献。遂昌县民政局被评为浙江省爱国拥军模范单位，遂昌县民政局办公室被评为全省民政事业统计工作优秀单位。遂昌县便民服务“政企社共建”模式获2014年中国（浙江）全面小康十大社会治理创新奖、2014中国十大社会治理创新奖。

【低保工作】从 2014年10月1日起，遂昌县最低生活保障标准调整为，农村居民人均4224元/年，城镇居民人均 5856元/年。截至年底，全县共有低保对象4342户、4913人，其中城镇低保162户、186人，农村低保4180户4727人。全年发放低保金1055万元（其中发放价格补贴15.4万元、发放春节慰问金78.1万元）。

【医疗救助】医疗救助筹资标准由每人12元提高到每人13元。2014年共救助411.87万元，惠及困难群众万余人；其中为患病的困难群众发放医疗救助资金260.91万元，惠及困难群众577户1145人；为8880名困难群众资助参保150.96万元。

【临时救助】出台《遂昌县城乡居民临时救助管理办法（试行）》，进一步规范临时救助工作。2014年进行7次临时救助发放工作，共救助困难群众509人，发放临时救助金52.12万元。及时发放定期定量救助对象的生活困难补助费，2014年全县共有定补对象89人，全年共发放定补对象生活困难补助92.6万元。

【儿童福利】2014年，县民政局、财政局联合出台《关于发放孤儿、困境儿童基本生活费的通知》，从4月1日起将遂昌县困境儿童纳入基本生活费发放范围。全县共有孤儿22名，其中机构养育孤儿2名，社会散居孤儿20名；纳入保障的困境儿童54名，其中事实无人抚养儿童49名，低保家庭的重残重病儿童5名。机构养育孤儿的基本生活费标准为每人每月1055元，社会散居孤儿和事实无人抚养儿童的标准为每人每月633元，纳入保障的低保家庭的重残重病儿童的标准为每人每月380元。

【防灾减灾备灾】 6月27日，西畈乡遭遇特大洪水灾害，民政局及时开展“6·27洪灾”救灾工作，先后将大米、食油、棉被、发电机、矿泉水、手电筒、蜡烛等多批救灾物资发放到受灾群众手中，共发放物资和资金226万元。做好争取资金、灾民生活救助、灾后重建等工作，向上级争取救灾资金310万元。加强避灾安置场所建设，全县避灾场所累计建成115处，其中县级2处，乡镇级20处、村级93处、村级避灾场所覆盖率达46%。2014年全县落实9处新建村级避灾场所建设任务。

【居家养老服务】城乡社区居家养老服务照料中心建设列入2014年县政府十件实事之一，全年完成80个城乡社区居家养老服务照料中心建设任务（农村社区75个、城市社区5个），完成率100%。全县累计建成照料中心108个（农村社区102个、城市社区6个）。照料中心为有需求的老年人，特别是高龄、空巢、独居、生活困难的老年人提供集中就餐、托养、健康、休闲和上门照护等服务。

【遂昌县养老中心项目建设】新建遂昌县养老中心位于妙高街道上江村钓鱼岭道路旁边，项目总用地面积3万平方米，分两期实施，其中一期用地9999平方米，建筑面积9996平方米，计划建成220张床位。一期项目于7月进行场地平整，9月底土建项目正式动工，12月，一号楼进行二楼楼板浇筑，二号楼进行地梁浇筑，综合楼进行基础挖掘。

【五保、“三无”人员集中供养】2014年，全县五保、“三无”人员集中供养393人（五保人员384人，“三无”人员9人），集中供养率95.2%。供养标准达5804元/人（低保金4224元、服装费200元、医药费600元、零用钱240元、丧葬费540元）。

【“96345”社会公共服务中心】2014年，遂昌县“96345”社会公共服务中心完成移动、联通通讯分区落地，4月25日“96345”通讯全面开通。县民政局制定《遂昌县“96345”社会公共服务中心运行机制》等相关管理制度。

【福利企业】2014年新增1家福利企业浙江遂昌惠康药业有限公司。全县累计有10家福利企业，工人913人，其中安排残疾职工309人，实现产值19388万元，销售收入19188万元，实现利润1888万元，退税总额729万元。为309名残疾职工交纳五险245万元。完善福利企业无障碍设施建设，8家福利企业完成无障碍设施标准化建设改造。

【优抚工作】全县共有烈属、因公牺牲军人遗属、病故军人遗属，在乡复员军人、带病回乡退伍军人，农村和城镇无工作单位且家庭生活困难的参战、参加核试验军队退役人员等重点优抚对象718人，60周岁以上农村籍退役士兵1022人。全年发放优抚对象各类资金累计749.5万元，其中优抚对象抚恤金和生活补助603.74万元，优抚对象丧葬补助、临时困难补助38.20万元；慰问驻遂昌部队、优抚对象慰问金15万余元；发放重点优抚对象门诊费49.50万元，住院医疗补助37.3 万元；开展“关爱功臣，永葆光荣”系列活动，发放2013年部队立功受奖奖金3.86万元；投入1.9万元为3名残疾军人更换、修理假肢。更新全国优抚信息系统数据库，身份证扫描率达99%；开展残疾军人证换证审核工作，完成94本残疾军人证换发证工作；完成2014年度新增92名60周岁以上农村籍退役士兵生活补助的审核、上报、录入工作。

【安置工作】2014年，县民政局向2013年度退役的104名退役士兵发放一次性经济补助，共计79.04万元。组织退役士兵填写《免费职业技能培训申请表》，做到政策知晓率100%。开展免费职业技能教育培训工作，投入资金18万元，开设创业技能培训班，85名退役士兵参训，78人取得相应的技能等级证书。新接收符合安排工作的7名转业士官分别安置在基层岗位及县国有企业，考试、考核过程全程监督，实现“玻璃房”式的“阳光安置”。

【双拥工作】根据《浙江省双拥模范城（县）创建命名管理办法》《浙江省双拥模范城考核评比细则》，县民政局对四年来全县双拥工作材料进行收集、整理、编排、装订成册。4月底，省双拥模范县检查验收小组莅临遂昌检查，对遂昌的双拥工作给予充分的肯定。通过复核，7月，遂昌县连续第六次被命名为“浙江省双拥模范县”称号。

【烈士褒扬工作】9月3日烈士纪念日，遂昌县在县烈士陵园举行烈士公祭活动。县民政局牵头开展烈属慰问工作，走访慰问7户烈属；完成换发、补发“烈士证明书”工作，收到补换发申请资料25份，通过审核，共补换发22份“烈士证明书”；完成烈士褒扬系统信息收集录入工作，完成烈士英名录—《碧血丹心》遂昌籍烈士信息的校对。

【婚姻收养登记】全年共办理结婚登记1704对，离婚登记501对。对全县跨省问题婚姻做一次调查摸底，全县有跨省问题婚姻321起，主要来自云南、贵州、江西、广西、四川等省份；依法撤销2起跨省问题婚姻。依法办理弃婴儿童收养登记39件。

【殡葬管理】提高村级生态墓提升工程补助标准，新建工程县财政补助按村人口由原来的3000元+12元/人提高到5000元+24元/人；提升工程县财政补助按村人口由原来的13元/人提高到25元/人，完成46个村级生态公墓提升工程验收，共建墓穴853穴。印发《遂昌县“六边”青山白化治理工作实施方案》，6月底前完成高速沿线及进城出入口沿线坟墓摸底登记，共需治理坟墓77穴，全部完成治理任务。2014年共火化遗体1627具，减免资金93.96万元，赠送骨灰盒117个。县公墓新建墓穴114座，销售墓穴71座。

【区划地名】2014年，命名“康宁小区”“大顺小区”“景龙小区”“汤公·御景园”4个住宅区和“景龙街”1条道路名称，命名“凯兴购物广场”名称。6—8月，开展西街、北街、北溪路等城区主要道路沿街商户门牌号拆旧换新工作，共为沿街商户更换大规格门牌900余块，按地名标志国家标准为住户新制门牌1000余片。举办“遂昌地名故事、地名谜语”有奖征集活动，共征集到地名故事48个、地名谜语1557条、地名诗27首、地名联4对、地名词1首。

【开展衢丽线行政区域界线联检】4—5月，与衢州市江山市、衢江区、龙游县共同协商制定行政区域界线联检工作实施方案。7—8月，进行154.92千米的行政区域界线联合检查。

【新版《遂昌县标准地名图册》、《遂昌县政区图》编制工作】8月与浙江省测绘大队签订了《遂昌县标准地名图册》和《遂昌县政区图》的出版协议，拟于2015年年初正式出版。

【社会组织管理】全县应参加年检的社会组织122家(社会团体98家，民办非企业单位24家）全部通过年检，年检率达100%。办理社会团体成立登记15家，办理民办非企业单位登记6家。建立完善社会组织评估机制，下发《遂昌县民政局关于开展2014年度全县性社会组织评估工作的通知》，全面开展社会组织评估工作。出台《遂昌县加快社会组织培育发展和规范管理的实施意见》，形成完善的促进社会组织培育发展、资金扶持、政府购买社会组织服务等政策机制。培育遂昌县政企共建便民服务中心联合会、庄山村孝道文化研究中心两家引领示范效应的社会组织。（项丽君）

老龄工作

【概况】2014年，遂昌县户籍人口60岁及以上老年人44738人，占总人口数的19.26%。65岁及以上老年人29360人，70岁以及以上老年人19928人，80岁以及以上老年人7766人，90岁以及以上老年人648人，100岁以上老年人5人。全年发放高龄老龄一次性奖励金35.9万元，其中90岁高龄老人奖励金32.4万元，100岁老龄老人奖励金3.5万元。

遂昌县百岁老人一览表

表33

乡(镇、街道)	村（社区）	姓名	性别	出生年月
北界镇	登埠村	徐樟娣	女	1913-08
妙高街道	城西社区	叶碎贤	女	1913-10
金竹镇	交塘村	郑久雄	男	1914-02
金竹镇	早坞村	周柏云	男	1914-07
蔡源乡	郭家岭村	曹锡连	男	1914-08

【老年电视大学】2014年，遂昌县老年电视大学招生4100人，占全县老年人口的9.7%。落实县老年电大的办公地点、办学经费以及相关办学人员，于12月底完成民非登记，实现实体化办学。组织老年电大讲师团到三仁好川教学点、大柘双溪新村教学点和云峰银都教学点开展送教下乡活动。省级福彩公益金共资助遂昌4个老年电大教学点、2个乡(镇)老年活动中心资金28万元。

【“敬老月”系列活动】重阳节前夕，县四大班子领导走访慰问百岁老人。各乡镇（街道）、部门人员和志愿者纷纷开展走进敬老院、社区、村，为孤寡、困难、高龄老人送温暖活动。县老龄办走访慰问全县9名孝贤人物。组织参加丽水市首届中老年沙滩气排球比赛和第十三届老年文化艺术周活动，举办2014年重阳畲族歌会。各基层老年人协会组织开展了气排球、门球等比赛及“文艺走亲”活动。与教育、妇联、总工会、团县委联合开展“孝文化三进”活动，组织中小学生参加市老龄办、市教育局举办的孝文化摄影比赛。

【老龄工作成员单位会议】9月19日，县老龄工作成员单位召开工作会议，会议审议通过《2014—2015年为老年人办实事意见》，研究部署2014年敬老月、重阳老人节主要活动安排以及第二届“敬老文明号”创建活动。

【出台《为老年人办实事意见》】10月，县老龄委出台《2014—2015年为老年人办实事意见》。意见就养老、为老服务、老年人文体活动、老年人救助以及老年法律扶助等方面制定一系列实施措施。

【“圣奥·独居老人暖巢行动”试点工作】8月，在金竹镇金竹、叶村、早坞3个村开展“圣奥·独居老人暖巢行动”试点工作，对3个村中的15名独居老人进行一对一帮扶。11月，对全县的独居老人进行调查摸底，建立台账，共登记独居老842人。

【推进孝道文化建设现场会】9月30日，县文明办、县老龄办、县民政局在妙高街道庄山村举办推进孝道文化建设现场会，学习庄山村的百孝之窗、爱老敬老志愿服务队、居家养老照料中心等经验做法。

【“一键通”试点工作】重阳节前夕，县老龄办在妙高街道庄山村为45名残疾、独居、高龄老人配备“一键通”手机，老人只需按一个号码，就能连接到村敬老志愿服务队工作人员的手机，使老人在家能得到及时、有效的援助。

【基层老年人协会规范化建设】10月，县老年活动中心举行基层老年人协会骨干培训班，50名基层老年人骨干参加。11月，县老龄办组织开展基层老年人协会登记（备案）工作，登记（备案）基层老年人协会159个，备案率75.7%。继续开展银龄互助活动，全县有86个基层老年人协会开展此项工作。

（许绿萍）

慈善工作

【概况】2014年，遂昌县慈善总会按照总会章程和慈善基金管理办法的要求，严格各项善款审批程序，规范善款的募集、使用、管理和公开，强化捐赠收入和援助支出管理，接受审计，及时向理事会和相关部门公布，实行公开透明、阳光操作。县慈善总会在开展日常捐助工作的同时，继续开展“造血型”援助项目，逐步建立村级慈善帮扶基金。

【募集善款】2014年，县慈善总会为前来捐赠、定向捐赠的社会各界爱心人士做好接收服务工作，明确捐款用途，按照捐赠者的意愿及时发放善款，确保专款专用，定向捐赠资金呈逐年增长趋势，形成良好的慈善氛围，推进企业与总会的良性互动。全年共募得善款121.27万元。

【慈善救助】2014年，县慈善总会全年救助2319人次，发放救助金207.62万元。其中助学256人，发放助学金30.25万元；助医638人，发放救助金107.47万元；助困597人，发放救助金22.44万元；慈善赈灾、安老扶残等828人，发放救助金47.46万元。

【项目救助】2014年，“华星助学金”“丽水市慈善总会助学金”资助遂昌县70名大学新生，发放助学金35万元；发放丽水市慈善总会春节慰问金5万元，帮助遂昌县59户农户；推荐25位特困病人纳入丽水市慈善总会大病援助项目，发放援助金25万元。

【“造血型”救助项目】2014年是县慈善总会开展“造血型”救助项目的第三年，全年项目资金为10万元（市慈善总会5万元、县慈善总会5万元）。全年结对低保户、困难户400多户，发放鸡苗6264羽，价值100240元。

【村级慈善帮扶基金】县慈善总会重视慈善基层网络建设，在具备条件的部分村逐步设立慈善帮扶基金并成立慈善工作站，以村民互助的形式，发展“草根慈善”，增强群众慈善意识，扩大募捐范围（每个村至少募集2万元善款，总会配套3万元，每年不少于5000元的救助金用于该村开展自助）。全年共收到捐款67万元，有32个村成立基金会，另有不少村向县慈善总会提出建立慈善帮扶基金的意向，以长期规范发展当地慈善公益事业。（毛莉丰）

人口和计划生育

【概况】2014年，全县共出生2170人，计划生育率94.56%，婚检率98.06%，孕检率80.80 %，出生婴儿性别比109.86，再生育全程管理率95%。新路湾镇夹路畈村被评为全国第五批计划生育基层群众自治示范村。

【宣传教育】在遂昌广播电视台、《钱瓯遂昌》开设计生专栏，开展送戏下乡40场次，发放宣传资料9.3万余份。向上级报送录用信息200余条，《丽水日报》刊发《垒土硕硕，计生“亮点”满枝头》专版；部门网站发布信息95条，公开文件13份，编发简报12期。组织参加市计生知识竞赛3252人，县人口计生局获优秀组织奖。

7月、8月，开展计划生育宣传服务月活动。全县召开动员会21次，参加人数1593人，召开育龄人群会66次，参会人员5139人，发放宣传品18750份，悬挂横幅64条，刊出计生专栏53期，上街咨询服务29次。清理不规范标语66条（块），新制作室外宣传牌309条（块）。活动月“三查”人数13363人；完善育龄妇女基础信息9088条，完善流动人口基础信息2527条；有68个村修订完善计划生育村规民约；乡镇村干部上门走访计生家庭11151户。落实避孕节育措施204例。

【干部队伍建设】招聘录用4名公务员和3名事业人员到乡镇（街道）计生办，组织局机关相关人员到南京国际人口培训中心参加“新家庭计划·家庭发展能力建设”项目试点培训班，组织全县352名村计生服务员到省计生培训中心进行业务培训。

【信息化建设】为每个乡镇（街道）新配电脑、打印机各1台专用于计生工作。与移动公司签订遂昌县人口计生专网建设。做好每月一次的常规数据备份保存工作。做好局机关软件正版化的检查及相关材料的报送。

【惠民导向】全年发放放弃生育奖111人，独生子女父母一次性奖励229人，社区失业（无业）人员独生子女父母奖励费134人，全县享受中考加分222人，全县奖扶1679人、特扶144人。

【流动人口服务管理】做好春节期间外出返乡人员走访服务，开展信息清理活动，坚持流动人口信息月清查、月通报、月更新制度，进一步做好流动人口均等化服务工作。

【政务服务】严格规范做好再生育审批工作。2014年共办理再生育审批760件，其中特殊情况生育审批31件，“单独”161件，病残儿鉴定受理7件，再生育证过期换证102件。开展权力事项和责任清单的梳理。共有行政许可2项，行政处罚8项，行政征收1项，行政给付2项，其他类3项共16项。便民服务事项12项，初审的行政审批事项1项。

【技术服务】全县孕前优生健康检查目标人群3200人，完成检查2796人，目标人群覆盖率87.38%。县“三优”指导中心每月定期开展小班化培训服务。开展一年两次的“查环查孕查病”服务活动。

【依法行政】开展社会抚养费征收执法卷宗评查活动，2014年的执法案卷得到评查组的肯定。2014年作出征收社会决定188件，已结案137件，结案率72.87%。全年审核各类评先评优1275个，其中集体172个，个人1103个；否决165个，其中集体16个，个人149个。

【计生协会工作】承办浙江省计生协“5·29会员活动日”宣传服务暨中国计生协摄影社浙江分社成立仪式的活动，展出计生摄影作品60余幅,计生展板25块，开展踩街、体检、政策咨询和有奖竞答活动。为63户计生困难党员家庭兑现微心愿，送上慰问金和慰问品。为全县困难计生家庭0～2岁儿童免费赠送总价15万元的贝因美奶粉。县计生协会在省计生协进一步发挥会员作用试点经验总结推广会上作典型发言，在省生育关怀行动经验交流会上进行交流发言。实施致富发展项目，省级项目1个，县级项目4个。开展马寅初人口福利基金会“春苗计划”助学行动，继续帮助遂昌三中和民族中学初中学生20名、西畈小学学生10名。

【计划生育家庭意外伤害保险】8月6日，县人口计生局与中国人民财产保险股份有限公司遂昌支公司签订协议，完成计划生育家庭意外伤害保险的投保工作，同时，将计划生育特殊扶助家庭的城乡居民医疗保险和养老保险纳入财政预算。

（胡霞洁）

移民工作

【概况】2014年，遂昌县有大中型水库移民24707人，安排年度大中型水库移民后期扶持项目、大中型水库移民后期扶持结余资金项目、库区基金项目、小型水库移民解困项目208个，总投资4305.77万元，安排各类扶持资金1874.08万元。发放大中型水库移民直接补助资金864.6万元。遂昌县被评为全省“水库移民工作考核优秀县”，获全市移民工作考核一等奖。

【滩坑移民房产证办理工作】滩坑移民建房完成后，移民陆续开始办理土地证、房产证，县移民办组织人员对移民房屋面积进行统一测量，多次召开有关部门协调会，出台相关政策，优惠、减免部分办理费用。在前期完成房屋面积测量、出具房产测绘成果报告的基础上，组织人员联合到各移民村召开由座谈会，讲解两证办理程序及需准备的资料，解答移民的疑问，现场送达房产测绘成果报告，发放“两证”办理公告。全县滩坑移民574户全部完成测量，办理土地证、房产证完成90%以上。

【移民劳动技能培训】随着县内“老移民”年龄逐渐增大，移民子女就业问题成为移民家庭最为关心的焦点之一。为此，县移民办委托县职业中专，为移民子女有针对性地举办培训班。这一做法，为移民及其子女就业打开新的思路，为移民家庭就业增收找到新的着力点。2014年举办各类培训25期，参加培训1520人次。

【特色产业基地建设】2014年，县移民办重点扶持了湖山乡坪峰村网箱养鱼基地、北界镇坑里潘村的山羊养殖基地和云峰西红花种植基地等特色产业基地建设。坪峰村发展网箱养鱼投资30万元，预计三年内可收益63万元。坑里潘村山羊养殖基地位于北界镇坑里潘村坑里源自然村，主要以养羊为主，附带养殖黄牛，由遂昌顺鸿养殖专业合作社负责经营，成员均是北界镇的移民户，基地投资50万元，养殖羊300头，预期每年收入可达20万元以上。

【发展村级集体经济】2014年，省财政厅、省移民办安排遂昌县大中型水库移民创业致富资金210万元。经多方考察、调研、论证，决定将该项资金用于购买国资房产，资产归集体经济薄弱的移民村所有，日常资产租赁经营委托县国资公司统一管理，资产收益按年度统一结算，归村集体使用。通过每年稳定的资产收益，保障移民村获得一定的集体经济收入。当年向县国资公司购买位于下南门路的三间店面房，分别归属金竹镇王川村，妙高街道新东村、妙高街道东红村，三个村级集体经济年增收3.6万元。根据市场行情租金每年递增、资产随行情递增，做到移民资产的保值增值工作。

【大中型水库移民避险解困国家级试点】根据水利部、省移民办安排，遂昌县与衢江区、江山市、黄岩区、龙泉市等5个县（市、区）作为全省大中型水库移民避险解困国家级试点县。遂昌选择了生产生活环境最恶劣、贫困面最大的湖山乡黄泥岭、福罗淤村和金竹镇王川村作为试点村。3月24日，在金竹镇王川村召开“避险解困”工作座谈会，标志着遂昌县的“大中型水库移民避险解困国家级试点”工作正式拉开序幕。该试点工作截止2017年年底结束。

【两个文件全省领先】7月28日，县财政局、县移民办联合下发《遂昌县大中型水库移民创业致富专项资金扶持移民村集体经济发展资金使用和项目管理办法》的通知。8月12日，下发《遂昌县大中型水库移民后期扶持专项资金项目实施与资金管理细则》的通知。11月11日，在全省移民办系统财务、项目管理业务培训班上，遂昌作为全省四个县（市区）之一，在大会上作“以规范为导向 以绩效为目标 全力推进水库移民项目实施”典型发言，介绍项目管理方面的先进经验。

【“和美移民村”创建】 开展“和美移民村”创建工作宣传，鼓励有条件的移民村积极申报“和美移民村”创建。对申请创建的移民村，按“四优先一倾斜”（优先立项、优先报批、优先实施、优先验收、资金补助重点倾斜）给予重点扶持，鼓励创建村整合其他部门资金，进行统筹规划，整体推进，以加快“和美移民村”的创建。2014年，完成对条件较为成熟的焦滩乡焦石娄村、大柘镇永安村的“和美移民村”、云峰街道湖边村康宁小区“和美移民小区”建设。

【移民村“美丽乡村”建设】 6月12日，云峰街道移民村银都村、石练镇於溪村两个移民村被丽水市委、市政府授予2013年度“美丽乡村”称号。自2011年以来，遂昌县共有大田、长濂、王宅桥、格路畈、坑口、於溪、银都等7个村入选市级“美丽乡村”， 除王宅桥外其他6个均为大中型水库移民村，占比85.7%。各移民村在美丽乡村创建过程中，彰显生态优势，深挖山区农村文化内涵，突出库区生态、历史特色，发展“农家乐”乡村旅游和特色农产品开发，使整治内容与促进移民就业增收有效结合，实现整治建设与经济发展互赢共促。 （程希明）

残疾人事业

【概况】 2014年，全县有持证残疾人5905人，其中肢体残疾3339人、视力残疾613人、听力残疾935人、言语残疾94人、智力残疾393人、精神残疾285人、多重残疾246人。持证一、二级重度残疾人1439人。全县乡（镇、街道）残联20个、残疾人专门协会5个、村级残疾人组织203个。

全县469人享受托（安）养政策，920人纳入无固定收入补贴，1349人纳入低保，其中711享受全额低保或低保补助金。为所有持证残疾人发放每年600元的服药补助，总支出16.14万元。为所有持证残疾人缴纳城乡居民医疗保险个人缴费费用，支出82.84万元。春节期间走访慰问贫困残疾人298人，发放慰问金8.3万元；对特殊学校就读学生和考上大学的残疾人或其子女给予助学补助。

全年实施白内障复明手术160人，为残疾人验配助听器80台，助视器5台，安装假肢10条。对0～6岁儿童实施残疾儿童抢救性康复，13名儿童在县康复中心接受脑瘫康复训练，帮助2名自闭症儿童和4名听力语言儿童到市级训练机构训练，救助人工耳蜗患者1名。为北界等11个乡镇的99户残疾人改建或赠送无障碍设施、设备。新建5家残疾人康复示范站。

新建遂昌谋福桃子种植合作社、遂昌乐山头高山蔬菜专业合作社2家实际残疾人扶贫示范基地。新发展云峰街道古亭村和应村乡洋溪村2个残疾人来料加工点，培育残疾人来料加工经纪人5人。一次性扶持创业人员16名，并对46名创业贷款的残疾人给予0.5%的贴息扶持，总资金31.215万元。扶持残疾人个体工商户和残疾人种养大户50人，奖励资金10万元。加强对残疾人的技能培训，共举办剪纸插花、电脑操作、高山蔬菜、来料加工等4期培训班，共培训186人参加。5家庇护中心（其中新建城东社区残疾人庇护中心）安置轻度智力、精神等残疾人132人，从事来料加工等庇护性劳动。新增按比例就业17人，异地就业27人，征收残保金430.33万元。

【修订《遂昌县扶助残疾人实施办法》】 随着社会经济不断发展，原有的《扶助残疾人实施办法》相对滞后，扶持力度不大，扶持范围相对较小，市残联于2013年修订《丽水市扶助残疾人实施办法》，要求各县（市、区）修订和完善本地的扶持办法。遂昌县残联于2014年初着手，通过走访调查、召开座谈会等听取意见和建议，并经残联机关中层以上干部多次讨论研究，形成了征求意见稿第一稿，经向残工委有及相关单位征求意见，上网公开征集民意、召开协调会等程序，确定遂昌县《扶助残疾人实施办法》的审议稿，12月18日通过政府常务会议审议，并于12月23日发布实施。新制定的扶持办法对残疾人创业、助学、庇护中心建设及残疾人辅助器具补助等方面补助力度有了较为明确和较大幅度的提高。对考上大学本科的残疾人或残疾人子女补助金额从原来的2000元，提高到6000元。

【开展“走亲连心126”活动】在全县残联系统开展“走亲连心126”活动，即机关残联干部走访1000户以上残疾人家庭，了解残疾人的实际需求和生活情况。上门为重度残疾人办理残疾证不少于200本。基层残联干部（残疾人专职委员）走访残疾人达到全覆盖（近6000名残疾人）。通过走访调研，对5539名残疾人做了详细的调查，摸清了残疾人的困难和需求，并将所有的信息情况录入电脑，为编制“十三五”规划提供参考资料。

【文体活动取得新成绩】为备战9月11日举行的丽水市残疾人运动会，遂昌县精心筛选25名残疾人运动员，聘请教练，组织开展为期20天的集训，在比赛中取得金牌总数和团体总分位居第四的好成绩。在10月省残联举办的第九届省级残疾人运动会上，遂昌县4名参赛运动员获得2枚金牌、1枚银牌、5个第四和2个第五的好成绩。在7月举办的第九届全国残运会上，华志新再次获得2014年残疾人赛艇锦标赛团体赛2枚金牌、1枚银牌。另外，为营造残疾人文体活动氛围，举办“我们的好声音”残疾人歌唱比赛，24名残疾人选手参加角逐，展示残疾人良好的精神风貌，最后决出一等奖2名、二等奖4名、三等奖6名。

【残疾人技能和道德水平获得荣誉】遂昌县残疾人王猛军代表浙江省参加全国残疾人岗位精英职业技能竞赛，获得2014年全国残疾人岗位精英职业技能竞赛陶艺组第二名，并获得“全国技术能手”称号。遂昌县石练镇残疾人林菊香的作品《人间真情》在中国聋人协会、广东省残联、广东省摄影家协会主办的2014年第三届“沣标杯”国际聋人摄影大赛获金奖。在“中国城市力量峰会暨2014腾讯筑德人物年度颁奖盛典”上，遂昌县残疾人张雄峰获得全国“筑德人物”称号。

【对高校就读的残疾学生费用全补助】进一步提高助学力度，省残联从2014年开始，对在校就读的残疾学生的学费、住宿费实施全额补贴。残疾大学生从此就只需支付自己的生活费用，大大减轻了家庭的负担。2014年，遂昌县有残疾人大学生3名，获得补贴3.1万元。

【救助特别困难残疾人】举办“扶老助残”过暖冬活动。县残联会同县慈善总会、县广播电视台开展“扶老助残过暖冬”活动，筹集资金5万元，为250名残疾人、老年人送上价值198元的保暖内衣。在西部乡镇“6·27”遭受洪灾后，县残联第一时间组织干部深入实地走访慰问受困残疾人，并对11位受灾特别严重的残疾人给予心理疏导和资金慰问，同时率先向省、市残联汇报，争取省市级救助资金13.8万元，帮助受灾残疾人渡过难关。

【残疾人司法救助有新办法】 与县人民法院出联合出台《遂昌县残疾人司法救助基金使用管理办法》，落实司法救助资金5万元，对胜诉案件执行难的残疾人给予资金救助，以维护残疾当事人合法权益，促进社会和谐稳定。积极发挥残疾人法律援助站作用，全年受理法律援助案件18件，办结率100%。全年受理残疾人来信来访183人，办结率100%。无残疾人越级上访、集体访等事件发生。

（曹月球）

乡镇·街道

妙高街道

【概况】妙高街道位于遂昌县东部，因妙高山得名，自建县以来即为县署（县人民政府）驻地，是全县政治、经济、文化、交通中心，距省会杭州255千米，距丽水市区96千米。辖区面积192平方千米，耕地面积770公顷，山林面积14312公顷。境内水系属瓯江支流，主要有南溪、北溪、襟溪。大小水库39处，其中最大为成屏一级电站水库，库容5230万立方米，供应妙高街道生活、工业、农业灌溉用水。街道办事处驻地北街262号。

全街道辖27个行政村、151个自然村、7个社区。2014年总户数22240户总人口61856人，其中农业户10364户25826人。年内出生543人，死亡292人，人口自然增长率4.07‰。

全年实现工农业总产值6.89亿元，比上年增长6.54%；财政总收入3284万元，增长40%。农村经济总收入3.14亿元，增长10.51%；村集体经济收入643万元，增长12.5%；农民人均纯收入12150元，增长10.78%。

妙高街道自然和人文景观丰富，有妙高山、唐山、含晖胜境、成屏水库、汤显祖纪念馆、陈家大屋、中国竹炭博物馆等。明万历年间，文学家、戏剧家汤显祖曾任遂昌县令（1593—1598年），撰写名著《牡丹亭》；南宋绍兴年间建三台寺，辟含晖洞景区；清道光八年(1828)建妙高书院；抗战时期，成为浙江抗日救亡后方基地，曾两度遭受日军入侵。

2014年妙高街道各村情况一览表

表34

村名	自然村（个）	户数（户）	人口（人）	耕地面积（公顷）	林地面积（公顷）	集体经济（万元）	人均收入（元）	村支书	村主任
合计	151	10346	25826	770	14312	643.2	12150		
西街	2	497	1174	20	190	23.6	12308	李土水	叶伟奎
南街	2	270	638	1	310	7.8	12671	林昌彪	俞松福
东街	7	189	388	9	195	9.5	13665	傅猛良	傅猛良
北街	4	303	613	2	132	7.7	12586	翁祝林	包振枫
龙潭	4	148	338	15	164	23.9	13651	林保贵	杜文明
东峰	6	355	974	54	787	50.4	11551	雷文彬	雷文彬
新东	5	50	130	5	36	9.3	13347	徐的胜	胡黎明

村 名	自然村（个）	户数（户）	人口（人）	耕地面积（公顷）	林地面积（公顷）	集体经济（万元）	人均收入（元）	村支书	村主任
后 江	6	399	1040	30	211	10.9	11837	雷仙贵	蓝明生
古 院	10	340	884	4	205	30.5	13598	雷文举	雷关仓
北 门	1	608	1481	49	1001	48.8	12154	江振海	郑青河
井 东	3	342	853	42	525	15.9	13211	蓝庆发	项仙土
东 红	7	48	105	6	35	2.2	11778	汪卫忠	郑宏辉
含 晖	3	718	1811	16	372	90.9	12498	吴小平	叶林福
上 江	4	441	1179	10	480	14.3	12514	朱晓华	朱晓华
黄 庄	4	284	767	20	737	10.6	12524	何永宏	何永宏
金 溪	6	500	1217	38	393	6.1	11920	李陈法	谢舜贤
庄 山	4	356	938	24	416	32.1	11817	田明良	余小华
金 岸	6	496	1166	7	168	47.5	13335	王 强	徐瑞华
大 桥	1	574	1336	45	536	23.3	12034	陈 法	姜立华
苍 畈	4	451	1172	57	429	12.3	11459	鲍新长	鲍樟法
源 坪	9	559	1440	84	558	4.1	11611	纪 律	陈金华
余 家	3	155	379	0	46	16.5	14125	朱智平	余文星
上南门	17	636	1587	63	778	4.8	12721	张永能	张文瑞
螺蛳垵	4	217	526	23	260	12.1	12773	何仕田	孟永福
源 口	14	727	1865	50	3789	90.5	12370	李君平	叶袁良
仙 岩	8	338	923	44	875	22.8	9464	李土和	翁金水
七山头	7	363	902	52	684	14.8	9363	张关良	周根胜

2014 年，在东峰村、井东村、源坪村、后江村和源口村建立 5 处蔬菜基地，种植面积 40 公顷，蔬菜销售总量 3500 余吨，销售总额 800 万元。七山头土猪养殖向周边乡镇辐射，涉及 19 个行政村 768 户，平均每头土猪多增收 1000 元，全年销售土猪 800 头以上。全街道有茶叶基地 740 公顷，年茶叶产量 1000 吨，产值 6300 万元。2014 年，发展猕猴桃基地 14 公顷。

推进农村土地开发和综合治理项目工作，螺蛳垵村项庵自然村杨坪土地开发项目、东峰村仓边自然村建设用地复垦项目和源口村三宝源自然村建设用地复垦项目，开发总面积 8 公顷，全部通过验收。创建村级集体经济实体，利用城中村优越的地理位置和集中的固定资产，通过采取承包、股份合作、租赁、集中经营等方式，盘活集体资产，各项租赁等收入合计 670 余万元。

实施“一事一议”助推美丽乡村建设项目 11 个，新建村级活动场所 2000 平方米、村庄道路建设 12 千米，启动 11 个山塘水库和 2 个灌区的修复项目，完成源口、上江 2 村的文化礼堂建设。

2014 年，妙高街道共有企业 354 家。工业固定资产投资额累计 3673 万元，新增规模企业 2 家：四和制造有限公司、符氏木业有限公司，年产值分别为 1130 万元和 739 万元。各项目累计争取资金投入合计 2400 万元。

街道辖区除县属实验幼儿园，还有4所小学附设幼儿园8个班，34个民办幼儿园104个班（不包含小学附设幼儿园班级数），中小学校有妙高小学、金岸小学、后江民族小学、苍畈小学、金岸中学等5所，共计67个班，妙高成人教育由街道成人文化技术学校组织实施。

创建“平安妙高”，贯彻落实“民事村了”机制，推进各村（社区）信息系统综治E通规范录入，实行安全生产责任考核制度和奖惩措施，配合安监等部门对辖区内400多家企业进行安全巡查。全年街道共排查各类矛盾纠纷124起，调处123起，调处率99.2%，未发生非正常上访事件。

街道便民服务中心共办理各类证件720件，受理政策咨询4000人次，核实发放医疗救助40万元、低保金145万元、困难救助7万元。全街道共新婚213对，计生率95.54%。育龄妇女培训会及防癌健康讲座等活动共计走访育龄妇女1.5万人次，发放资料1530余份，张贴宣传标语64张。全年街道城乡居民医疗保险参保34050人，参保率97.9%，总缴费金额430万元，费用报销（给付）申报3309人次，金额合计1542.3万元。

2014年，妙高街道获得遂昌县综合考核一等奖、项目服务优秀奖。

【村级组织换届选举】2013年11月初至2014年1月10日，妙高街道进行村级组织换届选举工作。支部换届工作从11月6日开始至11月20日结束，共有1823名党员参加选举，参选率91%。在新当选的190名村干部（支部委员102名）中，连任的106名，占55.7%，其中村书记连任21人，村主任连任15人，4个村（东街村、东峰村、上江村、黄庄村）书记、主任一肩挑；有8名交叉任职，占总数的4.2%；女性成员36人，占18.9%。新一届“两委”班子成员平均年龄45.9岁，“两委”主要负责人初中学历15人，占总数的30%，大专及以上学历11人，占22%。村委会委员选举共登记选民21991人，正式选举时，参选选民21876人，参选率99.5%。

【城市更新建设】3月21日启动吴乐畈、东桥路、荷花滩区块城市更新建设。吴乐畈区块土地征收涉及西街村18个生产队493户1144人，总征收面积84.53公顷，9月5日至12日完成18个生产队的签约任务。荷花滩区块涉及房屋拆迁户213户，其中企业5家。凯恩路两侧有拆迁户137户，核心区块拆迁户110户，选择迁建安置的有97户，货币安置82户，产权调换8户。总拆迁面积4.6万平方米。至年底，吴乐畈、东桥路92公顷土地征收工作全面结束，其中吴乐畈区块于12月27日顺利清表并交付施工，东桥路、荷花滩区块腾空工作完成。

【畜禽养殖场整顿】 2014年，妙高街道对辖区内的畜禽养殖场进行全面排查摸底，联合农业、环保等部门对17户重点养殖户上门征求整治意见，在排摸出的867户养殖户中，确定30家重点养殖户为集中整治对象。关停拆除24户，面积4796平方米，补助85.50万元，提升整改6户，成本补助16.52万元，30户养殖场全部通过相关部门的验收。

【农村生活污水治理】2014年，妙高街道实施遂昌县农村生活污水治理规划，源口、仙岩、井东、东红、东峰5个村列入治理村范围。至12月底，5个村全部完成施工任务，铺设管网3.17万米，完成19个处理终端建设，污水管网纳户数1450户。

【“学守讲”主题教育】开展“学党章，守纪律，讲秩序”活动，围绕“为民务实清廉”主题，按照“照镜子、正衣冠、洗洗澡、治治病”的总要求，聚焦“四风”，深入开展大走访、大讨论和大整改活动。组织街道班子成员集中学习11次，班子成员带头上党课41次，领办项目13个，制定整改措施39条，在民主生活会上相互批评中列出整改问题54个，制定措施89条。全体干部累计走访13400余次（户），农村党员干部走访8850次（户），发放联心卡2万余张，清理超面积办公用房32平方米，前山社区第二支部和苍畈村党支部作为软弱涣散基层党组织得到整顿，街道纪工委查处违纪党员4人。

【“大爱妙高”党建品牌创建】2014年，妙高街道党工委结合妙高实际，深化“十百工程”，以“忠心、孝心、爱心、善心”为主题（忠心：服务项目建设和城市发展；孝心：城东社区关爱空巢老人、庄山村百孝之窗；爱心：东峰村关爱留守儿童、叶坦社区关爱残疾人帮扶中心等；善心：金岸村党员关爱基金、城中社区爱心超市），全力打造“大爱妙高”党建品牌，拓展服务平台，切实畅通联系服务群众“最后一公里”。

（蓝文丽）

云峰街道

【概况】云峰街道位于县境东部，牛头山西麓，辖区面积214平方千米，街道办事处驻地社后村，距县城17千米。全街道有耕地面积1085公顷，山林面积12557公顷。境内主河流为濂溪，流程25千米，贯穿全镇，注入松阴溪。境内有库容百万立方米以上水库4座。云峰素有遂昌“粮仓”之称，农林牧副渔业全面发展。

全街道辖17个行政村、31个自然村。2014年总户数8763户，其中农业户8590户；总人口22595人，其中农业人口22461人。年内出生244人，死亡165人，人口自然增长率3.50‰。

全年实现工农业总产值7.29亿元，比上年增长16.08%；财政总收入2690万元，增长43.77%，农村经济总收入42641万元，增长4.85%；村集体经济总收入360万元，增长9.09 %；农民人均纯收入11892元，增长13.83 %。

遂昌县最大的企业浙江元立集团，老牌企业利民化工有限公司，以及新开发的东城工业园区龙板山区块、毛田区块、洋浩区块都坐落于云峰街道境内。

景观和名胜古迹有：门阵国共合作谈判旧址，天堂水库、鞍山书院、郑氏宗祠、郑秉厚府第等。

2014年云峰街道各村情况一览表

表35

村名	自然村（个）	户数（户）	人口（人）	耕地面积（公顷）	林地面积（公顷）	集体收入（万元）	人均收入（元）	村支书	村主任
合计	31	8763	22595	1085	12557	359.9	11892		
社后	1	461	1629	48	40	41.4	13298	刘起贵	石德华
湖边	1	501	1349	23	53	18.4	13165	黄小英	王文军
洋浩	1	362	893	4	207	11.4	12307	陈祎雄	姜志华
古亭	1	540	1332	40	67	13.4	12688	王仙平	阙卫林
东亭	1	162	381	11	0	10	13491	余广生	汪智龙
长濂	1	422	1087	31	380	49.1	13266	郑宗长	张黎明
银都	3	499	1296	68	1021	31.7	12245	钟言明	刘良伟
东姑	2	859	2115	93	429	46.1	13045	鲍富华	潘石金
下马	2	654	1647	94	2967	12.5	10730	刘和军	丁慧法
龙口	2	885	2162	125	210	17.8	12255	陈根明	叶升俊
龙祥	3	816	2063	152	801	11.5	10877	赵建华	华金其
门阵	2	305	801	12	1142	11.8	10012	张志贵	张百燕
连头	1	342	877	36	227	15.5	12702	郑宝良	吴柏林

村名	自然村（个）	户数（户）	人口（人）	耕地面积（公顷）	林地面积（公顷）	集体收入（万元）	人均收入（元）	村支书	村主任
范村	2	517	1340	109	360	15.9	10724	陈小海	余青山
马头	2	430	1089	79	236	11.1	11726	华兆良	张安华
隔溪	3	411	1068	73	290	10.7	10019	王冠华	刘永岳
同心	3	597	1466	87	4127	31.6	10068	陈根林	王爱法

2014年，云峰街道实现农业总产值1.64亿元，同比增长14.69%，粮食生产播种总面积1437.1公顷，总产量7703吨；茶园总面积617.2公顷，茶叶产量857.7吨，产值5236万元；完成猪蓝耳、猪瘟、口蹄疫免疫9786头、牛免疫603头、羊免疫421头，家禽防疫4.16万羽；生猪养殖存栏8206头，出栏13573头。

全年调处山林纠纷案件3起。山地人工造林（更新）计划48.5公顷，实际完成34片70.1公顷，完成计划的144.6%，人工造林：用材林4.5公顷，竹林1.3公顷，经济林10.5公顷，防护林19.3公顷。林带林网0.5公顷，封山育林66.9公顷。共发放采伐证190份，蓄积8967.86立方米。查处林地征占用违法案件3起，罚款2.38万元。

改善农村基础设施条件，“一事一议”项目总投入300余万元。推进连直线云峰段改建工程，完成长濂村5个生产队115户面积220亩政策处理工作（尚有1户未签约）。建设农村联网工程，其中蚱蜢殿至清水源联网公路路基工程完成80%，连头至马头联网公路路基工程全面完成。实施中小河流治理重点县综合整治项目，河道清淤工作全面完成，清淤总长10千米，清淤总量10万立方米。新建和加固濂溪生态防洪堤4.47千米，护岸0.57千米，项目总投资2800余万元。投入50万元进行马头村、隔溪村的饮用水工程提升。投入90万元实施同心青和小区、银都岩里自然村、龙祥墩头自然村、社后青云小区饮用水改造工程。投资120万元建设直径200毫米、长4200米的自来水管道1条。

龙板山工业园区拆迁安置106户（其中一小区17户），向49户未按施工图施工迁建户下达限期改正通知书，小区90%迁建户已结顶。完成湖边洋浩工业园区区块91户拆迁安置户施工管理工作，审批表填报批89户，洋浩湖边小区已结顶55户；向26户未按图施工的迁建户，送达限期改正通知书。

2014年，云峰街道有工业企业190家，从业人员1960人。来料加工集中点34个，经纪人37人，从业人员1688人，发放加工费2279万元。石材行业实现产值1.5亿元。招商引资到位资金9000万元。

2014年，云峰街道有各类农家乐57家，全年接待游客30万人次，营业额5600万元。其中以长濂鞍山书院、刘坞村“千年银都”农家乐，岩里村的梧桐仙迹·蘑菇园最为代表。

云峰中心学校基础设施不断完善，完成2幢旧教学楼、200米塑胶跑道改造，总投资434万元的综合教学楼竣工投入使用，占地840平方米，建筑面积3324平方米。

2014年，云峰街道举办1场街道排舞大赛，共有11个村参加；隔溪村文化礼堂竣工；湖边村开展重阳节敬老爱老系列活动，举办嘉兴、丽水“山海协作”文化交流戏剧专场。

2014年，云峰街道有低保户380户424人，申领最低生活保障金87万元，医疗救助金25万元。享受城乡居民医疗保险住院报销补偿700人次，报销补偿金额600万元；全年城乡居民医疗保险参保人数9850人，参保率99.5%。有6354人参加城乡居民社会养老保险，已有3620

人享受待遇。

【“五水共治”工作】2014年，云峰石材园区内5家企业污水处理系统建成投入使用，其中，平昌石材有限公司投入1200万元建设污水处理系统，范村顺达石材有限公司投资35万元购买治污设备，昌顺石材企业建成容积700立方米的污水沉淀池，云峰石材有限公司投资30多万元购买治污设备。“牛奶河”问题得到遏制。完成全街道畜禽养殖综合整治工作，落实8家年出栏生猪100头以上规模养殖场的生态消纳地，关停不符合相关要求的养殖场4家。长濂、马头两个村列入生活污水治理先行村，投入建设资金200余万元。

【“洁净乡村”行动】制定出台《云峰街道洁净乡村工作实施方案》《洁净乡村工作督查办法》《村级洁净乡村工作目标责任考核办法》等制度。落实4条溪流、17个村专职保洁人员。与各村签订“洁净乡村”工作责任状。开展“万人清千河、河长晒垃圾”行动，清理河道及田野垃圾460吨。购进大型垃圾清运车1辆、小型垃圾清淤车1辆、小型装载车1辆，解决集镇及各村的垃圾清运问题。对各村垃圾池及垃圾池门进行修复。购买流动垃圾桶370余只，免费发放到各村。每月进行环境卫生督查，用图片和视频记录的形式，将各村打扫保洁不彻底的方位在街道投影屏幕上曝光。6月和9月各召开一次干部“问责”会，各村支部书记、驻村干部、片长共同参与，在会上依次播放通报检查情况，表扬先进3个、发现问题7个、督促整改5个。

【民间信仰场所违建处置】6月18日，遂昌县召开全县宗教违法建筑处置工作会议。会后，云峰街道成立“三改一拆”涉宗教及民间信仰场所违法建筑处置工作领导小组，制定工作指导意见，明确拆违及整治目标3处。10天内，成功拆除龙祥村存在安全隐患的土地庙，完成洋浩、社后2村的拆违工作。没有发生网络舆情等重大事件。全年拆除各类违法建筑15142.57平方米，“两违”处置违法用地491宗，处置违法建设129宗，组织拆除违法建设7宗，农户自行拆除违法建设3宗。

【长濂农家乐牵手台湾明琴清境民宿】8月13日，云峰街道长濂农家乐综合体与台湾明琴清境民宿正式签订合作交流意向书，建立合作交流关系。台湾明琴清境民宿总监吴秀珍一行人到长濂农家乐进行实地考察。合作关系建立后，长濂与明琴清境民宿全年交流合作3次，双方各接待两岸游客100多人次。

【长濂村获浙江“书法村”称号】10月14日，浙江省书法家协会授予长濂村“浙江书法村”称号，是丽水市第四个获此荣誉的村。省、市书法家协会将定期为长濂村开展“四送”服务（送讲座、送辅导、送作品、送图书）。长濂村两委提供资金、固定的学习和练习场所，保障了该村书法爱好者活动的开展，并将书法培训与“春泥计划”相结合，使全村书法爱好者和青少年共计100余人收益。

【长濂村通过国家AAA级景区验收】3月，长濂村启动AAA级景区创建工作。该村累计投入1000万元，开展农房立面改造、地下管网铺设、景观设施提升等工程。景区停车场、道路、公共设施、标识标牌和古建筑改造等先后竣工。11月2日，长濂村景区通过国家AAA级景区的初审。12月30日，长濂村创建国家AAA级景区顺利通过省旅游局检查验收，完成创建工作。

【“巡回调解”行动】4月15日，云峰街道安排13名调解人员到门阵村开展调解工作，经过两天的耐心分析说理，实地调查取证，做通15户群众思想工作，成功化解双方因山林纠纷、香榧树归属打架等9起矛盾。这是云峰街道开展“巡回调解”行动的一部分。（范星宇）

大柘镇

【概况】大柘镇位于遂昌县中部，镇政府驻地柘溪上村，距县城20千米。辖区面积123平方千米，耕地面积675公顷，山林面积8492公顷。主要河流有柘溪和上旦源，汇合后流经峡口门与练溪汇合，注入湖山源。境内塘根水库库容109万立方米。大柘镇是遂昌县西部4镇6乡通往县城的必经之地。

全镇辖12个行政村、133个自然村。2014年总户数4638户，总人口14148人，年内出生143人，死亡112人，自然增长率0.22‰。

全年实现工农业总产值4.99亿元，财政总收入2277.24万元。年末银行存款余额28113万元。农民人均收入13495元，同比增长12%。

大柘镇为全县重点茶叶生产基地，2014年有茶园面积1270公顷。

大柘镇境内有浙西南第一个中共支部旧址泉湖寺、汤沐园温泉度假村、大田农家乐村、龙谷丽人茶叶观光园、茶山自行车赛道、车前摄影文化村等景点。

2014年大柘镇各村情况一览表

表36

村名	自然村（个）	户数（户）	人口（人）	耕地面积（公顷）	林地面积（公顷）	集体收入（万元）	人均收入（元）	村支书	村主任
合计	133	4638	14148	675	8492	38.1	13495		
车前	3	161	507	25	668	0	11876	范建武	范程忠
双溪新村	14	418	1350	69	399	0	12945	熊马能	熊夏君
柘溪上村	12	663	2097	110	2546	10.6	14160	傅跃斌	黄松恒
柘溪下村	12	576	1754	68	1026	2.8	14420	王志平	邱先富
永安	11	303	1001	45	60	5.6	13562	罗时长	叶樟洪
黄安	9	302	935	54	145	12.7	13154	朱文学	谢黎锋
新旦	12	594	1774	83	1232	1.5	12290	周仙余	吴丹梅
北山	14	279	895	43	325	4.9	13498	包陈元	王樟明
后垅	10	258	786	55	395	0	13623	蓝根林	肖志水
大田	15	563	1511	65	445	0	15166	高桂松	张全光
华洋	10	233	665	28	734	0	11697	王建洪	王新华
梭溪桥	11	288	873	30	517	0	11510	王松平	王建军

全年审批建房167户，占地面积17630.3平方米，建筑面积61706平方米。城乡居民医疗保险参保人数13180人，参保率99.34%。发放医疗救助金6.99万元、低保救助金29.5万元、五保救助金16.8万元、重度残疾人基本生活保障金7.3万元。养老保险代缴代扣签约率99%，增城乡居民养老保险80人，发放养老金429.1万元。

2014年，大柘镇引进黄金茶高端茶叶新品种，引导全镇茶农进行“绿改红”红茶加工，全镇红茶加工25吨，产值590万元。永安村进行333公顷茶园统防统治。推进总投资300万元，总面积42248平方米的茶青交易市场项目建设。启动茶叶博览园项目建设，计划投资3000万元完成一期项目建设，7月1日举行开工典礼。总投资160万元、赛道总长度60千米的茶山自行车赛道项目竣工，8月举办全省性自行车赛事。开展汤沐园景区、大田农家乐综合体、茶山自行车赛道联合争创国家AAAA级景区筹备工作。车前中国摄影文化村项目建成，10月举行授牌仪式。

2014年，汤沐园温泉景区共接待游客11万人次，营业收入1094万元。省级农家乐特色村—大田农家乐接待游客12.4万人次，营业收入723.6万元。

2014年，大柘中心小学有18个班级761名学生。大柘成技校开办各类培训35次。王财贵经典学校以诵读古今中外的经典之作为教育特色，有6个班级120名学生。

【大柘茶园山地车越野赛】 8月24日，2014浙江省自行车系列公开赛（遂昌站）大柘茶园山地车越野赛举行，来自全国各地23支代表队的75名车手参加男子组、女子组的赛事。车手们从大柘镇集镇中心出发，经乡间村道，冲上万亩茶山，飞跃连接茶山的200米索桥，赛道全程18千米，平均海拔387米。石浦永鑫单车队的郭鑫伟和奥斯顿（中国）车队的廖彬彬分获男子组和女子组冠军。

【中国首个摄影文化村落户遂昌】 9月26日，大柘镇车前村摄影文化节暨车前摄影文化村揭牌仪式举行。活动为期2天，500余名摄影艺术家参加活动。活动设有丰富多彩的民俗文化展示、民间农活趣味展示、高山之巅文化摄影比赛等。车前摄影文化村揭牌，标志着中国首个摄影文化村落户遂昌。该活动由浙江省摄影艺术学会、浙江日报报业集团新闻图片中心、浙江财经大学艺术学院主办，遂昌县文化广电新闻出版局、大柘镇党委政府、遂昌县摄影家协会承办。

【永安村文化礼堂建成】 总面积750平方米、总投资28万元的永安村文化礼堂，经过3个月的建设，于10月底竣工。礼堂由学堂、文化礼堂、农家书屋、文体活动室、展陈室等组成，是一个可供村民思想道德教育、节庆礼仪、乡风文明、教育培训、文体娱乐各项活动的地方。

【水稻机械化插秧应用试验】 2014年，大柘镇开展杂交水稻机械化插秧应用试验。大柘镇泉湖杂交制种专业合作社共有制种面积26.67公顷，其中0.27公顷杂交稻田是机械化插秧应用试验田。这一新技术解决了制种田插秧劳力紧缺的矛盾，同时能降低成本，省工省时，抢抓季节，增加产量，提高效率。试验示范取得成功后，机械化插秧技术将在全县范围推广应用。

（朱 珊）

石练镇

【概况】 石练镇地处遂昌县中部，辖区面积109平方千米。镇政府驻地石练村，距县城28千米。全镇有耕地面积699公顷，山林面积9485公顷。练溪自南向北流经大茂坑、石练、姚埠，于峡口门与柘溪汇合注入湖山源。

全镇辖12个行政村、79个自然村。2014年总户数4260户，总人口12458人，其中农业人口11959人。年内出生129人，死亡90人，人口自然增长率3.13‰。

全年实现工农业总产值5.09亿元，比上年增长12.14%；固定资产投资1.65亿元，其中民间投资0.33亿元；实现旅游综合收入2.9亿元，增长25.8%；农村经济总收入1.53亿元；村集体经济收入322.6万元；农民人均纯收入12417元，增长13.09%。年末信用社存款余额2.22亿元，增长22%。

石练镇文化底蕴深厚，有被列入国家级非物质文化遗产名录的班春劝农、昆曲十番，有被列入省级非物质文化遗产名录的石练抬阁、七月会等。国家AAAA级景区千佛山在石练镇境内。辖区内企业有惠康药业公司、高盛木业公司、纳福尔茶油公司等。

2014年石练镇各村情况一览表

表37

村 名	自然村（个）	户数（户）	人口（人）	耕地面积（公顷）	山林面积（公顷）	集体经济（万元）	人均收入（元）	村支书	村主任
合 计	79	4260	12458	699	9485	322.6	12417		
石 练	3	530	1520	64	242	67.3	12597	朱香荣	徐余寿

村　名	自然村（个）	户数（户）	人口（人）	耕地面积（公顷）	山林面积（公顷）	集体经济（万元）	人均收入（元）	村支书	村主任
淤　溪	18	526	1526	84	1635	36.4	12583	张小波	张小波
宏　象	9	417	1231	88	430	8.9	12536	黄志润	王新根
迎　新	15	374	1191	99	1389	44.7	11924	叶春球	胡育飞
柳　村	4	406	1150	88	146	6.7	12346	陈方明	朱耀灿
竹溪新村	8	318	1053	70	1238	2.7	12115	罗富红	唐柏勤
景　新	1	295	1021	34	0	17.3	12080	张顺治	朱万根
姚　埠	4	306	925	54	216	36	12788	黄桂兰	黄兴成
金练兴	3	279	825	42	392	6.2	12611	张桂亭	陈永明
黄　皮	6	224	747	48	1204	28.2	12554	罗建军	朱文清
大茂坑	7	207	587	19	2544	64.9	12533	叶志建	余盛隆
爱　丰	1	67	183	9	49	3.3	12341	胡镇	陆昌德
居委会		311	499					梁巧云	程爱萍

2014年，石练镇农业总产值1.38亿元，比上年增长22%。其中茶叶产量129吨，产值0.78亿元，菊米产量103.5吨，产值1240万元，杂交水稻制种面积62公顷，产量140吨，产值363万元。发放国家农作物粮种补贴11.6万元，受益农户3273户。实施100公顷粮食生产功能区建设项目，申报生态精品农业示范家庭农场10家、无公害农产品认证 10个，规模农业经营土地84.67公顷、产品基地6个。

全镇工业总产值3.71亿元，比上年增长7%。工业投资0.43亿元，增长49.5%。5家企业办理房产证和土地证。浙江纳福尔茶油有限公司实施年产1000吨精致山茶油建设项目，遂昌高盛木业有限公司实施年产300吨精品红茶项目。全镇来料加工集中点15个，来料加工经纪人22人，加工从业人员1000人，发放加工费721.1万元。

编制《石练镇旅游小镇建设规划》；淤溪村非遗接待中心主体工程结顶；千佛山景区三期工程政策处理前期工作推进。总投资1亿元的石练菊米博物馆建设项目4月15日签约。130户农户申报“花样农家”。

2014年城乡居民医疗保险保参保率97.1%，享受城乡居民医疗保险住院报销补偿1050人次，报销补偿金额505.37万元；政策性农村住房保险率100%，社会保险新增95人。发放各类救助资金95.18万元，建成5个村级居家养老日间照料中心。

2014年办理审批农户建房153户，面积15967平方米。计划生育率94.1%，“三查”率96.3%。全镇赶街服务网点12个，政企共建便民服务网点3个。实施石练小学标准化学校改造提升项目、食堂改造提升工程和200米环形塑胶跑道项目。

“五水共治”拆除养殖类污染水源违章建筑17宗，面积1001.5平方米。练溪河道清淤疏浚工程，清理占用河道种植面积2.55万平方米。实施淤溪村、姚埠村、金练兴村、柳村村、黄皮村、大茂坑村的农村生活污水治理项目，铺设管网总长4万余米。“三改一拆”拆除违法建筑269宗，面积4.85万平方米；拆除、改造涉违宗教及民间信仰场所6处，面积428平方米。拆除河道违章建筑16宗745平方米。“三改”面积1150平方米；依法处罚875宗，面积34278平方米，处罚金额77.3817万元。

【“班春劝农”典礼淤溪村举行】4月13日，2014中国遂昌汤显祖文化节之“班春劝农”

典礼在石练镇淤溪村举行，县委书记杜兴林挥鞭打春牛，县长何卫宁念祀文并领头祭拜神农。活动由遂昌县委、县政府主办，石练镇党委、政府承办，参演人员397人。参加2014中国遂昌汤显祖文化节的各级领导、国内外嘉宾和专家教授、媒体记者观摩典礼全程。“班春劝农”典礼由来：400多年前汤显祖任遂昌县令时，就非常重视农业生产发展，在春耕时节，都要备下花、酒，带上鼓乐，下乡班春，向农民赠春鞭、插花、赏酒，奖励农桑，规劝游懒之徒勤作农事。由此，“班春劝农”成为县衙每年春天的例行公事，农业生产有了长足发展。

【入选全国重点镇】7月21日，住建部、国家发改委等7部委共同发布最新一批全国重点镇名单，石练镇入选。石练镇自2010年被确定为浙江省第二批中心镇以来，城乡面貌不断改善，群众生活水平不断提高，经济社会事业稳定发展，连续5年获得“中心镇培育考核结果优秀等次”。

【大学生成立石练镇写生摄影基地】9月24日，石练写生摄影基地挂牌成立。该基地由两名回乡创业的大学生创建，该基地由石练村下街处于闲置状态的原粮管所重新装修改造而成，设立了教学培训用房、室内写生用房、创作用房、宿舍等，基地占地面积2300平方米，总建筑面积2000平方米。

【石坑坪水库改线公路通车】10月1日，石坑坪水库改线公路正式通车，该工程是石坑坪水库的配套工程。改线公路全长3.13千米，按四级公路标准设计，路基宽度6.5米，其中行车道宽6米。改线公路是通往南尖岩景区的重要通道，进一步改善通景公路的路况，同时为石坑坪水库大坝施工提供保障。

【白西畈山区小流域农业生态工程】10月，石练镇白西畈山区小流域农业生态工程项目开工建设，项目总投资1430万元，涉及淤溪、迎新、柳村、景新、金练兴、黄皮、大茂坑7个行政村，包括修建溪流护岸5.9千米，堰坝81.5米，渠道18.35千米，电灌站2座，机耕路14.2千米，农田防护林3.64公顷，推广新技术1项。

【自来水厂建设工程】2014年，石练镇自来水厂进行提升改造，建设主要内容为：新建管理房3层，建筑面积740平方米；600吨清水蓄水池1座；100吨/小时净水处理平台。该工程总投资350万元，11月竣工投运，主要供水区域覆盖石练镇各村庄、学校、移民安置小区、机关企事业单位等，能满足供水区域范围内9000多人的用水需求。

【获评丽水市生态精品农业示范乡镇】2014年，石练镇被评为丽水市生态精品现代农业示范乡镇。石练镇推行发展原生态精品农业，建立山区农业经济差异化发展模式，已培育出具有县域代表意义的“石练菊米”“王曹土鸡”“石姆尖白茶”“纳福尔山茶油”等一批优秀的原生态精品农产品。2014年实施100公顷粮食生产功能区项目，创办生态精品农业示范家庭农场10家，无公害农产品认证10个。

【大茂坑村入选丽水市第二批养生乡村】大茂坑村结合自身海拔高、土壤肥沃的优势，主打果蔬成熟时间差，探索发展红提、猕猴桃等生态农业，同时借助丰富的生态资源及深厚的文化底蕴，发展休闲养生养老项目，将原村办公楼旧址改建成1000平方米的茂源休闲山庄，改建居家养老照料中心300平方米。2014年，大茂坑村被评为丽水市第二批养生乡村。

（周牡花）

新路湾镇

【概况】新路湾镇位于遂昌县北部，辖区面积136平方千米，有耕地面积786公顷，林地面积10947公顷。镇政府驻地新路湾村，距县城8千米。境内溪流有新溪、蕉溪，两溪在新路湾村汇合后称官溪，属钱塘江水系。50省道穿境而过，龙丽高速公路设有新路湾进出口处。

全镇辖12个行政村、86个自然村。2014年，全镇总户数4518户，其中农业户4296户；总人口11854人，其中农业人口11661人。年内出生104人，死亡98人，人口自然增长率0.51‰。

全年实现工农业总产值3.27亿元，比上年增长3.8%；财政总收入1142.56万元，下降8%。村集体经济总收入17575.1元，增长9.13%；农民人均纯收入11169元，增长11.54%。年末信用社存款余额220万元，增长10%。

名胜古迹和传统文化有白马山国家森林公园，蕉川古代土建筑群、常乐山法云寺、大马埠泰船、蕉川大板龙等。

2014年新路湾镇各村情况一览表

表38

村　名	自然村（个）	户数（户）	人口（人）	耕地面积（公顷）	林地面积（公顷）	集体经济（万元）	人均收入（元）	村支书	村主任
合　计	86	4296	11661	786	10947	244.1	11169		
新路湾	9	387	1130	65	1015	4.7	12100	朱利荣	张亚君
官　溪	12	421	1236	61	1196	52.2	10959	王惠雄	华渭锋
新双溪	5	270	747	41	1156	1.1	10927	吴根法	卜标明
新　溪	8	404	1119	80	1294	18.7	10389	周瑞亮	叶小华
远路口	7	238	742	47	1274	7.7	10849	宋亦坪	潘利军
三　井	1	108	266	7	835	21.8	11111	潘法琪	潘瑞雄
社　杨	18	423	1246	78	1716	15.9	11042	陈耀斌	林旭升
蕉　川	11	910	2179	172	1335	51.6	10943	张仓松	周海平
大马埠	2	284	737	58	491	32.9	10818	上官春清	朱水松
小马埠	2	350	929	47	358	15	10789	吴群强	杨春明
夬路畈	10	280	836	94	263	15.6	11700	雷根林	上官英华
胡　家	1	221	494	36	14	6.9	12400	胡严国	胡荣贵

2014年，全镇粮食作物种植面积679公顷，有杂交稻制种农户566户，制种面积225.53公顷，较上年增16.67公顷。香榧种植面积13.33公顷，建成市级科技示范基地1个。香榧本土化嫁接技术取得成功，官溪村3.33公顷香榧基地中，2.33公顷开始挂果，另建成育苗基地2公顷。发展红豆杉种苗繁育基地，引进曼地亚红豆杉20余万株。发展中药材种植面积333公顷，其中木本中药材厚朴、山桠皮等300公顷，草本中药材三叶青、元胡等等33公顷。举办“三井问茶”暨农家乐推荐会，打响三井农家乐品牌。全镇茶叶种植总面积381.4公顷，其中春茶产量192吨，产值1529万元。蔬菜种植面积286公顷，产值1376万元。胡家村建成4公顷反季节大棚茄子种植基地，亩均收益2万元～3万元。有星级以上农民专业合作社10家，有市级家庭农场4家，市级大学生创业典型1个、市级精品农产品3个。推进总面积17.33公顷的远路口生态猕猴桃示范基地建设，种植5.33公顷猕猴桃。

全县最大的蛋鸡养殖基地—绿成养殖场通过国家级蛋鸡标准化养殖示范场复验。全镇生猪存栏3150头，出栏8195头；各种家禽类存栏6.85万羽，出栏11.44万羽，产禽蛋501.5吨。

新路湾镇利用区位和交通优势，加快招商引资，形成三井毛峰、白马玉笋等竹茶开发，以及工艺品生产和来料加工为主的生态工业体系。培育来料加工专业村5个、经纪人39人，带动12个村1306名农村闲散劳动力从事来料加工，实现加工费1616.8万元。

至2014年10月，全镇农民共报销医疗费361.96万元。各村发放社保卡，指纹采集率92.18%。享受农村低保244户287人，其中重度残疾人居家安养33人，无固定收入78人。

【桐川水库工程开工建设】11月13日，桐川水库工程正式开工建设。桐川水库位于新路湾镇桐川源支流上游，为省“五水共治”重点建设项目，总投资2522万元。总库容为70.9万立方米，正常蓄水位441.55米，年均设计供水总量211.1万立方米，是一座以供水为主，兼顾下游灌溉和水环境保护等综合利用的水库工程。建成后，可集中向新路湾镇区、夹路畈、胡家等地7000余人供水，灌溉范围涉及大坝下游两岸耕地133公顷。该水库还具有削减洪峰，提高小流域防洪减灾能力，提高小流域枯水期流量，改善河流水生态环境等作用。

【河长护河制建立】4月3日，新路湾、北界、应村、高坪4乡镇河长联合签署《聚力四乡、共护吾河—遂昌北部四乡镇河长护河制》，根据内容约定：每季度第一周的周一，在各乡镇河道交接断面监测点取水，送环保部门检测，并及时公布结果；交叉巡查，每月第一周的周二，由各乡镇河长、分管领导组成巡查组，相互检查评比，相互交流提高；各乡镇对共性问题（河道整治、养殖场整治搬迁、企业污染整治等）实行统一宣传、统一政策、统一时间、统一整治。

【三井“问茶节”暨农家乐推介会】4月26日，浙江遂昌三井“问茶节”暨农家乐推介会举行。开幕式后举行三井毛峰品客俱乐部成立、《休闲遂昌》双城企业家俱乐部基地授牌等仪式，游客现场进行茶园认养。三井村将生态保护和茶叶种植的原生态要求写入村规民约，并对茶的品质、制作及日常管理等实行溯源管理、责任倒查。三井村共有茶叶面积20余公顷，年产值超过200万元。

【全县首家区域性农民专业合作社联合社成立】8月31日，遂昌县得得来农产品开发专业合作社联合社在新路湾镇蕉川村挂牌成立，这是遂昌县首家区域性农民专业合作社联合社。该联合社由遂昌县金土地农产品开发专业合作社、遂昌穗丰农机服务专业合作社、遂昌县常乐农产品专业合作社、遂昌县红地球水果专业合作社、遂昌望丰农产品种植专业合作社5家合作社联合组建。这五家合作社各有所长，优势互补，其中穗丰合作社提供机械化服务，常乐合作社有加工厂房，金土地合作社在种植蔬菜方面有经验，红地球水果品牌已推向市场，望丰合作社杂交制种远近闻名。联合社成立后，组织社员发展大棚蔬菜产业，联合社社员实行统一种植品种、统一种植标准、统一使用品牌、统一营销产品、统一创建蔬菜交易市场和农产品整理中心。该联合社已建有蔬菜育苗大棚1700平方米，统一穴盘育苗茄子15多万株，购材料搭建蔬菜大棚4余公顷。（陈 玺）

北界镇

【概况】北界镇是遂昌县的“北大门”，辖区面积83平方千米，耕地面积398公顷、山林面积6830公顷，其中水田面积361公顷，竹林面积733公顷。镇政府驻地北界村距县城27千米。50省道穿境而过，龙丽高速设有北界进出口处。是遂昌、松阳通往龙游、金华和省城杭州及北上沪、津、京等地的交通要道。境内有属灵山港水系的3条河流：桃溪、官溪、桃源。境内有库容较大的山塘、水库2处。古建筑有苏村苏氏家庙、苏姓大屋等。

全镇辖9个行政村、48个自然村。2014年，全镇总户数3026户，总人口9059人。年内出生92人，死亡72人，人口自然增长率0.21‰。

全年实现工农业总产值3.92亿元，比上年增长15.6%；财政总收入473.73万元，增长3.6%。农民人均纯收入11747元，增长12.95%。

名胜古迹和建筑有白水毕氏宗祠、白水王氏宗祠、王坞王氏宗祠、苏村苏氏家庙、苏村苏姓大屋、坑里潘村烟铺应槱墓和北界窑址等。

2014年北界镇各村情况一览表

表39

村　名	自然村（个）	户数（户）	人口（人）	耕地面积（公顷）	林地面积（公顷）	集体收入（万元）	人均收入（元）	村支书	村主任
合　计	48	3026	9059	398	6830	176.6	11747		
大谷岭	10	212	655	23	607	14	12291	周成雄	王新林
北　界	5	580	1708	63	1025	17.8	11680	雷春华	雷利民
周　村	5	330	934	38	306	18.4	11208	余小平	潘宝福
淤　弓	7	314	1047	42	408	20.2	11794	华朝华	潘怡仙
白　水	6	462	1302	56	897	19.3	11215	郑仕军	毕维阳
王宅桥	5	238	768	42	1106	28.5	12183	王长松	
苏　村	2	248	706	37	652	19.6	11991	华素萍	苏樟洪
登　埠	5	308	988	46	1162	24.8	11627	周仙宏	徐玉俊
王　坞	3	334	951	51	667	14	12340	王冬洪	王华明

2014年，北界镇发展红阳猕猴桃种植面积12公顷，香榧3.3公顷。成功申报王宅桥村香榧基地和苏村红提基地2个县级标准化项目。开展9个行政村经济合作社股份合作制改革。全镇新增土地流转面积14.4公顷，新增林权抵押贷款137万元。

2014年，全镇6家竹制品加工企业开展整治提升工作，其中3家进行提升，3家完成拆除。全镇有28个来料加工集聚点，6个来料加工专业村，从业人员1404人，占全镇人口的14.7%，累计发放来料加工费2438万元，比上年增长12%，人均发放加工费1.74万元。

完成古坪文化村项目征地工作，征迁面积5.4公顷。建设桃溪精品农业观光园，种植蓝莓、葡萄、香榧等水果5公顷。实施周村、淤弓、大谷岭3个村分散式供水工程改造。完成灵山灌区北界段8000米渠道建设。完成高标准农田建设项72.3公顷。完成动物无害化处理厂征地工作，征地面积2950平方米。

建成王宅桥村、苏村村、登埠村、大谷岭村居家养老服务照料中心。投入35万元修缮北界中心卫生院和苏村卫生服务站，成功创建市级卫生强镇。全镇城乡居民医疗保险参加人数7769人，参保率99.91%，医保住院报销573人次，报销金额273.4万元；城乡居民养老保险参保人数3578人，参保率99.6%，60周岁以上已领取养老金人数1692人，发放养老金260万元。

【“五水共治”工作】3月开始，在全镇范围内4条主要河道实行镇、村两级“河长制”，镇党委书记任镇级河长，9个村支部书记任村级河长。全镇9个村开展畜禽养殖污染整治，54名镇村干部参与其中，关停拆除43家畜禽养殖场，拆除面积20640平方米。

【“三改一拆”工作】8月开始，北界镇开展无违建乡镇创建工作，制定领导联系村包干制度，落实驻村干部违法用地巡查、周报告制度，建立长效动态巡查机制，加强对违建行为的监管和处罚力度。全镇“三改一拆”共查处批少建多、未批先建案件7宗，拆除违法建筑64宗，其中违法宗教场所6宗，总面积21791平方米。开展农村土地使用“一户一档”创建工作，建档率100%。9个行政村均完成无违建村创建，无违建乡镇创建通过丽水市初步考核验收。

【新农村建设】6月，北界镇农产品检测中心建成并投入运行。完善农村信用评价体系建设，完成农村住房抵押贷款试点乡镇项目申报。农村连锁便利店覆盖率100%。完成9个村级“赶街”网点建设并通过验收，“赶街”网点共为村民提供服务4800余次，其中代购服务一项资金14.8万元，为村民节省4.5万元。加强农村公路养护站建设，开展康庄路的日常养护和管理，完成峡北线“美丽公路”建设5个点位的任务。（李晨希）

金竹镇

【概况】金竹镇位于县境西北部，辖区面积140平方千米。镇政府驻地金竹村距县城48千米。全镇有耕地面积887公顷，山林面积1.13万公顷。境内有属钱塘江水系3条河流：金竹溪、梭溪、亦溪。有大小山塘、水库37处，其中最大的为金梭交塘电站水库。中共遂昌县委旧址在境内梭溪塘岭村。

全镇辖14个行政村、128个自然村。2014年，总户数5711户，总人口16120人。

2014年实现工农业总产值31794万元，比上年增长12.6%。农民人均收入10688元，增长13%。

2014年金竹镇各村情况一览表

表40

村名	自然村（个）	户数（户）	人口（人）	耕地面积（公顷）	林地面积（公顷）	集体收入（万元）	人均收入（元）	村支书	村主任
合计	128	5711	16120	952	12057	244.7	10688		
岭内	5	238	688	37	200	38.2	11857	王会明	李金根
早坞	6	436	1287	94	507	8.7	10360	涂文魁	曾明杰
王川	9	383	1163	71	693	23.5	11869	吴声武	吴育强
金竹	7	604	1649	110	894	30.7	10149	周宝贤	罗育兵
百胜	7	317	913	57	510	5.6	11022	王建武	吴小军
叶村	7	348	1113	64	630	22.7	10553	赖素蓉	涂志光
夏东	8	357	1078	74	821	10.2	9286	包法根	曾国民
古楼	19	686	1887	100	1176	5.7	10792	翁安财	华火林
龙溪	7	230	677	46	370	9.6	11328	朱志新	翁建兵
茶竹岭	16	340	1103	62	1436	14.1	10114	谢金伟	朱志明
王村	12	369	1100	90	1521	30.5	10128	曹殷平	唐振富
兰蓬	12	322	900	43	1916	13.4	11625	黄新军	谢贵贤
交塘	5	261	782	31	523	13.7	10354	郑长川	郑全辉
梭溪塘岭	8	509	1405	73	860	18.1	10121	唐承宗	潘法爱
居委会		311	375						

2014年，金竹镇以“四万三千”（一万亩经济效益达一千元以上的山地，一千亩经济效益达一万元以上的田地，新增年均收入万元以上的农民一千人，三个产值千万以上的现代化企业）为框架，结合叶村村片区主导产业、梭溪塘岭片区特色产业、茶竹岭片区旅游产业、金竹片区中心区域发展优势，推行区域特色发展，夯实“原生态精品农业镇”的发展基础。

建立“一村一小组、一产一特色”的集约式转型模式，通过组建“党小组成员先行指导支部党员、全体党员共同帮扶种植户”的结对网格，带领农户种植香榧60公顷，引进茶叶新品种—黄金茶20余万株，培育发展杂交稻制种面积116公顷，实施前胡、药用刀豆等各类种植基地建设15公顷，油茶种植面积超2000公顷，产值超3000万元，巩固金竹山油茶“金品牌”。开发种植三叶青面积19公顷。

超额完成土地开发任务，开发面积52公顷。打通峡湖金公路尾段1.2千米，2015年春节前完成硬化通车。建成金竹客运中心并通过验收。金竹“三桥”完成工程量的80%，金竹“四桥”联心桥列入省重点扶持项目。占地2000平方米的污水处理厂完成地基勘探及测量工作。实施金竹至高坪3.64千米联网公路改建工程。涉及古楼等7个村的山区小流域治理项目，完成工程量的90%。小农水重点县水利工程项目：古楼、茶竹岭57公顷高效节水项目完成招投标，长树源片区200公顷高效节水项目完成设计会审，湖山源灌区项目涉及百胜、王川等4村，总长12.6千米，11月开工建设。

拆除包括违法宗教场所、违建住房等5848平方米，超额完成“三改一拆”工作任务。组织党员干部开展“清三河”“洁净家园”等活动80余次，清障疏浚河道14.25千米，岸坡整治10.21千米，生态修复83560平方米，修复和新建堰坝18座，关停2家畜禽养殖场。

通过与网店协会等电子网商合作，利用高效便捷的网络销售渠道，将古楼、叶村等村山茶油、土鸡等原生态农产品进行出售，简化农产品流通环节，增加农民收益。新增规模以上来料加工点2处，全年共发放来料加工费952.4万元，从业人员1000人以上。引进投资8亿元的湖山半岛温泉养生项目。茶竹岭村对接高坪高山旅游和湖山度假区旅游辐射，发展高山休闲避暑农家乐12家。交塘村利用长寿村和洁净乡村样板村的品牌，发展休闲养老农家乐2家。

坚持集市日党员“摆摊服务”，流动党代表的“服务摊位”。按14个行政村所在片区，将51名县、镇两级党代表划分为4个服务小组，以联防联调、技术培训、重点工作推进等为内容开展活动。全年共参加“五水共治”“无违创建”等中心工作12次，收集村情民意31条，办结28条，调解矛盾纠纷8起。其中党代表促成金竹至遂昌车票因峡湖金公路的开通下调，由原先单程15元调整为13元，每年预计能为农户节省交通费30余万元。

【峡湖金公路尾段工程竣工】2014年，金竹镇在峡湖金公路金竹段通车基础上，集中力量开展尾段工程政策处理和建设工作。峡湖金公路尾段工程长1.2千米，总投资700余万元。2012年开工以来，政策处理工作组发扬连续作战、攻坚克难、一挑到底的精神，共计拆除房屋47幢，涉及拆迁农户55户。2014年10月，该路段顺利完成通车。

【金竹小区二期建设】2014年，金竹镇在完成金竹小区一期327户1605人的基础上，实施金竹小区二期工程项目。二期项目用地面积58748.7平方米，总建筑面积67042.4平方米，项目投资估算4423万元，计划安置人口186户1000余人。小区建设工作2008年启动以来，共征用土地46927平方米，涉及10个生产队140余农户。2014年年底，小区二期已安置农户43户，并先后组织两次公开招投标，成交土地20宗，已开工建设50余户，房屋结顶完成10余户。

【“五水共治”工作】2014年，金竹镇队辖区内河道逐一排摸、分清类别，制定河长负责制，在40千米长的主要河道旁设立10余幅水情图，接受群众监督。组织各村开展“清三河”“洁净家园”等活动80余次，成立“美丽志愿连”服务“五水共治”活动，完成叶村、古楼、梭溪塘岭村生活污水治理项目，关停2家畜禽养殖场。在全镇14个行政村实施中小河流县重点综合整治项目，项目涉及该镇范围内金竹溪、梭溪源2条主河道和交汇的支流，河道治理总长度40.4千米，其中清障疏浚河道14.25

千米，岸坡整治 10.21 千米，生态修复 8.36 万平方米，修复和新建堰坝 18 座。完成古楼村、王川村饮用水工程提升项目测设。（华文建）

王村口镇

【概况】王村口镇位于遂昌县西南部，九龙山东麓。辖区面积 165 平方千米，镇政府驻地桥东村距县城 58 千米。全镇有耕地面积 586 公顷，山林面积 15241 公顷。主要河流为乌溪江，自南向北流入焦滩乡，注入湖南镇水库。乌溪江上游支流有住溪源、碧龙源、对正源和关川源。

全镇辖 13 个行政村、125 个自然村。2014 年，总户数 3290 户，，其中农业户 3036 户，总人口 9312 人，其中农业人口 8909 人。全年出生 63 人，死亡 78 人，人口自然增长率-1.61‰。

2014 年，全镇实现工农业总产值 2.41 亿元，比上年增长 4.78%；财政总收入 1810 万元，增长 33.38%；农村经济总收入 9818.85 万元，增长 5.35 %；村级集体经济总收入 601.1 万元，增长 22.08%；农民人均纯收入 11468 元，增长 10.4%。年末信用社存款余额 1.42 亿元，增长 18.33%。

1935 年，粟裕、刘英率领中国工农红军挺进师创建了以王村口为中心的浙西南游击根据地。宏济桥、天后宫、蔡相庙等革命遗址一直保存完好。20 世纪 80 年代以来，陆续建成粟裕同志纪念碑亭、月光山公园、中国工农红军挺进师纪念馆、张麒麟烈士纪念碑等。王村口红军挺进师革命旧址群是浙江省爱国主义教育基地。

辖区内南尖岩景区为国家 AAAA 级风景旅游区，被联合国教科文组织评为“国际摄影创作基地”。

2014 年王村口镇各村情况一览表

表 41

村　名	自然村（个）	户数（户）	人口（人）	耕地面积（公顷）	林地面积（公顷）	集体收入（万元）	人均收入（元）	村支书	村主任
合　计	125	3036	8909	586	15241	601.1	11468		
桥东村	18	291	765	48	1736	27.2	11375	冯礼会	季建斌
桥西村	8	364	920	47	1832	66.6	11445	华秋长	方法林
钟根村	7	184	501	19	848	46.6	11363	季伟松	季海斌
山枣坪村	6	180	542	59	369	26.2	11328	刘根林	刘立新
石笋头村	1	132	322	22	452	39.5	11567	毛立伟	徐连松
大坑村	7	173	609	38	794	84.4	11844	吴伟明	吴永斌
山前村	13	319	901	66	1610	22.1	11435	朱志明	毛立文
吴处村	18	184	623	35	2195	87.8	11686	雷飞峰	叶良瑞
对正村	9	250	713	45	831	55.6	11465	刘建彬	刘李英
后塘村	12	233	771	59	820	23.3	11260	袁国强	卢心红
官塘村	7	202	632	43	1096	22.5	11481	毛必翔	刘吉富
弓桥头村	13	374	1138	76	1897	67.8	11475	毛仁松	毛卫强
尹坞村	6	150	472	29	761	31.5	11372	毛水根	吴建华

2014年，全镇实现农业总产值8195万元，比上年增长3.15%。种植高山蔬菜243.33公顷，总产量4120吨，产值1762万元，其中主导品种四季豆140公顷，产量2314.2吨，产值1435万元；全镇茶园面积211.33公顷，新增19.6公顷，茶产量181吨，产值1315万元；名贵药材青钱柳种植基地13.33公顷、百合16.67公顷，有蛇养殖场1个、梅花鹿养殖基地1个。

改善农业基础设施建设，完成吴处村14.67公顷、桥东村6.67公顷土地开发项目；弓桥头村1.13公顷农地整理项目实施招投标程序；投资1300多万元、涉及全镇13个村的小流域治理项目通过验收；完成6个村总投资84万元的村庄整治提升工程；实施总投资200.2万元的山塘整治工程；完成总投资80万元、涉及9个村的小农水项目（包括渠道、；洪堤建设、山塘修复等）政策处理工作。

全镇实现工业总产值15931万元，比上年增长5.45%。有工业企业101家，从业人员608人；来料加工集中点23个，经纪人25人，来料加工从业人员1250人，加工费755.4万元。有茶叶加工企业7家，年茶叶加工量超250吨。

发展乡村休闲旅游业，为石笋头村争取到更加适合农家乐发展的优惠政策，农户建房占地面积户均150平方米。全镇农家乐营业收入超1000万元。

推进集镇建设，实施古镇街道、房屋外立面恢复改造、游客接待中心及生态停车场工程防洪堤建设，完成集镇污水处理项目规划设计，开展集镇违章建筑拆除整治专项行动，为集镇所在地经营户统一规划、统一制作沿街商铺门面。

全年组织开展王村口镇妈祖文化节、汤公文化节马灯戏表演、婺剧版和越剧版《牡丹亭》巡回演出、两省三县毗邻6乡镇文艺演出等文艺活动；建成7个村级照料中心并投入使用；完善各村农民图书室、文体娱乐室、健身休闲广场等乡村文化活动场所；为王村口幼儿园购置大型玩具、钢琴、电子琴、幼儿桌椅、消毒柜等设备。全年计生率96%，应征社会抚养费145488元，已征收102240元，征收率70.27%。

全镇有低保户125户，136人，临时救助人员32人次，发放救助金额13600元，医疗救助14人次，发放救助金额65545元。全镇享受城乡居民医疗保险住院报销补偿704人次，报销补偿金额335.22万元。5名残疾人免费领取轮椅，4名听障人员免费验配助听器，4名白内障患者各申请到800元医疗补助金，为2名残障人员免费安装残疾人无障碍设施。

2014年，王村口镇通过省级体育强镇和丽水市“学前教育示范乡镇”考核验收。

【千人新年祈福宴】2月12日，王村口镇千余人齐聚对正村新落成的蔡相庙，参加新年祭祀，为新的一年祈福。对正村1000多米的街道上，一字摆开60桌宴席，祈福宴的所有饭菜，都由村民一起烧制，所有到场人员都被村民们邀请共同进餐，大家欢聚一堂以特有的方式为新春和元宵送上祝福。祈福宴结束后，进行千人文艺踩街活动，有舞龙、花灯、舞狮、唱大戏等表演。

【“万人清千河，河长晒垃圾”活动】4月16日，全镇党员干部，镇属各单位，县委组织部、县直机关党工委、县委党校等6个“五水共治”联系单位共100余人开展“万人清千河，河长晒垃圾”活动。大家进入对正、官塘等河道清理垃圾，在清理河道的过程中对相关问题共同探讨解决治理方法，当日通过河道整治活动，清理垃圾40余吨。

【人工养蛇基地成立】2014年，王村口镇山前村村民叶永青在对正村创办人工养蛇基地，上半年一期投入25万元，建成养蛇池200平方米，资金来源主要是依靠林权贷款等。养殖品种有五步蛇、王锦蛇、乌梢蛇3个品种400余条。五步蛇的毒液可用来治病、制药或科研，据估算，1条五步蛇一年利润1000元至2000元左右，王锦蛇、乌梢蛇利润为其的20%至30%。下半年，基地追加投入40余万元，养殖面积扩建至1803平方米。年前，上海制药企业与基地进行五步蛇毒液供货事项洽谈合作。

【“赶考在路上”主题演讲】 5月8日，王村口、焦滩、龙洋3个乡镇在王村口镇会议室联合开展第四督导组“赶考在路上”主题论坛演讲比赛。比赛现场，7位参赛选手围绕“赶考在路上”主题，结合“学习教育 听取意见”环节读过的1本书、身边的先进典型等具体的案例、具体的人和事，畅谈践行群众路线的感受、服务群众的好做法、好经验。比赛结果，4号选手张雪芬以“赶考只有起点，没有终点”为题的演讲获一等奖。

【老区四乡镇残疾人文体竞赛】 5月20日，王村口镇连同焦滩乡、蔡源乡、龙洋乡政府残联部门，在王村口镇蔡相庙举行“老区四乡镇残疾人文体竞赛”。四乡镇的37名残疾文体运动员代表参加比赛。竞赛项目有中国象棋、扑克、飞镖、定点投圈等，每个项目分别设冠、亚、季军。比赛产生一等奖4名，奖品为电扇1台，二等奖8名，奖品为电烧水壶1个，三等奖13名，奖品为铁锅1个，每位参加竞赛的运动员都获纪念品1份。

【计生知识赶大集】 5月27日，镇计生办工作人员利用集日组织开展“计生知识赶大集”活动。该活动在集市最热闹地段摆摊设点，发放计生应知应会宣传折页80册，计生办工作人员向育龄群众集中宣传优生优育、避孕节育、生殖保健等计划生育知识，为过往群众办理证件12件，解读计生政策35人次。同时进行的计生知识问答活动受到群众欢迎，吸引了100多名群众参与。

【竞标销售四季豆模式全县推广】 2005年始，王村口镇大坑村种植户自发组建并形成高山四季豆竞标市场，种植户的四季豆集中进行统一挑选、包装，收购商通过竞价的方式收购，出价最高者收购全村的四季豆，种植户的利润获最大化。经过几年探索实践，形成了较为完善的竞标市场体系，同时吸引其他乡镇的效仿、学习，各乡镇多批次到王村口镇参观学习，并陆续开展以竞标的方式销售四季豆。2014年，该销售方式在全县得到推广。

【省级体育强镇创建】 12月16日，王村口镇创建浙江省级体育强镇通过验收。自3月始，王村口镇成立由镇长任组长的创建领导小组，全面统筹创建工作。制定创建体育强镇工作实施方案，召开全镇思想动员大会，分析解读《浙江省体育强镇检查标准》，对照创建标准，结合市、县体育局的审查意见，逐项落实任务。全镇建成健身点13个，总面积超1万平方米；健身广场6处，篮球场5个，健身活动室1处，乒乓球室3处。

【街道整治】 12月初，针对集镇街道存在的违章乱搭问题，镇干部与相关经营户深入沟通，组织片区的村两委干部、经营户集中开会，开展市容市貌、“无违建镇创建”等工作宣传动员。在前期调查走访沟通基础上，12月18日，王村口镇与城建、交通等相关部门的人员，在集镇开展集中统一的拆除行动，拆除集镇违规建筑和雨阳棚。该次行动共分为5个组，请并专业拆除作业队共20人，共拆除违规搭建雨阳棚60多个。

【村经济合作社股份制改革】 2014年，王村口镇按照“依法、民主、公正、合理、稳定”的原则，组织、推进镇村经济合作社股份制改革工作。11月11日，镇召开农村产权制度改革动员大会，宣布产权制度改革的实施方案和改革中各项工作完成的要点和时间节点。12月23日，13个行政村的13个村级股份经济合作社正式挂牌，13个社均领取了县政府颁发的证明书、申领了县质量监督检验检疫总局下发的组织机构代码证，全镇股东人数8877人。对正村经济合作社量化资产总额700万元。

（蓝晓娟）

黄沙腰镇

【概况】 黄沙腰镇位于遂昌县西部，九龙山北麓，辖区面积169平方千米。镇政府驻地黄沙腰村距县城85千米。全镇耕地面积573公顷，其中水田284公顷，山林面积11969公顷，是个典型的山区小镇。境内主要河流为周公源，自西南向北流入湖山乡周公口，注入湖南镇水库。境内有国家自然保护区九龙山、天师岩等胜景和李家大屋等古代建筑。

全镇辖7个行政村、66个自然村。2014年，总户数2689户，总人口8110人。年内出生67人，死亡58人，人口自然增长率1.07‰。

全年实现工农业总产值0.84亿元，比上年增长23%；财政总收入2084万元，增长29%。农村经济总收入7617.88万元，增长2.2%；农民人均纯收入10992元，增长9.9%。年末信用社存款余额8242万元，比上年增加1586万元，增长23.83%。

辖区内主要企业有烤薯专业合作社2家，萤石矿业公司两家，大小电站十余座；名胜古迹有九龙山国家级自然保护区、李家大屋、鹰嘴岩、天师岩等。

2014年黄沙腰镇各村情况一览表

表42

村名	自然村（个）	户数（户）	人口（人）	耕地面积（公顷）	林地面积（公顷）	集体收入（万元）	人均收入（元）	村支书	村主任
合计	66	2689	8110	573	11969	122.6	10992		
上定	20	590	1771	111	3857	18.1	11002	郑锋	郑英胜
仙人坝	5	308	929	54	1523	18.9	11079	刘文剑	杨永林
大熟	9	356	1088	77	898	24	10870	黄邦定	黄邦荣
黄沙腰	10	389	1182	65	989	20	12183	李子林	黄邦祥
邵村	12	398	1226	91	3009	17	10781	刘景垣	叶启波
大洞源	6	468	1379	132	1039	17.6	10222	蓝培发	林文寅
小洞源	4	180	535	43	654	7	10804	唐隆银	唐昌铭

2014年，黄沙腰镇建成大洞源番薯基地6.66公顷；增种植红花油茶20公顷；扩建并投入使用0.66公顷石蛙养殖基地1个。全年发放公益林补贴263万元。推进高山红提、高山蔬菜等特色产业发展，成功创建市级精品特色农产品示范乡镇，增加10个无公害农产品。引进国庆桃、蓝莓、三叶青等生态产业种植，建立10余家家庭农场。遂昌山泉石蛙养殖专业合作社被认定为浙江师范大学特种水产研究所刺胸蛙（石蛙）养殖示范基地和丽水市级林业示范专业合作社，申报的《石蛙良种选育及规模化养殖技术转化与示范》列入国家农业科技成果转化项目。遂昌九龙茂源石斑鱼养殖专业合作社被列入省级鱼类规模化繁育基地。

全镇有8个土地开发项目，立项面积83.33公顷。2014年有7个项目50.66公顷通过验收，完成情况居全县第二名。总投资350余万元的大洞源村铁路岭水库除险加固项目竣工。上定、大洞源、邵村自来水提升工程完成并通过验收。实施大熟、黄沙腰、仙人坝、上定、邵村5个村的中小流域治理。完成小洞源村、仙人坝村居家养老照料中心建设和小洞源村办公场所建设。全镇落实困难群众住房救助54户。

黄沙腰村文化礼堂建成使用，完成李氏宗祠修缮，重新布置了民俗展示馆，申报省级历史文化名村和创建市生态文明村。大洞源村被评为浙江省文明村。成功举办文化走亲活动、大洞源村第一届新春晚会和客家文化节等。全年举办2014新春文艺晚会、元宵灯谜竞猜、庆“三八”游园、文艺走亲文化娱乐等活动，参加县妇联“庆三八”广播体操比赛获二等奖。

黄沙腰中心学校有6个班级137名在校生，教职工19人。有黄沙腰村、仙人坝村2个幼儿园，有老师和保育员5人。

全镇低保户141户145人，申领最低生活保障金15.11万元，重残低保金9.17万元，医疗救助金12万元。养老院在院老人46人，护理人员4人。城乡居民基本医疗保险参保人数7159人，参保率98.5%，社会保障卡完成制卡4821张，发放社保卡3533张，发卡率73.3%。投资25万元装修黄沙腰中心卫生院，购置40余万元设备，开设心电、影像中心，与县级医院开展联网会诊。开展农民健康体检1400余人次。全年实现期末长效节育率80.2%，计划生育率94.02%。

全镇劳动力总量4199人，其中2014年增劳动力80人，已转移就业3007人，在家务农1170人，通过培训取得专业资格证书49人。

2014年完成息访息诉3人，18类重点人员稳控在当地，进京非正常上访由2013年的4人30余次下降为2人8次。

【“洁净乡村”和“五水共治”工作】2014年，黄沙腰镇开展“寻找污染源点”专项活动，组织驻村干部开展辖区内河流、畜禽养殖场、卫生死角全面走访排摸。根据污染源分布状况，制定治理方案和“五水共治”作战图。推行落实“河长制”，共有12条河流落实河长责任人，落实专门河道保洁人员。全镇有55个保洁员，确保各个村庄的日常保洁工作。开展河道清淤和生态修复工作，控制农村生活污水、垃圾入河的管控工作。制定完善洁净乡村督查制度、卫生保洁制度、垃圾处理管理制度等各项规章制度，强化保洁队伍建设和待遇管理。开展畜禽养殖污染整治，完成邵村永山猪场、小洞源猪场、范山猪场整改并通过验收，关停拆除3个养兔场和1个养鹅场。组织开展“双清行动”“打造五十里洁净河道”活动。推行全流域禁渔。2014年，“洁净乡村”工作排名居全县乡镇第四名。

【卫生镇创建】2014年，黄沙腰镇全力开展卫生镇创建工作，广泛开展健康教育活动，农村健康教育覆盖率90%。主要街道硬化率100%，统一建造垃圾池8个、果皮箱21个，村街、单位垃圾集中堆放，购置保洁车1辆，实现垃圾日产日清，杜绝乱倒垃圾乱排污水现象。落实“门前三包”责任制，组建了专门的保洁队负责垃圾池卫生，清扫保洁覆盖率95%。自来水普及率90%，农村改水收益率70%。各类食品抽检合格率85%，餐具消毒率80%。集中防治、消杀“四害”，杜绝传染病疫情发生。11月26日，市卫生局专家组成的考核小组，对黄沙腰镇创建丽水市卫生镇工作进行考核验收。

【“无违建乡镇”创建】2014年，黄沙腰镇开展“无违建乡镇”创建工作。全镇拆除违法建筑、违法用地简易棚、沼气池、牛栏猪舍和农户卫浴设施等违法违章建筑，完成县政府下达的三年拆违任务1.7万平方米的189%。在此基础上，通过与违章户沟通协调，拆除违法建筑32宗面积4668平方米，完成“三改”面积2533平方米；处罚补办证件253宗面积3943.8平方米。其中，拆除、改造涉违宗教及民间信仰场所3处面积240平方米。10月，顺利完成“无违建乡镇”创建工作。

【村级组织换届选举】1月4日，黄沙腰镇完成村级组织换届选举工作。全镇7个行政村共选举产生村经济合作社社管会成员21人，其中由村党组织成员兼任9人，由村委会成员兼任7人，社长7人均由村支部书记担任；选举产生村务（社务）监督委员会委员21人，村监会主任均由村党支部成员担任。全镇272名农村党员参加支部换届选举，参选率100%；共有203名群众代表参加党支部换届选举推荐程序。共选举产生村支部委员会委员33人，其中连选连任21人，其中连任村党支部书记5人。

【大洞源客家民俗文化节暨高山休闲避暑旅游地推介会】8月10日，首届遂昌大洞源客家民俗文化节暨高山休闲避暑旅游地推介会在大洞源村举行。整个活动由大洞源客家“打醮”民俗仪式和客家传统绝技绝活表演，2014 大洞源高山休闲避暑旅游地推介，福建、浙江客家同乡人连心座谈，大洞源客家传统小吃品尝，大洞源客家文化民俗物品展客家风情文艺晚会串联而成，共有 2000 余人参加活动。大洞源客家民俗文化活动的开展，为打造大洞源高山休闲避暑胜地奠定基础。

【两家合作社入选全国首批示范性专业合作社名录】2014 年 2 月，农业部等 12 部委联合印发《关于发布首批农民专业合作社示范社名录的通知》，遂昌县 8 家农民专业合作社入选。其中，黄沙腰民丰农产品专业合作社、黄沙腰烤薯专业合作社入选全国首批示范性专业合作社名录。两家合作社均以生产销售烤薯为主，分别拥有社员 130 户和 109 户，带动非成员农户 102 户和 200 户，2013 年销售额均超 300 万元。2014 年，黄沙腰镇共有县、市星级农民专业合作社 10 家，涉及种植业、畜牧业、渔业等领域。

【“4·19”尾矿库坍塌】4 月 19 日 21 时 30 分，柘岱口乡大金庄矿业尾矿库突然发生渗水坍塌，致尾矿库子坝、基础坝部分被冲毁，泥沙水造成河流水体浑浊，部分河段出现淤泥堆积现象，附近约 30 亩农田不同程度受影响。事故未造成人员伤亡，但对下游的黄沙腰镇大熟村、黄沙腰村、仙人坝村、上定村、邵村的群众生产生活造成严重影响。据分析，事故发生的主要原因是：企业违规将尾矿库当作蓄水池使用，导致最小干滩长度无法保障，库内水位超高，坝体局部沼泽化，最终导致坝体失稳，引发溃坝。

【“6·27”特大洪灾】6 月 27 日，黄沙腰镇遭受特大暴雨袭击发生洪灾，涉及 7 个行政村 2642 户 8391 人，农田受灾面积 96 公顷，公路沿线山体塌方和路基冲塌 23 处，冲毁防洪堤 2000 多米、道路 10 千米，冲毁桥梁 4 座，损毁自来水管 4620 米，储水池 2 处、冲塌房屋 13 户 49 间，冲毁 1 座石蛙养殖场和 1 座电力发电厂房，屋后塌方 19 处。灾情发生后，镇党委、政府第一时间组织各方力量投入抗洪救灾工作中，尽快抢修完成冲毁的道路、桥梁、塌方等。灾民安置小区建设按计划实施。7 月 17 日，移民安置小区土地平整工作正式启动，标志着大熟村灾后重建工作进入新阶段。

（郑建红）

三仁畲族乡

【概况】三仁畲族乡位于遂昌县城西郊，辖区面积 79 平方千米。乡政府驻地高碧街村，距离县城 7 千米。全乡有耕地面积 550 公顷，山林面积 5816 公顷，其中竹林面积 2015 公顷。境内有忠溪、叶坞源、十三都源三条河流，为瓯江水系。有库容较大的山塘、水库 20 处，其中吴处水库库容 117 万立方米。

全乡辖 8 个行政村、64 个自然村，2014 年总户数 3055 户，总人口 8321 人，其中少数民族人口 2044 人。年内出生 82 人，死亡 68 人，人口自然增长率 0.10‰。三仁是全县畲族人口比例最高的乡镇，也是全省 18 个少数民族乡镇之一。

全年实现工农业总产值 2.60 亿元，比上年减少 0.3%；财政总收入 889 万元，减少 4.3%。村级集体经济总收入 106.1 万元，增长 86.12%；农民人均收入 12060 元，增长 9%。

好川古文化遗址位于三仁畲族乡好川村，距离遂昌县城 12 千米。1997 年夏季发掘面积四千平方米，清理墓葬 80 处，随葬品 1028 件（组）。经专家鉴定，属于良渚文化晚期，距今四千年左右，在浙西南地区是首次发现，为 1997 年全国重大考古新发现。2013 年，好川古文化遗址被国务院核定为第七批全国重点文物保护单位。

据《遂昌县志》载，清光绪年间，小忠冬笋被列为贡品。境内名胜古迹另有精进院遗址、蓝氏宗祠、坑口百丈坑、十三都老鹰岩沿等。

2014年三仁畲族乡各村情况一览表

表43

村　名	自然村（个）	户数（户）	人口（人）	少数民族人口（人）	耕地面积（公顷）	山林面积（公顷）	集体经济（万元）	人均收入（元）	村支书	村主任
合　计	64	3055	8321	2044	550	5816	106.1	12060		
高碧街	15	556	1559	394	59	508	23.2	12060	应水寿	罗小海
十三都	6	265	690	22	49	1200	23	13101	邹光瑞	吴根松
大　觉	5	367	994	302	67	345	3.2	11840	叶金源	尹土松
坑　口	10	356	1078	258	79	1090	19.6	12060	蓝法松	项小华
小　忠	9	576	1350	182	84	697	5.8	12060	尹伟锋	吴根青
好　川	10	364	1045	289	81	1051	5.7	11875	雷永伟	占锋
沙　口	5	286	788	108	69	439	10	11851	骆锦伟	王利明
排　前	4	285	817	489	62	486	15.6	11885	王东豪	雷月新

2014年，全乡实现农业生产总值8200万元，同比增长7.9%。粮食生产播种230.67公顷，全年生猪饲养量8335头，投资500万元建设兴飞屠宰点投入使用。茶叶种植面积571.87公顷，产值4132万元。发展西瓜种植10公顷，蔬菜种植80公顷，发展油菜—杂交水稻制种、杂交水稻制种—荞麦轮作模式。全乡设立“赶街”网点12家。

完成竹山道路建设4条5.6千米。完成小忠竹笋市场1.8万平方米场地平整、供排水设施建设；举办农林实用技术培训班10期，培训人次3000余人次，发放资料5000余份。2014年计划造林6.67公顷，实际完成并通过验收10公顷，完成率152%。发放林权抵押贷款391户3773万元，较上一年增加1650万元。

实施坑口村美丽乡村建设试点工作，修复桥梁3座、生态堰坝3座，停车场、茶叶市场开工建设，累计投资250万元。完成十三都村4.8公顷旱地开发项目，好川村、沙口村和大觉村土地整治项目通过验收；完成排前至大柘永安联网公路硬化工程3.5千米。新建自来水厂投入使用，十三都村自来水提升工程完工。完成高碧街、好川、小忠三个村灌渠15700米和山塘水库修复工程。完成投资1169万元的竹山节能滴灌项目。

全年实现工业总产值17981万元，比上年减少2.8%。羽峰食品新厂区落成投入使用，增加无公害农产品认证1项。好川石斑鱼养殖项目引资300万元。全乡来料加工经纪人16人，实现加工费1200万元。

2014年，乡中心小学有些8个班300名学生。学校推行民族文化传承、普及民族体育，在浙江省第五次少数民族传统体育运动会上获1银1铜，浙江省首届生态体育运动会在该校进行民族体育活动展示。

全乡有业余文化队伍20支，2014年开展大型活动2次，举办农技、文化、健康培训共8期，农业技术和食品安全展览各1次。好川村文化礼堂建成。成立坑口、小忠村乡村文明促进会，小忠村开展六星文明户评选，通过市文明委验收。举办全乡广场舞沙龙，共有8个村12支代表队队参加。

全乡低保户114户131人，申领最低生活保障金32.3万余元，医疗救助金13.5万元。全镇享受城乡居民医疗保险住院报销补偿810人次，报销补偿金额720万元。全年城乡居民医疗保险参保人数7920人，参保率99%。共有5620人参加城乡居民社会养老保险。

【农村生活污水治理】7月上旬，三仁畲族乡开展农村生活污水治理工作。除十三都村外，七个村全面启动农村生活污水治理，好川村、坑口村作为全县12个示范村之一率先启动完成，沙口、排前、坑口村通过农村污水处理省级验收。农村生活污水治理将各村的生活污水提供管网进行集中处理，有效的改善农村的生态环境，为当地产业转型、群众增收奠定良好的发展前景。

【主题演讲活动】10月21日，三仁畲族乡组织45岁以下干部开展“我的责任我担当、三仁发展我在先”主题演讲比赛，12名选手参加比赛，各自从业务工作、驻村和三仁发展演讲了各自的观点，活动邀请党的群众路线教育督察组组长和部门负责人担任评委，评出优秀5名。

【竹制品加工企业整治】8月21日，浙江电视台《今日聚焦》曝光三仁畲族乡竹制品加工企业污染情况。在有关部门的配合，9月10日，三仁畲族乡完成15家竹制品加工企业的整治提升和土地复垦，累计拆除违建面积1.8万平方米，通过县整治领导小组的验收，有效减少农业生产和竹制品加工企业的大气和污水排放，解决长期以来遗留的污染问题，改善了乡镇生态环境。

【“无违建乡”创建】2014年，三仁乡开展“无违建乡”创建工作，巡查队伍落实“两违”巡查工作，乡政府安排专门人员定期上报两违巡查周报表、月报表，全乡农户房屋2800户建立“一户一档”，全年处理违建140户，面积5000余平方米。12月通过丽水市“无违建乡”创建验收。

【马云到坑口考察农村电子商务】7月22日，阿里巴巴董事局主席马云在市委书记王永康、县委书记杜兴林、县长何卫宁的陪同下到三仁畲族乡坑口村考察农村电子商务。通过考察，马云表示原生态农产品可以通过“淘宝网·特色遂昌馆”推向市场，前景非常广阔，解决电子商务物流“最后一公里”的短板。马云一行还考察了坑口村原生态农产品示范基地。

【省农村电子商务现场会在坑口村召开】6月12日，由省农业厅举办的浙江省农村电子商务现场会在三仁乡坑口村召开。来自全省各市县的300多名嘉宾参会。代表们考察“赶街”电子商务服务点的运行，共话农村电子商务的发展，大家对农村电子商务发展的前景充满信心。

【坑口创建百果园】10月9日，三仁畲族乡坑口村通过省级美丽乡村试点模式建设，创建了坑口百果园，改善了该村的生态环境和投资环境。建立百果园，总面积6公顷，共吸引民间工商资本150万元。该园种植提子、蓝莓、猕猴桃等果树，预计投产后水果年产量10吨，产值120万元，同时可带动当地农业休闲旅游的发展。（方丽红）

垵口乡

【概况】垵口乡位于遂昌县南部，辖区面积163平方千米。乡人民政府驻地根竹口村，距县城35千米。51省道穿境至龙泉市。全乡有耕地面积379公顷，其中水田面积380公顷；林地面积13785公顷，其中竹林面积2076公顷，森林覆盖率超过90%。境内有属瓯江水系的河流两支：徐村源，又称小菇溪，注入龙泉溪。十四都源，注入成屏一级电站库区。全乡有较大的山塘水库5处。

全乡辖9个行政村、65个自然村。2014年，总户数2305户，其中农业户2199户；总人口7630人，其中农业人口7506人。年内出生85人，死亡61人，人口自然增长率3.3‰。

全年实现工农业总产值1.82亿元，比上年增长9.9%；财政总收入1723万元，增长34.9%。农村经济总收入11258.72万元，增长5.8%；农民人均纯收入11596元，增长12%。

名胜古迹有神龙谷景区、神龙谷漂流、“6636”战备油库；韩国电影《千年湖》拍摄外景区的库腰、明成化年间开采过的银坑洞、小岩龙井奇观、石仓石柱峰、垵口百青山、抗战时期遂昌县委党员培训班基地千佛山等。

2014年垵口乡各村情况一览表

表44

村　名	自然村（个）	户数（户）	人口（人）	耕地面积（公顷）	林地面积（公顷）	集体收入（万元）	人均收入（元）	村支书	村主任
合　计	65	2199	7506	379	13785	358.3	11596		
根竹口	8	289	958	51	2236	51.2	13355	周水海	谢世福
垵　口	6	260	858	37	2100	40.6	13327	林斌勇	周关火
大　山	9	149	519	22	2120	57.9	11775	邹根林	陈先明
乐山头	3	146	495	21	1295	35.7	11540	李明亮	李根松
小　岩	5	155	490	17	1441	44.5	10902	范子忠	尹　冰
石　仓	6	176	612	24	2098	26	13955	徐家明	周立文
桂　洋	11	340	1233	62	1505	28.2	10471	周土高	廖承东
葛　程	10	420	1418	82	620	28.5	9570	卓丽平	李彬连
徐　村	7	264	923	63	370	45.7	11514	彭昌华	翁兆肖

2014年，全乡实现农业总产值7508万元，同比增长7%。粮食播种面积420.75公顷，产量2012.8吨；种植高山蔬菜100公顷，产值1200万元；茶叶种植面积87.2公顷，产量70吨，产值400万元，其中白茶基地6.67公顷。发放粮食综合直补资金33.84万元，受益农户1908户。全乡共有毛竹面积2178公顷，2014年实现笋竹产值800余万元，其中石仓竹笋加工企业实现年产值350万元。

石仓村165公顷竹林滴灌项目竣工，受益农户130户。根竹口村、小岩村实现土地规模流转，种植红花油茶46.2公顷。石仓村引进青田华侨投资400余万元，建立10.23公顷车厘子种植基地。香榧种植面积66公顷，猕猴桃种植面积3.96公顷。全乡养殖土蜂170余户，蜂蜜年产量4500千克，农户实现年收入60余万元。石仓村成立小桥流水赤磷鱼立体养殖专业合作社，带动农户发展石蛙、赤磷鱼、果蔬立体养殖，共养殖赤磷鱼500余条、石蛙2万余只，2014年实现增收20余万元。

改善农村水基础设施条件，投资17万元建设小型农田水利项目。总投资2700万元的农村中小河流综合治理项目一标段主体工程完工，涉及桂洋、徐村、葛程3个村。农村中小河流综合治理项目二标段于2014年12月初启动，涉及根竹口、垵口、大山、小岩、石仓5个村。根竹口、垵口2个村实施农村饮用水提升工程。总投资800余万元建设的9个行政村30个点位农村生活污水处理工程竣工。

2014年，全乡有工业企业35家，实现工业总产值4077万元。有来料加工集中点7个，来料加工经纪人14人，加工从业人员 795人，发放来料加工费514.7万元。

推进休闲旅游产业发展。以欢乐自驾漂流、森林避暑养生为主题，推进集生态、休闲、养生为一体的乡村休闲旅游业。举办全乡农家乐经营户、景区人员业务素质提升班。2014年全乡共有农家乐35家，全年累计接待游客12万余人次，实现旅游综合收入600余万元。

投资86万元进行大山、垵口、石仓3个村庄整治提升工程。根竹口至根竹坑联网公路4.75千米路面实施硬化。根竹口村三沿整治项目完工。石仓村正坑头垦造耕地完工。桂洋村上湖垦造耕地续建项目完工，乐山头村3.96公顷水田和大山村吴坑0.66公顷建设用地项目年底开工。启动徐村中心村项目建设。全乡审批新建房屋13栋，总面积1540平方米。根竹口村、小岩村、垵口村、石仓村及乡机关部门全面铺开垃圾分类处理工作，垃圾分类增加至5类，即有机垃圾、可回收垃圾、建筑垃圾、有毒有害垃圾和不可回收垃圾，全乡垃圾总量减少65%以上。

垵口村、根竹口村农村文化礼堂竣工。徐村村春晚被评为2014年“丽水市最美乡村春晚”。开展残疾人象棋比赛1次。发放安心奖教资金3万元，垵口中心小学综合指标在同类12所学校中排名第三名，在全县26所小学中排名第八名。垵口卫生院全年门诊病人14221人次，比上年增长2.77%；业务收入83.28万元与2013年持平。

2014年，全乡低保145人，申领最低生活保障金29万元，医疗救助29人10万元。全年城乡居民医疗保险参保人数6829人，参保率99.5%。住院报销1107人次，报销金额367.19万元。参加城乡居民社会养老保险2345人，缴费金额24.08万元。

【创新农村金融服务】5月，垵口信用社创新农村金融服务，在垵口村推出群力电站股权反担保贷款模式，破解农民生产发展资金短缺难题。垵口群力电站装机2400千瓦，总投资1300万元，其中垵口村集体投资178万元，桂洋、葛程、徐村等7个村各投资10万元，垵口村生产队组投资130万元，127户农户投资922万元。群力电站股权反担保的农村贷款新模式，是由农户提出贷款申请，并与群力电站签订反担保合同，以电站股权抵押给群力电站，群力电站统一为符合条件的农户提供保证，信用社审批后发放贷款并给予利率优惠。2014年垵口信用社共发放电站股权抵押贷款7笔209.7万元。

【民间“五互”联合治水】5月，垵口乡徐村村、葛程村坝头和龙泉市城北乡东书村党员干部启动联合治水行动计划，通过签订《“五水共治”联合公约》，召开区域联席会议，开展环境卫生联合大检查、大评比活动，达到“互帮”增感情、“互学”促进步、“互比”赛成绩、“互查”找不足、“互惠”得双赢的目的。至12月底，共组织开展洁净河道、洁净乡村等活动4次，参与党员干部100多人次，开展学习交流治水经验4次，联合督查河道环境卫生6次，曝光脏乱点位12个，联合开展河道环境整治4次。通过“五户”联合治水，河道环境卫生明显改善，村民生态自觉大幅提升，吸引了更多游客到仙霞徐村观光旅游。

【推行“党旗飘，村事了”活动】7月，垵口乡创新推行“党旗飘，村事了”活动：乡班子成员每周走访3个自然村，全年走遍全乡62个自然村，在乡政府大院最显眼处树立全乡地图，班子成员每走一个自然村就标上相应小红旗。普通干部每周下村时间不少于3天。为提高活动成效，制作2000多张“便民联心卡”，由干部走村入户时进行发放。乡村干部全年共走访农户2156户，协调化解矛盾纠纷22起，为农民发展高山四季豆、猕猴桃、养蜂等产业提供政策和技术帮扶6件次。

【省医疗专家“送医下乡”活动】7月19日，浙江中医院的护理科、神经内科、泌尿科、心血管科等4名医疗专家到垵口乡开展“送医下乡”活动。专家在垵口乡便民服务中心坐诊，为当地群众免费义诊，方便群众就医。当日有500余名村民实现“家门口”就医。

【垃圾分类推进月活动】8月9日至9月9日，垵口乡开展垃圾分类推进月活动。通过开展乡干部垃圾分类知识培训，观看龙游贺田垃圾分类宣传片，“一对一”下村督查指导垃圾分类，以及有毒有害垃圾积分兑换、建立建筑垃圾填满场等举措，形成人人都会垃圾分类的氛围。通过活动，全乡垃圾总量同比减少65%，乡村环境卫生得到提升。

【大山村有机垃圾处理站基地竣工】9月，垵口乡大山村主要干部及乡政府干部到桐庐县芦茨村学习有机垃圾处理工作流程和经验，随后在大山村建设有机垃圾处理站基地。该基地建筑面积140平方米，占地面积270平方米，投资30余万元，于12月底竣工。基地规划引进全市首台农村生活垃圾资源化处理设备。基地建成后，覆盖周边2000多人口，真正实现垃圾减量化、无害化和资源化处理，提升农村人居环境。

（叶 珠）

濂竹乡

【概况】濂竹乡位于遂昌县东部，与松阳和武义县交界，辖区面积55平方千米。乡政府驻地治岭头村，距离县城23千米。全乡有耕地面积223公顷，林地面积5216公顷。县道连直线穿过9个行政村，直达武义县。

全乡辖9个行政村、18个自然村。总户数1491户，其中农业户1477户；总人口4177人，其中农业人口4140人。年内出生40人，死亡42人，人口自然增长率-0.48‰。

全年实现工农业总产值0.36亿元，比上年增长2.94%；财政总收入779.8万元。村集体经济总收入170.8万元，比上年增长36.45%；农民人均纯收入10508元，增长9.48%。

开采始于唐代，素有“江南第一矿”之称的遂昌金矿位于境内。现已建成遂昌金矿国家矿山公园，是国家AAAA级景区。辖区内有保护完好的古树群22片，散生挂牌保护树龄在100年以上的古树115株。名胜古迹和传统文化有：遂昌金矿国家矿山公园、黄金谷漂流景区、牛头山景区、黄岩坑古矿址、小岱村古松树长廊、始建于明清的13座宗祠和传统的瓦窑岗提线木偶剧团。

2014年濂竹乡各村情况一览表

表45

村　名	自然村（个）	户数（户）	人口（人）	耕地面积（公顷）	林地面积（公顷）	集体收入（万元）	人均收入（元）	村支书	村主任
合　计	18	1491	4177	226	5216	170.8	10508		
治岭头	2	161	313	18	854	40.5	10898	潘万根	周海斌
苏　旺	1	39	114	9	139	14.7	10187	雷水松	钟金福
黄石玄	2	134	356	21	755	36.7	11007	潘土元	潘水德
刘　坑	3	144	436	22	366	53.6	10317	刘朝旺	刘文旺
大竹小岱	2	278	799	41	758	11.2	10204	鲍月英	周发贵
柘　坑	1	88	275	12	374	3.8	10926	郑永忠	郑永南
瓦窑岗	2	180	487	26	438	4.6	10946	郑兆岳	郑起旺
横　坑	2	256	824	44	796	1.6	10261	潘增慧	潘周沅（主持）
千义坑	3	197	534	33	736	4.1	10395	刘建明	刘先华

2014年，遂昌县嘉亿中草药种植合作社在濂竹乡横坑村、柘坑村推广“高山蔬菜+中草药材”复合型种植模式，种植基地5.33公顷，培育“果蔬+蔬菜”复合型种植大棚18个。开发猕猴桃基地4公顷、铁皮石斛基地1.33公顷，香榧基地13.33公顷。尝试“芽苗菜”种植成功。推广“生态种植+预约订单+分级营销”经营管理模式，全乡147公顷高山蔬菜基地，产值1100万元。培育丰产期名优茶基地80公顷，产值660万元。盛产期板栗基地113公顷，推出“生态化培育+自然熟采拾+订单制销售”经营管理模式。

全面实行限额采伐，生态公

益林保护扩面783.5公顷。全乡共有生态公益林保护面积3600公顷，森林生态效益补偿资金118.8万元。

瓦窑岗村土地开发项目12月通过验收。启动苏旺村6公顷水田垦造耕地项目申报工作，开展前期政策处理工作。实施刘坑村农家乐接待中心和黄金谷漂流道项目建设。实施龙岩头、柘坑、瓦窑岗3个山塘水库修建项目建设。实施6条引水渠道修建工程。实施苏旺村畲族风情廊桥项目建设。治岭头村建成2个自然村180平方米休闲活动场所，实施1千米通村公路硬化工程建设。大竹小岱村建成村民健身场。瓦窑岗村实施村庄内道路延伸硬化工程建设。刘坑村完成茶青交易市场建设。

2014年，全乡工业产值795万元。有经营来料加工15家，从业人员568人。黄金谷漂流接待游客2.5万人次，门票收入250万元。刘坑村直源自然村开办农家乐5家，营业收入6.5万元。全乡外出务工创业人员1300人，季节性外出务工人员500人，务工收入1500万元。

开展全乡18条25千米河道小溪污染点普查和确认，明确整改目标和任务。完善“河长制”“河道山塘义务认领制”“溪流常态保洁制”等工作制度。确定刘坑村为农村污水处理项目实施试点村，投资60万元开展治污，工程竣工验收。全年组织15批次500人次党员干部和群众参加河道及村庄义务保洁活动。

2014年，全乡拆除违法建筑128宗5863平方米。开展9个村1406农户违法用地、违法建筑的调查摸底工作。建立“一户一档”农户住房资料。“无违建乡”创建通过初验。

全乡789名老人享受居民养老金待遇。发放228人132万元医保报销款和5.7万元医疗救助款。全乡医保缴费率98%。发放扶贫慰问资金5.8万元，扶助275人。

【金矿创5A景区一期政策处理】2014年，濂竹乡开展遂昌金矿创AAAAA景区一期政策处理工作，落实“乡班子成员包点位、村干部包队、党员包农户”的“一对一”政策处理工作机制，解决“村与企业、村与农户、队与农户”等各方面历史遗留问题15件，9月完成3.2公顷林地征用任务。

【村经济合作社股份合作制改革】9月，濂竹乡铺开全乡村经济合作社股份合作制改革工作，全面实行村集体经济产权由农户合股经营管理的运行机制，各村采取村集体经济产权确定、家庭人口数核实和召开村民代表会议审定等工作措施，11月完成所属9个行政村经济合作社股份合作制改革工作任务。制发农户村集体经济产权股份证1453本（原始股东户数），股东人数4322人（原始股民数）。

【农村宅基地确权】6月，濂竹乡开展农村宅基地确权工作，至12月底，完成9个村农户宅基地确权工作，制发“宅基地土地产权证”300本，面积2.3万平方米。

【整合便民服务事项】2014年，濂竹乡调整充实乡行政服务中心窗口工作人员，把社保民政、人口计生、国土城建、文化、移办、危旧房改造等30余项便民服务事项，整合到乡行政服务中心运作，窗口工作人员8人。全年受理便民服务事项3512件，办结3512件。

【春泥计划】7月10—25日，丽水学院蒲公英义务队到濂竹乡柘坑村开展暑期社会实践活动。全年濂竹乡组织柘坑、瓦窑岗、大竹小岱3个村25名中小学生开展“争当美德少年”的主题活动，举办“认养古树、古树群摄影、学习传统剪纸工艺”等系列活动。（黄兴法）

湖山乡

【概况】湖山乡位于遂昌县西北部，辖区面积187平方千米。乡政府驻地香炉岗，距县城40千米。全乡有耕地面积633公顷，山林面积13990公顷。湖山乡有“板栗之乡”“萤石之乡”的美誉，板栗山面积1467公顷，萤石矿主要分布在黄兆、香炉岗、朱村畈、奕山、角坑弄等。境内最大河流为乌溪江，属钱塘江水系，支流有周公源、金竹溪和湖山源等。1979年，乌溪江下游建成湖南镇水库，是县域最大的淡水鱼养殖基地。境内有较大山塘水库12处。

全乡辖11个行政村、127个自然村。2014年，全乡总户3637户，总人口11057人，年内出生113人，死亡91人，人口自然增长率3.43‰。

全年实现工业总产值1.85亿元，比上年增长4.86%，农业总产值8425万元，增长6.31%；村级集体经济收入37.2万元，增长52.98%；农民人均纯收入11149元，增长8.2%。实现税收130万元，财政收入2066万元，年末银行存款余额427万元。

境内有湖山国家森林公园、红星坪温泉度假村、黄泥岭躬耕书院、羊坞里温泉等，县级文物保护单位有建于明嘉靖年间的赤山塔、湖山窑址、奕山朱氏宗祠、奕山朱氏谷仓、大畈吴氏宗祠等，另有县级文物保护点6处。

2014年湖山乡各村情况一览表

表46

村　名	自然村（个）	户数（户）	人口（人）	耕地面积（公顷）	林地面积（公顷）	集体收入（万元）	人均收入（元）	村支书	村主任
合　计	127	3637	11057	633	13990	37.2	11149		
湖　山	19	500	1496	92	1205	5.9	11324	梁根文	包立水
珠村畈	8	250	693	52	583	0	11345	王春华	梁国强
湖　方	9	221	793	45	1405	1.9	11342	彭火贤	王信恒
三　归	9	280	916	54	1320	0.9	11337	翁利群	谢春旺
长　安	15	559	1689	89	652	0.1	10998	邱金源	华如贤
奕　山	8	543	1586	100	1002	16.7	11002	朱可军	涂火祥
坪　峰	11	173	565	22	2490	5	11968	谢木荣	罗裕建
红星坪	7	238	709	35	793	6.4	12331	曾观明	曾鸿
黄泥岭	19	405	1157	60	1369	0.2	10879	傅先强	傅方林
福罗淤	15	257	817	49	1799	0	10307	王文瑞	叶林兵
姚　岭	7	211	636	35	1372	0.1	10309	赖义忠	赖义富

2014年，全乡粮食种植面积755.9公顷，产量3212吨；油料作物种植面积141.8公顷，产量194吨；蔬菜种植面积301公顷，产量4928吨；茶叶种植面积675公顷，产量584吨；生猪出栏3219头。

年内绿化造林93.2公顷。红星坪农村污水管网工程竣工共并投入使用。实施总投资1050万元6个村中小河流整治项目。修复福罗淤村和长安防洪堤共1350米，修复和除险加固8座山塘水库。进行管道改造。解决了长安村塘垵自然村农民用水难的问题。启动黄泥岭码头和大溪边码头建设。珠村畈农家乐提升项目和红星坪农家乐综合体项目通过验收。修建牌坊门、三归和香炉岗码头休闲亭。实施湖山集镇、湖方村、红星坪村、黄泥岭村一千多米道路硬化建设。实施土地开发项目5个28.13公顷，其中水田11.8公顷。村集体经济扶持项目—小逆口养鱼项目。

2014年全乡有各类企业95家，工业产值1.85亿元，其中规上企业4家。引进萤鑫矿业年产萤石精粉8万吨的浮选生产线。

启动湖山欧陆风情温泉小镇建设，该项目总投资10亿元，规划面积26.67公顷。湖山半岛温泉养生园项目、珠村畈乡村民宿项目完成签约。

全乡有幼儿园（所）2所，在园幼儿117人，专任教师8人。小学1所，在校生410人，专任教师26人。有敬老院1所，在院五保老人61人。

全乡参加城乡居民医疗保险9638人，参保率100%，全年报销37034人次，报销金额537.8万元。救助49人次，发放救助金12.59万元。城乡居民养老保险参保5633人，社会保障卡基础信息采集8804人，发放社会保障卡4780张，享受待遇人数1902人。黄泥岭、姚岭、奕山等村居家养老服务中心建成使用，新建和扩建坪峰、三归、湖山和珠村畈生态公墓338穴，修缮奕山村、姚岭村文化礼堂。

2014年，湖山乡获“牵手·2014中国最美村镇”循环发展奖，被小康杂志社评为“中国全面小康（休闲）调研基地”；被评为“市学前教育达标乡镇”；被评为县级“大调解”工作先进集体、县级平安乡镇、县级“无违建乡镇”；获乡镇（街道）工作全面考核三等奖、2014年项目推进重大项目前期工作优秀奖。乡卫生院被评为省级卫生监督协管示范单位，乡中心学校被评为省标准化学校，获市教学质量管理三等奖和县教学质量考核一等奖，浙江遂昌圣豪矿业有限公司被授予县级纳税大户。

【湖山欧陆风情小镇开工】 12月8日，湖山乡举行湖山欧陆风情小镇项目一期开工仪式。项目总投资10亿元，总占地面积26.67公顷。项目分为3期建设，包括温泉广场、欧式建筑、温泉城堡酒店、简欧低层住宅群和温泉特色街。温泉小镇一期投入4800万元，建设温泉广场和欧式建筑，建设面积达11842平方米。

【湖山、大柘、金竹安置小区地块拍卖】 11月26日，国有建设用地使用权拍卖会在湖山乡政府五楼会议室举行。该次拍卖会共有23块土地进行拍卖，拍卖地块的面积从58平方米至122.15平方米，分别是湖山香炉岗小区8块、大柘横街小区二期7块、金竹安置小区8块，竞拍对象为县扶贫重点村内符合异地转移条件的农户。23块土地都顺利在拍卖会中被拍走。

【湖山龙珠岗小区屋基竞标】 1月20日，湖山乡龙珠岗小区一期工程屋基竞标会在湖山乡政府5楼举行，46户农户参与竞标。龙珠岗小区位于湖山乡长安村，是由长安村筹建的乡镇级小区，分2期实施，计划安置123户，小区规划用地32611平方米，总建筑面积37574平方米。第一期计划安置43户，每宗地96平方米。一线地块4万元起拍，二线地块3万元起拍，最终拍卖成功39宗地，最高地块7.1万元成交，平均地价4.79万元/宗。

【党的群众路线教育实践活动】 2月下旬至12月上旬，湖山乡开展党的群众路线教育实践活动，共456名党员参加。该活动从学习教育听取意见、查摆问题开展批评、整改落实建章立制等方面入手，抓住反对“四风”， 解决乡机关、领导班子和领导干部存在的突出问题，注重解决关系群众切身利益的实际问题，把改进作风的成效真正落实到党的基层组织。活动开展以来，开展座谈34次，走访农户2758户；班子整改问题20个，会议同比减少16次，降幅31%；文件发布减少28件，降幅32%；“三公”经费减少4.2万元，降幅6.4%；腾退清理超标办公用房28.52平方米，单位能耗和水耗同比下降20%。

【“牵手·2014中国最美村镇”循环发展奖】 2014年，第一财经广播联合50多家媒体举办“2014中国最美村镇”评选活动。此次活动全国有500家村镇报名参选，有5000万人次通过网络、广播、电视进行投票，有100家新闻媒体、30名专家学者和10名部委领导进行专业评选。遂昌县湖山乡喜获“牵手·2014中国最美村镇”循环发展奖。湖山乡有17平方千米的湖面，森林覆盖率84%，自然风光优美，生态环境良好，是休闲、度假、疗养、观光、娱乐的天然住所。湖山依托秀丽的湖泊风光、独特的温泉资源、古朴的自然村落，积极打造符合现代人休闲度假的旅游产品，大力发展乡村旅游产业，将全乡作为一个景区来打造，真正把湖山建设成为浙江重要的乡村休闲旅游目的地。

【农村产权制度改革】2014年，湖山乡实施农村产权制度改革，在全乡范围内开展农村宅基地调查工作，全乡10057人进行产权登记，涉及农户3024户，顺利完成土地承包经营权确权登记摸底工作和制图确认工作。

（雷雨涵）

应村乡

【概况】应村乡位于遂昌县西北部，辖区面积83平方千米。乡政府驻地应村村，距县城37千米。全乡有耕地面积340公顷，山林面积6258公顷，其中竹林面积2800公顷，是全县竹林面积最大的乡镇。境内主要河流为桃溪，流经北界镇汇入灵山港，应村电站水库总库容2349万立方米，装机容量32000千瓦，为全县最大的水电站。1986—1990年，浙江省第七地质大队三分队在洋溪村金田寺探得金、铜、铅、锌矿床。

全乡辖9个行政村、71个自然村。2014年全乡总户数2772户，总人口8466人。

2014年，全乡实现农业总产值6275万元。农民人均纯收入10869元，比上年增长9.95%。年末银行存款余额8729万元，增长18.76%，农民人均存款余额突破万元大关。

2014年应村乡各行政村基本情况一览表

表47

村名	自然村（个）	户数（户）	人口（人）	耕地面积（公顷）	林地面积（公顷）	集体经济（万元）	人均收入（元）	村支书	村主任
合计	71	2772	8466	340	6258	144.2	10869		
东源	8	262	859	35	811	9.6	11123	李根宁	傅英林
桃溪	8	403	1153	59	504	4.9	10798	雷有金	肖建春
西山头	7	156	538	32	368	10.5	10698	刘裕生	杨军
应村	9	489	1390	66	425	57.9	11945	周岳运	傅俊杰
天师石玄	8	257	885	30	442	1	10112	郑春耕	邹书翔
竹溪	11	283	814	23	1032	23.7	10953	张良友	周根亩
双里	5	310	1051	25	555	12.8	10256	雷勇跃	周春芽
定溪	8	270	790	19	667	2.7	10370	周根泉	傅长良
高棠	7	342	986	51	1454	21.1	10970	钟熙清	周焕兰

2014年，应村乡粮食播种面积581.7公顷，总产量2840吨。各类蔬菜种植面积171公顷，产量3973吨，产值1525.6万元。其中高山蔬菜种植面积147.2公顷，产值1447.6万元。主导产业猕猴桃，增种植面积2.6公顷，增投产面积21.3公顷。产量从2013年的25吨增加到50吨。年度造林面积9.3公顷，完成长防林工程2公顷，公益林抚育面积93.3公顷，中央直补造林面积3.3公顷，油茶产业提升项目面积73.7公顷。发放公益林补偿金117万元，受惠农户2059户。

2014年，应村村建成580立方米生鲜冷库，实行猕猴桃错时销售。西山头村尝试微信、网络销售辣椒酱，在村内规划建设辣椒观光园；双里村建设“千年农耕”电商体验基地，实现线上与线下互动，变游客为顾客。通过微信卖菜，应村乡原生态精品农业实现“订单式”网上销售和“点对点”社区宅配。应村、高棠、双里等村建立5个“赶街”

网点，全年实现销售额20余万元。应村村建成原生态农产品电子商务中心和农产品质量安全监测中心，可“一站式”提供信息发布、购销洽谈、质量检测、冷库仓储、物流配送等便捷服务。

承办2014浙江自行车系列公开赛（遂昌站）“邮储银行”杯应村自行车爬坡赛，全国27支代表队100余名运动员参加。这是应村乡第五次承办自行车爬坡赛，打响“美丽桃溪、运动应村”区域品牌。利用高棠村自然禀赋和生态优势，推行高山避暑农家乐综合体建设。周村源15户农家乐开张营业，2014年夏季实现综合收入14万元。双里村“千年农耕、生态仙翁”农耕文化体验园完成一期建设。应村村特色民宿建成开业。

2014年，应村乡获上级项目补助资金3900余万元。其中，财政局“一事一议”助推美丽乡村建设项目资金515万元、小公益项目资金45万元、“一事一议”项目资金110万元；县水利局中小河流域治理项目1400余万元、节水灌溉项目433万元、自来水提升项目200余万元；县农办特扶项目200余万元、中心村项目150万元、污水处理工程400余万元；县农业局补助150万元、县交通局补助55万元、县移办补助125万元、县林业局补助40万元。各级结对帮扶资金65万元。扶持资金主要用于美丽乡村建设、基础设施改善和农家乐配套基础建设等。

应村乡天师坛村安置小区一期工程规划总面积1.1万平方米，其中建筑面积8千平方米，拟建房屋20幢，计划安置80人。2014年，小区测量设计、政策处理和路面平整工作完成。桃溪小区规划总面积1.05万平方米，其中建筑面积9700平方米，拟建房屋32幢，计划安置128人。2014年通过招投标5块地，安置5户18人，启动总长1000米的小区溪边道路建设。小金竹小区工程规划总面积8700平方米，其中建筑面积7250平方米，拟建房屋31幢，计划安置124人。2014年已建房屋13幢安置51人，小金竹点位市政配套设施竣工。竹溪村中心村项目完成规划、备案、政策处理、土地征用等前期工作。2014年，全乡共审批建房63户。

2014年，应村村新建灯光球场和羽毛球场各1个，完成以弘扬遂昌文化、体现应村特色为主题的文化刷墙项目。应村中心小学建成塑胶跑道，实施“热水暖心工程”，推行“5S”（整理、整顿、清扫、清洁和素养）管理。

【“民事村了”工作法全县推广】9月29日，全县平安综治维稳大调解工作暨“民事村了”推广会在应村召开，“民事村了”工作法在全县推广。该工作法是应村村两委从多年工作经验中总结出来的，其核心是围绕矛盾纠纷上门了、便民服务坐堂了、项目建设包干了、村务民意上墙了、群众困难帮扶了，全力打通联系服务群众的“最后一公里”，有效解决干部找事、事情难办、问题难诉、纠纷难解、项目艰推的问题，最终实现小事不出组、大事不出村、矛盾不上交，被誉为“乡村版的枫桥经验”。应村村“民事村了”成效显著，全村连续18年未发生重大刑事案件，24年未发生房屋火灾，17年未发生安全生产事故，99%的矛盾纠纷消除在萌芽状态，是远近闻名的平安村。

【农村产权制度改革】2014年，应村乡9个行政村全部完成村级经济合作社股份制改革，股改资产总额150.5万元，产生股东8466人，产生董事27人，监事27人。初步建立“产权清晰、权责明确、利益共享”的新型农村集体经济组织产权制度。同时，建立农村产权流转市场体系，农村产权流转交易服务中心投入使用，完成土地流转面积123.47公顷，完成宅基地确权发证32本。

【“无违建乡镇”创建】2014年，应村乡排摸出违法建筑、违法用地351宗，面积19343.5平方米。共拆除违法建筑、违法用地52宗面积16756平方米，“三改”面积1356平方米。依法处置222宗，暂缓处理83宗，处置率100%。竹制品加工业整治拆除违建厂房4座共计3202平方米，恢复耕地1692平方米。宗教信仰场所整治拆除违章场

所4处共计330平方米；改建3处，均改建为农民文化活动中心。（吕骁）

高坪乡

【概况】高坪乡位于遂昌县西北部，辖区面积48平方千米。乡政府驻地高坪新村，距县城55千米。全乡有耕地面积298公顷，山林面积3467公顷。高坪乡平均海拔870米，所有自然村海拔在500米以上，是全县海拔最高的乡镇。

全乡辖6个行政村、49个自然村。2014年总户数1985户，其中农业户1896户；总人口5972人，其中农业人口5864人。年内出生52人，死亡37人，人口自然增长率0.25%。

全年实现工农业总产值3836万元，比上年减少7.9%；财政总收入865.19万元，减少23.21%。村级集体经济总收入46.1万元，增长9.5%；农民人均纯收入10487元，增长9.6%。年末信用社存款余额6900万元，增长17.47%。

境内有北斗崖景区、万亩杜鹃林景区，文化遗产有民间传统茶灯戏。

2014年高坪乡各村情况一览表

表48

村名	自然村（个）	户数（户）	人口（人）	耕地面积（公顷）	林地面积（公顷）	集体经济（万元）	人均收入（元）	村支书	村主任
合计	49	1896	5864	298	3467	46.1	10487		
高坪新村	5	436	1323	80	899	11.6	10953	祝水源	祝建鸿
茶树坪	11	307	957	44	416	6.8	10567	黄久富	陈吉生
湖连	13	382	1193	32	748	3.8	10220	李石法	罗志峰
淡竹	4	191	555	31	332	7.9	10459	周黎仁	周有根
石坪	11	306	1010	68	509	11	9937	罗文贤	罗金福
箍桶丘	5	274	826	43	563	5	10727	张传荣	何长根

2014年，全乡实现农业总产值3404万元，比上年增长3.5%，粮食播种面积294.2公顷，总产量1609吨。生猪饲养量1150头，畜牧业总产值426万元。造林面积7.7公顷，迹地更新面积4公顷，成林抚育面积46.7公顷，未成林抚育面积120公顷。全乡油茶籽产量15.9万千克。

总投资800多万元、涉及全乡6个村的高坪山区小流域农业生态工程综合项目建成。启动高坪新村生活污水处理项目建设。面积600余平方米的茶树坪村停车场建成并投入使用，箍桶丘村人工草坪门球场和标准版篮球场建成。实施文化刷墙项目，共绘制15幅图，面积504平方米。

启动箍桶丘至金竹茶竹岭公路连接线工程项目。推进上村头整村搬迁安置地政策处理工作。箍桶丘村、石坪村共17.67公顷土地开发项目竣工验收。高坪新村集镇外立面规划、改造工程竣工。总投资320万元的高坪信用社营业大楼竣工。“无违建乡镇”创建，拆除和处罚违法建筑464宗，面积9302平方米。完成困难农户危旧房改造36户，新建房屋58户，县城购房3户。推进6个行政村农村生活污水治理工程建设，纳户数完成695户，占总任务数的73.2%。

创成高坪新村国家AAA级景区。40余户农家乐房屋“花样农家项目”竣工。全乡有148家农家乐经营户1500余个床位，直接从业人员520人。全年接待游客28.8万人次，实现旅游综合收入2950万元，分别比上年增长24.7%和19.9%；组织农家乐经营户参加省市县培训15次，先后10次组织人员赴上海、杭州、台州等地参加旅游推介会，制作并发放各类宣传资料5万余份。有2批共100余名学生到圣塘自然村进行为期3周的艺术写生。

2014年，高坪中心小学有7个班级275名学生。

全年共举办12场婺剧演出、越剧表演，举办“情动八月天•醉美桃溪红”2014欢乐桃溪系列活动之第二届乡村爱情节、2014年浙江省中老年生态休闲养生门球活动。

全乡共聘请34名保洁员，集中开展“洁净家园行动日”活动4次，各村分别开展行动28次，共动员各类人群参与洁净乡村集中行动2000余人次。集中组织300余人开展“万人清千河，河长晒垃圾”活动，清除卫生死角52处，共清扫垃圾11吨。

全乡低保户118户138人，享受重度残疾人生活补助金14户14人，居家安养16户16人。农村五保及城镇“三无”人员17人集中在北界中心敬老院养老。进行城乡社会养老保险1141人认证，增加33人。有5283人参加城乡居民医疗保险，参保率95.98%。制作5368张社会保障卡，指纹采集率98%以上。

2014年，高坪乡被评为丽水市农家乐特色乡镇，县级依法行政优秀单位、2014年度平安乡镇、2014年度最洁净乡镇、安全监管工作先进安监站、安全生产先进单位。茶树坪村被评为省级“浙江省老年养生旅游示范基地”。

【茶树坪村获浙江省老年养生旅游示范基地】2014年，高坪乡茶树坪村被评为浙江省十大老年养生旅游示范基地，是全省12个获评单位之一，也是全市2个获评单位之一。茶树坪村抓住机遇，以原生态大景区万亩杜鹃林和高山避暑资源优势为依托，发展农家乐休闲旅游，成功开辟高山休闲避暑新思路。茶树坪村注重养老养生旅游，不断完善旅游配套设施，吸引更多的新游客，游客数量不断增长，同时许多回头客再来品味茶树坪变化中的美，其中西湖长跑队已连续5年到茶树坪村养生避暑。

【高坪乡入选丽水市农家乐特色乡镇】2014年，高坪乡因其独特的区位和生态优势，成功打造农家乐经营样本，被市农办、市旅游局认定为丽水市农家乐特色乡镇。2008年以来，高坪乡推行休闲养生旅游产业，从最早茶树坪村桃源自然村5户农户开始起步，至2014年年底，全乡已有高坪新村、茶树坪村、箍捅丘村、石坪村、湖连村等5个农家乐经营专业村，148家经营户，1500多个接待床位.2014年共接待国内外游客28.8万人次，实现旅游综合收入2950万元。

【第二届乡村爱情节】8月23日，“情动八月天·醉美桃溪红”2014欢乐桃溪系列活动之第二届乡村爱情节在高坪乡举行，系列活动由北界、应村、高坪3乡镇共同组织开展，组合北界“水果采摘品鉴游”、应村“休闲运动时尚游”以及高坪“高坪避暑爱情游”。第二届乡村爱情节设投放爱情卡、爱情大转盘、爱的宣言以及挚爱今生晚会等系列爱情主题活动。参与人数1300余人，通过开展“乡村爱情节”活动，打造最淳朴的乡村爱情文化，推动高坪乡村休闲旅游跨上新台阶。

【浙江省中老年生态休闲养生门球活动】8月11日，浙江省中老年生态休闲养生门球活动在高坪乡箍桶丘村门球场举行，全省30多支门球队300余人参加。该次活动由丽水市生态养生促进会体养分会、杭州大成职工疗休养旅行社有限公司举办，高坪乡人民政府承办。

【参展长三角休闲农业与乡村旅游博览会】9月19—22日，由“长三角”三省一市（上海市、江苏省、浙江省和安徽省）农委、旅游局支持，上海市农业旅游经济协会主办的“2014长三角休闲农业与乡村旅游博览会”在上海国际农展中心举办，高坪乡作为农家乐综合体代表应邀参加此次活动。高坪乡团队参加组委会举办的系列活动，组织休闲农业与乡村旅游宣传推介、特色休闲农业农产品展示展销，进行高坪乡村休闲旅游宣传，进一步提高高坪旅游知名度。

【北斗崖景区项目建设】 12月底，北斗崖（石姆岩）景区开发项目建成。北斗崖景区是按国家AAAA级景区设计打造的，投资超亿元，集高山时尚运动、休闲度假、丹霞观光于一体。2014年建设内容包括游步道2500米、索道830米、游客中心450平方米，完成年度计划投资1500万元的90%。

【高坪新村国家AAA级景区创成】 12月，经浙江省旅游区质量等级评定委员会验收通过，高坪新村达到创建AAA景区建设标准。该村完善公共基础设施，规范餐饮、住宿、卫生等行业服务标准。全村28户农家乐经营户按照“内饰环保、单独卫浴、闭路接通、WiFi覆盖”标准，打造“原生态养生、都市化休闲”的服务功能。村内设置景点指示牌20个、景点介绍牌3个、公共信息指示牌30个、配置公厕1个、会议中心2个。高坪新村AAA景区从2012年开始建设，投资额560万元。2014年接待国内外游客10.1万人次，实现旅游综合收入1100多万元。

【高坪信用社营业大楼竣工】 7月，高坪信用社营业大楼竣工。该项目于2013年9月开工建设，占地面积393平方米，建筑用地260平方米，总建筑面积993平方米（四层），按照一流银行标准规范化服务的要求进行设计建造。信用社营业大楼扩建了原有的办公场地，增加了服务窗口，使群众业务办理时间缩短，办事效率提高，方便了群众办理存取款、贷款等各项日常业务。

【设立乡人大代表联络站】 人大代表联络站是反映民情的“直通车”、为民服务的“连心桥”、改进工作的“助推器”和化解矛盾的“减压阀”，设立基层联络站，成为收集民意、汇聚民智、化解民忧、温暖民心的窗口。11月，高坪乡建成人大代表联络站，由乡人大副主席谢名胜担任站长。站内张贴4名县代表及12名乡代表的照片、职务简介和人大代表联络站活动规定、站长工作职责、人大代表接待职责及人大代表的权利义务，设立图书角和意见箱。

（刘颖、吴霁菲）

焦滩乡

【概况】 焦滩乡位于遂昌县西南部，辖区面积85平方千米。乡政府驻地焦�村，距县城45千米。全乡有耕地面积173公顷，山林面积6759公顷。主要河流乌溪江由南入境往北注入湖南镇水库；蔡溪经蔡口村流入乌溪江。过境县道公路西通蔡源、黄沙腰、西畈等地，南达王村口、龙洋。乌溪江水路设有码头，可北通湖山及湖南镇水库大坝。

全乡辖5个行政村、33个自然村。2014年全乡总户数1065户，总人口3553人。出生37人，死亡24人，人口自然增长率1‰。

全年实现工农业总产值9792.6万元，其中农业产值3536.6万元，比上年增长11.2%，工业产值6156万元，增长12.23%，农民人均纯收入10981元，增长9.36%。

独山村为浙江省首批历史文化名村，村中有明隆庆石牌坊、叶氏宗祠、未名古井、明代一条街、寨墙等古迹，风景秀丽的天马山、青城山矗立在乌溪江畔。焦滩鱼头声名远扬，蛋皮、梅干菜扣肉等特色菜肴均为游客所青睐。

2014年焦滩乡各村情况一览表

表49

村名	自然村（个）	户数（户）	人口（人）	耕地面积（公顷）	林地面积（公顷）	集体经济（万元）	人均收入（元）	村支书	村主任
合计	33	1065	3553	173	6759	75.8	10981		
独山	9	254	763	29	2900	20.5	11637	张卫成	罗岳清

村　名	自然村（个）	户数（户）	人口（人）	耕地面积（公顷）	林地面积（公顷）	集体经济（万元）	人均收入（元）	村支书	村主任
蔡　口	4	193	525	28	182	9.4	10337	江雪峰	叶尚芳
焦石娄	4	176	661	22	1019	17.6	11558	江利明	彭建斌
大路沿	9	190	643	45	1663	13.7	10474	曹昌根	叶根法
前　山	7	252	961	49	995	14.6	10754	巫瑞松	巫春明

2014年，全乡茶叶种植总面积403.2公顷，新增2公顷，春茶产量271吨，产值1800万元。油茶种植面积50公顷，完成油茶低产林改造8.3公顷。

独山塘坑自然村新建0.3公顷泥鳅养殖场，亩产值7.5万元。前山村农户投资30万元在乌溪江库面上养殖乌溪江有机鱼。焦滩天马山铁皮石斛专业合作社联合浙江林业大学，采取“合作社+基地+农户”的经营管理模式，投资200万元（2014年投资70万元）建大棚13个，种植15万株铁皮石斛株苗。

全乡5个村实施集体经济股份合作制改革，股改经营性资产总额66.46万元，股东3553人，全乡130.6公顷耕地（水田）全部实行空间定位，土地经营权证配图入册937本，变更权证831本。

2014年，增农家乐5家，全年实现经营收入617万元。前山村和焦娄村的自来水提升工程竣工通过验收；独山、焦娄、大路沿3个行政村生活污水处理工程建成；独山村的防洪堤修复工程竣工验收，蔡溪源山区小流域农业生态工程完成进度70%；独山村浙西南古民居展陈馆建成并投入使用。

全乡城乡居民社会养老保险参保人员2393人，符合领取养老金765人，发放养老金100万余元；城乡居民医疗保险参保3155人，参保率100%，全年办理农村医疗保险报销190人次，报销金额78万余元；累计发放社会保障卡1648张。全年发放民政慰问资金4万元，医疗救助资金5万元，低保、重残和五保户资金105万元，发放残疾人各类补贴帮扶资金10万元。

开展安全生产大排查大整治专项行动，加强安全生产日常监管工作，累计排查安全隐患13起，整改13起，整改率100%；深化平安焦滩建设，加强流动人口管理，计生率90%。举办各类培训班5期，培训人员147人次，“充分就业村”“充分就业乡镇”创建通过验收。开展农民健康工程服务，上门为全乡1746人进行健康体检，建立健康档案。

【获县广播操比赛二等奖】3月6日，遂昌县妇联、县体育局及县住房和城乡建设局在县体育馆联合举办2014年庆“三八”暨“美丽县城杯”第九套广播操比赛。焦滩乡“渔歌飘香”代表队20人参加比赛，以83.70分的成绩获“美丽县城杯”乡镇组二等奖。

【龙谷茶炒制大赛】3月20日，焦滩乡党委政府和县农业局联合主办遂昌龙谷茶炒制大赛，在独山古寨举行。活动内容包括茶文化节开幕式、龙谷茶炒制大赛、茶文化主题文艺演出、遂昌茶产业发展论坛、龙谷茶展示、风味小吃展示品尝。该次活动以茶为媒，着力弘扬茶文化，推进茶叶产业化发展，努力打造遂昌龙谷茶品牌，弘扬龙谷茶手工制茶技术，激发广大人民群众对茶文化的热情和兴趣，同时给广大手工制茶传承人提供一个交流和展示平台，促进遂昌县茶文化的繁荣发展。

【独山村获“中国最美乡愁旅游古寨”】7月19日，“中国最美乡愁旅游目的地”颁奖仪式在人民大会堂举行，焦滩乡独山村获“中国最美乡愁旅游古寨”30强。独山是一座历史悠久，文化积淀深厚，拥有丰富的明清历史建筑遗存和优越自然山水资源的古寨，1991年被列为浙江省3个历史文化保护区之一，2012年被公布为第一批中国传统村落，2013年被列为浙江省第二批历史文化村落保护的重点村，2014年被评为第六批中国历史文化名镇（村）。独山村共有64座建筑，除文物保护建筑外，有清代建筑2座，明代建筑7座，20世纪70、80年代建筑49座，90年代后的建筑6座。此次活动由中外旅游文化协会、中国文化与旅游产业联盟（中国旅游传媒委员会）、世界景观组织（WLO）和文旅中国网等媒体联合发起，历时3个月，通过专家评审、结合的方式，最终评出获奖单位。

【独山村古民居展陈馆竣工】10月1日，独山村古民居展陈馆竣工正式对外开放。该馆占地面积189平方米，总投资40万元。古民居建筑修复从外地采购古建筑，复建到“明代一条街”，西边与天马山之间区块衔接，采用人工原始的打泥墙技术修复，保持原有风貌，与独山的自然空间意境和建筑风貌相协调。

【《记住乡愁》栏目组到独山村取景】11月23日，中央电视台中文国际频道《走遍中国》百集大型纪录片《记住乡愁》摄制组到中国历史文化名村独山村拍摄取景，摄制组摄制10天时间，把独山悠久的历史文化，展示给世人。节目组在全国3000多家中国历史文化名镇、中国历史文化名村、中国传统古村落、中国民族特色村落中遴选出100个不同特色的村落进行拍摄。

【农村土地承包经营权确权登记和村经济股份合作制改革试点工作】9月10日，焦滩乡启动农村土地承包经营权登记、村经济合作社股份合作制改革、建立农村产权交易服务体系等工作。焦滩乡坚持完善二轮土地承包、确权后登记颁证、促进土地流转等工作，实施农村土地承包经营权确权登记；以村为单位，将村集体所有的资金、资产等以股权的形式明晰到户、量化到人，并参照股份制的治理形式进行管理、分配，开展村经济合作社股份合作制改革。焦滩乡试点工作经验，为遂昌县推广农村产权制度改革工作打好基础。

【创建“无违建”乡镇】10月30日，丽水市“无违建”考核组对焦滩乡“无违建”乡镇创建工作进行考核。焦滩乡是遂昌县第一批“无违建”创建申报乡镇，通过乡“无违建”领导小组和各村“村两委”的共同努力，6月完成“无违建”创建工作并通过县“无违建”考核组验收。在“无违建”创建过程中，全乡共发现处违章建筑71宗，处置率100%，共拆除处违章建筑57宗，面积10657.2平方米。

【独山村、焦石娄村入选“第二批丽水养生乡村”】12月，焦滩乡独山村、焦石娄村入选第二批丽水养生乡村。该次评选由市养生办、市农办、市旅游局共同开展，经推荐申报、实地考察、综合评议等程序，按照乡风文明和谐、产业特色明显、养生服务优质、环境整洁优美4个方面评选标准，最终确定第二批40个丽水市养生乡村名单。主办方将根据相关政策，整合资源，在项目申报、资金补助等方面对养生村给予重点扶持。

（叶慧佳）

龙洋乡

【概况】龙洋乡位于遂昌县西南部，地处遂昌、龙泉、福建浦城三县市交界，辖区面积148平方千米。乡政府驻地龙洋村距县城67千米。全乡有耕地面积163公顷，山林面积12069公顷。乌溪江由龙泉市住龙镇入境，自南向北流经王村口镇、焦滩乡注入湖南镇水库。境内碧龙源电站总库容量735万立方米。

全乡辖6个行政村、70个自然村。2014年全乡总户数1447户，其中农业户1377户；总人口4512人，其中农业人口4442人。年内出生49人，死亡43人，人口增长率1.3‰。

全年实现工农业总产值1.09亿元，比上年增长11.4%；财政总收入534万元，减少26.6%。农村经济总收入5519.43万元，增长18%；农民人均纯收入10912元，增长8.2%。

境内有非物质文化遗产茶园武术、凉岭下花鼓和中共遂昌县“一大”旧址等。

2014年龙洋乡各村情况一览表

表50

村名	自然村（个）	户数（户）	人口（人）	耕地面积（公顷）	林地面积（公顷）	集体收入（万元）	人均收入（元）	村支书	村主任
合计	70	1447	4512	163	12069	235.8	10912		
凉潭口	7	243	868	34	1596	30	10747	陈祖能	朱建友
九龙口	23	393	1163	43	2801	68.1	10288	张小良	戴向伟
龙洋	7	193	594	18	1543	40.4	11062	项伟华	邹有棋
西滩	10	126	370	9	2410	44.8	11735	张根信	罗启根
埠头洋	16	330	952	36	1804	27.9	10856	吴继玮	刘良卫
黄赤	7	162	565	23	1915	24.6	11680	程昌贵	梅善良

2014年，龙洋乡发展“黑、白、绿、棕”4色生态产业，共发展黑木耳220万袋，产值1300万元。九龙口村泉苑食用百合基地3.3公顷。全乡发展高山蔬菜121.3公顷。“泉之绿”龙洋深山野蜂蜜年产量750千克。九龙山老茶婆基地面积13.3公顷，黄赤村山桠皮基地15.3公顷。石蛙产量750千克。

黄赤村将闲置的村办公楼出租给遂昌龙洋黄塔高天农产品专业合作社，用以制作高山黄米粿，年内销售额20万元。建立土鸡养殖合作社和波尔山羊养殖合作社，全乡规模养殖土鸡存栏2100羽，散养户178户存栏2231羽，出栏4103羽。波尔山羊规模养殖存栏108头。实现原生态畜牧业产值53.2万元。

2014年，开展51省道改建工程垵岱点位、外龙口点位红线内农户协议签订工作及房屋拆除工作，完成全部红线内的土地征收、杆线、坟墓迁移任务，拆除房屋98户，落实安置石练爱丰小区42户，确保51省道无障碍施工。乌溪江干流大溪坝电站龙洋大桥下10户农户签订补偿合同。开展九龙口村农村土地综合整治项目1个，通过验收。该项目于6月18日完成招投标，复垦耕地面积0.98公顷，共搬迁35户，拆除房屋15幢，完成率100%。实施垵岱整村搬迁工作，共搬迁24户63人。

乌溪江干流、埠头洋内龙口段防洪堤建设竣工。龙洋村800米游步道铺设、防洪堤工程、内龙口至樟树角大桥工程竣工。总投资4500万元的九龙口农民异地转移安置（旧村改造）小区建设，完成投资1500万元，已建房26户。实施埠头洋村内道路硬化4.1千米。中共遂昌县“一大”旧址恢复工程竣工。埠头洋村大会堂修缮工程竣工。龙洋信用社装修工程竣工并交付使用。实施凉潭口、西滩2个村居家养老照料服务中心建设。全乡共实施22个涉水基础设施项目。市交通局资助工程项目6个全部竣工，分别为：黄赤村修建2012年水毁公路挡墙项目、凉潭口村安潭自然村河岸防护栏项目、埠头洋村机耕路边沟修复项目、九龙口村公路排水沟项目、龙洋村引水渠工程、西滩村村委会后面防洪堤修建项目。

“无违建乡镇”创建进度100%。拆建相结合，边拆边建推进九龙口农民异地转移安置（旧村改造）小区建设，共拆除违法用地面积18512平方米，违法建筑面积4524.12平方米。小区已结顶入住26户，正在建房8户。推进民间信仰场所违法建筑整治工作，拆除违法建筑5处，建筑面积492平方米，用地面积757平方米，完成县下达任务的100%。

2014年，全乡工业销售产值6021万元，比上年增长17.8%。来料加工从业人员1130人，培育经纪人13人，发放加工费538.5万元，人均增收4765元。

2014年，龙洋乡推进信息强农惠农工作，3个“赶街”网点帮助村民网购共600余笔，发布黑木耳等农产品供求信息45条，通过微信等网络平台村民销售黑木耳1500千克，销售额10万元，增加黑木耳网上销售的新途径。

开展村级经济合作社股份制改革工作。全乡6个行政村全部完成村级经济合作社股份制改革，股东人数4514人，产生董事会共18人，监事会共18人。

2014年，城乡居民医疗保险参保人数4275人，参保率97.6%。全乡享受城乡居民医疗保险住院报销补偿556人次，报销补偿金额166万元。共有1791人参加城乡居民社会养老保险，其中到龄享受待遇人员766人。全年医疗救助6.5万余元，低保14.8万元，其他救助0.6万元。救助住房困难群众22户。全乡18名重度残疾人享受托（安）养服务，21名残疾人享受无固定收入补贴。

举办2014年龙洋茶园礼树节暨传统武术展演、农民生态运动会。参加浙闽老区第八届文化艺术节、乡村文化进县城展演、汤显祖文化节之优秀传统文艺节目展演等活动；全年共创作文艺作品160余件，其中在全国性刊物发表4件，省市县级发表或获奖80余件次。成功创建市级卫生乡镇。西滩村入选2014年丽水市第二批养生村。

【区域治水共建】4月，遂昌县龙洋乡与龙泉市住龙镇、福建省浦城县忠信镇共同召开“五水共治”座谈会，商议共治“五水”并形成共识：龙洋乡与住龙镇、忠信镇定期召开“五水共治”工作例会，每月开展交叉检查护河，通报上游河水汛况等，形成毗邻3乡镇共治“五水”的长效机制。通过三方相互合作，年内共开展联合治水活动12次，黑木耳废弃菌棒入河问题得到有效治理，进一步改善河道环境，共同维护乌溪江源头之水。

【茶园礼树节暨传统武术展演、农民生态运动会】11月22日，龙洋乡在西滩村茶园自然村举办2014年茶园礼树节暨传统武术展演、农民生态运动会。活动设礼树、传统武术展演、农民生态运动会3部分，吸引1000多名该村及周边村民、外地游客参加活动。活动现场，茶园古道旗幡招展，古树林中锣鼓喧天，百余名茶园当地村民及外来游客身着古朴服装，献五谷，祭牲畜，在古老的音乐声中绕古树3圈进行祭拜。传统武术展演，茶园村的村民们表演了茶园武术。14个代表队表演罗汉拳、太极功夫扇、太极拂尘等传统武术和杂技绝活等节目。龙洋乡6个行政村和机关单位共71名运动员参加了农民生态运动会，比赛设抢运粮食、捡豆子、拔河等项目，黄赤村获比赛集体一等奖。

【“村档乡管”试点】11月12日，龙洋乡召开“村档乡管”试点工作动员会，标志着遂昌县村级档案乡管理（“村档乡管”）试点工作正式开始。通过县档案局业务人员的指导，全乡6个行政村通过1个月的时间，共整理出档案1115卷，内容涵盖土地承包、林权证、财务管理以及与群众利益密切相关的资料。

【中共遂昌“一大”会址恢复工程】6月5日，中共遂昌“一大”会址恢复建设工程开工。项目位于龙洋乡埠头洋村岙头童家，工程造价款13.8万元，资金来源由上级部门补助和村级自筹相结合。该项目占地面积200余平方米，建筑面积95.12平方米，一层土木结构，由遂昌县城乡建设规划设计院设计，项目业主单位埠头洋村委会组织施工，11月30日会址结顶。

（游海珠）

蔡源乡

【概况】蔡源乡位于遂昌县西南部，辖区面积56平方千米。乡政府驻地蔡和村，距县城51千米。全乡有耕地面积213公顷，山林面积5185公顷。主要河流蔡溪，经焦滩乡蔡口村注入乌溪江。

全乡辖5个行政村、44个自然村。2014年，全乡总户数1195户，总人口3470人。年内出生31人，死亡34人，人口自

然增长率 -0.86‰。

全年实现工农业总产值4445万元，比上年增长5%；财政总收入712.6万元。农村经济总收入3181万元，增长7.8%；农民人均纯收入10982元，增长9.6%。年末信用社存款余额4134万元，增长25.5%，贷款余额2509万元，增长25.7%。

境内有蔡和班、蔡和脸谱、米塑等传统技艺，名胜古迹有大柯摄影基地和蔡王殿。

2014年蔡源乡各村情况一览表

表51

村名	自然村（个）	户数（户）	人口（人）	耕地面积（公顷）	林地面积（公顷）	集体收入（万元）	人均收入（元）	村支书	村主任
合计	44	1195	3470	213	5185	44.9	10982		
双溪	13	272	786	42	1374	7.5	10783	巫根卫	肖德军
蔡和	3	264	727	35	1646	19.6	10702	黄家春	郑惠仁
大柯	10	215	587	59	444	9.5	11972	罗齐建	罗建明
永兴	10	266	782	57	384	2.1	10992	刘金荣	林建明
甚坑	8	178	588	20	1337	6.2	10491	黄祖仁	巫孔启

2014年，全乡粮食播种面积447公顷，产量198.7万千克。茶叶种植面积290公顷，产值938万元。引进“中黄一号”茶叶品种，试种2万株。全乡有竹林面积347公顷。高山蔬菜种植面积107公顷，产值770万元。增油茶种植面积6.8公顷，油茶产值200万元。与上海金山区廊下镇结对，第一批试种的13.3公顷猕猴桃投产，新增猕猴桃种植面积4.6公顷。全乡有农民专业合作社9家，家庭农场4家。完成投资790万元的中小河流治理水利项目。推进投资975万元蔡溪源山区小流域农业生态工程建设。生态茶园、竹林道路改造提升项目竣工。

大柯村投资6万元建成通往古树林的100余米游步道，培育和改造19公顷桃园。大柯村入选丽水市第二批养生乡村，吸引1000多名游客到大柯观光，过大年。举办展示蔡和文化为主要内容的“八月会”，国庆期间蔡和村、双溪村联合举办“第二届蔡和文化节”，吸引上万名游客。

推进“大社保体系”建设，完成第一批社保卡发放工作。城乡居民医疗保险参保率100%，城乡居民养老保险参保率97%，全年累计报销医疗费59万元。发放群众救助资金（包括低保）47万余元。完成“充分就业县”乡镇的创建工作。

蔡源中心小学2013学年教学质量在全县同类学校中获特等奖，在全市同类学校中获一等奖。乡卫生院通过省级规范化卫生院和市级卫生乡镇验收。与丽水市人民医院万丰院区党支部结对合作，提高医疗水平。通过省体育创强乡创建工作，《蔡相文化》编就出版，举办迎国庆文艺晚会、文化走亲等文化活动。

【党的群众路线教育实践活动】2014年，蔡源乡在践行党的群众路线教育实践活动中，乡机关党员干部17人通过走村入户加深与群众联系。领导班子开展问题查摆，推行批评与自我批评，领导班子四风方面存在的主要问题，找准问题后，制定逐一整改项目表、明确整改时间。蔡和村党支部推行每月1日党员学习日和月初提议月末答复的工作法，鼓励党员参与村级事务管理。双溪村、蔡和村建立党员互助会，筹集资金用于困难党员及群众的帮扶和慰问，筹集资金2万元。双溪村党支部为70

岁以上党员集体过生日。全乡推行乡村干部与90岁以上老人结对制度，共走访结对90岁以上老人22人。实行信访事项领导包案制度，乡党政班子7人分别确定包案对象15人。开展集体摆摊服务，听取群众诉求、方便群众办事，共摆摊5次提供服务200余次。

【“无违建乡镇”创建】至12月4日，全乡完成拆除违章建筑面积5049.71平方米，其中拆除重点区域违章建筑52.40平方米，完成县委、县政府下达年度指标的420.8%。“无违建乡”创建工作全面完成，10月通过丽水市考核验收，无违建处置率100%。蔡源乡以作战图形式标注建筑点位信息的工作方法，在全市获推广。

【蔡溪源山区小流域农业生态工程项目】蔡溪源山区小流域农业生态工程项目，于2014年11月开始实施，总投资975万元，其中：中央财政资金375万元，省财政资金375万元，县财政配套资金150万元，村群自筹资金75万元。规划治理面积367公顷，其中耕地面积247公顷，园地面积120公顷，涉及双溪、蔡和、大柯、永兴、蔡口5个行政村，该项目主要工程建设内容包括新建灌溉渠道25条,19.938千米，新建拦水堰坝9座,长151米，新建护岸3处,共1.607千米，新建机耕路13.61千米，机耕桥2座；拟推广新品种1项。

【蔡源移民安置小区建设】蔡源乡为增强城镇集聚效应，推进蔡源移民安置小区建设，该小区主要为蔡源乡偏远村和附近乡镇的农民下山脱贫安置。规划建设总面积3.5万平方米，可安置128户400余人。2014年已建房71户，建设占地面积5680平方米，建筑面积22000平方米，已安置256人。11月中旬，启动投资248万元占地面积1351平方米的小区内配套设施中心幼儿园建设，规划2015年年底建成，可容纳50名幼儿就读。小区二期建设完成土地拍卖工作，出让23宗土地，建设占地面积1890平方米。2014年底，蔡和村居住人口1100余人，比2010年增长31%。

【“美丽蔡源建设动态预警图”绘制】2014年，蔡源乡推进洁净乡村工作，开展清扫行动，乡党委政府要求干部在下村走访中，绘制“美丽蔡源建设动态预警图”，为提升洁净乡村工作提供依据。全乡4个行政村都绘制“美丽蔡源建设动态预警图”，该地图动态显示各村的洁净情况。2014年蔡源乡洁净乡村工作全年累计得分188.5分，督查排名居全县第二名。

【集体摆摊送服务活动】5月20日，蔡源乡党委政府牵头组织开展集体摆摊送服务活动，参加摆摊的有乡计生办、妇联、“三改一拆”办、农业咨询、残联、民政、社保等各个便民窗口的工作人员，服务内容与百姓的切身利益休戚相关，服务对象涉及2万余人。活动中，工作人员向群众发放各类宣传资料200余份，活动现场解答群众咨询问题40个，涉及计生、社保、国土城建、农业等方面，征求意见建议6条。

【优质医疗服务进家门】6月9—10日，蔡源乡政府联合乡卫生院，开展优质医疗服务送进家门活动，丽水市万丰医院与遂昌县蔡源乡卫生院开展对接帮扶服务，该次活动市万丰院区党支部派出内科、妇产科、眼科、口腔科、五官科等8名专家为群众开展义诊，乡政府与卫生院工作人员帮助万丰院区发放宣传资料300余份，接受就诊、咨询500人次，通过结对帮扶，使蔡源乡广大群众享受到大医院的优质医疗卫生服务。

【来料加工业发展】蔡源乡农村富余劳动力较多，来料加工业发展迅速。2014年蔡源乡来料加工涉及服装加工、小风车、自动笔组装、鞋包边等项目。全乡发展来料加工经纪人13人，来料加工从业人员736人，全年发放来料加工费373.6万元。蔡和村服装加工厂，引进利朗、GXG、太平鸟等品牌的加工任务，实现了家门口农村富余劳动力就业问题。（黄丽莉）

西畈乡

【概况】西畈乡位于遂昌县西部，与江山市、衢州市衢江区交界，辖区面积135平方千米。

乡政府驻地西畈村，距遂昌县城109千米，距江山市区69千米。西畈乡是遂昌县最偏远的乡镇，被称为“遂昌县的西藏”。全乡有耕地面积115公顷，林地面积11708公顷。境内主要河流洋溪源自西南流向东北，注入湖南镇水库。

全乡辖7个行政村、52个自然村。2014年全乡总户数1561户，其中农业户1403户；总人口4408人，其中农业人口4268人；年内出生13人，死亡3人，人口自然增长率-2.65‰。

2014年，全乡工农业总产值6637万元，比上年增长1.2%。其中工业总产值1287万元，上缴利税60万元。全乡财政总收入880.88万元，增长32.5%。村集体经济总收入65.3万元，农民人均纯收入9797元，比上年增长8.3%。年末信用社存款余额4645万元，比上年增加774万元，增长20%。

2014年西畈乡各村情况一览表

表52

村　名	自然村（个）	户数（户）	人口（人）	耕地面积（公顷）	林地面积（公顷）	集体经济（万元）	人均收入（元）	村支书	村主任
合　计	52	1561	4408	115	11708	65.3	9797		
举淤口	2	159	487	11	970	28.4	9855	杨昌兴	廖吉峰
渡　口	6	219	631	18	912	3.8	9846	唐圣珉	罗富江
西　畈	8	386	1133	31	340	10.2	9898	罗华增	吴果财
湖岱口	20	385	1081	30	3390	12.8	9894	邓万根	刘祖华
上西坑	10	161	447	8	4470	0.5	9741	廖水金	邓莲法
独　坑	5	142	469	12	732	7.1	9443	张布祥	程良龙
渡　坑	1	40	160	5	894	2.5	9269	黄名利	廖永昌

2014年，全乡粮食作物种植面积313公顷，产量1450吨。茶叶总产量75吨，产值730万元。新增厚朴种植面积13公顷、杜仲3.3公顷、红豆杉1.3公顷、山桠皮2.2公顷。高山蔬菜种植面积6.6公顷，产值30余万元。有家庭农场3家，茶叶加工厂4家。

全乡常年外出务工经商1440人，年收入4320万元。来料加工从业人员468人，发放来料加工费295.38万元。

2014年，渡坑村1.3公顷农村土地综合整治提升项目完成。投资20万元的渡口等3个村小型水库项目和湖岱口村农村饮用水工程竣工。实施投资15万元的西畈村移办后扶项目。启动乡中心小学活动场所扩建工程。申报成功西畈村村内道路建设、防洪堤建设和上西坑村村内道路、堰坝建设“一事一议”财政奖补项目。

走访排查各类矛盾纠纷59起，调处59起，调处率100%。接待群众来访35起，106人次，接县信访转入信访件5件，均妥善处置和办理。

2014年，全乡共发放最低生活保障金10.87万元。城乡居民医疗保险参保3701人，参保率98.6%，实际筹资66万元。发放医疗救助金2.31万元，救助困难群众住房21户。建成渡口、独坑、上西坑3个村居家养老中心和乡残疾人康复中心。

2014年，西畈乡中心小学被认定为杨可扬版画传承学校。

【“6•27”特大洪灾】6月27日，西畈乡遭遇百年不遇的特大洪灾，降雨量峰值200毫米，长达1个小时。洪灾共造成全乡7个行政村、53个自然村全部受灾，受灾人口4408人，倒塌农房78幢，受淹损坏农田86公顷，道路冲毁15千米。冲毁防洪堤18.5千米、桥梁5座、堰坝10座、电站损毁4座.冲毁养猪场9个，损失猪1916头。转移人员1196人，安置254人；交通、电力、供水、通信全部中断，共造成经济损失1.2亿元。

【党员干部合力救灾抗灾】 西畈乡党员干部全力抗击“6•27”特大洪灾。洪灾发生时，渡口村党支部书记唐圣珉12次涉险救出6位老人（获全县“见义勇为”道德模范提名奖）。湖岱口村党支部书记邓万根不顾自家倒塌的房屋和年迈的父母，三过家门而不入。由于湖岱口村两委组织得力，及时安排人员展开救援、自救、后勤等工作，大灾面前无一人伤亡，该村被评为县级“见义勇为”先进集体。渡口村缪启福等18位村民越河救人、转移受困群众，被评为抗洪救灾先进个人，受到乡党委政府表彰。干群合理战胜洪灾，大灾面前无一人伤亡，无次生灾害发生。

【“6·27”灾后重建】“6·27”特大洪灾发生后，西畈乡迅速开展灾后重建项目。至年底，全乡倒塌房屋的108户，需原址重建11户，其中8户重建完毕，1户建成搬入居住。全乡集中建房安置点渡口村，土地征用、场地平整、规划设计、放样等工作完成。23户重灾户在原村租房安置，1户在衢州购房安置，3户3名老人安置到黄沙腰中心敬老院托养，其他重灾户均选择到云峰东亭小区或腾龙小区集中安置。实施水利应急抢修，修复两批41个点位安全隐患点，投资310万元修复防洪堤2388米。修复县道37个点位，长度3.8千米。农村康庄路全部抢修通车，后遭受数次暴雨袭击，多条道路再次被冲毁，又重新抢修通车。开展损坏农田全部外业测量工作，等待国土部门安排农田复垦规划设计。实施投资1000万元的洋溪源山洪沟治理项目，投资550万元的粮食功能区项目和投资580万元的水土保持项目勘察设计工作，其中粮食功能区项目完成预算移送财政审价。

【“五水共治”宣讲团】 7月，西畈乡成立“五水共治”宣讲团，共10人。宣讲团进村入户宣讲“五水共治”政策，推进西畈乡畜禽养殖场拆除整治工作。至年底，全乡拆除生猪养殖场18家，关停2家，合并1家，提升7家，拆除兔场6家，提升了辖区内的环境卫生。

【首届全民运动会】 12月4日，西畈乡召开全乡首届全民运动会。比赛有各行政村、机关、部门共8支队伍，67人参加运动会。运动会设有团体赛（拔河、螃蟹赛跑接力、两人三足接力、环保卫士接力）和个人赛（跳绳、投篮）共6个比赛项目，每个项目均设立一、二、三等奖和拔河团体奖。最终拔河团体奖由乡部门代表队夺得，跳绳第一名由学校教师汪优斌夺得，篮球第一名由乡机关周维维夺得。

【乡村文明促进会成立】 8月15日，西畈乡成立全国首个“以第三方公益组织为依托”的乡镇级乡村文明分会和遂昌首个村级文明会—举淤口村文明会，范围辐射至西坑、独坑等村。举淤口村文明会设立会长、常务副会长、副会长，确定了生态环境组、洁净村庄组、生态农业组、乡土文化组、道德教育组、互帮互助组、文化艺术组、健康养生组、文化娱乐组等。文明会的建立，是创新社会服务管理、维护社会平安稳定的重要载体。

【杨昌兴出席第二届中国乡村文明建设发展论坛】 11月，第二届中国乡村文明建设发展论坛在北京国家行政学院举办。遂昌县西畈乡举淤口村党支部书记杨昌兴参加了该论坛，并作《深山里的文明村》主题演讲，演讲以举淤口村从“猪粪村”到“文明村”的发展之路，引出了举淤口村发展乡村文明的工作方法和具体举措，并从如何引导村民改变习惯等角度，诠释了深山里也能飞出金凤凰的传奇，得到在座教授们的一致好评。

【杨可扬先生100周年诞辰系列活动】 8月21日，纪念杨可扬先生100周年诞辰祭扫活动在西畈乡举淤口村举行。县委副书记、县长何卫宁致纪念文，上海鲁迅纪念馆副馆长乐融、杨可扬先生女儿杨以平在祭扫仪式上致辞，县委常委、宣传部部长华治武主持祭扫仪式。杨可扬1914年出生于西畈乡举淤口村，2010年逝世，享年97岁。可扬先生用刻刀当枪抗日救亡、针砭时弊，用版画讴歌美好生活，在中国新兴版画史和中国现代美术史上有着重要的贡献。祭扫活动后，何卫宁在杨家祠堂为西畈乡中心小学版画传承学校授牌。可扬家属及相关人员80余人观看了可扬百年纪念片。

（周维维）

柘岱口乡

【概况】柘岱口乡位于遂昌县西南浙、闽交界处，辖区面积169平方千米。乡政府驻地柘岱口村，距县城90千米。全乡有耕地面积249公顷，山林面积1.53万公顷。

主要河流周公源为乌溪江支流，建有周公源一级、二级和三级水电站，总装机容量53.6兆瓦，是遂昌县装机规模和投资规模最大的水电站。

全乡辖5个行政村、70个自然村。2014年，全乡总户数2522户，总人口7178人。年内出生44人，死亡56人，人口自然增长率-1.69‰。

全年实现工农业总产值1.43亿元，比上年增长-29.19%；财政总收入821.84万元，增长-8.39%。农民人均纯收入10917元，增长10.61%。

2014年柘岱口乡各村情况一览表

表53

村名	自然村（个）	户数（户）	人口（人）	耕地面积（公顷）	林地面积（公顷）	集体收入（万元）	人均收入（元）	村支书	村主任
合计	70	2522	7178	249	15340	362.6	10917		
柘岱口村	23	658	1858	55	5083	99.8	11264	黄家南	黄家田
毛阳村	7	366	1048	39	1332	63.6	10377	周志卫	张芳明
尹家村	13	459	1338	33	4485	39.6	11252	张建军	尹德辉
际下村	14	360	1006	29	2596	116.5	11231	宋松法	黄孔明
五星村	13	679	1928	93	1844	43.1	10480	赖忠华	袁礼荣

2014年，柘岱口乡“四季产业”（春采茶叶，夏收百合，秋摘猕猴桃，冬做番薯条）初具规模。全乡茶叶种植面积213.3公顷，总产值790余万元，“毛阳毛峰”种植面积113.3公顷，实现产值450万元。百合种植面积33.3公顷。猕猴桃种植面积53.3公顷，年产量6万千克。全乡销售番薯条30万千克，实现产值400余万元。石蛙养殖基地共12家，新增3家。各类合作社数量从2013年的25家发展到30家，家庭农场数量从2013年的2家增加到9家。北洋猕猴桃专业合作社成功申报国家级示范合作社。

全年举办各类农业技术培训班10余次，受训农户400余人，发放各类技术指导资料1000余份。实施省派科技特派员科技扶贫项目，与浙江林学院共建番薯规范化栽培示范基地3.3公顷，开发番薯深化加工。扩大与遂昌网店协会战略合作关系，增农村赶街网点3家。

完善通村道路网，完成尹家、毛阳、际下10.8千米机耕路拓宽硬化，五星村3个自然村人行道硬化，北洋停车场硬化项目完工。五星村、际下村等5个自然村饮用水提升工程全面竣工。毛阳村坞石坑抗旱渠道建成投入使用。全年累计完成土地流转面积93.6公顷。

制定实施“一溪一档”制度、督办制度，进行全乡溪流沟渠摸底调查，建立档案资料，推行有毒有害垃圾有偿回收机制，全乡设立有毒有害垃圾回收点10余个，乡财政设立专项回收资金，累计投入有毒有害垃圾回收工作经费3万余元。与福建省际洋村合作，开展“穿越省际边界去治水”等活动，形成跨省联合保护生态机制。

2014年，全乡累计拆除违法建筑29处，占地面积4518.14平方米，建筑面积5001.43平方米，处置“两违”户212宗，拆除“两违”宗教类场所2处。

2014年，省级重点工程周公源梯级水电站建成并蓄水。电站分三级开发，总装机容量53.6兆瓦。一级电站正常蓄水位472.0米，水库总库容2147万立方米；二级电站正常蓄水位340.2米，水库总库容74万立方米；三级电站正常蓄水位290.44米，水库总库容55万立方米。工程主要建筑物有大坝、泄洪建筑物、发电引水系统、发电厂等，基本建设支出总额5.49亿元。2014年，浙江大金庄矿业有限公司年产25万吨萤石矿浮选项目落地五星村，完成厂房建设，占地面积2300余平方米，总投资额1.2亿元。

全乡低保户113户，申领最低生活保障金16万余元。全乡享受城乡居民医疗保险住院报销补偿643人次，报销补偿金额372万元。全年城乡居民医疗保险参保人数6351人，参保率98.43%，实际筹资金额113万元。共有2886人参加城乡居民社会养老保险，有1646人享受待遇。

2014年，柘岱口乡被评为遂昌县“五水共治”先进集体、社会管理综合治理先进集体、食品安全工作先进集体、平安乡镇（街道）、信访“三无”乡镇（街道）、部门。

【“万人清千河，河长晒垃圾”活动】4月16日，柘岱口乡组织开展了“万人清千河，河长晒垃圾”活动，共计300余人参加。在柘岱口村、际下村等河段，党员干部和群众一起下河，清扫卫生，拾捡垃圾，共护河道清洁。县林业局、团县委、公积金管理中心、联通公司等联系部门按照活动方案，赴五星村、尹家村、毛阳村开展活动。全乡范围掀起“全民参与清扫 共建五美遂昌”的热潮。

【“亲子共护母亲河”活动】6月4日，柘岱口乡开展“亲子共护母亲河”活动，全乡机关干部、各村群众、小学生共计400多人参加活动。少先队员们在老师、妇女代表、团员青年和家长的带领下，拿着铁钳、垃圾桶等工具走出校园，到柘岱口村河道边清理垃圾。他们戴着手套，拿着垃圾桶，边走边捡，经一个多小时的辛勤劳动，河道两侧的垃圾明显减少。许多村民看见后，不由得竖起大拇指称赞，并自发加入到“捡垃圾”队伍中。

【有毒有害垃圾回收】2014年，为有效保护水环境，柘岱口乡依托各村便民服务中心，采取乡财政有偿补贴、村保洁员分片收集、村委会代收暂管、乡政府统一回收处置的模式，引导群众主动回收有毒有害垃圾，达到花小钱治理环境的目的。全乡设立9个有毒有害垃圾回收点，累计投入资金3.5万余元，回收有毒有害垃圾5万余件。

（雷美钗）

社会新闻

停车收费员被打引发关注

《钱瓯遂昌》1月17日第三版："还是几米固定一个咪表好，停车刷卡、车走刷卡，简单方便。""应该主动把停车费交到收费员手上，不要对着收费员狂按喇叭。"……近日，遂昌论坛的网友们纷纷对停车收费管理问题，发表自己的看法。

引发网友对停车收费关注的，是1月9日发表在该论坛上的一则题为《人民医院附近，收费员被打得好惨》的帖子。该帖称，私家车车主王芳（化名）与收费员因是否打车票单发生纠纷，此时女车主的朋友李刚（化名）恰巧路过，动手殴打了收费员。

记者多方求证了解了事件过程，当日下午2时许，正在工作的收费员林某发现一辆银白色的小轿车停在县人民医院附近，她便上前准备打车票单。这时，女车主王芳拒绝林某为其打票，声称自己马上就走。林某解释称，如果车在10分钟之内开走，即使打完车票单也不会计费。王芳当即与林某争辩起来。这时，王芳的朋友李刚恰巧路过，在向王芳简单了解情况后，由于一时冲动，李刚对林某进行了殴打，导致林某脸部瘀肿，腰部挫伤。

事发后林某立即被送往医院治疗，目前双方正在就此事进行调解。

合伙做假药获刑十年

《钱瓯遂昌》2月18日第三版：日前，遂昌县法院对许某等人制售假药一案进行了宣判，许某因此获刑10年，并受到经济处罚。

2011年3月，许某和朋友周某一起闲聊商议，决定合伙生产假冒创可贴，约定由周某联系生产创可贴的机器及原材料，许某出资购买。同年7月，许某出资10万元，购得了生产创可贴的包装机，及标有云南白药牌、邦迪牌创可贴的包装盒、包装纸等原材料。为掩人耳目，两人特地到乡下租用一处民房作为厂房，雇佣工人生产假冒品牌创可贴，产品销往云南、广东等地。至2012年底，许某等人向市场销售假冒创可贴非法获利33万多元。

2012年年底，警方查获一批假冒药品，顺藤摸瓜，发现并一举捣毁许某生产假冒创可贴的作坊，随之将涉案人员抓获。

猴子闯进居民家中

2月21日《钱瓯遂昌》第三版："我家跑进了一只猴子，麻烦你们快来看看！"2月20日上午，县公安局接到妙高街道气象路唐女士的求助电话，称自己家里莫名其妙地跑进一只猴子，弄得家里一片狼藉。县森林公安分局接到指挥中心命令后，迅速派民警赶到现场。在现场，民警发现猴子正躲在一只箱子后面，用手电筒照它，还会调皮的探出头来看看。

唐女士说，早上起床时发现这只猴子在厨房里找吃的，把家里弄得一片狼藉。想抓又不敢抓，无奈之下只好打"110"求助。根据现场情况，民警先将箱子移开，然后用网兜把猴子网住，随后有抓捕经验的队员成功将猴子捉住。

县森林公安分局副局长刘

建成说："猕猴是国家保护动物，由于前几天下雪，猕猴应该是为了找食物跑到居民家中，我们暂时将其圈养起来，等查看身体无恙后放归大自然。"

牌友打架"殃及"同桌逃犯

《钱瓯遂昌》2月26日第三版：日前，县警方接到群众报警称，在妙高街道官碧路某棋牌室内有人打架。民警迅速赶到现场。经了解，原来是同桌打牌的钟某和叶某因口角造成肢体冲突。民警将双方当事人和同桌目击证人一同带到县巡特警大队进行调查。没想到的是，同桌打牌的周某竟是2013年因涉嫌诈骗被松阳警方网上通缉的逃犯。

经民警询问，犯罪嫌疑人周某对自己的犯罪事实供认不讳，他说自己迟迟未向公安机关自首是因为没有勇气，怕面对事实。目前，周某已交由松阳警方处理。

娶回"越南新娘"是有夫之妇。

《钱瓯遂昌》3月24日第三版：遂昌县一男子张某很郁闷，自己花7万元迎娶的越南新娘，竟是有夫之妇。近日，新娘的另一位丈夫—福建的陈某找上了门，称要将老婆带回去。

去年11月，30岁的张某通过跨国婚介公司找了一位越南新娘—小雪，并支付给婚介公司7万元中介费。随后，张某将小雪带回了遂昌，并办理了结婚登记手续。可让张某想不到的是，今年年初，陈某来遂昌找到张某，称小雪是自己的老婆，要将她带回福建去。张某和陈某都说小雪是自己老婆，并都有和小雪的结婚证明，只好来到公安部门处理。

经调查，张某和陈某的结婚对象的确是同一个人。2013年5月，福建男子陈某也是花了一大笔中介费，通过跨国婚介公司娶回的越南新娘，这人便是小雪，两人也办理了结婚登记手续。目前，此案件还在进一步调查中。

盗得四百年前古钟不识货

《钱瓯遂昌》5月9日第三版：为换钱，两名农民盗得古庙"四百岁"古钟一只，却因不识货，将其藏在出租房内，古钟躲过被倒卖一劫。

事情发生在黄沙腰镇上定村旺坑自然村。金竹镇的李某和柘岱口乡的周某平时游手好闲、不务正业，后因手头紧，盯上了旺坑自然村古庙天师洞府里的一口钟。这口古钟高一米多，钟身表面阳文篆刻着密密麻麻的字。两人以为这口钟是铜做的，便于2013年7月10日凌晨将古钟盗走，并将古钟藏匿于李某的出租房内。

古庙管理员老范发现古钟被盗后报了警，警方迅速展开侦查，最终将目光锁定在李某和周某身上。归案后，两人如实供述了犯罪事实。由于两人发现古钟质地不是铜而是铁时，将钟丢在出租房内半年多，不再理睬，让古钟逃过被倒卖的命运。

经鉴定，这口铁钟是明代万历年间铸造，距今有四百多年的历史，为三级珍贵文物。目前，县人民法院对这一盗窃文物案件进行公开审理，当事人均被判处有期徒刑六个月，缓刑一年并处罚金人民币一万元。

代考驾驶证双受处罚

《钱瓯遂昌》5月21日第三版：周某酒后驾驶被记满12分，找人顶替进行科目一考试（理论考试）。朋友吴某帮周某代考，却被细心的考官发现，两人都受到处罚。

周某因酒后驾驶，驾驶证被扣12分，需要重考科目一，但考了三次均未通过。他托请朋友吴某帮他代考。吴某不负所"托"，考了90分。原以为能够瞒天过海，谁知查验签字时被细心的考官却看出猫腻。经询问，吴某承认了自己为朋友代考的行为。根据相关规定，取消周某本次考试资格，且一年内不得预约考试。代考者吴某写检讨书，给予警告处罚。

灶上烧着菜主人离家

《钱瓯遂昌》9月1日第三版：县城叶坦太和路一住户，灶台上正烧着菜，主人却锁上门离家。菜烧焦厨房冒起浓烟，幸被邻居发现及时报警，避免了一场火灾的发生。

事发当天上午8点多，县消防大队接到报警称，叶坦太和路上的一居民房内冒出阵阵浓烟。消防官兵迅速赶到现场，看到二楼房内有浓烟往外冒，于是爬上二楼窗台，切割防盗窗进入室内。该室为厨房，锅内红烧肉已经烧焦，冒出浓烟，而煤气灶的火烧得正旺。消防官兵及时关闭煤气桶阀门，经过二十分钟的排烟，排除了险情。“还好发现及时，如果继续让它燃烧的话，可能会造成更为严重的后果，甚至发生爆炸。”县消防大队中队指导员朱贤高说。

经了解，原来户主因有事匆匆离家，忘记了关掉厨房灶台上的火，险些酿成火灾。

持枪抢劫女出租车司机

《钱瓯遂昌》9月7日第三版：8月7日19时30分，一名20来岁的年轻男子来到了詹女士的出租车旁问道：“去龙游吗？”詹女士见有生意上门，就一口答应了。谁曾想，当车子驶到龙游偏僻地段时，该男子突然从后面掏出一支仿真手枪威胁詹女士，并扬言不听话就开枪。随后，该男子抢走了詹女士身上的所有现金后。男子离开后，惊魂未定的詹女士报了警。

县公安局接到报警后，根据詹女士提供的线索，很快锁定了犯罪嫌疑人。经过连续多日的紧急追捕，于8月23日凌晨3时在龙游境内抓获该嫌疑男子。

杜鹃花开八色取名“团员”

《钱瓯遂昌》10月17日第三版：日前，三仁乡大觉村的雷关土给本报打来电话，称他栽培的一株杜鹃花这几天正开得热闹，这已是今年第二次开花，而且还是多种颜色。

在雷关土家中，记者见到这株奇特的杜鹃花，红的、粉的、白的……共有八种颜色，绚丽夺目。雷关土介绍说，这株杜鹃花是他多年前山上挖来的，经过反复嫁接，这株杜鹃花上共生了八个品种，一年能开三次花。八个品种同时开花，八种颜色齐聚一盆，就好像多个民族相亲相爱，于是给这株杜鹃花取名为“团圆”。

这株杜鹃花为何一年能开花三次？雷关土说，这与栽培的室温、肥力等因素有关。他表示，将利用嫁接多品种杜鹃花这一技术，开辟一条致富途径。

警方抓获电瓶车大盗

《钱瓯遂昌》11月3日第三版：近日，县警方抓获盗窃电瓶车犯罪嫌疑人陈某，破获系列盗窃电瓶车案10余起，涉案金额达4万余元。

今年5月份以来，县城发生多起电瓶车被盗案件。警方对此高度重视，通过对案件的回访及视频侦查，锁定了犯罪嫌疑人陈某。10月27日上午，警方在视频巡逻时，发现一名形迹可疑的男子，在县城叶坦路附近游走，仔细辨别，正是此前锁定的犯罪嫌疑人陈某，便立即派出便衣民警上前跟踪。最后，在叶坦路附近一弄堂内，民警将正在实施盗窃行为的陈某当场抓获。

经审问得知，陈某犯盗窃罪刚今年3月刑满释放，因没有收入，又“重操旧业”，干起偷鸡摸狗的行当。自今年4月起，他先后偷盗电瓶车18辆，以低价出售获利。

人物·先进

浙江省劳动模范

【毛卫华】男，1971年6月生，浙江遂昌人，中共党员。中学特级教师。第六届浙江省功勋教师。2014年浙江省劳动模范。浙江锦绣育才教育教团遂昌育才中学执行校长。

自1993年从教以来，毛卫华一直坚守教育岗位，用心教学，用爱教育，从山区中学到县属中学，从普通教师成长为省级名校中层，在教育教学中取得了显著的成绩。在教学中，他旁征博引、循循善诱，成绩优异。他所任教的语文成绩，有14年获全县同类学校第一名。在学校管理中，他率先垂范，每天6：30分到校，21：00后离校，样样落实，天天坚持。在他的带领下，育才中学2013年中考各项指标均居全市72所学校之首。中考总平均分高出全市155分。

几年来，他主持的课题获省二等奖1项，市一等奖1项，市二等奖3项；出版专著1本。在国家级刊物发表论文4篇；在省级刊物发表论文8篇。先后应邀在杭州、金华、衢州、绍兴、丽水等地市开示范课、讲座100余节次。

1999年被省教委评为省优秀教师；2004年获省优质课评比第一名；2009年被教育部评为全国优秀教育工作者；2010年被省政府评为省特级教师；2012年入选丽水市138人才第一层次培养对象；2013年被省政府评为省功勋教师。

【郑宗长】男，1963年1月生，中共党员。遂昌县云峰街道长濂村党支部书记。2014年浙江省劳动模范。

郑宗长从1996年起担任长濂村村委会主任，2005年起担任村党支部书记。在其任职期间，长濂村从一个贫穷、落后的“猪粪村”华丽转变为全国文明村，村民人均纯收入1.5万元，村集体年收入260万元。

在郑宗长带领下，长濂村依托毗邻浙江元立集团和利民化工公司的区位优势，于2000年成立经济开发公司，先后投资4700万元，建造了4.8万平方米的厂房和1640平方米的工业服务区，收购县城海天商务宾馆，年综合收入1500万元。2002年成立长濂旅游开发公司，先后投资3500万元，建设了鞍山书院景点并发展农家乐，获得“丽水市十大休闲山庄”“浙江省五星级农家乐”。建成长濂古街区。投资500万元，修缮5栋古民居。长濂公司的创建，大大地解决了村民的就业，提高了村民和村集体的收入，各项成绩得到了各级领导的充分肯定。

长濂村先后获得国家级荣誉称号4项，2011年被获评“全国文明村镇”。获得省级荣誉称号12项，2009年被授予“浙江省模范集体”、2011年被授予“先进基层党组织”。

第三届遂昌县道德模范

助人为乐模范

【王伟鸿】男，1977年生，福建莆田人，遂昌县石练镇三鸿食品有限公司总经理。2010年来遂创业伊始，王伟鸿就给石练镇几十户低保户、困难户送去慰问品和慰问金。从那时开始，他坚持每年帮助身边的困难群众，有时还带着公司员工一起做好事。2011年3月捐赠给石练中心小学5台电脑。数年来，王伟鸿捐助社会各界财物近30万元，先后被评为“最美石练人之美德新石练人”、丽水市“丽水好人榜”助人为乐好人、丽水市“十佳美德新丽水人”等荣誉称号。

【林水根】男，1929年8月生，中共党员，垵口乡的“环保卫士”。从2003年起，林水根每天都手拎垃圾袋，边走路边捡垃圾，几乎都要走上十多公里。十几年来，林水根风雨无阻，他从没有向村里、乡里要过工资，一直义务环保。同时，林水根积极宣传环保知识，村民、学生、路人，都是他宣传的对象。老人的环保行动，影响感染了周围许多人。

助人为乐提名奖

【吴广遂】、【周陈松】

见义勇为模范

【罗发春】男，1965年9月生，中共党员，黄沙腰镇大熟村支部委员。2014年6月27日清晨，强降雨引发大熟村山洪和泥石流。罗发春正确判断灾情，迅速采取措施，果断开展救援。洪灾中，他先后将村民黄开富及其7岁的儿子从进水的电站中救出；将村民黄秀英背到安全地带；村民俞培荣夫妻不愿离家，罗发春再三劝导，强制将他们拉了出来；村民俞宜先一家三口被洪水逼到房子平顶上，罗发春多次往返将他们安全转移；88岁的李玉娇老人被困在水深1米的房子里，闻声而来的罗发春迅速背起老人，向外转移。

见义勇为提名奖

【唐圣珉】

诚实守信模范

【陈利红】女，1979年3月生，遂昌维康竹炭开发有限公司法定代表人，遂昌县网店协会副理事长。陈利红创办的维康竹炭公司本着“诚信做产品”的理念，建立了道德讲堂，开展对员工的诚信教育，凭着过硬的产品质量和服务质量来表达她对客户的尊重和诚心。公司创办以来，获个人专利8个，产品占据淘宝网竹炭市场40%份额，发展1000多家批发代理商，2万多家网店，赢得了300多万用户的信赖。先后获丽水市十大新锐网商、遂昌县企业家创业奖、丽水市农村电子商务示范企业、守合同重信用企业、十大农村电子商务示范企业、亩税贡献先进企业等荣誉。

【翁方荣】男，1965年3月生，遂昌县羽峰食品厂法定代表人。15年来，他坚守诚信创业理念，把一个生产竹笋产品、遂昌青糕、黄米粿的小食品厂，发展成享有良好口碑、深受消费者青睐的绿色生态企业。“诚信不言亏，顾客无小事”是他的经商法宝，他对农产品的生产加工要求非常严格，用钝刀切笋保证嫩度，绝不添加任何防腐剂。“最佳诚信网货供应商、诚信企业、省名牌农产品、省著名商标、守合同重信用单位”等荣誉是对翁方荣多年的诚信付出的肯定。

诚实守信提名奖

【朱津峰】

敬业奉献模范

【杨昌兴】男，1963年2月生，西畈乡举淤口村党支部书记。2009年杨昌兴当选村委会主任，面对一穷二白的落后村，他把衢州市区的房子以41万元低价卖掉，投入村庄整治和“洁净乡村”建设。通过几年努力，举淤口村风气焕然一新，村民生活水平大幅提高。在杨昌兴的带领下，举淤口村成为中国美丽乡村的“文明标杆”。2013年，杨昌兴当选村党支部书记。

【周建新】男，1962年10月生，县环境卫生管理处清掏工。周建新在淘粪第一线已经干了二十年。他开着吸污车穿梭在大街小巷，工作在疏通下水道、清理化粪池的最前线。遂昌老城区有的地方，吸污车进不去，周建新就用铁锹一点点地把粪便、淤泥、碎砖等杂物清理出来，甚至徒手完成工作。哪怕是休息日，只要群众一个电话，他都会第一时间赶到现场清理。每年除夕，周建新都因忙着给居民清理化粪池而错过和家人团聚的时间。

敬业奉献提名奖

【华德文】、【胡焕忠】

孝老爱亲模范

【谢金发】男，1954年10月生，中共党员，焦滩乡前山村党支部书记。谢金发27年如一日照顾瘫痪妻子和体弱多病的父母，用行动诠释对家庭的责任，受到群众的交口称赞。1988年，妻子黄爱钗意外摔伤，中椎骨折，高位截瘫。面对瘫痪的妻子、体弱多病的父母，和两个幼小的女儿，谢金发独力扛起一个家。2001年，谢金发的父亲瘫痪在床，两年后去世。2012年母亲又中风瘫痪，7个月后去世。在谢金发的精心照顾下，患病的父母、妻子没有受到一点委屈。

【常吉娥】女，1942年1月生，遂昌金矿退休职工。退休后，常吉娥就挑起了护理年迈的公公婆婆的重担。公公每年住院有10多次，每次住院都是常吉娥照顾。一次，公公多日没解大便，憋得满头大汗。常吉娥没想那么多，边做思想工作，边用手抠着干粪便，终于解除了公公的痛苦。公公去世后，常吉娥又承担起伺候婆婆的重任，十几年如一日，精心照顾婆婆的饮食起居，虽为媳妇，胜过亲女。2014年，她的婆婆已经是99岁高龄的长寿老人了。常吉娥用自己的言行诠释着孝老爱亲的传统美德。

孝老爱亲提名奖

【蓝玉凤】、【朱水球】

2014年度取得高级专业技术职务任职资格一览表

表54

序号	姓名	性别	工作单位及职务	出生年月	专业技术职务
正高					
1	林曙峰	男	遂昌县人民医院	1970.09	主任医师
2	周方萍	女	遂昌县人民医院	1971.11	主任护师
副高					
序号	姓名	性别	工作单位及职务	出生年月	专业技术职务
1	张全军	女	遂昌县中医院	1969.8	高级会计师
2	骆月英	女	遂昌县中医院	1968.12	高级会计师
3	夏丰	男	浙江九龙山国家级自然保护区管理局	1976.08	高级会计师
4	谢东明	男	遂昌中学	197511	中学高级教师
5	林东	男	遂昌中学	1970.11	中学高级教师
6	阮菊红	女	遂昌县职业中等专业学校	1977.11	中学高级教师
7	朱富明	男	遂昌县职业中等专业学校	1972.04	中学高级教师
8	范青红	女	遂昌县职业中等专业学校	1978.01	中学高级教师
9	翁昌盛	男	遂昌县民族中学	1973.11	中学高级教师
10	钟拥政	男	遂昌育才中学	1977.09	中学高级教师
11	周翠芳	女	遂昌育才中学	1979.07	中学高级教师
12	戴赛梅	女	遂昌育才中学	1976.05	中学高级教师
13	雷建宏	男	遂昌县第三中学	1960.01	中学高级教师

序号	姓名	性别	工作单位及职务	出生年月	专业技术职务
14	郑丽媛	女	遂昌县教育局教研室	1978.01	中学高级教师
15	吴琼	女	遂昌县青少年宫	1978.11	中学高级教师
16	吴振英	女	遂昌育才中学	1975.11	中学高级教师
17	王菊玲	女	遂昌县三仁畲族乡中心小学	1968.10	中学高级教师
18	王伟军	女	遂昌县示范幼儿园	1969.11	中学高级教师
19	范国才	男	遂昌县人民医院	1979.10	副主任医师
20	周根来	男	遂昌县人民医院	1967.01	副主任医师
21	雷素英	女	遂昌县人民医院	1976.10	副主任医师
22	刘银秀	女	遂昌县人民医院	1978.09	副主任医师
23	王军华	男	遂昌县人民医院	1976.10	副主任医师
24	黄伟强	男	遂昌县人民医院	1976.04	副主任医师
25	吴瑞娥	女	遂昌县人民医院	1975.10	副主任护师
26	张疏宜	女	遂昌县人民医院	1968.08	副主任护师
27	章彤云	女	遂昌县人民医院	1969.05	副主任护师
28	周淑平	女	遂昌县人民医院	1970.08	副主任护师
29	邱建胜	男	遂昌县中医院	1976.02	副主任医师
30	毕维平	男	遂昌县中医院	1972.03	副主任医师
31	黄俊莲	女	遂昌县疾病预防控制中心	1976.10	副主任技师
32	李素娟	女	遂昌县妙高镇社区卫生服务中心	1979.12	社区副主任中医师
33	王智峰	男	遂昌县妙高镇社区卫生服务中心	1957.01	副主任中医师
34	叶军	男	遂昌县职业中等专业学校	1976.02	中学高级教师（援疆）
35	商继东	男	遂昌县林业局牛头山林场	1967.06	高级工程师
36	唐昌贻	男	遂昌县新路湾镇林业工作站	1962.12	高级工程师
37	李丽君	女	遂昌县文化馆	1961.12	群文副研究馆员
38	程琳菲	女	遂昌县文化馆	1979.08	群文副研究馆员
39	何素静	女	遂昌县妙高街道文化站	1963.08	群文副研究馆员
40	王春妹	女	遂昌县北界镇文化站	1966.10	群文副研究馆员
41	吴卫红	女	遂昌县图书馆	1968.12	图资副研究馆员
42	雷文勋	男	遂昌县种子管理站	1962.12	高级农艺师
43	夏根和	男	遂昌县种子加工中心	1955.04	高级农艺师
44	程春涛	男	遂昌县云峰街道农业推广服务中心	1974.08	高级农艺师

序号	姓名	性别	工作单位及职务	出生年月	专业技术职务
45	应云祥	男	遂昌县应村乡农业推广服务中心	1959.06	高级农艺师
46	潘学武	男	遂昌县农村公路工作领导小组办公室	1975.02	交通工程高级工程师
47	王雨民	男	遂昌县矿产资源督察站	1963.06	高级工程师
48	郑卫东	男	浙江利民化工有限公司	1970.01	高级工程师
49	濮发祥	男	浙江利民化工有限公司	1975.08	高级工程师
50	周振宇	男	浙江凯恩特种材料股份有限公司	1971.12	高级工程师
51	张世武	男	遂昌县水文站	1967.09	高级工程师
52	黄根法	男	遂昌县城关水利水电管理站	1961.04	高级工程师
53	唐昌华	男	遂昌县科技局	1967.03	农业技术推广研究员
54	尹设飞	男	遂昌县农业局	1968.12	农业技术推广研究员
55	张建雄	男	浙江凯恩房地产有限公司		高级工程师
56	李　忠	男	浙江盛康工程管理有限公司	1969.06	高级工程师

获省部级以上和市委市政府表彰的先进集体、省部级以上表彰的先进个人名单和县委县政府表彰文件（部分）

1.遂昌县被国家环境保护部授予“国家生态文明建设示范县”称号。

2.遂昌县被国家发改委列入国家大中型水库移民避险解困试点县。

3.遂昌县被国家农业部列入全国信息进村入户试点县。

4.遂昌县被国家标准委、财政部列入全国首批农村综合改革标准化试点项目—美丽乡村建设标准化试点县。

5.遂昌县被中国旅游产业发展年会组委会评为“2014美丽中国十佳旅游县（区）”。

6.遂昌县人民政府被中国休闲发展论坛授予“2014年度中国最美休闲小城”称号。

7.遂昌县被省委、省政府命名为连续九年平安县。

8.遂昌县被省委、省政府、省军区命名为“浙江省双拥模范县”。

9.遂昌县被省政府授予“浙江省电子商务示范县”。

10.遂昌县被省政府办公厅评为浙江省第二十届水利“大禹杯”竞赛活动优胜单位。

11.遂昌县被省政府办公厅评为“第三批浙江省旅游经济强县复核优秀单位”。

12.遂昌县被省政府办公厅评为基本公共服务均等化行动计划实施工作优秀县。

13.遂昌县被省政府办公厅评选为浙江省园林城市。

14.遂昌县被省“千村示范万村整治”小组评为2014年度全省农村生活污水治理工作优胜县。

15.遂昌县荣获市委、市政府洁净乡村创建工作优秀奖。

16.遂昌县被市委、市政府评为第四批科技特派员工作先进单位。

17.遂昌县南溪东岸河道景观工程被市委、市政府评为丽水市2014年度“六个一”优秀工程。

18.中国移动遂昌分公司阳光QC小组被中国质量协会、中华全国总工会、中华全国妇女联合会、中国科学技术协会命名为2014年全国优秀质量管理小组。

19.县委政法委、县司法局被省委、省政府授予浙江省社区矫正工作先进集体。

20.县民政局被省双拥领导小组评为省爱国拥军模范单位。

21.县农业局被市委、市政府评为“丽水市文明单位”

22.高坪乡入选国家生态文明建设示范乡镇。

23.高坪乡被中国气象局授予第二批标准化气象为农服务乡镇。

24.垵口乡被市政府列入第一批金融创新示范乡镇(街道)。

【省部级以上表彰的先进个人】

1.县公安局应事建被公安部评为“打击食品犯罪保卫餐桌安全”专项行动成绩突出个人。

2.县安监局叶勇飞被国家安监总局、国家煤矿安监局评为安全生产监管监察先进个人。

3.大柘镇中心小学王伟平被教育部授予全国优秀教师荣誉称号。

4.县农办梁善根被省委、省政府评为2014年度浙江省“五水共治”工作先进个人。

5.遂昌育才中学毛卫华、云峰街道长濂村郑宗长被省人民政府授予浙江省劳动模范荣誉称号。

6.县人民法院周惠平、县司法局林义生被省委办公厅、省政府办公厅评为社区矫正工作先进个人。

7.北界镇范建文被省人民教育基金会授予浙江省第二十三届“绿叶奖”称号。

8.三仁畲族乡中心小学雷松根被省人民教育基金会授予浙江省第二十五届“春蚕奖”称号。

【县委县政府表彰文件(部分)】

1.《中共遂昌县委 遂昌县人民政府关于表彰2014年度乡镇 街道工作全面考核先进单位的通报》

一等奖:妙高街道、金竹镇、焦滩乡

二等奖:石练镇、云峰街道、三仁乡

三等奖:柘岱口乡、湖山乡、新路湾镇

2.《遂昌县人民政府关于给予县公安局记集体三等功的决定》

2014年,县公安局忠诚履职,主动作为,在各项中心工作中取得显著成效。经研究,决定给予县公安局记集体三等功一次。

3.《中共遂昌县委 遂昌县人民政府关于表彰2014年度项目推进工作优秀单位和先进个人的通报》

4.经考核,决定对2014年度项目推进工作优秀单位、先进个人予以通报表彰。

综合优秀奖:县发改局、县建设局、县工业园区管委会、县旅委

固定资产投资优秀奖:县国土资源局、石练镇

重点建设项目推进优秀奖:县交通运输局、县教育局

重大项目前期工作优秀奖:县水利局、湖山乡

服务优秀奖:县公安局、县财政局、妙高街道

邱小松等20人获项目推进工作先进个人。

5.《遂昌县人民政府关于表彰2014年度纳税大户的通报》

经审核评选,县人民政府决定授予76家企业、单位为“2014年度遂昌县纳税大户”称号,现予以通报表彰。分别是:

纳税超4000万元:浙江凯恩特种材料股份有限公司、国网浙江遂昌县供电公司

纳税超3000万元:浙江遂昌废旧金属回收有限公司、遂昌县农村信用合作联社

纳税超2000万元:浙江遂昌遂钢金属制品有限公司、遂昌凯新置业有限公司、丽水市烟草公司遂昌分公司

纳税超1000万元:浙江新宏钢制品有限公司、浙江遂昌正中莹石精选有限公司、浙江同昌经贸有限公司、浙江利民化工有限公司、遂昌万丰废旧金属回收有限公司、浙江元立金属制品集团有限公司、浙江永联民爆器材有限公司遂昌永新分公司、浙江凯兴置业有限公司、浙江省遂昌金矿有限公司、浙江凯恩电池有限公司

纳税超800万元:浙江荣凯科技发展股份有限公司

纳税超500万元:浙江遂昌圣豪矿业有限公司、浙江新元焊材有限公司、浙江凯恩房地产有限公司、遂昌绿源木业有限公司、浙江龙川水利水电开发有限

公司、浙江遂金特种铸造有限公司、遂昌县明盛电业有限责任公司

纳税超300万元: 遂昌鑫五机械有限公司、浙江凯恩纸业销售有限公司、遂昌峰力金属制品有限公司、遂昌县九龙山水电开发有限公司、浙江丽水泰豪市政园林建设工程有限公司、遂昌县恒汇有色金属回收有限公司、浙江遂昌城兴房地产有限公司、遂昌县汇元小额贷款股份有限公司、中国移动通信集团浙江有限公司遂昌分公司

纳税超200万元: 浙江冈本钢铁有限公司、浙江正圆不锈钢管业有限公司、遂昌县遂金废旧物资回收有限公司、丽水中正建设有限公司、浙江池河科技有限公司、遂昌县南方建筑工程有限公司、浙江遂昌成屏水力发电有限责任公司、浙江罗邦建设有限公司、浙江和新科技有限公司、遂昌宏信废旧物资回收有限公司、遂昌县电力工业局、遂昌县周公源水电开发有限公司、遂昌罗邦置业有限公司

纳税超100万元: 遂昌碧龙源水电开发有限公司、浙江裕诚建筑五金有限公司、浙江大德龙生物技术有限公司、浙江凯恩建筑工程有限公司、中国电信股份有限公司遂昌分公司、遂昌元立国际饭店有限公司、遂昌德氟矿业有限公司、浙江省遂昌县清水源水电开发有限公司、遂昌华泰实业有限公司、浙江利化爆破工程有限公司、浙江瓯业园林建设有限公司、浙江丽康鞋材有限公司、浙江大金庄矿业有限公司、遂昌县华通汽运有限责任公司、遂昌县林产化工有限公司、遂昌县成屏二级电站有限责任公司、浙江天金房地产集团有限公司遂昌分公司、浙江省遂昌县圣民矿业有限公司、浙江汇丰市政园林有限公司、浙江遂金贵金属有限公司、遂昌天赐高新材料科技有限公司、浙江剑光酒业有限公司、遂昌乌溪江水电开发有限公司、浙江顺丰煤炭贸易有限公司、遂昌县公路养护工程有限公司、浙江遂昌华欧旅游投资有限公司、遂昌金星废旧金属回收有限公司、遂昌金矿矿山公园有限公司、遂昌县交塘水力发电有限公司。

外地媒体看遂昌

浙江遂昌：发展生态经济是一种信仰

“去年下半年，我到遂昌，看到这样一个农村电子商务的平台，我就说这个不得了！一个平台，下面连接数千家当地网商，然后按照第三方的需求下农业的订单。当时我就说，遂昌我一定要再来！果然，现在遂昌已经探索出了电子商务综合服务商加上网商再加上特色产业为核心的遂昌模式，走出了一条绿色生态发展之路！”浙江省副省长梁黎明在2014年6月12日举行的浙江省农村电子商务工作现场会上说。

电子商务浪潮没来之前，遂昌，这个浙西南的县城，省里领导很少下来。遂昌境内山地占县域面积的88.83%，因而也面临山区农村普遍存在的问题：区位优势不明显、工业产业规模小且分散、信息闭塞、劳动力外流……

“在浙江省全省的财政收入来看，遂昌几乎是可以忽略不计！”遂昌县委一常委如是对《小康》记者说。

怎样富起来？遂昌人一直在找路子！

“生态是遂昌立县之本、富民之基、幸福之源、永续之根。”在遂昌县委书记杜兴林看来，生态就是机遇，致力生态崛起的绿色经济就是遂昌面向未来的“赶考”。

自然的馈赠

比拼“钱袋子”，遂昌人没什么底气，但是说到遂昌总会有人说这里大米好，因为高山原生态，没有施化肥；说遂昌土鸡肉质鲜美，因为它们不是吃饲料而是吃谷物长大的；说遂昌山茶油好，根本不用担心转基因的问题；说遂昌笋好，不然《舌尖上的中国》为何开篇就是遂昌笋……

遂昌全县森林覆盖率达82.3%，国家森林公园就位于其境内。

遂昌全年没有一个雾霾天气，空气中负氧离子含量是世界卫生组织对清新空气标准界定值的6倍。

400年前汤显祖笔下“山也清，水也清，人在山阴道上行，春云处处生”所描绘的原生态环境是遂昌天然的优势，发展绿色农业也是自然而然的选择。然而，农业—这直接向自然要财富的第一产业，增长变量毕竟有限。

要缩小与发达地区的距离，遂昌的执政者彷徨过。按照规定动作，发展第二产业是必经之路，毕竟“工业是第一经济”的传统理念根深蒂固。

污染工业靠绿重生

“镜头扫过来，我们亮亮丑。”

4月16日早上9点，遂昌县委书记杜兴林穿着雨靴，手持火钳，沿着联席下游河岸捡拾垃圾。举着河边隐蔽处的一堆果皮和饮料瓶，杜兴林说：“不深入不知道其严重，不到河边不知道有多脏。”

当天，遂昌展开了“万人清千河，河长晒垃圾”的全县大行动。每位县领导各自带着各级河长们，沿河实地找垃圾，查问题，究原因，解难题。为此，同一时间内，在该县各条主要河道边，晒出了近百场“垃圾大赛”。

铁腕治水，将洁净进行到底，对污染说“不”—这是遂昌设立的环保“高压线”。

一条南溪，穿过大半个遂昌县城，沿着清澈溪水，筑有亲水台、汤公园、游步道、健身公园，是市民日常休闲好去处。

十几年前，南溪却是另一番景象：临溪的遂昌造纸厂（凯恩集团前身），两个车间轮番排放污水，河里的水被污染得像酱油，黑浪翻滚，碱味刺鼻。南溪因此得名“酱油河”。

纠结的回忆让79岁的造纸厂退休职工傅芝婷至今记忆犹新。尽管当时能进造纸厂都是身份象征，但由于生产的是低端产品，原料是麦秆、稻草、树皮，经过蒸、洗、漂等工序，一天排放三次黑滚滚的污水，车间里的同事们都皱起眉头，连呼作孽，在左邻右舍面前也是心情复杂。

这条“酱油河”，也成为当时百姓心中的“难忘的伤痛”：水不能喝、不能洗，即便经过，也要掩鼻绕行。

以环境为代价，遂昌造纸厂不仅濒临倒闭，还被列为全国500家污染最严重的造纸企业，被责令整改。

“要么像丽水市其他三家造纸企业一样关停，黯然退出历史舞台，要么自断后路、浴火重生？”通过股份制改造，凯恩华丽转身，走上了科技创新之路。生产高附加值的高科技特种纸，不仅一举切断污染源，还为企业健康发展迎来了生机，企业一举成为省清洁生产典范企业、绿色环保企业，并跻身国家高科技企业行列。

如今，因为新产品对水质要求更高，凯恩集团关闭两大车间，在更上游的地方新建了花园式厂区，这让退休后遛弯经过的傅芝婷傻了眼，“要不是以前相识的同事告诉我，我还以为自己走错了。”傅芝婷特意在“花园”里仔细考察了一圈，一应俱全的过滤、处理装置让老人惊叹不已。

和凯恩一样，遂昌多家企业自发承担起治污、治水的主体责任，不仅为五水共治捐款捐物700余万元，还在转型升级中不断发力：全国500强的元立集团主动淘汰落后产能，关停年产钢材12万多吨炼钢分厂，推进节电、节水、节气技术，利用余热发电实现90%的用电自给，还建成了全国最长的金属制品产业链；生产工业炸药的利民化工利用本地茶叶、竹叶、野菊米等丰富资源，建设了年产300吨茶多酚、竹叶黄酮、野菊活性成分等机械化学提取生产线新建项目，走种植、生产、加工、销售一体的可循环绿色生产之路；行业内的“智多星”遂昌碧岩竹炭申报的国家专利超过100项，各项生态、环保的产品赢得市场青睐，成为去年遂昌县企业在省股权交易中心成功挂牌的第一家……

遂昌对工业发展虽然“求贤若渴”，但并不是“饥不择食”，原因就是坚持生态经济的发展之路。据不完全统计，县工业园区曾拒印染、化工、不锈钢处理、氟化工等“两高”行业进入园区投资，拒资达12亿元。

虽然，遂昌工业自发的绿色转型并没有让遂昌经济迎来短期的飞跃式发展，但是它带来的是对遂昌生态资源的保护，是对可持续变现资源的保护。

“遂昌的发展要扬长补短，工业这个短肋要补，但不急于一时。一切有利于遂昌发展生态经济的长处要扬，并且要坚定不移地走下去！”杜兴林和《小康》记者说。要缩小与发达地区的差距，甚至超越，遂昌开始在一产、二产以外寻求自己的长处。

守住青山卖生态

以县委书记杜兴林、县长何卫宁为代表的遂昌县领导班子清楚地认识到，全县2539平方公里，九山半水半分田，在富足的长三角地区，不卖大山里的生态还卖啥？生态是遂昌的首选优势，但却并不等于有了生态优势就有经济优势。要把资源变成现实生产力，绿水青山才能变成金山银山。

5月18日，《小康》记者在大柘镇大田村的茶农山庄了解到，这个仅有两层的小楼，可以说是夫妻档，外加一个服务员一个厨师，每年的收入便可以达30万元。“因为近旅游景点千佛山，游客多一些，因此饭馆虽然不大，平均每桌客人的消费大约在500元左右，客人都觉得实惠，但生意都还算好。”农庄的老板对《小康》记者说。

在大田村，像茶农山庄一样的饭馆还有三十多家，另外还有七十多户农民自己种茶并开了茶叶厂，在这个仅有百余户人家的农村，基本上每家每户都有自己的产业，人均收入达3万元以上。

“五一”小长假期间，遂昌县湖山乡红星坪村“金楼渔家”游客爆满，看着一锅锅湖山有机养生鱼接连被“温泉客”吃了个底朝天，经营户朱金文喜笑颜开：“我原来靠养有机鱼卖小钱，现在靠烧养生鱼赚大钱。短短这几天，营业额就有好几万元。”

五月，雨水不止，云峰街道同心村村民华启松心里挂念，每天都要上山查看生态公益林的情况。“照看好了这些树，都是我的摇钱树。”华启松的话并不夸张。以前靠山吃山，砍树也只是养家糊口，而现在，护林得利，坐享叶子变成票子。去年，他的存折上又多了一笔59775元入账，这是2013年发放的生态公益林补偿资金。拿着这笔钱打底，华启松还盖起了新房。

在食养、药养、体养、水养、文养“五养”兼备的遂昌县，朱金文并非个例。凭借“高负氧离能洗肺、生态美食能洗胃、生态文化能洗心”等独特的养生优势，在全县19万农民中，半数农民在掘金昂首迈向了小康之路。

“打造一流的生态、推进一流的环保都是服务县域经济健康良性发展的有效载体。”在杜兴林眼里，洁净乡村为遂昌创造了好环境，好环境不仅要造就美誉度，更要成就实实在在的富民生产力。

经济欠发达的遂昌在2009年大胆地提出：到2020年，以旅游为支柱的三产产值要占到总产值的一半，超过工业增加值。作为统领一、二、三产全部向着生态发展的“主引擎”，乡村休闲旅游业率先呈现出强大的“富民效应”。在“五行遂昌”的生态山水间，80个村、点办起农家乐，6000多名农民直接参与。算上农产品销售及在各景区、餐厅工作，全县有三分之一的农民参与到旅游业中来。

“旅游经济带动了农村农家乐产业，几乎没有什么税收，表面上看来，政府是亏了，但老百姓得到了实惠。”遂昌县委副书记、县长何卫宁如是对《小康》记者说。

创造性动力助推生态经济

2006年，遂昌进入高速公路时代，连接县城的龙丽高速改变了遂昌闭塞的交通状况，更让无形的互联网思维逐渐走进遂昌。

“电子商务已经成为我们遂昌打造的‘第二条高速公路’。”杜兴林说。

2010年3月26日遂昌县网店协会成立，最传统的农特产品从此遇见了最时尚的营销方式，创造了农产品电子商务“遂昌模式”这个名词和2亿多元的年销售额。

在遂昌开一家淘宝店，你不用担心货源和物流，因为有网店协会。这里的淘宝店主的工作大多是：一天24小时，只要他们愿意，守在电脑前与买家聊天就行。唯一不同的是，下午三点前，他们需要将成交的订单交到县城的麦特龙超市，剩下的，他们就不用管了。如果想上新货，你可以去麦特龙超市拍照，放在自己的淘宝网店上，觉得拍得不好看，当然也可以打电话给网店协会寻求专业指导。如果经营不顺利，店主可以在协会的Q群交流，参加各种免费培训。因此在遂昌才有没有电脑基础的四五十岁的大妈，却在两年时间里开出四钻网店的案例。

2013年1月8日，淘宝遂昌馆作为“特色中国”项目的第一个县级馆正式开馆。对于淘宝，马云有两件事一直想做，其一是解决假货问题；其二是将淘宝的触角延伸到农村。

遂昌龙洋乡埠头洋村，距县城71公里，驾车需要两个小时。这里的村民平时购物，除了村里的小卖部之外，就是去十几公里外的镇上—比如充话费，来回车费15元，充100元话费的实际话费就是115元，还要搭上半天的时间。退休的教师吴继忠就是这个村小卖部的主人。从2013

年开始，他在小卖部的工作有了新的内容，帮村民在淘宝上代购。他的小外部也有了新的名字："赶街"农村电子商务服务站。一开始没有人敢尝试，有个老大爷充了10元钱想试探一下，几分钟后，他就收到充值成功的短信，于是又充了100元。

村民网购的商品到达遂昌县城后会由网店协会的快递派送到各个村的"赶街"服务点。即使是距离遂昌县城150公里的村，只要快件不超过3公斤，快递费都是4元。"遂昌有203个村，但是就连邮政在村道也没有班车，'赶街'已经覆盖了遂昌102个村，今年春节之前我们将实现县域全覆盖。"遂昌网店协会会长潘东明说。

电商触角延伸至村"最后一公里"问题迎刃而解。

2014年6月11日，遂昌县人民政府、祐康集团、浙江遂网电子商务有限公司三方签署了战略合作协议，欲打造华东地区生鲜供应链管理第一平台，遂昌模式正在从1.0到2.0的升级过程，不难发现，遂昌政府层面的介入对升级起到了积极的作用。

"对于遂昌农村电子商务的发展，政府的理念一直是引导不主导、扶持不干预、服务不包揽。"何卫宁说。让政府回归政府，让市场回归市场，让需求决定发展，这样的模式升级也预示着一场执政理念的变革，一种社会治理的创新。

"从自然和人文禀赋来讲，遂昌是名副其实的'生态谷'，在生态文明和信息化潮流席卷下，遂昌更可以成为一个'智慧生态谷'"何卫宁说，眼下，遂昌正立足生态优势，打造生态化、电商化、标准化、人本化的遂昌品牌，真正把得天独厚的生态优势转化为实实在在的经济优势，证明了在欠发达的山区也可以拥有世界上最先进的经济发展模式。

从最简单的"不乱砍滥伐"保护环境的理念，到消除工业文明所带来的种种恶习的生态文化，再到利用生态环境创造价值的生态经济，最后上升到政府、企业、个人自觉与环境和谐共生、共赢的生态文明，发展绿色生态经济已经上升为一种遂昌信仰。

（《小康》杂志205期）

遂昌愿景：像丽江一样生活，像义乌一样赚钱

《小康》：说到遂昌，大家的直观印象依旧是：这是一个经济欠发达的山区县。但是这次在遂昌召开的浙江农村电子商务工作现场会上，我们看到了遂昌领先于其他县市的一面，您究竟是怎么定位遂昌的？

杜兴林：我一直说遂昌是一个"欠发达县"，这个欠发达是从经济要素去分析的。但是我更要强调遂昌是一个"发达县"，这个发达是生态资源的发达，而生态资源的优势决定了我们遂昌不是绝对贫困，而是相对欠发达。

我认为，中国已经到了转型升级的时期，现在越来越多的人在思考，我们发展难道是为了吸更多的雾霾？我们发展难道是为了堵车？虽然我们遂昌现在没有高楼大厦，但是只要我们遵循自己生态经济发展的道路，现在发达地区所拥有的，我相信遂昌迟早有一天也会有。但是如果为了速成而破坏了好空气、好水、好土壤，恐怕不是一朝一夕就能再拥有的。

所以我相信有一天，遂昌可以生活像丽江一样，赚钱像义乌一样！

《小康》：您的愿景需要保护生态，更需要发展经济，对于遂昌来说，如何平衡这两者的关系？

杜兴林：我认为最重要的是要找到县域发展的动力！曾经有人说遂昌不发展就是发展，只要保护好原生态就好了，我不这么认为。在我看来绿水青山千万不能因为愚昧、因为闭塞而变成穷山恶水，所以要有好的生态环境，也要有好的经济环境。遂昌富民强县，生态是原始动力，电子商务是创造性动力。而这个创造性动力，可以帮助遂昌更快的实现这个愿景。义乌小商品市场是钢筋混凝土搭建起来的，它的发展前景无法和无形的网络搭建的电子商务平台相比。去年淘宝销售额过万亿，远远超过义乌。电商更符合科学发展循环经济的需求，也更符合遂昌发展生

态经济的信仰！

《小康》：您提到的遂昌发展生态经济的信仰是主观层面的，那么从客观层面来说，遂昌该怎么走这条发展绿色生态经济的路子呢？

杜兴林：我所说的发展生态经济的信仰，其实是说生态文明的理念已经成为政府、企业、百姓的一种自觉。

政府层面，体现在生态经济培育的一种选择，用生态理念衔接一、二、三产。比如说，一产要按照生态经济的要求去做，培育绿色的、有机的食品，保证山水林田湖是一个生命共同体。二产在污染可控可治的底线基础上追求可循环、高效集约、集中发展。三产要利用乡村旅游业为龙头带动一产的发展、带动乡村文明。同时抓住电子商务的先发优势。遂昌的电子商务源于自发，政府要做的是高度的重视、及时的介入扶持，充分尊重市场配置资源最优化的原则，用有形的手帮助无形的手，而不是盲目主导。

针对企业来说，如果你想今后在遂昌发展，走粗放型路线是行不通的，只有做好产业升级、科技进步才受欢迎。老百姓的自觉，不仅仅是生态文明习惯的养成，更包括群众自觉抵制政府不理智的违背生态经济发展的行为。

《小康》：有很多人会将发展生态经济和发展工业经济狭隘的对立起来，你怎么看待这两者的发展？

杜兴林：我认为，工业只要遵循了生态经济的理念，照样可以发展得很好。2012年，我们就表彰了凯恩和元立两家，通过转型升级，起死回生的工业企业。

县域经济有很多种做法，“小狗经济”啊，“块状经济”啊，我认为最根本的是均衡。只有在均衡基础上的特色和特长才是可持续的，没有均衡基础上的单兵突击它最终是不可协调的。遂昌的发展就是要“扬长补短”！所谓“扬长”，就是凡是有利于我们生态经济发展的长处，我们坚持不懈地走下去，比如生态旅游业和农村电子商务。所谓“补短”，就是要将我们第二产业落后这个短肋补上。我最近也在看世界杯，很喜欢德国队，原因就是它的均衡！县域经济也需要均衡，用生态经济的理念补起工业发展这个“短”才更有利于我们新型城市化道路的建设。

《小康》：从农村电子商务“遂昌模式”到生态经济发展的“遂昌模式”，您觉得这样的模式放眼全国，具有可复制性吗？

杜兴林：这次浙江农村电子商务工作现场会上就有人问我，我们的模式好不好复制。我说模式是好复制的，但是除了模式，更重要的是遂昌营造的市场氛围，它充分发挥市场主体作用，而政府只是适时地介入扶持、制定游戏规则，不是盲目主导。只要政府有自己发展的信仰，坚持共赢的理念，我认为“遂昌模式”可以为更多和遂昌一样在区位上不占优势，但拥有良好自然禀赋，同时有互联网思维的地区起到借鉴作用。

（《小康》杂志205期）

全省生态排名遂昌夺冠

来遂昌的人都想大口呼吸，这里的空气特别清新。数据显示，遂昌地表平均负氧离子数达9100个，属空气特别清新类型，高出世界宜居标准6倍以上。今年4月，浙江省统计局和环保厅联合公布全省生态文明建设评价报告，遂昌县以109.02的总指数得分，排名全省第一，成为名副其实的生态冠军。

早在2008年年初，遂昌县委、县政府就开展严格的“森林保护计划”，不仅着力于森林资源培育和保护，率全省之先进行公益林扩面，省级以上公益林建设面积达到195.1万亩，总量居全省首位。同时还大面积开展森林限伐，连续6年主动下调省定森林采伐限额，并与各乡镇、街道签订了《保护发展森林资源目标责任书》，把提高森林覆盖率、森林保有量、执行采伐限额、林地保护管理纳入目标责任制内容。

“九山半水半分田”的遂昌，“九山”是优势，“半水”、“半分田”弥足珍贵。在有限土地上发展融合文化、品质、健康的原生态精品农业，遂昌守“土”

有责、护“土”有方。

应村乡双里村是个偏远的高山村，村民不使用农药和化肥，只用草木灰当肥料，种上花生、玉米等农作物。这样的土货深得市场青睐。去年，仅卖蔬菜一项，村里人均收入超过3万元。生态红利让村民尝到甜头，今年，村里又有100多位村民不再外出打工，留在村里当农民。

放养林间，食露水、百虫的土鸡；长年放养深山的高山黄牛；吃野草、农作物，只喂熟食的高山土猪；不打农药不施化肥的水稻、高山蔬菜和时令水果……这些传统种养方式下收获的原生态农产品，在遂昌遍地开花，也给当地农民带来实实在在的好处。

“更难能可贵的是，原生态的种养方式，告别了石油农业带来的毁灭性伤害，让土地能够休养生息。”在遂昌县原生态农产品管理中心主任朱金星看来，打造原生态品牌的过程中，不仅带来了好产品、好效益，更带来了守护大自然，让农业回归本源的理念革新。

遂昌县先后出台了《关于加快推进原生态精品现代农业发展的实施意见》和《推进农业“两区”建设，发展原生态精品现代农业产业的若干政策》，还出台了遂昌县农业十大产业提升三年行动计划，着力发展5大主导产业和5大特色产业，培育100个原生态精品示范基地和100个原生态精品农业产品。

遂昌的生态之美，不仅在于出众的自然禀赋，还在于洁净的环境。

海拔1200米的高山桃源村，居民仅有百余人，却建起了污水处理池和40多个化粪池。此外，村里还有5位专职保洁员和一支12人的环保志愿者队伍，为当地洁净把关。

柘岱口乡际下村为保村庄整洁，出资买垃圾桶、建垃圾处理设施，义务免费为上游的福建际洋村处理垃圾。

垵口乡大山村，每周二全民参与洁净日活动，同时6支环保先锋队，哪里不洁净就奔向哪里。

遂昌每年投入“洁净乡村”的专项经费不少于1000万元，专门建立“户集、村收、乡镇转运、县处理”的城乡垃圾处理体系，相当于政府出资“买垃圾”。

（《今日浙江》第10期）

遂昌干部“揭榜”领办大项目

初夏时节，遂昌山区，雨后的空气特别清新。浙江平昌石材有限公司董事长赖林明的心情也“雨过天晴”。

建设中的华东花岗岩集聚加工综合循环利用产业示范区，曾让他无限憧憬，然而种种现实困境，一度使他心灰意冷。眼下，他的信心再次被点燃。

而带来这种变化的，正是遂昌县实行的新举措—重点项目干部领办制。

感受：换汤更是换了药

位于遂昌县云峰街道的石材加工市场，距离县城有约半小时的车程。在满目青山之间，深藏着赖林明的梦想。

“一期工程两万平方米厂房，6月基本建成，7月试运行；二期2万平方米厂房，9月基本建成，10月试运行。”赖林明满心欢喜地讲起了蓝图。他介绍，华东花岗岩集聚加工综合循环利用产业示范区总投资4.4亿元，占地298亩，正式投产后将实现废水循环利用、零排放。

去年，赖林明和他的团队满怀雄心壮志来到这里，但现实并非一帆风顺。虽然征迁政策已经明确，但具体落实碰到麻烦，时常有附近村民阻挠施工。公司曾求助街道和相关部门，但往往是一时“风平浪静”，过后又“老方一帖”。眼看工程进展遥遥无期，赖林明心力交瘁：如果再这样下去，干脆还是退出吧！

2月14日上午，公司副董事长朱平接到通知，去县政府参加重点建设项目干部领办大会，他们的项目也名列其中。一路上，他思忖着：“以前也听说过什么干部联系项目制度，会不会是换汤不换药？”

不过，让赖林明和朱平意外的是，上午会议刚结束，下午就迎来了项目“领办人”—县委常委、县委办主任周立民，一同前来的还有国土、财政、园区等部门以及街道相关负责人。

机会难得，赖林明等人立刻

抛出了一连串问题：征地政策需要进一步落实、园区内的水源问题必须抓紧解决、园区内基础设施建设得跟上……1个多小时，周立民当场承诺解决6项问题，不能当场解决的也给出解释，所有问题都被详细记录在项目工作笔记中。

“作为企业，要的就是这效率。”赖林明感慨地说，从那以后，他就和周立民建立了密切联系，而周立民时常不打招呼，就来施工现场走走看看。“一次，我坐在办公室，有人敲门，我一抬头，发现是周立民，而他已经在园区内转了一大圈了。”

前段时间，园区又遇到麻烦：两处旧厂房的搬迁事宜一拖再拖。该地块要建一个污水处理池的配电房，如果不能及时施工，整个园区就无法按期投入使用。周立民到现场查看后当场就给相关部门打电话，3天时间就解决了难题。自从有了项目领办人，园区内的道路硬化、旧厂房搬迁、拆迁政策落地等近10件烦心事都得到了解决。

变化：昔日被动今主动

近两个月来，遂昌县政协副主席林成高成了遂昌中学的常客。因为他领办的是遂昌中学扩建项目。

至今，他仍然记得领办项目时的场景：全县四套班子干部逐一上台，从项目墙上将45个重点项目和招商引资项目逐一“揭榜”，并承诺深入项目一线解决实际问题，确保项目按期、保质完成。现场，电视台全程直播。而这些公开监督，也成为他当好“领办人”的压力。

目前，遂昌中学扩建项目的设计方案已经顺利完成，即将进入招投标环节，林成高做到了全程参与。

“以前，我也曾参与联系重点建设项目，但因为项目本身有分管领导，我往往是定期听听汇报，看看材料，并没有投入太多的精力。”林成高说，可这次不一样，他就是项目的‘第一责任人’，领办的时候这么多双眼睛盯着，项目推进快不快，工程质量好不好，容不得懈怠。

“干事的积极性都被调动起来了！”林成高的话，道出了遂昌县广大干部的心声。从“联系项目”到“包干项目”，再到今年实施的“项目领办”，虽然只有几字之差，却表明了遂昌县推进项目攻坚的决心，激发了干部的事业心和工作热情。

据了解，在这次45个领办项目中，既有总投资11.7亿元的低丘缓坡开发东城龙板山区块一期工程这样“国字号”项目，又有改善棚户区住房困难群体住房问题、三溪综合治理等民生工程，也不乏三墩旅游综合体、湖山温泉小镇等招商引资项目，个个都是县域发展中的“重点项目”，关系着县域经济发展和民生改善。但此前，有些项目由于种种原因影响了工程的进度。“希望通过‘项目领办’制度，以责任倒逼的形式让县领导带头干工作，形成‘项目建设大竞赛’的氛围。”县委主要负责人说。

“以前，大家往往习惯‘安排什么干什么’的工作装填，形成‘拨一拨转一转’的办事风格，但现在，变‘被动干’为‘主动接’，不仅有利于发挥主观能动性，也增强了工作认同感。”遂昌县一位干部对记者说。

考量：我的责任我担当

这段时间，同事经常发现，遂昌县人大常委会副主任廖为义中午休息时间不在办公室。一打听才知道，他去上溪滩征迁指挥部“上班”了。这次，他领办了上溪滩区块的城市更新项目。该区块原先是一个工业园区，有20余家大大小小的企业，目前还有3家企业在正常运营。由于区块土地性质复杂，涉及企业众多，是一块成色十足的“硬骨头”。

“说实话，我压力很大。但既然领办了，就一定要把事情做好。”廖为义说，目前，该项目还处于征地阶段。廖为义一改“先定政策后征迁”的常规做法，先听意见再出政策，既做到项目建设快速平稳推进，又能最大程度保障企业主的利益。他一有空就去征迁指挥部，用他的话来说，就是“找回了当年当生产队长的感觉”。

近年来，为促进经济社会发展，各地都在探索如何更好推动重点项目建设。于是，挂钩联系制、领导包干制等众多举措应运而生，但由于种种原因，常常存在重部署轻落实、重启动轻过程、重形式轻实效的问题。

为防止出现“领”而不“办”，遂昌县除建立项目推进无缝对接工作机制，明确县领导每月必须到项目现场解决问题外，还针对进度缓慢、群众反映强烈的项目，不定期开展“群众问政进行时”、“你点我访看真相”等活动，真正将好事办好。

眼下，遂昌县定期召开领办项目汇报会。会上，不讲成绩、只讲问题，在一次次头脑风暴中形成“人人担项目，人人推项目”的良好氛围。

与此同时，遂昌县还制定出台《遂昌县项目推进无缝对接工作机制》，要求县领导每月必须到重点项目建设现场调研，还成立督查工作组，定期通报项目进度，规定时限未完成的进行倒查，严肃追究责任。

有关专家表示，领导干部主动领办项目，一级做给一级看，在潜移默化中形成了“我的责任我担当，地方发展我在先”的实干作风，激发基层党员干部工作积极性。

遂昌推行政企共建农村公共服务新模式

在这里，你可以享受委托代办或咨询办证、落户、低保、建房等130多项与农村百姓生产生活密切相关的行政服务；

在这里，你可以得到招聘应聘、产床预约、环保回收，甚至紧急救援、慈善捐助、纠纷调处等50多种贴心周到的社会服务；

在这里，你可以获得取款、交电费、充话费，或代购团购、预订车票机票、销售农特产品等五花八门的市场服务……

村民需要什么，就提供什么服务。如今在遂昌，已有27个村级便民服务中心通过全面的机构与功能重组，转型升级为“进一个门，办样样事”的全职管家式公共服务平台。到今年底，将有150个村实现这种集行政服务、社会服务、市场服务于一身的组团式全方位公共服务。预计到明年上半年，全县203个村便民服务中心全部打造为“升级版”。

有关专家认为，遂昌的这一新探索，对推进全国农村尤其是欠发达地区农村公共服务，实现城乡服务均等化，具有重要借鉴意义。

为民办事的窗口
——贴心周到好管家

一条清澈见底的河流穿村而过，青翠竹林掩映着沿溪而居的人家，走进三仁畲族乡排前村，看到的仿佛是一幅纯净秀美的乡村山水画。

不过，更为800多位村民津津乐道的，却是村便民服务中心，因为他们在这里可以“像城里人一样享受到了各种便捷的服务”。

排前村便民服务中心由小学旧校舍改建而成，两层的砖瓦房显得有些简陋，但整洁而温馨。“盛君飞，网购智能手机；雷桂明，代充话费50元；钟天真，助农取款500元；朱金洪，网上登记卖土鸡信息……”记者翻开专职代办员叶宗霞记录的这本厚厚的登记簿，里面的内容虽然简单，但几乎每一条记录的背后，都有一个生动的故事。

53岁的村民朱金洪家里养了20多只土鸡，虽然不多，销售却成了他最头疼的问题。于是，他来到便民服务中心求助。令朱金洪倍感意外的是，叶宗霞把这一信息登记到“便民中心网上商城”后没几天，就接到上海、宁波等地买家的来电，有一位杭州的买家还特地跑到他家，与他约定长期采购。“原先我只卖30多元一斤，现在75元一斤，还供不应求。”朱金洪竖起大拇指乐呵呵地说，“便民服务中心真好！”

叶宗霞还有一个厚本子，每张纸的背面都贴满了一张张取款凭条。“代村民取款，是中心最受群众欢迎的服务之一。”叶宗霞告诉记者，今年以来，她已为村民取款10多万元。

“我就是这里的常客。”正好前来取钱的王方强老人说，以前他取几百元钱，都要跑一趟乡里，费时不说，光是来回路费就要5元钱。“现在，我遇到什么事都不用再往乡里跑，只要找小叶就可以了。最让我们这些老人开心的是，买东西也不用到处跑了。前几天我还叫小叶帮忙上网买了一台唱戏机，比县城店里还要便宜200多元呢。”

现在的排前村便民服务中心，是“省级十佳村级便民服务中心”，还被村民形象地称为“少数民族之家”“老人之家”。“村民尤其是老人攒几元钱特别不容易。他们能这样信任小叶，是因为中心给他们带来了很多实惠和便利。现在，有些村民连家里摆喜酒买食材也找她代购。”村党支部书记王东豪说，“不仅村民离不开便民服务中心，村两委也离不开叶宗霞了，已把小叶聘为村报账员。大家都希望她能长期留在这里为村民服务。”

从2012年6月入职，到如今被评为“省级十佳代办员”，性格直爽的叶宗霞坦言：“我们便民服务中心有句口号是，待人如待家人、办事如办家事。虽然专职代办员的报酬不高，每月只有1000多元，但能为村民提供那么多的服务，村民也越来越信任我，甚至视为家人一样。我觉得自己每天都过得很充实。”

百姓便捷的大门
——政企共建强活力

如果不是一年前应聘成为石练镇景新村便民服务中心专职代办员，江巧燕现在恐怕还是个一心扑在家务上的家庭主妇。

景新村是一个2009年才安置结束的移民村，290多户村民分别来自景宁县的6个乡镇38个村。“大多数村民本来就相互不熟悉，再加上搬到另一个县，这些客观存在的‘隔阂’，使大家都有点无所适从。”江巧燕怎么也想不到，她去年那次有些冲动的应聘，竟使自己成为上千村民融入当地的见证者和助推者。

景新村便民服务中心就设在村口最显眼的地方，三面敞开，一进门就是一台液晶大彩电，对面摆放着一条长椅子。“今天有点冷，没什么人来。要是平时，这里可热闹了，村里的老老小小都喜欢聚在这里办事，聊天，看惠农政策宣传片。”江巧燕告诉记者，刚开始，不少村民担心自己初来“异乡”，办事可能会遭刁难，“他们和我一样都没想到，日常生活中经常遇到的各种事情，几乎都可以通过便民服务中心轻松地代办或解决，甚至还可以拿到来料加工等业务，很顺利地适应了新的生活环境。在中心看到网上购物这么方便，很多村民还纷纷添置电脑，成为网购族。”

填平城乡公共服务存在的各种鸿沟，实现农村惠民服务由“最后一公里”向“零距离”“均等化”突破，正是遂昌从2012年开始探索政企共建农村公共服务新体系的初衷所在。这个新体系，就是在当地党委、政府领导下，依托各级便民服务中心，引入市场化机制，形成以非营利组织为运营主体，以提高农村公共服务水平为目标，以“平台共建、资源共享、渠道共用”为特征的融合型服务网络。

用遂昌县委负责人的话说，当地之所以率先探索这一做法，也是被现实所逼。遂昌是一个典型的山区县，全县90%是山地，农村人口居住较为分散，最远的乡距离县城有120多公里，都是崎岖山路，坐车要3个多小时，办事很不方便，服务严重缺乏。尽管3年前设立村级便民服务中心，基本解决了部分村民的政务服务需求，但受制于村级集体经济整体薄弱、村干部待遇普遍偏低、撤村并村遗留问题突出等因素，大多数村级便民服务中心不能按照要求开门服务，且服务内容单一，没有充分发挥应有作用。

与此相对，农村居民对改善生活质量的需求越来越急迫，除了传统的行政事务和民生需求外，还希望得到信息、市场等服务；而金融、通讯、保险等服务型企业也急于拓展农村市场，却受独立运作成本过高所困，举步维艰。

“民心所向，政府所需，企业所求。”遂昌县委书记杜兴林对记者说，政企共建模式，旨在从问题、民生、发展的视角出发，对村级便民服务中心进行全面的机构与功能重组、升级，取市场运作之长，补行政行为之短，将行政服务、社会服务与市场服务紧密结合在一起，不仅使“村里人与城里人享受同等服务”，还能充分发挥民事公开、民情收集、民怨化解等作用，从而有效解决公共服务“最后一公里”问题、企业服务农村“供给碎片化”问题、农村公共服务“信息空白化”问题，并有效提升农村民主自治能力，推动形成农村良好的社会秩序和人文风尚。

为此，遂昌在2012年成立县便民服务中心运营总部作为第三方机构，具体负责整合政府、企业和社会组织的资源，对原有的便民服务中心进行试点改造、升级，以“专人+专业”的新方式为村民提供各种服务。

升级后的便民服务中心，叫好的不仅是村民，还有村干部。“在我们村，专职代办员列席村两委会议已成惯例。”石练镇姚埠村党支部书记黄桂兰直言，偏远山区村干部待遇不高，平时也要忙于生计，能提供的服务很有限。便民服务中心升级后，不仅有村干部轮流值班，更有专职代办员天天坐班，从9时到21时都在岗，不在岗时也能随叫随到，“等于村里有了一个‘全职管家’，啥事都有人照料。”

面向未来的路径
——乡村治理新坦途

柘岱口乡五星村开车到县城需两个半小时，前段时间，村民周志生骑电瓶车摔倒，伤情严重，乡便民服务车及时将他送到县城医院，争取了宝贵的抢救时间；在偏僻落后的应村乡东源村高山自然村，17岁的高中生应晓健被查出双肾衰竭晚期后，县便民服务中心运营总部全力帮助筹集爱心款50万元，使原本打算放弃治疗的他，看到了重回校园的希望；在遭遇特大洪灾的遂昌西部地区，便民服务中心全面动员救灾、赈灾，仅用了三四天就送去价值近20万元的救灾物资……

政企共建试点两年多来，公益性是便民服务中心的一大亮点。这体现在便民服务中心包括代写文书、复印打印、代购配送等所有服务项目都不向村民收费，还有常态开展的“善行乡村、和谐乡村、幸福乡村”主题活动，也体现在专职代办员“只要您来找我们，其他的事情我们帮您办”的服务理念上。

“我们要求每名专职代办员都要时刻牢记‘待人如待家人，办事如办家事’的服务标准。”遂昌县便民服务中心运营总部负责人叶伟军对记者说，便民服务中心的公益性，是其存在的根本目的。一旦脱离这一点，政企共建就不可能有生命力。“试点一开始，我们就设置‘不准损害群众利益，不准损坏政府公信力，不增加加盟企业负担’这‘三不’高压线，确保政企共建真正成为服务于民、便利于民的民生民心工程。”

打造便民服务中心升级版，标准化建设是重中之重。遂昌明确规定政企共建必须严格按照“群众有需求、村两委有意愿、乡镇政府有规划、主管部门有许可”的流程，签订《入驻协议》。同时，不仅运营机构有准入制度，提供服务的企业也要严格执行服务事项准入制度，先后经专家组成的工作指导团、县领导主持和政府有关部门参加的联席会议审查通过方可进驻。

从设置、服务，到评价和监督，如今的遂昌便民服务中心已实现全程标准化，仅各种规范就有20多项。目前，遂昌参与社区便民服务中心服务规范、农村综合改革标准化的国家标准，以及《浙江省乡镇（村）便民服务中心标准化》的起草制订，受到国家标准化委员会专家和省有关部门的充分肯定，同时还被列为全国农村深化改革“美丽乡村”标准化项目试点。

今年1月至10月底，试点的27个村便民服务中心共接待、走访群众10万多人次、代办各类事项5.76万件，代购等服务促成交易额1000多万元，帮助村民销售各类农产品近10万斤，为群众增收20多万元、节支50多万元，募集各类慈善公益款100多万元；代办行政事项同比试点前增长近10倍，办结率达98%，群众满意度达99%。

农业部相关负责人到遂昌实地考察后认为，遂昌这一做法有效破解了山区农村公共服务投入不足、力量薄弱、服务单一等问题，使政府有效提升了服务效率，服务企业拓展了农村市场，更重要的是还提升了百姓幸福指数。

不过，作为基层社会治理的一次全新尝试，遂昌政企共建便民服务中心模式虽已取得一定成效，但还面临诸多发展瓶颈：如何推动行政服务更有效向下延伸，如何打破传统利益链条束缚，如何有效监管等问题。

“仅从运营机构自身来说，目前也存在一定程度的生存危机。”叶伟军说，便民服务中心的人员管理、运作及费用支出由运营总部承担。运营总部的资金来源，靠的是很有限的政府购买服务项目，以及为群众生产生活提供商业类服务的参与企业提供的业务佣金。

“便民服务中心的运营目标是‘以中心养中心’。民生普惠越广，中心发展空间越大。当前虽然存在不少困难，但我们始终相信，只要一直秉持‘服务为本、公益为先’的原则，坚持‘先服务、后业务’，不断拓展服务领域、提升服务能力，就一定能取得农村群众的信赖，实现健康运营和可持续发展，为实现城乡公共服务均等化作贡献。”说起政企共建模式的未来发展，叶伟军显得信心满满，“今后一旦实现盈利，将抽出一部分盈利收入作为助学、助困、助老的‘公益关爱基金’。”

（《浙江日报》11 月 24 日 4 版）

“遂昌模式”引领旅游后发崛起

3 月 1 日，浙江遂昌旅游推荐会在延平区举行。这场由遂昌县旅游部门搭台，旅游企业唱戏的推介会，为南平带来丰富旅游产品的同时，更带来了旅游发展的新理念与经验。

是路径，也是坚持的所在

“在遂昌旅游人的身上，我们看到了一股齐心协力干成事的力量，包容、专注、自信，又不乏贴切。”推介会当日，延平区旅游局的多位负责人感慨万千，“态度、理念、方式都是我们目前望尘莫及。”

数据见成绩。2005 年，遂昌县接待游客仅为 24.11 万人次，旅游综合收入 0.69 亿元；2013 年，遂昌县全县接待国内外游客就达 991.28 万人次，实现旅游综合收入 46.45 亿元。不到十年的时间，遂昌县旅游从无到有、从弱到强，成为全国乡村旅游发展典范。

南平，八山一水一分田；遂昌，九山半水半分田。两地都属于典型的山区经济，在资源禀赋、生态环境、经济发展等方面有着诸多相似之处。当前，南平正致力于培育千亿旅游产业，厉兵秣马迎接高铁时代的到来，提出到 2017 年，全市旅游接待人数要提高到 5000 万人次，旅游收入提高到 1000 亿元。那么，与南平经济发展颇为相似的遂昌，其备受赞誉的“遂昌模式”“遂昌经验”或许能为我市旅游发展带来些许启示。

对遂昌旅游的后发崛起，延平区旅游局副局长黄远金认为，“遂昌模式”是一种路径，也是坚持的所在，产业培育不可能一蹴而就，牢固树立接力创业意识，合力攻坚尤为重要。与此同时，要在激烈的区域竞争中脱颖而出，就必须找准方向，注重差异化、特色化发展。南平市天宇旅游运输公司、南平天翔营销策划有限公司相关负责人傅志良说，“遂昌经验”让我们意识到，要善于“吆喝”，坚持培育市场主体不动摇，强化营销创新意识，坚持把优质服务作为产业核心竞争力加以培育打造。

走适合自己的路子

“随着交通基础设施的改善，遂昌与南平全程高速距离为 370 公里，历时约 3.5 至 4 个小时。近年来，南平旅游在武夷山这一龙头带动下迅速发展，成为一个重要的客源地，我们希望通过这次推介，与南平形成产品差异、客源共享的格局，让更多人了解遂昌、走进遂昌。”遂昌金矿国家矿山公园总经理叶潮永告诉记者。

带着自己的旅游产品“走出去”，充分展示亮点、特色的理念，已然在遂昌旅游人中形成共识；对遂昌旅游发展的信心与自豪，总是溢于言表—

从机制体制上入手，旅游相关职能归并，独具遂昌特色的“旅游委员会”成立了；

美丽乡村的名词泛滥，不争最美，另辟蹊径地提出打造“洁净乡村”；

全县公职人员中有近 2000 名的国家级、省级导游，每年至少义务为游客服务三次；

一诺千金，不仅仅是口号，更是“不让一个游客在遂昌受委屈”的郑重宣言；

三年内告别合成农药、化肥，让“原生态”品牌成了农民的“金饭碗”；

工商资本引领，有效解决了农村发展“短板”，实现了“弯道超车”；

全民参与，惠及于民的理念，改变了乡野脏乱差的面貌，“乡村比县城漂亮”成了农民的自豪……

遂昌县风景旅游局副局长黄颖介绍，近年来，遂昌县充分发挥比较优势和后发优势，依托全国独有的金木水火土“五行旅游”资源，提出了“经营山水、统筹城乡，全面建设长三角休闲旅游名城”的发展战略，全面打响“五行遂昌，一诺千金”旅游品牌。

遂昌县旅游发展有限公司董事长王修华将遂昌旅游的成功经验归结为党委政府高度重视，一任接着一任干；工商资本注入，增强旅游投资活力；全民参与，让农民乐在其中、富在其中三个方面。

经过多年努力，遂昌县创造出了一个山区县域旅游产业培育的成功范例，探索出了一条个性鲜明、速度惊人的山区旅游发展新路径。旅游业成为遂昌县最具活力的、惠及全民的新兴产业，遂昌也被称为浙江省旅游业界的一匹“黑马”。

他山之石

没有条件创造条件，没有优势创造优势，遂昌人以特有的执着和智慧，让原本先天不足的旅游业备受关注！“五条经验”解读遂昌旅游黑马成色。

经验一：顶层设计，接力创业

遂昌旅游业无疑是幸运的。在发展过程中，历经几任县委县政府，旅游战略地位没有丝毫动摇。发展之初，民资观望之时，遂昌县委、县政府果断出手，组建旅游开发公司主导开发南尖岩景区，主打山水景观、摄影创作的景区一开园，游客便纷至沓来。在遂昌县委、县政府看来，旅游是一项系统工程，是一项推进县域品质提升的泛产业，必须实现环境、产业的同步提升。于是，借全省最大的森林保护计划—推动百万亩青山限伐工程实施之机，成就省级重点生态公益林面积全省第一；探索山区生态河道管理模式，3千公里河道绘就秀水景观；打造集洁净家园、水源、田园等于一体的中国最洁净乡村……漂亮的“组合拳”，奠定了遂昌在全省、全国的生态领先地位。

在这个顶层设计的生态产业体系中，一产的农业与旅游实现深度融合，打造全国休闲农业与乡村旅游的典范。以遂昌金矿、竹炭产业、建筑五金产业为代表，传统的二产工业向“旅游”渗透。一系列“顶层设计”举措，为遂昌旅游赢得了宝贵的理念优势、生态优势，进而成为产业的整体优势。

经验二：企业主体，三产融合

南尖岩景区的“井喷”效应，极大地刺激了工商资本投资旅游热情，一大批县内外企业纷纷涉足休闲旅游业、文化创意产业。2005年，凯恩投巨资开发千佛山（飞石岭）景区，成为县内涉及旅游第一家企业，至今累计投资上亿元；2006年，神龙谷成功引入全县第一家招商引资旅游企业；2006年，元立集团砸9000万元巨资建设遂昌元立国际饭店，成为丽水首家四星级饭店；2007年，集竹炭生产、研发、商贸流通、科普和旅游休闲于一体的全国首个竹炭产业园区开园。同年底，遂昌金矿国家矿山公园揭碑开园，累计投资达1.4亿元，成为全国首家黄金主题景区、首条中国黄金之旅，业界公认的工业旅游典范……一批国家级景区快速崛起，一个个单体投资超亿元的项目相继推出。

经验三：全民参与，惠民富民

在推进乡村旅游发展过程中，遂昌把乡村旅游作为城乡互动的一个有效载体，把乡村休闲作为一种“健康、快乐、休闲”的生活方式打造，乡村魅力激增。为推进乡村休闲旅游健康发展，遂昌先后组建农家乐工作指导团，参与指导农家乐村点建设全过程。同时组建县乡村农家乐协会，统一规范农家乐经营管理。乡村旅游开发与新农村建设、农民素质提升实现了同频共振，以乡村环境美化、原生态精品农业发展、乡村文化弘扬等为载体，乡村群众参与旅游业发展热情高涨，以原生态古村落的中国洁净乡村、赋予健康诚信的原生态农产品生产基地，成为吸引都市游客的招牌。

经验四：品牌打造，强势营销

依托“汤显祖、牡丹亭、昆曲”等三大文化品牌，进一步与其他旅游资源整合，打响了“五行遂昌 一诺千金”的品牌。此外，遂昌致力构建一套具有自身特色的旅游营销宣传推广体系，本着“小规模、大宣传”的原则，既与目标市场各类媒体广泛合作，又通过抱团营销，联合组线等方式，组团前往上海、江苏等长三角市场强势营销，省内市场更是每一个地级市轮番“进攻”。不仅旅游企业抱团出击，遂昌的产业也联合“出山”，实现景区景点展出、遂昌传统文化精品展演、原生态农产品展示同步。同时，遂昌探索通过文化交流、节庆推广等形式，把文化、产业、节庆深度融合，实现文化搭台，旅游、产业唱戏。

经验五：服务引领，再造优势

作为全国首批、全省唯一的国家旅游标准化示范县，遂昌致力让优质服务标准化、有形化，从作出“不让一位游客在遂昌受委屈”服务承诺，到致力打造“中国最佳旅游服务县”，让游客在遂昌感受尊重、享受愉悦，服务始终是遂昌旅游业打造的核心所在。遂昌把旅游软硬件完善与县域特色有机融合，更新完善旅游标识系统，制订、修订近百项旅游行业标准，新订标准26项，其中微笑遂昌服务、温泉旅游等标准都为行业首倡。同时建立快速的游客投诉应急处理体制，对所有游客投诉，执行“一小时反应，三天内受理，一月办结”的提速行动，并面向全国征集“年度十大旅游建议奖”。为全面提升干部、群众、旅游从业人员整体素质，全面推进实施旅游创优“八大工程”，在景区景点、配套设施硬件提质扩面基础上，对干部、旅游从业人员等进行全面培训。为缓解节假日导游荒，又鼓励干部职工考导游，倡导微笑志愿者参与旅游志愿者服务。

（《闽北日报》3月6日5版）

独山村：从八百年沉思中醒来

选在阳春三月老家之行，是受了汤显祖的“启发”。据《遂昌县志》里记载，明万历年间，汤显祖在遂昌任县令时，每年春三月二，带上花酒和春鞭，下乡劝农。焦滩乡独山村是他经常去的地方，他与当地百姓一起农耕，闲暇之际，约上挚友饮酒作诗，“点赞”乡间的山山水水，这番诗情画意，让我心里对老家有了一份莫名的追随。

独山因村口那座单独矗立的山而得名。独山犹如一座屏风，把小村与外界隔开。站在村口，你只闻炊烟味，而不见村庄。就这样，独山村在“屏风”后隐居了800年。整个村庄保持着明代的建筑，村中叶氏宗祠、葆守祠、正统古井、隆庆古井、隆庆石牌坊、明代寨墙等古建筑保护尚好。270多位村民至今还居住在这里，与古老的建筑一样，生产生活保持着原有的风貌。为此，村民们也牺牲了不少个人利益，20多年来全村没盖过一幢洋房，有的一幢破房子挤着三四户人家，为的就是支持古村落的保护。

我一直觉得，孤寂的独山深藏着厚重的岁月，在这个年代，老家似乎有点孤傲。不过，这也许就是它的“范儿”吧，不随波逐流，沉淀出宁静和恬然的气质。

鱼头与茶的碰撞

从县城出发，四十分钟车程，独山村就在眼前。村口，已经开出了焦滩鱼头一条街，十三家鱼头馆一字排开，临江而立。远处黛墨青山，乌溪江水静静从山谷里顽强流淌，滋养着无数的焦滩生态鱼，更养育了这方土地上的万千子民。

信步走进“尖楼鱼头馆”，鱼头馆由一幢黄泥墙改造而成，老板娘巫素英准备了一桌丰盛的饭菜，当然少不了焦滩鱼头。一进农舍便闻到了一股浓浓的薄荷清香味，我们胃口大开，也顾不上吃相了，满满一大桌饭菜，居然被我们扫得一点不剩。

巫素英土生土长，从小她就吃着鱼长大，爸爸是打鱼的，小鱼自己吃，大鱼拿去卖。烧鱼头手法是祖传的。问起手艺，巫素英毫不保留，她大大咧咧地说，想烧出这个味道，需要三个条件：乌溪江水养大的鱼，独山的山泉水，还有那特有的风炉。

无意间，巫素英说起了焦滩

鱼头馆最早的来历。巫素英指了指相隔不远的一间装修比较现代的“老肖鱼头馆”农家乐告诉我们，鱼头最早是一位叫肖立雄的村民开始做的，就是这家。

肖立雄原来是开小吃店的，因为当时那里的鱼头价格比较低廉，却非常新鲜，一些过往的客人要求他试着帮忙烧制，后来随着经验慢慢积累，味道也就越来越好，想不到的是，小小的鱼头现在竟然做出了大名堂，给焦滩这方土地带来了无尽的财富，最终从原来的两三家发展到现在的焦滩鱼头一条街，甚至还有村民到外面的城市去发展，市场越来越大。

酒足饭饱后，我们坐在门口，望着江里几条捕鱼的小船，江风带着水的气息甜甜地拂面而过，心中会感到一种无比的惬意。巫素英泡上一杯自家种的茶递过来，茶是翠绿的，轻轻呷一口，沁人心脾，经过身与心的洗涤，仿佛是到了一个尘世之外的世界，心灵变得更加豁达和澄澈。

此时，不难理解，为什么这里的茶和鱼头锅让汤显祖这样的一代文豪也流连忘返。

人与岁月的相守

离焦滩鱼头一条街千米开外，就是独山村。

中午时分，村子里静悄悄，偶见几只鸡“咯咯”觅食，几条狗在转弯处挡道，相互对视片刻，也便无声地走开。正值采茶时节，村民都采茶叶去了，连八九十岁的老人也不会在家闲着。

我们在一个很显眼的“旌节牌坊”前停下脚步。上额枋深浮雕凤凰牡丹，下额枋深浮雕麒麟献瑞，雕功十分精细，保存基本完好。牌坊门虚掩着，轻轻一推，门被打开。一座一层的水泥房，里面还有一个大院子，住着叶家后人。

院子里放着一张桌子，边上还有十几只小凳子，桌子上整齐地摆放着洗干净的玻璃杯和一壶开水。院子里打扫得很干净，我们径自坐下，悠闲地喝茶聊天，小院子里面种着几盘兰花，正散发着幽香，远处是峰峦叠嶂，空气干净清新。

不知道过了多长时间，主人叶启贤从茶山回来。看到院子里坐着十几个陌生客人，一点都不惊讶，转身进屋为我们烧水。

叶启贤慢悠悠地和我们说起“旌节牌坊”的来历。叶启贤太婆的太婆26岁就守寡了，她一个人带着两个儿子，含辛茹苦把儿子培养成材。儿子长大有出息后，为了纪念母亲，上报当地官府,给母亲立“旌节牌坊”。

“这几年，来村里旅游的人很多,每天到我家来参观的不下十人，我喜欢泡茶给游客解渴。这阵子采茶很忙，我每天早上起来烧好一壶开水让游客自己泡茶喝。”叶启贤说，为此，一年要喝掉十多斤茶叶。

“善待客人就是善待自己，村里人气旺了，才有发展的机会。”叶启贤说，在他看来，老祖宗留下的烧鱼手艺成了一家人生存的技能，儿子和老伴都在城里当厨师，一年收入超十万。而他则不想离开这片故土，成了村里义务文保员和免费导游。

“我们村到处都是宝贝，地上踩的，头上顶的，伸手摸到的都是几百年的东西，我们有责任守护好，保护好。”叶启贤一有空就在村子里转悠，看到有人破坏就及时制止。村里还有许多村民多年来都在默默守候着这座古老的山寨。他们犹如独山的名字一样高孤，找不到一点商业气息。行走在深山古寨，一种遥远静谧的气息扑面而来，仿佛有时间倒流之感。

记忆与现实的交融

孤寂了800多年的独山村，最近因一台“汤显祖情景剧”火了，小村庄过去的兴盛被重新展示在世人眼里。

“万仞飞泉挂石龙，青城如雾洗芙蓉，自非仙令鸣琴出，谁阚秋窗玉女峰”，“栖灵岩下碧泉分，石户天窗时出云，夜踏仙梯满霞气，海光初映武夷君……夜深了，祠堂的灯还亮着，传来了阵阵汤显祖的美妙诗句。叶建文、叶建周、林香明等5位村民还在排练，为几天后的文艺会演做准备。

汤显祖情景剧是今年刚编演的一台舞台剧，主要讲述汤显祖当年访独山村，与挚友叶澳等人一起吟诗的情景。当年，汤显祖留下了许多赞美独山的宝贵诗句，叶澳的弟弟叶梧、叶干都拜汤显祖为师，后来都考取了功名。

“听说，闻名于世的《牡丹亭》就是在我们村里酝酿而成。”扮演丫鬟的林香明说。眼前的林香明个子不高，性格很是活泼，是村里的文艺骨干，林香明原本枯燥的生活因为舞台剧而变得充实起来。

为了把情景剧演得更加逼真，没有舞台经验的他们时而出现在残垣断壁前找灵感，时而出现在铺满鹅卵石的街上寻找当年汤显祖的真实记忆。

“以前不知道村里出过这么多的名人，自从演了情景剧，开始认识汤显祖，对自己村子里的人文风光也有了深刻的理解。”扮演叶干的村民叶建文每次排练都很认真积极。

38 岁的叶建文，从事茶叶生意，这几天他白天收购茶青，晚上加工炒制成 1000 余斤茶叶。每天晚上他掐准时间到祠堂，从不落下。排练十分投入，10 点一到，拔腿飞奔回家继续干活。

“我们要把独山村的文化和景色宣传出去，让更多人知道。”叶建文言语间透着自豪。

这并不是天马行空。独山村已被评为国家级历史文化名村，将开发建设 14000 多平方米的新区，预计可容纳 700 多户人家，目前已完成选址、测绘和规划工作。到时，村民们住到新区，还能依托深山古寨，发展旅游业，独山村那就真的不“独”了。

私藏推荐

从遂昌县城出发到焦滩乡独山村大约 40 分钟车程。穿过乡间大道，沿着清澈的乌溪江水逆流而上，江畔保存完好的泥坯房村落与远处的龙门峡谷相映成趣。

境内风景秀美，怪石嶙峋，有高达百米的石笋，有天然而成的“铁壁飞鹅”，更为壮观的是落差百米的“龙门飞瀑”，是摄影爱好者流连之地。

逆峡而上有近 5 公里的河段峡谷，乌溪江的水质孕育了各种各样原生态淡水鱼，游客可以泛舟江上，临江垂钓，捕获的活鱼可让村里的农家乐代为烹制。

饭后，进独山村游览华东地区保存最为完好的明代古建筑群落—“明代一条街”。春茶上市之际，可以同当地村民一起采茶、参与本地制茶，采摘四季鲜果。遇到重要节庆或节假日，还会在欣赏民俗风情表演的时候，与村民扮演的“汤显祖”不期而遇。不久后，独山国际艺术文化馆也将落成，游客可以感受古今中外的艺术在小山村的融合与碰撞。

（《浙江日报》4 月 22 日 20 版）

长粽里裹着乡村风情

端午时节，热气和湿气在大地上翻滚蒸腾。丽水遂昌，群山耸立却又层次分明，箬竹、黄金柴、龙须草在这里成片生长，妇女们便就地取材制作香糯可口的粽子。

遂昌城中，渐渐发达的物流，以惊人的数据传递着某种变化：极富地方特色的土猪肉长粽，每天竟能通过网络卖出 2000 多个。40 多位阿姨日夜忙碌，还不能满足纷至沓来的订单。

长粽，顾名思义，是长条形粽子，长约 1 尺 2（40 厘米），约需 12 片箬叶，工序繁杂、颇费工夫，即使是手巧的妇女包完一个也要 20 分钟。遂昌有“送端午”的习俗，新女婿要挑选端午前一个吉日将备好的礼物送给岳父岳母。尤其是结婚第二年的端午节，被称为“送大端午”，男方家要备齐厚礼送给女方父母及亲戚，而厚礼之一就是长粽。

在山乡遂昌，“送端午”时要准备的礼物，随着时间的推移不断演变，但长粽却成为最沉甸甸的厚礼存留至今。送上亲手制作的长粽，代表了男方家对女方家的尊重和诚意。

准备食材：母亲的挑剔

早上 5 时，石练镇石练村在晨曦中醒来。毛燕鸣简单吃过早饭，便上街去采购箬叶。集市熙熙攘攘，卖箬叶的人已等在那里。

从毛燕鸣那里，我们才知，小小的箬叶有大讲究。当年采摘的箬叶太嫩，容易卷边，箬叶太老又太脆，不易弯折，唯有去年采摘晾晒的最佳。从小见惯了箬叶的她，一看、二摸、三闻，箬叶质量便可心中有数。但这次她反复比对，显得格外谨慎，因为25岁的儿子去年才刚订婚。

今年的“送端午”虽然不用像儿子结婚后那般隆重，但粽子的馅料、花样、长度及数量，代表了夫家的诚意。为了让儿子赢得岳父岳母的尊重，没有一个母亲会怠慢。

而毛燕鸣能挑选出上乘的箬叶，背后是遂昌“箬叶大军”的辛勤。

端午前夕一直到8月，都是采收箬叶的好时节。好的箬叶宽而厚，颜色深绿而光亮。为了找到这样的箬叶，往往天蒙蒙亮，“箬叶大军”们就出发了。他们脚步飞快，一刻不停留地翻山越岭。烈日下，虫咬是免不了的，更要提防的，是一种拟态成箬叶的竹叶青蛇。如果不小心被咬到，将是命悬一线。

买到心仪的箬叶，毛燕鸣加快脚步回到家中。拿出圆圆的大木盆，注满清水，将箬叶浸入水中。晒制了一年的箬叶经过浸泡，就会逐渐苏醒，变得鲜亮起来。

等待箬叶苏醒的同时，毛燕鸣开始制作浸泡糯米的草木灰汁。老伴从小溪边采来黄金柴，放入家中土灶充分燃烧，灰烬便是草木灰。草木灰和水的比例，毛燕鸣也说不清楚，经验让她的双手能媲美最精准的配比仪器。烧制好的草木灰汁放凉后，便可以将糯米放入其中浸泡。

最后一道准备工序，就是在糯米中加入自制的菜籽油，让粽子更油亮、更清香，同时让粽子不会粘叶子。就是这样的方法和心思，粽子成为当地孩子们记忆中的美食。

中国的母亲勤劳而内敛，她们会运用朴实的食材带给家人最柔软的呵护。经过草木灰浸泡的糯米，微微泛着金黄，饱含着一股青草香气。母亲们相信在端午湿热的天气里，这样的食物能为家人祛除体内湿气，带去健康。

包制长粽：邻里的情谊

比起毛燕鸣家的“小端午”，王金婷家的“大端午”要来得热闹得多，长桌、八仙桌边，围满了人。

红糖、红枣、蜜饯、五花肉、梅干菜……王金婷准备的馅料丰富多彩。街坊四邻，从84岁的老奶奶到30岁出头的主妇，都来帮忙。只见箬叶在她们手中快速地被旋成碗状，一平碗糯米，几个红枣，五花肉包裹其中，牙齿咬着龙须草的一边，另一边利索地捆绑。她们和时间赛跑，因为这些粽子两天后要送到亲家那里。

除了普通的四角粽，王金婷还要和邻居一起制作长粽。包制长粽费时费力，几个巧妇轮流上阵。

此时，毛丽颜负责包裹，张淑芽负责捆扎。8片箬叶交错叠放，依次放入糯米、五花肉、红糖，最后盖上一层糯米，再用4片叶子覆盖住。粗略捆扎后，粽子交到张淑芽手中。只见龙须草在张淑芽手中快速穿梭，每一个捆节都均匀扎实。粽子必须扎得越紧越好，那意味着可以贮存的时间越长。在农耕社会，食物的保鲜期长才是它最珍贵的品质，吃完这样一个用料实诚的粽子，男人们才能承担更繁重的劳动，孩子们也会快快成长。

每4个长粽或6个四角粽用龙须草捆成一扎，巧妇们或将龙须草编成俏皮的小辫，或用打结的数量、位置来区分内里的馅料。相比于技巧，倾注的心意才最值得回味。

随着乡情远去，民俗也在远离城市。粽子已像其他那些被社会分工从家庭中彻底夺走的事物一样，成为食品工业流水线上的干硬产品。而在这里，你仍可看到四邻一起包粽子时的有说有笑，你仍可闻到土灶大锅蒸汽传出的清香。

等待团聚：味觉的见证

中国人愿意用食物记录每一次聚散离合。无论大时代下的人世变迁，还是平凡生活的悲喜交加，总有味觉作为见证。

高坪，距遂昌县城60公里，坐落在海拔1000多米的山上，是遂昌县海拔最高的乡镇。这里民风淳朴，数不清的急弯路让这里难以到达，民俗也得以更加完整地保存。

亲手包制的长粽、一袋糯米、一袋黄豆，张仙珠将准备好的“送大端午”礼物摆满了桌子，每一件礼物都要扎上红毛线，并将红纸、松枝穿在红毛线之中固定好。她说，这是老一辈人传下来的，松枝寄托着长辈对新人长久和美的祝福。婆婆张银秀在旁笑得合不拢嘴。

张仙珠和婆婆商量着还应该买些什么，不至于失了礼节。猪脚和鸭子要赶明天的早市买最新鲜的，还要让丈夫从县城带些好的补品送给亲家。山里人虽淳朴，却愿为儿子添个新潮的礼数，包个大红包作为礼物之一。

在高坪，长粽还有着不同的规格。原来，当小孩子周岁时，外公外婆会制作长达1米的长粽，期盼小外孙长命百岁；而母亲也会制作短如拇指大小的粽子供孩子把玩，或挂在床头驱蚊。母亲们就是通过一双巧手，让再平常不过的食物充满了趣味。

在衢州市区工作的儿子，给母亲毛燕鸣打来电话。除了嘱咐母亲要好好准备礼物，还撒娇地向母亲提出尝尝鲜。原来儿子盼这味道许久，已等不及到端午。他让母亲准备些咸粽，让人顺路捎回厂里解馋。

如同传授母语，母亲把味觉也深植在孩子心中。这是一种不自觉，这些种子一旦生根发芽，即使走得再远，熟悉的味道也会提醒孩子，家的方向。

端午的忙忙碌碌，不仅为了帮儿子置办一次体面的走亲，更为了一家人和乐的团聚。

从祖辈到孙辈，为端午团聚起来，卷饼、水面、炒菜，尽管是最普通的家常菜，就着自家亲手制作的粽子，一家人也会因为勤劳而感到踏实。无论天南地北，只要是属于家庭的时刻，中国人都会团聚在餐桌周围，感受着血缘亲情的凝聚。

（《浙江日报》6月3日17版）

五行遂昌，一诺千金

它位于浙江省西南部，地处钱塘江、瓯江之源头，这里有着浙江最美的山区风景，这里的空气质量在浙江数一数二，这里的旅游资源可以分为“金木水火土”，这里的服务用一诺千金来形容，它就是遂昌。

旅游景区分类“金木水火土”

来到遂昌，第一眼被“五行遂昌， 一诺千金”这个口号所吸引，何为“五行”呢？遂昌县副县长朱芝贵介绍，遂昌结合当地的旅游资源，结合中国特有的金木水火土“五行”区分，专门对旅游景区进行分类。金，指的是遂昌金矿的千年金窟，这是黄金之旅；木，这是浙南林海，属于森林氧吧大自然之旅；水，指的是温泉养生，惬意漂流；火，指的是红色记忆，峥嵘岁月；土，指的是休闲农业，乡村旅游。而这里的一诺千金，正是契合了遂昌的服务品质。

对资源进行归类之后，遂昌县也按照不同的资源进行了对应的宣传，其中最出色的两个景点，一个是资源转型的遂昌金矿；一个是自然资源出名的高坪乡。说起遂昌金矿，早已经是大名鼎鼎，但是你可知道作为一个国有企业，早些年只是以挖矿为主的矿场，到现在每年源源不断的游客，和上天入地的旅游计划，他们经历了怎样的过程？遂昌金矿其最早的功能就是挖矿，但是随着20世纪90年代旅游业的发展，遂昌县希望在金矿上面做点文章，于是考察了澳大利亚、美国等很多金矿的转型，通过这一系列的考察，大家摸出了一条成功的转型线路，将金矿打造成旅游景点，一开始，大家还表示怀疑，只是小范围的试水，只是简单地开了几个洞，连小火车都还是洞内的原有的运载矿工的小车，但是没想到第一年，金矿就吸引了很多人，旅游越做越大，现在走在金矿，你可以看到唐、宋、元、明的所有洞穴，还可以体验一次黄金之旅，甚至是淘金的小体验项目都融入进来了，在和金矿的总经理周方波的交流中，他说接下来金矿还要实施“上天入地”的项目，建游乐场，以及洞内酒吧和住宿体验，到时候围绕金矿，会有更多好玩和有趣的活动推出。

如果说金矿出名是事先的规划设计，那么高坪乡出名则是真正顺应了时代，高坪乡是遂昌最偏远的山区，这个地方什么都没有，最不缺少的是原生态的环境，清新的空气，农家自种的土特产，最开始的时候只是一些上海、浙江的游客来此避暑，没想到当地百姓非常淳朴善良，临走时一送再送，这样好的环境，淳朴的民风，自然吸引不少回头客，高坪乡就这样被传播出去了，高坪乡这两年抓住旅游形势，还推出了高山蔬菜种植，旅游形势非常好，当地百姓的腰包都鼓了起来。

在一诺千金方面，邀请专门机构每年对游客评价进行调查，实时反馈游客满意度，对于在旅游当中出现的纠纷，当地实行先行赔付制，政府财政专门拨款用于客户赔偿，确保客户满意度，避免重重审核的烦冗程序，影响大家对当地旅游的认可。

公务员考导游证 人人都是“旅游通”

遂昌的旅游这两年发展形势越来越好，旅游已经成为全县经济主要收入，这样的大好形势和当地的政策是分不开的，在全县旅游资源和宣传定位的同时，遂昌采取了一系列的措施，遂昌县旅游委员会黄主任给我们介绍了当地的政策号召全体公务员考导游证，这是当地为了促进旅游经济，专门采取的鼓励措施，这一措施很奏效，属于当地独创，在全国都不多见。

2000 年，遂昌开始兴起了旅游的形势，每到节假日人流旺盛的时候，每个景区导游人手不够，县里面考虑到这种形势，出于对旅游的鼓励，号召每个公务员都来考导游资格证，凡是考上导游的公务员均可报销费用，并且省级导游证给予每月 50 元的补助，国家级别的导游资格证每月给予 100 元的补助。这一政策不仅让很多公务员意识到旅游的重要性，更重要的是在当地兴起每个公务员都是导游，人人都可讲解的好风气。

除此之外，遂昌县在各个高速路入口处还设置了微笑志愿者，只要是来遂昌旅游的人，绝对不愁找不到路，得不到咨询，为各个地方来旅游的人打开绿灯，提供便捷。还有一个在旅游整治中当地人采取的措施，为了保护当地的河流，当地人不惜成本，为河流上游的县域购买垃圾桶，跨区域实现河流保护，正是这一小小的举动让遂昌的旅游得到推广。

打造品质游 主打健康养生福地

遂昌有着天然的旅游资源，也有着极强的保护和宣传意识，随着旅游发展，遂昌县顺应形势不断进行调整。

如果以前大家对旅游景区的宣传还是停留在发广告单的层面上，那么你就“OUT”了，朱县长告诉我们现在遂昌县每年都会派大量的人员到浙江、上海等地进行宣传，宣传基本围绕健康来做，把遂昌打造成一个适合养生度假的好去处。

尤其是今年，遂昌专门举办了一场“空气拍卖”的活动，邀请浙江省某医院，对在高坪乡修养和在杭州修养的病人的数据进行对比，临床诊断发现，在高坪乡修养的病人，身体指数各方面均呈现优势。从而不难看出遂昌的生态好、空气好，以及当地适合养生休假的说法。

近年来，遂昌推出了第三次旅游产业升级的计划，不仅保证景区提升 5A，还不断地加大景区配套设施建设，在锁定更多市场自驾游、自助游的游客的同时，重点打造品质旅游，以及遂昌更好的市场拓展。

（《雅安日报》11 月 3 日 3 版）

生态抉择，来自浙江西南山区遂昌的改革发展报告

坐拥好生态，却没有好发展、没有好生活，这是欠发达山区普遍的尴尬。如何发挥环境优势，将好环境“变现”，实践“绿水青山就是金山银山”？

把目光投向地处浙江省西南的遂昌，这个仅有 23 万人口的山区县，交出一份生态与经济共赢答卷：浙江省生态文明总指数第一，规上生态工业增加值增幅列全省同类考核县第一，招商引资综合考核指标居丽水市第一。

“好生态正成为稀缺资源，正逐渐转化为可持续发展的充要条件。”遂昌县委书记杜兴林说，作为浙江山区综合改革试验区试点县，遂昌把综合环境打造作为提升综合竞争力的重要抓手，坚持生态保护和环境优化，抢抓机遇拓展发展空间，着力破解干部作风难题，实现经济、生态效益并重，探索出一条环境“变现”的遂昌之路。

优生态 五美遂昌的“最”坚守

日前，最新一期《浙江省生态文明建设评价结果报告》出炉，遂昌县生态总指数评分位列首位。这份由浙江省统计局、环保厅联合公布的报告，涉及生态经济、生态环境、生态文化、生态制度四大领域的37项指标，是对县域生态发展总体状况的一次全面“大考”。

这样的“大考”，屡屡“考”出遂昌自信。自信背后，正是生态保护、环境优化的执着接力。

打造水环境最佳县。正月十五，新春上班首次大会，遂昌县就进行“五水共治”总动员，将打造“中国水环境最佳县”正式提上日程。建立县乡村三级“河长制”，由县委书记、县长至村两委负责人都要担任各级河长，每条河流树立管护公示牌，还把河道管理融入《村规民约》，2830公里1467条河道管护责任全覆盖；出台“五水共治”五年行动计划，重点实施“五水共治”十大工程，并细化为22项具体项目，按时间倒排，逐一落实责任单位、责任人；强化源头治理，定期进行治水专项行动，治污不手软，3家污染企业已关闭。为突出实干实效，遂昌还将治水督查结果量化打分，实行月度排名制，媒体公布，考核结果与乡镇工作经费安排、领导干部提拔任用挂钩。

打造最佳生态县。作为林业大县，遂昌坚持新农村绿化行动，新春上班第一天开展全县性绿化行动，四年栽种各类树苗35万株；连续6年主动消减省定林木采伐计划，重点生态公益林面积全省第一；融河道保洁、渔业渔政、河道采砂和水域占用管理等四位一体山区河道管理新模式，100%河流可下河畅游。去年遂昌全年空气质量都在Ⅱ级以上，其中Ⅰ级242天，全市最佳。“十八里翠”还获评国家级水利风景区。

打造最洁净乡村。遂昌构建乡村立体环保体系，融合了洁净家园、洁净水源、洁净田园、洁净能源、生态产业等的“清洁革命”，上升为全省“双清”行动；致力培养县域品牌和乡村环保工作品牌，打造“中国最洁净乡村”。推动“洁净活动”入民俗，每逢立春、立夏、立秋、立冬季节交替日，全民行动。为防走过场和脏乱差反弹，又自我加压，把“扫地”与干部“帽子”挂钩，实行月查月考，计分排名，媒体公布。排名连续倒数，黄牌警告，直至调整岗位。同时把洁净乡村与乡村旅游、原生态精品现代农业有机结合，打造最美乡村。全县203个村76个直接参与农家乐发展，建成亦耕亦旅亦商亦科普原生态精品现代农业基地65个。

一系列“最”坚守，指向清晰：只为建设“五美遂昌”。即以推进新型城镇化为核心，加快建设美丽县城；以促进农民持续增收为核心，加快建设美丽乡村；以彰显自然人文和谐为核心，加快建设美丽生态；以提升社会保障能力为核心，加快建设美丽生活；以贯彻党的群众路线为核心，加快建设美丽事业。

拓空间

创新赢得改革红利

明确目标举措，还需广阔的空间保障。遂昌大胆创新，向改革要发展空间、向网络要市场空间，为环境“变现”赢得舞台。

向改革要发展空间，提升经济发展核心动力。

推进低丘缓坡开发利用。涵养99%土地的同时，向1%的土地要效益，遂昌以全国低丘缓坡综合利用试点的契机，加速推进东城生态工业新区、西城城市新区建设和老城改造，三城组团开发格局初步成型。

推进农村金融改革。在丽水全市首创企协应急转贷周转金合作模式，自去年5月启动以来完成转贷业务217笔，累计转贷资金5.95亿元，帮助72家企业解决了“燃眉之急”；创新村级集体经济发展模式，通过统筹整合各类扶持资金，投资大型优质物业项目，保障经济薄弱村获得稳定、持续的经营性收入，转变经济薄弱村35个；推出西部乡镇例会制度和北部乡镇区域协调发展机制，变单打独斗为抱团发展，实现资源共享、优势互补。

推进旅游综合改革。组建遂昌特色旅游管理委员会，强化项目审批、综合执法、依法管理等职能，增设旅游执法大队、乡村旅游管理中心、旅游教育培训与信息服务中心等机构，有效突破遂昌旅游“小马拉大车”尴尬。不仅如此，遂昌敢于第一个“吃螃蟹”，发布全国首份县域游客满意度调查报告、首推投诉预赔付、休闲养生服务承包权拍卖……在屡屡“新招”之下，去年遂昌实现旅游综合收入46亿元，接待游客991万人次，继续保持丽水市首位。

推进招商引资“一号工程”。遂昌立足生态产业发展定位，突出浙商回归和山海协作共建产业园工作重点，着力优化营商空间拓招商，单独组建招商局，开展产业链招商。并以产业园共建为突破口，互派干部挂职，推进两地多领域、全方位合作，建设全省山海协作产业园的示范基地。

向网络要市场空间，成就农产品销售新平台。

这项让遂昌再度走向全国的做法，核心就是基于县域的好生态，淳朴农民生产出的好产品。

这两天，遂昌县原生态农产品管理中心主任朱金星很忙。新春伊始，不少农户争先邀请他给“上上课”，为原生态农产品开春种植“把把关”。遂昌农民越来越钟情原生态，不仅因为名气更大、效益更好，还因为销路更宽。

在遂昌，通过政府搭台，网络平台渐成农产品销售主阵地。遂昌县绿都竹笋产销专业合作社的翁方荣是最早尝到甜头的一批人之一。原本合作社每年销售额维持在200万元左右，2012年通过网上销售，现在销售额已经突破500万元。市场带来信心，翁方荣计划今年扩大规模，新年刚过，他就马不停蹄地动工装修近千平方米的加工新厂房。

去年10月30日，第二届农产品电子商务高峰论坛暨“遂昌模式”研究报告发布会在遂昌举行，这一模式由阿里研究中心和中国社科院发布，“遂昌模式”在桐庐等地开始复制，网商数量达到1500多家，全年网销额突破3亿，同比增长96%。

这一切得益于“有形之手”积极出手。遂昌县设立每年300万元网商创业资金，推进网商创业园、网商大厦、大型物流仓储配送中心、农村社区电子商务服务站建设。依托淘宝首个县级馆—特色中国•遂昌馆，全力建设“生态淘宝第一县”，打造浙西南最大农特产电子交易平台，力争5年内分销平台网商数突破5000家，实现5亿元～10亿元销售规模。

锻作风

激活山区发展内生动力

西畈乡是遂昌最偏远的乡镇，但村干部们仍然干劲十足，前不久，乡里就把今年的重点工作“亮”出来，让各村一一领办。

这样的项目领办制度，始于遂昌刚召开的全县干部大会。

新春伊始，遂昌不是简单布置任务，而是县领导“揭榜”带头领办重点项目，破难攻坚。在电视直播镜头前，当着全县干部群众的面，包括县委书记、县长在内的遂昌县四套班子领导逐一上台，在主持人的项目介绍中，从项目墙上，将45个重点项目和招商引资项目逐一“揭榜”。

为防止出现“领”而不“办”，遂昌县除建立项目推进无缝对接工作机制，明确县领导每月必须到项目现场解决问题外，还将针对进度缓慢、群众反映强烈的项目，不定期开展“群众问政进行时”“你点我访看真相”等活动，真正将好事办好，不走过场。

“项目领办，责任到人，是为改变作风、锻造执行力。”遂昌县委书记杜兴林说，遂昌将结合党的群众路线教育实践活动，开展覆盖遂昌所有部门、乡镇街道和所有干部的“执行力锻造年”活动，配套实施“十大行动计划”，实现三大目标。

第一个目标，改善政务环境，提升政务效率。重点要推进“三项改革”。一是决策制度改革。建立每月党政联席会议制度，一事一议，着力破解疑难复杂问题。二是项目推进机制改革。建立项目推进无缝对接机制，包括项目决策机制、协调服务机制和项目监督机制，核心是加强过程的动态化监管，确保项目及时落地并达产达效。三是行政审批制度改革。强化“两集中、两到位”，建立大代办工作机制，实施“并联审批”，试行“模拟审批”，完善县乡村一体的政务服务平台。

第二个目标，高举发展导向，体现奖优罚劣。干好干差一个样，待遇没有差距，干事就没有动力。今年，遂昌重点建立和完善“四项制度”。一是完善考核制度。改革津补贴制度，分配向乡镇、重点部门倾斜，以基础为本，严格奖扣，鼓励多干事、多创新，要通过利益的调整来触动灵魂深处。二是建立督办巡查制度。整合县四套班子办公室和纪委、组织部、发改局、两办督查室力量，督办县委县政府重大决策、工作部署和工作任务落实情况，促进各部门、乡镇（街道）高效运转。三是建立工作情况通报制度。县委、县政府对县域发展中的正反典型事例进行通报，突出时效性，加大覆盖面，并作为年度考核的重要依据。四是建立即时记功制度。县委县政府对有突出贡献的单位和干部进行记功奖励，每年评选1～3名，符合干部任用要求的给予重用，树立干事创业的标杆。

第三个目标，打造责任团队，共创激情事业。为打造团队意识、团队责任，相互补台、相互激励，“三项举措”已经出炉。一是惩戒不实作风。组建以政风行风监督员、效能监督员、两代表一委员为主的巡查督办组，开展“你点我访纠四风”活动，发现一人次作风问题，该同志上重点项目一线接受教育；一年内查到3次作风问题，人员调离、单位缩编，震慑“慵懒散奢”。二是中层干部交流。根据综合考核评价，确定3个左右较差部门，部门主要领导进行组织谈话，分管领导进行诫勉谈话，该部门要自己评选出最差科室，科室负责人交流到乡镇进行锻炼，如两年考核不合格，人事关系转到交流乡镇，切实解决“中梗阻”问题。三是开展群众问政。以“你点问政”、“我教议政”、“群众评政”、“媒体督政”为主要内容，开展“群众问政进行时”活动，全面提升机关单位和广大干部服务群众、服务发展的能力。

（《中国改革报》3月12日）

遂昌：江南绿海成乐土

群山连绵、高峰矗立，钱塘江、瓯江在这里发源，被誉为“江南绿海”的遂昌有着“九山半水半分田”的典型山区地貌,发展农业制约颇多。2010年,遂昌被列为第二批中央财政小农水重点县；2013年,遂昌又被列入第五批小农水重点县。以此为契机，近年来，遂昌紧紧围绕“全力争创山区科学发展示范区”发展战略,知难而上，创新举措，负重拼搏，掀起了小型农田水利建设的阵阵热潮，一大批制约“三农”发展的问题得到有效化解，在2010年度、2012年度、2013年度小农水重点县省级考评中，遂昌县获得优秀。

排除隐患保安宁

新路湾镇蕉川村，村周丘陵起伏，形成一片芭蕉叶形盆地。这里是遂昌北部主要产粮区，居住着2000多人口。金秋九月，沿着村里的水泥道前行，但见道路旁晾晒着刚收获的稻谷，仿佛铺着金色地毯，煞是喜人。可以想见，今年是个丰收年。蕉川村分布着成片的水稻育种基地，经济价值远远高于普通的水稻作物。

再往里走便看到成片还未收割的水稻，金灿灿的稻穗已压低了头，一直延伸到山塘脚下。蕉川村山岸源山塘是蕉川村农业的主要灌溉水源，这个位于村落之上的屋顶山塘，曾让当地村民担忧不已。作为2012年度小型农田水利重点县项目，遂昌县通过大坝加固、复合土工膜防渗处理、增设排水棱体、溢洪道拓宽改造、放水系统改造等，山塘安全系数大幅增加。站在坝顶俯瞰全村，山塘通过宽阔的溢洪道及埋设的涵管与末支渠道连接，打开闸阀便可引山塘水源入农田灌溉，多余的水亦可通过渠道汇入溪流，真正做到“旱能灌，涝能排”。

民为邦本，本固邦宁。蕉川村山岸源等山塘综合整治、灵山灌区改造工程能得到乡镇、街道、各村两委及广大村民支持，工程得以顺利建设完工，还得益于遂昌县能考虑当地实际情况调整合理施工方案，切实保障农民利益。同行的遂昌县水利局工作人员介绍说：“山塘综合整治和灌区改造工程很不容易。要考虑到村里的水稻等农作物生长期的时候保证水源供应，不能动工，到了10月水稻收割了要快速赶工，尽量不影响村里的农业生产，保质保量地完成小农水重点县项目建设。

第二批小农水重点县整治山塘107座，高效节水灌溉工程8处，受益面积0.6万亩，灌区改造2处，改造渠道长度43.17公里，新建和改造堰坝12条，受益面积0.97万亩。第五批小农水重点县整治山塘47座，高效节水灌溉工程9处，受益面积0.45万亩，灌区改造6处，改造渠道长度135.38公里，受益面积2.74万亩。遂昌在全省率先出台了《小农水重点县工程山塘综合整治项目推进工作考核办法》。根据《办法》，县财政安排专项资金311万元，通过“以奖代补”形式，采用定性与定量相结合的考核办法，给予每座山塘5000～10000元不等的奖励，对未按时完成建设任务、项目建设过程中业主职责履行不到位以及因政策处理不力造成窝工、停工、延误工期的，一律取消考核奖励经费，相关费用由项目所在乡镇、村自行承担。此举有效破解了政策处理难题，为全省推进小农水设施建设提供了借鉴。

山区致富好门路

沿着桃花源溪一直往里走，我们来到一处占地近450亩的香榧基地。这是一片由荒山开垦而成的山地，已经种植上一种不足半人高的小树，这些小树就是珍贵的香榧树。“不要看树小，大一些的已经有4年多的树龄，能结果了。”随行的遂昌县水利局工作人员高兴地说。

香榧基地配备的喷灌设备，让浇水和施肥都不再是麻烦事。只要打开喷灌开关，水便从一个个旋转的喷头中喷射出来，均匀地洒在每一棵香榧树的根部。在香榧基地最上方建有蓄水池，利用山体自然落差，山上溪水被引到蓄水池中，用作喷灌水源。蓄水池中还能加入肥料，既能施肥均匀，又能节省人工。

基地旁边山坡上还有一个养猪场，这是香榧的“肥料基地”。“猪的排泄物通过管道搜集起来，干湿分离，沼液经过净化后加入蓄水池可以喷灌，沉淀出的固体沥干后成为有机肥。”香榧基地工作人员介绍说。这样一来，不仅可以物尽其用，降低使用化肥成本，促进资源循环利用；还可以解决养猪场对环境的污染问题，促进生态农业发展，可谓一举多得。

香榧基地的节水灌溉工程只是遂昌县节水灌溉工程建设的一个缩影。2013年遂昌重点县高效节水灌溉项目共有3个单位工程、12个分部工程、88个单元类别工程。工程实施后，可以新增高效节水灌溉面积1500亩，年节水15万立方米，灌溉保证率达85%。

保障灌溉稳发展

在遂昌，一路行来，触目所及，无论山间平地，抑或是低缓山坡，都被开垦出来种上了各类作物，即使是田埂边也见缝插针地种上了蔬菜，遂昌百姓对农田的珍惜和渴求可见一斑。然而，要使农田得到有效利用，大大小小完善的水利设施不可缺少。灌溉水源不能保证，农业发展的抗风险能力就无从谈起。

山区的渠系改造尤为任重道远。“相比于平原地区，山区水利设施建设成本高，难度大，增产效果却没有平原地区大。但是山区的百姓对土地更加看重，对水利设施的需求更高，建设水利的热情更大。”陪同的遂昌县水利局工作人员有感而发。

站在新建成的渠道边，能隐隐看到以前农民用竹子、木头等自建的引水设施，既不稳定也容易损坏，水的流失量也很高。一段用木头搭建的水道已完全腐烂，被杂草和山石所覆盖。现在这些古老的排灌设施已被坚固的水泥渠道替代，长长的渠道将生命之源输送到每一处农田，滋润每一片土地，保障了农业稳定发展。

据介绍，2013年度，遂昌第五批小农水重点县建设涉及小型灌区节水改造2处共8500亩。通过灌区改造工程，遂昌县将恢复灌溉面积3700亩、改善灌溉面积4800亩，年节水76.9万立方米，灌溉保证率达到85%。预计年新增粮食产量143万公斤，受益人口6125人，受益区农民年人均增加收入116.74元。

江南绿海，生机勃发，通过小农水重点县建设，一个个山塘获得整治，一片片灌区得到改

造，一项项节水灌溉工程次第建成，遂昌大地已是筋强脉壮，乐土遍布。（《浙江日报》10月17日10版）

黄米粿：农民增收的致富粿

罗建辉家的小院儿，似乎有着磁铁般的吸引力—走过院前的人们，总要回头闻闻瞅瞅。因为，这里实在太香了，是纯纯的米饭香。拨开满院子白茫茫、热腾腾的水蒸气，只见罗建辉正带着村民做黄米粿。

“快过春节了，买黄米粿的人太多了！如果一天能做出一万斤，我真恨不得每天做一万斤出来！”说话的人正是罗建辉，遂昌县蔡源乡下村村民，还是遂昌县建辉农产品有限公司的负责人。这家仅有7个人的小公司，一直坚持土法制作黄米粿，远近闻名。

学好手艺忙创业

在罗建辉家的院子里，两个大木桶正在锅炉上腾腾冒着热气。两桶饭中，一桶是白花花的米饭，另一桶则是黄灿灿的米饭。颗颗饭粒，在阳光照射下显得晶莹剔透。

“我们做黄米粿，要先后蒸两次。第一次把生米煮成熟饭，拌上灰汁后，再蒸一次，这样才能保证最后做出来的黄米粿又糯又香。”罗建辉边说，边示范起做黄米粿的关键步骤—把一桶刚蒸好的黄米粿，倒进一个大木盆里，然后倒入些许略带褐色的灰汁，开始搅拌起来。不一会儿，整盆饭都被染成了黄色。

在他身后，三个心灵手巧的女工，正不停将拌过灰汁的黄米饭碾磨成一段段长长的黄米粿，然后切成段、晾晒、包装。

黄米粿，是遂昌独有的“金色年糕”，是当地家家户户年货清单上的必备品，可以蒸熟蘸着红糖吃，也能炒菜煮汤吃。

在遂昌农村，制作黄米粿是临近春节时的一件大事。几户人家凑一起，妇女们用草木灰浸泡出来的灰汁，把白米饭染成黄色。男丁们则一起用舂米碓，将黄灿灿的饭碾成黄米粿。那场面好不热闹！

“在我们这里，黄米粿也叫黄金果。过年的时候吃黄金果，寓意着来年有好彩头。”罗建辉的父亲，66岁的罗尚金说，他从16岁起，就跟着家里的长辈一起学作黄米粿。现在他又将这门手艺传给了儿子。

“黄米粿的制作工艺，其实和年糕差不多。”罗建辉说，唯一的不同，在于多了一道“拌灰汁”的工序，这也是做好黄米粿最关键的一步。“大家喜欢我的黄米粿，就是因为我坚持用最土的方法制作灰汁。”

灰汁，由一种特殊木材制作而成。它含碱量较高，因此黄米粿的饭香中，带着一股独有的碱味。“小时候，我们胃寒、胃酸的时候，大人就给我们吃黄米粿，就是灰汁中的碱起到了酸碱平衡的作用。”罗建辉说。

不是什么木头都能用来提炼灰汁。在遂昌，当地农民一直使用一种叫“黄金柴”的灌木做灰汁。黄金柴学名牡荆，是一种极佳的治疗胃病、平喘止痛的药用植物。

“我还请了两位师傅，专门负责上山找黄金柴。”说着，罗建辉从墙角拿出一袋草木灰，“这就是黄金柴灰，一斤18块钱呢，只能做5斤黄米粿！”

人均年增逾万元

“昨天遂昌网商协会刚从我这里拿了1000斤黄米粿，今天又打电话来追加500斤。”话音刚落，罗建辉的手机又响了……“一个老客户，说要700斤。”挂完电话，罗建辉笑着说。

如今，淘宝网上不下50家网店，在销售罗建辉制作的“建辉”牌黄米粿。其受欢迎程度，从饕餮客们的好评上，也可见一斑：“家乡的味道！不错。”“今天收到就煮了吃了，和我老家的一样好吃。”……

罗建辉以前在村里开一家小小的碾米厂。逢年过节村里人要做黄米粿，都会带着米来他的厂里碾磨。后来，有村民索性把大米拎到他家，让他帮忙做黄米粿。见自己的黄米粿受欢迎，他就干脆做起了黄米粿。做完踩着三轮车去菜场上卖，“没想到，买的人还挺多！”。渐渐地，“建辉”牌黄米粿成了当地小有名气的土特产。

土法制作，决定了黄米粿产量不会太高。尽管需求量不断加大，始终供不应求，但罗建辉依然坚持土法制作地道的黄米粿。

比如，市面上有人图省事，直接用米粉做米粿。还有人嫌制作灰汁工序烦琐，且制作成本高，直接改用掺植物碱，甚至用色素，让黄米粿看起来色泽鲜亮、卖相好。“我从大米到黄米粿，中间绝不添加任何添加剂。”他说。

除了价格不便宜的黄金柴，罗建辉还在草木灰中拌入油茶树枝烧成的灰和槐花。做出来的黄米粿颜色纯正，口感软糯。甚至引起人们的“猜疑”：你的黄米粿怎么特别黄，是不是用了食用色素？“其实是因为我在灰汁中加入了槐花，这是我们这一带的特别配方。槐花去火，加少许槐花，不仅能让黄米粿的颜色更鲜艳，还能调和草木灰中的火气。”他说。

正因为他对传统手艺的坚守，让黄米粿真正成了“黄金果”。

如今，黄米粿是罗建辉一家的主要经济收入。每年从10月开始做黄米粿，一直持续到来年5月。短短七个月时间，仅黄米粿的销售，就有50万元。

在村里，黄米粿也成了乡亲们的“黄金果”。在罗建辉的带动下，如今蔡源乡里已经有了3家颇具规模的黄米粿制作点，总产值达100多万元。在这些黄米粿制作点打工的农户，每人每年至少能增收1万元。

“现在大家对吃的东西要求越来越高，不但要好吃，更要安全、绿色，所以我会一直坚持土法做下去。”罗建辉说。一个朴实农民的形象，让人动容。

（《浙江日报》1月22日9版）

双里村：百余年轻人回乡创业

之所以会走进遂昌县应村乡双里村，是因为听说了一件趣事：

在这个偏远的高山村，每年3月，年轻的父母已收拾行李，远走他乡打拼，身后留下的是老人和孩子陪伴着寂寞的大山。但今年，100多位村民打算留下来，他们有一个共同的梦想：把村庄打造成“千年农耕第一村”，延续挖掘原生态农耕方式，做个很潮很现代的“千年农夫”。

于是，孤寂的小村迸发出活力，有了年轻的“荷尔蒙”。谁说只有城市能安放梦想，在故乡小村，依然有广阔的天地去拼搏。

“今年，我们不走了”

以往，今天是父母外出打工的日子，一起床，遂昌县应村乡双里村11岁的周晨和7岁的弟弟周晨辉忍不住掉眼泪。

“爸爸、妈妈，能不走吗？我们能天天过春节吗？”刚刚和爸爸妈妈有了热乎劲的周晨辉，黏着妈妈天真地问。

春节，是和周晨辉一样的留守儿童最期盼的日子，只有这个时候，爸爸妈妈们带着新衣服、玩具、好吃的回到村里，孩子们会拿着新奇的玩具兴高采烈地在村道上玩闹，老人则吃着臭臭的榴莲微笑。

“其实，外出打工不是长久之计，我也很想在家乡发展。”41岁的周根伟说。周根伟是个木工，夫妻俩在上海打工7年了，每月有7000多元的稳定收入。今年回家，女儿周晨交出了一张优异的成绩单。为了让女儿安心读书，周根伟和妻子商量，打算不出去打工了。

“留下来吧，种种田，照样有奔头。”63岁的父亲周正发开口了。

双里村离县城50多公里，经济落后，村民靠种地为生，人口1000多人，外出打工的就有400多人。近年来，随着乡村旅游的发展，小村庄的劣势转成了优势，村里的好山、好水、好景色吸引了许多游客。

“一到周末，游客喜欢到村里来，家里种的青豆、番薯、土豆、南瓜都能卖出去。”周正发说。

“城里人喜欢的就是我们用‘老土’的方法种的菜。”老实巴交的周正发对儿子说，有一回，一位上海客人买了他种的3斤黄豆，过了一个月，竟然开车找上门，买了50斤黄豆、10斤番薯、20斤土豆，装满了后备厢回去。客人留下一句话说：“我吃到了30多年前的味道。”

“我用的是传统的种植方法，不用农药和化肥，就用烧出来的草木灰当肥料，这样种出来的东西特别好吃。”周正发说。于是在村里，许多年纪大的老人都开始把“压箱底”的“土方法”搬出来，种上花生、玉米等农作物。去年，仅卖蔬菜一项，年人均收入达3万元。

“我们的目标，自然和新鲜”

潘伟平的出现，把老人们用土方法种的东西都打包卖到了上海，不但卖出高价而且生意越做越好。

潘伟平原本是双里村的小学老师，十多年前，他外出经商，有一天回村的时候，他发现家乡的景色成了上海人崇拜的“仙境”。

“我们村子边上有石姆岩景区和万亩杜鹃，到杜鹃盛开的时候，游客会蜂拥而来。”潘伟平感叹着近年来家乡的变化，也嗅到了商机。

两年前，潘伟平创立的遂昌仙翁果蔬专业合作社，流转50亩土地，发动村里有传统种植技术的老人种各种农作物。

“拒绝任何化肥和农药，这是合作社的宗旨。”潘伟平很得意两年来的坚持，仙翁果蔬在上海出了名，目前共有2000多位城市白领成了他的忠实会员，每个周末定期向会员供应生态蔬菜。

在村闲置会堂里，七八位农民正在忙碌。地上，码放着数十个白色的泡沫箱，穿着白色工作服的农民，麻利地将冬笋、芹菜、五花肉等分别用塑料袋封装好，然后分装到箱子里。冬笋是前天晚上刚刚从农户家里收来的，土猪肉也是上午刚宰杀好的。

“都是最新鲜的，再过7个多小时，就能送到城里人的家中。”潘伟平说，刚开始是愁销路，现在是愁产量跟不上。

年前，应村乡党委书记郑水松特意找到潘伟平，送给他一本《四千年农夫》，潘伟平花了一个星期时间认真阅读，并在年轻的村民中进行传阅。

《四千年农夫》是1909年，美国农业部土壤局局长、威斯康星大学富兰克林.H.金教授，在游历中国、日本和高丽，考察3个东亚国家古老的农耕体系的完整记录和反思。书中，金教授推崇原生态农耕方式，认为这是可持续的农业经验。

书中记录着：他们自古以来就施行豆科植物与多种其他植物轮作的方式来保持土壤的肥沃。几乎每一寸土地都被用来种植作物以提供食物、燃料和织物。生物体的排泄物、燃料燃烧之后的灰烬以及破损的布料都会回到土里，成为最有效的肥料。如果向全人类推广可持续农业经验，那么各国人民的生活将更加富足。

“金教授所描述的原生态农耕方式就是我们之前做的事。”潘伟平说，耕作中老农们用最传统的方式种水稻、种蔬菜，不用化肥和农药；用最原始方式养鸡、养鱼，不添加任何饲料。撒锯末改善土壤透气性及疏松度，烧制草木灰加粪肥为作物底肥，茶饼粉为作物追肥，用辣椒水加茶饼水防治杀虫……传统农家生活的必需，在这里都能找到。

“我想让村里年轻力壮村民的都留下来，和我一起做个‘千年农夫’。”潘伟平很期待。

“千年农夫，梦想不远”

凌晨5时，53岁李干香家的灯就亮起来了，她今天要为合作社做上百斤的豆腐和油豆腐。

让她高兴的是，身边多了两位“学徒”，是她的两个女儿周彩芽、周春芽。今年，周彩芽、周春芽不外出打工了，她俩要学好手艺当“豆腐坊的主人”。

“做豆腐很辛苦。前一天需要把黄豆浸泡，天还没亮就需要开始烧水磨豆腐。”李干香一边教一边做，“想要把豆腐做得香，则需要细心。不仅原材料要‘土得正宗’，工艺上必须要二次加热。”

“我们家是‘千年农耕第一村’第一家豆腐坊，可不能砸了这块大牌子。”李干香反复交代两个女儿说。

像周彩芽、周春芽一样，这几天，村里一共有100多位年轻的爸爸妈妈放弃外出打工，加入了遂昌仙翁果蔬专业合作社，周根伟跟着老父亲学种地，40岁的周爱兰做农家乐，30多岁的余爱凤要学微营销……村民们之所以留下来，是源于潘伟平有一个更大的计划：把双里村打造成“千年农耕第一村”。

潘伟平展开了“千年农耕第一村”设计图，这是2个月前专门请设计人员设计的。“千年农耕第一村”有规模达百亩的核心种植区：堆肥、谷仓、水车、水渠、篱笆墙……村庄里有榨油坊、豆腐坊、果园、猪舍。恍惚间，好似穿越回到了古代，正走入乡间耕作人家。在核心区里，农户们精耕细作，种养殖出来的东西供给合作社，也可以作为游客体验区，体验原生态种植带来的乐趣。

合作社有着一套规范的管理体制，耕种的土地由合作社统一流转和管理，哪块土地适合种什么，肥力怎样，需要经过科学检测；土地采取轮作，保持肥力，并不能闲置一块土地。

种子和原材料统一由合作社提供，例如炸油豆腐的油只能认准自产的菜油，炸了一次不能重复使用。农家乐用的菜必须都是合作社统一种的菜。

潘伟平的“千年农夫梦”也是许多村里年轻人做的梦，他们梦想着在自己家创业，梦想着不再异乡漂泊。

听说爸爸妈妈今年不走了，周晨辉高兴地到处乱跑，看到两个孩子的高兴劲，记者用相机拍下孩子们开心的一刻，显然，和父母在一起的日子是快乐的。

（《浙江日报》3月25日18版）

遂昌多措并举控“三公”

“贵单位本月‘三公’经费降幅在全县排名较为靠后，请认真查找原因，并对此作出说明。”日前，遂昌县市政园林管理处因公务接待费用同比降幅排名靠后，收到了来自县落实厉行节约工作领导小组的函告警示。

对此，县市政园林管理处处长张文豪作出书面解释，并承诺将尽快出台内部措施，进一步加大检查力度，严格控制“三公”经费。“及时纠正工作中出现的错误，对于我们来说是更深层的爱护。”张文豪表示。

治理“三公”问题，没有一套标准的制度体系，工作就难以有效开展。遂昌县通过建立健全一系列制度规程，推进管理体制和机制改革，从源头上堵塞“三公”管理漏洞。该县先后出台“三公”经费总量控制、函告、约谈等制度，对“三公”经费实行动态监督，以此达到大幅压缩行政经费和一般性支出的目标。

“今年以来，从中央到地方都在提倡反对铺张浪费，这句话不是口号，要在平时的工作中体现。”每年年初，遂昌县纪委常委、纪委书记付勇斐都会约谈全县20个乡镇（街道）负责人，并与各乡镇（街道）、部门单位的主要负责人签订《党风廉政建设承诺书》，将“控制三公经费”细化为具体可操作的内容，对公车使用管理、公务接待标准、办公用品购置等进行详细说明，对“三公”经费严重超标或控制不力的乡镇（街道）、部门和单位，不但要追究当事人责任，还要倒查相关领导的责任，年终时对该单位进行问责，以此作为各级党政“一把手”和党员领导干部落实责任制的“紧箍咒”。

与此同时，一些单位、部门还根据自身特色，制定出台了一系列规章制度，压缩“三公”经费支出，整治公款送礼、公款吃喝、奢侈浪费：林业局出台《下属单位食堂管理制度》，严格控制早、中、晚餐的餐费标准，并一律禁止烟酒招待；交通运输局、国土局对每辆公车安装了GPS、ETC等软件，按月核对加油明细清单和车辆行驶里程数，防止“车轮上的浪费”……

一系列举措下来，遂昌“三公”经费呈明显下降趋势：2013年比2012年下降15%，其中招待费同比下降21.1%；今年1至8月份，同期下降57.79%，其中招待费比2013年同期下降57.57%。

而与之形成鲜明对比的是，遂昌县用于民生事业的投入正在不断提高：县城停车场建设有序推进；城市绿化亮化美化工程同步实施；“五保合一”大社保体系建设不断深化……2013年，遂昌共投入12.89亿元用于民生事业的改善，占该县财政总收入的74.9%。

（《反腐败导刊》11月刊）

遂昌县的“请进来”与“走出去”

“以前总觉得纪检工作很神秘，现在只需鼠标一点，就能知道他们的工作动态，也更加方便了我们群众对纪检工作的监督。”日前，遂昌县纪委在其官方网站勤廉遂昌主页上公布了每周领导干部的工作安排，受到群众的频频“点赞”：公开工作安排是纪检干部贴近群众、走进群众的表现，使我们更加清晰了解纪检监察机关的工作，也对反腐败前景充满了信心。

今年以来，遂昌县进一步搭建平台，聚焦党风廉政建设和反腐败斗争工作。1月份以来，该县共组织工作纪律、公车私用、公款消费等各类专项行动35次，通报批评干部39人，查处违纪违规干部39人。纪检工作以铁的纪律，收到了良好的社会效果。

网络问政

24小时倾听群众诉求

“原余家村党支部书记的余文明与村委会主任余文星，以考察学习之名，组织余家村村委会委员、村监会成员、村治保主任、村妇联主任、村计生员、村社保员等村级组织成员及党员共21人到厦门市旅游，共花费村集体资金23000元。”日前，遂昌县纪委在其官方网站勤廉遂昌上公布了第3期“你点我访纠四风”督察情况。

时光倒推半年，今年上半年，遂昌县纪委接到一纸群众投诉：某村干部利用公款组织旅游。经过调查，遂昌县纪委确定了公款旅游的事实，并对相关责任人进行了处理。此举不仅彰显了纪检系统公开、透明的工作作风，也让弥漫在坊间的种种猜测很快烟消云散。

依托“勤廉遂昌”这个平台，全县党风廉政建设和反腐败工作动态都在网站首页上公布。遂昌县纪委一方面及时将相关政策法规、纪检监察机关的职能、工作动态以及运行程序一一“晒”给公众；另一方面，依托完善的“网络举报”信访举报受理体系，纪检工作人员会对每一件网络举报及时调查。

与此同时，为进一步延伸“网络举报”触角，今年5月份，“遂昌问政直通车”正式上线运行，这个设立了“网上民意厅”“网络发言人部门”“遂昌微博”等板块的网络问政平台，集结了全县104家单位及部门的网络发言人，24小时在线答疑解难。

媒体督政

让干部“红脸出汗”

今年，遂昌县全体干部收看了暗访短片《群众问政进行时——眼皮底下的污染因何长期存在？》。镜头下，县城周边一个苍蝇乱飞的家禽养殖场内，污水直排入河，一边的村民直摇头：“这水常年都是臭的。”而在另一个镜头下，公路边堆积如山的建筑垃圾更是触目惊心，严重影响了周边的环境卫生。

面对如此“犀利”的镜头，遂昌县环保局局长张勇军如坐针毡。他当即打电话给相关责任人，“明天上班后立刻去现场查看，对于非法经营的养殖场一律关停，有问题的要立即整改。”

结合“执行力锻造年”这一主题，今年以来，遂昌以打造县级“焦点访谈”为目标，于每季度推出一期电视问政节目，集中曝光一批社会关注度高的热点问题和影响经济社会发展的突出问题，上文提到的暗访短片就是其中一期。

为了让媒体督政更有影响力，也让广大群众有机会参与监督工作，每期“群众问政”节目播出后，县纪委还组织群众对单位、部门进行打分，评价内容包括“是否对问题认识到位”、“是否敢于担责”等方面。这种不记名的调查方式消除了群众的顾虑，也使反映的问题更加真实、直接。

社会参评、结果公开，这样的做法让单位“一把手”们倍感压力。不过，社会评价结果的运用还不仅限于此，遂昌县建立了社会评价结果综合运用机制，将其作为责任制考核的重要内容、整改突出问题的重要依据以及领导干部管理使用的重要参考。

比如，该县举办的“勤廉干部”“中层干部大家评”等活动，就是通过社会评选，选拔出“素质好、意识强、群众基础实”的好干部，并将评选结果作为干部提拔使用的重要依据。这就使得责任制考核的刚性约束力大大提升，各单位、部门领导的主体责任意识也被进一步激发出来。

基层听政

“主动出击”强化执行力

前些天，遂昌县妙高街道北门至三墩桥交通枢纽项目建设办公室里，一场关于“古院村苗圃搬迁问题”的协调会正在召开。原来，业主单位在施工过程中遇到了一个难题：项目建设需要迁移一个由农户开办的苗圃基地，由于双方无法就苗圃迁移费用问题达成一致，导致苗圃一直未迁，影响了工期的进行。得知该情况后，县纪委监察局立即召集相关单位召开现场办公会，将难题“摆”到桌面上。经过工作人员耐心协商和调解，一个星期后，问题最终顺利解决，工程得以继续进行。

把群众和媒体请进来，让他们参与纪检工作，表明了遂昌纪检“开门纳谏”的姿态和决心；而主动走出去，则让该县纪检工作在“主动出击”的道路上迈出了更坚实的一步。

按照“勤廉遂昌”的总体部署，遂昌县纪委建立了纪委常委、委员联系基层党风廉政建设工作制度。经过几年的时间，这项旨在加强基层纪检监察组织执纪能力、提升纪检监察工作水平的有益探索，变成了纪检干部的“日常工作”。这些深入基层一线的纪检监察干部们在实践中收获颇丰：体验了群众困苦，增进了与群众的感情，锻炼磨炼了坚强意志，坚定了理想信念，切实转变了工作作风。

抓铁有痕，实效顿显。据不完全统计，今年以来，在基层走访中，遂昌县纪委共收到群众意见建议1689条，落实1574条；在村级财务监督中，退回不合理票据423张，涉及金额95万元。

下基层，除了“聚焦主业”外，广大纪检干部还主动担当职责，参与“五水共治”“洁净乡村”等县域重大主题活动，自觉践行党的群众路线教育实践活动。

（《反腐败导刊》12月刊）

附 录

中共遂昌县委关于深化改革创新建设美丽遂昌的决定

（2014年1月13日中国共产党遂昌县第十四届委员会第七次全体会议通过）

中国共产党遂昌县第十四届委员会第七次全体会议，认真学习贯彻党的十八届三中全会、省委十三届四次全会和市委三届六次全会精神，紧密结合遂昌实际，研究了关于深化改革创新，建设美丽遂昌的重大问题，作出如下决定。

一、牢牢把握深化改革创新建设美丽遂昌的总体要求

1.重要意义。改革创新是遂昌发展的强大动力，美丽遂昌是山区科学发展示范区建设的目标要求。党的十八届三中全会作出了全面深化改革的总部署，为我们指明了实践改革创新的努力方向。省委常委会专题研究丽水工作会议，提出把丽水作为浙江践行习近平总书记“绿水青山就是金山银山”战略指导思想的先行区和试点市，不再进行GDP和工业总产值的考核，鼓励丽水全面深化改革、加快转型发展。市委三届六次全会提出，要以全面深化改革为强大动力，以建设美丽幸福新丽水为战略标杆，坚定不移走“绿水青山就是金山银山”的绿色生态发展之路，努力在生态文明建设上走在全国全省前列。全县各级党组织和广大党员干部要牢牢把握时代要求和历史机遇，更加坚定地肩负起深化改革创新的历史重任，努力放大生态优势，激发体制机制活力，加快建设美丽遂昌。

2.指导思想。深入学习贯彻党的十八届三中全会精神，围绕省委“八八战略”和市委“绿色崛起、科学跨越”战略总要求，坚定“绿水青山就是金山银山”战略指导思想，按照“目标强县富民、空间东进西拓、产业扬长补短、民生与时俱进、社会和谐幸福、发展科学持续”的战略路径，以山区科学发展综合改革试验区试点为重要载体，以深化改革创新为强大动力，以建设美丽遂昌为目标要求，加快建设山区科学发展示范区。

3.基本原则。

——坚持重点导向：顶层设计是新一轮改革的重要特点。必须强化抓重点、抓难点的理念，积极对接上级改革试点项目，认真探索推进改革试点的经验做法。当前重点是要抓好低丘缓坡开发利用试点、旅游综合改革试点、农村金 融改革试点、山海协作共建产业园试点、扶贫改革试验等改革试点，力求在试点中出经验、出成效、出示范。

——坚持问题导向：改革是为了解决问题。必须强化“有什么问题就解决什么问题”“群众想什么，我们就干什么”的理念，把提升县域发展环境和保障群众利益放在重要位置，突出抓好五大领域体制机制创新，全面提升政务效率、强化奖优罚劣、打造责任团队，努力解决生态建设、民生保障、平安稳定等方面群众关切的热点难点问题。

——坚持务实导向：基层创新是推进改革的源头活水。必须强化底层探索，将每一项改革定量化、项目化，坚持大处着眼、小处着手，步步为营、善作善成，重点是要结合美丽县城、美丽乡村、美丽生态、美丽生活、美丽事业建设各项具体工作，一件一件抓落实，一年一年接力干，不断积小胜为大胜，确保改革创新取得实效。

二、稳步推进五大改革试点，提升经济发展核心动力

4.推进低丘缓坡开发利用试点。严格保护耕地、节约利用土地，确保耕地占补平衡。加快推进场地平整和基础设施配套工程，科学规划土地用途，最大限度利用好土地资源。加强低丘缓坡开发工作监督，实行低丘缓坡开发利用试点在线监管，全面科学掌握试点实施全过程。加强试点工作纪律监管，规范试点资金使用和工程建设流程。加快推进拆迁后续安置工作，及时排查化解矛盾纠纷，努力破解项目推进要素制约问题。健全低丘缓坡综合开发利用长效管理机制，实现保护耕地和拓展空间的有机统一。

5.推进农村金融改革试点。完善金融组织体系，积极引进股份制商业银行和新设地方法人金融机构，支持小额贷款公司增资扩股，鼓励金融机构向乡镇延伸机构和业务。拓宽农民融资渠道，积极推进农房、农地等涉农物权抵押信贷产品创新，不断完善林权抵押贷款的政策体系。推动中小企业金融产品创新，探索开展顺位抵押。深化农村金融服务站建设，健全农村支付结算体系。积极创建全国保险服务民生示范区，扩大政策性农业、农房保险覆盖面。鼓励引进有实力有信誉的担保公司，不断完善企协应急转贷周转金合作模式。发挥政策杠杆作用，实行财政性资金存放与贷款增速、存贷比和贷款规模挂钩，健全科学有效、正向激励的农村金融政策扶持体系。

6.推进旅游综合改革试点。推进旅游综合管理体制改革，增强规划统筹、产业协调、市场监管等职能。创新旅游投融资体制，鼓励更多民间资本投资体验性、休闲性的新业态旅游项目，引导金融机构加大对旅游项目的信贷支持。分级分批打造精品乡村旅游产品，加快主题型、文化型乡村旅游产品建设，培育一批有较高知名度和较强吸引力的乡村旅游品牌。推进旅游服务信息化，努力创建“智慧旅游城市”和“智慧旅游景区”。完善旅游联合营销机制，依托新媒体、新技术，积极开展“智慧营销”。推进人才强旅工程，深化与大专院校合作，培养一批乡村休闲旅游紧缺型人才。

7.推进山海协作共建产业园试点。完善产业园建设发展规划，进一步明确园区发展思路、产业布局、建设周期及基础设施配套计划。加快完善产业园管理体制机制，重点推进入园企业准入、退出、奖励和项目审批落地服务等机制的建立和完善。加强共建资金使用管理，提高资金使用绩效。实施山海协作共建产业园人才计划，完善诸暨、遂昌互派干部挂职锻炼、相互派员学习交流制度，加强企业高端人才引进。加强招商引资体制机制研究，进一步整合招商资源、利用好招商政策，促进企业加快落地。以产业园共建为突破口，推进两地多领域、全方位合作，建设全省山海协作产业园的示范基地。

8.推进扶贫改革试验。以增强内生功能为突破口，启动新一轮特扶项目建设，加大项目、资金、政策的整合力度，着力打造精品示范项目。以整村搬迁和集中安置为重点，积极引导和鼓励农民加快异地转移和转产转业步伐，引导土地承包经营权等规范流转，提高城镇化水平。加强农民异地搬迁小区管理方式创新，对异地转移安置人员进行分类管理服务，破解农民异地转移后续管理难问题，不断提升社区公共服务能力。探索新型扶贫协作模式，推动“输血式”扶贫向“造血式”扶贫转变。提升“县级统筹为主、乡镇（街道）统筹为辅、村级自谋发展为补充”发展模式，确保经济薄弱村获得持续稳定的经济收入。

三、努力完善五大领域体制机制，提升社会治理现代化水平

9.构建严格有力的生态保护体制机制。全面启动全国生态文明建设试点工作，积极推进国家可持续发展实验区建设，努力

探索适合本地区的生态文明建设模式。深化生态功能区调整，明晰生态保护红线，切实加强资源保护。建立生态环境损害责任追究制、环境问题约谈制，强化生态考核、生态约束、生态执法制度体系建设。健全环境信息公开、环境舆情收集、环保公安联动执法机制。开展全省首批循环经济示范县创建，严格环境准入制度。强化跨地区流域污染防治机制，推广“一企一证一卡”企业排污总量控制新模式，实行排污权有偿使用和交易机制。加强土壤污染治理与修复，严格垦造耕地后续管护。完善林业资源保护再造机制，加强生物多样性保护，促进资源永续利用。

10.构建惠及全民的民生保障体制机制。健全社会保障财政投入制度，深入推进“五保合一”大社保体系和社保基金“三位一体”运行机制建设，建立健全合理兼顾各类人员的社会保障待遇确定和正常调整机制。完善最低生活保障、医疗救助、社会救助体系，加快建设“四位一体”养老服务体系和老年服务产业。完善城乡统筹就业服务体系，确保零就业家庭保持动态清零。深化教育综合改革和医疗卫生体制改革，健全优质教育、医疗资源城乡共享机制。坚持计划生育基本国策，关注和促进计划生育家庭发展。加强公共文化服务体系建设，实施基本公共文化服务提升计划。加快文化产业投融资服务体系建设，推动县域特色文化产业发展。

11.构建和谐稳定的平安建设体制机制。建立健全科学民主决策机制，完善基层议事、公开、问责等机制。加强重大决策社会稳定风险评估、社会稳定等级预警、情报信息分析研判机制建设。积极发挥“民事村了”工作法等作用，推进基层社会服务管理体制机制创新。健全大调解工作机制，完善“求和”人民调解三级网络和人民调解、行政调解、司法调解联动工作体系。加强信访工作长效机制建设，完善领导干部接访下访制度，实行信访责任倒查追究制度。健全安全生产责任体系，研究建立“党政同责、一岗双责、齐抓共管”机制。完善食品药品安全监管体制机制。健全防灾减灾救灾体制机制。完善互联网应用和管理体制机制。深化社会治安防控体系建设，严厉打击严重刑事犯罪。

12.构建奖优罚劣的干部激励体制机制。进一步明确“有激情、敢担当、能负重”的用人导向，健全有利于“学习型、狮子型、实干型、服务型、清廉型”干部脱颖而出的体制机制。加强“三重”工作考察锻炼、“应知应会”常态化考评、“双向挂职”锻炼领导干部，深化执行县管领导干部“四评合一、量化排名”制度，加强干部能上能下机制执行，推进调整不适宜担任现职干部工作。突出考核激励导向，建立考核结果与津补贴发放挂钩、干部强制交流、记功表彰制度。深入推进改进作风常态化建设，建立巡查督办和不实作风惩戒制度，实施县委、县政府通报制度和群众问政制度。

13.构建优质高效的政务服务体制机制。以政府机构改革为契机，进一步优化行政资源配置，提高行政效率和行政服务水平。实行党政联席会议制度，建立重点项目领办包干制和项目推进无缝对接机制。积极推进以审批部门、审批事项、审批环节和审批时间“四减少”为核心的行政审批制度改革，推行投资项目审批代办、多证联办、并联审批、模拟审批等审批服务方式，完善行政审批实时监督、联合督查、责任追究制度，探索审批权力清单制度和企业投资负面清单制度，全面提升行政审批效能指数。加快推进审批中介服务改革，推进中介机构与行政机关、挂靠事业单位脱钩，规范中介机构市场行为和市场秩序。完善县、乡、村三级便民服务体系，努力推行网上审批。深入开展依托电子政务平台加强政务公开和政务服务试点，推进行政权力公开透明运行。

四、积极打造“五美遂昌”，加快建设山区科学发展示范区

（一）加快推进新型城镇化，积极打造美丽县城。

14.加快城市发展平台建设。加快推进“三城”组团发展。全力实施东城、新城建设，完善各类规划编制，推进龙板山、古院区块基础设施建设，完善毛

田、洋浩区块市政设施配套功能，加速推进北门桥头至三墩桥道路拓宽改造、城市文化综合体等项目。全面启动城市更新，扎实稳妥推进荷花滩、上溪滩、东桥路、园丁路等改造工程，积极开展吴乐畈、龙谷路二期土地和房屋征收工作。深化城市建设“六个一”工程，扎实推进省级园林城市创建，启动实施街道形象提升改造工程。加快污水配套管网、溪边路景观带、生猪屠宰场搬迁等项目进度。全面加强城市管理，加大县城停车场和地下空间开发力度，加强交通治堵、环境治乱和城市综合执法建设。深化“三改一拆”工作，推进“无违建县”创建。

15.加快城市产业转型升级。深入实施工业企业培育“1210”工程，支持元立、凯恩等骨干企业加快转型升级，扶持中小、微型企业快速发展。深入实施创新驱动发展战略，加大科技人才投入力度，加快企业技术创新和转型升级步伐。深入实施“四换三名”工程，加强企业技改投入和品牌培育，加快产业集群示范区建设。积极推动“个转企、小升规、规改股、股上市”，进一步扩大市场主体总量。加大招商引资力度，实施“外引内育”战略，重点加强金属制品、机械装备制造、高新技术和节能环保产业的引进力度。完善大招商体系，推进“遂商回归”平台建设，加强项目落地服务保障。强化招才引智工作，力争引进“国家千人计划”“省千人计划”和“绿谷精英”等高层次人才和团队。大力发展城市服务产业，稳步推进养生养老、文化创意、星级酒店、娱乐休闲等项目建设，培育城市夜间经济。大力发展总部经济和商贸经济，加快东城物流中心、竹炭产业研发服务中心、商贸综合体等项目进度，继续推进“万村千乡市场工程”。培育壮大建筑产业，加大房地产开发力度。

16.加快城镇人口优化集聚。大力推进“县城、中心镇、中心村”三位一体建设，优化产业与人口发展环境。全面启动连直线云峰段公路改建项目，加快腾龙小区二期、古院安置小区、云峰安置小区等项目建设。加快石练、金竹中心镇培育，推进石练绿色农产品加工园区和石练爱丰小区、金竹小区二期等项目建设。推进中部、西部、北部乡镇集镇建设和中心村建设。全面完成峡口门至湖山至金竹公路改建工程，加快51省道王村口至老虎跳公路改建、乌溪江大桥等项目建设，加快推进衢宁铁路项目前期。

（二）大力发展乡村经济，积极打造美丽乡村。

17.培育旅游第一支柱产业。围绕旅游产品提档升级，全力推进金矿国家矿山公园创5A、汤沐园和九龙山创4A、高坪新村创3A工程，加快金钻养生园、旅游集散中心等项目建设，启动千佛山景区三期、旅游商品展示展销中心等一批新建项目，力争湖山温泉小镇、白马山森林养生度假区等项目落地，全力谋划三墩旅游综合体项目。围绕打造“中国最佳旅游服务县”的目标，继续实施旅游服务创优“八大工程”和游客满意度、旅游贡献度调查。围绕旅游“智慧营销”，鼓励旅游企业开展网络营销、网络预订和网商支付等服务，开发遂昌旅游APP软件、WAP网站、二维码旅游地图、微信导游系统。围绕农家乐产业转型升级，启动白马山—石姆岩农家乐精品示范区建设，深入推进农家乐综合体创建，全面打响“五行遂昌，一诺千金”县域品牌。

18.提升原生态精品现代农业。全面实施产业培育“5522”工程，推动主导产业和特色产业扩量提质。积极打造生态化、精品化、电商化的现代农业示范基地，重点发展无公害农产品基地。完成省级农业标准化综合示范县建设，加强农业龙头企业、农民专业合作社、家庭农场、专业种养大户培育，强化无公害农产品、绿色食品、有机食品认证。加强与大型知名农业企业合作，支持农产品冷链系统和仓储运输设施建设。加强农业信息、科技、资金、营销等服务体系建设。推动农业与工业、服务业融合发展，大力发展观光农业、设施农业、智慧农业，全力提升“原生态”区域品牌。

19.推进美丽乡村项目建

设。全面开展一事一议财政奖补政策转型升级促进美丽乡村建设试点，以信息化手段推动新农村建设，加快农村电子商务集聚园区、农村电子商务服务站（赶街）、宽带信息网等基础设施建设，打造浙西南最大的农特产品网上交易平台。深入推进美丽乡村风景线、精品村、样板户创建，积极开展美丽花乡建设，力争“六边三化三美”、历史文化村落保护利用再创省市典型。全力申报全国农村综合改革标准化试点，积极推进美丽乡村建设标准化。完善“美丽乡村项目大家建”模式，鼓励农村群众投工投劳参与农田水利、土地开发整理等项目建设。全力实施山区经济专项扶持项目，加强扶贫资金互助会建设，深入推进低收入农户收入倍增工程。

（三）着力构建环境优势，积极打造美丽生态。

20.全面开展“五水共治”。实施治水十大工程，全力治污水、防洪水、排涝水、保供水、促节水。全面推行“河长制”，加强水源保护和涵养修复，积极争取全省首批农村生活污水整治重点项目，启动全国第五批小农水重点县等项目建设。实施城镇防洪排涝和引水净水工程，加快中小河流治理重点县综合整治试点、污水处理厂二期等项目建设。强化城乡饮用水安全保障，启动制水厂4万吨每日扩容建设工程，加快石坑坪水库、东城供水等项目建设，推进清水源水库项目前期。加快县城三溪综合治理和十八里翠国家水利风景区建设，着力打造水环境最佳县。

21.全力打造“中国最洁净乡村”。不断健全完善农村垃圾收集处理长效管理机制，推进农村环境综合整治。加强农村环保基础设施建设，深化集镇保洁站和村级垃圾分类处理试点工作。全面实施“清洁田野”行动，加强农村规模畜禽养殖污染防治。开展最洁净乡镇（街道）、最洁净村庄、最洁净家庭创建，完成洁净乡村“升级版”阶段性建设目标，全力打造“中国最洁净乡村”。

22.大力弘扬生态文明价值观。加强生态文明宣传教育，增强公众环保意识和节约意识，形成合理消费的社会风尚，营造爱护生态环境的良好风气。积极开展绿色、生态创建活动，加快建设并形成一批以绿色学校、绿色企业、绿色社区、生态村为主体的生态文化宣传教育基地。大力开展微笑志愿服务、孝道文化节、邻居节、道德模范评选、公共文明指数测评等工作，提升城乡群众的生态文明素养。

（四）优先保障民生发展，积极打造美丽生活。

23.提升教育现代化水平。积极开展省级教育现代化县创建，深入实施“3527”学校布局优化方案，加快梅溪小学、第二中学、遂昌中学、乡镇幼儿园等新扩建项目进度。做好义务教育基本均衡发展县创建评估，积极开展标准化学校创建，认真落实教育质量提升五年行动计划，进一步提升职业教育品牌。深入开展“钱瓯名师”、幼儿教师、青年教师培养工作，切实提高教育质量。

24.深化医疗卫生改革。实施县乡村卫生一体化综合管理改革试点，深化公立医院综合改革。加强卫技人才培养，进一步完善基层绩效分配和绩效考核制度，实施“遂昌名医工程”，切实提升县域医疗质量和服务水平。加快县人民医院新住院大楼、民营医院等项目建设，完善医院安防体系。启动省级卫生应急工作示范县创建，不断提高卫生应急能力。加快计生工作改革，积极创建幸福家庭。

25.完善社会保障体系。积极推进社保扩面，加强社保基金监管。加大社会救助力度，实现最低生活保障、教育救助、困难职工救助、残疾人救助、困难大学生救助等经办服务纳入大社保窗口。加快养老中心项目建设，积极争取政企共建公共服务国家级标准化项目，开展省级养老院服务标准化项目建设。加强就业再就业工作，积极开展职业技能培训，积极创建充分就业县。加强和谐社区建设，推动“96345”社会公共服务中心高效运行。

26.培育县域文化品牌。着力弘扬县域特色文化，深入开展汤显祖文化资政育人功能研究和汤公文化整体塑造，办好汤显祖文化节。着力完善城乡公共文化服务体系，建设农村文化礼堂，推广广场舞、“文化刷墙”等，举办“文化进社区”、“文企结亲”等特色文化活动。着力推动文化产业发展，加快竹炭文化休闲观光园区、汤显祖国际文化交流中心、大柘民俗文化产业园等建设，进一步延伸文化产业价值链。

（五）切实加强党的领导，积极打造美丽事业

27.开展党的群众路线教育实践活动。

按照“照镜子、正衣冠、洗洗澡、治治病”总要求，组织党员干部走百村进万户访民意，集中解决形式主义、官僚主义、享乐主义和奢靡之风问题。认真开展查摆问题、开展批评活动，组织召开高质量专题民主生活会，积极开展批评与自我批评。深入开展整改落实、建章立制工作，着力解决群众反映强烈的突出问题、热点问题，以实际成效取信于民。

28.加强宣传思想工作。广泛开展“我的责任我担当，遂昌发展我在先”主题教育活动，树立“遂昌不会落后，因为有我！”的自觉自信。全力抓好党的十八届三中全会精神宣传工作，加强党员干部理论学习，重点抓好党委（党组）中心组学习。牢牢把握正确舆论导向，加大对报刊图书、会议会场、电视广播、新兴媒体、各级学校的宣传思想阵地管理，严厉打击网络谣言，积极营造良好的发展氛围。

29.创新基层组织建设。积极开展党建百里示范长廊、百个党建示范点、百个后进党支部转化等“十百工程”，打响“先锋遂昌”工作品牌。全面实行乡镇党代会年会制，开展“双优双强”基层远教品牌建设，进一步推动“两新”党建工作扩面提质增效，积极推进“青春党建”。全面开展新一届村党支部书记、村委会主任、村监会主任培训工作。

30.强化党风廉政建设。严格执行中央“八项规定”、省委“六个严禁”，全面实施“执行力锻造年”十大行动计划。开展“你点我访纠四风”活动，重点加强对工作纪律、作风和效能的暗访督查力度。开展“群众问政进行时”活动，组织各单位集体观看、讨论和评议。深入贯彻党员领导干部廉洁从政准则，提升党员干部法律意识，坚决查处领导干部违纪违法案件，着力查办严重损害群众利益和工程建设领域腐败案件。深入推进勤廉创建，巩固提升村级便民服务中心、村监会标准化建设，努力打造勤廉遂昌。

31.凝聚干事创业合力。充分发挥党委总揽全局、协调四方的领导核心作用，推动人大、政府、政协依法履职、发挥作用，进一步加强统战、党管武装、党管人才工作，充分发挥老干部以及工青妇团等人民团体的作用，不断增进各方共识，努力在全县上下形成心往一处想、劲往一处使的工作合力，加快建设山区科学发展示范区。

（遂委发〔2014〕1 号）

遂昌县山区经济发展规划（2012—2017 年）

为进一步加快山区经济发展，根据省委、省政府《关于推进欠发达地区加快发展的若干意见》（浙委〔2011〕29 号）、《关于加快山区经济发展的若干意见》（浙委〔2012〕90 号）、《浙江省山区经济发展规划（2012—2017）》、《遂昌县国民经济和社会发展第十二个五年规划纲要》、《遂昌县建设山区科学发展示范区规划》（2012—2017）等规划、文件精神，特编制本规划。

遂昌县位于浙江省西南部，钱塘江、瓯江上游，东邻武义县、松阳县，南接龙泉市，西连衢州江山市和福建浦城县，北毗衢州市、金华市，县域总面积 2539 平方公里，户籍人口约 23.1 万人（常住人口 19 万人），下辖 18 个乡镇和 2 个街道。境内山高坡陡，山地面积 2256 平方公里，占县域面积的 88.8%，境内千米以上的山峰 703 座，特殊的地理条件构成了“九山半水半分田”的总体格局。本规划以遂昌县基本情况为基础，以符合《浙江省山区经济发展专项资金和项目管理办法》扶持的相关产业

为依据，重在加速推进农村经济的快速发展。

一、发展基础与重大意义

（一）发展基础

近年来，遂昌县坚持以科学发展观为统领，全面落实省委、市委的战略部署，深入探索山区科学发展新路径，县域综合竞争力、可持续发展能力、科学发展能力持续增强，已经成为“山上浙江”建设的创新样本。

1.发展理念创新提升、战略不断深化。立足遂昌作为欠发达山区和生态屏障地区的县情实际，不断深化对自身发展阶段、特征和比较优势的认识，确立了“经营山水、统筹城乡，全面建设长三角休闲旅游名城”的发展战略，积极探索“以乡村休闲旅游为引领、一二三产统筹协调发展”的新山区发展模式。在战略重点上，始终坚持改革创新为动力，着力培育内生发展力量，用深化改革的办法破解发展难题。始终坚持“全民参与、惠及全民”，强化发展理念创新，探索总结了以工商资本为引领，乡、村级组织为保障，农户经营为基础的乡村产业培育经验；强化发展手段创新，让工业、农业、旅游业和文化相互促进、融合发展，开创了产业发展的全新领域；强化政策措施创新，着力破解各种要素制约，为科学发展注入了持续动力；强化体制机制创新，凝聚起加快发展的整体合力。

2.经济发展转型加快、实力显著增强。始终坚持可持续发展理念，科学把握保护和开发的平衡点，以“经济生态化，生态经济化”的思路来谋划发展，推动产业向生态、融合、集群方向发展，促进生态与经济良性互动，推动县域经济转型升级。2013年全县生产总值达68.14亿元，财政总收入达9.25亿元，其中地方财政收入5.52亿元，工业总产值达215.05亿元，增长21.4%。打响“五行遂昌，一诺千金”县域品牌，接待国内外游客991.28万人次，实现旅游综合收入46.45亿元。荣获浙江省年度旅游发展十佳县，省旅游经济强县复核被评为优秀。茶叶、毛竹、山地生态蔬菜三大主导产业进一步提升，2013年农业总产值15.75亿元，增长6.3%。

3.城乡建设统筹推进、生态稳居前列。始终坚持城乡一体化发展，2013年固定资产投资40.64亿元，增长25.5%。基础设施建设加快推进，县域2小时交通圈、旅游1小时交通圈初步形成，在全市率先实现行政村公路通达率和硬化率“双百”目标。成功创建省级生态县，国家级生态县通过技术评估，省级文明县城顺利通过复评。新农村建设稳步推进，“中国洁净乡村”建设深入开展，入选全省首批“美丽乡村先进县”，林权制度改革走在全国前列，公益林建设和“四位一体”河道管理走在全省前列。

4.社会事业全面发展、民生逐步改善。始终把保障和改善民生放在突出位置，省级基本公共服务均等化试点扎实推进，人民生活水平和质量显著提高。2013城镇居民人均可支配收入30370元，农村居民人均纯收入10224元，分别增长10.3%和12.9%；低收入群体比重下降。休闲养生事业发展迅速，资源优势进一步凸显，节庆文化常态化、传统文化产业化和群众文化职业化实现常态化，在全省率先启动县级公立医院综合改革，县乡村一体化的“新乡村医改”模式得到省委省政府和卫生部高度肯定。安全生产形势总体稳定，质量强县建设扎实推进。

制约因素：由于区位、自然、历史、体制等多方面原因，在遂昌经济社会发展中仍然存在许多困难。一是总体实力仍然较弱，内生发展动力有待强化。县域经济总量仍然偏小，人均GDP仅相当于全省平均水平的一半；财政总收入和一般预算收入增幅远低于全市平均水平，公共财政仍处于“吃饭财政”阶段，制约了政府提供公共服务的能力，新型工业化和新型城市化水平偏低。二是生态保护投入很大，得到的生态补偿严重不足。近年来，遂昌果断放弃以生态环境为代价换取GDP的经济发展选择，为保护好一方水土做出了巨大贡献，但是得到的生态补偿远远抵不上生态保护投入和机会成本，社会事业和基础设施建设欠账较多。三是地处省市际边界地区，跨行政区域协作难度较大。受行政区经济的影响，各自追求自身利益最大化，地区间行政边界对跨区域功能互动造成明显的阻隔，跨区域协作发展仍存在体制机制的障碍。这就需要从省级层面通过权威约束力的体制机制去协调关系。

（二）现实意义

对于贯彻落实科学发展观、统筹区域协调发展，优化空间格局、增强区域分工协作，全面建成惠及全县人民小康社会都具有重大的战略意义。

有利于为全省山区发展提供重要示范。抓住省委建设“山上浙江”的契机，加快推进遂昌转型跨越，推动强县富民，推进工业化、城镇化和农业现代化，大力发展生态经济，全面提升民生水平，着力构筑生态屏障。充分利用陆海联动机制，承接海洋经济辐射，加快山区经济和社会发展，成为全省山区发展的典范。

有利于为全市跨越发展提供重要增长极。按照市委实施“绿色崛起、科学跨越”的战略要求，主动承接长三角一体化发展和加快建设海西区两大国家战略的叠加效应，积极融入宜居城市和养生福地建设，建设成为全市生态经济发展的先行区、实现新一轮发展的新空间和跨越发展的增长极。

有利于确保遂昌人民与全省同步实现小康。随着外部发展环境日益改善，广大干部群众深切认识到只要措施得当，今天的山区不是包袱，而是宝贝。随着全县上下发自内心的创业创新积极性被空前激发，通过山区科学发展示范区建设，将更强有力地推动遂昌跨越发展，与全省同步实现小康社会。

二、总体要求和发展目标

（一）指导思想

深入学习贯彻党的十八届三中全会精神，围绕省委“八八战略”和市委“绿色崛起、科学跨越”战略总要求，坚定“绿水青山就是金山银山”战略指导思想，按照“目标强县富民、空间东进西拓、产业扬长补短、民生与时俱进、社会和谐幸福、发展科学持续”的战略路径，以山区科学发展综合改革试验区试点为重要载体，以深化改革创新为强大动力，以建设美丽遂昌为目标要求，加快建设山区科学发展示范区。

（二）发展定位

——乡村休闲旅游的引领区。依托我县独具魅力的生态环境、自然景观和民俗文化，保持乡村休闲旅游业发展的良好态势，以省旅游综合改革试点、全国旅游标准化示范县建设、全国休闲农业与乡村旅游示范县创建为契机，着力提升休闲旅游的竞争力、内生力和带动力，全面打响“健康、快乐、休闲”旅游品牌，全力建设全省乃至长三角区域乡村休闲旅游的引领区。

——生态富民的示范区。牢固树立生态是第一优势的理念，既要从建设浙江生态屏障、对全省负责的要求出发，保护好青山绿水，更要把环境作为“第一引力”，进一步吸引产业、要素和人气集聚，把生态资源转化为生态资本，把生态优势转化为经济优势，加快形成节约能源资源和保护生态环境的产业结构、增长方式和消费模式，全力建设全省乃至长三角区域生态富民的示范区。

——科学跨越的先行区。全面落实市委实施“绿色崛起、科学跨越”的战略要求，充分利用县域比较优势和后发优势，在重点领域和关键环节实现改革突破，增强山区发展活力，加速发展方式转变、不断调整结构；把民生改善作为山区经济发展的根本目的，更加注重提高城乡居民生活质量，争取实现高起点、高水平、高效益的发展，全力建设全省山区科学跨越的先行区。

（三）基本原则

——坚持生态优先，绿色发展。把绿色、生态作为山区经济发展的重要前提，更加注重发挥山区的生态资源优势，大力发展高效生态农业、绿色制造业和生态旅游业，着力推进生态经济化和经济生态化。

——坚持集聚集约，转型发展。把集聚集约作为山区经济发展的核心内容，更加注重要素集聚和资源集约，大力推进山区人口集中、产业集聚、资源集约、功能集成，加快山区经济增长方式由资源消耗型向绿色生态型转变。

——坚持民生为本，和谐发展。把民生改善作为山区经济发展的根本目的，更加注重提高山区人民生活质量，大力推进基础设施建设，着力提高公共服务供给水平，走和谐发展道路。

——坚持深化改革，创新发展。把体制创新作为山区经济发展的强大动力，更加注重理念创新和体制创新，加快建立健全区域统筹发展、人口和生产力优化布局、公共资源合理配置、生态补偿等机制，激发内在发展活力，实现跨越式发展。

——坚持扩大合作，联动发展。把加强区域合作作为山区经济发展的重要途径，更加注重与长三角、浙江海洋经济发展示范区、海西经济区等联动发展，进一步加强与沿海发达地区和苏、皖、赣、闽等省际区域协作，提升开放合作水平。

（四）发展目标

到2017年，绿色发展、转型发展、集聚发展格局初步形成，山区经济综合实力、辐射带动力和可持续发展能力居全省前列，在全省的地位进一步提升，基本达到全面建设小康社会的目标。

——转型升级加快推进。到2017年，地区生产总值达140亿元，年均增长12%；人均生产总值超过7.3万元；新型工业化进程明显加快，休闲旅游业比重明显提高，原生态精品农业影响力明显增强，服务业增加值占生产总值比重提升到42%以上，新型生态产业体系基本形成；地方财政收入达到8亿元；五年累计完成固定资产投资180亿元。

——城乡发展更趋协调。“三化同步”明显推进，城市经济快速发展，城市建设和管理水平明显提升，到2017年，城市化率达50%以上；产业、人口、要素集聚平台建设加速推进，初步构建以县城为核心、中心镇为依托、中心村为支点的城镇布局体系；新农村建设继续深化，交通、水利、通讯等基础设施网络更加完善，城乡公共服务共享体系更加健全。

——生态优势更加彰显。生态文明理念深入人心，经济发展、人口布局与资源环境承载能力更趋协调，绿色经济、循环经济和低碳经济加快发展，节能减排工作取得新进展，大气环境、水环境进一步改善，生态环境质量继续保持省内领先水平，“中国洁净乡村”成为重要区域品牌，实现国家级生态县创建目标。

——文化事业蓬勃发展。社会主义核心价值体系建设深入推进，公民素质明显提高；文化产品更加丰富，城乡公共文化服务体系基本建立；文化产业实力显著增强，文化产业增加值占全县生产总值比重达8%以上；文化遗产保护与利用能力进一步提高，特色节庆文化品牌进一步打响，文化“走出去”步伐进一步加快；文化繁荣发展的人才保障更加有力。

——生活品质明显提升。城乡居民收入稳步增长，收入差距明显缩小，到2017年，城镇居民人均可支配收入达到42500元，农村居民人均纯收入达到17000元。基本公共服务均等化深入推进，教育、卫生等事业更加发展，社会就业更加充分，社会保障体系日益健全；社会管理体制机制更趋完善，社会关系更加和谐，人的发展更加全面，城乡居民幸福指数普遍提高。

——发展动力持续增强。省旅游综合改革试点、省块状经济向现代产业集群转型升级示范区建设和国家级有机产业示范区建设全面开展；政府公共服务和社会管理职能进一步强化；山区生态补偿、土地流转、金融财税等体制机制进一步完善，投融资、土地使用、公共财政以及事业单位体制改革取得积极成果；民间投资活力进一步释放，全社会创业创新能力进一步增强；与沿海地区密切联动发展渠道和网络初步形成。

三、构建生态产业体系

着眼转型发展，突出特色，加快推进产业结构优化升级。以产业培育为中心，坚持成型和转型并重，构建具有遂昌特色、富有竞争力的现代产业体系，大力推进新型生态工业、休闲旅游业、生态农业及现代服务业成型转型，切实加快工业园区、农业两区、旅游景区和现代服务业集聚区建设。

（一）全力以赴抓工业

牢固确立工业经济是第一经济的地位，坚持改造提升传统产业与发展战略性新兴产业“双轮驱动”，先进制造业与特色产业“两手并重”，按照“高效、生态、集聚、科技”的产业定位，坚持扩量和提质、内育和外引、扶强和育小、传统和新兴、发展和保护并重，着力培育“一大四特四新”产业，全力以赴推动工业经济再创辉煌。遂昌素有九山半水半分田之称，是个典型的山区县，现有林地面积约330万亩，木材蓄积量约530万立方米，其中竹林面积26.5万亩，毛竹立竹量约3000万株。毛竹生长周期短，再生能力强，以竹代木符合国家产业政策，用毛竹来替代原来以木为原料的同类产品，既保护了生态资源，又解决了企业的原材料来源。强化竹炭制品系列产品开发，进一步推动竹炭系列深加工产品的产业化，重点研发竹炭在工业、生物医药、新材料等领域应用的新产品，推进竹醋液的深加工。继续推进中国（遂昌）竹炭制品应用研发创新产业园建设，打造集竹炭制品研发、生产、销售、展示、科普、交易于一体的综合性特色产业功能区，成为我国竹炭产品制造和研发中心。重点发展高附加值、低耗能的各类竹木人造板、高档休闲家具、出口户外家具和各类精深工艺品等竹木制品加工业。鼓励竹木加工企业通过联合、独资、控股、参股等多种形式，建设企业原料林基地，逐步形成林木（竹）产品一体化的经营模式。遂昌县坚持既要金山银山，又要绿水青山的发展理念，因地制宜发展竹木制品加工业，走出了一条以循环经济推进竹木制品加工业发展之路，取得了非常好的经济效益和生态效益，尤其是为全县农民增收、农村致富、农业转型和建设社会主义新农村做出了突出贡献。

（二）一如既往抓旅游

旅游业是遂昌最具活力、最具影响力、最具生态核心竞争力的产业。保持旅游发展的良好态势，按照“提质扩面优服务”的思路，深入推进省旅游综合改革试点、全国旅游标准化示范县建设，切实推动旅游业由观光游向休闲度假游转型，拓展旅游投资领域、丰富旅游产品结构，进一步打响“金山林海、仙县遂昌”县域品牌和全面打响“五行遂昌、一诺千金”旅游品牌。加强农家乐建设，以创建“健康、人本、精致”农家乐综合体为引领，以助推农民增收为核心，依托秀美山水、本土乡村、特质人文三大优势，按照“绿水青山就是金山银山”的发展理念，培育创建白马山石姆岩农家乐精品示范区。创建高坪、南尖岩、白马山3个高山避暑型，坑口亲农谷休闲农庄型，大田、红星坪2个参与体验型，长濂、於溪民俗风情型，独山乡村民宿型等农家乐综合体。新建茶竹岭、石坪、淡竹、珠村畈、周村源、半岭、大洞源等高山避暑参与体验型农家乐特色村（点）。深化省旅游综合改革试点，接待游客1100万人次，实现旅游综合收入55亿元。加快遂昌金矿国家矿山公园5A级旅游景区和省级黄金旅游度假区创建，启动汤沐园4A级和高坪乡村旅游3A级旅游景区创建，实施千佛山景区三期工程。丰富旅游产品，加快三墩旅游综合体、湖山温泉小镇等项目落地，启动大柘民俗文化产业园等项目建设。深化“智慧旅游”营销，大力拓展自驾游、避暑游、文化游市场。围绕“吃住行游购娱养”七要素，加强服务配套设施和景区基础设施建设，创建“中国最佳旅游服务县”到2017年，力争旅游综合收入突破100亿元大关。

（三）提质扩面优农业

农业的发展水平直接关系农民增收。全力扶持一批农业支柱产业，推动原生态精品农业扩面提效，完成农业总产值16.5亿元。深化农业“两区”建设，落实米袋子、菜篮子工程，新建粮食生产功能区8500亩、主导产业示范区2个、特色农业精品园3个，做大茶叶、竹业、山地蔬菜、干水果、中药材等特色产业，创建生态精品农业示范县。提高农业产业化水平，培育农业龙头企业5家、农业合作社10家以上、家庭农场（林场）30个。加强景观农业、创意农业建设。完善农产品质量安全检测和质量追溯体系，推进农业产业标准化建设，开展无公害农产品、绿色食品、有机食品“三品”认证。垦造耕地4000亩，强化后续耕种和管护。支持土地向专业大户、农业合作社和家庭农场流转。加强农技队伍建设，提高服务“三农”水平。到2017年，力争实现农业总产值17.3亿元。

（四）创新发展服务业

优化现代服务业发展格局，加快现代服务业集聚区建设，培育壮大三产服务业，大力发展总部经济、夜间经济，推进商贸综合体、物流中心建设。加强房地产市场监测预警，引进优质房地产企业，探索旅游房产、养生（养老）房产开发，扶持建筑业健康发展。推进全国首批一事一议财政奖补促进美丽乡村建设试点，打响“淘宝第一县”品牌。全面实施“2510”工程，加快农村电子商务创业园区建设，实现农村电子商务服务站全覆盖，完成电子商务销售额5亿元，打造浙西南最大的农特产品网上交易平台，逐步建立“高增值、强辐射、广就业”的现代服务产业体系，不断壮大城市经济，提升县域综合实力。服务业增加值占GDP比重稳步提高，到2017年，力争实现服务业增加值60亿元。

四、推进遂昌产业科学布局

产业科学布局是区域经济发展与建设布局的核心，具有长远性和战略性，是加快可持续发展，推进产业转型升级，实现高新技术产业集聚重要支撑。

（一）推进工业平台建设

打破工业发展空间制约，按照产业集聚区、城市功能区、体制试验区的功能定位要求，着力推进产业集聚平台建设，全面落实25平方公里工业规划用地，将之作为推进产业转型升级的重要支撑；积极争取将遂昌工业园区扩容升级为浙江遂昌经济技术开发区。坚持集聚发展导向，提供优质服务，强化要素保障，积极引进重大产业项目，打造我县新的经济增长极和发展点。

（二）东城区块综合性工业组团

按照“布局集中、创新引领、集聚集约”的原则，推进高水平开发，成为“一大、四特、四新”生态工业体系发展的核心平台，强化基础设施支撑与城镇服务功能，营造良好的投资创业环境，着力引进优质项目，配套完善现代物流、技术研发、中介服务、信息咨询等生产性服务业功能，打造成为我县转型发展的先行区、加速崛起的核心区、生态工业的示范区。尽快推进二都街、毛田等成熟区块的基础设施配套建设，适度承接西城“退二进三”的迁出企业，强化现代物流、研发设计等生产功能配套；进一步加快洋浩、龙板山等区块的开发。以天然河流及沿襟溪拓展的绿化景观作为绿化带，在襟溪两岸布置居住和服务配套设施形成生活服务区，争取在组团内实现职住平衡；加强云峰区块居住和工业两大区块之间的生态保护区建设，形成工业组团的绿肺。

（三）石练—大柘绿色产业基地

在石练、大柘一带建设绿色产业园。加大招商引资力度，培育发展绿色食品加工产业。引导集聚全县绿色农产品资源，发展茶叶、竹木、菊米、高山蔬菜、食用菌等一批农副产品加工企业，重点开发茶多酚、竹叶黄酮、菊米深加工等功能性营养保健品，建设在省内有影响力的新兴生物产业基地；开发茶叶、烤薯、笋干、食用菌等旅游商品，建设浙西南绿色农副产品加工基地。

（四）遂昌北部四乡镇产业带

依托当地竹木资源，建设竹木加工、竹制品制造业基地，重点发展以毛竹为原料的竹胶板生产、竹炭加工等竹制品产业。依托高坪避暑、休闲、养生基地平台，形成北部四乡镇抱团发展，加强原生态红提、原生态猕猴桃等高山蔬菜精品区建设，进一步做好原生态这篇文章。

（五）稳定粮食生产能力

以深化粮食生产功能区建设为抓手，加强基本农田管护，加大农田基础设施建设，提高标准农田质量，落实粮食生产扶持政策，建设粮食功能区4万亩，提升粮食综合生产能力。建立健全粮食应急机制，确保粮食安全。

五、强化生态建设和环境保护

坚持走生态立县之路，牢固树立“既要金山银山，也要绿水青山”理念，着力打造竞争优势，建设绿色生态屏障。以创建国家级生态县为主载体，全面实施“811”生态文明建设推进行动，努力建设全省乃至全国的生态文明示范区。

（一）积极发展循环经济

围绕生态功能区规划，着力优化产业布局，着力推进节地、节水、节能、节材和资源综合利用工作，推进生态产业集聚发展、集约发展、集群发展。围绕提高重点产业生态发展水平，大力推行清洁生产，推进生产、流通、消费各环节循环经济发展，培育建筑五金、高端特种纸、竹炭、花岗岩等循环经济示范企业、园区和基地，着力构建具有遂昌特色的循环经济产业链，全面提升产业生态竞争力。重点加强冶炼、化工、造纸等产业的清洁生产审核，积极创建国家级生态工业园区，推进云峰石材集聚加工综合循环利用产业示范区建设。推广生态立体农业循环模式，推进生态循环农业示范区建设。

（二）强化生态屏障建设

以确保生态环境质量继续保持全省领先为目标，全面推进环境污染治理。继续大力实施清洁水源、清洁空气、清洁田野等系列行动计划，实施乌溪江流域水资源和水环境保护项目，强化乌溪江库区等重点流域水质监测和环境污染整治，加强对饮用水源和战略性水源的保护。继续开展生态功能保护区、水源保护区、封山育林地等的保护与建设。全面开展全省农家乐环境污染整治试点，积极整治农业面源污染，重点做好规模化畜禽养殖和水产养殖的污染防治，鼓励种养结合和生态养殖。继续完善“四位一体”河道管理新机制，深入推进农村环境连片整治活动，确保实现管理常态化、保洁全覆盖。加快生态林业建设，加大林相景观改造和公益林建设力度，扎实推进新农村绿化行动计划，努力实现森林质量、森林蓄积和森林碳汇三提高。加快民间环保组织和生态文明志愿者队伍建设，倡导低碳生活方式和消费模式。

（三）加大节能减排力度

全面推进县域经济各领域、生产生活各环节的节能，重点抓好高能耗设备的淘汰和改造，着力提高能源的利用效率，促进单位生产总值能耗的进一步下降。大力推广清洁能源，积极推进小水电资源开发和合理利用，积极发展风能、沼气、太阳能等新能源，着力提升非化石能源比重。深入实施排污总量控制、排污许可证、排污权有偿使用和交易等三项制度，确保完成上级下达的主要污染物排放量控制目标，严格控制重金属、持久性有机污染物等有毒有害污染物排放。建立节能减排长效机制，把污染防治与引导产业结构调整紧密结合，进一步严格环境准入，从源头上解决环境问题。花大力气对现有工业锅炉及其他炉窑进行节能改造，有效减少二氧化碳排放。

（四）提高全民生态文明素养

充分发挥广播、电视、报刊、网络等新闻媒体的导向和监督作用，广泛持久地开展多层次、多形式的生态文明建设宣传教育活动。广泛开展绿色机关、绿色学校、绿色社区、绿色市场、绿色家庭等绿色系列创建活动，进一步加强民间环保组织和生态文明志愿者队伍建设，大力开展“节能减排家庭社区行动”，加强低碳宣传，积极倡导低碳生活方式和消费模式。

六、创新山区科学发展机制

着眼山区创新发展，继续加大重点领域和关键环节的改革攻坚力度，扎实推进土地利用、人口转移、金融服务、生态补偿、科技人才工作等方面的体制机制创新，着力破解要素制约，切实增强推动遂昌山区科学发展、转型跨越的动力支撑。

（一）创新土地利用机制

抓住丽水市低丘缓坡开发作为国家级试点的机遇，创新低丘缓坡综合开发利用机制。在土地利用总体规划和城镇规划的指导下，按照“因地制宜，宜农则农，宜建则建，宜林则林”原则，以保障发展、保护耕地、改善生态、节约用地为目标，扎实推进低丘缓坡综合开发利用，同步做好土地利用总体规划评估修改。按照低丘缓坡综合开发的规模和实际情况，积极争取追加规划新增建设用地指标和低丘缓坡专项用地规划、计划指标。积极推进征地制度和农村集体建设用地制度改革，完善农村土地流转和农村土地经营制度。鼓励土地承包经营权、林权作价出资，开展适度规模经营。对经营性集体建设用地，推进集体经济组织以多种形式进行流转。构建节约集约的科学用地管理机制，建立建设项目用地集约利用考核、准入、评估制度，规范完善各类建设用地标准，加强建设用地批后监管，建立退出机制。探索在省内沿海发达地区的滩涂围垦区，设置遂昌“飞地经济”区块，作为省级产业扶贫开发区，实行产业园区合作共建，以更好地带动我县山区人口转产转业，增强山区加强生态屏障建设的财力保障能力。

（二）创新人口转移集聚机制

加快山区城市化步伐，完善城乡规划体系，将县城、中心镇、中心村作为我县人口集聚的主要平台，完善街道功能，适时启动乡镇行政区划调整工作，进一步优化村庄布局，探索建立县城、中心镇、中心村接纳异地转移农民落地机制，完善安置扶持政策。结合内聚外迁，加快实施农民异地转移工程、地质灾害点群众避险搬迁、旧村改造和农村危旧房改造等项目。试点整合省级对镇、村的相关建设补助（专项）资金，统筹安排用于农民异地转移。建立城乡建设用地增减挂钩指标有偿使用获得的净收益主要用于农民异地搬迁机制。推进城乡户籍制度改革，实行以具有合法固定住所或稳定职业为基本条件的户口迁移准入制，建立进城农民同城待遇制度，依法保障户口迁移农民在农村原有的经济权益，探索建立户口迁移农民在农村原有的土地、山林、宅基地和房屋退出机制。

（三）创新金融服务机制

紧紧抓住丽水市进行全国首个农村金融改革试点契机，全面接轨温州金融综合改革试验区，大力推进我县金融服务创新，破解金融服务难题。深化投融资体制改革，研究推动民间资本有序进入金融服务领域；稳步发展村镇银行、小额贷款公司、农村资金互助社等新型农村金融组织，规范发展融资租赁等非银行金融机构和担保、典当等金融中介组织。抓紧研究制定金融业支持重点产业发展的政策举措，探索发展产业投资基金、风险投资基金和直接投资等山区发展资金保障和注入机制。支持符合条件的企业发行短期融资券、中小企业集合票据、中小企业集合债、中小企业私募债券等非金融企业债务融资工具。大力拓展农村金融产品，鼓励金融机构创新信用模式和扩大贷款抵质押担保物范围，稳步推广以土地承包经营权、林权、茶园、农村住房、农业专利技术等为抵（质）押的信贷产品。完善小微企业贷款和农村贷款风险补偿机制，强化金融支农支小的激励机制。大力开展信用工程建设，持续开展农户信用等级评定，强化农户信用信息共享平台运用。完善对金融部门的考核，并通过税收优惠、财政贴息、担保基金定向费用补贴等方式，引导金融机构加大信贷投放。

（四）创新生态补偿机制

积极探索建立政府补偿、碳汇市场交易和社会捐助为主的“三位一体”生态补偿机制。积极争取上级政府加大对遂昌生态建设的财政转移支付力度，探索构建以森林面积及公益林比重、水库面积及保护程度、水系源头及保护程度和自然保护区面积等为核心生态环境指标体系，以计量出本地生态环境容量差异作为政府生态补偿的主要依据。建立森林碳汇项目与碳排放指标安排相挂钩的体制机制，建立可再生能源消费量不计入（或抵扣）能源消费总量机制。探索建立森林碳汇市场交易机制，向沿海工业发达地区出售碳汇指标，加快实现基于森林碳汇交易的市场补偿机制。创新水资源管理加快森林资源资产评估、林权登记、林地收储等要素市场机制建设，深化实施林权IC卡制度。体制，完善水资源产品的价格形成机制，建立水权制度，明晰水资源产权。

（五）创新科技人才工作机制

深入实施科技富民强县计

划，全面推进国家可持续发展实验区建设，增强科技创新与科技服务能力。围绕生态工业与现代生态农业发展等重点领域建立一批专业技术创新平台，形成一批集科研、试验、生产、销售于一体的产业基地。借助“希望之光计划”“人才强省战略计划”，争取省市加大对遂昌人力资源开发的支持力度。加强与发达地区的科技合作与交流，通过聘请专家、资金入股、技术要素参与分配等形式，吸引科技人才来遂开展各种形式的科技合作。提升发展基础教育，打响“遂昌技工”职业教育品牌，做强服务本地产业发展的特色专业。营造尊才、爱才、重才、惜才的良好氛围，创新人才引进机制，建立柔性引进人才机制，完善住房、待遇、子女入学、个人发展等方面的优惠政策，吸引各类人才到遂昌发展。

七、重点项目

（一）产业平台建设项目类

加速实施省产业集聚转型工程，加快推进农家乐游客接待和服务系统建设项目，并将其建设成为产业集聚重点平台、产业转型重点项目和高效生态农业重点基地。

——农家乐休闲旅游业提升发展项目。规划期内将以创建“健康、人本、精致”农家乐综合体为引领，以助推农民增收为核心，依托秀美山水、本土乡村、特质人文三大优势，按照“绿水青山就是金山银山”的发展理念，培育创建白马山石姆岩农家乐精品示范区。创建高坪、南尖岩、白马山 3 个高山避暑型，坑口亲农谷休闲农庄型，大田、红星坪 2 个参与体验型，长濂、於溪民俗风情型，独山乡村民宿型等农家乐综合体。新建茶竹岭、石坪、淡竹、珠村畈、周村源、半岭、大洞源等高山避暑参与体验型农家乐特色村（点）。重点强化农家乐污水处理设施建设，农家乐基础设施和旅游服务设施建设，实现农家乐养身、养心、养眼，加快“农旅融合”，助推农家乐休闲旅游转型升级，打响“五行遂昌、一诺千金”旅游品牌。

（二）低丘缓坡开发项目类

依据《浙江省低丘缓坡重点区块开发规划（2010—2020年）》、《浙江省山区经济发展规划（2012—2017 年）》和《遂昌县“十二五”重大建设项目五年规划》，加快实施东城云峰区块低丘缓坡开发一期工程、低丘缓坡开发古院区块一期工程。充分发挥山区低丘缓坡资源优势，紧抓国家低丘缓坡开发利用试点的机遇，科学开发低丘缓坡重点区块，加快推进耕地垦造重点区块，积极探索低丘缓坡开发利用新路子，为山区经济发展拓展新空间。

——科学开发低丘缓坡重点区块。云峰区块重点推进华东地区花岗岩集聚加工综合循环利用产业示范区等新型产业集聚平台建设，形成产品、固废、水、山沙等综合循环利用系统，打造全国性石材生态化加工、综合循环利用的示范区，一并规划并实施石材加工交易市场建设，打造浙江最大的石材交易市场，形成石材生产、销售、资源综合利用、产业示范为一体的生产贸易市场；完善供水管网改造工程、污水处理配套管网工程、石材加工园区市政配套工程、文化教育等基础设施；古院区块重点推进场平工程、道路工程、给排水工程、交通设施及配套市政工程建设。通过低丘缓坡重点区块的科学开发，探索出一条既符合国家试点政策、低丘缓坡资源又能得到科学开发和高效利用的具有遂昌特色的新路子。

——加速推进耕地垦造重点区块。依据《浙江省山区经济发展规划（2012—2017 年）》，加速推进遂昌金竹湖山、遂昌大柘石练焦滩区块耕地垦造进程，通过土地平整、灌排水设施配套、田间道路、林网工程、测土配方施肥等措施，进行综合开发、整治和改造。

（三）特色产业发展项目类

实施基础设施改善工程、生态旅游发展工程，加速发展一批产业转型项目。围绕构建生态产业体系，加快传统产业改造提升，建设一批高效生态农业基地。

——推进生态有机农产品种养业基地建设项目。生态是我县农业发展最具区域特征的优势资源，差异化发展是我县现代农业发展的有效途径，发展原生态精品农业符合省委省政府提出的努力打造“高效生态农业大省、特色精品农业强省”；及市委、市政府提出的“秀山丽水，养生福地”建设的客观要求；是我县“转型跨越、强县富民，推进山区科学发展示范区”的现实需求；是把握生态文明和全面建设小康社会发展机遇，顺应现代人追求健康品质的时代潮流，以山区农业特点和优势参与区域分工和合作的必然选择。坚持走“优一产、强一产、兴三产”之路，深化产业结构调整，大力发展“一乡一品、一村一品”，培育一批标准化、基地化、产业化的原生态精品现代农业产业集聚发展，推进原生态精品现代农业产业强乡（镇、街道）。扶持新建一批种养业生产示范基地，扶持新建一批设施农业连片基地，扶持一批新技术、新品种的示范推广。

——推进特色原材料加工业基地建设项目。依据《浙江省山区经济发展规划(2012—2017年）》，加快实施遂昌竹资源综合利用等循环经济试点基地建设项目，扶持一批产业转型项目，全面建立循环经济产业体系，鼓励开展农产品精深加工，扶持发展一批以本县农产品为主要原料开发新产品及新建或技改农产品深加工项目，扶持一批农产品加工企业家创业项目，扶持一批来料加工点建设项目，大力开发竹炭、竹笋系列食用新产品；着力发展名优绿茶，开发红茶等多茶类产品；着力推广生态蔬菜新品种和蔬菜加工产品；重点开发以原生态稻谷、甘蔗、荞麦等为主的精品杂粮新产品；以土猪、黄金鸡等为主的原生态畜产品；以菇、耳等为主的原生态精品食药用菌产品；以红提、猕猴桃、香榧等为主的鲜食及加工精品水果产品；以食用百合、菊米等中药材为主的药食两用产品；以山油茶等为重点的木本油料产业的精深加工产品；以光唇鱼为代表的溪鱼、鳙鱼(花鲢）及特种养殖等原生态精品鱼产品。切实提高农民收入帮助农村实现劳动力充分就业。

——推进山区农林牧渔产品和农家乐乡村休闲旅游的直销服务业的发展。市场营销是原生态农产品实现价值的灵魂。要进一步加大市场营销体系建设力度，积极转变农产品营销方式，加强农产品销售终端建设。一是完善本地市场，推动线下（实体店）销售。加强农产品冷链系统和仓储运输设施建设，提升改善龙谷茶叶市场、新建区域大型原生态农产品配送中心，建设遍布乡村的产地市场，做到区域大市场和产地小市场相结合，批发市场与零售实体店相结合，形成城乡联通、优势互补、协调运转的农产品市场流通体系；二是开发县外市场，推动直供销售。通过在大城市举办原生态精品农产品推介会、建立展示营销中心、开设专卖店等拓展市场。积极鼓励发展连锁经营、社区直销店、宅配、直供专供等新型农产品流通业态，提高流通效率。加强与绿城集团合作，实现农产品和高端消费群体的无缝对接。积极培育原生态精品农产品经纪人营销队伍。三是发展网络市场，推进线上（网店）销售。进一步发挥网店协会作用，充分利用淘宝遂昌馆，鼓励企业、专业合作社、专业大户、种养殖基地开设淘宝旗舰店，创新网络营销策略，探索发展“认养预售”营销模式，促进原生态农产品安全顺畅的线上销售。四是开发旅游市场，推进家门口销售。实现原生态精品现代农业与乡村休闲旅游良性互动，让外来游客直接品尝、体验原生态农产品，实现门口营销。

（四）科技研发和人才引进项目类

加快实施人才科技支撑工程，加大政策扶持力度，着力营造人才“引得进、留得住、用得好”的发展环境，不断强化山区发展的科技支撑，增强山区发展的内生动力。加大对山区农业经营管理人才、生态旅游人才、产业实用技术人才及乡土适用人才培育与引进的扶持力度。建立有利于各类人才到山区创业就业的激励机制，通过扶持政策，引进与留住高层次稀缺人才和创新团队，吸引高校毕业生到遂昌来工作。

——推进本土特色人才培育和紧缺人才委培或引进项目。

以职业中专为依托，建黑陶烧制、竹炭烧制人才的培训基地，鼓励校企合作，通过订单培养、名师带徒、技术练兵等多种形式，完善本土特色人才培养选拔机制；以外引和内培相结合，对外语旅游人才实施人才引进工程的同时，建立人才培养基地，形成内生成长体系；以网店协会为载体和媒介，结合“赶街”项目做大农村电子商务，加大对网店经营领军型人才的培养力度；以全盘谋划分工负责为手段，教育、文化、卫生各条线上分头负责，鼓励当年高考毕业生填报我县紧缺专业岗位并根据协议享受紧缺人才定向培养优惠政策，面向当年本科毕业生实行“就业即享受定向培养待遇”政策。到2017年，实现培育黑陶烧制技艺人才20名，外语旅游人才15名，竹炭烧制大师40名、电子商务领军人才50名，紧缺专业人才委培100名，其他20人。

(五)生态环境建设项目类

实施生态旅游发展工程和生态屏障建设工程，围绕“经营山水、统筹城乡，全面建设长三角休闲旅游名城”发展战略，以洁净乡村建设为载体，强力推进违法违章建筑和广告路牌的清理，加大河道、污水、坟墓治理力度，全面实施公路、村容村貌、农村危旧房、林相改造。切实改善城乡生态环境面貌，打造生态景观长廊，努力推进生态优良、环境优美、卫生整洁、文明和谐的生态遂昌和美丽遂昌建设。建设重点生态旅游景区九龙山自然保护区，加强生态环境保护，加大生态修复与环境污染治理力度，保护生态屏障。

——推进重点区域小型污水处理。推进部分农家乐特色村污水收集管网铺设、农户改厕、污水处理设施建设进程。结合我县农村实际，从全县水环境治理大局出发，将农家乐特色村污水治理工程与农村生活污水治理、村庄环境连片整治等工程通盘谋划，统筹推进。按照“规划设计作重点、工程建造作示范、资金投入作重心、管理运行作样板”的标准，扎实推进农家乐综合体创建村污水收集管网铺设、农户改厕和污水处理设施建设进程；对已经开展过生活污水治理工作，但存在“建设标准低、运行负荷低和设施正常运行机制不健全”等情况的村庄，全面实施改造，提升污水治理能力。积极推进农家乐户用化粪池改造，做到人粪尿、洗涤、洗浴和厨用废水应纳尽纳、应治尽治、达标排放。积极探索农家乐生活污水减量化、资源化处理模式，减少污水产生。

——推进生态及景观修复项目。推进九龙山自然保护区珍稀植物科普园建设，对国家重点保护植物（国家Ⅰ、Ⅱ级）、珍稀濒危植物、九龙山模式标本植物等进行迁地保护、栽培管理、挂牌科普，科普园内进行环境改造修建配套设施建设。实施重点区域村庄整治以龙丽高速遂昌段、50、51省道（遂龙线）、三王线（三墩桥至王村口）、北界至三十萝至高坪等省县道为重点；以十四都源、三溪、官溪、桃溪等河道两岸为整治重点；以南尖岩等4A级景区、农家乐综合体等景区周边整治为重点。以开展绿化、外墙处理、破旧拆除、环境综合整治等内容为主的整治加强生态及景观修复。

八、投资概算与效益分析

（一）投资概算

山区经济项目建设主要体现在五大类内容：产业平台建设项目、低丘缓坡开发、特色产业发展项目、科技研发和人才引进项目、生态环境建设项目。

产业平台建设包括农家乐游客接待和服务系统建设。总投资3000万元。其中:省补资金1500万元，自筹1500万元。

特色产业发展包括生态有机农产品种养业基地建设、特色原材料加工业建设、山区农林牧渔产品和农家乐乡村休闲旅游的直销服务业建设。总投资7550万元。其中:省补资金2250万元，自筹5300万元。

科技研发和人才引进包括本土特色人才培育和紧缺人才委培或引进预计总投资1750万元。其中:省补资金500万元，自筹1250万元。

生态环境建设包括重点区域小型污水处理、生态及景观修复。预计总投资。总投资1500万元。其中:省补资金750万元，自筹750万。

（二）效益分析

经济效益：农家乐作为乡村休闲旅游经济的直接来源为旅游经济的发展提供了重要的保障。农家乐游客接待和服务系统建设，使农家乐接待游客人数达500万人次，营业收入达58000万元。地丘缓坡开发有效的解决了土地制约的瓶颈，同时也为产业的集聚集群发展提供了基础，新开发的面积7000多亩。原生态精品农业是遂昌一产中的支柱产业。生态有机农产品种养基地建设有效地保证了遂昌原生态精品农业的产量和质量。确保农产品食品安全。预计直接带来经济效益达农业生产总值50%以上。特色原材料加工业基地建设有效的破解了农副产品的保鲜问题，同时解决了老百姓的就业。市场营销是原生态农产品实现价值的灵魂。建立山区农林牧渔产品和农家乐乡村休闲旅游的直销服务业可以有效地破解传统农产品销售和农家乐营销模式的弊端，通过线上、线下的有机集合有效拓展销售渠道。重点区域的污水治理、重点区域内的环境整治有利用遂昌生态环境的建设，在越来越重视环境的大背景下绿水青山就是金山银山。用生态的理念发来发展经济，真正做到“生态经济化、经济生态化”。

社会效益：山区经济发展规划不仅可以为遂昌经济注入了新的活力，为产业的发展提供了平台更为重要的是还能带来一系列的社会效益。经济的发展必然带动社会的发展，随着经济步伐的加快各项社会事业也同时得到迅速发展。（1）有利于促进民生事业蓬勃发展。人才的引进可以改进和完善山区教育培训体系，大育均衡发展，进一步优化城区中小学布局，合理配置教育资源；认真实施学前教育三年行动计划和教育教学质量提升五年行动计划；办好育才中小学校，做精做特职业教育和成人教育，切实加强校园安全工程、学生接送车管理。深入推进县乡村医疗卫生一体化改革，深化县级公立医院综合改革，实施新一轮乡镇卫生院和社区卫生服务站业务用房的新改扩建工程，进一步完善村卫生室规范化建设并实行基本药物制度，适时启动县急救中心建设，实施中医药“四名四进”工程，着力提高养生保健服务水平。健全突发公共卫生事件应急指挥、信息监测预警、疾病预防控制、医疗救治等机制，增强公共卫生应急处置能力。积极发展体育事业，加快全民健身中心建设步伐，全力创建省体育强县，努力实现100%的村达到体育小康村标准。全面做好人口和计生工作，努力创建省流动人口计划生育基本公共服务均等化示范县，继续保持人口计生工作走在全市前列。（2）有利于完善社会保障体系。按照“广覆盖、保基本、多层次、可持续”的基本方针，进一步完善社会保险五费合征，稳步推进社会保障卡“一卡通”工作，实现城乡养老保险全覆盖；大力发展社会福利、慈善事业。进一步抓好保障性安居工程实施，多方筹措资金继续抓好保障性住房建设。积极应对人口老龄化，继续完善覆盖城乡的老年社会保障体系。（3）有利于推进文化大发展大繁荣。以建设文化强县为目标，以提高全民素质为根本，全面加强社会主义核心价值体系建设，加快文化体制改革，继续推进节庆文化常态化、传统文化产业化、群众文化职业化、地方文化国际化，提升文化品牌，促进文化大发展大繁荣。

九、规划实施保障措施

（一）加强组织领导

成立高规格的遂昌县山区经济发展领导领导小组及办公室。统筹负责、协调解决全县山区经济中的发展规划、政策落实。加强对山区经济专项资金管理。重点在产业平台建设、低丘缓坡开发、特色产业发展、科技研发和人才引进和生态环境建设五个重点项目领域。落实县领导包干项目负责制，坚持一个项目、一名领导、一支队伍、一抓到底，全力推进重点项目建设。研究制定配套政策，建立健全和实施符合遂昌实际的差异化政策。宣传部门要充分利用各类媒体，扩大遂昌科学发展的知名度和影响力。

（二）强化项目支撑

全力谋划项目，谋划一批基础性、全局性、战略性的重大项目，千方百计扩大有效投资，全面提升县域经济可持续发展能力。全力推进项目，继续以“破冰清障护航、提速提质提效”为核心，完善重点项目领导包干负责制度，建立协调落实和督促检查机制，强化项目推进跟踪考核。全力保障项目，树立“一切工作让位于项目建设、方便于项目建设、服务于项目建设”的理念，强化用地、资金和人才等要素保障。积极争取上级政府加大对遂昌产业发展、城镇建设、民生改善和生态屏障建设等项目建设方面的支持力度。

（三）推进跨区域联动

对接我省四大国家战略的实施，积极扩大遂昌对内对外开放，充分利用两个市场两种资源，全面融入长三角经济区和海西经济区一体化发展，积极对接浙江海洋经济发展示范区建设，加大浙闽赣边际县域经济协作力度。积极争取上级政府和省内发达市县支持我县山区发展，加强在山海协作园区、中心镇、社会事业等方面与发达地区结对共建，提高结对帮扶的针对性和实效性。依托义乌国际贸易综合改革试点平台和我县电子商务平台，建设遂昌产品营销网络，积极开拓境内外市场。挖掘华侨、台胞和在外遂昌人资源，纵深推进“浙商回归”工程，强化医疗、教育、文化等领域的开放合作，不断拓展外资利用领域。

（四）优化发展环境

坚持选商引资一号工程不动摇，进一步营造尊商、亲商、兴商的浓厚气氛，推进政务环境、政策环境、服务环境、商务环境、融资环境、法治环境、治安环境和舆论环境建设，着力优化创业环境，提高领导干部服务企业、服务群众、服务创业的思想意识；深入开展村级便民服务中心标准化建设，推动行政审批服务提速提质，努力提供优先优惠优质服务；严格依法依规办事，扎实开展文明执法，最大限度地激发全社会的创造活力。充分利用媒体力量，加大遂昌推动山区科学发展的宣传力度，引导和鼓励全社会共同关心、支持、参与遂昌山区发展。

（遂政发〔2014〕35号）

重要文件目录（部分）

表55

文号	发文日期	文件标题
遂委【2014】		
1	3月31日	关于举办2014中国遂昌汤显祖文化节的报告
3	7月11日	关于上报县委常委班子专题民主生活会方案的报告
8	12月31日	关于2014年度落实党风廉政建设责任制工作情况的报告
遂委发【2014】		
1	2月8日	关于深化改革创新建设美丽遂昌的决定
7	2月26日	关于印发《中共遂昌县委扎实开展党的群众路线教育实践活动的实施意见》的通知
8	1月22日	关于印发遂昌县五水综合治理实施意见的通知
10	3月25日	关于贯彻落实《中国共产党党和国家机关基层组织工作条例》的实施意见
12	4月22日	中共遂昌县委 遂昌县人民政府二〇一四年工作要点
14	6月9日	关于加快推进新型城镇化建设的实施意见
15	7月2日	关于履行党风廉政建设主体责任整改意见落实情况报告

文号	发文日期	文件标题
16	7月4日	关于印发《遂昌县中青年专业技术拔尖人才和科技新秀选拔培养管理办法》的通知
17	7月7日	关于印发《遂昌县创建浙江省文化先进县实施意见》的通知
20	8月29日	关于大力弘扬“担当、奋斗、落实”干事创业精神的意见
21	9月9日	关于进一步加快红十字事业发展的通知
24	9月25日	关于加强安全生产促进安全发展的意见
25	9月30日	关于实施平安遂昌三年行动计划的意见
26	10月15日	关于在全县推行“民事村了”工作法的实施意见
29	11月10日	关于印发《遂昌县建立健全惩治和预防腐败体系2013—2017年实施细则》的通知
33	12月9日	关于加强人民政协政治协商的实施办法
34	12月9日	关于加强人民政协民主监督的实施办法
35	12月18日	关于新提任党政正职领导干部适岗性评价的实施办法（试行）
37	12月31日	关于表彰第三届遂昌县道德模范的决定
遂委办发【2014】		
2	1月15日	关于转发《丽水市开展党政机关、事业单位和国有企业有关人员经商办企业专项清理方案》的通知
7	1月21日	关于切实做好扶贫结对帮扶工作的通知
10	3月5日	关于实行2014年度遂昌县重点建设项目县领导领办负责制度的通知
11	2月7日	关于县级领导赴乡镇（街道）、村、企业“走亲连心、助推开门红”调研活动的通知
12		关于印发遂昌县河长制实施方案的通知
21	2月28日	关于成立党的群众路线教育实践活动领导小组的通知
25	3月12日	关于印发执行力锻造年相关制度的通知
31	3月31日	关于印发《2014中国遂昌汤显祖文化节总体方案》的通知
32	5月12日	关于开展百名干部助推企业转型升级活动方案
34	4月9日	关于表彰县第四批中青年专业技术拔尖人才和第三届科技新秀的通知
35	4月21日	关于开展县属部门轮值接访工作的通知
37	4月21日	关于开展2014年度重点建设项目督查跟踪服务的通知
38	4月30日	关于畜禽养殖污染整治的若干规定的通知
41	5月6日	关于印发遂昌县农村生活污水治理工作实施细则的通知
42	5月6日	关于印发《遂昌县2014年普法依法治理工作要点》的通知
44	5月19日	关于开展“百名县乡领导包百案”活动的通知
46	5月29日	关于表彰2013年度招商引资工作先进单位和招商引资突出贡献个人的通报

文号	发文日期	文件标题
48	5月29日	关于印发遂昌县创建“无违建县”工作实施方案的通知
49	5月29日	关于印发《2014年遂昌县人才工作要点及责任分工》的通知
50	6月17日	关于贯彻落实党委（党组）履行党风廉政建设主体责任有关工作的通知
51	6月20日	关于开展第三届道德模范和“最美遂昌”系列评选表彰活动的通知
52	6月20日	关于开展即知即改行动的通知
53	6月20日	关于进一步加强作风建设切实纠治“四风”突出问题的通知
56	7月2日	关于全面开展党政机关办公用房清理工作的通知
61	7月29日	关于2014年部门单位满意度测评的实施方案
63	8月5日	关于印发《遂昌县2014年乡镇 街道岗位目标责任制考核意见》《遂昌县2014年部门岗位目标责任制考核意见》的通知
67	8月20日	关于进一步加强遂昌县农村“三务”公开和集体“三资”管理规范化建设的通知
68	8月29日	关于印发《遂昌县公务支出公款消费审计办法》的通知
77	9月11日	关于开展遂昌县2014年度第二批县领导领办项目活动的通知
78	9月11日	关于印发《遂昌县竹制品加工行业整治提升工作实施方案》的通知
80	9月16日	关于印发《2014年遂昌县落实党风廉政建设责任制、“勤廉遂昌”建设、惩防体系建设重点工作项目化管理责任分工的通知》
85	10月8日	关于印发《遂昌县2014年“双进双解”项目推进百日攻坚活动实施方案》的通知
86	10月11日	转发遂昌县人大常委会《关于设立人大代表联络站的指导意见》的通知
87	10月28日	关于转发县委宣传部《开展“中国梦想•美丽遂昌”主题宣传活动方案》的通知
88	11月4日	关于印发《遂昌县2014年度招商引资工作目标责任制考核办法》的通知
91	11月13日	关于印发《落实〈遂昌县建立健全惩治和预防腐败体系2013—2017年实施细则〉工作责任分解方案》的通知
92	11月26日	关于印发《开展村（社区）“机构挂牌、考核评比、创建达标”清理整治的实施方案》的通知
93	12月3日	关于开展“百名书记走千村”活动的通知
95	12月17日	关于印发《中共遂昌县委落实“省委十大整改行动”责任分工方案》的通知
98	12月31日	关于进一步加强和改进新时期侨联工作的意见
遂政【2014】		
6	4月2日	关于衢宁铁路（遂昌段）线路方案的报告
7	4月9日	遂昌县2013年度能源“双控”目标责任评价考核指标完成情况自查报告
9	4月24日	关于遂昌县2013年主要污染物减排工作的自查报告

文号	发文日期	文件标题
34	9月12日	关于遂昌—诸暨山海协作共建产业园建设推进情况的报告
遂政发【2014】		
1	2月7日	关于表彰2013年度纳税大户的通报
16	3月13日	转发《浙江省人民政府关于印发浙江省法治政府建设实施标准的通知》的通知
26	3月27日	关于下达2014年财政收支预算的通知
32	4月11日	关于印发遂昌县深化千村示范万村整治工程、全面推进农村生活污水治理三年行动计划的通知
33	4月14日	关于公布第五批非物质文化遗产名录的通知
35	4月17日	关于印发遂昌县山区经济发展规划（2012—2017年）的通知
36	4月18日	关于全面开展政府部门职权清理推行权力清单制度的通知
42	5月20日	关于转发《丽水市人民政府关于加快推进企业直接融资工作的意见》的通知
43	5月26日	关于进一步加强矿产资源管理工作的意见
51	6月9日	关于加强审计整改工作的意见
55	6月9日	关于进一步加强内部审计工作的意见
56	6月20日	关于印发遂昌县重大非工项目招商扶持政策的通知
62	6月27日	关于印发《遂昌县创建浙江省体育强县实施意见》的通知
64	6月30日	关于印发遂昌县促进总部经济发展若干意见的通知
65	6月30日	关于印发遂昌县征收集体土地补偿安置标准暂行规定的通知
70	7月22日	关于深化一事一议财政奖补助推美丽乡村建设试点工作的意见
85	9月12日	转发《丽水市人民政府关于调整全市最低工资标准的通知》的通知
87	9月18日	关于进一步完善遂昌县被征地农民基本生活保障转职工基本养老保险机制的若干意见
88	11月3日	关于印发遂昌县征收集体土地补偿安置标准暂行规定的通知
92	10月10日	关于印发《遂昌县“6·27”洪灾灾后重建规划（2014—2016年）》的通知
106	11月25日	关于转发《丽水市工程建设项目招标投标管理办法》的通知
108	11月25日	关于公布第六批县级农业龙头企业的通知
113	12月3日	关于废止或宣布《遂昌县城镇退伍军人安置暂行办法和遂昌县退伍军人安置保障金筹集管理使用办法》等56件行政规范性文件失效的决定
116	12月26日	关于下达2014—2016年遂昌县乡镇财政管理体制的通知
117	12月31日	关于印发《遂昌县加快发展养老服务业的实施意见》的通知
119	12月31日	关于印发遂昌县被征地农民基本生活保障实施办法的通知

文号	发文日期	文件标题
120	12月31日	关于进一步完善遂昌县被征地农民基本生活保障转职工基本养老保险机制的若干意见
遂政办发【2014】		
1	1月8日	关于印发《遂昌县加强异地转移安置人员社区管理与服务的实施方案》的通知
4	1月10日	关于印发《遂昌县加快农村电子商务发展实施意见》的通知
5	1月10日	关于印发《遂昌县城乡居民临时救助办法（试行）》的通知
14	2月13日	关于进一步加强人感染H7N9禽流感防控工作的通知
20	3月4日	关于印发2014年县政府十件实事及责任分工的通知
21	3月31日	关于印发遂昌县县乡村卫生一体化综合管理改革实施方案的通知
25	4月3日	关于印发遂昌县征地拆迁安置工作机制补充意见的通知
27	4月2日	关于印发遂昌县创建省级卫生强县工作实施方案的通知
28	4月9日	关于印发遂昌县城区公共自行车项目实施方案的通知
30	4月14日	关于印发《遂昌县全面开展出租房消防安全专项整治活动方案》的通知
31	4月14日	关于印发2014年政府工作报告重点工作责任分解的通知
34	4月16日	关于印发《遂昌县城市绿线管理暂行办法》的通知
35	4月21日	关于印发《遂昌县县城棚户区（国有）改造工程（一期）限价房实施办法》的通知
36	4月21日	关于印发遂昌县2014年地质灾害防治方案的通知
38	4月21日	关于印发遂昌县网上政务大厅建设工作方案的通知
39	4月21日	关于下达遂昌县2014年度主要污染物总量减排计划的通知
42	4月29日	关于印发《遂昌县电子商务发展战略规划》（2014年—2020年）的通知
46	5月7日	关于进一步加强省级循环经济示范县创建工作的通知
47	5月7日	关于印发《遂昌县城乡居民基本医疗保险暂行办法》的通知
48	5月7日	关于印发遂昌县美丽乡村项目大家建模式实施办法的通知
51	5月19日	关于印发遂昌县林地经营权流转证管理办法（试行）的通知
55	5月21日	关于印发遂昌县2014年政府集中采购目录及标准的通知
56	5月28日	关于印发《遂昌县"美丽县城"建设三年行动计划》的通知
57	6月2日	关于进一步加强和规范部门统计工作的通知
59	6月4日	关于印发遂昌县省级农产品质量安全放心示范县创建试点工作方案的通知
60	6月8日	关于进一步加强全部政府性资金审计工作的实施意见
61	6月9日	关于全面开展内部审计工作的通知
67	6月19日	关于印发遂昌县危旧房排查工作实施方案的通知

文号	发文日期	文件标题
68	6月19日	关于2013年度全县消防安全目标管理责任制考核情况的通报
70	6月22日	关于印发2014年遂昌县廉租住房保障实施方案的通知
73	6月26日	关于进一步加强设施农用地管理工作的通知
74	6月30日	关于印发遂昌县农民专业合作社规范化建设实施意见的通知
75	6月30日	关于印遂昌县加快农村土地承包经营权流转推进现代农（林、渔）业发展的意见的通知
76	6月30日	关于印发遂昌县农村集体“三资”管理制度的通知
77	7月3日	关于印发《遂昌县机关事业单位编外用工管理办法（试行）》的通知
84	7月15日	关于开展全县“十三五”规划编制工作的通知
85	7月17日	关于印发遂昌县“防溺水平安假期行动”实施方案的通知
86	7月17日	关于下达2014年农民建房农转用计划指标（第一批次）的通知
90	7月29日	关于印发遂昌县畜禽养殖禁养区限养区划分方案的通知
91	7月29日	关于印发遂昌县加强食品安全基层责任网络建设意见的通知
98	8月22日	关于公布2014年遂昌县专利示范企业的通知
102	8月31日	关于印发《遂昌县农村宅基地使用权确权登记发证实施细则》的通知
103	9月4日	关于推进浙江政务服务网（遂昌县）建设的通知
104	3月15日	城市更新方案
111	9月22日	关于印发《遂昌县农村集体土地征地补偿费分配使用管理暂行办法》的通知
112	9月22日	关于印发《遂昌县推进气象现代化暨气象灾害监测预警全覆盖县建设实施方案》的通知
117	9月28日	关于在权力清单清理工作中开展非行政许可审批事项清理的通知
118	9月26日	关于印发遂昌县违法建筑处置暂行办法的通知
120	10月8日	关于印发全国农村综合改革标准化试点项目遂昌县美丽乡村建设标准化试点行动方案通知
125	10月10日	关于印发遂昌县“六边”青山白化治理工作实施方案的通知
126	10月13日	关于印发《遂昌县农民建房审批管理办法（试行）》的通知
128	10月20日	关于调整最低生活保障标准的通知
130	10月28日	关于转发县老龄工作委员会2014—2015年为老年人办实事意见的通知
131	10月30日	关于印发《遂昌县地震应急预案》的通知
132	11月5日	关于进一步加强土地开发整理工作的通知
133	11月9日	关于建立健全行政调解与人民调解衔接机制的意见

文号	发文日期	文件标题
134	11月11日	关于印发《遂昌县香榧产业发展规划（2014—2016）》的通知
137	11月13日	关于印发2015年度城乡居民医疗保险筹资标准的通知
138	11月19日	关于印发《遂昌县避灾安置场所布局规划（2014—2020）》的通知
139	11月20日	关于印发遂昌县城市更新工程鼓励购买商品住房办法的通知
141	11月26日	转发《浙江省人民政府办公厅关于开展市县有关部门行政处罚等八类行政权力信息梳理工作的通知》
142	12月1日	关于公布县政府及县政府办公室行政规范性文件清理结果的通知
143	12月2日	关于印发《遂昌县创建浙江省卫生应急工作示范县实施方案》的通知
149	12月23日	关于印发《遂昌县扶助残疾人实施办法》的通知
150	12月31日	关于印发《遂昌县加快社会组织培育发展和规范管理的实施意见》的通知
151	12月26日	关于转发《丽水市人民政府关于进一步完善城乡居民基本养老保险制度的实施意见》的通知
153	12月31日	关于印发遂昌县大气污染防治十大工程实施方案（2014—2017年）的通知
154	12月31日	关于印发遂昌县行政事业单位国有资产处置管理办法的通知

2014年统计资料选录

生产总值

表56　　　　单位：万元

项目内容	本年实际	同比增长(%)	比重(%)
地区生产总值	873674	7.0	100.0
农、林、牧、渔业	104309	2.2	11.9
#农、林、牧、渔服务业	589	5.5	0.1
工业	337670	4.1	38.7
建筑业	43201	-0.4	4.9
批发和零售业	97919	16.6	11.2
交通运输、仓储和邮政业	34216	11.8	3.9
住宿和餐饮业	41636	18.2	4.8
信息传输、软件和信息技术服务业	8746	-1.3	1.0
金融业	46500	-1.1	5.3
房地产业	41509	10.1	4.8
租赁和商务服务业	5295	0.6	0.6
科学研究和技术服务业	5638	26.1	0.7

项 目 内 容	本年实际	同比增长(%)	比重(%)
水利、环境和公共设施管理业	4510	14.5	0.5
居民服务、修理和其他服务业	9271	6.8	1.1
教育	22910	10.1	2.6
卫生和社会工作	17882	29.1	2.1
文化、体育和娱乐业	4338	14.8	0.5
公共管理、社会保障和社会组织	48125	15.1	5.5
第一产业	103720	2.2	11.9
第二产业	380871	3.6	43.6
第三产业	389083	12.3	44.5

社会经济主要指标

表 57

项 目	单位	2014 年
一、年末总人口	人	232343
其中：非农业人口	人	37632
常住人口	万人	18.75
年出生人口	人	2238
年死亡人口	人	1842
年末总户数	户	85314
人口自然增长率	‰	1.70
二、年末单位就业人员(不含私营企业、个体户)	万人	2.13
其中:在岗职工	万人	1.98
其中:国有单位职工	万人	0.84
城镇集体单位职工	万人	0.00
其他经济单位职工	万人	1.28
三、生产总值(当年价格)	万元	873674
第一产业	万元	103720
第二产业	万元	380871
其中：工业	万元	337670
第三产业	万元	389083
人均生产总值（按常住人口）	元	46596
生产总值增长幅度	%	7.0
四、工农业总产值(当年价)	万元	2357571
工业总产值	万元	2191683
农业总产值	万元	165888

项 目	单位	2014年
五、农业		
耕地面积	亩	148562
造林面积	亩	12346
主要农产品产量		
粮 食	吨	69371
其中：谷物	吨	47401
油 料	吨	3953
其中：油菜籽	吨	3559
茶 叶	吨	9193
蔬 菜	万吨	8.77
水 果	吨	8105
其中：柑橘	吨	1002
水产品	吨	1061
畜禽肉	吨	10492
猪年末存栏数	万头	6.83
六、全部工业总产值	万元	2080616
规模以上工业总产值	万元	1699841
其中：轻工业	万元	51105
重工业	万元	1562623
规模以下工业总产值	万元	380775
主要工业产品产量		
发电量	万度	56760
饮料酒	吨	
人造板	立方米	216626
机制纸纸板	吨	35834
电动自行车	吨	
成品钢材	吨	418892
炸药	吨	
规模以上工业企业家数	家	52
规模以上工业固定资产投资额	万元	
其中：设备购置费	万元	
规模以上工业企业平均人数	人	11457
全社会用电量	万度	81492
其中：工业用电量	万度	64259
七、邮电业务收入	万元	

项　　目	单位	2014 年
其中：邮政	万元	1577
八、全社会固定资产投资额	万元	
限额以上固定资产投资总计	万元	479202
1. 房地产开发完成		65290
其中：土地购置费		31945
2. 投资项目完成		413912
其中：基础设施投资		202241
工业投资	万元	161461
九、内外贸易、节能降耗		
社会消费品零售额	万元	380460
进口额	万美元	7513
自营出口额	万美元	14682
实际利用外资	万美元	760
单位 GDP 能耗	吨标煤/万元	万元
单位 GDP 能耗降低率	%	万元
单位 GDP 电耗	千瓦时/万元	万元
单位 GDP 电耗降低率	%	万元
单位工业增加值能耗	吨标准煤/万元	0.99
单位工业增加值能耗降低率	%	3.8
十、财政总收入	万元	95367
其中：地方财政收入	万元	60016
财政支出	万元	207846
十一、职工工资总额	万元	110430
其中：国有单位	万元	55684
城镇集体单位	万元	197
其他经济单位	万元	54548
职工平均工资	元	55728
职工平均工资	元	56110
其中：国有单位	元	69449
城镇集体单位	元	27803
其他经济单位	元	47056
职工平均工资	元	51377
职工社会平均工资	元	32331
十二、年末金融机构存款余额	万元	1086769
其中:居民储蓄存款年末余额	万元	628452

项 目	单位	2014 年
年末金融机构贷款余额	万元	950304
十三、居民收入		
农民人均纯收入	元	12908
城镇居民可支配收入	元	31478
十四、各类专业技术人员	万人	0.8006
其中：中级技术职称以上	万人	0.3202
十五、在校学生数	人	23272
其中：普通中学	人	8917
职业中学	人	2110
小 学	人	12245
初中升高中段比例	%	96.5
十六、卫生机构数	个	171
其中：医院、卫生院	个	24
床 位 数	张	772
其中：医院、卫生院	张	772
卫生技术人员	人	1216
其中：医生	人	512
医院、卫生院诊疗次数	万人次	107.98
婴儿死亡率	‰	5.02
十七、旅游		
旅游总人数	万人次	1210.20
旅游总收入	亿元	60.46
国内旅游人数	万人次	1208.74
国内旅游收入	亿元	59.85

2014年全国、浙江省、丽水市、遂昌县经济主要统计指标（一）

表58

2014年全国、浙江省、丽水市、遂昌县经济主要统计指标（一）

指　　标	单位	全国		浙江省		丽水市		遂昌县	
		本年	比上年±%	本年	比上年±%	本年	比上年±%	本年	比上年±%
年末人口	万人					265.65	0.7	23.23	-0.1
地区生产总值	亿元	636139	7.3	40173	7.6	1051.75	7.0	87.37	7.0
其中：第一产业	亿元	58336	4.1	1777	1.4	88.56	2.5	10.37	2.2
第二产业	亿元	271765	7.3	19175	7.2	505.57	6.5	38.09	3.6
#工业	亿元	228123	6.9	16772	7.2	433.37	5.8	33.77	4.1
第三产业	亿元	306038	7.8	19221	8.6	457.63	8.4	38.91	2.3
三次产业结构		9.2:42.7:48.1		4.4:47.7:47.8		8.4:48.1:43.5		11.9:43.6:44.5	
人均地区生产总值	元	46629	6.7	73002	7.3	49459	6.6	46596	7.1
人均地区生产总值(折美元)	美元					8046	-	7894	-
农业总产值	亿元					136.45	5.2	16.59	5.3
全部工业总产值	亿元					2287.84		208.06	
其中：规模以上工业总产值	亿元			66501	6.4	1839.23		169.98	0.5
固定资产投资	亿元	502005	15.7	23555	16.6	665.08	16.6	47.92	17.9
其中：房地产开发投资	亿元	95036	10.5	7262	16.8	157.63	32.6	6.53	37.6
工业投资	亿元			7879	12.2	184.76	1.0	16.15	-11.0
其中：制造业	亿元					139.64	-3.2	12.34	-18.3

2014年全国、浙江省、丽水市、遂昌县经济主要统计指标（二）

表72

2014年全国、浙江省、丽水市、遂昌县经济主要统计指标（二）

指　　标	单位	全国		浙江省		丽水市		遂昌县	
		本年	比上年±%	本年	比上年±%	本年	比上年±%	本年	比上年±%
社会消费品零售总额	亿元	262394	12.0	16905	11.7	476.35	13.2	38.05	13.1
进出口总额	亿美元	43030	3.4	3551	5.8	29.08	12.8	2.22	47.1
其中：出口额	亿美元	23427	6.1	2734	9.9	26.37	11.1	1.47	11.0
实际利用外资	万美元	11956000	1.7	1579725	11.6	17838	39.5	760	-5.0
财政总收入	亿元	140350	8.6	7522	8.9	135.02	8.7	9.54	3.1
其中：地方财政收入	亿元	75860	9.9	4121	8.5	80.96	9.8	6.00	8.7
财政支出	亿元	151662	8.2	5159	9.1	217.27	11.2	20.78	16.6
金融系统人民币存款余额	亿元	1138645	9.1	77145	7.2	108.27	9.9	108.27	13.8
其中：个人存款余额	亿元	507831	8.9	30666	6.0	950.60	10.3	62.89	24.6
金融系统人民币贷款余额	亿元	816770	13.6	68566	9.5	95.03	9.2	95.03	5.9
旅游总人数	万人			47875	10.2	5486.42	20.1	1210.20	22.1
旅游总收入	亿元			5947	14.3	339.58	27.5	60.46	30.2
全社会用电量	亿千瓦小时	55233	3.8	3506	1.5	78.42	0.9	8.15	5.9
其中：工业用电量	亿千瓦小时	39930	3.7	2597	2.0	52.90	-1.3	6.43	5.8
城镇居民人均可支配收入	元	28844	9.0	40393	8.9	30413	8.6	31478	8.7
农村居民人均纯收入	元	10489	11.2	19373	10.7	13635	12.0	12908	12.3